主　编　袁行霈　陈进玉

本卷主编

顾　久

中国地域文化通览

贵州卷

中华书局

图书在版编目（CIP）数据

中国地域文化通览.贵州卷/袁行霈,陈进玉主编;顾久本卷主编.—北京:中华书局,2014.4
ISBN 978 - 7 - 101 - 09043 - 7

Ⅰ.中…　Ⅱ.①袁…②陈…③顾…　Ⅲ.文化史 - 贵州
Ⅳ.K203

中国版本图书馆 CIP 数据核字(2012)第 269965 号

题　签　袁行霈
篆　刻　刘绍刚

书　　名　中国地域文化通览·贵州卷
主　　编　袁行霈　陈进玉
本卷主编　顾　久
责任编辑　朱　慧
美术编辑　毛　淳　许丽娟
出版发行　中华书局
　　　　　（北京市丰台区太平桥西里 38 号　100073）
　　　　　http://www.zhbc.com.cn
　　　　　E-mail:zhbc@ zhbc.com.cn
印　　刷　北京瑞古冠中印刷厂
版　　次　2014 年 4 月北京第 1 版
　　　　　2014 年 4 月北京第 1 次印刷
规　　格　开本/700 ×1000 毫米　1/16
　　　　　印张 39½　插页 10　字数 607 千字
国际书号　ISBN 978 - 7 - 101 - 09043 - 7
定　　价　178.00 元

《中国地域文化通览》组委会、编委会

《中国地域文化通览·贵州卷》组委会、编委会

组织工作委员会

主　任：林树森（首任）

　　　　赵克志（继任）

副主任：顾　久

委　员：王德玉　蒙育民　程鹏飞　沈志明　杨玉和　靖晓莉

编撰工作委员会

主　　编：顾　久

副　主　编：何光渝　王任索

执行副主编：何光渝

顾　　问：陈福桐　戴明贤

编　　委：（以姓氏笔画为序）

　　　　　王任索　王路平　史继忠　冯祖贻　张祥光　何光渝

　　　　　顾　久　翁家烈　黄万机　梁太鹤

编撰办公室

主　任：王任索（兼）

副主任：王尧礼

成　员：（以姓氏笔画为序）

　　　　何　萍　胡海琴　郝向玲

黄果树瀑布

乌江峡谷

兴义万峰林喀斯特峰丛洼地

遵义绥阳双河溶洞

镇远青龙洞建筑群

从江增冲鼓楼

黄平飞云崖

锦屏三门堂

贵阳青岩古镇

安顺本寨屯堡民居

兴义胡氏贵州龙　　　　　创孔海百合

战国　一字格曲刃铜剑
安龙出土

汉代　铜车马　兴义出土

汉代　抚琴陶俑　兴仁出土

汉代　永元十六年铭陶罐　平坝出土

汉代　"套头葬"大铜釜　赫章出土

汉代　三足鎏金铜鍪　赫章出土

宋代　遵义型铜鼓　遵义杨粲墓出土

宋代　彩色蜡染衣裙　平坝出土

从江瑶族傩堂画

雷山郎德锦鸡舞

从江摆贝旋牛堂仪式

总绪论

袁行霈

　　早在《尚书·禹贡》和《山海经》中已有关于中国地域的描述，包括九州的划分，各地的土地、山川、动物、植物、农产、矿产，还记载了一些神话，这两部书可以视为地域文化的发轫之作。此后出现了许多地理书籍，其中以东汉班固的《汉书·地理志》和北魏郦道元的《水经注》影响最为深远。前者记载了西汉的区划、户口、物产、风俗等，后者通过对《水经》的注解，记录了许多河流及沿岸的风物，保存了丰富的地理和人文信息。

　　本书对中国地域文化的研究，重视古代的传统，但就观念、方法、论述的范围、传世文献和考古资料的运用诸方面而言，都跟古代的舆地之学有很大区别。本书注重中国文化的空间分布和地域差异，将历时性的考察置于地域之中，而重点在于各地文化的特点和亮点，以及各地文化资源的开发利用。

　　近二十年来国内学术界出现了不少新的学术生长点和热点，地域研究便是其中之一。本书仅从"地域"这个特定的角度切入，至于中国文化的一般问题则不在本书探讨的范围之内。本书限于传统文化的范围，然而希望以古鉴今，面向未来，有助于当前和今后的文化建设。

第一节　多源同归与多元互补

中国文化的多个发源地　多源同归　以汉族为主体的各民族文化
多元互补

　　中国文化明显地呈现出地域的差异，这些差异乃是统一的中国内部的地域差异①，是中国文化多样性的表现。

　　中国文化具有多个发源地：

　　黄河流域。黄河发源于青海巴颜喀拉山脉西端卡日扎穷山的北麓，其干流流经四川、甘肃、宁夏、内蒙古、陕西、山西、河南、山东，全长 5464 公里，流域面积 75.24 万平方公里②。黄河有众多的支流，这些支流为中华民族的先民提供了优越的生存环境，特别重要的有渭河、汾河、伊洛河、湟水、无定河，在这些支流的两侧分布着数量众多的古文化遗址，例如黄河上游的马家窑文化，黄河中游的仰韶文化—中原龙山文化，黄河下游的大汶口—龙山文化，证明黄河是中国文化最重要的发祥地③。标志着中国文化肇始的夏代④，文化已相当发达的商代和周代，这三个王朝的疆域均位于黄河流域，可见黄河在中国文化史上的重要地位。

　　长江流域。长江发源于青海唐古拉山脉最高峰各拉丹东峰的西南麓，其干流流经四川、西藏、云南、重庆、湖北、湖南、江西、安徽、江苏、上海，全长 6397 余公里，流域面积达 180.85 万平方公里⑤。其间分布着许许多多古文化遗址。20 世纪以来新的考古资料证明，长江上游的三星堆文化，长江中游的屈家岭文化，长江下游的河姆渡文化和良渚文化，在陶器、青铜器、玉器的制作，以及城市的建筑等方面都已达到相当发达的程度⑥。老子、庄子、屈原的出现，以及近年来在湖北、湖南出土的大量秦汉简帛和其他文物，证明了当时的楚文化已达到可以与黄河流域的文化并驾齐驱的辉煌程度。毫无疑问，长江跟黄河一样，是中国文化的摇篮。

　　此外，辽河流域文化、珠江流域文化，都可以追溯到很早，而且特点鲜明，对中国文化的发展起了重要的作用，这两大流域也应视为中国文化的发祥地。

　　总之，黄河、长江是中国文化的主要发祥地，在历史长河中，又广泛地吸取了其他地区的文化因素，逐渐交融，深度汇合，就像"江汉朝宗于海"一样，随着中国大一统局面的建立、巩固和发展，发源于不同地区的文化先后汇为中国文化的大海，我们称之为多源同归⑦。

　　中国文化又是多元互补的文化，以汉族为主体，自周、秦到明、清，在各个历史阶段随着民族间的交往、融合，吸取了少数民族的文化因素，56个民族共同创造出中华民族灿烂辉煌的文化。中国的疆域是各族共同开拓的，少数民族对东北、北部、西北、西南边疆的开发做出了重要的贡献⑧。

　　汉族的先民主要生活在黄河中下游地区，一般说来仰韶文化和龙山文化是汉族先民的文化遗存。传说黄帝之后的尧禅让于舜，舜或出自东夷⑨；舜禅让于禹，禹或出自西羌⑩，这表明了上古时期民族融合的趋势。汉朝以后，"汉"遂成为民族的名称，汉族的文化也成为中华民族文化的主体。

　　汉族在发展过程中，吸取了各少数民族的文化成分以丰富自己。赵武灵王推行胡服骑射，唐代吸取今新疆一带少数民族的音乐歌舞，都是很好的例证。中国古代的政治家、作家、书法家、画家中，出身少数民族的可以举出不少。例如唐代的宰相长孙无忌其先出自鲜卑拓跋部，元代著名作家萨都剌是回回人，元代著名书法家康里巎巎是色目康里部人，清代的著名词人纳兰成德是满族人，他们为中国文化的发展做出了重要贡献。另一方面汉族又对各少数民族文化产生重大的影响，有的少数民族入主中原时托黄帝以明正朔，如鲜卑拓跋部建立北魏，自称是黄帝之子昌意之后⑪。北魏孝文帝推行的改革，促进了鲜卑人与汉人的融合⑫。一些曾经入主中原的少数民族，如蒙古人在很大的程度上自觉学习汉人的文化。元朝至元四年（1267）正月，世祖下令修建曲阜孔庙，五月又在上都（今属内蒙古自治区）新建孔子庙⑬。元朝开国功臣耶律楚材，为保存汉族典章制度与农耕文化做出卓越的贡献⑭。满人入主中原前，努尔哈赤、皇太极在政权建设、社会发展等方面就已注意吸收汉文化，学习儒家典籍⑮，入关以后对汉族文化的吸取就更多、更自觉了，《全唐诗》和《四库全书》的编纂就是最好的证明。

各民族的文化互补，是中华文化不断发展的重要动力，也是形成中华民族凝聚力的重要因素。例如，内蒙古等北方草原的游牧文化雄浑粗犷，与汉族的农耕文化可以互补⑯。新疆各族的文化，以及新疆在丝绸之路上对中外文化交流所起的作用十分重要。藏传佛教影响广泛，藏族文化丰富多彩，在中华民族文化中的地位值得充分重视。壮族在少数民族中人数最多，其文化品格和文化成就同样值得充分重视。

总之，各地的文化交融，以及汉族与少数民族的文化交融，使中国文化既具有多样性又具有统一性。多元互补，乃是中国文化的一大特点，也是中国文化进一步发展繁荣的坚实基础。

第二节　文化中心的形成与转移

地域文化发展的不平衡　中心形成与转移的若干条件：经济的水平　社会的安定　教育、藏书与科技　文化贤哲的引领作用

某一地区在某一时期内文化发展较快，甚至居于中心地位，对全国起着辐射作用。而在另一时期，则发展迟缓，其中心地位被其他地区所取代。地域文化发展的不平衡，文化中心的转移，是常见的现象。下面举例加以说明：

陕西西安及其附近本是周、秦、汉、唐的政治文化中心，这几个统一王朝的辉煌，在不胜枚举的文化遗址和出土文物中都得到证实，周原出土的青铜器，秦始皇陵的兵马俑，众多的汉家陵阙和唐代宫阙、墓葬遗址，都是中国的骄傲。包括正史在内的各种文献资料，如诗歌、文章、书法、绘画，也都向世人诉说着曾经有过的辉煌。司马迁、班固等则是这片土地哺育出的文化巨人。但到了元代以后，特别是明清以来，这里的文化已经难以延续昔日的光彩。

河南原是商代都城所在，殷墟出土的甲骨文，证明了那时文化的

兴盛。东周、东汉、曹魏、西晋等朝定都洛阳，河南成为全国文化的中心。到了唐代，河南则是文学家集中涌现的地方，唐代著名诗人几乎一半出自河南，杜甫、韩愈、岑参、元稹、李贺、李商隐等人，为唐诗的繁荣发展做出了重大贡献。北宋定都开封，更巩固了其文化中心的地位，张择端的《清明上河图》反映了汴梁的繁华。但在南宋以后，河南的文化中心地位显然转移了。

由上述陕西与河南的变化，可以看出政治中心与文化中心之间的关系。政治中心的迁移，特别是那些维持时间较长的政治中心的迁移，往往造成文化中心的迁移。

山东在先秦是中国文化的中心。曲阜是孔子的故乡，邹城是孟子的故乡，对中国文化影响至深至巨的儒家即植根于此。虽然经过秦始皇焚书坑儒，山东在两汉仍然是儒家思想文化的中心之一，伏生、郑玄这两位经学家都是山东人。但魏晋以后，山东的文化影响力逐渐衰落，儒学的中心也逐渐转移到别的地方。唐代高倡儒学复兴建立儒家道统的韩愈，北宋五位著名的理学家周敦颐、张载、邵雍、程颢、程颐，南宋将理学推向高峰的朱熹、心学家陆九渊，以及明代的心学家王阳明，均非出自山东。

北京一带在春秋战国时期是燕国都城所在，汉唐时称幽州，是边防重镇，与陕西、河南相比，文化显然落后。后来成为辽、金、元、明、清的首都，马可波罗记载元大都之繁华，令人赞叹。元杂剧前期便是以元大都为中心的，元杂剧的杰出代表关汉卿、王实甫，以及其他著名剧作家马致远、杨显之、纪君祥、秦简夫都是大都人。明清两代建都北京，美轮美奂的紫禁城、天坛、圆明园、颐和园，标志着中国古代建筑的辉煌成就。朝廷通过科举、授官等途径，一方面吸纳各地人才进京，另一方面又促使精英文化向全国各地辐射，北京毫无争议地成为全国文化的中心。

上海原是一个渔村，元代开始建城，到了近代才得到迅猛的发展，19世纪中叶已经成为国际和国内贸易的中心，随后又一跃而成为现代国际大都会。各种新兴的文化门类和文化产业日新月异地建立起来，并带动了全国文化的发展。

广东文化的发达程度原来远不及黄河与长江流域其他地方，但到了唐代，广州已成为一个大都会，到了近代，广东在思想文化方面呈现明显的优势，黄遵宪、康有为、梁启超、孙中山等人都出自广东。

文化中心形成和转移的原因十分复杂，需要从多方面探讨。

首先，是由经济发展的水平所决定的。

经济的发达虽然不一定直接带来文化的繁荣，但经济发达的地区文化水平往往比较高。最突出的例证便是江苏和浙江。这两个地区在南朝已经开发，宋代以后以太湖为中心的地区，乃至浙江东部的宁波、绍兴，成为重要的粮食产区。到明清两代，随着精耕细作的农业技术广泛应用，粮食产量大幅增加。在松江、太仓、嘉定、嘉兴等地，棉花耕种面积扩大，棉纺织业迅速发展；植桑养蚕缫丝成为新兴的副业，湖州成为丝织品最发达的地区[17]。农副业的发展带动了商业和市镇的繁荣，以及新兴市民的壮大。经济的发展与经济中新因素的成长，促成了江苏和浙江文化的繁荣，以及文化中新气象的出现。明代王阳明后学中的泰州学派开启了早期启蒙思想的潮流，明末以"公""正"为诉求的东林党具有代表江南地区士人和民众利益的倾向，其领袖顾宪成、高攀龙都是江苏无锡人。明中叶文人结社之风颇盛，如翟纯仁等人在苏州的拂水山房社，汪道昆、屠隆等人在杭州的西泠社，以及张溥在常熟、南京的复社，都在政治文化领域开启了新的风气，社会影响很大。至于文学方面，明清两代江苏和浙江文风之盛更是人所熟知的。著名的文人，明代有文徵明、徐渭、冯梦龙、施耐庵、吴承恩，清代有钱谦益、顾炎武、朱彝尊、沈德潜、郑燮、袁枚、龚自珍、李渔、洪昇等。江浙也是明清以来出状元最多的地方。

然而，文化的发展与经济的发展不一定同步，文化的发展除了受经济的制约外，还有其自身的规律。例如，在清代，晋商特别活跃，金融业发展迅猛。但是在这期间山西文化的发展却相对迟缓，如果与唐代的辉煌相比，已大为逊色。又如，北宋时期，关中的经济已经远不如唐代，但张载却在这里教授生徒，传播儒学，"为关中士人宗师"[18]，关中成为儒学的中心之一。

其次，与社会稳定的程度有很大关系。

东汉首都洛阳，经过一百六十多年的经营，是当时的文化中心。中平六年（189），东汉灵帝病死，并州牧董卓借机率军进入洛阳，废黜少帝刘辩，立九岁的陈留王刘协为帝，是为汉献帝。献帝初平元年（190），在东方诸侯的军事压力下，董卓迁天子于西都。迁都之时，图书文献遭到了极大破坏[19]，东汉王朝在首都积累的文化成果毁于一旦[20]。

南朝齐梁二代文学本来相当繁荣，分别以齐竟陵王萧子良、梁武帝萧衍和昭明太子萧统、梁简文帝萧纲为首的三个文学集团，对文化的发展起了很大的推动作用。齐永明年间周颙发现汉语有平上去入四种声调，"竟陵八友"中的沈约等人根据四声以及双声叠韵，研究诗句中声、韵、调的配合，创制了"永明体"，进而为近体诗的建立打下基础。成书于齐代末年的刘勰所著《文心雕龙》则是中国文学批评史上最系统的著作。由于萧衍、萧统、萧纲父子召聚文学之士，创作诗歌，研究学术，遂使建康成为文化中心。萧统所编《文选》影响尤为深远。可是经过侯景之乱，建康沦陷，士人凋零，江左承平五十年所带来的文化繁荣局面遂亦消失[21]。

与此类似的还有唐朝末年中原一带的战乱对文化的破坏。唐代的首都长安是当时最大的国际都会，居住着许多外国的留学生、商贾、艺术家。在宗教方面，除了道教和佛教，祆教、景教和摩尼教也都得以传播，长安显然是当时的文化中心。到了五代，长安的文化中心地位消失了，而四川因为相对安定，士人们相携入蜀，文化也随之发达起来，俨然成为一个新的文化中心。后蜀主孟昶时镌刻石经[22]，后蜀宰相毋昭裔在成都刻印《九经》《文选》《初学记》《白氏六帖》，对四川文化的发展影响很大[23]。尤其值得注意的是词的繁荣，后蜀赵崇祚所编《花间集》，选录18家"诗客曲子词"，凡500首，其中14位作者皆仕于蜀。《花间集》是最早的文人词总集，奠定了以后词体发展的基础[24]。

我们也要看到，社会变革期往往伴随着社会的不稳定，以及各种思想和主张的激荡，这反而会促进文化的发展，并形成若干文化的中心，如在春秋战国时期，鲁国是儒家的中心，楚国是道家的中心。这从另一个方面提醒我们文化发展的复杂性。

复次，文化中心的形成与教育水平、藏书状况、科技推动有很大关系。

书院较多的地区，私人讲学之风兴盛的地区，蒙学发达的地区，往往也成为文化中心，突出的例子是明代的江西、浙江。据统计，明代江西有书院51所，浙江有书院36所，这些地方也就成为文化中心㉕。

文化的发达离不开书籍，书籍印刷和图书收藏较多的地区，往往会形成文化中心。例如四川成都是雕版印刷最早流行的地区之一，唐代大中年间已有雕版书籍和书肆㉖。唐末成都印书铺有西川过家、龙池坊卞家等㉗。此后，一直到五代、宋代，成都都是印刷业的中心之一，这对成都文化的发展起了重要作用。又如浙江、福建也是印刷业的中心，到了五代、宋，达到繁盛的地步。这两个地区在宋代人才辈出，显然与此有关。明清两代私家藏书以江浙一带为最盛，诸如范钦天一阁、毛晋汲古阁、黄虞稷千顷堂、钱谦益绛云楼、徐乾学传是楼、朱彝尊曝书亭、瞿绍基铁琴铜剑楼、陆心源皕宋楼、丁丙八千卷楼都在江浙，这对明清时期江浙文化的发展无疑起了巨大作用。

科技带动地域文化发展的例子，可以举李冰父子在四川修建都江堰为例。这项工程创造性地运用了治水的技术，将蜀地造就为"天府之国"，文化也随之发达起来㉘。

最后，要提到文化贤哲或学术大师的引领作用。

山东曲阜一带，如果没有孔子就难以形成文化中心，这是显而易见的。北宋思想家邵雍之于洛中，也是一个显著的例子，《宋史·邵雍传》曰："人无贵贱少长，一接以诚，故贤者悦其德，不贤者服其化。一时洛中人才特盛，而忠厚之风闻天下。"㉙南宋思想家朱熹长期在福建、江西讲学，"诸生之自远而至者，豆饭藜羹，率与之共"㉚。此外，宗教史上如慧能之于广东；思想史上如王阳明之于贵州，王艮之于泰州，都有重大的影响。文学史上也是如此，黄庭坚之于江西，杨慎之于云南，也都有重大影响。明代吴中出现了文徵明等一批兼通诗文、书画的著名文人，形成文化中心㉛。

第三节　地域文化的差异、交流与融合

南北之间的差异　东西之间的差异　沿海与内地之间的差异　文化
交流融合的途径：移民、交通与商贸、科举与仕宦

　　《诗经》与《楚辞》代表了先秦北方与南方两种不同的文化风格，
《诗经》质朴淳厚，《楚辞》浪漫热烈。关于先秦南北思想文化的差异，
王国维的论述具有启发性："我国春秋以前，道德政治上之思想，可分之
为二派：……前者大成于孔子、墨子，而后者大成于老子。故前者北方
派，后者南方派也。"㉜关于南北朝文风的差异，《隋书·文学传序》已
经给我们重要的提示："江左宫商发越，贵于清绮；河朔词义贞刚，重乎
气质。"㉝这种差异在南朝民歌和北朝民歌之间表现得十分清楚。唐代禅
宗有"北渐"、"南顿"二派。中唐时期第一批学习民间词的作家，他们
的作品往往有一种南方的情调。晚唐五代，词的两个中心都在南方。宋
代理学的四个主要学派：以周敦颐为首的濂学，以程颢、程颐为首的洛
学，以张载为首的关学，以朱熹为首的闽学，都带有地域性。在元代盛
行的戏曲，无论就音乐而论还是就文学风格而论，都显然存在着地域的
差异。四折一楔子的杂剧是在北方兴起的一种文艺形式，杂剧创作与演
出的中心在大都。稍晚，南方有一新的剧种兴盛起来，这就是南戏。它
在两宋之际产生于浙江温州一带，先流传到杭州，并在这里发展为成熟
的戏曲艺术，至元末大为兴盛。由宋元南戏发展出来的明代传奇，有所
谓四大腔：海盐腔、余姚腔、弋阳腔、昆山腔，都是南方的唱腔。由苏
州地区兴起的昆曲，在明末清初达到成熟阶段，成为全国最大的剧种。
清中叶至鸦片战争前后，形成五大声腔，除原有的昆腔外，还有高腔（由
弋阳腔演变而成，湘剧、川剧、赣剧、潮剧中都有此腔）、梆子腔（即秦
腔，源于陕西和山西交界处，流行于北方各地）、弦索腔（源于河南、山
东）、皮黄腔（西皮、二黄的合流，西皮是秦腔传入湖北后与当地民间曲
调结合而成，二黄是由吹腔、高拨子在徽班中演变而成），这些声腔都具
有明显的地方特色。乾隆年间四大徽班入京，与来自湖北的汉调艺人合
作，同时吸收昆曲、秦腔的因素，又部分地吸取京白，遂孕育出风靡全

国的京剧㉞，这是地域文化交融的绝佳例证。

东北三省与关内相比，也有自己的特色：粗犷、雄健、富于开拓性。内蒙古的草原文化自然、粗犷，在狩猎、畜牧中形成的与马有关的种种文化很有特色。宁夏回族的宗教、建筑、瓷器等等，都具有独特的民族风情。

东西之间文化的差异首先表现为民族的差异，西部多有少数民族聚居，这些民族的文化各有自己的特色，为中华民族文化增添了亮丽的色彩。其质朴、自然的风格，其文化与大自然的融合，都令人向往。在歌曲和舞蹈方面，更是多姿多彩，显示出少数民族独特的天赋。一些大型的民族史诗，如藏族的《格萨尔王传》、蒙古族的《江格尔》、壮族的《布罗陀经诗》、柯尔克孜族的《玛纳斯》等；还有一些创世纪神话叙事诗，如彝族的《阿细的先基》、瑶族的《密洛陀》、侗族的《侗族祖先从哪里来》、苗族的《苗族史诗》、拉祜族的《牡帕密帕》、阿昌族的《遮帕麻与遮米麻》、哈尼族的《奥色密色》、佤族的《西冈里》等等㉟，都是非常珍贵的文化遗产。

沿海与内地的文化差异也值得注意。早在秦汉时期，齐地多方士，他们讲神仙方术、海外三山，徐福被秦始皇派遣，率领童男童女数千人出海求仙，是颇有象征性的事件。东南沿海与国外的交往较早，南朝、隋唐时期这一地区与印度洋的商旅往来已相当频繁。宋元时期，江苏、浙江、福建、广东都有对外口岸，经这一带出口的瓷器，远销南亚、西亚，直到东非。而明代以后成为中国重要粮食的玉米、马铃薯、番薯等美洲作物，以及在中国广泛种植的烟草，一般认为都是经由东南沿海传入的。明万历年间意大利的耶稣会传教士利玛窦首先到达澳门，再进入内地传教，同时带来西方的科学技术。近代以来，广州、上海、天津等对外口岸在中外文化交流中发挥了重要作用。和内地相比，沿海地区的文化更具开放性和创新性。

文化交流融合有几种途径。

首先是移民，特别是大规模的移民潮。西晋末年、唐末五代以及北宋末年，大批中原的汉族迁徙到江南，对江南经济、文化产生了巨大的作用，移民所带来的文化与当地原有的文化交流融合，使当地文化出现新的特色。闽西和广东梅州客家人聚族而居的土楼（围龙屋），成为当地文化的独特景观。河北、山东一带人民闯关东，推动了东北原住民文化的发展。清代初年"湖广填四川"，促进了西南文化的发展，巴渝会馆的发达，川剧的形成都与移民有关。广西的文化与来自外地的移民和文化名人如柳宗元有关。台湾的文化与闽、粤的移民有极其密切的关系，这表现在民间信仰、建筑风格、生活习惯等许多方面。明末清初是移民台湾的高潮。香港的文化与广东移民有密切的关系，考古发掘证明了香港、澳门与珠江下游地区古代居民之间的关系和交往㊱。

　　交通与商贸也是各地文化交流融合的重要渠道。汉代以后丝绸之路的开通，对于所经中国内地之间的文化往来，以及中国与中亚、南亚、西亚，乃至欧洲、北非的文化往来，所起的作用显而易见。仅就甘肃河西走廊而言，那是丝绸之路上十分繁忙的一段，在汉唐时的地位类似近代的珠江三角洲和长江三角洲。隋代开通了纵贯南北的大运河，对沟通南北经济、文化起到巨大的作用。唐朝的政治中心在长安，但其经济却在很大程度上依赖江南，运河就成为其经济命脉。沿着运河出现了诸如杭州、苏州、扬州等经济与文化的中心。至于长江航道在交通运输上的作用，及其在文化传播方面的作用更是明显。李白离开家乡四川，沿长江而下，在一生中几乎走遍大江上下，留下许多诗篇。长江沿岸的重庆、武汉、九江、南京、扬州之所以文化发达，得益于这条大江者实在不少。长江流域的洞庭湖与鄱阳湖，以及湖边的黄鹤楼、岳阳楼，还有长江支流赣江边上的滕王阁，成为凝聚着浓厚诗意的地方。明清时期，随着徽商、晋商、粤商、宁波帮等几个活跃的商帮的足迹，文化也得以交流、传播。

　　科举与仕宦是文化融合的另一条重要渠道。各地的举子进京赶考，考中的或留京任官，或外放任职，考不中的则返回家乡，大批的举子往来于京城和各地之间，成为传播文化的使者。清代钱塘人洪昇，在北京做了约二十年太学生，与京中名流王士禛、朱彝尊、赵执信等人互相唱和。康熙二十七年（1688），其《长生殿》在京城盛演，轰动一时。清代北京的宣南成为进京举子汇聚之地，举子的来来往往，形成文化凝聚与辐射的局面，造就了独特的宣南文化。官员的升迁和贬黜也是文化交流融合的渠道，最突出的例子便是韩愈和王阳明。韩愈贬官潮阳，给当时文化尚不发达的潮州带来了中原文化。王阳明贬官贵州龙场驿，创办龙冈书院，开创了贵州一代学风，他的"知行合一"学说便是在贵州提出来的。此外，李德裕、苏轼等人贬官海南，对当地的文化教育影响巨大。再如清代黑龙江、新疆有许多被流放的官员，其中不乏高级文化人士，他们对当地文化的发展起了重要作用。

第四节　研究地域文化的意义与本书的宗旨

保护地域文化的多样性　地域文化与区域经济　按行政区划分卷
文献考订与田野调查　与地方志的区别　学术性、现实性与可读性
的统一　本书的宗旨与体例

地域文化是按地域区分的中国文化的若干分支。研究地域文化，实际上就是研究文化的空间分布及其特征。研究中国文化如果忽视对其地域性的研究，就难以全面和深入。地域性是中国这个幅员辽阔的大国的特点，是中国文化丰富多彩的重要表现。热爱祖国不是空泛的，首先要热爱生于斯长于斯的家乡。如果对自己家乡的历史文化都不清楚，那么热爱祖国就会落空。有些地区的传统文化正在逐渐削弱甚至濒临消亡，亟待政府采取切实措施加以保护。在文化建设的过程中切忌抹杀地域的特点，避免千城一面、万村一形。如果不论走到哪里看到的是同一种建筑，听到的是同一种戏曲，品尝的是同一种口味，体验的是同一种民俗，既没有关西大汉的铜琶铁板，也没有江南水乡的晓风残月，我们的生活将多么单调，中国展现给世界的形象将多么苍白！在坚定维护国家政治上统一的同时，必须保护各地文化的多样性，保护地域文化的特点，尊重人民群众多种多样的文化需求。这可以视为中国文化发展的战略性举措。地域文化又是港、澳、台人民以及海外华侨、华人寻根的热点，弘扬传统的地域文化有助于祖国的和平统一。从全球的眼光看来，中国这样幅员广阔的大国，如果失去了文化多样性，必然会减弱中国对世界的吸引力。

　　我们提倡文化的大局观，要站在全国看各地。只有将各地文化放到全国之中，才能更清楚地认识各地文化的特点；只有清楚地看到各地文化的特点，才能更深刻地认识中国文化的面貌。在弘扬地域文化特点的同时，要促进地域之间的文化交流，以推动各地文化共同繁荣。各地文化是互相联系互相渗透的，是在互动中发展的。如果画一幅中国地域文化地图，其中每一板块的变化都会造成整幅地图的变化。没有孤立的安徽文化，没有孤立的河北文化，没有孤立的云南文化，也没有孤立的西藏文化。某一地域文化的发展，都要依靠其他地域，并牵动其他地域。政府在致力于地域经济均衡发展的同时，也要致力于地域文化的均衡发展。再放大一点，在经济全球化的趋势下，国内某一地域文化的发展，也会受到国际因素的影响，上海、天津、福建、广东等沿海地区文化的发展，足以证明这一点。

　　地域文化的发展对地域经济的依赖和促进是十分明显的，但文化与经济不是搭台与唱戏的关系，应当互相搭台，一起唱戏。发展文化不仅是发展经济的手段，其本身就是目的，因为人民群众的需求以及社会的进步，不仅表现为经济的发展，也表现为文化的繁荣。文化长期滞后于经济快速发展的现状必须改变。发展经济与推动文化，要双管齐下，相互促进。小康社会的指标不仅是经济的，也是文化的。保护地域文化不可追求形式，不可急功近利，要吸取精华剔除糟粕。那种不管好坏，盲目炒作地方名人（包括小说中的人物），简单地打文化牌以拉动经济的风气不可助长。

　　区域经济的发展已经引起各级领导和全社会的注意，地域文化的发展也应提到日程上来。各地还存在大量文化资源有待开发、研究、利用。《中国地域文化通览》的编撰，就是对我国文化资源的一次普查。我们考察的重点在于各地文化的历史进程、特点、亮点及其形成的原因，各地文化发展的有利条件和制约因素，并力图说明各地文化在整个中国文化发展中的地位、作用，其与邻近地区相互交流相互影响的关系，并着重描述那些对本地和整个中华民族的进步产生过重大影响的标志性成果，彰显那些对本地和中国文化的发展做出重大贡献的人物。我们希望本书能为各地文化建设确立更明确、更自觉的目标提供一点帮助。

关于地域文化，目前已有许多研究成果，但大多是将全国分为几个区域，以先秦的诸侯国名或古代的地名来命名，如河洛文化、燕赵文化、吴越文化、齐鲁文化、荆楚文化、关陇文化、岭南文化等等。也有从考古学的角度，将中国文化分为几个大文化区系的㉟。以上的研究都有学术的根据，也都取得了可观的成就，是我们重要的参考。

本书拟从另一个角度切入，即立足于当前的行政区划，每一个省、自治区、直辖市各立一卷，港、澳、台也各立一卷。本书可以说是中国分省的文化地图。按照行政区划来写《中国地域文化通览》，也是有学理根据的。中国从秦代开始实行郡县制，大致确立了此后两千多年行政建置的基本框架。这既有利于维护大一统的局面，也因为一个行政区划内部的交流比较频繁，从而强化了各行政区划的文化特点。按行政区划分卷，对各地更清楚地认识本地的文化更为方便。其实，今日的行政区划是历史沿革的结果，这种分卷的体例与上述体例可以相互补充，相得益彰。大体说来，所谓齐鲁文化就是山东文化，燕赵文化就是河北文化，三秦文化就是陕西文化，蜀文化就是四川文化，徽文化就是安徽文化，晋文化就是山西文化，吴文化就是江苏文化，越文化就是浙江文化，仍然是与行政区划吻合的，只不过用了一个古代的称呼而已。如果从考古学的角度，研究文化的起源，当然不必顾及目前的行政区划；然而要对包括全国各地的文化分别加以描述，并且从古代一直讲下来，则按照当前的行政区划更为便利。何况，内蒙古、新疆、西藏是中国领土不可分割的一部分，研究中国的地域文化必须包括在内，按照当前的行政区划就不会将这些地区忽略了。

按行政区划编纂当地的文献早已有之，这属于乡邦文献。有的文献所包括的区域比省还小，如汉晋时期的《陈留耆旧传》、《汝南先贤传》、《襄阳耆旧传》等，记录了一郡之内的耆旧先贤。唐人殷璠所编《丹阳集》只收丹阳人的作品，属于地域文学集的编纂。宋人董弅所编《严陵集》，是他任严州（今浙江建德、淳安一带）知州时所编与当地有关的文集。宋人孔延之所编《会稽掇英总集》也属于这一类。近人金毓黻所编《辽海丛书》，张寿镛所编《四明丛书》都是如此。

研究地域文化，必须重视文献资料，特别是乡邦文献，包括各地的方志、族谱、舆图等。文献的搜集、考订和分析，是必不可少的基础性工作。编撰地域文化通览的过程，也就是搜集和整理有关文献的过程。然而文化绝不仅仅体现在文献中，还体现在人们的日常生活中，那是活生生的、每日每时都显现着的。文化除了思想、学术、文学、艺术等内容之外，还包括风俗习惯、衣食住行的方式等等，这乃是社会的各个阶层，尤其是广大民众所创造的。研究地域文化不仅要重视宫廷文化、士大夫文化、精英文化，还要重视平民文化、民间文化、民俗文化。研究地域文化在重视文献的同时，必须注重实地考察，从日常生活中寻找资料。只有将文献资料和实地考察结合起来，并利用新的考古资料，才能见其全貌。

本书跟地方志不同，地方志虽有历史的回顾，但详今略古，偏重于现状的介绍，包括本地当前的自然环境、资源、物产、社会、政治、经济、文化等方面的情况和数据，是资料性的著述。《中国地域文化通览》则是专就传统文化进行论述，下限在1911年辛亥革命，个别卷延伸到1919年"五四运动"。地方志偏重于情况的介绍，注重资料性、实用性、检索性，《中国地域文化通览》则是研究性著作，强调在大量可信资料的基础上，纵横交错地展开论述，要体现历史观、文化观，总结文化发展的历史经验和规律，史论结合。

《中国地域文化通览》以学术性、现实性、可读性三者的统一为目标。

所谓学术性，简单地说就是符合学术规范，立足学术前沿，注重多学科的交叉融合。本书是一部学术著作，而不是通俗读物，更不是旅游手册。要以实事求是的态度，在认真钻研资料的基础上，力求对事实做出准确的描述、分析与概括。概括就体现为理论。

所谓现实性，就是立足现实，回顾历史，面向未来，希望能对本地文化的发展提供启发。立足现实，是从实际出发，关注当前经济社会文化的发展；回顾历史，是总结经验，以史为鉴；面向未来，是注意文化的发展方向，促进文化建设，促使中国文化以丰富多彩的姿态走向世界。地域文化是国情的重要部分，希望这套书能够成为中央和地方各级政府了解各地历史文化、风土人情的参考，成为因地制宜发展文化的参考。文化的主体是人，以人为本离不开对文化的深入理解。为政一方，既要了解当地的经济资源，也要了解当地的文化资源；既要了解现状，也要了解历史，这样才能最大限度地发挥地域的优势。

所谓可读性，就是要吸引广大读者，让一般读者看了长知识，专家学者看了有收获，行政领导看了受启发。在文字表达上，力求准确、鲜明、生动。

本书各卷都分为上下两编，上编对本地文化作纵向的考察，下编则对本地文化分门别类重点地作横向的论述，纵横结合，以期更深入细致地阐明各地文化的状况。各卷还有绪论，对本地文化从理论上加以探讨。本书随文附有大量插图，图文并茂，以增加直观的感受。

本书的编撰带有开拓性和探索性，我们自知远未达到成熟的地步，倘能对中国地域文化的研究，对中国文化的健康发展，起一点促进作用，参加编撰的大约 500 位学者将会深感欣慰。

2010 年 6 月 2 日初稿
2010 年 9 月 10 日第 7 次修改
2010 年 12 月 12 日第 11 次修改
2011 年 12 月 26 日第 12 次修改

【注释】

① 参见《世界地图集》中华人民共和国概况，中国地图出版社 2004 年版，第 228 页。

②《中国自然地理图集》，中国地图出版社 2010 年版，第 221 页。

③ 参见侯仁之主编《黄河文化》第一编第一章第四节，华艺出版社 1994 年版，第 29 页。袁行霈、严文明、张传玺、楼宇烈主编《中华文明史》第一卷第一章《中华文明的曙光》，北京大学出版社 2006 年版，第 67—73 页。

④ 20 世纪的考古发现，特别是二里头文化的发现，证实了夏朝的存在。参见袁行霈、严文明、张传玺、楼宇烈主编《中华文明史》第一卷第二章《中华文明的肇始》，北京大学出版社 2006 年版，第 95—127 页。

⑤《中国自然地理图集》，中国地图出版社 2010 年版，第 222 页。

⑥ 关于长江流域旧石器和新石器时期的遗址，考古学界有许多发掘报告和研究成果。季羡林主编《长江文化研究文库》中《长江文化议论集》收有陈连开、潘守永《长江流域是中华文明的重要发源地》一文，对此有简明的综合介绍，湖北教育出版社 2005 年版，第 21—41 页。另外，此文库中严文明《长江文明的曙光》，李天元、冯小波《长江古人类》，赵殿增、李明斌《长江上游的巴蜀文化》，张之恒《长江下游新石器时代文化》均有综合性的介绍，本文均有参考。关于这些文化的年代，考古界的说法不尽一致，大致距今都在三千年以上，早的可达五六千年以上或更早。

⑦ 苏秉琦有"多源一统"的说法，见其《关于重建中国史前史的思考》，《考古》1991 年第 12 期。此所谓"多源同归"的提出受其启发，又与之不尽相同，更强调各个源头的文化之间动态的交融、汇合。

⑧ 参见《中国大百科全书·民族》"中华民族"条，中国大百科全书出版社 1986 年版，第 573—574 页。

⑨《孟子·离娄下》："孟子曰：舜生于诸冯，迁于负夏，卒于鸣条，东夷之人也。"杨伯峻《孟子译注》，中华书局 1960 年版，第 184 页。

⑩ 汉陆贾《新语·术事第二》："大禹出于西羌。"中华书局《诸子集成》本，1954 年版，第 4 页。《史记·六国年表》："禹兴于西羌。"中华书局点校本，1962 年版，第 686 页。

⑪《魏书》卷一《帝纪第一·序纪》："昔黄帝有子二十五人，或内列诸华，或外分荒服。昌意少子，受封北土，国有大鲜卑山，因以为号。……黄帝以土德王，北俗谓土为托，谓后为跋，故以为氏。"中华书局点校本，1974 年版，第 1 页。

⑫ 参见田余庆《北魏孝文帝》，《中华文明之光》上，北京大学出版社 2004 年第 2 版，第 338—344 页。

⑬《元史》卷六《世祖本纪》：至元四年正月"癸卯，敕修曲阜宣圣庙"，"五月丁亥朔，日有食之，敕上都重建孔子庙"。中华书局点校本，1976 年版，第 113、114 页。

⑭ 见《元史》卷一百四十六《耶律楚材传》，中华书局点校本，1976 年版，第 3455—3464 页。

⑮ 参见史革新《略论清朝入关前对汉文化的吸收》，《炎黄文化研究》第 2 辑，大象出版社 2005 年版，第 158—169 页。

⑯ 参见苏秉琦《苏秉琦考古学论述选集》，文物出版社 1984 年版。

⑰ 参见袁行霈、严文明、张传玺、楼宇烈主编《中华文明史》第四卷，北京大学出版社 2006 年版，第 26—33 页。

⑱ 《宋史》卷四百二十七《张载传》，中华书局点校本，1977 年版，第 12724 页。

⑲ 《后汉书》卷七十二《董卓传》云：董卓"尽徙洛阳人数百万口于长安，步骑驱蹙，更相蹈藉，饥饿寇掠，积尸盈路。卓自屯留毕圭苑中，悉烧宫庙、官府、居家，二百里内无复孑遗。又使吕布发诸帝陵及公卿已下冢墓，收其珍宝"。中华书局点校本，1965 年版，第 2327—2328 页。

⑳ 《后汉书》卷七十九上《儒林列传》云："初，光武迁还洛阳，其经牒秘书载之二千余两，自此以后，参倍于前。及董卓移都之际，吏民扰乱，自辟雍、东观、兰台、石室、宣明、鸿都诸藏典策文章，竞共剖散，其缣帛图书，大则连为帷盖，小乃制为滕囊。及王允所收而西者，裁七十余乘，道路艰远，复弃其半矣。后长安之乱，一时焚荡，莫不泯尽焉。"中华书局点校本，1965 年版，第 2548 页。

㉑ 关于侯景之乱，参见《梁书》卷五十六《侯景传》，中华书局点校本，1973 年版，第 841—861 页。

㉒ 宋范成大《石经始末记》引《石经考异序》云："按赵清献公《成都记》：伪蜀相毋昭裔捐俸金，取九经琢石于学官……依太和旧本，令张德钊书。国朝皇祐中田元均补刻公羊穀梁赤二传，然后十二经始全。至宣和间，席文献又刻孟轲书参焉。"见孔凡礼辑《范成大佚著辑存》，中华书局 1983 年版，第 159—160 页。

㉓ 参见张秀民著、韩琦增订《中国印刷史》上，浙江古籍出版社 2006 年版，第 32 页。

㉔ 参见袁行霈主编《中国文学史》第二卷，高等教育出版社 1999 年版，第 450 页。"诗客曲子词"之说见于欧阳炯《花间集叙》。又，《四部丛刊》影宋抄本《禅月集》昙域《后序》曰："众请昙域编集前后所制歌诗文赞，日有见问，不暇枝梧。遂寻检稿草及暗记忆者约一千首，乃雕刻成部，题号《禅月集》。"《四库全书总目提要》卷一百五十一《禅月集》曰："昙域《后序》作于王衍乾德五年，称'检寻稿草及暗记忆者约一千首，雕刻成部'。则自刻专集自是集始。"（中华书局影印本，1965 年，第 1304 页）亦可见蜀地文化的发展状况。

㉕ 参见曹松叶《宋元明清书院概况》（续），《国立中山大学语言历史学研究所周刊》第 10 集第 113 期，1930 年版，第 7 页。

㉖ 柳玭《柳氏家训序》："中和三年癸卯夏，銮舆在蜀之三年也。余为中书舍人，旬

休，阅书于重城之东南，其书多阴阳杂记、占梦、相宅、九宫、五纬之流，又有字书、小学，率雕板印纸，浸染不可尽晓。"见《旧五代史》卷四十三《唐书》十九《明宗纪》附《旧五代史考异》引，中华书局点校本，1976 年版，第 589 页。

㉗ 参见张秀民著、韩琦增订《中国印刷史》上，浙江古籍出版社 2006 年版，第 22 页。

㉘《史记》卷二十九《河渠书》曰："蜀守冰凿离碓，辟沫水之害，穿二江成都之中。……至于所过，往往引其水益用溉田畴之渠，以万亿计，然莫足数也。"中华书局点校本，1962 年版，第 1407 页。

㉙《宋史》卷四百二十七《邵雍传》，中华书局点校本，1977 年版，第 12727 页。

㉚《宋史》卷四百二十九《朱熹传》，中华书局点校本，1977 年版，第 12767 页。

㉛《明史》卷二百八十七《文徵明传》云："吴中自吴宽、王鏊以文章领袖馆阁，一时名士沈周、祝允明辈，与并驰骋，文风极盛。徵明及蔡羽、黄省曾、袁袠、皇甫冲兄弟稍后出。而徵明主风雅数十年，与之游者王宠、陆师道、陈道复、王毂祥、彭年、周天球、钱毂之属，亦皆以词翰名于世。"中华书局点校本，1974 年版，第 7363 页。

㉜《屈子文学之精神》，见《王国维遗书》第五册《静安文集续编》，商务印书馆，1940 年版，第 31—32 页。

㉝《隋书》卷七十六，中华书局点校本，1973 年版，第 1730 页。

㉞ 参见袁行霈主编《中国文学史》第四卷，高等教育出版社 1999 年版，第 342—343 页。

㉟ 参见《中国大百科全书·中国文学》，中国大百科全书出版社 1986 年版，第 697 页。

㊱ 香港特别行政区民政事务局与中国社会科学院考古研究所联合，在新界与大屿山岛之间的马湾岛东湾仔北，发现新石器时代中晚期至青铜时代早期的居址、墓葬和大批文物。被评为 1997 年全国十大考古新发现之一。见邹兴华、吴耀利、李浪林《香港马湾东湾仔北史前遗址发掘简报》，《考古》1997 年第 6 期。关于澳门的考古发现，参见邓聪、郑炜明《澳门黑沙》，香港中文大学出版社 1996 年版。

㊲ 苏秉琦把现今人口分布密集地区的考古学文化分为六大区系：以燕山南北长城地带为重心的北方，以山东为中心的东方，以关中（陕西）、晋南、豫西为中心的中原，以环太湖为中心的东南部，以环洞庭湖与四川盆地为中心的西南部，以鄱阳湖—珠江三角洲一线为中轴的南方。见《中国文明起源新探》，三联书店 1999 年版，第 35—36 页。

目　录

下　编

第一章　独特摇篮：喀斯特生态文化

图片目录

彩　页

插　图

绪 论

贵州简称"黔"或"贵"。

称"黔",应该与古代周边曾有过"黔中郡"、"黔州"、"黔州都督府"、"黔中道"的建置有关。黔中郡,战国时楚人建,秦人因之,治所大约在今湖南沅陵一带,辖区主要在今湖南省西北部,包括今贵州东北部的小部分地区。汉改称"武陵郡",约八百年后的北周建德三年(574)置黔州,其辖地包含秦汉黔中郡、武陵郡而有所扩大,治所移于今重庆市彭水县。唐、宋因袭黔州,唐又于黔州设置黔州都督府、黔中道,南宋绍定元年(1228),升黔州为绍庆府。元以后无"黔州"。"黔"、"黔中"、"黔南"的称谓,在唐宋时期就已出现,但都是黔州的别称,后逐渐移指明永乐年间建置的贵州行省。因为明代贵州省大部地处旧黔州之南,"黔"最后成为贵州省的简称,大概是张冠李戴、约定俗成。

称"贵",据说因为唐代在乌江以南设羁縻州,其中有矩州。至宋太祖时,对矩州土著首领普贵写了篇《赐普贵敕》,居高临下地说:"予以义正邦华夏,蛮貊罔不率服。惟尔贵州,远在要荒。先王之制,要服者来贡,荒服者来享,不贡,故我伐之。"①或许是普贵用乡音说的"矩"字让皇上听成了"贵"字,或许是当年皇上写了个错别字,才有了"贵州"的称谓。

第一节　贵州的自然环境

贵州自然地理的变迁　贵州先民居处的自然环境　人的自然化与自然的人化

上古的贵州，从元古代的"武陵旋回"到新生代的"喜马拉雅旋回"，沧海桑田，共经历了21次地壳运动：垂直方向共18次，时升时降，称为"造陆运动"；水平方向3次，时拉时挤，叫做"造山运动"。

14亿年前的"武陵旋回"或名"梵净运动"——以贵州的武陵山脉之巅梵净山而得名——将厚达万余米的地层打褶起皱，一举将贵州抬举为陆。之后，大洋板块俯冲过来，致使大陆板块挠曲，这片陆地复沦入大海。4亿年后，"雪峰运动"才使贵州大部重新成陆。尽管石破天惊，海陆变幻，但生命势不可挡。到元古代后期，出现了海藻和低级原始动物。到泥盆纪的3.7亿年前，地球像皮球鼓气，隆起，破裂，凹陷之处海浪滔滔，火山爆发处则地壳上隆。地热释放后，又像泄气的皮球不规则收缩。然而，鱼类出现了，两栖类出现了，水曲岸边有了"贵州龙"。约在2亿年前的中生代三叠纪晚期，贵州完全升为陆地。其后经历了侏罗纪、白垩纪、古新世，直到始新世，太平洋板块对亚欧板块斜冲而来，巨大的力量使贵州左旋直扭，褶皱运动由东南向西北波及全省。其间，随着物种大灭绝，恐龙从极盛逐渐走向绝迹，新的哺乳动物和鸟类等物种却欣欣向荣，其中有一种珀加托里猴，或称是最早的灵长类。5600万年至3500万的始新世和渐新世之交，地球上有了真正的灵长目动物，如奥莫密猴，被称为"主干灵长类"。此时太平洋板块冲击方向改变，使印度次大陆与亚洲大陆碰撞，产生燕山—喜马拉雅造山运动。受到东、西两向的挤压，基本形成了今天的贵州高原面貌，时间约在3750万年前。此时有了更具猿猴特征的"主干类人猿"。约600万年前，人猿站了起来，迈步而行。再过200万年，已行走自如。150万年前，真正的直立人，如贵州的"桐梓人"，就点着火四处迁徙；约20万年前，成为智人，如贵州的"水城人"，就生存在此时的这片土地上。

这些先民们大致面对着这样的环境：多山多水，气候宜居，森林丰茂，动物成群。

一、多山多水：宏观地看，这是一个山地占 87%，丘陵占 10%，平坝只有 3% 的区域。几条山脉蜿蜒匍匐于高原之上：北面的大娄山，东北的武陵山，西北的乌蒙山，西南的大王山，东南的苗岭，时断时续，宛如数条凝固的青龙，时而首尾明晰，时而仅露一鳞半爪，时而分为数支小山脉，恰似长髯飘动，利爪伸张。青山之间，不时可见银色的河流纵横交错，仅 10 公里以上的河流就有近千条，好像绞缠在青龙身边的白龙。这些河流源于中西部，顺势往东、南、北三个方面而行。青、白龙之间，时有丘陵措置，像是巨龙身边涌动着的云朵，千姿百态。那山间错落有致的绿色小盆地和白色小水塘，像碧玉、珍珠，装点于青龙与白龙之间。

微观地看，该地域以透水可溶的碳酸盐类岩石为主，含二氧化碳的流水像雕塑家，不断对大地进行着既有规律而又出人意表的雕琢，不仅使地面山水绵延，显现龙腾虎跃之势，也使地下溶洞纵横，具有千姿百态之容。

二、气候宜居：该地域在地球北纬 24°37′ 至 29°13′ 之间，平均海拔在 1000 米以上。自北方来的冷气流与自印度洋来的暖湿气流常交汇于此，致使云锁雨浓。低纬度、高地势，百里之内，此温彼凉。一般说，西北略寒冷，而黔东黔北的几个河谷略温热，大多地方，夏无酷暑，冬无严寒。

三、森林丰茂：这片土地从海洋脱颖而出后，陆生植物便蒙茸其上，虽经新生代的冰川气候侵袭，但群山却似竭力地保护着自己绿色的植被。冰川过后，珍稀植物，与恐龙同时代的大木本植物桫椤，以及银杉、秃杉、珙桐等，依然生机盎然。史志记述明清时森林密布的情景：黔东南雷公山，古称"牛皮大箐"，《贵州通志》说："地周数百余里，皆深林密箐，林木葱茂，其木多松杉"；黔东北和黔北，集中分布着针叶林阔叶林，《桐梓县志》记："桐梓县境，跬步皆山，箐密林深，中山竞美"；东北部，清《续黔书》述："思南有甑峰，盘亘铜仁、思州、石阡数百里，大木硕草，莫不茂者，腾林拂云。幽烟冥缅，穿崖造汉，兀石无阶，杳无人居，人迹亦不能到"；黔西南，《兴义府志》称：大山"万里重叠，古木参天"；就是省城贵阳，今闹市一带，旧称"黑羊箐"，可想见林木森森，黑羊出没的景象，而其市郊，不少地方还"树深不见石，苍翠万千里"②。

四、动物成群：林木繁茂，动物资源必然丰富。据记载，康熙二十二年，平远州（今织金县）"虎豹麋鹿，亦时时游城中"。另据今学者研究：在贵州，唐宋时还有大熊猫，宋代还有亚洲野象，到清代野生犀牛才最后灭绝③。明清如此，可以推想：先民面临的自然环境，当然更为丰饶。

自然环境对人类有如母亲，科学家们说：几种恰到好处的平衡，才使宇宙、地球和人类得以存在。贵州的自然环境亦复如此，它那适宜的温度、湿度、海拔等，就像母亲的乳汁，哺育着自己的儿女：大山的岩洞窟穴，给贵州人以栖身之所；大山的林木野兽，给贵州人以食物遮蔽；大山的石料，给早期人类以制作工具的材料。贵州的大山，又像母亲展开坚强的臂膀，悉心呵护着弱小的孩子并使之各有特色：大山阻隔，免于被外来者侵扰；黔东南气候温润，饶多林木，才有吊脚楼、鼓楼、风雨桥等；黔中喀斯特发育完全，随处岩石，才有石臼、石瓦、石墙、石屋、石城等。

渐渐地，自然环境在贵州人心里也有如母亲：一段石崖可以当作母亲神灵的化身而受人祭拜，植物和动物也可能被看成人类的始祖，等等，就像那相看两不厌的山，无语东流去的水，赋予了贵州人生动的生命感和浓厚的情感。

以上意思，如果要用规范的学术语言来表述，就是：人能动地改变着自然环境使之符合自身需要的同时，也被自然环境养育化育着并热爱它、敬畏它、欣赏它。卡尔·马克思将此说成"人创造环境"、"环境也创造人"；哲学家李泽厚称为"自然的人化"、"人的自然化"；社会学家潘光旦则用十足地道的中国腔调叫做"中和位育"④。

第二节　贵州人的历程与贵州的历程

"贵州人"的历程　贵州与中央政权关系的历程

"贵州人"，是指现在划定的贵州省区域内的生存者和文化的创造者；"贵州人的历程"，就是贵州人从何而来。

早先的人类称"原始先民"。其来源有一元论和多元论两种猜想。一元论认为：全球人类都来源于非洲并向四处扩散。如德国学者魏敦瑞就认为人类从非洲向四处迁徙，一支迁到德国，以"海德堡人"为代表，另一支迁到中国，以"北京人"为代表，还有一支迁到爪哇，以"爪哇人"为代表；而无论北京人和爪哇人，迁徙时都可能经过中国西南。多元论则认为：不仅非洲，就是中国，特别是其西南，也可能是人类发源地。考古学家苏秉琦说："要探索人类的起源，非洲和亚洲是最有希望的地区，其中也包括中国在内。因此有人提出中国（特别是中国西南地区）是人类起源的摇篮之一，并不是没有一些道理的。"⑤总之，无论是一元论者还是多元论者，都认为中国西南曾居住过乃至孕育出早期人类。

于是，人类学家贾兰坡等到中国西南探寻，并逐渐在云南开远、禄丰发现了森林古猿的化石，在元谋发现了早期直立人的化石，又在贵州发现晚期直立人"桐梓人"、早期智人"水城人"、晚期智人"兴义人"等。这样，有森林古猿、各期直立人、各期智人，人类形成的各链条在此完美衔接，再无缺环！贾兰坡于是判定："我国西南广大地区，根据已有的线索，位于人类起源的范围之内。"⑥

在旧石器的贵州，不仅发现了人类的化石，更发现其独具特色的生产工具：一、锐棱砸击法加工的石器，二、骨角器。

石器加工技术的历史演变依次为：碰砧法，投击法，锤击法，砸击法等。后者把砾石的一端斜置于石砧上，一手握石锤，一手扶砾石，两相猛砸，在砾石较突出的棱面上，用石锤的突棱面直接打下石片，制造出锐棱砸击石器。贵州先民早在旧石器中期就使用该法，而四川、广西、广东、台湾等地发现的该类石器，处于较晚的旧石器晚期和新石器时期。

加工骨角器，在当时属高难技术，全国发现不多。贵州的骨器不仅数量多，而且品种齐。数量上，我国出土骨器的遗址很少，贵州就有十余处；北京山顶洞等处都只发现1件，而贵州仅穿洞一址就发现近千件。品种上，有骨锥、骨叉、骨铲、骨刀、骨针等，还有全国旧石器时代唯一的骨镞、角铲各一。裴文中曾称赞：贵州的骨器数量之多，花样之广，中国罕见，世界少有⑦。先进的骨器，意味着贵州先民的生活、生产水平质量好效率高：骨针缝纫方便，制衣必然相对精良；骨铲挖掘块根有力，意味着当地人营养相对丰富。

如果以贵州"水城人"生存的20万年前为起点，新石器时代开端的1万年前为终点，将其压缩成24个小时，那么，贵州的生产力曾有22个小时领先。

旧石器时代是采集和狩猎的时代，贵州的喀斯特山地环境为果蔬兽肉提供了不竭的来源。可是，进入新石器时代，农业文明兴起，贵州崇山峻岭，没有千里沃野和万里湖泽，庄稼难种，辉煌不再。这块土地上的先民们可能离开故土，逐水沛土肥之地而去。从石器看，似乎有一些迁往东南沿海周边地区，乃至往台湾而去。当然，也不时有新的人群迁徙进来。

先民们去去来来，相互交融，最终定格成贵州现存的17个世居少数民族、汉族和其他兄弟民族。这些少数民族的族源难考，一则因汉族文献多以居高临下的目光遥视异族，往往记载粗疏而浅陋杂乱；二则因少数民族多口耳相传，往往阐释过度又记忆模糊，所记皆难为确证。但学者们用汉文文献的只言片语、各少数民族的典籍或口头传说，加上考古材料、个人推测、集体讨论、权威认定等，大致达成共识：西南的少数民族，源于古代的四大族群：百濮、氐羌、百越和苗瑶。再分化出民族：百濮可分出仡佬族；氐羌可分出彝、羌、土家、白族等；百越可分出布依、侗、水、毛南、壮、仫佬族等；苗瑶分出苗、瑶、畲族等。

据推测，贵州各少数民族的历史分布大致是：秦汉以前，北部主要为百濮所居，南部主要为百越所居；秦汉以后，更多的氐羌和苗瑶进入；至唐，形成了板块状的民族布局：黔西、黔西北主要为彝族，间有仡佬族；黔北主要为仡佬族，间有苗族；黔东北主要为土家族、苗族，间有仡佬族；黔东、黔东南主要为苗族、侗族，间有水族、瑶族；黔南主要为布依族、苗族，间有水族、瑶族；黔西南主要为布依族、苗族，间有彝族；黔中是几个板块的结合处，多民族杂居。

汉族民众进入这片土地也很早：最早的纪录在春秋战国时，楚伐宋、蔡，遗民被发配于此。至汉武帝打击南越，夜郎、且兰等国纷纷依附。汉先设犍为郡，后建牂牁（或作牂柯）郡，移豪民填南夷，招募内地豪族大户及其佃农迁入黔地。唐乾符年间讨伐南诏，太原人杨端应征，留居今遵义。五代的后晋部队路过今惠水县，留兵驻守。北宋仁宗征伐今广西一带，驻留部分军队于红水河南岸。等等。因为当时汉族在贵州属少数民族，有的习俗渐与少数民族混同，如春秋时的宋、蔡两大姓，迁入贵州早，长期与彝族错杂而居，受其影响大。《百苗图》对彝族"黑倮儸"的描写为："以青布笼发，束于额，若角状。"而对蔡氏一族的描述为："男子衣毡衣，女则制毡为髻，缘饰青布，高尺许，若牛角状，以长簪绾之"[8]，以至于称蔡氏为"蔡家苗"。此类现象，称"汉人夷化"。

至明代，因军事和经济需要，朝廷实行"移民实边"、"移民就宽乡"政策。首先，采用"军屯"，在贵州遍设卫所，中原、江淮军人不下20万，再加扶老携妻，生儿育女，推测最终约七八十万人。其次，采用"民屯"，有内地失地的农民，也有发配的罪犯。再次，人口渐多，自然形成消费市场，出现"商屯"。于是，为军、为民、为商的汉人日增。至清代，他省人地矛盾突出，移民更多，再引入高产耐旱作物，又实行"改土归流"政策，清乾隆以后，汉族逐渐占多数。

总之，"贵州人"这个词，应该包括世居少数民族和汉族，他们共同在贵州这片土地上生存并创造出自己的文化；而从世居的贵州少数民族到现在所说的"贵州人"，有一个迁移、融合、共生的历史进程。

贵州与中央政权的关系及其演变，大致也应从两方面来审视：一方面，世居少数民族与中央政权从相对独立、高度自治到关系密切、基本接受管理的关系演变历程；另一方面，中央政权从形式上统领到实际统一管理的关系演变历程。

一般的贵州史，都采用传统汉族史书的习惯，侧重谈中央王朝对贵州这块土地的统领过程，注重其建置沿革。其实，虽然明代以前的中央王朝当政者想把这片土地纳入大一统管理，但总体上看，是形式统治多，实际管理少。究其原因，一是贵州地瘠民贫，管理收益太低，直至明代建省后，全省财赋仍不及江南一大郡。二是山崇岭峻，当地少数民族自主性强烈，开发和管理的成本太高。上述两点，致使贵州建省30多年后，朝廷上还有"撤省"之议。三是文化环境和习俗与汉族差异大，外省人往往谈贵州"瘴气"、"放蛊"等而色变。明代建省200多年以后，《桃花扇》的作者孔尚任谈到贵州时还说："轮蹄之往来，疲于险阻，怵于猛暴，惟恐过此不速"，"即官其地者，视为鬼方、蛮触之域，恨不旦夕去之"⑨。第四，应当也是最核心的一点，对贵州相对宽松的治理，不会给中央王朝的总体政治、经济格局有大的负面影响。

先介绍相对独立、高度自治的少数民族的自治制度。这些制度，总体上仍建立在父系氏族社会的基础上。兹以黔南白裤瑶族的"油锅"制、黔东南苗族的"鼓社"制、黔西北彝族的"家支"制三例，说明贵州不同自然环境、不同生活资料、生产方式下的自治制度特色。

在黔南，瑶族人身处深山密林之中，旧时地广人稀，气候温润，在周边民族的挤压下，长期以原初人类的狩猎加刀耕火种为获取生活资料的手段。其生活群体不大，同一父系血缘者称为"同一口锅吃饭者"，汉译"油锅"，带有明显的血缘群体特征。其生活所在地的山川、土地等均为公产，内部自由使用，外部不得染指。其社会有阶层而无脱离生产的阶级。日常管理、生活有头人管，狩猎有打猎领队管，宗教有鬼师管，议大事则靠民主共议。所议涉及生存的方方面面，一旦议定，形成规章，人人须严格执行，不得违反。几个油锅组成一"排"，几个"排"组成"大排"。大排的首领称"大王"，是瑶族地区自治组织的最高领导人。

黔东南苗族，处于号称"苗家粮仓"的清水江流域，属定耕农业，能容纳的生活群体较大，形成"鼓社"制度。"鼓"被认为是祖先神灵居处之所，同一鼓者为同父系血缘者。其管理者主要为"四老"：寨老、活路头、牯脏头和鬼师傅，与瑶族头人类似，他们不脱离生产，主持祭祀、生产、婚姻、仲裁、军事等公共事务。定耕及生活群体的扩大，使血缘与地缘关系共存，但氏族公社遗迹尚存。

贵州彝族，主要居住在黔西北。地处山原，略寒凉，既有畜牧传统，又有农耕经验，历史悠久，具有自己的文字，与云南、四川的部分彝族有亲缘关系，其生活群体更大。靠父系血缘统领着"家"，其后人分别立"房"，立"支"，形成庞大的"家支"制度。家支制度是有阶级的组织：有头人，虽仍带若干氏族民主制中长者的色彩，但社会地位和经济地位与众不同，其地位世袭，嫡长子继承，形成嫡庶、长幼、亲疏的天然秩序。其血缘与政治相统一的宗法制，略似中原周代的社会组织形态。在此基础上订立法规，家有家规，乡有乡约，家支组织还用文字记录着家支法律。据说，当年在西南夷中很强大的夜郎国就为这个民族所建立。（参见本书下编第二章《未解之谜：夜郎文化》、第三章《大美不言：世居少数民族文化》）

再介绍中央政权从形式上统领到实际管制的演变历程。

《史记·西南夷列传》说"秦时常颇略通五尺道，诸此国颇置吏焉"，可见秦始皇时，曾靠着贵州的西北边境赫章、威宁一带修了条小道。没有大道的地方是无法大规模输送足够军队、辎重、粮食等"硬件"的，即使有了"硬件"，若没有共同的语言、习俗、价值观念等"软件"，中央政权也扎不下根来。当时"颇置"之吏顶多不过是中央驻地方办事处的个别工作人员之类，说不定还是临时任命的当地土酋。但是，贵州这片土地总算引起了中央的关注。

汉武帝雄才大略，也曾兴起开发西南夷、平定南越之心。据《史记·西南夷列传》和《汉书·西南夷两粤朝鲜传》记载，汉武帝建元六年（前135），鄱阳令唐蒙给武帝献策，听说夜郎国有十余万精兵，且其国沿牂柯江，若借其兵"浮船牂柯江，出其不意，此制越之一奇也"。以夷制夷，皇帝赞成，任为郎中将。唐蒙一手握千人部队，一手拿绫罗绸缎，一硬一软，夜郎国君及旁近小邑都依附了汉王朝。但此行成本太高：上千兵力需要一万多人运送粮草；还需要修新路——募集数万人修路，山高路险、工程艰巨、手段原始、死伤无数，不仅官兵积怨，还引得"西南夷又数反。发兵兴击，耗费无功"。当时对汉朝政治格局构成主要威胁的是北方的匈奴，皇帝权衡再三，除设置南夷、夜郎两县外，暂时放弃了这片土地。二十多年后，到汉武帝元鼎六年（前111），南越王收买夜郎反汉，南方又成了矛盾的冲突点。汉武帝先派兵消灭了南越，再派都尉唐蒙到夜郎笼络之，"西南夷君长以百数，独夜郎、滇受王印"。又过了几十年，到汉成帝河平年间（前28—前25），夜郎王兴与句町、漏卧等发生战争，汉王朝派牂柯太守陈立等数次调停、劝谕，但夜郎王兴拒不听命，被杀；接着其岳父翁指胁迫周边22邑武装抗拒，又被消灭。夜郎国虽已经消亡，但据《后汉书·南蛮西南夷列传》说："夷僚咸以竹王（即夜郎国王）非血气所生，甚重之，求为立后。牂柯太守吴霸以闻天子，乃封其三子为侯，死配食其父。今夜郎县有竹王三郎神是也。"此时，贵州大部虽已形式上依附于中央王朝，但后者治理贵州的条件仍不足，所以实际统治未实现，只形成"郡国并治"的格局，"且以故俗治，无赋税"，有"一国两治"的意思。东汉、魏晋大致仍其旧。

时至唐代，改"郡"为"州"，又将州分为经制州和羁縻州两类：前者又称"正州"，在经济发达地区设置，由朝廷委派官员治理，编户齐民，征税派役；后者一般在沿边少数民族地区设置，由当地土著首领用当地习俗管理民众，赋税等不入版籍。中央政府对后者的态度是"来者不拒，去者不追"，但来者需接受朝廷任命，子孙虽可世袭，但也由朝廷册封，并要求保境安民，效忠朝廷。当时，贵州境内划为"正州"者主要在乌江以北和黔东北一带，由黔中道管辖，其余地区，主要是羁縻州。除此两类州外，贵州还有一些隶属关系更远的"藩属"少数民族方国。这种"一国三治"的状况沿袭至两宋："两宋时期，仍沿袭唐代旧制，实行'经制州、羁縻州和藩国并存'。宋代对今贵州的控制比之唐代更为松弛，当时，贵州大部分地区属夔州路，正州甚少，绝大部分均属羁縻州。"⑩

至元代，政务由中书省出。因为地盘大而政务多，只能在全国设立11个代行中书省的区域，简称"行省"。今贵州地被分为思州军民安抚司、播州军民安抚司、新添葛蛮安抚司、乌撒乌蒙宣慰司、亦溪不薛宣慰司等司，分属湖广、四川、云南三行省，管理"比同内地"，结束一省数制，施行统一号令。虽然如此，当时的王朝依然存在实际统一治理条件不足问题，于是在行省统辖下，少数民族地区仍实行"以土官治土民"，因为以土官治各司，故称"土司"，呈现"土流并治"的状况。

明朝初建，元代残余势力梁王把匝剌瓦尔密仍盘踞在云南，明太祖派兵攻打并取胜后，他需要在四川、云南、广西等省之间建立一个举足轻重的军事堡垒，于是把目光投向贵州这片在军事战略上十分重要的土地。朱元璋雄才大略，一方面，整治驿道以通信息和辎重，建设军屯以资守卫，保卫驿道通畅；另一方面，安抚土司并渐次推进改土（司）设流（官）以奠定政治基础，施教重儒以整合文化意识形态。硬软兼具。硬的真硬，那时贵州仅占了全国面积不足 2%，却驻扎了全国 10% 的军队；软的不软，尚未建省，明太祖就一面调贵州土司的子弟进京入学，一面在贵州推广儒学，加强教化。在此基础上，明永乐十一年（1413），再从湖广、四川、云南三省各划出一块地，组成了全国第 13 个行省——贵州。从此，贵州从制度到思想，最终融入中华民族大家庭。

尽管明王朝力图推动把土司纳入到国家统一的政治制度，但当时的少数民族大部分还在各土司的统领之下，出现了沿驿道干线密布的汉族卫所（兼农垦与军事）与其余大部分区域土司云集的"环卫皆土司"的情景。到了清代，强硬的云贵总督鄂尔泰遇上勇于任事的雍正皇帝，鄂上疏："欲百年无事，非改土归流不可，欲改土归流，非大用兵不可。宜悉令献土纳贡，违者剿。"满朝文武大惊失色，雍正皇帝却大悦："此奇臣，天赐朕也。"[⑪]元、明两代打下了相对好的治理基础，清代这对君臣才不惜以强硬的武力推行大一统的政治秩序。于是，贵州少数民族传统生存秩序与中央王朝间的矛盾酿成激烈的冲突。据不完全统计，清代 268 年中，战争年份达到 227 年，占清代年份的 85%。血与火的前奏以更有统一秩序的乐章结束。贵州省从制度上到文化上更进一步纳入大中华的制度系统。

总结中央政权与贵州关系的历史，贵州是从"新疆"到"旧域"，被中央政权逐步纳入为统一大国的过程。从中央政权的角度看，该进程的难度也许在于特定自然环境下道路交通的阻隔、军事力量的聚集、粮草后勤的供给、收入产出的效率等等，但或许更难处在于广大少数民族的文化认同及其管理体制上。所以，即使强猛如鄂尔泰，在把土司制度改为流官制度的操作过程中，也是有所区别的："土司改流，原属正务，但有应改者，有不应改者，有可改可不改者，有必不可改而不可不改者，有必应改而不得不缓改者，有可不改而不得已竟改者。审时度势，顺情得理。"看来强行推进中，也还是顺情讲理的。其"情"其"理"，在于"有无过犯"[⑫]，即是否能纳入统一的政治秩序大格局。如能，其习俗制度等也不必改。

有赖于崇山大川的护佑，有赖于少数民族同胞的坚守，也有赖于中央王朝的宽容，贵州才拥有了今天如此丰富的原生态文化。

第三节　贵州地域文化特色及意义

多彩与"两大原色"并存　保存文化多样性、和谐包容的多民族文化
体现国家认同、积极刚健的精英文化

　　贵州地域文化的特色何在？学者们常用"中原"、"荆楚"等特质鲜明的文化框架来衡量贵州地域文化：有用历史方国名字而称"夜郎文化"的，有因地理特征而称"高原文化"的，有用少数民族特点而称"少数民族文化"的，但又都不免偏于一隅，顾此失彼。有的学者苦苦寻觅后豁然开朗，不能用传统的框架来套贵州。其实，没有以某一文化为代表来呈现某种单一特色，恰恰正是贵州文化的独特之处——多种文化混杂就是它的鲜明特色。因政治军事目的而拼凑建省，全境并没有一个长期磨合、固定完整的历史地域空间，历史上从未有过"贵州"这个地域，只有牂牁、且兰和夜郎，或者湖广、四川和云南，当然也就没有相对独立完整的文化——人文地理显得混杂；有丘陵、坝子、溪峒、山原，且处低纬山区，地势高差悬殊，气候垂直方向差异大，所谓立体气候——自然地理显得混杂；与此相应的，是游耕与定耕并存，畜牧与农业兼具——生产物质生活资料的方式混杂；既有历史相对悠久的百濮、百越族群，也有相对迟来的氐羌、苗蛮等族群，还有后来大量迁移而来的汉族——民族成分显得混杂；既有贵州籍大员在朝廷上倡导建立京师大学堂，也有世代农民在田野间日出而作日入而息；有明清举人进士的朗朗书声，也有少数民族同胞的悠悠山歌——文化模式显得混杂……这些，都使贵州地域文化不仅迥异于中原江南，就是与少数民族占很大比例的广西、云南也似有所不同。习惯于常规的思考，对贵州地域文化就会茫然，直到蓦然回首，惯用的概念还来不及进入大脑，强烈的印象就是贵州的"多彩"。

　　贵州地域文化虽七彩斑斓、丰富多彩，却主要呈现出两大原色：其一类似于道家，遵循自然，守雌不争，乐天知命，平等和睦而又乐观自信，尤其体现在广大少数民族同胞和广大农民群众；另一原色类似于儒家，积极融入中原文化，走出大山，担当天下。如智杀安德海的丁宝桢，传承中华文化的郑珍、莫友芝和黎庶昌，挺身参与公车上书的贵州士子们，在抗日战场上血战淞沪、威镇滇西的黔军将士群体等等。

简单归纳贵州两类文化的意义：

类似于道家的那一类文化，其价值首先是保存了中华文化的多样性，保持了多层面的良好文化生态。

2005年10月第33届联合国教科文组织大会上通过了《保护和促进文化表现形式多样性公约》，将"文化多样性"定义为各群体和社会借以表现自身文化的多种不同形式，并在其内、其间传承。贵州地域文化因为山河阻隔、信息不畅、民族自尊等，形成对自身文化的坚守精神，为中华文化的多样性增添了可贵的色彩。这突出地体现在习俗文化上：衣食住行、岁时年节、人生礼俗、民间俗信、民谣歌舞等。这些是属于人类生活的共同习俗，却也最能体现出各自地域文化的特色。其内容丰富，只选择具有地域文化特色的衣饰、狩猎、发丧、舞蹈和戏剧为例。

衣饰属于服饰民俗。凡人都要穿衣，但穿什么、为什么要这样穿，却渗透着各自的智慧和情感。贵州有些地方苗族同胞的衣饰有如史诗，绣着该民族的苦难历程。比如赫章县苗民衣服上的花纹，有的象征着远古祖先败过黄河、退过长江；有的象征当年故园可爱的城池、美丽的山川等。以至于老人逝世，必须穿上这类衣服才能去面对自己的祖宗。这种衣饰，与工业社会时装模特儿演示的不仅有形制上的不同，更饱含着衣者对自身民族文化的认同和情感。

狩猎属于生产民俗。人类都曾猎食，但怎样猎食、为什么这样猎食，却包含各自的信仰。黔南的有些布依族狩猎群体分"上硐煤山"、"中硐煤山"和"下硐煤山"。前者专猎虎、豹等猛兽，其出猎分三阶段：猎手先独身探明猎物栖身处，回来向寨老请示；获准后要插路标于方圆五里外，告诫往来者注意安全；七天后猎手才能进山，在猛兽出没处设弩安箭，并念诵《请进经》。据称，被念过经的猎物会一路吼叫，待叫声骤停，则已中毒箭。一旦猎获猛兽，猎手们还要念《放出经》，放掉其余的虎豹，不能再猎。体现出对大自然的敬畏、对猎获物的感激、对自然资源的敬惜等。

发丧属于丧葬民俗。人皆有死，对死者也都发丧，但怎样发，却寄寓了不同的心理。黔东南岜沙的苗族同胞，当婴儿出生时，即种下一棵树，并取与婴儿相同的姓名。伴孩子成长，该树也成长；此人死亡时，即砍此树制成棺木相葬，并在砍树处再种上一棵树。这里蓊蓊郁郁的树木，不仅仅是作为客体的植物，而是与人合一的、值得敬重的生命主体。

舞蹈属于娱乐民俗。各民族都有舞蹈，但怎样跳，带什么样的感情跳，却体现出不同的精神。如黔东南有些地方的侗族祭祀上天，必须跳一组舞蹈：其一是"致天魂之舞"，由五名掌坛祭者，身披金丝方格纹法毡，脸上戴彩绘蛛丝纹图案面具。祭天时，主祭高举珠帘垂羽花伞，边走边旋；其余四位围绕四周，举起双臂、张开十指，环绕主祭共舞。以此共同摹绘天魂之形，请出天之魂后，依次还有"请神舞"、"酬神舞"、"丰收乐舞"、"百兽同乐舞"、"天功天德舞"、"祈福消灾舞"和"送神舞"。这样的舞蹈，早期没有游戏，没有表演，而是发自渴求生命、避免灾难的生存本能；没有旁观者，没有局外人，全体都融成一个生命的整体；没有欺骗，没有卖弄，只有发乎内心的虔诚；此外，这样的活动，无论在行为上，还是在道德上，都有一种不可违背、毋需理喻的神圣性。

这类文化的价值，还具有可贵的包容和谐的精神。

在贵州各少数民族的洪水与兄妹开亲神话中，体现出"各民族是同根同源的一家人"的意蕴：仡佬族的神话说，洪水过后，兄妹结亲，生下9子，各分化成苗族、彝族、仡佬、布依、侗家等。布依族的说：兄妹婚后，生下的小孩被砍成几块，肝变成了布依族人，肚子变成了苗族人，头和脖颈变成了汉族人等。侗族的则说：兄妹开亲生下肉团团，受乌龟启示，解剖开来分别将骨头丢往田坝，肉丢往河边，心肝丢往岩洞，肚肠丢往山坡等，第二天都分别变成了人：骨头变成了健朗的汉族人，肉变成了能歌善舞的瑶族人……结论是"我们汉、侗、苗、瑶，在很早很早以前，同是一个老祖母"。

黔东南雷山的苗族神话说：枫树倒下后飞出蝴蝶，蝴蝶与水泡泡结了婚，生下十二个蛋，蝴蝶不会孵蛋，请小鸟来孵，蛋中出来种种生物，而人类，不过是十二分之一。其内涵，不仅人类各民族是亲亲同胞，就是山川树木、鸟兽虫鱼，也是血肉相连的一家人。

如果知道神话对少数民族来说，具有真实性、真理性乃至宗教性，那么，这种包容和谐的精神，与当今世界"丛林法则"、"强者通吃"的政治哲学相比，与传统工业文明"对自然的否定就是通往幸福之路"的人类中心主义相比，更具"民吾同胞，物吾与也"的宽阔胸襟和美好情愫，并由此孕育出山头、山腰、山脚各住一个民族，长期和谐共处的景象，孕育出忍辱负重、顾全大局的明代彝族女政治家奢香等等。

贵州另一类文化略似儒家，引导贵州人积极融入大中华，乃至勇于挺身引领中原文化。贵州学者陈福桐生前长期钟情于此，曾提出过"六千举人，七百进士"与"贵州六百年的诗、志、禅"两大命题，其立论精辟，激励贵州后人奋发努力。

陈福桐曾细绎《明清进士题名录》等书籍，写道：用"六千举人、七百进士"为题，是因为贵州一向被省外人看作蛮荒之区，却有这么多的科举人才产生，该是一件雄奇之事：明代洪武时有桐梓的赵仕禄；正统时有务川的申祐、平越的黄绂；景泰时有贵竹的易贵、黄平的周瑛等等。而且这些人大都身正才高，给贵州、给中华历史添彩：申祐曾官至御史，土木堡之变时，挺身而出，代明英宗遇害；黄绂当御史时，敢于直谏，时称"硬黄"，朝野共赞，官至南京户部尚书；易贵当过辰州知府，是贵州最早研究《易经》并有论著传世者；在乡贤周瑛的影响下，身处黔东南苗疆黄平各族人民努力求学，中进士者就有 29 人，举人一百以上。清代进士、贵阳人周起渭参加了《康熙字典》的编纂；安平人陈法不但政风肃正，治水有方，且到新疆因地掘井，解民干竭，人称"陈公井"，其学术著作《易笺》也录入《四库全书》；独山人莫与俦，回到贵州任遵义府学教授，亲自讲授，启迪了"沙滩文化"的郑珍、莫友芝、黎庶昌等一代文豪；广顺有但明伦，官至两淮盐运使，闲暇时，手批《聊斋志异》，被称为"但评《聊斋》"，胡林翼曾因之而赞誉贵州多才俊；贵阳的陈田，官至给事中，曾弹劾奕劻和袁世凯，声震天下，编纂完成《明诗纪事》一百八十七卷；贵阳人李端棻，曾任礼部尚书，官至一品，但为国家命运而不顾自身利益之既得，积极支持康有为、梁启超等变法维新，并呼吁建立京师大学堂等改革措施，被发配新疆后返乡，仍向求学士子们宣讲卢梭、孟德斯鸠等人的民主自由学说，曾作诗曰："君不堪尊民不卑，千年压制少人知。奴隶心肠成习惯，国家责任互相推。峡经力士终能剖，山有愚公自可移。缅昔宣尼垂至教，当仁原不让于师。"

引发保守人士写诗警告他："康梁旧党至今多，劝尔常将颈子摸。死到临头终不悔，敢将孔孟比卢梭。"

谈及贵州的举人，陈福桐直感叹"举人六千多，从何说起？"只能以挂一漏万的遗憾心情举例：被省外称誉为"天末才子"的谢三秀，明末清初以诗才史学出名的吴中蕃，为南明抗清牺牲的杨龙友，写《鸳鸯镜传奇》讴歌明代忠烈杨涟、左光斗的傅玉书，译《华盛顿传》，最早介绍民有、民治、民享思想的黎汝谦，在贵阳和严修一起讲学经世学堂的雷廷珍……

科举制度固然有束缚思想、钳制人才的一面，但在封建时代，也只有这种选拔人才的方法可用，终于在明清两代，从贵州选拔出了六千举人、七百进士。当然，还有无数的秀才、无数一生不愿接受科举考试或没有机会、条件参加科举考试的贤达之士，他们为贵州的历史进程都做过有益的贡献。比如，没有举人"学位"的黎庶昌，却被曾国藩收入幕府，为其"四大弟子"之一，曾到中国驻欧洲使馆任过参赞，代表世界各国使节在巴拿马运河筹备会上发言，此后又两任驻日本公使，其间寻觅流落日本的中国古善本书汇刻成《古逸丛书》⑬。

关于贵州六百年的诗，陈福桐曾历数自古以来，特别是明清两代贵州诗人、诗作、诗集、贵州人对黔诗的自评，尤其是外人的评述。如莫友芝等曾编《黔诗纪略》，收录明代贵州241名诗人的佳作2500多首；清代莫庭芝、陈田等编辑成《黔诗纪略后编》，聚三百年黔诗。郑珍自评黔诗，最重谢三秀（其诗集名《雪鸿堂诗集》）和周起渭（字渔璜，号桐野）："贵州数诗家，有明推雪鸿。国朝二百年，吾首桐野翁。雪鸿宦不达，桐野寿未丰。天欲文西南，大笔授两公。谢诗春空云，周诗花林红。吾以两公较，尤多桐野雄。"陈夔龙评价乡贤郑珍、莫友芝："时称西南二子，是皆大雅扶轮，菁英特达，中原名硕未能或之先者。"省外评价，晚清著名诗人赵熙尝赞郑珍："绝代经集第一流，乡人往往讳蛮陬。君看缥缈綦江路，万马如龙出贵州。"胡适开列的《一个最低限度的国学书目》，中有郑珍的《巢经巢诗抄》；钱仲联《论近代诗四十家》道："清诗三百年，王气在夜郎。经训一菑畬，破此南天荒。"

关于史志。早在建省之前，宋代有今遵义等地的《遵义军图经》、《黔州图经》、《思州图经》；元代有《乌撒志略》等数种。建省之后，明代有弘治的《贵州图经新志》，嘉靖的《贵州通志》和万历《贵州通志》。自明永乐至崇祯二百多年间，共修方志七十多部，惜多亡佚；清代至民国，成绩也很可观。其中由郑珍、莫友芝等编修的《遵义府志》更获好评：张之洞《书目答问》推荐三本府志中就有该书；梁启超《清代学者整理旧学之总成绩——方志学》中赞美，在经名儒精心结撰或参订商榷的若干部志书中，"郑子尹、莫子偲之《遵义府志》或谓为府志中第一"。20世纪80年代，《中国历史地图集》主编谭其骧先生到贵州，曾说："贵州历史上的政治、经济和一般文化事业是比较落后的，独有方志如《遵义府志》等几部史书可媲美中州、江南。"

关于禅学。陈福桐认为，明朝万历之后，中原佛教呈衰微之势，独有滇黔大振宗风，为贵州营造出比"南朝四百八十寺，多少楼台烟雨中"还兴盛的景况。陈垣著《明季滇黔佛教考》中，对贵州佛教史有过叙述。贵州历史文献研究会等机构曾于20世纪90年代整理出版《黔灵山志》、《黔南会灯录》、《锦江禅灯》、正续《高僧语录》、《高峰山了尘和尚事迹》等文献。这些著作，受到全国高僧和佛学界的一致好评⑪。

总之，贵州地域文化虽属多彩，但却呈现这两种可贵的原色：类似于道家的多民族文化，丰富而包容，其可贵之处，不仅用自己的艰辛劳苦支撑了贵州人的生存和发展，更形成了与其他文化多元一体、和谐共处的基础；类似于儒家的精英文化，自强而奋进，其可贵之处，不仅展现了贵州人的勇猛精进，更在于有了他们，才把贵州地域文化与中华大文化紧紧地融为一体，使贵州人具有了共同国家、共同民族、共同命运的认同感。

两大原色看似矛盾，却恰成互补，共同形成贵州地域文化的双翼，必将托举起贵州未来的腾飞。

【注释】

① 宋代典籍中未见此记载。《寰宇通志》及《大明一统志》录此敕。转引自贵阳市地

方志编纂委员会办公室：《贵阳府志·卷一》注 22，贵州人民出版社 2005 年版，第 45 页。

② 刘家彦：《黔境再造——百年生态环境变迁的启示》，贵州民族出版社 2002 年版，第 2 页、3 页、4 页。

③ 分别见 [民国] 刘显世、谷正伦修，任可澄、杨恩元纂：《贵州通志·土民志》，[清] 黄元治撰：《黔中杂记》，清康熙霞举堂刊本；蓝勇：《中国历史地理学》，高等教育出版社 2002 年版，第 95 页、86 页、90 页。

④ 分别见《马克思恩格斯选集》，人民出版社 1972 年版，第 43 页；李泽厚《美学四讲》、《说天人新义》及《人类学历史本体论》，天津人民出版社，第 29—48 页；"中和位育"，潘光旦 "他认为人一方面是由环境、历史所决定的；另一方面，人又不完全是环境、历史的被动适应的产物。换言之，人固然一方面由环境与历史所决定，另一方面，却又无时不在改变环境。也正因为如此，他不满意于一般人将生物进化论中的 'adaptation' 或 'adjustmen' 翻译为 '适应' 或 '顺应'，而认为应当释作 '位育'，以体现人与环境、历史的双向互动关系"。见吕文浩：《潘光旦图传·胡传希序》，湖北长江出版集团、湖北人民出版社 2006 年版，第 2 页。

⑤ 白寿彝总主编，苏秉琦主编：《中国通史》第二卷，上海人民出版社 1994 年版，第 9 页。

⑥ 贾兰坡：《中国大陆上的远古居民》，天津人民出版社 1978 年版，第 6 页。

⑦ 陈云：《贵州博物馆自然之部》，载《贵阳文史资料》1984 年第 11 辑。

⑧ 刘锋：《百苗图疏证》，民族出版社 2004 年版，第 276 页、309 页、310 页。

⑨ [清] 唐树义、黎兆勋、莫友芝：《黔诗纪略》，关贤柱点校，贵州人民出版社 1993 年版，第 1082 页。

⑩ 贵州通史编委会：《贵州通史简编》，当代中国出版社 2005 年版，第 39 页。

⑪ [民国] 刘显世、谷正伦修，任可澄、杨恩元纂：《贵州通志·前事志》，贵州省文史馆标点本，贵州人民出版社 1988 年版，205 页。

⑫ 贵州通史编委会：《贵州通史简编》，第 127 页。

⑬ 以上详见陈福桐《晚钟出谷·六千举人七百进士》，贵州出版集团、贵州教育出版社 2009 年版，第 117—123 页。

⑭ 以上详见陈福桐《晚钟出谷·贵州六百年的诗、志、禅》，第 92—99 页。

上编

第一章

人文初现：远古至先秦

　　贵州地处云贵高原东部。史前时代，喀斯特地貌强烈发育，自然资源十分丰富。岩洞遍布的土地，是宜于古人类栖息、繁衍、频繁活动的地区。1964 年，著名考古学家裴文中在黔西观音洞进行发掘，揭开了发现贵州"史前文化"的帷幕。其后的考古发掘过程中，这块土地的史前文明更令人惊叹。洞穴中、阶地边和旷野上，远古先民都留下众多遗物、遗迹和遗址，其密集程度为国内罕见，呈现了从旧石器时代至青铜器时代丰富多彩的文化遗存，展现出绚丽多姿的贵州远古文化图景。

第一节　辉煌的旧石器时代

大自然的丰厚赐予　旧石器时代文化面貌　旧石器早期、中期、晚期文化遗存　奇特的"锐棱砸击法"　令人惊异的骨角器　新旧石器文化地层叠压现象

　　贵州的史前文化，至少可从 30 万年前说起。考古发现证明，更新世的贵州大地就有良好生态环境，适合于人类的生存发展。在人类的"婴儿"时期，地理环境对其生存发展的影响特别重要。贵州地处低纬度，

图上 1-1　贵州远古人类和遗址分布图

高海拔，属亚热带温润季风气候，大部分地区冬无严寒，夏无酷暑，雨量充沛。境内山脉众多，绵延起伏，北部的大娄山、东部的武陵山、西部的乌蒙山、东南部的苗岭、西南部的老王山五大山脉构成地形骨架。河流自西向东穿流其间。以苗岭为界，北有乌江、赤水河、清水江、㵲阳河；南有南盘江、北盘江、红水河、都柳江。支流遍布，纵横山间。温湿性的气候和多样化的地理，使得动植物常呈垂直状分布生长，形成丰富的自然资源，为古人类生存提供了取之不尽的食物来源。并且，贵州的喀斯特地貌充分发育，形成许多天然洞穴，石灰岩出露面积很广，是古人类栖居和发展石制工具的理想处所。基于此，古人类从数十万年前开始，便在贵州高原安身立命，生息繁衍，绵延不绝。

　　迄今为止，在贵州已发现旧石器时代早期、中期和晚期遗址一百多处①。发现如此丰富，位于全国前列。而且，贵州旧石器时代文化遗存的时代系列完整，遗迹遗物众多且特征鲜明，更以较多的人类化石及大量骨器、角器而形成特色，引起国内外考古学术界的极大关注。其中，旧石器时代早期遗址以黔西观音洞遗址、盘县大洞遗址、桐梓岩灰洞遗址为代表；中期以水城硝灰洞遗址、威宁王家院子遗址、毕节扁扁洞遗址为代表；晚期以兴义猫猫洞遗址、普定穿洞遗址、桐梓马鞍山遗址、六枝桃花洞遗址、普定白岩脚洞遗址为代表。在全国已知的旧石器文化遗址中，均占有显著地位。是中国南方旧石器时代文化的代表。

贵州旧石器时代早期遗址的文化面貌，以黔西观音洞遗址、盘县大洞遗址、桐梓岩灰洞遗址最为典型。

黔西观音洞遗址是旧石器早期重要的文化遗存。1964 年，中国科学院古脊椎动物、古人类研究所与贵州省博物馆联合考察队在此首次发掘，获得重要发现，并由此拉开了贵州旧石器时代考古的序幕。先后出土石核、石片、砍砸器、刮削器、端刮器、尖状器、雕刻器等三千多件和大量动物化石。因石器类型与加工技术多样化、石制品成品率高、复刃器多等特点，被考古学界视为中国南方旧石器时代早期文化的代表，命名为"观音洞文化"，测定年代为距今 24 万年至 18 万年。著名考古学家裴文中在《贵州黔西观音洞试掘报告》中认为，黔西观音洞文化遗址是"我国最重要的旧石器时代早期文化遗址之一"，"对于研究我国旧石器的起源和发展，研究华南地区旧石器时代早期的人类活动，具有重要的科学价值"[②]。20 世纪七八十年代，考古学界普遍认为，在研究中国旧石器时代文化起源和发展问题上，观音洞遗址具有与北京人遗址同等重要的价值。白寿彝主编的《中国通史》第二卷明确提出："在我国南方，属于更新世中期的遗址首推贵州黔西观音洞。""许多器物有细致的第二步加工，多为单面加工，也有错向加工和交互加工的。加工之细致和方法之多样，为同期各地石器之冠"[③]。正是这个原因，黔西观音洞与山西西侯度、匼河文化和北京周口店鼎足而立，成为我国旧石器时代早期文化有代表性的三个文化区之一。

盘县大洞遗址规模巨大，文化内涵丰富，无论在国内或国外都极其罕见。洞内面积达 9900 平方米，现发掘面积仅百余平方米，出土各类石制品三千余件，出土早期人牙化石 2 枚，以及动物化石 43 种。在这里还发现有面积较大的人工用火烬层，有烧裂的岩石，还有大量的痕迹，很可能是打击燧石取火的遗迹。可以说，这里就是一个规模巨大的"多功能大厅"，集古人类吃住场所、石制品加工场所和宰剐动物场所为一体。特别值得注意的是，这里的石制品，基本上是用燧石、玄武岩、石灰岩和钟乳石等矿物、岩石制成。一些制作比较精致、技术上要求较高的制品和轻型工具，大多采用燧石、玄武岩制作。这一特点，在我国已报道的旧石器遗址中并不多见。总体看，盘县大洞遗址文化性质与黔西观音洞文化颇为相似，但又有新的突破，出现了一种类似欧洲"勒瓦类哇"型的手斧和一种类似缅甸"安雅特文化"常见的手镐。这在我国南方旧石器工业加工技术中独树一帜。

桐梓岩灰洞遗址的测定数据为距今 18 万年，属旧石器早期重要遗址。在这里发现的两枚人类牙齿化石，是在贵州首次发现的古人类化石，对于研究中国境内旧石器时代早期古人类的分布和发展问题，具有非常重要的价值，因此被命名为"桐梓人"。在"桐梓人"化石的研究中，还发现了世界上最早的氟斑牙病例，具有重大的学术研究价值。遗址中还有与人类化石同层位出土的较多哺乳动物群化石、用火证据和明确的堆积层位，这对研究云贵高原人类进化和环境演变，也有着特殊的意义。

贵州旧石器时代中期文化遗存，有毕节扁扁洞和水城硝灰洞遗址。由于中国南方发现的旧石器时代中期遗址十分稀少，这在研究中国南方旧石器时代古人类发展问题上具有特别重要的价值。

毕节扁扁洞遗址共出土 75 件石制品和大量哺乳动物化石。研究发现，石制品的类型和加工技术，与旧石器时代早期的观音洞遗址具有明显的联系，文化性质显示出传承上的一致性。

水城硝灰洞遗址出土人牙化石 1 枚、石制品 53 件和一批哺乳动物化石。经研究，人牙化石属早期智人时代，命名为"水城人"。这是贵州继"桐梓人"之后，第二次发现的古人类化石，前者属于直立人，后者属于早期智人。硝灰洞遗址最引人注目的是一种特殊的石器加工技术，即"锐棱砸击法"。这种方法在选取石料打制石片时，不像过去在国内其他旧石器遗址常见到的石片砸击方法或锤击方法，要预先选取或加工出一个平面，再沿平面边缘砸击出石片，而是在扁圆形砾石较突起的棱面上，用另一件砾石的突棱面直接打下石片。这种打片方法形成的石片和石核，形状、疤痕等都会留下自身的特征。这是旧石器时代一种较特殊的石器加工技术。

贵州旧石器时代晚期文化遗存丰富，迄今发现的一百多处旧石器时代遗址，除上述几处外，大都属于晚期遗址，这较之旧石器早、中两期遗址，有非常明显的变化和特点。主要表现在：分布地域扩大，旷野遗址出现，文化面貌发展，形成区域文化，动物骨角器众，人骨化石遗骸多，出现含磨制石器及陶器地层与旧石器时代文化地层叠压现象等。

贵州旧石器时代晚期遗址的分布地域非常广阔，包括了黔北、黔西北、黔西、黔中、黔西南、黔东等范围。以黔北、黔西北、黔中地区最为集中，黔东靠近湖南的地区有少量发现。分布范围的扩大，说明这时期人口有明显增加，人类的迁徙活动比较活跃。也由此证明，此期间人类的生存能力有了很大提高。

旧石器晚期遗址中，除洞穴遗址外，还出现一些旷野遗址。如贵阳乌当排风坡遗址、开阳龙岗遗址、黔西包包上遗址、织金三相田遗址、威宁草海遗址、天柱岩寨遗址、安龙四楞碑遗址等。旷野遗址的出现，说明人类已经不需要完全依赖天然洞穴的庇护，逐渐掌握了在洞外搭建房屋的技术，能够为自己的群体在更多空间获得遮风避雨的居所，大大增加了人类群体迁徙移动的条件和机会。

人类创造能力的提高，必然使这时期文化遗存的面貌丰富多彩。根据不同遗址的基本文化面貌，贵州旧石器时代晚期文化可划分为三大类别：第一类，以威宁草海遗址为代表，主要分布在黔北、黔西北地区。这些遗址的石器类型、特征与打制技术等，与旧石器早期的盘县大洞文化、黔西观音洞文化有密切的传承关系。第二类，以兴义猫猫洞遗址为代表，主要分布在黔西南地区，以"锐棱砸击法"石器加工技术为重要特征，已发展出与盘县大洞文化、黔西观音洞文化较多的差异。第三类，以普定白岩脚洞遗址为代表，主要分布在黔中及偏西地区，遗址文化面貌兼有上述两类文化遗存的特征。

威宁草海遗址位于草海南侧的阶地上。出土的石器多为刮削器，形制规整，二次加工精致，与黔西观音洞遗址石器加工技术相似，当是其继承和发展。这一类遗址在黔北和黔西北地区有较多分布，已发掘的有桐梓马鞍山遗址、毕节青场老鸦洞遗址、毕节海子街大洞遗址等。

兴义猫猫洞遗址出土石制品一千多件、骨角器十多件、人体肢骨和下颌骨化石 7 件，以及大量哺乳动物化石。人骨化石分属于四个不同性别的壮年、青年和小孩个体，被命名为"兴义人"。石制品中绝大多数为石片石器，这些石片石器约 80% 都采用"锐棱砸击法"制成。明显属于水城硝灰洞遗址的传承。锐棱砸击法在旧石器晚期得以大量的使用，不是偶然的现象，必然有着传承的文化系统，其中也蕴含着人类迁徙和文化传播的路径。

普定白岩脚洞遗址出土石制品两千多件、骨制品 5 件、人牙化石 1 枚，以及大量哺乳动物化石。石器包括砍砸器、刮削器、尖状器、雕刻器、石刀等。石器形制和石片打制技术，既带有黔西观音洞遗址的特征，广泛采用了锤击法、砸击法，也带有水城硝灰洞遗址的若干特征，较多采用了"锐棱砸击法"。这种现象在普定穿洞遗址、普定红土洞遗址、安顺大岩洞遗址、安顺猫猫洞遗址等遗址中也有发现。是人类交流和文化交融的一条重要线索。

纵观贵州旧石器时代文化面貌，有三个特别重要的贡献和特点，即：奇特的"锐棱砸击法"、令人惊异的骨角器和新旧石器文化地层叠压现象。

"锐棱砸击法"是旧石器时代一种特殊的石器加工技术。从目前已知的资料看，贵州水城硝灰洞遗址是最早发现这种特殊的石器加工技术的地方。而在贵州的其他遗址，以及云南、西藏、四川、湖南、江苏、福建和

图上 1-2　骨铲骨锥（普定穿洞出土）

台湾等省区遗址中发现的锐棱砸击石器，则都属于旧石器时代晚期。因此，"水城人"很有可能便是这种石器加工技术的发明者。考古学界已经开展对上述地区石器加工技术的比较研究，或许从中可以寻找到从旧石器时代中期到旧石器时代晚期，部分古人类迁徙和发展的路线。这是人类发展史研究中一个有意义的课题。

国内其他旧石器时代遗址很少有骨、角器出土。但是，在贵州旧石器时代晚期遗址中却出土了很多骨器、角器，出土地点达到十余处，为国内外旧石器时代遗址所罕见，甚至令人惊异。据 1982 年统计研究，当时国内仅有北京、辽宁、宁夏、湖南、四川、台湾等地出土的骨角器 13 件④，而在普定穿洞遗址，竟奇迹般地出土数百件，研究价值十分重大。在贵州旧石器时代遗址中，除普定穿洞遗址外，还在普定白岩脚洞遗址、普定红土洞遗址、桐梓马鞍山遗址、兴义张口洞遗址、兴义猫猫洞遗址、兴仁四方洞遗址、六枝桃花洞遗址、惠水清水苑大洞遗址、长顺神仙洞遗址、安龙观音洞遗址、安龙七星洞遗址及开阳哨上打儿窝遗址等十余处地点，都发现骨、角器，有的遗址发现数件，有的遗址发现数十件。这样密集的分布，在世界各国旧石器时代考古中堪称罕有，十分值得研究。

贵州旧石器时代遗址中出土的人骨化石，在国内名列前茅。除了旧石器时代早期的"桐梓人"、"大洞人"，旧石器时代中期的"水城人"，出土了人骨化石和人骨遗骸的旧石器时代晚期遗址，还有普定穿洞遗址、普定白岩脚洞遗址、兴义猫猫洞遗址、安龙福洞遗址、桐梓马鞍山南洞遗址、六枝桃花洞遗址、开阳打儿窝遗址等，均发现了一大批标本。这些标本包括人牙、头骨、人体肢骨等。其中，普定穿洞遗址出土的较完整人头盖骨，安龙福洞遗址出土的人头盖骨和附有门牙、犬齿、臼齿的上颌骨，尤为珍贵。贵州发现的旧石器时代人骨标本，形成一个地域内从直立人到早期智人、再到晚期智人的发展系列，对研究古代人类进化具有特殊的价值。

贵州旧石器时代文化遗存中，大量存在新石器时代文化地层与之相叠压现象。这种现象是指，在遗址的下部地层，包含一套打制石器、动物化石和其他遗迹现象；到了遗址上部地层，又发现一些磨制石器或局部磨制石器，或发现少量陶片。根据《中国文物地图集·贵州分册》截至 2008 年的统计资料，这种存在叠压现象的遗址为 39 个。在后来的第三次文物普查中，又发现十多个。这种在一个洞穴遗址中，新石器时代文化地层与旧石器时代文化地层直接叠压现象出现得如此密集，在国内极为罕见。旧石器时代经历了十分漫长的二三百万年，大约在距今一万年左右，人类才开始使用经过磨制的石器和陶器，开始从事原始的农业和畜牧业，人类文明从此进入快速发展时期。磨制石器、陶器、原始农业和畜牧业成为人类进入新石器时代的基本标志。但是，在从打制石器发展到磨制石器的过程中，还有大量环节、细节是人类进化史研究中一个未知之谜。贵州旧石器时代晚期文化遗存中出现大量两种文化直接叠压现象，为这方面研究提供了非常重要的资料。体现了贵州旧石器时代文化遗存丰富的内容和重要的价值。

　　早在 1965 年初次发现黔西观音洞旧石器时代文化遗址时，裴文中即指出："我们现在正面临着旧石器考古学上研究的新课题。很可能，在中国南部的洞穴中，以现在这个贵州观音洞为例，我们将要遇到的是与欧洲大陆的旧石器文化不相同的一种新的文化系统。"[5]半个多世纪来，贵州旧石器时代文化遗存的丰富发现，已充分证实了这个论断。贵州旧石器时代遗址完整的文化系列、丰富多彩的内涵、鲜明的特色，足以成为研究中国南部史前文化系统最重要的地区。

第二节　持续发展的新石器时代

洞穴遗址和旷野遗址　大规模聚落　干栏式房屋　有肩、有段石器
大量骨、角器　粗放型陶器

　　早先贵州新石器时代的遗存发现较少，以至曾经有人认为，贵州在旧石器之后，新石器时代文化几乎形成断层。但随着考古遗存的发现、发掘增多，对贵州新石器文化的认识得以逐渐充实、丰富和明晰：在旧石器时代文化的基础上，贵州新石器文化仍在发展。

　　贵州已发现的新石器时代遗址，如果将前文所述旧石器时代晚期

存在有磨制石器和陶片叠压现象的五六十个遗址都算上，总数已逾百。从地理位置上看，与旧石器时代遗址分布的地域相比，黔北地区有所减少，而黔南地区、黔东北至黔东南地区有所增加。

　　贵州已发现的新石器时代遗址，继承着旧石器时代的传统，大多数仍然为洞穴遗址。贵州多洞穴，生活在这片土地上的古人类，自然会去寻找和利用这些现成、便捷的资源。洞穴生活虽然有很多局限和缺欠，而且修建房屋早已是一项成熟的技术，但对于需要用大多数时间和精力去寻找食物资源的新石器时代人类来说，居住于洞穴之中，仍然还是一种不错的选择。

　　不过，在新石器时代，临江、临河的阶地上，旷野遗址也明显增加。在贵州的重要江河，如乌江、南盘江、北盘江、赤水河、三岔河、锦江、清水江等流域的岸边阶地上，都发现了新石器时代遗址。旷野遗址往往分布面积较宽，不少遗址都达到数千平方米，有的遗址如六枝老坡底遗址、铜仁岩董遗址，面积甚至达数万平方米。这说明当时人们的生活群体大大超越了旧石器时代的规模，已经形成了一定的聚落。

　　大规模聚落的形成，是人类文明进步的一个重要标志。目前，在贵州新石器时代遗址中，尚未发现建筑房屋的实物遗存。但在六枝老坡底遗址，发现了大量柱洞，有些还排列成长方形布局。可以看出，房屋使用了木柱作为骨架支撑，外形建成长方形，很类似于今天贵州还存在的木架结构"干栏（或作干阑）式"建筑构造方式，这曾经是我国古代南方很流行的一种建筑形式。在距今七千余年的浙江余姚河姆渡遗址中，曾有大量"干栏式"房屋的木质构件实物出土。这种建筑在贵州兴起于何时，仍需研究。在贵州考古发掘的汉代遗存中，出土过多件陶制的"干栏式"房屋模型，说明当时这种房屋形式颇为流

图上 1-3　干栏式陶屋模型（汉代，赫章可乐出土）

图上 1-4　磨制石器"有肩石锛"（征集于兴义歪染乡）

行。这与贵州的资源环境和气候有很大关系，所以延续了两千多年而不衰。或许，贵州新石器时代的房屋建筑已是干栏式建筑的雏形。

磨制石器和打制石器，是新石器时代与旧石器时代的分水岭。贵州新石器时代遗址出土的磨制石器，与国内其他地区磨制石器的工艺相同，石器多通体磨光，同时也有少量将器体主要部分凿制平整，只在刃部进行磨制的器物。这种仅磨制刃部的器物存在的时间可能较早，有人认为这是从打制石器向磨制石器发展初期的产品。

贵州新石器时代遗址有一个很突出的特点：在制作使用磨制石器的同时，仍大量使用打制石器。在已发现的遗址中，打制石器都占了绝大部分。这应该与人们随时可以很方便获得丰富石料的生活环境有关。也可能正因为此，石器的使用在贵州延续了很长的时间，即使是进入到金属时代以后，在商、周甚至汉代的遗址中，依然出土了相当多的磨制石斧、石锛，以及打制石刀等器物。

贵州出土的磨制石器器型，包括斧、锛、凿、刀、矛、镞等，其中以斧和锛数量最多。磨制石斧、石锛中有不少为有肩或有段造型，称为"有肩石斧"、"有段石锛"。所谓"有肩"，是指斧或锛的顶端两侧面，各有一个约 90°的缺角造型，颇类似人的头、肩之间的结构。所谓"有段"，是指斧或锛的器身正面靠近上端，有一个下凹再平伸至顶端的转折，从侧面看斧或锛，有一个面为一条平滑的直线，另一个面则为转折成两段的曲线。新石器时代有肩、有段磨光石器，在我国南方尤其是东南沿海地区出土较多，被认为是南方百越民族先民一种代表性的文化特征。贵州磨制石器中出现的此类石器，引起很多研究者的关注，认为有可能反映了新石器时代百越民族先民文化对这个地区的传播和影响。近年来，在贵州的南部、东部的北盘江、红水河、锦江、清水江等一些江河台地上，陆续发现新石器时代遗址。似乎暗示：带有百越特征的新石器文化，曾沿着西江流域向贵州地区有过持续的传播。

此外，与旧石器晚期遗址中即有大量骨、角器相同，贵州新石器时代遗址往往也有较多的骨、角器出土。比如平坝飞虎山遗址出土骨器近80件，安龙观音洞遗址出土骨制品近百件，六枝老坡底遗址也出土一批骨器，其中不仅有骨刀、骨铲，还有骨纺轮。贵州古人类从旧石器时代晚期以来，就习惯于使用骨、角器，说明当时贵州山地野生的大中型哺乳动物多，是当时人们生活食物的重要来源。

陶器的发明与制作，是新石器时代最具有划时代意义的事件。贵州新石器时代遗址发现的陶器，总体上显得比较零散，除少数可以看出一些器型外，绝大多数都是残碎的陶片。六枝老坡底遗址出土的陶器，有釜、平沿罐、敛口钵、靴形空心支座、网坠、弹丸等形式。而稍后出土的陶器，作为炊具和盛具使用的器物如盆、壶、碗、杯等基本器型都已出现。

贵州新石器时代遗址出土的陶器有几个较明显特点：一是夹砂陶多，较少泥质陶。二是烧制火候比较低，陶质硬度较差。三是装饰纹饰较粗放简单。

新石器时代陶器制作原料，基本都选用普通粘土，不过，在制作全泥料陶器时，常会往泥料中掺入一些颗粒不等的石砂。这样做，一是为了避免制坯和烧制过程中，器物因大幅度干缩而发生开裂变形；二是为了增加陶器作为炊具使用时的耐热力。这种陶器称为"夹砂陶"。贵州新石器时代的陶器多为夹砂陶。一方面，这与当时的陶器常放在火上使用有关。另一方面，应该跟文化与工艺有关，一些器壁很薄、器型很小的陶器，也常采用夹砂陶来制作。

目前发现的贵州新石器时代陶器，质地都较松软，显示出烧制火候不够高。用普通粘土制作陶器，一般烧制温度达到500℃，泥就变成陶，有了一定的硬度。达到700℃，硬度会有明显增强。贵州新石器时代遗址出土的陶片，很容易破碎，说明烧制温度一般尚未超过700℃。可能新石器时代的贵州古人，没有高温烧制的知识和技术，只能建造简单的小窑或无窑烧制。文化人类学的材料推测，在中国西南地区，尤其是云南西盟、西双版纳、元谋等地区，迄今民间仍有无窑烧制工艺；贵州织金、黔西、金沙等地的砂锅烧制工艺也是如此。贵州新石器时代的陶器烧制工艺，极有可能也曾存在无窑烧制技术。

贵州新石器时代陶器的装饰风格，总体较为粗放，至今能见到的纹饰，常是一些较简单的线条划纹、戳刺纹，不规整的方格纹、篮纹、绳纹，以及少量简易的附加堆纹等。究其原因，一是贵州新石器时代陶器较为简单粗放的装饰风格，反映出制作者及其所在群体粗犷、简练的审美情趣，似与山地居民特有的性情符合。二是与当时流行的陶器多采用夹砂泥料制作，本身涩滞不滑，无须防滑纹路不无关系。

贵州由于地理交通闭塞，与其他地区文化交流相对困难，因而从旧石器时代进入新石器时代的时间，似乎比国内许多地区略晚一些。同样，从新石器时代进入金属时代的时间，也可能略晚。但史前时期生活在这片高原山地的先民们艰苦劳作，创造了喀斯特山地环境中富于特色的远古文明。

第三节　萌动中的文明

商周时期重要遗址　祭祀坑与炭化稻谷　石范铸铜技术　特殊的红铜器　宗教祭祀活动中的社会组织结构信息

继新石器时代之后，人类进入到铜器时代。铜器在人类社会文明化进程中，具有划时代的意义。中国最早的铜器发现于新石器时代晚期。在陕西仰韶文化遗址，甘肃马家窑文化遗址和马厂文化遗址、甘肃和青海的齐家文化遗址，河北、河南、山东和山西的龙山文化遗址中，都发现过零散的红铜和青铜制品。但中国真正普遍使用铜器，是从夏代开始的。夏以后的商、周二代，是我国青铜器发展的鼎盛时期。

贵州已发现的商周重要遗址有二：一为毕节青场的瓦窑遗址；一为威宁中水的鸡公山遗址。

毕节青场镇瓦窑遗址，位于六冲河支流岸边的阶地上，出土了大量石器、陶器等遗物，以及房址、窑址等遗迹。出土打制和磨制石器数十件，有锛、斧、单孔和双孔刀，锤、杵、研磨器、砧、砺石、网坠、支座等。出土陶器多残破，似以生活用品为主。另有大量残存的器底和圈足，还有部分数厘米长的小陶管。纺轮

图上1-5　单孔石刀（毕节青场瓦窑出土）

分别为宝塔形、圆台形、算珠形和圆饼形。陶质以夹砂陶为主，有少量磨光陶，或红或黑，以红为多。泥质陶中红色比例更大一些。陶器纹饰有绳纹、方格纹、各种刻划纹、涡纹、拍印几何纹、圆点、乳钉、镂孔饰等。此外还出土了少量骨、牙制成的装饰品，如骨笄、璜形牙饰等。

　　从出土物总体看，与新石器时代遗址非常相似，只是其间发现了小片的铜片、铜条各1件，残铜手镯一段，以及小铜粒数枚。更为重要的是，遗址还出土了浇铸铜器的石范6件，其中有1件为完整的三齿鱼镖范。其余5件已残，但有两件依稀可辨为剑身和剑茎。这充分证实，此地当时已开始制造和使用铜器。

　　威宁中水鸡公山遗址，位于中水坝子东北侧一座名叫鸡公山的小山顶部。遗址发现的遗物、遗迹较多，特点突出。遗迹中，以地面存在的大量人为坑洞最引人关注。坑洞共有120个；坑口形状多为椭圆形和长方形，另有少量为圆形和不规则形等。长度或口径多为数十厘米，大者近两米。坑中有相当一部分曾使用青膏泥涂抹坑壁，或填满青膏泥。另一部分则完全不用青膏泥。坑内填土往往夹杂少量红烧土粒，有的残留着用火的痕迹。坑内出土遗物有陶器、磨制石器和铜器，还有少量骨器、角器、玉器等。遗迹中还发现十余座墓葬，以及少量房屋。其中的一座房屋遗迹被认为可能为干栏式建筑。多数坑中发现有成团的炭化稻谷。还有几个坑里有被肢解的人骨。这可能与当时的祭祀活动有关。

　　有趣的是，上述两处遗址虽同属商周时期，且都处于贵州西北部，但各自体现出来的文化面貌，却存在较明显差异，无论是陶器造型和工艺，还是石器类型，都各有特点。从考古学考察，应属不同的文化类

型，很可能是不同类型族群留下的文化遗存。除此而外，近年来，在贵州东部的清水江、锦江流域也发现了商周时期的遗存。可以想见，当时的贵州高原，已经共同生活着不同的部族群体。尽管文化类型不同，但从整体社会发展水平看，均已掌握了铜器制作技术，跨入到铜器时代。

这些商周时期的遗址和出土物的特出之处，在于祭祀坑与炭化稻谷，石范铸铜技术，特殊的红铜器，以及这些遗迹所反映出来的宗教祭祀活动中社会组织结构的信息。

在贵州商周时期遗址中，发现一些祭祀坑里存有大量炭化稻谷。威宁鸡公山遗址和吴家大坪遗址出土的炭化稻谷，数量相当多。1995 年在吴家大坪遗址，就曾发现两座商周时期的墓葬，墓穴底部发现有一半地方铺了厚厚一层已经炭化的稻谷。经鉴定，稻谷标本是"亚洲普通栽培种植的粳夹籼混杂群体品种"，碳 14 测定年代为距今 3120 年左右。在鸡公山遗址中发现的大量稻谷，有研究者因其颗粒特别短小，比现在水田种植的粳稻还短小，认为有可能是一种旱稻。这些发现说明，商周时期贵州先民已经熟练掌握了稻谷种植技术，稻谷成为人们日常生活重要的食物。这为研究中国稻谷栽培史提供了重要的实物资料。

石范铸铜技术是商周时期一种普遍使用的铸铜技术。毕节青场遗址出土的石范，是目前贵州发现的时代最早的铸铜技术实物证据。用石范浇铸铜器，曾经是青铜时代我国西南和南部流行的铸铜技术。这种技术在贵州似乎使用得很广泛，一直延续至战国、秦汉。贵州普安铜鼓山战国至汉代遗址，就以出土大量铸造青铜器的石范而格外著名。

石范铸造铜器，需要在两块以上石头上，分别刻凿出铜器不同部位的形状，再将石头扣合固定。扣合固定的石范一般要进行预热，然后从浇口灌注铜液，待铜液冷凝后，打开石范，即可获得一件铜器。较之泥（陶）范，石范更坚固，而且可以反复使用。但石范明显的缺点是，刻凿难精，铸出来的铜器较粗糙。所以，目前发现的铸铜石范，多用来铸造形式较为简单的工具和兵器等小件器物。制作石范的石材，主要选用的是质地较松软的砂石。

从贵州商周时期遗址出土的铜器看，当时不仅有了石范铸铜工艺，而且也掌握了泥（陶）范铸铜工艺。泥（陶）范铸铜工艺制范，需经数道工序，比石范更为复杂。先要挑选加工制范和芯的泥料，用泥料精确制成所需铜器的整体形状，包括器物外壁的纹饰，制成铜器的模型。然后，在其外表涂上一层分离剂，用选好的范泥贴在模型上，达到所需的厚度，再将这层厚厚的范泥仔细分割，以便从模型上顺利取下。贴范泥时，为了保证纹饰的清晰，有时需要分层操作，先贴上一层最细的泥料，再将外层加厚。切割下来的泥范，需小心存放，勿使变形。要根据铜器所需器壁的厚度，将泥制模型的表层，均匀地刮去一层泥，使之成为铸造铜器的内芯。至此，所有的范和芯完成了初步制作。接下来，再要将其充分阴干后，送入陶窑烧制加温，使范和芯都达到所需硬度，完整的铸范才算制作成功。泥（陶）范的铸铜过程与石范基本相同，只是由于范块的组合件多，硬度有限，再经过铜液的高温，一件铜器铸成后，拆卸的范和芯基本都已破碎，不能再使用。因此，考古中很难发现使用过的泥范。

在贵州赫章可乐战国时期墓葬中，出土了一种特殊的铜器——用红铜铸造的鼓形铜釜。这种铜釜，造型富有地方特色，出土时都位于死者头部位置，像一顶大铜帽戴在死者头顶。这是目前国内外其他地区从未发现过的一种埋葬习俗，被命名为"套头葬"。类似的鼓形铜釜，在云南滇文化墓葬中也曾经发现过，同样是用红铜铸造的。赫章可乐战国时代的红铜鼓形铜釜，应该是地方传统铸铜工艺的延续。从毕节、威宁等商周时期遗址出土的青铜器看，很可能在当时的贵州，也同时存在有青铜和红铜铸造技术。研究者认为，赫章战国鼓形铜釜采用部族传统的红铜原料和工艺铸造，与该部族特殊的原始宗教信仰和仪式有关[6]。

贵州先民商周时期的原始宗教信仰习俗，在威宁鸡公山遗址有着十分典型的表现。考古发掘揭示，遗址所在的山顶，密集地分布着不同形状的小坑。很多坑内用青膏泥抹过，坑内填土夹杂大量木炭、红烧土和炭化稻谷，填埋有完整的成组陶器和石器。有的坑内还填埋有被肢解过的人骨遗骸，有的骨骼有被火烧过的明显痕迹。在山顶，开凿有一个大平台。研究认为，这应是一个举行祭祀活动的遗址，山顶平台是祭祀活动的中心。由于很多坑内发现炭化稻谷，有的稻谷呈现成团胶结状，并被焚烧过，可能是将稻米做成饭团，举行祭祀活动时将饭团丢入坑内焚烧所致。因此，该活动可能与祈祷农业丰收有关。鸡公山遗址作为西南地区发现的时代较早的一个大型祭祀遗址，对于研究我国早期宗教信仰，具有十分重要的价值。

与宗教仪式有关的考古遗存，不仅反映了当时居民精神观念方面的信息，也反映了当时社会组织结构方面的重要信息。民族学的资料证实，早期民族中，浓郁的宗教信仰，总是在内聚力很强、传承有序的族群中产生。大规模的宗教活动，一定离不开严密的组织结构来实施。可以认为，从威宁鸡公山商周时期大型祭祀遗址，到赫章可乐战国时代神秘的"套头葬"，表明青铜时代的贵州人，已经建立了有相当规模、有严格规则限制的群体社会。故而西汉史学家司马迁在记述西南夷社会时，称"西南夷君长以百数"。或可以说，早在青铜时代初期，云贵高原上就已经生存着数量众多的部落，他们根据各自的族系传统，或结成某种联盟，或形成层次更高的社会形式，为后来西南夷民族的各个方国，奠定了广泛的基础。

第四节　雄踞西南的方国

谜样的牂牁　独大的夜郎

牂牁、夜郎，是两个曾经在古代文献中出现过的西南方国名或地域名，如果依次连缀为一根"链条"，虽有不少令人迷惑的缺环，但大致可以勾勒出贵州的远古历史框架。

牂牁是贵州古代史上的一个"谜团"。

"牂牁"二字，各书的形体记载各异，或作"牂柯"，含义解说不一。或解释为江海中的山名，或系船的木桩石柱。"牂"似羊角，"牁"如斧柄；《异物志》中也说："牂牁，系船杙也。"但当它作为一个古方国名时，却与贵州的远古历史有了若干复杂的关系。

由于资料的缺乏，牂牁的面貌很是模糊。主要问题，一是在春秋时期，是否已经有了一个地域辽阔、并参与中原活动的牂牁国；二是如果它确实存在过，其疆域的主要部分在何方，是否大体在今贵州的范围内。

作为方国名的"牂
牁"一词，始见于《管
子》。其《小匡篇》有一
段文字："葵丘之会，天
子使大夫宰孔致胙于桓
公……桓公曰：'余乘车
之会三，兵车之会六，
九合诸侯，一匡天下。
北至于孤竹、山戎、秽

图上 1-6　鲵鱼形铜带钩（汉代，威宁汉墓出土）

貉，拘秦夏；西至流沙、西虞；南至吴、越、巴、牂柯、猥、不庾、雕
题、黑齿、荆夷之国，莫违寡人之命，而中国卑我。昔三代之受命者，
其异于此乎？"[⑦]这段文字至少可以说明，牂牁既然与吴、越、巴等并
列，"皆南夷之国号也"，无疑都是春秋中原人心目中"南夷"地区的方
国之一。

　　尽管"牂牁"国之名仅出现在齐桓公与管子的一次对话中，且《管子》
为后人编订的管仲及其学派的著述总集，但"牂牁"的出现，恐非空穴
来风。齐桓公将它与吴、越、巴等方国并列，显然其国力与影响不小，
决非不足挂齿的小方国。若按《小匡篇》，牂牁当出现在春秋时期，且早
在齐桓公会盟之前。

　　在后世的诸多典籍中，如《史记·西南夷列传》、《汉书·西南夷两
粤朝鲜传》、《华阳国志·南中志》、《后汉书·南蛮西南夷列传》、《水
经注·温水》等汉、晋时期的著述，都提到过"牂牁"或"牂牁江"之
名，可见其由来已久。在《史记》和《汉书》中所记载关于牂牁江的事，
时间都在汉唐蒙通夜郎之前，说明这条牂牁江的名称是早已有之。按常
理，牂牁江一名的出现应早于牂牁国。正是因为早有"牂牁"之名，汉
武帝元鼎六年（公元前 111）在夜郎地区置郡时，才会以"牂牁"命名。
此后，历代郡县虽有变更，但在蜀汉、西晋、东晋、刘宋时期，也都有
牂牁郡；南齐时又分其为东牂牁郡和南牂牁郡，隋代亦设牂牁郡，唐代
不但在黔州都督府下设有牂州，而且还有"牂牁国"和"牂牁蛮"……
到了当代，仍然沿用"牂牁"命名的，全国就只有一条江、一个村寨和

一个风景名胜区，它们都在贵州省六盘水市的六枝特区境内：牂牁江，牂牁寨，牂牁江风景名胜区。可见其影响极其深远。

自明、清以来，学者对牂牁多有考说，如郭子章《黔记》、顾祖禹《读史方舆纪要》、莫与俦《贞定先生遗集·牂牁考》、（道光）《遵义府志·牂牁考》等，近人则有《牂牁丛考》等。晚清以后，牂牁历史引起贵州学术界高度重视，一些文献考证，实际上将贵州的人文历史，从战国时代前推到了春秋时代。自此以后，贵州学者论及贵州历史，必上溯至牂牁。由于文献资料简略有限，且支离破碎，而且往往相互抵牾，又缺乏地下文物证实，因而众说纷纭，对牂牁始于何时，它是国名、地名或族名等问题，尚未取得共识。但是，牂牁与贵州有着密切关系，当是不争的史实。清代学者莫友芝、郑珍等人，提出牂牁为春秋时期南方古国；后来编纂的府、州、县志和民国《贵州通志》，大多沿用此说。古牂牁国朦胧的轮廓，逐渐被勾勒出来：春秋时期的贵州及其周边地区，被泛称为"南蛮"（或"荆蛮"）。境内，从今沿河到榕江一线以东，当时属楚国的黔中地，但实际上被分割为若干小国：今德江、正安以北，是巴国的南境；今绥阳、遵义、桐梓一带，属于鳖国（后秦置县作鳖）；今习水附近归鳛国；今赤水、仁怀一带为蜀国的南境。而乌江以南、盘江以北、今从江县以西、云南曲靖以东的广大地区，都在牂牁国境内。当时的鳖国和鳛国都很小，只有牂牁国的势力最大，几乎占了今贵州一半的地区。因此，学者们大多认为，完全可以用牂牁来代表春秋时期的贵州。

图上 1-7　管形耳铜铃（汉代，威宁观风海出土）

有学者认为，大约自西周以来，今贵州乌江以南及两广范围内，即有与中原隔绝，处周职方之外的牂牁国。其名称有互为因果的关系，即：先有在今黔、桂界上的牂牁江（今盘江），某土著族部落据于这个流域，因而名为牂牁国；随后势力壮大，逐渐向四方开拓，自西北至东南二千余里，成为牂牁大国，实应是部落联盟。这个大国，和北面的巴（今乌江北岸），东北的㕆（今湖南西北），远东的不庾（今江西境内），西边的黑齿（今云南西北）、雕题（今云南西南），长期在南方并著声威。春秋中期，中原齐桓公树立霸权，威名远被，南方化外各国闻风拱向，分别有所表示，牂牁国是其中之一。春秋末期，牂牁国衰微分裂，南越国起而领其南部中部（今两广），夜郎国起而领其北部旧土（今贵州乌江以南），而降削牂牁君长居夜郎邑旁边的小邑，疑即且兰（今福泉），此后再没有牂牁国名，也许即改号"且兰"，就近接受夜郎国的统辖[⑧]。

先秦时期，战事不断，大量避乱、失利的部族，逐渐被动地从东西南北不同方向迁徙到贵州这块山高路险的偏僻之地。有学者认为，建立牂牁国的民族，应是西南古老的土著濮人。从方位看，《逸周书·王会篇》孔晁注"百濮"云："濮人，西南之蛮"；《史记》注引《括地志》云："濮在楚西南"；可推测牂牁国是濮人居地。春秋时，敢与大国吴、楚抗衡的，也只有牂牁国才具备这种力量。而古代的濮人，就是今大量居住在贵州境内的仡佬族的先民[⑨]。

至迟在战国时期，在"南夷"，即今川南、贵州西部及滇、桂、黔边一带的广阔区域内，形成了数以十计的部落方国，见于史籍记载的计有夜郎、且兰、僰、鳖、句町、漏卧、同並、进桑等，夜郎势力最大，成为这一

图上 1-8　大铜釜上铸造的立虎（汉代，赫章可乐出土）

族群的中心。其中，除进桑可能属于古越人族系外，这些方国都是以濮人为主，成为西南地区的一大地方势力族群，故后世将这一地区称为"夜郎地区"。

夜郎，始于何时，史无明文，无从确考。在汉文文献中，最早记载夜郎状况的是《史记·西南夷列传》："西南夷君长以什数，夜郎最大；……皆魋结，耕田，有邑聚。"从《史记》、《汉书》、《后汉书》、《华阳国志》等汉文文献关于楚顷襄王（一作楚威王，或楚庄王）派庄跷（一作庄豪）率军入滇的记载，如"循江上，略巴黔中以西"，"庄跷入滇"曾"伐夜郎"等，可以推测，至迟在战国晚期，就已经有夜郎国存在；那么，其形成的时间可能在战国初期或更早。这与前节所述近年在贵州西部的考古发现是一致的。"魋结，耕田，有邑聚"，当是战国时期夜郎地区最主要的文化面貌，也是它与周边"皆编发，随畜迁徙，毋常处，毋君长"，或"其俗或土著，或迁徙"的游牧或半农半牧类型的部落方国的最大经济文化区别。可见此时夜郎地区的经济生活、社会习俗已经相对稳定、先进了许多。

有学者又根据近年整理翻译的古彝文文献，认为：创立夜郎国的是夷人武僰支系第三代孙夜郎朵。武僰支系又称竹王世系。竹王世系共传27代，至西汉成帝河平二年（前27年）国灭。以每代25年计算，上推至公元前625年，夜郎朵立国之际，约在春秋中期。此后，随着蜀王笃慕（杜宇）失国，回迁滇东北，以武益纳为首的夜郎统治集团凭借武力，拓边开疆，灭了牂牁国衰微后分裂而成的东、西濮，定都可乐（在今贵州省赫章县），迎来了夜郎国第二度的强盛，夜郎国由此发展成为一个成熟的奴隶制国家。此后，由于六祖分支，削弱了夜郎各部族的实力。至竹王13代孙鄂鲁默时，夜郎本部与弭靡、武濮所二部联姻，再与武、乍二支系相融合，国力空前强盛。此后几起几落，直至多同弥时代，汉武帝开辟西南夷，夜郎国始与汉朝交通，接受中原汉文化影响，开创了夜郎国第五度强盛的时代。至僰阿蒙27代孙莫雅邪时，挑起了与漏卧、句町的战争，汉朝派使者劝说无果，终于被牂牁太守陈立捕杀。据古彝文文献记载长达6个世纪的夜郎至此灭亡。在汉文文献的记载中，此时为汉成帝河平二年（前27）十一月，由牂牁太守陈立计杀夜郎王兴，继而追杀兴的岳父翁指，兴的儿子邪务则不知所终⑩。

夜郎本土的地域，据《史记·西南夷列传》记载："夜郎者，临牂牁江，江广百余步，足以行船。"据多数学者研究考订，牂牁江即今北盘江，结合考古资料分析，可能在今贵州西南部。其疆域界线，难于具体认定。大致其东接且兰，似即以流经今镇宁、关岭的打帮河和流经今紫云、罗甸的涟江（蒙江）与且兰分界；南邻句町，即以今黔、桂边境的南盘江为界；西连漏卧，即以今滇、黔边境的块泽河、黄泥河为界；北至鳖（即今贵州黔西、金沙一带，或说在今遵义），即以今乌江南源的三岔河为界。

战国时期，中原各国纷争，烽火不息，政治、经济、文化大碰撞，社会生产力空前发展。然而，远离中原的云贵高原，此时依然处于奴隶社会，甚至还沿袭着原始社会时期的众多残余。夜郎国就是在这个特定环境中，由庄蹻"略巴、黔中以西"入滇时的一个部落，到西汉初发展为东接交趾、西有滇国、北有邛都国的西南夷最大的部落联盟集团。

贵州考古工作者对夜郎文化遗存的长期探寻，在贵州西部的赫章可乐、威宁中水、普安青山，以及兴义、兴仁、安龙等地，发现了战国至西汉时期非常丰厚的，具有显著本土特征，与巴、蜀、荆楚及中原文化迥然有异的考古遗迹和遗存，使许多世纪来人们不断探寻的夜郎文化得以凸显出来。

例如，在赫章可乐发现大量战国至西汉时期的地方民族墓葬，考古发掘者称之为"乙类墓"。墓中出土许多地方特色突出的陶器、青铜器、玉器等，还发现上文提到的"套头葬"。虽然目前不能简单断定这些就属于夜郎文化，但赫章处于广义

图上 1-9　铜剑柄（西汉，赫章可乐出土）

夜郎国范畴，却是为多数人所认同的。从墓地出土的各种精美文物，可以看出这里曾是一个人口众多的部族生存之地，农耕技术与青铜铸造技术都相当发达，具有强大文化地位和影响力，长期与来自巴蜀地区的文化保持着密切交往。

普安县青山镇铜鼓山遗址，是黔西南地区一处非常重要的夜郎时期遗址。这里出土大量铸造铜器的石范和陶模，还出土独具特色的青铜兵器、青铜工具以及玉（石）装饰品。在普安青山，以及相距不远的安龙龙广等地，还发现十多个与铜鼓山遗址文化性质相似的遗址。在兴义、兴仁、安龙、贞丰等地，多年来不断发现战国至西汉时期具有明显地方特点的青铜器。研究者认为，普安铜鼓山遗址是当时十分重要的青铜兵器和工具的一个生产基地，在地域部族社会中占有举足轻重的特殊地位。

考古发现的诸多信息，为揭开战国时代雄踞西南的夜郎古国的神秘面纱拉开了序幕。正是这个神秘的西南方国，开启了与中原王朝政治与经济联系的大闸。

【注释】

① 据国家文物局主编《中国文物地图集·贵州分册》，文物出版社 2010 年版，截至 2008 年，贵州已发现旧石器时代遗址计 73 处，已发现新石器文化地层与旧石器文化地层相互叠压遗址计 39 处，此类叠压地层遗址的定性尚值研究。2008 年以后在第三次文物普查和配合大型基本建设项目的考古调查中，又发现一批相类似的遗址。

② 裴文中等：《贵州黔西观音洞试掘报告》，《古脊椎动物与古人类》，9 卷 3 期，1965 年。

③ 白寿彝总主编，苏秉琦主编：《中国通史》第二卷，上海人民出版社 1994 年版，第 21 页。

④ 曹泽田：《贵州新发现的穿洞旧石器时代文化遗址》，《贵州社会科学》1982 年第 4 期。

⑤ 裴文中等：《贵州黔西观音洞试掘报告》，《古脊椎动物与古人类》，9 卷 3 期，1965 年。

⑥ 梁太鹤：《赫章可乐墓地套头葬研究》，《考古》2009 年第 12 期。

⑦ 黎翔凤撰，梁运华整理：《管子校注》（上），中华书局 2004 年版，第 425—426 页。

⑧ 王燕玉：《牂牁沿革考》，《贵州史专题考（修增本）》，贵州人民出版社 1986 年版，第 43—44 页。

⑨ 周春元等：《贵州古代史》，贵州人民出版社 1982 年版，第 27—29 页。

⑩ 这段历史，古彝文文献可参阅王子尧、刘金才编译：《夜郎史传》，四川民族出版社 1998 年版，第 3—11 页。汉文文献见《汉书》卷九十五《西南夷两粤朝鲜传》，中华书局 1962 年版，第 3843—3845 页。

第二章

千年踽行：秦至元代

秦朝以降，今贵州地域内尚有夜郎等在南方影响较大的方国。两汉时，在贵州设置郡县，历魏、晋、南北朝，以讫于明。南中大姓的崛起，四大族系的分合、演变、迁徙，都对贵州地域文化产生影响。隋、唐、宋时期，经制州、羁縻州并存，时有消长；在宋代，出现了地方民族政权罗氏鬼国、罗甸国、自杞国。在这一千多年间，贵州的经济、文化在与中原的沟通、交流中渐次发展。到元代，贵州各民族的分布大格局及多元的文化状态基本形成。

第一节 开发肇始：秦汉

各族先民的迁入 "五尺道"与南夷 "南夷道"与汉夜郎 "募豪民，田南夷" 夜郎与内地的交流 儒学传入及传播

今贵州境内，除蒙、白、回、满等民族是元、明、清时期迁入外，其他各族先民，在先秦时期分属于分布在今从西南到华南广大地区的濮、夷、蛮、越四大族群。战国以后，往往将巴蜀以西、以南的少数民族统称为"西南夷"。秦汉时期，今贵州各族先民不但在地域分布上发

生较大的变动，在彼此的地位和关系上也有了明显的变化，这主要体现为：濮人势力的衰落、氐羌的东进、南蛮的西迁和百越的北上。

濮人势力的衰落。在商、周至秦代的漫长历史时期中，今贵州境内的主体居民是组成"百濮"族系的一部分。濮人是我国古代人数众多、支系纷繁、分布辽阔的强大族群之一，分布在东起今湘、鄂、川、黔交接的一带，西迄今滇、黔、川、桂相连地区。春秋以来，楚国强盛，多次向濮人发动征战，濮人所建的庸国（今湖北竹山、房县一带）被灭。其后，濮人势力渐衰，大都在当地与周围的其他族群逐渐融合，少数被迫迁到今湘西、黔东北一带。

春秋战国时期，在今贵州中、西部及滇东南、川西南和桂西北等地区，分别建立了夜郎、且兰、滇、句町、漏卧、僰、邛都等地方政权。秦代曾在今川、滇、黔边缘一带设官治理，但随着秦的覆亡，继起的西汉统治者忙于恢复内地被秦末战争打乱的统治秩序，暂时放弃对西南的管理，这一地区各部族又处于各自发展的状态。到汉武帝时期，对这些地区重置郡县。公元1世纪后期，随着西汉王朝的经营，濮人建立的地方政权，除句町外，其他先后都被削弱甚至消灭。王莽代汉后，又对以句町为代表的西南濮人，发动长达数年的大规模征讨。濮人损失很大。此外，秦代以来，百越族系的大量北上，南蛮族系的西迁，氐羌族系的东进，濮人的文化渐与其他民族融合。所以，经秦、西汉到东汉，西南各地的濮人中，虽然还有像牂柯谢氏雄长当地数百年的大姓势力存在，但也仅局限于贵州中、西部一隅，再也无力支配其他地区。

氐羌的东进。今日贵州的彝族、白族，都属氐羌族系。贵州的彝族，源出于"昆明"，汉、晋时期称"夷"。《华阳国志·南中志》说："夷人大种曰昆，小种曰叟。"是氐羌族系中较早分出的一支。据《史记·西南夷列传》记载，直到战国、秦、汉时期，他们中的不少部分还处于"随畜迁徙，毋常处，毋君长"的社会生存状态。他们是今西南各地彝语支各族的直系先民。贵州境内彝族的主体部分，就与这部分夷人有着密切的族属渊源关系。

贵州彝族的起源，据彝文典籍《安氏世纪》和《西南彝志·六祖起源》等记载，有武、乍、糯、恒、布、默六支，散布在今滇东北、黔西北、黔中至黔西南及川西南地区。东迁入贵州的彝族先民，主要是布、默两支，另有恒支的一部分。

在布部和默部迁入的过程中，原来居住在今贵州西部（特别是黔西北一带）的濮人，有的被征服后逐渐融合。在彝文文献《西南彝志》中，就有许多关于"濮变夷"的记载。《西南彝志》和《水西制度》等书中，均记载了默部和布部两支，分别从今滇东北的会泽、宣威向黔西北的六盘水和黔西南的安顺地区迁徙时，与居住在这一带的濮人发生过激烈战斗，并逐步战胜濮人，占有其地。其中的默部一支，发展为后来的水西土司[①]。

南蛮的西迁。南蛮又称"五溪蛮"。今苗、瑶、畲等民族的先民，古称"三苗"，是"南蛮"中的一个重要部分。春秋战国时期，江汉地区的楚国强盛，积极向其西南方的蛮、越族系地区扩张，蛮人受到巨大冲击，西迁进入崇山峻岭的武陵山区，与原居于此的濮人、廪君和獽、蜑等族错居杂处。两汉时期，这些西迁到武陵地区的"三苗"后裔，与从陕、甘一带辗转南迁、崇拜"盘瓠"的"犬戎"中的一支"卢戎"交错杂居，被统称为"盘瓠蛮"[②]。"盘瓠蛮"的分布区域，在秦代属黔中郡，在汉代属武陵郡，因此与当地杂居的各族一起，被统称为"武陵蛮"。又因这片区域位于沅江及其支流的流域范围，主要有五条较大的溪流，因此又称为"五溪蛮"。东汉时，为进一步控制武陵各族，汉光武帝建武二十三年至二十五年（47—49），朝廷先后凭借武力，将汉王朝统治势力从今湖南常德，推进到今花垣、吉首一带，此后不断深入武陵地区。以"盘瓠蛮"为主的各族，被迫退让，沿沅水各支流向武陵山区的纵深迁徙。今贵州苗、瑶、畲和土家各族的先民，大多是这时迁入的。

百越的北上。越人是我国古代南方人口众多、势力强盛的族系之一，因其支系繁多，分布面广，故称"百越"。在秦末农民起义和楚汉战争期间，百越各部纷纷割据自立。汉初，南越将势力深入今滇、黔境内，成为南方一大割据势力。汉武帝元鼎六年（公元前111），南越公开叛乱，汉王朝派兵镇压，并在百越地区设置了郡县。在汉王朝的挤压下，越人向王朝统治力量薄弱的地带迁移。今贵州地区，除东北部、西北部外，其余广大地区，特别是乌江以南的多数区域，均为王朝统治势力所不及之处。今黔、桂边境一带，虽然崇山峻岭，但有江河（如红水河、龙江、都柳江等）贯通，相对稳定，因而这些地区，便成了西瓯、骆越人溯江而上、向北迁徙的理想区域。

总之，秦汉及其之前的历史时期，因为濮人势力的逐渐衰落，氐羌、南蛮、百越三大族系以不同的历史原因和方式迁入贵州境内，从而构成了今天贵州民族分布格局的雏形。

秦始皇统一全国后，开始经营西南夷各部。《史记·西南夷列传》说："秦时常頞略通五尺道，诸此国颇置吏焉。"③秦五尺道以巴、蜀为基地，作为经营"西南夷"的通道，起于当时蜀郡南部边境。据学者考订，其具体路线始于今川南之宜宾，经高县、筠连，入云南境，过盐津、大关、彝良、昭通，入贵州境，过威宁，再入云南境，走宣威到达曲靖④。这一带地处乌蒙山区，山势险峻，是连接夜郎、滇和邛都的结合地带，虽然工程浩大，施工艰巨，但打开通道后就可深入西南地区。当时开山凿石，多采取"积薪焚石"的办法，即先将柴草堆积在岩石上，纵火焚烧使岩石炸裂，再凿取成路，故通道仅 5 尺宽，只容单骑过。当时，"五尺道"仅修到滇国边境北部，至于夜郎和邛都，则尚未修筑专门的通道。因此，秦在西南夷地区设置官吏，只可能在"五尺道"沿线一带，顶多也只可能到达滇、夜郎、邛都交接的边沿地带，不可能深入到西南夷的腹地。

此外，今川、鄂、湘、黔交接一带，原属楚国，早在公元前277年就被秦昭襄王夺取，置为黔中郡；今黔北遵义地区东北部，本属巴国南鄙，秦灭巴后即被划入巴郡。这与近年贵州考古发掘出土器物的情况是一致的：在黔北的仁怀、务川和黔东北的沿河、松桃等地，多次发现战国至汉代的青铜器，是具有明显特征的"巴器"，证明这一带原来确系巴人活动范围。巴被灭后，已纳入秦王朝版图。

至于今贵州其他各地，除南部边缘的独山、荔波一带可能已纳入秦象郡的范围外，其余地区秦王朝势力未及。汉代，位于今贵州独山、荔波一带的牂牁郡毋敛县地，有可能原属秦象郡范围。昭帝"罢象郡，入郁林、牂牁"时，方划归牂牁郡属。而位于今贵州中西部一带的且兰、夜郎、鳖、汉阳等地，本为"西南夷"地，与秦开五岭无关，不至于划入象郡范围，秦代也不可能置县设官治理⑤。

尽管在秦代，今贵州大部分地区并未纳入王朝的统治，但从"五尺道"开通始，这片地域已进入朝廷的视野，为汉代及其后中央王朝对这里的经营迈出了第一步。

但是，统一的秦王朝仅短短十余年就灭亡。西汉初年，汉室无力经营西南夷地区。直到汉武帝时期，国力强盛。汉武帝在北伐匈奴、西通西域的同时，准备开辟西南夷地区。

汉武帝建元六年（前135），武帝派唐蒙出使南越，并了解到夜郎有精兵十万。唐蒙回到长安之后，从蜀地商人了解到"独蜀出枸酱，多持窃出市夜郎。夜郎者，临牂柯江，江广百余步，足以行船。南越以财物役属夜郎，西至同师，然亦不能臣使也"⑥。唐蒙遂向汉武帝报告，若出兵攻打南越，可利用夜郎兵力，实现直取番禺的"制越"计划，建议汉朝与夜郎交往，在西南夷推行郡县制。汉武帝采纳了唐蒙的建议，封唐蒙为郎中将，出使夜郎。是年，唐蒙"将千人，食重万余人，从巴蜀笮关入，遂见夜郎侯多同"⑦。在唐蒙"厚赐，喻以威德"的同时，双方相谈甚欢，达成协议，多同允许汉在夜郎境内推行郡县制，并委任多同之子为县令，夜郎周边的各个小国也纷纷归附汉朝。此后，汉武帝决定设犍为郡，辖地大约相当于今四川乐山和内江以南、贵州西部、云南东边及东南角和广西西北角。按《华阳国志》记载，郡治在原属夜郎旁小邑的"鳖侯国"设置的鳖县，唐蒙被任为犍为郡都尉，驻汉阳（今贵州赫章）。

犍为郡设置之后，为了加强与西南夷地区的联系，汉王朝开始筑路，直指牂牁江。这条道的北边一段与秦"五尺道"重合，以僰道（今四川宜宾）为起点，溯南广河经今川南的高县、筠连，入今云南的镇雄、昭通，进入今黔西北的赫章、威宁，抵达六枝、晴隆等地，史称"南夷道"。南夷道的修筑，更方便了夜郎地区与巴、蜀和中原的联系，内地的经济文化影响日渐传播，促使当地的社会发生变化。后来，汉朝因为要全力对付北方的匈奴，暂时放弃了对西南夷地区的经营，只在夜郎势力范围内设置了南夷、夜郎两县。虽然此次开通未取得预期的成果，但是为后来进一步深入西南夷奠定了基础。

汉武帝元鼎六年（前111），南越反汉，汉王朝数路进兵讨伐，夜郎统治者原本在政治和经济上都"倚南越"，此时见汉军势大，被迫出兵从征南越。南越灭亡后，"夜郎遂入朝"，正式受汉王朝封为夜郎王。

开通南夷道，重新经营包括夜郎在内的西南夷地区，对整个西南地区及中国产生了深远的影响，具有重大的历史意义：一、道路的开通，使中原王朝得以加强对西南夷地区的统治，为国家的统一和中华民族的形成作出了重要贡献；二、中原地区先进生产方式如铁农具、牛耕、水利灌溉等的传入，使西南夷地区生产力有了极大的进步；三、南夷道的开通，加强了汉文化区与西南夷地区的交流，许多西南夷地区的物产、技术、资源等，也通过这些道路进入汉文化区，极大地丰富和繁荣汉地文化。

两汉时期，朝廷在西南夷地区先后设置郡县，政治上推行"羁縻"政策，经济上实行移民垦殖的措施。据《史记·平准书》及《汉书·食货志》记载，早在汉武帝时期，对新置的郡县，除收取土著王侯少量的贡纳外，"以其故俗治，无赋税"。新郡所需的粮食、薪俸及其他费用数量巨大，全都依靠邻近郡县辗转提供，也因此给朝廷带来了沉重的经济负担和政治压力。

为此，自汉武帝时开始，在朝廷的主导下，一些内地的地主、豪商，纷纷招募农民，进入西南夷地区屯垦，将收获的粮食就近交纳给当地郡县以供消费，而由当地官吏给以凭证，到王朝中央的内府去领取报酬。此后，进入西南夷地区垦殖者不断增加，其中，有地主、商人及其招募而来的农民；在内地因犯罪被流徙而来的"徙死罪"、"奔命"、"谪民"、"三辅罪人"；在内地因贫困无以为生，自愿应募前来者；邻近西南夷地区的汉族农民，主动流入新郡垦荒者；驻守新设郡县的汉族士兵甚至部分官吏滞留者……于是，在今贵州境内新设郡县及其附近，形成了一支大规模的汉族移民。

当时，进入牂牁地区的移民，大都来自巴、蜀生产发展水平较高的区域，他们大多移居在道路沿线的平坝、河谷地区和郡县所在的邑聚附近。他们自僰道南下，经南广（今四川高县、珙县），到达汉阳（今贵州赫章）、夜郎（今贵州普安、盘县、兴仁）、宛温（今贵州兴义）；又从夜

图上 2-1　铜锄（汉代，赫章可乐出土）

郎东，到达平夷（今贵州晴隆、六枝）、故且兰（今贵州黄平）、毋敛（今贵州都匀、独山、平塘、荔波）等地。内地移民之所以集中于这些地区，一方面是这些区域土质肥美，耕作条件较好，宜于垦殖；另一方面则是因为这些地方原来居住的濮人已开始衰败，比较容易接纳外来人口。

内地移民直接参与开发西南夷的许多地区，对当地政治经济文化的发展，意义十分重大。一方面，由于内地移民的垦殖，为郡县官吏、驻军提供了军需、粮饷和人力，使郡县据点得以稳定，得以巩固对部分土著王侯实行的"羁縻"政策。另一方面，通过郡县官吏的提倡，又将移民从内地带来的先进耕作技术，逐步向当地少数民族推广，促进了当地生产水平的提高。

进入牂牁地区的巴、蜀移民中，以三蜀大姓对贵州的影响最大。所谓"三蜀"，是蜀郡、广汉和犍为的合称。当时，今贵州境内的夷、汉大姓，见于文献的有龙、傅、尹、董、谢等。据《华阳国志·南中志》记载，牂牁大姓中，除谢氏或为当地濮人土著上层，分布在今安顺、平坝、清镇一带外，其他大姓都是从三蜀迁来，大约来自今川西平原到川南一带。诸大姓迁入后，尹氏大姓居于毋敛、夜郎；傅氏大姓主要居住区在平夷；董氏大姓移居于黔西南的兴仁、兴义一带；龙氏大姓分布在今清镇、平坝一带。这些大姓不仅在当地拥有强大的政治势力和经济实力，而且与中原交往较为密切，也是贵州境内最早学习儒家文化和入仕做官的家族。如尹珍、傅宝、尹贡等人，都是三蜀大姓入黔后有确切记载的入仕人物，足见其对贵州社会历史文化的深远影响。

贵州与内地及临近区域的接触与交流，集中体现在社会经济，包括农业、手工业（艺术）、商业、交通等各方面。在兴义出土的汉代陶制水稻模型，清镇出土的汉平帝元始初年广汉郡制造、兼有饮酒和计量功能的漆耳杯，平坝出土铸有"中可都酒"的永元罐，以及从其他汉墓出土的贮酒陶罐，说明此时贵州地区的农业已相当发达，可以用余粮来酿酒。

随着农业的发展，手工业及其相关文化也跟着发展起来。"富至僮千人"的蜀人卓氏和程郑氏，使用大批奴隶（僮）开采铁矿，铸造铁器，由临邛（今四川邛崃）运到夜郎等地的市场上，大量销售给"椎髻之民"，使之逐渐放弃铜石制农具，采用铁农具，大大促进了当地农业的发展。

近年在贵州各地发掘或发现了一批汉墓和遗址，其时代大多属于东汉时期，也有部分可以上溯到西汉中后期，即汉武帝开发西南夷之时。在这些墓葬和遗址中，出土了大批陶器和铜铁器、部分玉石器、漆器。墓葬的构筑形式和器物风格，基本与内地相同，可判断是汉族官僚、豪族的墓葬，从中可以比较全面地看出当时豪族的产业和生活情况。在清镇、平坝汉墓出土的铁犁、铁锄、铁斧、铁刀等农具，数量较多，说明已经普遍使用，尽管质量还比较粗糙。汉墓中还发现不少殉葬的铜器，有各类容器、烹饪器、装饰品、兵器，以及马、龟、雀等铜制品，制作工艺相当精美。在普安县青山发现的铜鼓山遗址，青铜器手工艺术的水平已较高，还有半两钱，证明是西汉初年的遗址，很可能是夜郎文化的孑遗。清镇、平坝、威宁、黔西、赫章等地出土的陶器，多数是轮制，硬度大，说明火候高；有的部分施釉，也有的全釉；除一般生活用的陶制品外，还有陶俑、陶兽等制品。黔西汉墓中还出土舞蹈俑、托案俑、扶耳俑、托筝俑，以及镇墓兽、陶羊、陶猪、陶鸡等品种，说明制陶

图上 2-2 陶舞蹈俑和抚琴俑（汉墓出土）

业相当发达，其工艺水平虽不及中原地区的同类制品，但图案花纹很丰富，形态颇为逼真。各地出土的汉墓砖，烧制的硬度大，技术水平与其他先进地区的成品比较接近。

这些文化遗存都说明，秦汉以降，中原文化已经来到了贵州高原的某些地区。外来文化有力地影响了贵州地域内的农业、手工业和文化艺术。

史载，唐蒙在南越尝到的枸酱，出产于蜀郡，商人贩往夜郎，由夜郎再贩到南越。这是汉时夜郎与外界贸易的一个例证。在夜郎的市场上流通的，还有平夷的茶蜜，谈指出产的丹、夜郎出产的雌黄、雄黄等矿产品。它们均被载入《汉书·地理志》、《华阳国志》、《后汉书·郡国志》等史籍中，可见当时颇有名，还可见当时当地的市场比较繁荣。从汉墓出土了大量当时流通的金属货币，如五铢、大泉五十、货泉、货布等，也是当时当地商业贸易有所发展的有力旁证。

由于"五尺道"、"南夷道"的开辟，促进了贵州高原与中原文化的交流，推动了当地文化的演变。汉朝廷还在通道上设置邮亭，《史记》把汉武帝元光六年（公元前129）"南夷始置邮亭"列为大事，记在年表上。《华阳国志》对此也有记载。在今赫章可乐，曾出土了一件"武阳传舍比二"铁炉。炉身内壁近口沿处，有隶书阳文"武阳传舍二比"反字。武阳，在今四川彭山县附近，西汉属犍为郡。传舍，与邮亭一样，都是古代设在沿途供传送文书者、过往官员和旅客歇宿的馆舍。这说明在汉时，中原的交通机构已推及边远的夜郎地区，对当地社会经济文化的推进，是不言而喻的。

更为重要的是中原文化在贵州的传播，贵州出现了舍人、盛览、尹珍这样的学者、文士，产生了十分重大的影响。

舍人，汉武帝时犍为郡鳖邑（即今贵州遵义）人，曾任犍为郡文学卒史，著有《尔雅注》三卷。《尔雅》是中国古代儒家的重要经籍之一，是我国古代解释词义和名物的第一部重要辞书，但文字艰深难懂。舍人为之作注，为当时人和后人阅读《尔雅》以及儒家经典提供了方便。关于《尔雅注》的作者，说法较多，意见分歧⑧。清郑珍、莫友芝合编的《遵义府志·人物志》认为《尔雅注》作者是舍人，即姓舍名人，文学卒史是舍人的官称。其籍贯，郑珍考订为汉犍为郡鄨邑（今贵州遵义）人。《尔雅注》一书在南朝的萧梁时期已失传，但舍人对儒家学说传播的历史功绩是不可磨灭的。《遵义府志·人物志》称舍人"注古所未训之经，其通贯百家，学究天人"，是古代贵州人学习和传播中原文化的先驱者。

盛览，字长通，汉武帝时的"牂牁名士"。当时著名的辞赋家司马相如通西南夷时，盛览曾向他请教作辞赋的方法。葛洪《西京杂记》中记司马相如将作辞赋的心得传授盛览："合纂组以成文，列锦绣而为质，一经一纬，一宫一商，此赋之迹也。赋家之心，苞括宇宙，总览人物，斯乃得之于内，不可得而传。"⑨盛览通过自己的刻苦努力，写出了《合组歌》和《列锦赋》等作品。盛览学归故里后，传播中原学术文化，对古代贵州学术文化发展以及和中原地区的文化交流，起到了重要的促进作用。

尹珍（79—162），字道真，东汉毋敛县（今贵州都匀、独山、荔波一带）人，是当时牂牁地区的著名学者。曾于汉桓帝延熹年间（158—166）任尚书丞郎、荆州刺史等职。尹珍曾远游中原，从汝南许慎、应奉受经书图纬之学，学成后回乡里教授，《华阳国志》、《后汉书》等对此均有记载。尹珍也是著名书法家，尤精隶书，遗憾的是，其著述无传。尹珍办学于桑梓，讲学的地方很多，留下的遗迹不少，是贵州汉文化教育的鼻祖，在牂牁一带传播儒家经学和文字学起着先导的作用，"凡属牂牁旧县，无地不称先师"。民国三十年（1941），为了纪念尹珍，从正安县划出一部分新设一县，以尹珍字命名为"道真"。

第二节　曲折交融：三国两晋南北朝

南方四大族系的扩散及衍化　"引僚入蜀"与汉夷文化的对流　豪强大姓势力的消长　诸葛亮南征及巴蜀文化影响

三国两晋南北朝时期，是历史上继春秋、战国之后第二次民族大迁徙、大融合的时代。当时，贵州高原也是各民族迁徙频繁的地区之一，周秦以来居住在贵州高原及其毗邻地区的濮人、氐羌、南蛮和百越等，都在此时发生了很大的变动，纷纷大迁徙、大融合，对贵州的历史发展产生了深刻的影响。

濮僚的演变。秦、汉时期，濮人的分布主要集中在西南地区。《华阳国志·南中志》记载，汉降服夜郎，夜郎竹王被杀，"夷濮阻城"。此时濮人分布区域，以云贵高原为中心，北至四川，都有大量的濮人居住。蜀汉诸葛亮平定南中后，濮人为蜀汉政权提供了大量的赋税、耕牛和战马等物资。

魏晋南北朝时期，包括牂牁谢氏在内的西南地区濮人，已被分割在若干彼此互不联系的地区内，不得不辗转依附于历代中央王朝或地方民族统治者，以求自保。这样，濮人的势力更加衰落，沦于被人支配的地位。以后，有关濮人的记载逐渐减少，而代之以夷僚或僚。当然，濮人并没有突然消失，只是在史书中，常将这里的濮人、越人泛称为"僚"、"夷僚"或"夷濮"。晋以后，僚人的分布范围，比先秦时期濮人的分布范围有所缩小。魏、晋以来，由于中原战乱，各族先民大迁徙，百越族群继续北上，其中一部分越族向黔、桂山区迁移。当时对百越族群的称谓混乱不清，史书所称的"僚"，其实是对原濮、越的泛称，而濮、越（俚）才是专称。

当然，岭南与牂牁之间，是早就有交通往来的。水路，牂牁江浮船南下，可以直达番禺城下；陆路，贵州与广西毗邻，间道很多。因此，两广越族群的俚人与贵州南部的俚人有着紧密的联系。汉、魏时期，一部分俚人从岭南向岭北、黔南的移徙，使俚人的社会发生变化，但基本保持住了自己的特点。

俚人文化特征的主要表现，一是由于居处的土地下湿，多是瘴疠之区，所以只好"巢居崖处"，用一些树枝依山崖搭屋居住，这应该是"干栏"式住房的最初状态。二是无文字，"刻木以为契"。三是铸铜为"大鼓"，即铜鼓。铜鼓是百越族群特有的器物，今天在黔、桂、滇、湘各省，属于壮侗语族的各个民族，仍然保持着使用铜鼓的习俗，这正是汉、魏以来的传统。四是"尽力农事"，俚人的生计方式以农业为主。从俚人不断向北迁移至岭北、黔南的历史演变和文化特征来推测，今贵州境内的布依族、侗族和水族等壮侗语族，其先民大概应源于俚人。

"五溪蛮"的扩展。魏晋南北朝时期，南蛮已散布到相当广大的区域。按《水经注》的说法，"武陵有五溪，谓雄溪、樠溪、潕溪、酉溪、沅溪，辰溪其一焉，悉是蛮左所居，故谓此蛮五溪蛮"。其中的辰溪、潕溪（又名潕溪，即今潕阳河）、樠溪，都与贵州地域有关。说明有相当一部分"五溪蛮"活动在今贵州黔东及黔东南地区。"蛮"的种类很多，不下数十种。王象之《舆地纪胜》卷一七四《涪州风俗形势》"其俗有夏、巴、蛮、夷"一段文字下，原注引旧《图经》说："夏则中夏人，

图上 2-3　[清]《黔省诸苗全图》之《普龙仲家铜鼓图》（日本早稻田大学图书馆藏本）

巴则廪君之后，蛮则盘瓠之种，夷则白虎之裔。"可知五溪地区除盘瓠种外，还有廪君之后，其中与今贵州地区有关者，是在黔东及黔东南地区生活的两部分，一为盘瓠种的蛮族，一为廪君种的蛮族。

"盘瓠蛮"因以神犬盘瓠为图腾而得名。秦汉时期就居住在武陵郡（今湘西、黔东及鄂西南边缘地区）、长沙郡（今湘中、湘南地区），故又称"武陵蛮"或"长沙蛮"。他们多居于山壑，从事粗放农业。能织木皮为布，以草实为染料。衣服五色斑斓，赤髀横裙，以枲（音 xǐ，一种麻类植物的纤维，称"枲麻"）束发。汉王朝对他们收取"賨布"之赋（以布当赋税），大人每岁征布一匹，小口半匹。由于官府徭役失平，妄增租赋，盘瓠蛮屡起反抗，连绵不断。

在广阔的盘瓠族分布区及其附近，居住着不少"廪君蛮"。因为其五个氏族共推巴氏首领务相为"共主"，号为廪君，以后便以廪君为族名。相传廪君死后，魂魄化为白虎，族人便有了崇拜白虎和以人祭虎的

习俗。他们早期活动在夷水（今鄂西南清江）流域，后逐步发展到巴中、黔中一带（大致为今川东南、黔东北、鄂西、湘西地区），那里曾是汉代的南郡、巴郡，故又被称为"巴郡南郡蛮"。

南北朝是蛮族与其他民族相互融合的重要时期。与汉人杂居的蛮族，与汉人没有多大区别；但居住在山谷的蛮族，与汉人则言语不通，嗜好、居处全异。留居在今贵州清江流域的廪君族和湘西、湘南的盘瓠族后裔，仍然保持其民族特点。《十道志》和《太平寰宇记》也说，巴被灭后，其子三人流入黔中、云溪一带，各为一族之长，说明今黔东及黔东南地区，在魏晋南北朝时期，盘瓠蛮、廪君蛮都在这一带活动。他们的文化面貌，表现为"种类繁多，言语不一"，在语言上保留着各自族系的特点；在服饰及其他生活方面，《南齐书·蛮传》中说他们衣布徒跣，或椎髻，或剪发；兵器以金银为饰，虎皮衣楯。《水经注·沅水》中说他们居住在自然环境较好的地区，土地最为沃壤，良田数百顷，特宜稻，修作无废，从事田作贾贩，对这些地区的开发作出了贡献。

"五溪蛮"在向四周迁移扩散，除向北迁到今鄂西、豫南的部分，以后逐步融入当地汉族外，仍留居五溪的一部分，则继续向西迁徙，在今贵州的黔东、黔东南及湘西的广大山区定居下来，成为苗族的先民。而处于湘西南的一部分，则逐渐从原来的群体中分化出来，成为"莫徭"，是今湘、桂、黔交界一带的瑶族先民。

爨氏的兴起。爨氏的先祖为华夏族，爨姓得名于封地，东汉末年，"采邑于爨，因氏族焉"。在汉、魏之际，迁入南中⑩。蜀汉亡后，南中地区逐步为爨氏所控制。在两晋之际的成汉时代，爨氏在南中的势力已经很强大。当时政局动荡多变，南中政局只能由地方大姓出来维持，爨氏便得以自封官爵，世领其地。爨氏从东晋末到刘宋初年独霸南中以后，其势力已进入贵州，控制了今贵州境内的牂柯、平蛮（原平夷）、夜郎诸郡，今黔西北全在爨氏的统治之下。史称其统治区域的族群为"爨蛮"，其地作爨区或爨地。

后来，南中地域分为东爨、西爨。即滇池周围地区为西爨地，滇东、滇东北和贵州西北地区为东爨地。《蛮书》中说，西爨白蛮也，东爨乌蛮也。因此，唐代以后，把居住在东爨地区的各族称为"东爨乌蛮"，即是彝族先民叟人。有学者认为："东爨境内的乌蛮，除勿邓部外，其余阿芋路、爨山、暴蛮、卢鹿、磨弥、阿猛诸部，分布在今滇东和黔西北一带，系由叟人后裔演变而成。"叟人进入这一地区，"追溯起来，早在周、秦之时或更早，古代氐羌系统，就分别进入今川、滇、黔境内，其后裔发展成为汉、晋的叟人以及后来唐代东爨乌蛮诸部。各部的贵族统治阶级，到明、清时期衍变为当地彝族各部土官，即俗称'八大土府'"⑪。

　　总之，在三国两晋南北朝时期频繁的迁徙、融合中，对照今天贵州各民族的分布状况，可以追寻到各民族历史发展的线索：自汉晋以来，居住在今贵州高原的濮人势力渐衰落，有的与其他民族融合，其中一部分则在今黔中、黔北居住下来，成为仡佬族先民；由岭南经岭北迁入黔南一带的俚人，即是后世布依、侗、水等民族的先民；而生活在五溪地域、与今黔东及黔东南接壤处的"五溪蛮"族群，在隋唐以后，有的逐步融合到汉族中，有的成为今苗族、瑶族和土家族的先民；东爨乌蛮则是今黔西北彝族的先民。

　　晋末时，巴、蜀大乱，牂牁地域部分僚人北迁。到成汉李寿时，居住在牂牁地区，特别是今黔西北一带的濮人（与岭南地区的越人一起，又被称为"僚人"），被强制迁徙入蜀，从而发生了"引僚入蜀"的大迁徙，牂牁"十余万家"僚人进入四川。《水经注·漾水》说，李寿之时，僚自牂牁北入，所在诸郡，布满山谷。僚人入蜀，《华阳国志》等史书上多有记述，可见影响

图上 2-4　[清]《苗蛮图说》之《僰倮女官图》
（日本早稻田大学图书馆藏本）

重大。

僚人入蜀的时间，大约自成汉李寿时开始，而且不止一次，抑或先是李寿时统治者强制迁入，其后僚人则不断自行迁入。当时牂柯郡在今贵州安顺，东晋咸康六年（340）李寿曾派遣镇东大将军李奕征牂柯，但无果而返，当然不可能强行迁徙当地僚人。所以，被迁入蜀的，主要应该是牂柯北部（今黔西北）一带的僚人。僚人入蜀之初，主要被安置于今成都附近一带。后来僚人又从牂柯源源北上，散布于今成都以南的阆中、渠县、广汉、简阳、资阳、宜宾等广大地区。僚人前后入蜀共"十余万家"，以每户平均四至五口计，总人数在 50 万至 60 万之间。以当时人口情况看，这个数量是相当惊人的。可以想见，今黔西北一带的僚人，几乎迁徙一空。

僚人（即濮人）大量迁徙入蜀的另一个重要原因，是彝族先民从今滇东北迁入。如前所述，彝族古代先民中的默部和布部两支，在东汉或在战国秦汉之际，分别从今滇东北的会泽、宣威向黔西北和六盘水、安顺地区迁徙时，都曾与原来居住于此的濮人发生过激烈的战斗，并逐渐战胜濮人而占有其地。到魏晋时期，彝族先民已明显居于优势，濮人则不得已北迁蜀地。

当时北迁的僚人，社会发展程度极不一致，这种状况持续到南北朝时期。对此，《魏书》中有详细的记载[⑫]。

当时，生活在今贵州的部分僚人的社会生活状况是：农耕尚不发达，渔猎还

图上 2-5　[清]《黔省诸苗全图》之《楼居黑苗图》（日本早稻田大学图书馆藏本）

占有一定的比重，但其社会组织已出现了阶级分化，各以居住村寨为一单位，有世袭的首领，并有象征权力的鼓角。尚无政权、法律和军队等国家实体，一切按习惯法办事。在社会内部，没有什么封建礼法，家庭关系、人伦关系及是非均以原初伦理为标准，儒家的"三纲五常"等尊卑关系尚未建立，崇敬鬼神之风浓厚。纺织手工有相当基础，能织造色泽鲜净的"细布"。铸造铜鼓也有较高水平。其文化特征有干栏、竹簧、铜爨等。干栏这种上面住人、下面养牲畜的木桩楼房，至今仍是我国南方一些民族共有的居住特征，但僚人的干栏又有其自己的特点。这些，反映了当时贵州境内僚人的社会发展程度，与迁入地巴蜀的经济、文化存在着相当大的差异。在这样的迁徙过程中，各民族文化的相互交流是不言而喻的。在后来的历史进程中，这些僚人在汉文化的影响下，逐渐融入当地的汉人之中；同时，今贵州属巴蜀所辖地区的汉人，也汲取或濡染了僚人的一些文化习俗，形成了该区域各民族文化互融的独特文化特点。

还有一种变化，极大地影响着当时当地的文化面貌，那就是豪强大姓势力的消长。

东汉末年，罕见的激烈混战，真可谓"诸军并起，无终岁之计"。而远离中原战乱的西南地区，则出现了南中大姓崛起、专横于西南一隅的局面。

魏晋南北朝时期的"南中"，大抵是原先的"南夷"地区。汉代在南夷设立牂牁、益州、越巂、永昌四郡，其地包括今四川大渡河以南，云南、贵州大部分及广西北部边缘地区。"南中大姓"是指汉、晋以来雄踞在南中地区的豪门大族。据《华阳国志·南中志》记载，汉、晋时期，南中诸郡大姓林立，著名的就有三四十姓。这一批大姓，主要是内地移民，也有的是南中世居民族上层发展而成，形成了少数民族与汉族大姓并存的局面。他们各称雄一地，既影响南中政局数百年，也直接影响了当地社会文化的发展。

东汉以来逐渐形成的南中大姓，与魏晋时期达到极盛的门阀士族势力有些相似。但两者之间又有区别，主要表现在与中央的关系上。门阀士族与朝廷有着直接的关系，他们控制着中央的大权，具有左右朝廷的力量。而南中大姓除少数在蜀汉时期与蜀汉政权有关系外，其他时期都远离中原，不能对中央政权产生重大影响，他们必须听从中央王朝的号令，势力仅局限于本郡县，只能称雄地方，管治乡里。

南中大姓主要依靠拥有大量土地、资产，聚集众多"部曲"为武装力量，并通过各种途径进入仕途，长期控制地方政权。《华阳国志》记载，南中大姓大多拥有部曲⑬。东汉末年，由于战乱，流离失所的农民，为了谋求生存，投靠豪强地主；豪强地主为了自保，将这些农民以军事编制，作为自己的私家部曲，成为家兵。"部曲"实际上成了豪强地主的佃客，平时替大姓耕田，纳租服役；战时被编为行伍，为大姓作战，对大姓有着强烈的人身依附关系。

在今贵州境内的大姓，最先见于史籍者，首推牂柯郡的大姓龙、傅、尹、董和谢氏。此外，郡治在今云南昭通、管辖着贵州西部地方的朱提郡，也有"大姓朱、鲁、雷、兴、仇、递、高、李等"八家（《华阳国志·南中志》）。这些大姓的形成，除社会原因外，还取决于交通条件。巴、蜀与南中相邻，其交通一直为历代统治者所重视。战国时期秦国蜀郡郡守李冰就曾修治过僰道，秦时常颎开通了"五尺道"，汉武帝时唐蒙修筑"南夷道"，司马相如"通零关道"（《史记·司马相如列传》），"开僰道，通南中，置越嶲郡"（《史记索隐》），蜀汉越嶲太守张嶷修通旧道，从而使原来山川阻隔、交通闭塞的状况有了很大的改善。如此，历代王朝才有条件在西南夷地区推行移民屯田政策，前文提到的三蜀大姓入牂柯、儒学的传入等事件才有可能发生，并对黔中的文化产生重要影响。由于社会的发展，这些地区的少数民族和汉族大姓，逐步发展为封建领主，而广大的夷汉百姓则沦为实际的依附农奴。不过，魏晋南北朝时期，这种封建领主大姓的势力，主要还局限在贵州一些自然条件较好的坝子和河谷地带，而广大高原山区，生产关系大体仍然处于原初阶段。

在蜀汉初期，南中虽已纳入朝廷的管理范围，但仍无力加强经营；虽也照例派遣官吏治理，但大多无力控制和制止大姓势力的骄纵自恣。南中的夷、汉大姓，便逐渐公开据地自雄。到蜀汉后主刘禅建兴元年（223），蜀汉政治上出现动荡，各民族大姓认为时机成熟，纷纷"举郡称王以叛"。

蜀汉经过一年多的准备，建兴三年（225）春，诸葛亮率军南征。《三国志·蜀志·后主传》说："（建兴）三年春三月，丞相亮南征四郡，四郡皆平。"这里说的四郡，为越嶲、益州、牂牁、朱提，其中就包括了今贵州相当大的一片地域。从史料看，征南采取的策略，是在以武力为后盾的前提下，采取攻心战术，平定后即审时度势施行和缓的民族政策，抚育恤理，威惠兼施，收到良好的效果。诸葛亮还将部分居住在山地的各族人民徙居平地，建城邑，务农桑，使各族人民进一步向定居农业发展。并设置"五部都尉"，作为管理官营屯田事业的机构，将当时中原地区较为进步的制度在南中推广，促进了农业生产的发展……这些措施，不仅对贵州地域的经济社会产生了积极的影响，其南征带入的巴蜀文化，对贵州文化也产生着深远的影响。铁器普遍使用，改进了过去这一带的落后生产工具，提高了社会生产力，促进了经济的发展。如果说秦、汉时期南中地区还靠外地输入铁器，只有沿通途一线的百姓才能使用铁器工具，那么到了魏晋时期，铁器已经大大普及，南中地区甚至还专门设置"铁官令"来管理经营铁器工具。在今贵州清镇、平坝交界的砑珑坝、芦荻哨、马场等地发掘的六朝墓中，出土铁器多件，其中仅铁脚架就达十一件，有三角和四角两种，说明当时铁器已较普遍用于人们的日常生活。这样的铁脚架，直到今天贵州的一些少数民族家庭还在使用。随着铁器的普遍使用，南中地区生产力向前大大发展了一步。如朱提地区的"穿龙池、灌稻田"，晋宁郡"郡土平敞，有原田"，农田水利开发，都是铁器工具普遍使用的结果。

贵州考古工作者曾在安顺、清镇、平坝等地发掘了一批魏、晋墓葬，出土的器物有铁器、玉珠、青瓷壶、铜铣、铜釜、铜镜、银手镯、金钗、银钗、琥珀、琉璃及漆器等。这些器物绝大多数不产于贵州，是从外地交换而来。如琉璃饰品，我国在北魏时方能制造，这之前发现的琉璃均由印度输入。在上述地区魏晋墓葬中出土的琉璃饰品，很可能是经过"南方丝绸之路"，由永昌郡、朱提郡转运而来的[⑪]。

平定南中后，本地各族人民与汉文化有了更多的直接接触。《华阳国志·南中志》记载，当时的南中地区：

其俗征巫鬼，好诅盟，投石结草，官常以盟诅要之。诸葛亮乃为夷作图谱，先画天地、日月、君长、城府；次画神龙，龙生夷，及牛、马、羊；后画部主吏乘马幡盖，巡行安恤；又画夷牵牛负酒，赍金宝诣之之象以赐夷，夷甚重之，许致生口直。[15]

图上 2-6　习水三岔河摩崖拓片（蜀汉石刻）

诸葛亮在语言文字隔阂的状况下，借用宗教信仰，通过图画的形式，宣扬封建礼教和法制，进行君臣伦理的教化。这对南中文化产生了巨大影响，在贵州各地，至今仍然留下不少与他的名字相联系的传说、遗迹。在安顺城东南双铺镇八番寨发现的"安顺八番六朝壁画墓"，就被当地人俗称为"孔明坟"。这是一个星象图壁画的砖室墓，星象图绘制在墓室顶部，残长 3.4 米，宽 2.7 米，白泥抹底，彩绘，内容包括星辰、月亮、银河和流云、星辰。这是一幅示意性的天文图，墓顶中心可视为天北极。它不拘泥于是否与实际星空吻合，带有明显的宗教意识，更多着眼于艺术上的平衡与生动，敷色竟用了红黄蓝白黑五色，星圈皆是"一笔圆"形成，后世唐代画家吴道子的"一笔圆"被传为佳话，而这幅图的年代不仅早于唐，而且是仰面或仰身绘成，其难度可想而知，其绘画技法非一般可与之伦比。这种以不同圆圈代表不同亮度星辰的绘制技法，在同时期的天文图中尚属首见。

尽管南中经济取得了一定的发展，但各地的开发和发展仍极不平衡。牂牁郡不少地区仍然还是"畲山为田，无蚕桑"，生产方式较为原始。但另一方面，牂牁地区的经济、文化还是在向前发展着。考古发现的赤水马鞍山岩墓群，形制结构及出土器物与四川地区汉晋崖墓风格十分接近，根据陶、瓷器及五铢钱和铜镜特征，时代可断为东汉晚期至南北朝，个别可能还稍晚。这些墓面朝赤水河，最高的墓距河面约 15 米。有 10 座墓葬为石棺。石棺是利用原生岩凿成，与墓壁相连，不可移动。这是贵州目前已发现的时代最早、规模最大的崖墓群，对于研究贵州汉晋时期文化状况、建筑技术等，具有重要价值。

习水三岔河蜀汉岩墓的摩崖题记和岩画，具有很高的史料价值。在其洞口右侧 0.3 米处，有摩崖题记，竖排 3 行，共 37 字，为"章武三年七月十日姚立从曾意买大父曾孝梁右一门七十万毕知者廖诚杜六葬姚胡及母"，字迹清晰。第一，题记有确切纪年：章武三年（223）。章武是刘备称帝年号，说明蜀汉势力已延及牂牁地区。第二，这是姚、曾两家买卖岩壁右端一座岩墓的契约，是贵州目前发现的最早的商业信任文书，说明当时牂牁地区不仅有土地的买卖，而且双方需经立约才有效，反映了牂牁地区的商业贸易有所发展。第三，5 号墓是其中最小的一座，墓口东西两侧各刻一阙，双重檐、宝顶结构。双阙的雕刻，表明墓主人的高贵身份，说明墓主人生前是富有之家，姚、曾二氏很有可能就是当时当地的"大姓"。第四，岩墓不是天然的溶洞，是用金属工具在岩壁上开凿而成，而且在离墓口顶端设计开凿有排水沟，使墓口不受雨水冲刷侵蚀，说明此时已有较好的铁制工具，工匠的设计技术已有相当水平。第五，5 号墓口上部石壁上，有一幅阴刻《捕鱼图》，画面为一只渔舟，舟中竖立两片长羽，颇似南方铜鼓羽人纹，舟尾刻一竿，驱赶一只鸬鹚在水中追赶一尾正在逃窜的鱼。在 4 号墓室内东侧壁上，刻有一尾鱼，鼓鳍张嘴作觅食状，刻图内容简洁生动，反映了当地人们食鱼的生活习俗，具有强烈的生活气息和艺术感染力。这样的摩崖题记、岩刻《捕鱼图》、双阙等，在贵州都是首次发现，在全国也属罕见，生动地反映出这个历史年代贵州的文化面貌。

第三节　和而不同：隋唐五代

三圈层行政体制　州县置学、谪官流徙与中原文化的传播　佛教文化的最初流布　南诏、楚、前后蜀的文化影响　单一民族的形成及其文化特征

隋唐两代，在今贵州这片地域，政治上是经制州、羁縻州和藩国三个圈层的行政建制体制，经济上则与之相适应。在靠近内地、地主经济有一定比重的乌江以北地区，设立若干经制州，与内地一样实行"编户齐民"、"计亩升科"，由中央派流官治理；在处于封建领主阶段、但已向王朝正式纳款内附的乌江以南地区，则设立若干羁縻州，仍由当地土酋担任州县长吏，按原有风俗统治，世袭其职，世守其土，世长其民。而在今贵州境西部的原乌蛮各部统治区域内，则被王朝封为藩国，与王朝保持臣属贡纳关系。在这种形势之下，少数民族的社会经济均有不同程度的进步，形成了许多单一民族，并建立了若干少数民族政权，这是这一时期民族关系发展演变的重要标志。

隋统一中国后，在全国范围内设置郡县。与今贵州地区有关的郡县有牂牁、沅陵、巴东、黔安、明阳、泸川六郡，这六郡辖地包括今贵州铜仁、江口、石阡、遵义、赤水、习水、仁怀以及沿河、德江诸县市以及从江、黎平两县东南部。这片区域，主要局限于乌江以北，而对于乌江以南的广大地区则鞭长莫及，完全处于中央王朝的势力之外，听任土著首领自行其是。在隋朝，贵州地区并未得到有效的开发。隋末，黔西北乌蛮各部纷纷自立，今威宁、赫章一带成了乌撒家的天下。黔西北的阿者家征服了当地的仡佬族，建立起罗氏鬼国。黔中的安顺一带出现了播勒家的罗殿国，阿旺仁家在黔西南的普安、盘县一带形成了自杞国。四川叙永一带的扯勒家也把势力扩展到黔西的毕节、金沙等地。

唐代，朝廷在今贵州乌江以北及黔东北经济较为发达的地区设有经制州（正州），有黔州、思州、锦州、叙州、奖州、费州、夷州、播州、南州、溱州等，由朝廷委派刺史治理，直接控制地方政治、军事、赋税、盐铁等权力。但是，由于唐朝对西南经营的重点不在贵州高原，所以对大部分地区仍采取松弛的统治政策，以"招抚"各少数民族首领内附、许以官职为条件，达到稳定地方政局的目的。于是，谢氏、赵氏、宋氏等大姓纷纷率土内附。

与此同时，朝廷在沿边及少数民族地区设羁縻州，在今贵州大部及黔、桂边境地区，设置羁縻州多达50个。朝廷承认沿边及少数民族地区各土著首领对原有地区的管辖，即以土官治土民的统治方式，保留原来部落组织，保留土著酋长的政治地位和统治方式，不改变当地民族的生产生活方式和风俗习惯。它既是王朝不可分割的一部分，但与中央王朝的关系又比较松弛。这种统治方式成为后世的土司制度的先导。一方面，由于土著首领所管辖的人民多不上户部，不必直接向国家缴纳赋税；另一方面，各土酋首领通过到京城朝贡等，增加了对内地情况的了解。朝廷给予的赏赐，也为边地带来汉族地区的一些工艺品和生产技术；周边地区汉人向这些地方的迁徙，也有利于经济文化的交流及民族关系的发展。唐太宗贞观三年（629），东谢（蛮）首领谢元深（或作琛）入朝，他头戴黑熊皮帽，以金银络系前额，上身披毛帔，下有皮行膝（绑腿），穿鞋子。这在当时朝廷看来，是一种奇装异服，以致中书侍郎颜师古向唐太宗李世民建议绘画成《王会图》。

当然，这些地方的社会发展程度，较之内地仍有相当差距，但较之两汉、魏晋时期，则有所进步。以社会生产而言，如牂牁（牂州）地区由于"土热多霖雨"，已能"稻粟再熟"；东谢（应州）地区则已是"地方千里"，"土宜五谷"；南谢（庄州）地区及西赵（明州）地区"其风俗物产，与东谢同"。说明这些地方的农业种植，已改变了每年只种植一季的旧习，学会了复种。由于粮食有了基本保障，人们就有余力去从事其他副业生产，"土贡户"则以当地土特产作为"贡品"上交，土贡物品有丹砂、犀角、麸金、蜡、蜡烛、班布、文龟、黄连、茶等土特产。以牛马羊为主的畜牧业在社会经济生活中有一定的地位，东爨乌蛮"土多牛马，无布帛，男子鬠髻，女人被发，皆衣牛羊皮"。民间婚姻"以牛酒为聘"，"会聚击铜鼓吹角"，"杀人者出牛马三十"，统治者"赏有功者以牛马、铜鼓"，牂牁地区则"男子服衫袄，大中袴，以带斜缫右肩"，图案丰富、色彩鲜艳"点蜡幔"（即今的"蜡染"）布……种种社会生活情况，都说明其农业、畜牧、纺织、制革、印染、采矿、冶炼、酿酒、民间工艺等均有较大发展。由于"稻粟再熟"，粮食已基本自给，民众才能大量饲养牲畜，才有余力制造铜鼓、吹角以供宴飨娱乐，才能以大量牛马、酒作为聘礼或赔偿，统治者也才能以牛马、铜鼓赏给有功者。其部落的社会组织外观虽然并未完全解体，但阶级分化已十分明显。⑯

不过，社会生产发展仍不平衡，不少山区仍然地广人稀，虽然土宜五谷，但仍刀耕火种，土地利用程度不高，耕地不能固定，无法进行农田水利改进，耕作仍停留在粗放的水平。

唐代，朝廷对贵州高原的治理，除设置经制州和羁縻州外，还有一些与王朝保持"藩属"关系的地方政权，主要是东爨乌蛮各部。史籍中常以牂牁国、罗甸国及乌蛮普里部、于矢部等称谓记录。牂牁国为彝族阿者部所建，其地在以今大方为中心的毕节地区。罗殿国由彝族中的播勒部（普里部）所建，其地在今安顺地区。彝族的另一支于矢部，在南诏叛唐时依附于南诏，占有今普安、盘县、兴义一带地区。

唐天宝以后，西藏的吐蕃和云南的南诏突起，与唐朝和战无常，变化多端，逐渐摆脱中央王朝的控制，使西南地区明显地划分为三个不同的政治圈层，贵州正处于三个圈层互相交错的区域，贵州的政局、民族关系则依唐朝与吐蕃、南诏的关系为转移。五代时，四川为前蜀、后蜀所据，云南为大理国，广西为南汉控制，湖南则有楚国，贵州又处于四个割据政权之间，深受四国影响，与中原各朝的关系时断时续。

唐僖宗乾符初年（874），与南诏的战火又起，蔓延到贵州高原。南诏派兵进攻黔中，攻陷播州（今黔北遵义一带）。唐王朝决定用兵收复，但因朝中已无兵可派，只下诏募勇士带兵讨伐，太原杨端应募攻取播州⑰。杨端领兵出四川，败南诏，从此占据播土。杨端入播后，子孙繁衍，杨氏一族占据播州直到明万历二十八年（1600），长达七百余年。与杨端入播的八姓（谢、令狐、成、赵、犹、娄、梁、韦），以及本地土著大姓，后来皆成播州望族。

播州建置前后，当地土著民族文化和移民带来的文化，在不断碰撞、融合中形成了独具特色的黔北文化。它以播州为中心，影响至黔东、黔西、黔中的部分地区。播州与巴蜀、荆楚接壤，是历来军事要道，"五尺道"、"南夷道"均从此经过。所以，播州成为各民族的聚集之地，中原、巴蜀、荆楚等地文化与当地的世居民族文化在此相遇，一方面在彼此的交流和融合中形成了新的文化因素，另一方面又保留着各自的文化特色。例如在汉文化的影响下，开始兴修水塘库堰，乌江以北地区大多稻田两熟。仡佬族为代表的世居民族文化，当地的酒文化和茶文化等都保留其民族和地方特色。播州文化具有的多元性，是贵州多元文化的重要组成部分。

不仅是播州，隋唐以来黔境内经济的发展，为多元一体的文化奠定了基础。众多的民族，为贵州文化保持了多样性。与外地日趋密切的关系，给贵州文化注入了新的因素，推动着黔地文化的发展。隋唐五代时期，朝贡使节的频繁来往，客观上起到了文化传播作用。再加上朝廷派驻各地的官吏、兵丁，移民的日益增多，汉文化得以较广泛的流传，中原文化与土著文化逐渐相互交流，缩小差异，日渐融合。

随着贵州大姓陆续归附中央政府，受封赐，设州县，这些地区与中原地区的经济和文化交流进一步拓展。唐代的贵州境内各郡县，纷纷立孔庙，四时祭孔子，州、县及乡皆置学。在今绥阳县旺草，曾发现由崔礽立于唐僖宗广明元年（880）的尹珍讲堂碑。中原文化通过政令和学校两个渠道，在今贵州的一些地方传播，促进了贵州教育的发展，使中原文化进一步向边地渗透。

此外，士大夫谪官流徙到贵州，对中原文化的传播也起着不可忽视作用。"地多瘴疠"的黔州一带，包含了今贵州北部、东北部的一部分，是唐代贬谪、流放重臣高官的地区之一。据两《唐书》、《通鉴》等史籍记载，朝中大员被贬往黔州者，前后多达三四十人，其中上至宰相、皇亲国戚，下至刺史、县令乃至宦官。如陇右节度使皇甫帷明、秦州刺史韦伦、御史中丞毛若虚、河中尹赵惠伯、御史大夫严郢、屯田员外郎刘禹锡、因辅佐永王璘获罪的大诗人李白⑱等，这批贬官文化素养较高，其中不乏贤良之士，在贬所不甘寂寞，为中原文化特别是儒学在当地的传播作出自己的贡献。所以在唐时，如黔北、黔东北等地士俗大变，渐染华夏之风，语言、文字已与内地相同。

这些官吏的送迎应酬，留下了不少著名诗句。例如李嘉祐《送上官侍御赵黔中》："莫向黔中路，令人到欲迷。水声巫峡里，山色夜郎西。"
杜甫《赠李十五丈别》："北回白帝棹，南入黔阳天。"刘禹锡《送义舟
师却还黔南》："黔江秋水侵云霓，独泛慈航路不迷。"白乐天《送萧处
士游黔南》："不醉黔中争去得，摩围山月正苍苍。"权德舆《送人赴黔
中》："一尊岁酒且留欢，三峡黔江去路难。"刘长卿《送任侍郎黔中充
判官》："不识黔中路，今看遣使臣。猿啼万里客，鸟似五湖人。地远官
无法，山深俗岂淳。须令荒徼外，亦解惧埋轮。"孟郊《赠黔府王中丞
楚》："旧说天下山，半在黔中青。又闻天下泉，半落黔中鸣。山水千万
绕，中有君子行。儒风一似扇，汙俗心皆平。"更为人所熟知的还有李
白《长流夜郎寄内》："夜郎天外怨离居，明月楼中音信疏。北雁春归看
欲尽，南来不得豫章书。"《忆秋浦桃花旧游时窜夜郎》："三载夜郎还，
于兹炼金骨"；以及《闻王昌龄左迁龙标遥有此寄》："杨花落尽子规啼，
闻道龙标过五溪。我寄愁心与明月，随君直到夜郎西。"……这些在来
往过程中留下的诗句，说明中原文化向黔地的进一步传播，促进了文化
的发展。

佛教在汉代传入中国，其进入牂牁地区的时间，在文献上可考者为
唐代。首倡者是唐初的一位谪官牛腾（字思远）。此人原本是散大夫郏
城令，醉心于释教。被谪为牂牁建安丞。他到建安（今余庆、瓮安一带）
后，仍然素秉诚信，笃敬佛道，口不妄谈，目不妄视，布释教于牂牁一
带，此时为唐武则天垂拱元年（685）。以此为标志，佛教正式传入贵
州。自此，贵州开始有佛寺的兴建、佛像的塑造和僧人的活动。当时佛
教的传布，以中原的大乘佛教为主流，以南诏佛教为支流。因为黔北、
黔东与当时的西蜀、南诏和荆楚水陆相连，受到川滇及中原佛教的强烈
影响，唐代中央朝廷在贵州设置的经制州多集中于黔北和黔东，中原汉
族移民得以不断涌入这些地区，为佛教渗入黔北、黔东地区提供了有力
的契机。

唐代贵州的佛寺，大都集中兴建于与剑南、山南两道和南诏相邻
的黔北地区。据史志有记载者，在今桐梓建有金锭山寺、玄凤寺、兴旺
寺、三座寺；在今仁怀建有景福寺、永安寺；在今正安建有大成寺、蟠
溪寺；在今遵义建有大悲阁；在今沿河建有福常寺等。此外，在黔东地

区，建有弥勒寺（今万山）、鳌山寺（今岑巩）、宝相寺（今黄平）等。这些寺庙建筑多仿照内地式样设计施工，其中既包含贵州各族人民的血汗和智慧，也反映了中原文化在贵州的传播和影响。

根据唐朝廷的敕令，天下寺观僧尼道士"不满七人者宜度满七人，三七人以上者更度一人，二七人以下者更度三人"⑬，若每寺按7—10人计算，当时贵州有文字记载的十余座佛寺应有僧尼百余人。此外，见于文献记载的高僧有通慧、海通、义舟和普达。通慧在思州（今岑巩）建鳌山寺，因医术高超，天宝时奉召赴京，治愈唐玄宗的疾患，闻名于长安，是有名的高僧。唐玄宗时，播州人海通法师结茅于乐山三江（大渡河、青衣江和岷江）汇流的凌云山上。他见江流急湍，每年夏，洪水常倾覆舟楫，决心开凿弥勒大佛像，"以镇水势"。从唐玄宗开元元年（713）至开元十八年（730），工程仅完成头、胸部就圆寂了，至德宗贞元十九年（803）才完工，前后费时90年。乐山大佛高71米，头高14.7米，鼻长5.6米，肩宽28米，脚背上可围坐百余人，造像气魄雄伟，是迄今为止世界上最大的石刻佛像。乐山大佛的开凿，是贵州高僧为佛教文化艺术作出的巨大贡献。

唐代贵州地区受南诏崛起和扩张的影响，发生了一些变化。当时，在滇西北的洱海地区分布着六个较大的部落，称王为"诏"，故史称"六诏"。六诏以乌蛮为主体，也包括部分白蛮，其中以蒙舍诏地域最南，故又称"南诏"。蒙舍诏在唐的直接支持下，逐渐强大起来，统一了洱海地区，建立起"南诏"政权，并成为西南少数民族中的一个强大政权。南诏与唐王朝长年处于争斗中，贵州处于双方角逐的中间地带，必然受着唐与南诏关系变化的直接影响。当唐与南诏和平共处时，贵州成为沟通二者及川、桂交通的要道，由重庆经西赵达邕州，自然经由贵州；由南诏到成都，也非经过贵州不可，贵州成为南来北往、东出西进的必经之路。南诏与唐发生战争时，贵州则处于紧张状态，南诏两次攻入黔中，唐朝则联合贵州地方势力以相抵抗。

当时，贵州境内散处的若干部落仍处于大姓的统治之下。唐代在黔中的大姓，是魏晋南北朝时期"牂牁大姓"的继续和发展，他们在唐王朝的支持下，势力更加强大，拥兵数万，占地数州，称霸一方，其中以谢氏、赵氏和宋氏最为著名。中唐以后，为抗击南诏，朝廷招募北方大姓入黔，定居黔北。其中，播州的杨氏、罗氏等大姓，后来成为黔北望族。此外，播州的宋氏、务川的冉氏、余庆的毛氏、瓮水的犹氏、仁怀的袁氏，也都是唐代随军入黔的大姓，他们凭借着兵权，世代统治黔北地区。这样，在政治上明显地分为三个区域：一是在黔北及黔东北地区，地近川、湖，汉族人口渐多，又在黔州都督府的控制之下，先后建立了锦、奖、费、夷、思、播、珍、溱等州，属于经制州的范围。二是在周围的广大地区，仍是土著民族的聚居区，领主经济占据主导地位，而且又远离黔州都督府，政府的控制力量有所不足，仍以当地大姓、土酋为官，建立 50 个羁縻州以为外卫，成为唐对南诏的前沿阵地。三是在贵州西部，长期为乌蛮各部所据，拥有较大的势力，唐朝无法治理，而南诏的影响较大，因而或自立为国（如罗殿国），或臣服南诏，或接受唐的封号而取中立态度，但乌蛮各部大都倾向于唐。

后来，由于唐王朝屡次失利，实力削弱，因而除将部分经制州降格为羁縻州，并将乌蛮各部正式封为藩属外，更从内地招募兵力收复黔北，从而形成了播州地方势力。这一举措，对后来贵州历史的发展，产生了深远的影响。

五代及宋初，今贵州大部分地域先后与前蜀、楚和后蜀等保持较密切的关系。前蜀建立后，其疆域包括唐的剑南道和山南西道 57 州，黔北也在其统治的区域内；黔东北和黔南，则在楚的势力范围下。后蜀的控制势力已达贵州黔北及黔东北一带。总的来说，五代时期的贵州，虽与中原王朝有联系，但不甚密切，不如与前蜀、楚、后蜀及大理国的关系。大体情况是：黔北多附于前后蜀，黔东及黔南附于楚，黔西与大理国的关系较为密切。

在唐代及此后的宋时期，西南各民族处在大分化、大发展、大变动的时期，逐渐形成了许多新的人们共同体，出现了若干单一民族。在今贵州的地域内，民族情况则异常复杂：种类繁多，分化融合，称谓纷纭。这些新的人们共同体，有的是今仡佬、彝、布依、土家、侗、水、苗、瑶等民族的先民，有的与其他民族逐渐融合，有的则不明其族属关系。

西南的四大族系，这一时期都处在分化之中。濮人和百越两大族系，在魏晋南北朝时期、以濮人为主体的"濮僚"，在此期间进一步分化为仡佬、木僚、羿子、僰人等；而以越人为主体的"俚僚"，则分别形成了布依、侗、水、壮、毛南、仫佬等族。在南蛮中，这一时期也形成了苗和瑶两个民族。"氐羌"族系分化的民族更多，在贵州的主要是彝族和土家族。此时的民族名称特别复杂，在史书上，或泛称，或专称，或泛称与专称同用。命名方法繁多，文献上看，有如下类型：一、以古地名称呼的，如"牂牁

图上 2-7 土仡佬热油搭足入山图（I.H.E. C.,PariS，法兰西博物馆藏）

蛮"；二、命以"僚"而冠以地名的，如"南平僚"、"琰州僚"等；三、以"蛮"称而冠以地名的，如"抚水州蛮'、"诚州蛮"、"荔波蛮"等；四、以"夷"相称而冠以地名的，如"泸州夷"、"播州夷"等；五、以统治者的姓氏加方位词命名的，如"东谢蛮"、"西赵蛮"、"南谢蛮"等；六、以"蕃"相称而冠以地名或姓氏的，如"西南蕃"、"罗蕃'、"石蕃"、"龙蕃"等；七、沿用古代的民族名称，如称彝族为"昆明"，同时又称之为"爨蛮"、"乌蛮"等；八、以其自称命名，如"仡佬"、"苗"、"仡伶"之类；九、纯用泛称而不加区别，如"僚"、"蛮"、"夷"等；十、还有许多含义不明的族称，如"夷子"、"守宫僚"之类⑳。族称的复杂多变，其实正反映出这一时期民族分合演变的复杂状况。

从唐代起，"仡佬"（或作"仡僚"、"獦僚"、"葛僚"、"佶僚"）

之名就屡见于史。当时仡佬族的分布很广，主要有四个聚居区：一是在南平及戎、泸间，即今川黔边境；二是在辰、沅、靖、锦各州，即今湘黔边境；三是在贵州西部，即今黔西北、黔西南及安顺地区；四是在乌江中下游两岸，即黔中、黔东地区。川黔边境的仡佬包括"南平僚"和"葛僚"两部分。《旧唐书·南蛮西南蛮》对他们的生活习俗有较为详细的描述：

> 南平僚者……部落四千余户。土气多瘴疠，山有毒草及沙虱、蝮蛇。人并楼居，登梯而上，号为"干栏"。男子左衽、露发、徒跣，妇人横布两幅，穿中而贯其首，名为"通裙"。其人美发，为髻垂于后。以竹筒如笔，长三四寸，斜贯其耳，贵者亦有珠珰。土多女少男，为婚之法，女氏必先贷求男族，贫者无以嫁女，多卖与富人为婢。俗皆妇人执役。㉑

这是今黔北务川、道真、桐梓、赤水、习水一带仡佬族先民的情况。

湘、黔边境的仡佬，与苗、瑶、仡伶等民族错杂而居，民族特征尤其显著。在宋人朱辅的《溪蛮丛笑》㉒中，仡佬的主要文化特征是：一、以耕田为业，多住平地；二、长于矿冶，能从硃砂中提取水银，能从沙、碎石中提取黄金，还能从铅中取银；三、精于铸造，不但能锻铁、制刀，而且精于银器制作；四、善于纺绩，以柘蚕丝杂以五色织绸，又能以白苧麻纺织成布；五、长于蜡染；六、喜住羊栖（"叶覆屋者，名曰羊栖"），睡不以床；七、有贵铜鼓、着"通裙"、尚打牙、习鼻饮、贯穿耳等习俗；八、各部落自推服其众者为首领，名曰"卖首"㉓。

至迟在东汉以前就已进入贵州东境的苗、瑶先民，是这一地区的主要居民。到隋代，苗、瑶逐渐分开，形成两个单一民族，在北部的一部分被称为"蛮左"，即苗族，大致分布在湖南沅陵以北，蔓延到湖北、湘西和黔东；另一部分在南部，则称为"莫徭'，大致分布在湖南沅陵、武陵、零陵以南，即湘南及两广一带。苗、瑶皆为"槃瓠种"，所以丧葬习俗大体相同。

苗族早在汉代就已进入武陵、五溪地区，聚居在湘西、黔东一带，此后深入黔南和黔中腹地，成为当地的主要居民之一。到了唐代，苗族大体沿苗岭山脉逐渐向西迁移，已进入威宁、赫章等地，到达黔西北及滇东南。部分苗族迁往云南，在文山一带形成了聚居区域。自唐以后，有关苗族的记载累见于书。唐、宋时期，苗族在向西扩散的同时，与汉族接触较多的一部分，经济文化受汉族影响较大，逐渐融合在汉族之中；而居住在山区的部分，则保持着自己的民族特征。湘西和黔东一带是苗族的主要聚居区，民族特征更为鲜明。其社会文化面貌，概括起来，有如下几点：一是吹奏芦笙；二是善蜡染；三是击木鼓；四是椎牛习俗；五是过"四月八"，划龙舟；六是椎髻或拳发；七是制独木舟；八是以杉木解板；九是喜对刀；十是有"沤榔"、"不乃读"等特殊食品。尽管这一时期的苗族散布很广，遍及川、鄂、湘、黔、滇数省，社会经济发展不尽一致，但均未建立本民族的独立政权。在湘西及黔东，主要是在大姓彭氏的统治下；在黔南，大都为谢、赵等大姓所奴役，一方面受着封建领主的压迫剥削，另一方面则保持着原始的社会组织（如血缘性组织"鼓社"、地域性村寨联合组织"讲方"，具有军事民主主义色彩的"议榔"）；在黔西北、黔西南等地，苗族则在彝族贵族的统治之下，是罗氏鬼国、罗殿国、自杞国的属民；在一些深山地区，如黔东南的"苗疆腹地"，苗族并未受到其他民族的侵扰，仍然各自营生，尚处在原始社会末期的军事民主主义阶段。

唐代以后，瑶人分布极广，主要聚居区在湘西及桂北，贵州与之毗连，有一部分瑶人进入今贵州东南部及南部边缘境内。关于瑶人的民族状况，主要有如下几点：一是居处山区，以耕山为生，暇则猎山；二是善制刀弩弓箭；三是精于甲胄马鞍制作；四是善染斑布，精于蜡染；五是能歌善舞，六是崇拜槃瓠；七是结为"团峒"，歃血为盟，订立款约，规定"上山同路，下水同船"；八是与汉族交往频繁，瑶人常以山货、杉板、滑石之类与汉人交换盐米、买卖土地，甚至互通婚姻。瑶族在唐代以前尚处于原始社会，唐宋时期，社会进步较快，不但进入封建领主社会，而且某些与汉人杂处的地方还进入了地主经济阶段。不过，在整体上仍处于分散的状态，被湘西大姓和广西大姓所统治，并没有形成自己的民族政权。

布依族主要分布在贵州乌江以南、红水河以北这一地区，即贵州南半部。在唐代，这一地区为谢、赵等大姓所统治。史书上称为"东谢蛮"、"南谢蛮"、"西赵蛮"中的一部分，以及未被谢、赵大姓统治的"夷子"、"守官僚"，应当是布依族的先民。他们多在乌江以南，住地依山傍水，气候炎热，善于耕种水田，"土宜五谷"、"稻粟再熟"，居处竹木结构的"干栏"式建筑，贵铜鼓，男女椎髻，以绯束之，后垂向下。阶级分化明显，社会显然已经进入封建领主阶段。但农村公社依然是社会的基础，人们各自生业，无赋税之事。婚姻已是一夫一妻，但仍然有一些母系时代的残余习俗。

在百越族系中，有一支因"垦食骆田"而被称为"骆越"，原住广西苍梧一带，后来逐渐北迁，定居黔桂边境。到了唐宋时期，逐渐分化，其中一部分形成了"仡伶"，即侗族的先民。这一带四周环山峦，中间有平坝，坝中多溪流，称为"溪峒"。侗族先民多居住在溪峒之中，故而称"峒人"，后来写作"侗人"。自湖南辰州以下，沿湘黔、黔桂边境，散布着数以百计的溪峒，包括今贵州松桃、铜仁、江口、万山、玉屏、天柱、锦屏、黎平、从江、榕江等地，皆是侗族先民的聚居区。在这些溪峒之中，许多民族相互错杂，文化互相影响。苗瑶一般住在山中，而侗族大都住在平坝。"仡伶"以羽翎为饰，"峒人椎髻，插雉尾"，"童之未妻者，曰罗汉"等，沿袭至今。"仡伶"善歌，"一二百人为曹，手相握而歌"，或男或女，聚而踏歌，搭肩挽臂，以手相携，边走边唱，与今黎平侗族村寨的"哆耶"活动无异。在溪峒地区，仡伶往往结成"团峒"，遍于侗族地区，以"团峒"为基础，又建立地域性的联盟，称"峒

图上 2-8　侗族大歌石刻（清代出土）

款"。侗语的"款"，意为盟誓、条规，"款"的范围有大有小，"小款"由一二十个相邻村寨组成，"大款"则由若干"小款"组成，方圆可达百余华里[24]。

　　唐宋时期，水族从僚人中分化出来，在黔桂边境的大小环江流域形成了"抚水州蛮"和"荔波蛮"。唐代在水族聚居区设立州县以为羁縻，以"抚水"为州名，意在安抚水族，可见当时水族已形成单一民族。从地域上看，水族基本上分布在都柳江和龙江上游，夹龙江而居，在今贵州的三都、荔波、独山、都匀及广西的南丹、宜山、融水、环江等地。根据水族的传说，他们的祖先原住广西，后来溯龙江而上，大部分迁入贵州，主要聚居于贵州三都、荔波等地。水族大都住在丘陵和平坝，依山傍水而居，普遍耕种水田，这与史籍中说抚水州蛮"亦种水田，采鱼，其保聚山险者，虽有畬田，收谷粟甚少"、"种稻似湖湘"的记载是一致的。抚水州蛮的习俗是，"以药箭射生"，"并林木而居"、"椎髻跣足"、"衣服煸斓"、"畏鬼神，喜淫祀"、"铸铜为大鼓"等，也基本符合后世水族的情况。水族中多有蒙、区、廖、潘、吴等姓，历来以蒙姓为首[25]。

　　属于氐羌族系的还有土家族。土家族的语言属藏缅语族，与彝语比较接近。关于土家族的族源，至今尚有争议。但从民族特征来看，土家族的语言属藏缅语族，古代有火葬习俗，尚白虎，很可能是最先进入中原的一支羌戎，后来南下至湘、鄂，被称为"卢戎"。土家族分布于四川、湖北、湖南、贵州四省的毗连地区，长期与苗、瑶、仡佬、侗族错杂而居，又与汉族有许多接触，习俗多有变异。从史籍上看，土家族先民在宋代形成了许多大姓，在贵州主要是田氏，其势力达于黔东北铜仁地区及黔东南大部分，在宋代"皆受朝命"，是这一地区的统治者，而被统治者则有苗族、侗族、仡佬族和佯僙等。

　　魏晋南北朝时期，爨氏统治区域有"东爨乌蛮"、"西爨白蛮"之分，"白蛮"为白族的先民，而"乌蛮"是彝族的先民。乌蛮分布甚广，西起云南大理，东迄贵州中部，北达四川西南，南至滇南各地。隋唐以来，乌蛮分成许多部落，经济文化发展不尽相同，大致可分为三个部分：西部乌蛮，分布在今云南大理州至保山地区北部及楚雄州西部，与白蛮错杂而居；北部乌蛮，分布在大渡河以南、金沙江以北，他们是一个近亲的部落群，即所谓"落兰"家族统治区域；东部乌蛮，分布在滇东、黔西等地，是仲牟由（笃慕俄）家族统治区域，主要有六大部落及"东方黑爨三十七部"。贵州的乌蛮均属仲牟由家族，分属于阿者、播勒、乌撒、于矢等部，而与东川、芒部、乌蒙、扯勒等连成一片。史书一般都把贵州的乌蛮统称为"昆明"，到了宋代，又多称之为"乌蛮"或"夷"。

乌蛮在唐代已表现出明显的民族特征。一是尚武，在语言上与白蛮不同。二是在经济上不喜耕稼，以畜牧为主。三是在习俗上，男子髽髻，女子被发，以牛羊皮为衣；乌蛮妇人以黑缯为衣，其长曳地，男子以绵缠椎髻，短褐、徒跣、戴笠、荷毡；不墓葬，死后三日焚尸。四是已有文字，即所谓"爨文"或"蝌蚪文"。五是以"家支"为社会组织，实行父子连名，以父系血缘为纽带相互结合而成部落。六是贵贱分化明显，社会上有黑彝、白彝之分，黑者为贵，白者为贱。七是分立许多政权，自成聚落，各立疆场，互不统率，争长称雄，相互兼并，无事则互相争斗，有事则互为声援。

古代彝族先民用文字记载了自己历史悠久的文化。近年，贵州彝汉学者在老彝文手抄本"把数"（谈天说地）中发掘整理了一批诗文的论著，其中大都是诗论、诗律论。包括举奢哲的《彝族诗文论》，阿买妮的《彝语诗律论》，布独布举的《纸笔与写作》，布塔厄筹的《论诗的写作》，举娄布佗的《诗歌写作谈》，布默阿纽的《论彝诗体例》，布阿洪的《彝诗例话》，漏侯布哲的《谈诗说文》，实乍苦木的《彝诗九体论》；作者佚名的《彝诗史话》、《诗音与诗魂》、《论彝族诗歌》等[26]。这些彝族诗文论手抄本的发现，是继引人瞩目的祜巴孟力《论傣族诗歌》（此书写于1615 年，时为明朝末年）之后，民族民间诗学的又一重大发现[27]。

这些古代彝族学者的生平，今人所知甚少，生卒年代已无确凿考据。据发掘者考证，根据彝族的父子连名制，从"盐包"家谱得知，举奢哲和阿买妮（女）大约应是魏晋南北朝到唐朝时期的人。此外，布独布举、举娄布佗、布塔厄筹约为南北朝时人，漏侯布哲的生活年代不详，实乍苦木约为唐代人，布阿洪所著成书于两宋，布默阿纽相传为南宋人。

由于对彝族文化有重大贡献，举奢哲和阿买妮被后世彝族人民尊称为"先师"，甚至是至高无上的"神"。举奢哲的《彝族诗文论》是彝族古代的一部文艺理论，或可称为彝族文化论，包括论历史与诗歌、诗歌与故事、经书的写法、医书的写法、工艺制作等五个部分；阿买妮的《彝语诗律论》则完全是论诗的特点、诗的格律和创作技巧。举奢哲、阿买妮与南北朝时期中原的文论诗论大师刘勰、钟嵘及音韵学大师沈约大约同时。唐代是古代彝族宗法制发展到顶峰的阶段，彝族先民在西南地区的发展已经达到相当的规模。属于古代彝族一大支系"乌蛮"所建的南诏国，与唐王朝的关系十分密切。与此同时，唐朝中央王朝经济文化的大发展，对于南中、六诏及川滇黔边一带彝族各部君长所统治的地区，应当具有影响，甚至可能有所推动。或许，这就是举奢哲、阿买妮、布独布举、布塔厄筹、举娄布佗等大师在此期间辉耀彝族文化星空的缘故。

第四节　差异发展：宋元

官马交易　社会文化的非均衡发展　民族分布大格局的形成　土司制度及站赤　教育兴盛与儒学传播　"罗殿国文字"及"水曲"　佛道兴盛与伊斯兰教始播　地方志的编修

宋王朝统一全国后，在今贵州的一部分地区设州、郡、县，并派朝中官员兼领一些地区的长官，行政建置基本上沿袭唐旧制，实行经制州、羁縻州和藩国并存，但对各类地区的具体地域、名称、辖境及隶属关系，作了一些调整。今贵州的大部分地区属夔州路，正州（经制州）基本在乌江以北，乌江以南的绝大部分地区则属羁縻州。在大小数十个羁縻州中，当时影响最大、与中央王朝联系最密切的，是思州和播州。宋徽宗大观元年（1107），思州土著首领田祐恭入朝请求内附，朝廷即以其地置思州，命田祐恭为思州刺史。从此田氏世有其地，并为巩固宋王朝边远地区的统治作出了一定贡献。宋室南渡后，边事不再过问。长期雄踞播土的杨氏，对播州风气有一定的影响。

两宋与羁縻州的关系，较从前有进一步的发展，从频繁的朝贡与赏赐等可以得到说明。各羁縻州的朝贡人数少者数十，多者数千，各地朝贡每岁不断。贡物有丹砂（朱砂）、石英、芙蓉、名马、水银、犀角、毡、药物、蜜蜡、名酒及香炉、铜鼓等；朝廷回赐大量的物品，如玉器、金币、银币、巾服、锦袍、银带等。回赐品往往大于朝贡品。在黔北宋墓中出土的"敬纳人"石雕像，刻绘了一个体魄健强的力士，赤膊跣足，高擎一盘珠宝，俯首平视进贡敬纳，正是此情景的生动写照。通过进贡和赏赐的方式，交流了物质，沟通了情感，更汇通了文化。

两宋时期，西南部分民族在封建化过程中逐步建立自己的政权，被称为"藩国"。贵州的地方民族政权中，罗氏鬼国、罗殿国、自杞国等与中央王朝保持较多联系。还有乌撒、毗那、西南五姓蕃和石人等九部落。这些"藩国"族属相同，地界毗连，事迹相关，而史书的记载多不具体，所以往往纠缠不清。罗氏鬼国和罗殿国在地域上一南一北，南为罗殿国，乌蛮播勒部所建，在今安顺地区；北是罗氏鬼国，在今毕节地区，由乌蛮阿者部所建。自杞国亦为乌蛮所建，其辖地在今黔西南地区。还有毗那，唐时作"比楼"，其地在今织金县境。乌撒是乌蛮在黔西北的另一政权，与播勒同宗，在今威宁、赫章一带。西南五姓蕃主要指龙、罗、石、方、张五姓蕃，大致在今惠水县及平塘的一部分。石人等九部落，基本上散布在今贵州的西半部，大约就是《宋史》中所称的"昆明九部落"，包括鸡平、武龙州、东山、战洞、石人、训州、罗波源、罗毋殊等部落。这些部落与中原有过友好往来，到宋初，友好关系又进一步发展，向朝廷朝贡的规模更大，有史载称，宋太宗太平兴国五年（980），训州部落王子若从等744人贡方物和名马。但到南宋以后，这些部落皆不见于记载。

这一时期，贵州与内地的经济、文化交流增多，思、播、五溪及黔南的社会经济都有不同程度的发展。

贵州向来地广人稀，到宋、元时期，未被开垦的土地仍然很多，生产技术低下，农业产量很低。宋以后，汉族流寓者渐多。特别是从山西、江西、湖南、四川等地，不断有大批移民迁入贵州。外来人口迁入，土地得到开辟，黔东南苗族地区也普遍采用了先进的铁质生产工具，农业得到发展，生活得到改善。而像布依族居住的"八番"地区，彝族居住的"罗殿"地区，以及播州、思州地区，土宜五谷，不少地方还出现了成聚落的、人口较为集中的农业经济区。

宋、元时期，今贵州在政治上、经济上与邻近地区的联系有所加强，最典型者，当数南宋时朝廷到贵州购买官马。

宋代，贵州西部、北部及南部的畜牧业有了较大的发展，马是贵州向外地交换盐、银币和丝织品的主要商品之一。宋王朝长期与北方游牧民族辽、西夏和金等政权作战，需要大量马匹，解决马源的途径，一是养，一是买。朝廷南渡后，北方马道断绝，"西马"（西域之马）罕至，"川马"不足，朝廷求马甚切，便开启了南方马市。宋高宗时，在广西横山寨（今田东）、宜州（今宜山）、宾州（今宾阳）等处设场买马，时人称为"广马"。

其实，"广马"并非广西所产，宋人周去非《岭外代答》载："产马之国，曰大理、自杞、特磨、罗殿、毗那、罗孔、谢蕃、腾蕃等，每岁冬，以马叩边，……既入境，自泗城州行六日至横山寨，邕守与经干盛备以往，与之互市。"⑧他所罗列的产马之国中，除大理、特磨在今云南外，罗殿、自杞、毗那、罗孔、谢蕃、滕蕃等均在今贵州，可见贵州马匹是"广马"的主要来源。

贵州西部产良马，著名的有"乌蒙马"和"水西马"。云南是西南最大的产马地，"大理马"尤其著名。贵州地处"川马"与"广马"的交会点上。"川马"多在四川黎州（今汉源）、戎州（今宜宾）、泸州（今泸州）市易。地处黔西北的罗氏鬼国，与泸州邻近，早在北宋神宗元丰年间（1078—1085）就已开始在泸州卖马，规模越来越大，从者竟多达二千余人，换回大量银两、缯帛和食盐。播州地近南平军（今重庆南川一带），北宋徽宗大观年间（1107—1110），其地所产之马，多在南平军出售。罗殿、自杞、毗那等国，则多在广西售马，除本地马外，还大量贩卖云南的大理马。当时大理产马虽多，但宋朝廷鉴于南诏的历史教训，对大理国严加防范，不准大理马长驱直入，以免引起边患。罗殿国、自杞国横亘在买马路上，挡住大理国的门户，大理马必由罗殿、自杞转卖。正是因为这种特殊的历史条件，贵州不仅产马，而且成为客商马道上的一个重要转运站。

马匹交易在宋代是官方与民间之间的一种特殊贸易，具有不可低估的历史意义。通过马的交易，一方面加强了宋朝廷与西南各民族的关系，密切了交往；另一方面，在马交易过程中，西南各地横向间有了广泛的交流。成都的锦、彩，川、粤的食盐，内地的日用必需品等进入西南少数民族地区，西南少数民族地区的物资也不断流向内地，互通有无。对贵州而言，马市的兴盛，不但刺激了养马业的发展，而且各种土特产随之远销四川、广西，卖马换回大量的金银、货币、商品，在一定程度上也促进了商品经济的发展。贵州奇缺的食盐，正是通过"盐马贸易"的方式得以较好解决，川盐和两广的钦州盐、廉州盐，都是通过马的交易进入贵州的。此外，在买卖"广马"的过程中，入大理后有"南方丝绸之路"可通往天竺，到广西后可与交趾（今越南）相通，交流范围大为扩展，推进了贵州与其他地区的交流。

就文化面貌而言，两宋时，与中央王朝联系最密切的是同属夔州路（今重庆奉节）的思州和播州。由于加强了黔北与中央王朝的联系，促进了当地文化的发展，它们的社会经济状况，大体同于川东，风俗同黔中（黔州治今重庆彭水）。特别是播州，在宋孝宗淳熙年间杨轸、杨轼兄弟治理时，特别留意于艺文，以至巴蜀士人纷纷投奔，对播州风气有一定的影响。此后，杨粲治播四十余年，采取了一些适应社会发展的策略，出现了当地风俗大变、俨然与中原相同的局面。

这种状况，从今黔北地区考古发现的大量宋墓中可以看到。已发掘的遵义县坳坪的杨粲墓、鸭溪理智村宋墓、刀靶水宋墓、桐梓夜郎坝宋墓群、周市石棺墓、仁怀两岔河宋墓群、赤水官渡宋墓群、务川金银洞宋墓、湄潭金桥宋墓、凤冈立竹溪宋墓等，建筑风格、建筑方法大同小异，以杨粲墓最为典型。由此可以看出：宋代播州的文化已经发达。特别是从杨粲墓门的仿木构门扉及龛内的仿木构房屋来看，其柱、斗、枋、阑额、雀替、屋顶等建筑样式，均与宋代的《营造法式》相符，可见中原的建筑技术在宋代已传入播州。此外，播州各地宋墓的形制，与中原或江南的宋墓又有所不同，均属于四川宋代石室墓的类型，这又说明播州受巴蜀文化的影响很大。杨粲墓的石刻，更证实了当时播州的石工技艺已达到相当高的水平。在杨粲墓中出土的两具铜鼓，也因特点显著而被考古界命名为"遵义型"铜鼓，为南方铜鼓发展史上的八大标准器之一。从多座宋墓中发掘的随葬品来看，铁器在播州已经广泛使用；外地的瓷器，在宋代也已传入播州；出土的"崇宁通宝"、"崇宁重宝"等钱币，也提供了播州货币流通的一些资料。思、播地区在宋代有较大开发，社会文化面貌已逐渐接近内地。

相对而言，处于黔东南及黔东地区，与湖南交界，多族杂处的五溪地区，有苗、瑶、仡伶、仡佬等，虽然风尚习俗大略相似，但各民族社会经济发展差别却很大。山瑶尚处于刀耕火种、赶山吃饭、居无定处、迁徙无常的状况。而仡佬此时则已有阶级分化，社会分层。

图上 2-9　[清]《苗人图》之《普安州属僰人妇》（日本早稻田大学图书馆藏本）

主要集中在黔西北和黔西南一带，与四川、云南及广西毗连的诸"藩国"，政权交错，族群复杂，社会经济差别大。这些少数民族政权的存在，使民族关系错综复杂：一方面，中央王朝与少数民族政权关系复杂，接受朝廷封号而又不同于羁縻州，朝廷与之贸易而又须严加防范；另一方面，民族内部矛盾也时有发生，各自之间时有争夺，如自杞、罗殿阻隔大理而转手卖马，但罗殿、自杞之间又常因卖马之事而发生冲突。再如宋家、蔡家、龙家、苗人、仲家等，或处于和平状态，或处于斗争状态，或则处于奴役与被奴役状况。

元统一天下后，设置行省，把权力集中起来，进一步加强中央对地方的控制，在中国政治制度史上具有重要意义。在西南地区，设置湖广、四川、云南三行省，结束了西南的割据局面，并把西南谿峒一概纳入行省的管辖范围。对于贵州来说，虽然当时分属三省，但它毕竟已经纳入统一的行政建置，与全国的联系更加密切，有利于社会经济的发展和文化交流，这无疑是一大进步。

跟随元朝大军的足迹，蒙古族、回族、白族陆续不断从云南移入今贵州境内。元军在以云南为根据地，进攻自杞国、罗殿国、罗氏鬼国和乌撒，打通至湖广、四川、广西的道路的过程中，蒙古军源源进入今贵州境内，随之而来的回纥军也进入贵州，并通过"寸白军"屯田把白族移入。今贵州之地成为湖广、四川、云南三省往来用兵之地，往往留军驻守屯田，主要在乌撒、普安、普定及顺元等地区。到元末明初，驻扎在今贵州境内的蒙古军，大部分退到云南。元朝灭亡后，蒙古人大多退回北方，留在贵州的蒙古族极少。

元代的军屯，也多有回民，他们长期在内地和边疆从事屯田垦殖。在今贵州境内，他们或为官，或从军，或经商，凡有蒙古军屯戍的地方，皆有回族。

元代抽调大量云南白族人为军，谓之"爨白军"或"寸白军"。在今贵州境内的"寸白军"，主要是在乌撒路和普安路、普定路等处屯田。后来这些"寸白军"就地落户，被称为"爨人"、"白儿子"、"七姓名"。

元代虽然只维持九十余年，但在贵州发展史上，却是一个承先启后的重要时期，明清两代的民族分布格局，在元代基本形成。

大体而言，贵阳以西，"罗罗"最多，其次是宋家、蔡家、仲家、龙家、爨人、羿子；贵阳以东，苗最多，又有仡佬、佯僙、八番子、土人、峒人、蛮人、冉家蛮、抚水蛮、杨保等[20]。彝族的先民，分布甚广，主要在滇、黔、川毗连地带。苗族的先民，主要聚居在湘、黔、川边境的"五溪"地区。仡佬族分布遍及贵州各地，到元代大大超过"五溪"的范围。布依族的先民，遍布乌江以南，居住在今惠水一带的布依族先民称为"八番子"。侗族的先民，主要分布在湘黔边境的"五溪"地带。水族的先民，散布在今荔波、三都和独山一带，与布依族、壮族、苗族、瑶族等错杂而居。分布在黔东北一带的"土人"与"冉家蛮"，与土家族有历史渊源。"宋家"大抵是早先移入贵州的汉人，因为久居边徼而被视为"宋家蛮"，分布在黔中地区。"蔡家苗"散布在贵阳附近及其以西各地。"龙家"分布在今贵阳、关岭、安顺、龙里、凯里，现识别为白族。"羿子"居住在黔西北与川南交界之地。木佬主要分布在今贵阳、龙里、贵定、都匀、凯里及安顺、关岭一带，现识别为仫佬族。佯僙分布在镇远、石阡、铜仁、黎平、都匀及黄平、凯里等处，尤以铜仁最多，现识别为毛南族。再加上元代移入贵州的蒙古族、回族、白族等，基本形成了今天贵州少数民族分布的格局。多彩的贵州文化格局也因此而生。

在元代的贵州，还有两件举措意义重大，影响深远。一是土司制度㉚的确立；一是站赤的设置。

为了巩固在今贵州地区的统治，元代逐步把贵州之地归并为几个较大的行政单位：八番顺元宣慰司都元帅府、播州军民安抚司和新添葛蛮安抚司，管领贵州大部分地区；乌撒乌蒙宣慰司设置于贵州乌撒，而属地多在云南；曲靖等路宣慰司设置在云南，辖有贵州的普安路和普定路。在一些地区设立"蛮夷官"，土流兼治。这是土司制度的开始。虽然仍用各少数民族的首领进行统治，但比历代"羁縻"的松散关系进了一步。今贵州的区域，恰好是湖广、四川、云南三行省边缘的毗连地区，所以土司特别密集，大部分安抚司、蛮夷长官司都集中在这里，从而成为一个重要的土司区。八番顺元宣慰司都元帅府事实上已成为三省毗连之地的政治军事中心，其辖地甚为辽阔，思、播、亦溪不薛（今黔西县境）一度受其节制，逐渐形成了贵州省的雏形。

土官统治的基本原则是：修其教，不易其俗；齐其政，不易其宜。尽管元代的土司制度极不完备，但这种统治方式毕竟已经确立，是历史的一大进步，它对于由分散走向统一的多民族国家的发展，以及边疆的开发、边防的巩固等，都具有深远的历史意义。元统一全国后，逐步从重牧轻农改变为重农，从中央到地方都设有"劝课农桑"的机构，并要各级官员都"劝农"。《大元圣政国朝典章·劝农立社事理》对全国农桑、水利、开荒、牛耕等均作了详细规定，且强令全国各地执行。这些措施在今贵州地区的推行，在明初留下了"痕迹"。如明代的黔东已普遍使用水车引水灌溉，苜蓿已普遍种植，除今毕节地区外，全省各地已经少见随畜牧迁徙的现象，许多荒山都被开垦为农田，农耕代替了游牧……这些，均与元朝推行"立社"、"劝农"的政策关系密切，是入元后贵州农业生产继续向前发展的结果。此外，土官们向元王朝的频繁朝贡，贡物之丰富、贡品之多，也大大超过了宋代。如史载，小小的八番"生蛮"韦光正等，竟能向朝廷岁贡布 2500 匹；播州安抚使杨汉英一次就能进贡雨毡上千。贵州多如牛毛的土官大规模且频繁地向元王朝朝贡，足以说明元代的贵州生产力发展较快，财富较丰裕。

自元代设立站赤之后，贵州境内千山万壑、羊肠鸟道、行旅艰难的情况大有改观。站赤就是驿传，按蒙古语而译作"站赤"。比之前代，元代驿传可谓极盛。元代在今贵州境内设置的站赤，主要有三条重要驿道：最重要的是横贯东西、从湖广通往云南的驿道，其次是川黔驿道，再次是乌撒入蜀入滇道。此外，从滇南经贵州到广西的道路及亦溪不薛诸道继续使用，而且也设有站赤。站赤主要设在省际干道上。对贵州这片地域而言，这些驿道的开通、站赤的设置所产生的影响极大。首先，贵州被纳入了全国的交通网络，干道由国家统一经管，有专人修建、养护、管理，与内地一脉相通；其次，湖广、四川、云南三行省的驿道在贵州相接，不惟增强了三省之间的联系，而且使八番顺元成为西南驿道的重要枢纽，突出其战略地位；其三，前朝历代在今贵州境内形成的三个经济水平发展明显不同的区域：乌江以北的"经制州"与川东、湘西大体接近，乌江以南的"羁縻州"一般同于广西，鸭池河以西各地的罗殿、自杞、毗那诸国基本近乎云南，三部分之间联系不甚紧密，而元代的驿道则将这三个部分结合起来，通过站赤，进一步加强了各地区各民族在政治、经济、文化各方面的联系，促进了滞后地区的发展，使三省毗连之地逐步归并为一个整体，顺元路成为这一整体的军事政治中心，为明代的贵州建省奠定了初步基础。

中原文化在贵州的传播于宋元时期有较大发展。主要表现在以下几个方面：

书院教育的兴起。宋代重视教育，郡国皆立学，学必有孔子庙，官学较之唐代更为普及。南宋时期书院教育蔚然成风。南宋绍兴年间，在绍庆府治彭水县境内（今贵州沿河），曾建有銮塘书院和竹溪书院。元承宋制，对书院大加提倡，并给予保护。元仁宗皇庆年间（1312—1313），贵州顺元路儒学教授何成禄创办了文明书院，弥补了贵州官学教育的不足。文明书院在今贵阳地区广泛招收民间学生，扩大了教育的范围和对象，教学和学术研究多以程朱理学为主要内容，标志着理学教育已从黔北向黔中腹地推进。书院这种集图书收藏、学校教育和学术研究为一体的教育机构，给贵州学术文化的发展带来了深刻影响，对儒学在贵州的普及、学术人才的培养和教育事业的发展，都起着积极的推动作用。

儒学教育在播州及黔中有了进一步的发展。播州（今遵义市）临近巴蜀，两宋时期，四川文化教育繁荣，许多州县既有官学又办书院，对播州向学之风的影响自不待言。播州儒学教育得到较大发展的直接原因，更得力于杨氏的极力提倡和大力办学。南宋初年，杨选执掌播州。杨选自幼深受儒学熏陶，执政后积极发展生产，重视文教建设。为提高土司子弟的儒学修养，杨选不惜重金聘请名师到播州教授儒家经典。在他统治时期，择名师讲授中原文化经籍，每年到播州的文人学士达数十上百人。在播州地区，曾经流传着一则杨选帮助读书人房禹卿赎身，并资助其考中进士的佳话。《遵义府志·土官志》卷三十一记载："益士房禹卿来市马，为夷人所劫，转鬻者至再，选购出之。迁于客馆，给食与衣者数载。属岁大比，选厚馈，遣徒卫送还益，竟登进士第。"足见播州杨氏对文人学士的厚爱。

杨选之子轸、轼相继执掌播州，他们继承父辈重视文教之风。杨轸于宋孝宗淳熙三年（1176）将播州治所由白锦堡（今遵义南白镇）迁到穆家川（今遵义市老城），为播州文化教育的发展创造了良好的地理环境。其弟杨轼执掌时期，尤其留意于艺文，并为来到播州的巴蜀等地的文人学士修建房屋，分划田产，让其安居乐业。蜀中文士因此乐于在播州从事文化教育事业。于是，当地的子弟们多得以读书习文，风习为之大变。在杨轼的治理下，播州的文化教育迅速发展起来，为杨粲执掌播州时文教的兴盛奠定了基础。

宋宁宗嘉泰初年（1201），杨轼之子杨粲承袭播州安抚使之职。他秉承家风，重视文治。杨粲自幼喜读儒家经典，成年后，刻苦攻读研习典籍，具有较深的儒学修养；以儒家思想执政，轻徭薄赋，宽刑简政；制定《家训》十条，以儒家思想教化子弟；创办学校，培养人才，开贵州地方政权"建学养士"之先。播州地区文风日盛，教育有了更大的发展。

杨粲之子杨价执播后，认为播州文教渐开，文士向学日多，祈请朝廷准予播州设科取士。宋理宗嘉熙二年（1238），播州士人冉从周举进士，是为播州举进士的第一人，时人都称道这是杨氏之功。为了用儒家思想伦理开化民智，杨文执播时，为勉励州民学风，于宋理宗淳祐四年（1244）修建孔庙。这是目前所知贵州境内建立最早的孔庙。孔庙设立后，定期举行祭孔拜师仪式，使崇儒尊师重教之风在播州更加深入人心。

元初，在黔中的八番顺元等处宣慰司都元帅府（今贵阳地区）创办儒学，为顺元路儒学，并在元仁宗皇庆间（1312—1313）改建在都察院前。当时有顺元路儒学、蔺州儒学。在永宁宣抚司、普定路等地，也发展地方教育，立学校，明礼义，通商贾，扩大了儒家文化在贵州的传播范围，推动了贵州民族地区社会文化的进步。

随着儒学文化的传播，根植于农业文明的中原儒家价值观念和行为方式浸润开来，贵州社会文化出现新的发展趋势。一些少数民族文人开始攻读儒家经典，热衷于金榜题名，希望通过科举入仕，参与国家政治。自北宋起，贵州一些好学之士就不甘落后，纷纷参加朝廷的科举考试。据史载，北宋神宗熙宁五年（1072），瓮水寨（今瓮安县）人犹道明，曾以乡贡中进士乙科。殿试时，神宗赐姓，易"犹"为"尤"。这是史上最早的贵州人中进士记载。

为方便西南少数民族子弟参加科举考试，南宋朝廷规定，四川州解士，只就安抚制置司类，省试毕，径赴殿试。于是，今贵州地域内，便有部分读书人到四川参加科考，前述播州冉从周中进士即是显例。自冉从周之后，播州地区先后有杨震、李敏子、白震、赵炎卯、杨邦彦、杨邦杰等人中进士，并参与国家行政事务。

此时，贵州还出现了一批重气节、守大义的志士，他们是历史上敢于抵御外辱的英雄豪杰。如播州绥阳（今贵州绥阳）名士冉琎、冉璞兄弟，通过荐辟，在南宋末年助余玠抗元守钓鱼城，做出了历史性的贡献。宋理宗淳祐二年（1242），冉氏兄弟拜谒四川安抚制置使兼重庆知府余玠，献保西南御蒙古军计。兄弟二人迁合江于钓鱼山，修以钓鱼城为主体的城堡联防工事，以山为垒，棋布星分，建成了青居、大获、钓鱼、方顶、天生等十余座城池，固若金汤。宋理宗宝祐六年（1258），蒙古兵分三路大举南侵,忽必烈攻鄂州,蒙古汗国皇帝蒙哥(元宪宗)亲率 10 万蒙军入四川围攻钓鱼城。合州守将王坚凭借冉氏兄弟修筑的钓鱼城工事,坚守九个月,击毙蒙古汗国皇帝蒙哥,迫使三路蒙军撤退。宋王朝凭借钓鱼城防御工事延缓其覆灭达三十多年之久。

贵州本土文化的向外扩散,突出表现在"罗殿国文字"及其传播上。罗殿国是彝族先民建立的政权,罗殿国文字即指彝文,在汉文史书上称为"罗罗文"、"倮文"、"爨文"、"韪文"或"蝌蚪文"等㉛。作为一种古老的文字,彝文在宋代曾用作"文书公文",说明其通行范围在不断扩大。彝文在宋代得以推广,一则是因为彝族先民建立了政权,一则是频繁的商业贸易,需要用文字来传递更多的信息。尤其是彝语方言较多,普遍一字多音,沟通不便,把彝文作为官方文书应用,无疑对罗殿、自杞、罗氏鬼国等彝族语言文字统一,诸政权之间的交流起着重要作用。

此外,牂牁民众能歌善舞,独特的民族文化也通过朝觐等方式与外界交流、展示。史载:宋太宗至道元年(995),牂牁首领龙汉瑶派遣龙光进晋京朝贡,太宗亲自召见,并仔细询问牂牁风土民情,牂牁朝贡团在宫廷表演芦笙歌舞,令皇帝、大臣耳目一新。"一人吹瓢笙如蚊蚋声,良久,数十辈连袂婉转而舞,以足顿地为节。询其曲,则名曰水曲"㉜。这是贵州民族歌舞在京师演出的最早记载。近年贵州各地发掘的大批宋墓,出土的大量文物,表明当时贵州的物质生活和精神文化均已具有相当高的水平。

在佛教众多的宗派中,在西南地区传播的主要是"南禅"临济宗。据《遵义府志》记载,唐宋间即在播州州治西 20 里建福源寺,北宋徽宗大观年间在真州建善缘寺,南宋孝宗淳熙年间在桐梓大石板建高峰寺,又在桐梓扶欢坝建崇思寺,宁宗嘉定初年在遵义龙山建万寿寺,理宗宝祐年间在真州建大成寺,又在桐梓建鼎山寺,度宗咸淳年间在遵义建金山寺。在桐梓县虎峰的崇德庙中,有宋代杨氏所铸的三尊铜佛。在宋代,思州的佛教已盛。州东 70 里有长寿寺,州域外百余步有普泽庙,彭水县有灵应庙,思州亦建白柱神庙,宋神宗元丰年间奏封为孚利庙。佛教在思州传播,与土官的推行有关。宋高宗绍兴十一年(1141),田祐恭奏请在黔州彭水县盐井镇建僧寺一所,敕赐"集福院"。

元代推崇佛教，弘扬佛法，在播州和顺元路均有较大发展。播州佛教最盛，元代建有若干佛寺，如元世祖至元年间在黄平建宝相寺，元成宗大德年间在遵义湘山建大德护国寺，元仁宗延祐年间在真州建普明寺。在顺元城，元惠宗至正年间建大兴寺。地处川黔交界的永宁路，元成宗元贞年间建万寿寺，大德年间建崇福寺。在乌撒及普安、普定等地，屯田的"寸白军"笃信佛教，家无贫富，皆有佛堂。

道教传入贵州的最早时间，大约是北宋太祖乾德年间（963—967），当时传入贵州的教派，已无从稽考。在今印江县西4里的三清观，史载为乾德年间所建，供奉元始天尊、灵宝天尊和道德天尊，是目前所知贵州最早的道观。又有史载宋太祖开宝年间（968—975），有铜仁瓮逢寨人杨再从，崇尚修炼，人称"鸂履道人"，说明在黔东北一带，民间已深信道教。思州的道教，有可能是由黔州一带传入。南宋以降，道教传入播州，颇受土官杨氏重视，杨粲崇奉佛、道，在普济桥建琳宫梵刹。宋宁宗嘉定初年，在播州州治东桃源山建成玄妙观。宋理宗宝庆三年（1227），在城西碧云峰下建宫观，题名为"大报天正一宫"，后称玉皇观。从已发掘的大批宋墓来看，道教在播州的影响很深，它不但起到土官以"神道设教"来维持社会秩序的作用，而且对当地民风民俗产生了重大的影响。杨粲的墓葬雕刻多有道教符文，镇墓石上刻有"太一上治皇天土"一类字样，道家气息很重。仁怀县两岔河宋墓群中，门额上亦有"蓬莱洞天"、"广寒仙窟"等道家用语。

入元以后，道教始传入顺元城（今贵阳）。元世祖至元年间，彭如玉创精舍，奉普庵神师。元惠宗至正年间，便在城中兴建了崇贞观。同时，在播州宣慰司治西建了集真观，在真州长官司治北建了冲虚观。见于史籍的真人有陈致虚、李珏、涵蟾子等。陈致虚，号观吾，一号紫霄上阳子，庐陵人，遍游黔中，撰有《参同契分章经》三卷，《金丹大要》十卷。李珏，蜀人，隐青城山为道士，修黄老金丹之术，后至真州玉虚庵，以道授张紫霞。涵蟾子，对炼丹颇有研究，曾辑有《金丹正理大全》一书，上题"紫霞山人涵蟾子编辑"。

元代，"回回军"、"探马赤军"由云南进入贵州。元世祖至元十年（1273），世祖忽必烈下诏，令探马赤随处入社，与编民等同。于是，大批穆斯林军士就地落籍。又先后设乌撒路、普定府、乌撒路军屯、乌蒙军屯，立普定路屯田，分乌撒、乌蒙路屯田，派军镇守八番，数万军队入乌撒、乌蒙，派穆斯林将领出征各地，聚居于今贵州的威宁、六盘水、黔西南、安顺等地。大批穆斯林进入贵州，成为伊斯兰文化传播的重要力量。因穆斯林有功于蒙古政权，被列入地位仅次于蒙古人的"色目人"中，享有较高的社会地位，其宗教信仰也得以保持和传承。于是，伊斯兰教开始在贵州传播。元代进入贵州的穆斯林主要是逊尼派"格底目"教派，但估计也有什叶派。元代贵州伊斯兰文化主要限于宗教内部传承，其他民族人士不可能看懂手抄本《古兰经》，也不可能明白以阿拉伯语言诵读的经文内容。同时，元代贵州地方势力长期叛服不常，屯垦军不断奉命参战，久居一地的穆斯林不会太多，估计只能修建一些简易场所开展宗教活动，不可能投入大量人力物力去建设作为伊斯兰文化象征的清真寺。因此，至今尚未发现贵州元代清真寺修建和宗教活动的记载㉝。

由于经济的不断发展，宋朝大兴文教，并重视地方知识的积累，修纂方志，已蔚然成风。特别是宋室南渡以后，南方经济、文化都有发展，地方图经渐向门类整齐、体例完备的正式方志过渡。随着贵州与中原的广泛来往和交流、儒家教育的普及和提高，地方有识之士开始关注乡邦文献。思州、播州地区的开发，黔北文化风气的开启，必然影响到方志的修纂。

宋代，已出现了涉及今天贵州的地方志书，现可考者如《思州图经》，《宋史·艺文志》著录，仅1卷，不载撰者，《舆地纪胜》引其序，作于宋仁宗庆历五年（1045），该书早已亡佚。《遵义军图序》在明末已亡佚，但《大明一统志》、《蜀中广记》、嘉靖《四川总志》等书均引有部分条文。《珍州图经》3卷，《宋史·艺文志》著录，《蜀中广记》有引文㉞。这些是贵州开创性的方志。

此外，郑樵《通志·艺文略》有《梓州路图经》69卷、《夔州路图经》52卷，《蜀中广记·著作记》著录李国纬、刘德礼等撰4种《夔州图经》，《宋史·艺文志》有《南平军图经》1卷，王象之《舆地碑目》列有《南平志》，《舆地纪胜》卷一七八引有《黔州图经》，遵义"于宋在夔、梓、南平属中，为编载所必及，论地图为古"⑤。黔州所辖，包括有贵州北部及东部一部分地区，都是有关贵州的早期地方志乘。足见两宋时期贵州与内地交往增多，因而史书记录有关的史事掌故渐多。

宋代出现的几部贵州开创性方志，尚局限于与中原交往较多的黔北地区，数量稀少，品种不多，体例难周，文字简略。大体而言，可说都是图文结合的图经类方志。从这些图经辑录的部分佚文看，主要记载民情风俗、地理沿革、山川形胜，灾异物产。门目类别尚少，内容简略，性质仍嫌单一，是未定型的方志。

元世祖统一中国后，为对全国实行有效的统治，了解和掌握各地实际情况，号令督促各地修志。中央王朝全国性大规模的修志，必然会促进各地修志事业的发展。这一时期，贵州方志成书的有《顺元路安抚司志》、《镇阳风土记》、《黄平府志》诸书。此外，《文渊阁书目》有元《贵州宣慰司志》，道光《大定府志》记有元《乌撒志略》四卷。尚有些不能确定年代、大致可推定在元末明初编纂，如《贵州志》、《金筑志》、《遵义郡志》、《播州宣慰志》、《永宁州志》等。这些方志虽早已散佚，但从名目仍可判断，其地记、图经的成分已大为削弱，内容体例渐趋完备，新型方志不断增加，编撰地区亦有所扩大。这一方面，是因为宋元时期，朝廷对贵州的统治比前朝加强，文化交流更为频繁，贵州边地的地理区位和地域文化特征，越来越广泛地进入中原学者的视野，地域文化不断开启。另一方面，也预示着地方志乘编修的涓涓细流，不久即可汇集而成江海。正是在宋元奠定的基础上，明清时期贵州方志才得以有更大的发展和成就，出现更为雄阔壮观的文化新局面⑯。

【注释】

① 参见贵州省民族研究所毕节地区彝文翻译组：《西南彝志选》，贵州人民出版社1982年版。贵州省民间文学工作组编：《民间文学资料》第34集《彝族洪水泛滥史、水西制度、水西全传》（内部资料）。

② 侯绍庄：《盘瓠源流考》，《贵州民族研究》1981年第4期。

③《史记·西南夷列传》，中华书局 1982 年版，第 2993 页。

④ [唐] 樊绰撰，向达注：《蛮书校注》，中华书局 1962 年版，第 27 页。

⑤ 以上见《贵州通史》编委会：《贵州通史》（第一卷），当代中国出版社 2002 年版，第 132—135 页。

⑥《史记·西南夷列传》，中华书局 1982 年版，第 2994 页。

⑦《史记·西南夷列传》，中华书局 1982 年版，第 2994 页。

⑧ 关于《尔雅注》作者，阮孝绪《七录》及《隋书·经籍志》只说作者是"犍为文学"，没有姓名。陆德明《经典释文·叙录》说是"犍为文学"，并注云："犍为文学卒史臣舍人，汉武帝时待诏。"清人孙志祖、张澍和马国翰等都说舍人是官称，不是人名。但按汉官制，秩百石者，例以本郡人充选；文学卒史秩百石，故舍人为人名，并非官称。关于舍人姓名，也有不同说法，有的认为舍人姓郭，据钱大昕《隋书考异》谓《广韵》有舍姓。姓舍名人的说法是可信的。详见周春元、王燕玉、张祥光、胡克敏编著：《贵州古代史》，贵州人民出版社 1983 年版，第 64—67 页。

⑨ [晋] 葛洪：《西京杂记》卷二《百日成赋》，中华书局 1985 年版，第 12 页。

⑩ 方国瑜认为："南中爨氏自中原迁来，是可以确定的。至于迁来的年代，《爨龙颜碑》说爨肃之后，《通典》说晋乱之时，两说的时代都晚。因为东汉末年，南中已有爨姓，不应在晋代，亦不应在肃之后。"见方国瑜《滇史丛考》，上海人民出版社 1982 年版，第 101 页。

⑪ 李绍明、余宏模：《关于东爨乌蛮的族源问题》；《贵州通史》编委会：《贵州通史》（第一卷），当代中国出版社 2002 年版，第 273—278 页。

⑫《魏书·獠传》，中华书局 1974 年版，第 2248—2249 页。

⑬ 部曲，本为东汉边郡的军制。领军皆有部曲。大将军军营有五部，每部有校尉一人，军司马一人，部下有曲，每曲有军侯一人，曲下有屯，每屯有屯长一人。久之，本来为军事建制的部曲，转而成为代表军队的泛称，甚至成为士卒的称谓。

⑭ 均见贵州省博物馆考古研究所《贵州田野考古四十年》，贵州民族出版社 1993 年版。

⑮ [晋] 常璩撰，刘琳校注：《华阳国志校注》卷四《南中志》"总叙"，巴蜀书社 1984 年版，第 364 页。

⑯ 参见《旧唐书·南蛮西南蛮》，中华书局 1975 年版，第 5274—5277 页；《新唐书·南蛮》，中华书局 1975 年版，第 6267—6334 页。

⑰ 谭其骧认为，杨端非太原人，而是泸州之罗族；不是抗击南诏，而是击闽蛮。但肯定了杨氏在唐末年间据有播地。详见其《长水集·播州杨堡考》，人民出版社1987年版。

⑱ 关于李白长流是否确到夜郎，历代学者众说纷纭：持"未至说"者如范文澜、王运熙、郭沫若等；持"确至说"者如清人程恩泽、黎庶昌等；持"模糊说"者如清人郑珍、今人翦伯赞等。

⑲ 参见范文澜《唐代佛教》，人民出版社1979年版，第218页。

⑳ 侯绍庄、史继忠、翁家烈：《贵州古代民族关系史》，贵州民族出版社1991年版，第203页。

㉑《旧唐书·南蛮西南蛮》，中华书局1975年版，第5277页。

㉒《溪蛮丛笑》记载的范围史称"五溪"，大致相当于今湖南省怀化市及贵州黔东南州东部和铜仁地区东南部，有部分内容涉及广西东北部。所记述的少数民族，包括今天的侗族、壮族、苗族、瑶族和仡佬族，间接涉及土家族、水族和毛南族。

㉓ 参见符太浩《溪蛮丛笑研究》，贵州民族出版社2003年版。

㉔ 以上关于唐宋时期仡佬、苗、瑶、布依、侗等民族先民的生活习俗，在《旧唐书·南蛮西南蛮》、《新唐书·南蛮》、《宋史·西南溪峒诸蛮》、《文献通考·四裔考》、《宋会要辑稿·蕃夷》，以及宋人朱辅《溪蛮丛笑》、范成大《桂海虞衡志》、周去非《岭外代答》、陆游《老学庵笔记》等文献中，均有较详的记述。

㉕《宋史·西南溪峒诸蛮》，中华书局1977年版，第14171—14252页。

㉖ 这些著作，已由王子尧翻译，康健、王冶新、何积全整理出版。是为：《彝族诗文论》，贵州人民出版社1988年版，《论彝族诗歌》，贵州民族出版社1990年版，《论彝诗体例》，贵州民族出版社1990年版。

㉗ 贾芝：《序彝族诗文论》，见举奢哲、阿买妮等原著：《彝族诗文论》，贵州人民出版社1988年版，第1页。

㉘ [宋] 周去非著，杨武泉校注：《岭外代答校注》卷五《经略司买马》、《宜州买马》，中华书局1999年版，第186—191页。

㉙ [明] 郭子章：《黔记》卷五十九"诸夷"，北京图书馆古籍出版编辑部编：《北京图书馆古籍珍本丛刊43》，书目文献出版社，据明万历刻本影印。

㉚ 土司制度，是在特定历史时期、特定地区、特定历史条件下形成的一种特殊的土官形式。所谓特定时期，是指元、明、清三代。特定地区，是指西南边疆及中南

一部分地区，即云南、贵州、广西、川西、湘西、鄂西。特定历史条件，一则是指天下一统，上述各地皆列为行省而比于中土，再则是指中央集权高度发展，对少数民族的统治加强，三则是这些地区少数民族"种类殊别"、"历代以来，自相君长"。而特殊的土官形式，是指"其土官衔号，曰宣慰司、曰宣抚司、曰招讨司、曰长官司"，总称之为"土司"。不过，除以"司"名土职外，还有土府、州、县及土巡检、土驿丞、土千总，土把总之类，土司制度始于元，盛于明而衰于清。

㉛ 彝文是一种较发展的表意文字，与汉字一样属方块字形。每字一音，形声义三位一体，造字方法如同"六书"，行款一般是直书左行。笔划有基本笔划、复合笔划、变态笔划三种，结构分为独体与合体两类，合体字有横列式和合围式二法，亦有偏旁字首，对难状和抽象的词则用附加符号表示。

㉜《宋史·蛮夷四》，中华书局1977年版，第14225页。

㉝ 格底目派，亦称"老派"，指保持伊斯兰教传人时期的宗教制度的派别。参见任继愈主编：《宗教词典》，上海辞书出版社1981年版，第864页、373页。另见优素福·纳光舜《新月之光——贵州伊斯兰文化》，贵州人民出版社2006年版，第27—32页。

㉞ 以上三书的相关介绍，分别参见张新民《贵州地方志考稿》下册，第440页、618页、629页，1993 by state University Ghent, Dept.East-Asia Section Chinese Language and Culture Blandijnberg 2-B-9000 Gent, Belgium.

㉟ [清] 平翰等修，郑珍、莫友芝纂：道光《遵义府志》卷四十八《旧志叙录》，道光二十一年刻本。

㊱ 张新民：《地方性知识的文本世界——贵州地方志修纂源流考论》，《贵州民族研究》，2007年第2期。

第三章

特质渐显：明代

　　明代是贵州历史上一个非常重要的时期。从秦到元，一千多年，贵州与中原文化不断融合。到了明代，由于其战略地位日渐突出，贵州迎来一次历史性的转折。明洪武十五年（1382），朱元璋为了加强对西南地区边疆的管理，开始注重对这片山地的控制和开发。先后设立卫所，注重儒学教育。大量汉族移民的迁入，带来先进的技术和文化，促进了贵州的发展。永乐十一年（1413），贵州建省，成为全国 13 个行省之一，这是贵州历史发展的一个重要里程碑。在明朝二百七十余年间，贵州发生了深刻的变化：社会经济制度发生了变革，农耕技术有了进步，传统技艺显现了特色，商贾经济更加活跃，教育有了较大发展，外来宗教与本地自然崇拜、信仰相融合，学术领域有了拓展，文学艺术进步很大，出现了一批有影响的作家、书画家。在主流文化的巨大影响下，各民族之间的文化交流更加深入频繁，形成了以汉文化为主体的多元文化共存的局面。

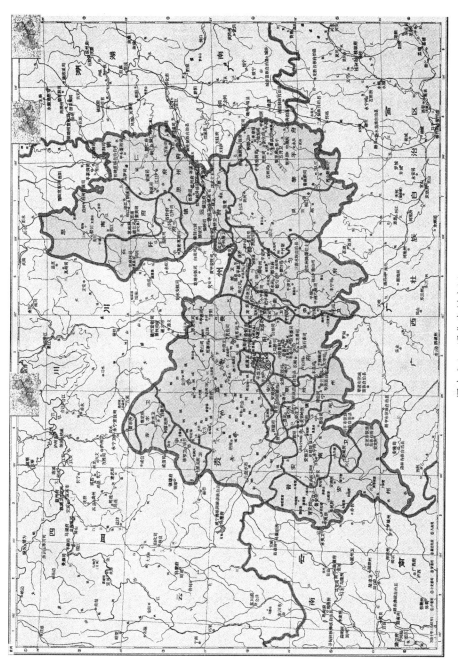

图上 3-1 明代贵州省图

第一节　制度大变革

庄园经济　卫所与屯田　移民就宽乡　驿道与驿传　建贵州行省
土司制度的变迁

随着元明时期的开发和土司制度的推行，地方经济较为发达、受中原经济社会文化影响较深的黔北播州地方，出现庄园经济模式。其既有中原地区文化特色，还具贵州当地的特色。在此期间，贵州相当多的少数民族地区，社会经济仍保留着奴隶制或原始公有制残余。

由于播州杨氏在元代仍然保留着一贯的统治权、管理权，到明代，杨氏土司在播州便兴建起了大量的庄园。据《明史·土司传》载，播州宣慰使杨辉将所有的金玉、服用、庄园等，均分给自己的诸子嗣，有天都、三百落、龙瓜、海云、海龙、青蛇诸屯，以及养马城、桃溪庄等处庄园。杨氏一族所建庄园，仅明成化年间就有百余处，以后其数量还不断增加。明刑部侍郎何乔新在他的《勘处播州事宜疏》中也说，成化年间，杨辉将庄田 145 处、菜园 26 处、蜡崖 28 处、猪场 11 处、鱼潭 13 处，共分作 4 起，均分给杨友、杨爱、杨孜、杨敏。杨氏治下的各大小土司，也都建有不少庄园。

播州杨氏的庄园，以满足庄园主及其家人生活需要为主，其中有农业生产、副业生产、手工业、各种农具工具的生产，形成一个自给自足的经济单位，其包罗甚广，分工亦细。其庄园不仅规模宏大，内部还有专业分工，庄园拥有粮食六百余万石，马五百余匹，牛两千余头，猪场、菜园、漆山、杉山、猪、羊等不计其数。庄田数量最多，不下百处，主要种植田禾、麻、黍、豆、红花之类；有专门供应蔬菜、茶叶的"菜园"、"茶园"；专门供应肉类的"猪场"、"山羊屯"和"鱼潭"；专门供给黄蜡的"蜡崖"。设有"猎场"、"孳牲局"、"管马院"及"大厨、二厨两局"，专司织造的"机院"；还开有铁冶 24 处，银场每年可煎银万千余两，黑铅万余担……庄园内有完善的管理制度和体系。当明朝廷在播州一些地方开始推行"编户齐民，计亩升科"制度时，杨氏仍维持庄园的经营方式，对其属下的农民实行超经济剥削，青壮者要为庄园主充当部曲、家兵。明万历年间，杨应龙敢于反叛朝廷，就是因为他拥有一支大军。庄园主对其庄民、家奴等任意鞭打、屠杀，为所欲为。播州庄园经济是播州土司不断向外扩张、挑起战端和争斗的重要基础。因此，万历平播之役后，朝廷在对播州地方政治上实行改土设流之同时，经济上采取"丈田粮"、"限田制"等措施，促使领主经济尽快向地主经济转化。

明代贵州社会经济制度，除了播州庄园制外，还有彝族的水西则溪制与普安十二营、布依族的亭目制、侗族的合款制、苗族的鼓社与议榔、瑶族的瑶老制与石牌制（下编将详述，此处不赘）。

明代的卫所制度，是亦兵亦农、通过卫所进行屯田的重要举措。卫所自成系统，军政合一，是一种组织严密、以军事功能为主，兼具生产、政治、文化、教育等功能的特殊社会组织。每个卫所都划出一特定区域，与其所在地的府、州、县相区分。多数卫建有专城，守御千户所也建有城堡。大抵 5600 名军人为一卫，1120 人为一所。一般每卫设左、右、前、后、中五个千户所。112 人为一百户所。一旦列入军籍，父子相承，不得脱籍。同时，为使军户稳定，军户编入卫所，一人在军，全家同往。

贵州的卫所，大都在明洪武年间开设，因为贵州地当要冲，所谓襟川带粤、枕楚距滇，是"开一线以通云南"的必由之路，战略意义十分重要。同时，也因为在明初，朝廷开始将开发的重点逐渐转向西南等边远地区，保持西南地区的安定，是开发的必备条件。为此，在贵州境内先后设置了 29 个卫，洪武年间即开设有 24 个卫，其密度较邻近的四川、广西、云南、湖南都高。贵州的卫所，大多分布于驿道干线上，并主要分布在湖

图上 3-2　安顺本寨屯堡碉楼

广通云南和四川通云南的驿道上，以有效控制这些驿道。

在贵州遍立卫所，同时也是为了钳制当地的土司势力。因此，明代贵州的卫所，大多深入土司管治区域，或与之并驻一地，或与之犬牙交错。在开设的过程中，有几种不同的做法，一、分土司之地以建卫所；二、废除土司后以其地建立卫所；三、与土司共存。

自卫所设置后，极大改变了贵州的政治格局，中央王朝进一步控制了贵州，土司的一统天下不复存在。卫所插入土司地区，置土司于其严密监督之下，极大地削弱了土司的权限，从而为进一步实行"改土归流"作下了铺垫。也因此，当时贵州建立的若干卫所，都兼管土司而成为军民指挥使司。正是以军事存在为依托，后来在贵州建立了贵州都指挥使司，才有随后的贵州布政使司的建立。这是贵州历史发生重大改变的关键一步。

卫所的建立，对于贵州融入中原文化意义重大。其一，贵州与外省相连接的几条重要驿道，由于设军把守，增设站铺，修整养护，交通状况改善；其二，数十万卫所官兵与家属进驻贵州，为一向"地广人稀"的贵州增添了极富创造力的生力军；其三，随卫所而来的军屯、民屯、商屯，以卫所为中心向四面扩散，建立许多屯堡，不仅带来先进的生产工具和生产技术，还带来丰富多彩的中原文化。尽管建立卫所的主要目的，是为了强化朝廷的封建专制统治，但从贵州地方经济社会的长期发展态势看，卫所产生了极深远的影响。

屯田制度，是一项利用士兵、农民进行耕种以解决军队的供养和税银的制度化举措。这种制度早已有之。在元代，湖广、四川、云南三行省就是立屯田以资军饷，贵州境内的乌撒、普安等处也有屯田。明初，为保护通滇战略通道，在贵州大量设立卫所，为解决驻军的军粮供应，在各卫所实行"军屯"，还在各府、州、县开设民屯，又以"开中"名义开办商屯。贵州大兴屯田，其规模之大，范围之广，种类之多，前所未有。移民"宽乡"，在贵州大搞屯田，是明初"休养生息"、恢复和发展社会经济的全国性战略政策的一部分，同时也转移了江南、川、湖等地已经渐趋饱和的人口，既为地广人稀的贵州高原增加了大量劳动力，又进一步巩固了西南边疆。

　　值得一提的是，明代屯军是以国家的名义，在国家政权的支持下进行的。除开垦无主荒地外，屯军还驱赶当地居民，夺取当地土司的土地。通过屯田，把贵州少数民族地方政权——土司掌握的土地，逐渐纳入到封建国家土地所有制的范畴。这是明初贵州"屯田"的一个重要特点。

　　贵州这种以军屯为主的屯田，始于明洪武十五年（1382）。为了使留守普定、普安、乌撒的军队解决军粮供给问题，将元代官田及寺庙田土入官，戍兵屯田，以自给自足。洪武十八年（1385），明军镇压了思州起义后，便在当地分屯立栅，戍兵屯田。洪武十九年（1386），在五开等卫，也开始令军士屯田自食。此后，各卫所开屯耕种以自给的记载不绝于书。到宣德八年（1433），贵州的18卫、2所，就有屯堡七百余所，屯地池塘93处。此时，贵州都司所属的18卫、2所，原额屯田已近100万亩。其中"上六卫"屯田最多，原额田土共339493亩；"西四卫"次之，原额屯田共265372亩；"下六卫"屯田最少，也有239955亩；"边六卫"属湖广都司，其屯田数约与"下六卫"相当。贵州的卫所多沿驿道设置，故与府、州、县及土司辖地相错杂；又因贵州地方肥田沃土多散布于坝子，因此军屯也呈点状分布。

　　各卫的军屯，都实行了严密的组织管理，各级军事领导中都有专人负责屯田事务，其基层组织为屯田百户所。在贵州，这些"屯"、"堡"、或称"哨堡"的地方，成为展示中原先进农业生产方式的示范基地。"军屯"作为一种符号，代表了当时的主流文化：既代表国家政权的存在，也具有军事威权的意义，还蕴含着这里的居民与中原故土千丝万缕的感情联系。

　　屯田系国有土地，屯军须交纳被称为"屯田子粮"、"屯

图上 3-3　安顺云山屯

粮"的税粮，军余所种田土按亩起科，称"科粮"，另有"种子粮"，三项合称"屯科粮"。在明初社会经济特定的形势下，以军事组织方式安排军户屯田，不仅对恢复发展农业生产有益，且在解决驻军军粮的同时，也减轻了当地农民的负担。据嘉靖《贵州通志》载，贵州都司18卫、2所原额屯科粮107909石，即占贵州全省每年应征粮米的76%。但明中叶以后，在商品经济的冲击下，这种军屯制度已不适应，加上卫所军官侵夺屯地、盘剥屯军的情况加剧，部分军官变成地主，屯军变成雇农。后者往往不堪忍受而大量逃亡。与此同时，随着科田日益增多，军屯因被科田夹杂和被"夷"占去，而逐渐变成空壳，以致趋于没落。

　　除军屯之外，还有所谓"民屯"。这是朝廷组织进行的一种开发行为，时称"移民就宽乡"，"招徕游民"或"以罪徙实之"，贵州历史上称为"调北填南"、"调湖广填贵州"。其中虽多为湖广之人，但也有为数不少的中原人士、家族等。据嘉靖《思南府志》卷一载："至今居民，皆流寓者，而陕西、江西为多"；《明实录·穆宗隆庆实录》载："其贵竹长官司所辖，皆流寓子孙。"郭子章《黔记·舆图》载，贵州宣慰司"隶籍人民，多来自中州"，新添卫"附郭旧人迁自中州"。据统计，至明嘉靖年间，贵州布政司属各府、州、县的民户计66684户，250420丁口，这些不属土民而编入里甲的居民中，多为不同时期进入贵州的移民。为鼓励移民屯田，官府通常发给耕牛、种子、农具，并予以三年后起科的优待。贵州民屯亦卓有成效，据明嘉靖《贵州通志·土田》载："贵州布政司官民屯田通共四十二万八千六百五十九亩，另有旱地五万一千三百五十六亩。"明万历九年（1581）时，清丈贵州田土，计有民田1344510亩，很大部分为民屯所开，其中以贵阳军民府、安顺军民府、平越军民府、思南府、石阡府、铜仁府较多。

　　除军屯、民屯，还有所谓商屯。后者按《明史·食货志》的解释："明初，募盐商于各边开中，谓之商屯。"为解决边疆军食不敷，鼓励盐商以粮换盐，称之为"开中"。贵州历来缺粮、盐，故实行"开中"时间较长。又因贵州地方既不易从外地运粮入黔，也不易从贵州本地购粮以换取盐，因此，商人们多采取就地招民种粮以换盐引的办法。故凡有"开中"的地方，多有商屯，且都在军屯附近。商屯的推行，推动了贵州地方商品粮的生产，促进了食盐的运销，从而对贵州的开发、经济社会的发展产生了积极作用。

图上 3-4　兴义南龙古寨驿道

自元代大兴"站赤"，将贵州地域纳入全国的交通网络，开通了湘黔驿道（湖广至贵阳）、滇黔驿道（云南到贵阳）、川黔滇驿道（四川叙永经贵州毕节、乌撒至云南）、川黔驿道（重庆到贵阳）、黔桂驿道（贵阳经都匀到广西）。明初，对这五条省际的驿道大加修整，重兵保护，并增驿设站，使之大为改观。除川黔滇驿道外，其余四条驿道均交会于贵阳，形成以贵阳为中心的交通干线。在各驿道中，由湖广通往云南的湘黔驿道和滇黔驿道最为繁忙。特别是湘黔驿道，不仅是贵州的出入孔道，而且是云南的主要通道，四川经贵州到湖广也使用这段驿道，因此经常使用的驿马不下千匹，人夫在 5000 以上，每年所需马价、供馆银、铺陈银达 43680 两。驿道的开支之巨，远远超出当时贵州财政的负担能力；而且，湘黔驿的开支大约是滇黔驿的三倍多，其中大部分均由贵州沿线负担。

明代贵州还有一条特殊的驿道，是由水西彝族自己开设、兴办和管理的"龙场九驿"。明王士性在《黔志》中记述："奢香八驿，夫、马、厨、传皆其自备，巡逻干辄皆其自辖，虽夜行不虑盗也。"奢香是贵州宣慰司宣慰使霭翠之妻，在明洪武十七年（1384）丈夫死后代袭其职，与贵州都指挥同知马烨发生冲突，但她忍辱负重、顾全大局，赴京城申诉，并承诺效力西鄙，世世保境，接受了开龙场九驿的重任。龙场九驿，指龙场、陆广、谷里、水西、奢香、金鸡、阁鸦、归化和毕节驿。九驿之外，还有龙场、蜈蚣、陆广等"十八站"。兴建龙场九驿的工程十分艰难，从奢香时起，直到明万历年间，水西安氏不断修缮该道，仅桥梁就建有二十多座。水西安氏不仅承办龙场九驿的道路、驿站的工程建设，还责成土目、佃户负责提供驿马、劳役等。龙场九驿不仅改变了贵州内地驿道的分布，更因其深入贵州西部的彝族分布区，极大地改变了贵州少数民族地区的交通状况，并促进了贵州各民族的经济文化交流。

此后，贵州宣慰司还承担起川黔驿道在乌江以南地段的管理，对所设养龙坑、渭河、底寨、扎佐四驿的供养、管理，亦如龙场九驿。贵州宣慰司还对设在其辖地的威清、毕节两驿出银协济。

与此同时，明政府在今贵州境内一些司、府、州、县之间修建道路，凡设有驿站者称"驿道"；未设立驿站，但有递铺者则称"大道"。

驿传制度的发展，不仅使省内外的驿路延伸、增加，驿传系统功能的多样化和实际效率也有很大的提高。贵州驿运基本上是陆路运输，因道路崎岖，人的运送主要是骑马和滑竿、轿子，物的运输则靠人挑、马驮。当时，贵州大宗的驿运是粮食、食盐、铜等物资和贡品。明初，贵州驻军达数十万人，地方和屯田供粮入不敷出，需从湖广、四川、云南运进大批粮食，另有"开中"商人交纳的粮食、各州县及土司交纳的粮食等。这些粮食的运入和转运，多由驿运承担。贵州不产食盐，所需的盐主要来自两浙、两淮、川、滇。两浙盐、两淮盐，或由水路运至镇远，或由陆路运至平溪，再由湘黔驿道分销各地。滇盐由滇黔驿道运入，供应"上六卫"及沿线各府、州。川盐分别购自富顺、自流井、射洪等处，再分运至永宁和綦江、思南发售。楚中盐购自辰州、常德，再运至镇远、偏桥和铜仁发售。

此外，朝廷铸钱所需的滇铜，也多由贵州驿道运出。贵州驿道还负担着为云贵各地土司及缅甸、暹罗等国向明王朝朝贡之人、物的运输任务。

贵州地方的邮传也大有发展。以卫、司、府为中心，向其四周辐射，主要沿驿道建立起若干递铺。据明郭子章《黔记·邮传志》载，贵州全省共有308处递铺，其中属贵州都司者122处，司、府、州县共137处。贵州驿传运送官员的任务也日渐增多：有各衙门派往京城进表、进贡、庆贺等的人员；有五军都督府押解往云贵边远卫所充军的差官、舍人及犯人等；有赴云、贵地方赴任的官员；有过往贵州的四川、云南、贵州等地土官、通把事、番僧；有赴京朝贡的湖广、贵州、云南、广西的土官、舍人、土民等，其驿传的繁忙，由此可见一斑。

　　繁忙的驿传，促使其管理组织和规章条例日益完善、严密。驿传接待何种官员，其供给标准均有具体规定。《大明会典应付通例》中，关于驿传接待贵州等西南地区的土官、通把事、舍人、土民等及其不同待遇，均有详细规定，说明朝廷对当地少数民族提供交通方便，并有所优待。除龙场九驿外，贵州驿站的日常经费开销、驿馆修建及廪给米粮等，均由官府支给，其中除云南每年协济银 1500 两（朝觐之年加 1000两），绝大部分由贵州各司、府、州县及卫承担，还要向驿馆提供铺兵、站丁、驿卒、人夫。铺兵由卫所分派，大量的民夫则由百姓承担。当然，随着吏治的日益腐败，驿传制度遭受严重破坏，虽然明廷多次下令革除弊端，但直至明末，终未改变其颓势。

　　明初，贵州虽然很早就与中原交流，但因山高谷深、交通不便，又是多民族杂居之地，中央王朝虽有行政建置却不能完全控制，"土流并存"的"羁縻"政策一直延续了很久。虽然中央与地方民族势力的关系，在不同朝代有所变化，但元至明初，基本上是土司统治地区：思州宣慰司和思南宣慰司属湖广；播州宣慰司、贵州宣慰司及乌撒军民府、都云安抚司、金筑安抚司属四川；普定军民府、普安军民府及安顺、镇宁、永宁三州属云南；另外还有一百多个长官司及蛮夷长官司等。明太祖朱元璋为求国家统一和巩固边疆，对云南残元势力梁王用兵，使得贵州这片地域在西南的重要战略地位十分突出，与全国政治经济文化的关系也更加密切。随着交通状况的改善，也为这片地域的进一步发展奠定了必要的物质基础。

　　这一切，直接推动了明王朝下定决心，在湖广、四川和云南三行省之间，建立第十三个行省——贵州。

　　这个新行省各机构的建立是分步进行的。最早建立的是军事管理机构：贵州都指挥使司。与其他行省不同，贵州地方是先立卫所，再建贵州都指挥使司。明洪武十五年（1382），贵州都指挥使司建立，与贵州宣慰司同城，下辖贵州等 18 个卫和 2 个直隶千户所。继而于永乐十一年（1413）二月，设立贵州等处承宣布政使司于贵州宣慰司城。贵州布政使司的职权、机构与其他行省一样。布政使司下辖府、州、县。建省之初为一宣慰司、八府、三州。到明末，除贵州宣慰司外，有十府、九州、十四县。

永乐十八年（1420），贵州等处提刑按察使司成立，一省所应有的"三司分立"的主要行政结构已经完备，其职权、主要官员及下属办事机构等与外省同类机构无异。至此，贵州正式成为明朝当时的十三个行省之一，其所辖地方大约只有今贵州省地域的二分之一，播州（即今黔北遵义等地）和靠近湘黔、黔桂边界的许多地方，尚不属贵州布政使司所辖。

贵州建省，进一步密切了与四川、湖广、广西、云南乃至全国的联系，对于巩固边疆、维护国家统一、安定局面具有积极意义。随着省一级行政机构的建立和行政区域的划定，在更大范围内整合了域内的人力、物力、财力，对经济社会发展更为有利。

当然，贵州建省的过程，也是一个改土设流的过程。

明王朝在延续元朝土司制度的基础上，一方面继续维持地方少数民族首领如土司、土官等原有的统治状态；另一方面，开始着手变革旧有的土司制度。

在变革之初，朝廷一方面对表示顺从的地方民族首领采取优待、笼络的做法，封授他们宣慰使、安抚使、长官司长官、土知府等官衔，在其赴京城觐见、进贡时，回赐以金银、丝帛等珍奇之物。如对历史悠久、延续时间长的水西安氏，虽然要其与水东宋氏土司合二为一，组成贵州宣慰司，但仍让其内部保留原有的社会经济制度和独特的政治体制，如以"家支"为核心的宗法制度，亲辖地"十三则溪"，内部实行的"九扯九纵"等土官制度。另一面，朝廷逐渐从政治、军事、经济、文化、思想等方面采取一系列措施，比如，土流分治而不相混；土司亦有文职、武职之分；土职系列亦分官品高下尊卑，无论大小均由朝廷直接任命；朝廷掌握土司的承袭之权，并以制度加以保证；对土司的赋税、朝觐、进贡皆有明确规定；还以征调之法等，对土司的军队加以控制，规定土司不得擅自用兵；重视对土司的教化，并把土司子弟入学读书习礼作为接替职位的必要条件……如此，逐渐将土司制度纳入国家统一制度，使其更加制度化，规范化。

此外，对原来为数众多的贵州土司加以归并、改制，将元代贵州境内的 300 余处大小土司，合并、改建为贵州、播州、思州、思南四宣慰司，金筑、都云、黄平、草塘、瓮水等宣抚司和 90 余个长官司、蛮夷长官司，并根据其势力之不同，实行较灵活的管理。一旦地方民族势力违背中央王朝的规定或举兵"作乱"时，朝廷立即采取军事镇压和"改土设流"举措。明永乐十一年（1413），思州宣慰使田琛与思南宣慰使田宗鼎因争砂坑举兵相攻，朝廷便将这两个宣慰司废革，改设为八府。明万历年间，播州宣慰使杨应龙起兵反明，朝廷派大军平定后，便将其地改设为遵义、平越二军民府。

明王朝对土司制度进行的一定改革，客观上适合贵州省情，有利于国家统一、社会安定、促进民族团结，对于贵州的社会进步具有重要、积极的作用。

第二节　农耕新变化

"移民实边"与大规模土地开垦　农田基本建设　牛耕技术的推广粮食和经济作物生产技术发展　园圃养殖家庭副业的兴旺　不堪重负的"大木"采贡

贵州的农业生产，长期采用粗放经营的模式，不少地区处于"刀耕火种"的状态，粮食难以自给自足。而元明之际，地广人稀，更使贵州的农业生产因缺乏劳动力而难以发展。明初，朱元璋对贵州等地采取"移民就宽乡"的措施，既解决镇守西南的军饷之缺，也缓解中原人多地少的矛盾，还带去新的农作方式。

明代贵州的移民中，以军事移民——屯军及其家属为最多。当时，每卫额定编制为 5600 人，每个军士都是一人在军，合家前往，或准予婚配，5600 名军人便变成 5600 户，以每户 5 口计，每卫共二万多人。按明万历《贵州通志·省会志》所载，仅贵州都司所辖十八卫二所就有"军户七万二千二百七十三户，二十六万一千八百六十九丁口"。属湖广都司的清浪、平溪、镇远、偏桥、铜鼓、五开六卫及天柱千户所就有七八万丁口。

其次，是政府招徕屯田的民户，因"开中"而来的商屯民户，以及贵州周边地区和中原源源不断、多为逃难而来自发流入的民户。此外，还有入黔经商、做官、路过而定居下来的人，这一部分移民在明代中、后期，其数目的增长已逐渐赶上军屯人数。据明万历《贵州通志》所载，当时贵州已有"民户六万六千六百八十四户，二十五万四百二十丁口"。

这一批批进入贵州从事军屯、民屯、商屯的外来移民，极大地改变了贵州地方劳动力不足的状况，并带来了先进的农业技术。在当时及此后很长一段时间里，他们为解决贵州军需民用所最匮乏的粮食问题，努力开垦田土。如前所述，军屯部分的屯田约120万亩以上；民屯部分的田土，据明万历九年（1581）丈量，约为1344510亩。尽管其中有些田土是占据原住居民的，但民屯和军屯田土中大多数仍系新开垦者。在万历年间，各地田亩数还在不断增加。

外来移民不仅使大量荒土得以垦辟，而且使贵州土地开发出现新的面貌。对此，明人徐霞客在其《黔游日记》中有许多生动而具体的记载。如：丰宁上司东北二里的村庄，"其前环山为壑，中洼为田"；独山兔场附近，"环塍为田，直抵其底"；麦冲"有坞南北开洋，其底甚平，犁而为田"；贵阳青岩，"两山夹中，……犁而为田"；平坝龙潭东峰之下，"其中平坞一壑，……两旁多犁为田"；安南卫附近，"其上皆塍为田，水盈不渗"；普安老鸦关西南，"丘垤纵横，皆犁为田"，"其南复平坠成壑，下盘错为田甚深"；旧普安城西，"从岭头升陟，其上多中洼之宕，大者盘壑为田"；普安南板桥，"内坞复开，中环为田"，"其中回洼下陷，……已展土为田"，"石畦每每，是为十八龙田"。

大量移民进入贵州，促进了农业生产，这不仅表现为耕地面积的扩大，还表现为单位土地产出效益的提高，有了一些精耕细作、可保证稳产高产的水田和园圃。

贵州农业从粗放生产方式向精细农业转变发展的主要标志，是开始了较大规模地兴修农田水利。

明弘治十六年（1503），朝廷即命按察副使毛科兼理贵州地方的水利屯田。嘉靖十二年（1533），建立屯田水利的相应官方机构；大量自内地迁入的屯军、屯民带来了中原地方的先进生产技术和经营模式；具有军事性质的屯卫系统也很有利于组织人力、物力、财力，从事较大规模的农田水利基本建设。在上述几方面因素的综合作用下，贵州农田水利的兴修，在明代迈出了一大步。

贵州农业是以稻作农业为主。贵州各地各族农民因地制宜，从贵州地理环境实际出发，吸取中原水利建设的经验，根据田土的类型、水源之不同，创造性地采取了挖沟渠、凿井、开塘、作堰、造梯田、安水车、架枧槽、使用连筒等方法，开展农田水利基本建设。

利用天然河流、湖泊（称海子），开沟渠引水灌溉农田，这主要见于多河流湖泊平坝、山间盆地的安顺等地。如，清平卫除利用东门溪、西门溪之水外，还开了便河、勇胜溪、凯旋溪以灌田。

为开发利用贵州丰富的地下水，则开凿泉眼以引水。如清平十里的云溪洞，百姓垒石为堤，引支水出洞南，灌田甚广。另有施秉县的响泉、黎平湖耳司的响水河、镇远的瀑布泉、铜仁的飞泉、省城高寨的九十九泉、思南的石牛潭、石阡的温泉潭、都匀的龙潭等等。

要解决山地的用水，贵州农民创造了作塘之法：先根据地势，在田头之上、众流所归之处，因地制宜开挖为塘。塘形多上高下低，其下方以塘土筑横堤，堤脚布木桩以防崩卸，中间留水窦以备启放，即所谓"头塘"。到田的中段，有傍山归溜处，依照前面的方法作"腰塘"，次第启放。其中，有开塘得泉的，也有因泉而开塘的，大都是借山泽雨水而蓄积，塘中兼储水草、菱、荷、鱼、虾之类。明代贵州的水塘很多，如：贵阳圣泉门外白莲池，城南、城北的莲花池，城北关外的柳塘，武胜门外的黄泥塘、龚胜塘。贵州前卫右侧的梦草池，以及干堰塘、野鸭塘等，至今仍为贵阳地名。此外，程番府有清水塘，洪番司有莲花池，大华司有龙塘，威清卫有级波塘，普安州有大、小塘等。

针对贵州山区河流陡涨陡落的特点，各地多在河上作堰。做法是：在田的下游筑闸坝以截溪流，使水位保持一定高度，便于引水入田。明代著名的堤堰有：贵州宣慰司的长丰堰，都匀府的胡公堰，龙里卫所的纸局坝、窑坝和石坝，平坝卫的上坝、下坝等。

利用山溪而开垦梯田，是贵州山区农田建设的又一特色。这种梯田与山塘结合，既能充分利用山地，又能充分开发山地。溪涧两旁，环塍为田，层层如带，如阶而下，水流自上而下，分别流入田间。造成贵州山区又一奇观异境。

江南水乡随处可见的水车也传入了贵州山区，特别是许多少数民族地区，学会在临河处架设水车来引水。如威清卫滴澄河两岸和清平卫一带，沿溪河上下，立有数十架水车，面对"藤绿竹屋凭溪石，水引车筒入野田"（明张志淳《清平即事》诗），"桔槔无力水声迟"（明谢三秀《滴澄桥晓望》）的情景，往往使那些从中原来黔的迁客谪官难免生故园之思，更有以黔为家之感。

为了解决在山多谷深的贵州山区引水灌田问题，贵州各族农民还广为使用枧槽引水之法。其做法是：用木架将水槽凌空架于沟壑之间，引水到亟需灌溉的田土。为了就地取材，易于搬运，一些地方用大竹筒为导管，不仅可跨涧越谷，还可将水提高数十尺。正因为枧槽引水的确有利于当地，以至于不少地方多以其命名，如枧坝、高枧寨等。

不过，当时贵州农田水利建设的规模不大，每个塘、堰、堤坝受益面积不过数十亩、数百亩，方圆十来里而已，但其对当时贵州农业生产的发展，确有着极大的推动作用。

贵州养牛的历史悠久，但采用牛耕却较晚。在很长时间里，人们养牛只是将其作为财富的象征，耕作施行的是"刀耕火种"之法。据明嘉靖《贵州通志》载，当时苗族地区是耕不挽犁，以钱镈发土，耰而不耘；程番府上马桥当地居民，耕则不以牛具，以木锹播殖；而永从的侗人，耕作必并偶而出，即使用钱镈，两人合耕。这种人力耕作方法，费力、低效，难以深耕。

图上3-5　东汉陶牛（兴仁县出土）

在贵州推行屯田制

后，牛耕从卫所开始，逐渐扩大至全省。洪武二十年（1387）九月，湖广都司即奏请，买牛二万头作为屯种之用，分发五开、黄平、平越等卫所，供屯军使用。洪武二十三年（1390），因平溪、清浪、镇远、偏桥、兴隆、清平、新添、龙里等12卫屯守的耕牛不够用，延安侯唐胜宗数次奏请，得以沅州及思州宣慰司、镇远、平越等卫的官牛6770余头，分给屯田诸军。对于民屯，官府也发给耕牛、农具、种子等，以鼓励和支持。于是，中原的牛耕生产方式迅速在贵州推广开来。洪武朝后一百多年，当徐霞客从广西走到贵州独山州时，他惊奇地发现，"此处已用牛耕，不若六寨以来之用撬矣"。他从独山到都匀、新添、龙里、贵阳、平坝，再到安顺、镇宁、安庄、普定等驿道沿线地方，"犁而为田"的情景已是随处可见[①]。

　　明代，贵州各地卫所建立的屯堡住户，不仅积极采用中原先进的农耕技术，兴修水利，改良田土、推广牛耕、制造农具、培育良种，引进和推广新的农作物品种，改进耕作制度和耕作方式，而且特别辟出"样田"，以为周围地区生产的示范。如贵州、贵前二卫，有样田138亩，每年产粮249石，平均亩产1.81石，其产量大大高于原住居民"畲田"的产量。成功的榜样，有力地教育、吸引当地农民采用中原先进的农业生产技术。这也是明代贵州农业生产水平提高的原因和表现。

　　兴修水利、开垦水田、推广牛耕，都是为了提高粮食生产水平，而这一系列的措施，确实促进了水稻种植的发展。另一方面，大多来自江南和邻近各省的屯民、屯兵，均有着较丰富的水稻耕作栽培经验，所以，当时贵州各卫所最重视水稻，凡有条件的地方都垦为水田，以致卫所屯田中的40%为水稻田。为了发展水稻生产，贵州都司还选择了若干自然条件较好的地方建立种子基地，其中龙里卫是当时全省最大的种子基地，兴隆卫、黄平千户所等也有较大面积的种子田。为了达到因地制宜的目的，贵州地方水稻的品种较以前不断增多。据史籍所载，稻有早稻、晚稻、糯稻、粳稻、香稻等品种，香稻最为驰名。时人许缵曾在《滇中纪程》中，盛赞香稻"品品精绝，……所酿酒亦甘芳入妙，楚中远不及"。随着水稻产量的增加，安顺州、程番府（定番州）等地成为重要粮食产区，定番州生产的粮食则源源不断地运往省城，在贵阳人的心目中，惠水（即定番州）米名气至今仍然不减当年。

明嘉靖年间始传入中国的玉蜀黍，约在明末清初传入贵州，同时传入的还有马铃薯。加上谷子、红稗、荞麦、豆类、大麦等杂粮，贵州山区的粮食种类和产量亦有增加。

明代贵州地方的经济作物，主要有木棉、苎麻、蓝靛、芝麻、油菜籽、甘蔗、甜菜等。贵州主要的纺织原料是苎麻，全省各地均有出产，用以纺织土布、土锦，以贵州宣慰司、思州府、都匀府、石阡府、镇宁州、永宁州、普安州及普定、安庄、安南等卫为多。木棉则产于安顺州、镇宁州、永宁州等气候偏热地方。明中叶，因川、湖流民移居思南地区，开始在当地试种棉花。贵州地方盛产的蓝靛，多用作染料，贵阳、普定是最大的集散地。

食用油主要以芝麻、油菜籽为原料。程番府、安顺州、永宁州、都匀府是芝麻主产地。油菜籽则有普安等州种植。

食糖的原料为甘蔗和甜菜。甘蔗主产于黔中、黔西南等地。甜菜则产于黔西北高寒地区。

贵州农业从粗放模式转向精耕细作的又一表现，是园圃的兴起。首先，是蔬菜品种的增多。从时人的记载中可知，当时贵州各地种有白菜、青菜、芥菜、苋菜、韭菜、芹菜、蕹菜、油菜、姜、葱、蒜等。其中还有一些外来品种，如菠薐（菠菜）、胡萝卜等。普定卫、赤水卫等地，当时已经引种了西瓜；思南府朗溪引种的椒，味馨色赤，远近闻名。其次，在贵州各地农村，还出现了专门种植蔬菜的菜园。经营菜园需要精耕细作和专门的技术，对于施肥、灌溉、田间管理的要求比种粮更高。以菜园为主的园圃，使得土地利用率得以提高，其商品化、专业化的程度，也随着城镇和非农业居民对蔬菜需要的增加而不断提高。作为人们物质生活重要内容之一的饮食文化，也因菜蔬品种和数量的增加、变化而更加丰富多彩。其三，是花卉种植业的发展和品种的增多。据方志所载，明代贵州地方已栽种有五十多种花卉，如山茶、牡丹、丹桂、栀子花、木槿、紫薇、杜鹃、蔷薇、玉簪、迎春花、海棠、芙蓉、芍药、罂粟、夜合、粉团、水仙、兰、菊等。值得注意的是，贵州的爱花人还精心培养新品种。如当时贵州的牡丹就有鹤翎红、玉版、鞓红、军容紫等品种。据清田雯《黔书》"紫薇"记："黔署有二株，大可十围，高出鸥表，离奇轮囷，杰干乔枝，数百年物也。"②贵州的海棠，则与重庆昌州产海棠一样，"其香最香冽"。对花卉的精心种植、培育，反映出当时贵州社会生活的发展进步，也折射出当时人们有了更高的物质、精神文化生活追求。

随着贵州人口的增加、城镇的增多，社会物质文化需求和生产方式的变化，畜牧、家禽、水产养殖业成为农家重要的副业。

首先是养马、养牛羊业的发展。贵州养马的历史悠久，元王朝曾在水西开办大牧马场。明代，因卫所的建立和驿运的增多，用马量急剧增加；贵州马适宜山区行走的特性，更促进本地养马业的发展。贵州马主要产于黔西北地区，以水西马和乌蒙马最为著名，其特征是："状甚美，前视鸡鸣，后瞷犬蹲，膈阔膊厚，腰平背圆。"其优点是："体卑而力劲，质小而德全，登山逾岭，逐电欻云。"多年养育水西马、乌蒙马的彝族同胞积累了一整套的养马方法："秣之以苦荍焉，啖之以姜盐焉，遇暑喝又饮之以韭浆焉。"③这种被时人称为"爬山虎"的黔马声名鹊起，贵州宣慰司管辖下的养龙坑，所产的马竟被称为"龙驹"，养龙坑亦由此而得名。明大学士宋濂曾作《龙马赞》一文，详细介绍并大加称赞："一色正白，乃得之坑者，身长十有一尺，首高九尺，足之高比首而杀其二尺，有肉隐起项下约厚五分，广三寸余，贯缨络腹至尾闾而止，……振鬣一鸣，万马为之辟易，鞯勒不可近，近辄作人立而吼，上谓天地生此英物必有神。"④贵州马已成为本地主要土贡之物，每年除额定贡马以外，三年一次的朝觐时，贡马的数量更多。地方头人、首领入京时，往往多带马匹以作贡品、赠物。贵州马也进入了市场，上好的马匹可卖到数百金。此外，由于卫所军用、驿运所需驮马数量很大，也促使民间普遍养马，买卖马匹之风日盛一日，成为贵州农村的主要副业。

在军屯、民屯普遍使用牛耕的带动下，贵州养牛成风，特别是水田地区。根据不同地区用牛的不同，田坝地区多养水牛，山区则多养黄牛。按屯田制度规定，卫所用牛由官府配发，分给军户饲养、使用，并按规定繁殖，因此每卫的官牛数量多以千计。而在西部的彝族聚居区，因保持着以畜牧为业的传统，成群放牧牛羊，成为贵州主要的产牛区。

贵州农村养牛，多以"干栏"式房屋的楼下为牛圈，白日放牛上坡吃草，成群结队。这是卫所或彝族集体放牛形成的习惯，并一直延续至今。

黔西北彝民地区以农牧为主业。彝人都披毡或披羊皮，因此多养绵羊。明代，黔西北不仅从北方引进"胡羊"，而且一年两次剪取羊毛，做成毛毡，自用或入市贸易。毕节卫、贵州宣慰司，黔西南普安、安南一带，扎佐司、水东司等地的居民，也都放牧绵羊，以擀毡为业。黔北播州地方则以养山羊为主。

明代贵州农村喂养猪、犬、鸡、鸭等也日渐普遍。产粮的坝区多养猪，如安顺州、普安卫因有大量生猪出售，每年可征猪税银五十余两。而播州的地主庄园中已有专门的养猪场，如杨氏土司庄园中就拥有养猪场 11 处。少数民族地区也普遍养猪。农村养犬以看家，住山区的苗、瑶族则主要饲养猎犬；而布依族等则喜食狗肉，并以杀狗为敬以待客。各地民众往往因地制宜喂养各种家禽动物，近水处或多水田的地方常养鸭、鹅；普安州、毕节卫等处则多养兔。居住近河流、湖泊出的人们善于捞虾捕鱼，多修塘筑堰的地方则人工养鱼，如在播州，盛行养鱼，土司杨辉家就有渔潭 13 处。

养殖白蜡虫，也是当时贵州农村副业中的重要项目之一。白蜡是贵州向朝廷进贡的重要物品之一，贵州宣慰司、播州宣慰司、思州府、思南府、石阡府、铜仁府、程番府、永宁州、镇宁州、安顺州及新添卫等已是当时国内有名的白蜡重要产区之一。与白蜡生产同步发展的是，贵州人已总结出系统的取蜡方法。

贵州的地理环境、气候条件极宜林木生长。明代以前，贵州各地分布着大片的原始森林。从明代开始，在贵州农业经济、交通有所发展的地方，进一步开发森林资源。当时用材林的主要产区有：贵州宣慰司林区（主要树种有松、柏、杉、樟、楠、枫等）、播州宣慰司林区（以白杨、枫香为常材）；思南、铜仁、黔东南、清平卫、龙里卫、都匀府、威清卫、安顺州、永宁州、镇宁州等地盛产楠木、杉木等。因为资源丰富，贵州成为明廷采办"大木"的重要地区。所谓"大木"，是指缮治皇宫的用木。自正德年间，开始在贵州采办"大木"，专为供给修建北京乾清、坤宁两宫所需的用材。当时播州（属四川）是重要采木地区之一，贵州则主要在黔东的思州、思南等八府采办。为完成此项任务，前后费时五年多。明嘉靖四年（1525），为营造仁寿宫及世庙，又兴采木大役，前后长达四十年之久。万历十二年（1584），京城慈宁、慈庆两宫遇

图上 3-6　都柳江上的木排

灾，万历二十四年（1596）三宫遭灾，都曾先后命贵州采运大木赴京。贵州地方已不堪重负。为了鼓励地方官员的积极性，朝廷采取了一些大力奖励土官献木的办法，甚至允许土司以献木赎罪。

采、贡大木，是贵州官、民的沉重负担，使地方官府的财政陷于困境，对百姓更是灾难。据时人记载，将大木从贵州深山运到京城要经历几道难关：因为高大良材多藏于深山，找厢搭架，用人夫缆索，就绝非易事。产木之处，尽是危崖峭壁，要拽动一根巨木，往往要用人夫数百上千。一路还须开山修路，沿线要随处砍伐林木，数百人一日只能拽移二三里。贵州多山区雨季型河流，当"大木"运到溪旁河边时，因为溪水易涨易落，为了便利运木，还必须在下流筑堤截壅、凿石开道，辗转运送。从贵州的内河运至长江，再经运河筏运至京师附近，不仅沿途要派人押运，上下岸还须千百民夫拽拖。承担这种劳役的民夫，不胜其苦其累，因寒暑、饥渴、瘴疠而死者无数。"大木"官价虽一株千两，但运抵京城，花费何止万金！

在此期间，贵州的经济林如漆树、茶树、油桐、核桃、银杏、余甘子、盐肤木等的开发、利用和人工栽培均有发展。如播州建有茶仓，杨氏土司设有茶园 26 处。所以当时贵州可以经常向朝廷贡茶。农家多种漆树，有的家有百株，其收益可当十亩田。黔北出产的金竹笋，已贩至今重庆等地。各地农户因地制宜栽种多种果树，或从外地引进新品种，

或培育本地的特色水果，如贵州宣慰司的扁桃、黄桃、金桔、葡萄，安南、安庄的菠萝蜜，平越卫的金梅，威清卫的花红，清平卫和遵义府的无花果等。至于贵州出产的药材、珍禽异兽等，也颇为世人所注目。

在山林资源被开发、利用的同时，因为"以粮为主"发展农业，许多青山绿水之地变成为梯田、坡土，水土流失问题也开始出现。特别是因为朝廷以贵州为采运"大木"的重要地区，茂密的原始森林不断遭到破坏，贵州的生态环境开始发生变化。

第三节　传统技艺显特色

崭露特色的少数民族传统手工业　外来匠户和手工作坊的出现　极富特色的矿冶业　陶瓷、造纸、印刷业的发展　初现特色的工艺品

图上3-7　[清]《蛮苗图说》之《㑩人披毡图》（日本早稻田大学图书馆藏本）

贵州是多民族地区。以家庭手工业为主要形式的民族传统手工业发育成熟，大多能保持其民族特色，并随各民族间的文化交流而不断演变。既满足了日常需求，也反映出其哲学、宗教及美学追求。

以穿衣为例。贵州盛产麻，因此各族民众多织麻布。明代，贵阳府、思州府、黎平府、石阡府、铜仁府等地皆产"葛布"，以铜仁府最著名。这种布用"腰机"⑤生产。另一些地区则以棉织布，如都匀府的"白布"、"青布"、"蓝布"，程

番府的"克度布"、龙家的"尽縠布"等土布，都十分精美。明弘治《贵州图经新志·黎平府》中这样描述："其纤美似蜀之黄润，其精致似吴之白越，其柔软似波戈之香荃，其缜密似金齿之缥叠"，"仡僚又有纹布，可为巾。定番苗妇所织，洁白如雪，拭水不濡，用弥年不渍垢腻。又有斜纹文布，名顺水斑。盖模取铜鼓文以蜡刻板印布。"黎平地方以"土锦"驰名："土锦，诸司出，以苎麻为质，彩线挑刺成之，今谓之洞被。洞布，绩苎麻为之，细密洁白。"黎平曹滴洞产的洞锦"以五色绒为之，亦有花木禽兽各样，精甲他郡"，而且具有"涷之水不败，渍之油不污"等优点。这些特点和性质，常使外来者惊叹不已。

制作衣物时，贵州少数民族总是就地取材，因地、因人制宜，常常发挥到极致。仡佬族以布一幅横围腰间，谓之桶裙；并以穿着花布或红布者，作为族内"花仡佬"与"红仡佬"的区别。布依族的衣裳崇尚青色，妇人长裙细绩，有的多达二十余幅，拖腰以彩布一方若绶，并袭之以青布。苗族服装则更为多彩多姿，斑衣左衽，著花衣，穿短裙。黔西北部以畜牧为主，盛产羊毛，那里的彝族善用羊毛制毡，多制成披毡用以御寒、防雨，也便于骑射，有些地方还将毡染成红色。

贵州苗、瑶、仡佬、布依等族，尤善于蜡染。他们利用本地盛产的蓝靛为染料，用铜板为模，以铜刀蘸蜡在布料上绘花后去蜡而成，其花纹极细，呈斑状，如雪花，似冰裂，炳然可观。

在饮食方面，贵州少数民族亦富于创造。早在唐代，民间即普遍酿酒。明代，贵州各地的酿酒技术有所发展并形成特色，如彝族、仡佬族的"咂酒"（又名"钩藤酒"），以毛稗、荞子、莜麦等为原料，用木甑蒸熟，置于瓮中，拌麸曲后加盖密封，使之发酵。饮时，众人以竹筒、芦管插入酒缶，围缶吮吸。黔东、黔南的"老酒"（米酒），以麦曲酿成，密封数年。苗族地区在生女数岁时，就要酿造"女酒"："既漉，候寒月陂池水竭，以泥密封罂瓶，瘗于陂中……候女于归日，因决陂取之，以供宾客，味甘美，不可常得。"⑥这两种酒与中原传入的烧酒不同，属发酵酒一类。一些少数民族中还有嗜酸的食俗，掌握了在湿热环境下保存食品的一种特殊方法，即"以荞灰和秫粥酿为臭泔，以鱼肉杂物投之，曰醋，蛆蚋丛噆以为珍"⑦，或制酸笋、酸菜等。

在日常生活、生产用具的加工制作方面，贵州少数民族也极富特色。如彝族地区的乳漆器、马鞍、甲胄等，多以当地盛产的牛皮、生漆加工而成。乳漆器又称雕漆器，以水牛皮为原料，选料很讲究，加工制作工序更复杂，牛皮先以水泡，去肉、毛后，以火烘烤，使之龟纹缦理，泽且平，干且厚……如此前后十余道工序，最后绘以文彩，成为极为精美的乳漆器。贵州盛产竹，竹器加工是重要的家庭手工业。人们不仅会编制箩筐、背篓、竹席、斗笠、竹篮等生产、生活用具，还能以竹木修建竹楼。侗族善于将藤条破成数股，编成盆、罐、壶、盘、杯、坛等物，涂上桐油、生漆、猪血后，用以盛放液体，既实用、轻便，又美观。水族妇女能用马尾织成夏帽、背带、马鞭等物。居住于边远山区的民族，大多保留着狩猎的习惯，男子往往随身带有刀箭弓弩，因此很善于制作这种器物。如"苗刀"，"必经数十锻，故铦锐无比。其试刀，……伺水牛过，一挥而牛首落地……盖犀利之极"。至于苗、瑶族制作的弓弩、镖、箭等，也与内地同类物件不同，弩称偏架，又称编架，"以晏脂木为之，长六尺余……不划箭槽，编架其箭于栝"⑧；制作的刀剑、毒矢等，厉害无比。

为传统的祭神敬祖，婚姻和娱乐活动的需要，一些地方银矿的开采、冶炼，银器，特别是饰器、铜鼓、芦笙等的加工制作工艺，均有极大进步，在许多方面为其他地区所不及。

明代以前，贵州地方的手工业只是自给自足农村经济的一部分，从业者多以此为副业，以补家用，匠户很少。所谓匠户，是指编入户籍，终身为匠，世代充役者，他们不仅有一技之长，而且脱离农业生产，专业性强，要为官府服役，或每月上工20日（称"住坐"），或每月输"班银"六钱（称"输班"）。明初，因"移民就宽乡"政策，有众多的匠人进入贵州。他们或专事打造军器，或生产军需物资和民间用品，或修筑城垣、官府、军营、道路、桥梁、河道等。有的住在卫所，有的落籍城镇。据不完全统计，其数约万余户，四五万人。明初，匠户多在官办的场、局服务。明嘉靖以后，一律以纳粮代役，自此，匠户散在民间。这一支技术精专的手工业专业队伍，对贵州的开发，特别是建筑业、手工业、矿冶业的发展很有积极作用，他们从城市、卫所等中心地区，向周围农村传播中原、江南等地方的工艺、技术，从而使贵州的手工业无论是规模、还是工艺水平上，都获得了较大的发展。

明代，贵州手工业的发展，还表现为经营模式的变化，即从家庭手工业为主，转变为出现大批的手工作坊。

明初，贵州的手工业作坊主要是官办场局。当时，贵州除设有若干水银朱砂局、金矿局、银矿局外，贵州布政使司设有宝泉局、军器局、织造局、杂造局和冶铁所，各设大使、副大使各一人。军器局是一个庞大的军工系统，除省局外，卫所也多设局，由指挥使一人管理。军匠多在局中应役，除制造刀牌、弓箭、枪弩等冷兵器外，还生产各种火器，如夺门将军大小二样、神机炮、襄阳炮等数十种。

由于兵器、农具、工具多为铁制，贵州布政司设有铁冶所，多数府州都出铁。除官办铁厂外，还有大批民间铁匠作坊。明成化年间，仅播州一地就有铁户 86 户，连年自行炼铁营生。铁器加工质量有所提高，如当时安顺所属西堡长官司出产的刀，极锋利，并创出"二镰"、"三镰"等名牌；镇远府大量生产铁锅，销路甚好。这些铁冶铸造业不仅生产规模扩大，技术水平也大有提高，除一般生产用具均能生产外，少数民族地区亦能铸造构造复杂、技术要求高的铁钟等，如明正德年间，水西的安疆臣、安贵荣时期铸有铁钟一口；边远的真州长官司在嘉靖二十五年（1546）所铸的铁钟，通高 80 厘米，口周 2.52 米，钮为龙形，钟体上有八卦、弦纹、莲瓣、梅花等图形，还有铭文及寺僧法号、工匠姓名、铸造年月等。

贵州铜器铸造加工也有发展。明成化五年（1469），贵州官府命著名工匠洪飞为省城大兴寺铸大铜钟，高 4 尺有余，纽长 1.5 尺，口周 1.6 丈，重三千余斤，上铸隶书大字 4 行，又铸小字 16 行，制作之精雅不让内地所铸。成化二十一年（1485），水西大定城内永兴寺所铸铜钟，虽小于洪飞所铸，但钟纽却具有彝族的独特风格，匠人中有汉有彝，这是汉彝文化交流的重要物证。明万历年间，贵州开始设宝泉局并开炉铸钱，贵阳、安顺等地出现了"铜匠街"，这些均表明官、民的铜器铸造手工作坊有了较大的发展。

无论是与军需民用相关的织造、烧造、造纸、食品加工手工业，还是金银器的制作等，其生产规模、技术工艺在明代也有较大发展，或多或少出现一些专业性强的手工作坊。如在遵义高坪播州杨氏土司墓中出土的纪年划花银盆和九凤三龙嵌宝石金冠，就是播州土司下辖作坊所制。当时，杨氏土司庄园中还开设有专事织布的机院。在贵阳等地，则有更多的坊市，如贵阳的"骢马绣衣坊"、"绣衣坊"，普定卫城的"锦衣坊"，思南府城的"绣衣坊"等。

贵州矿产资源极其丰富。在明代以前，只有零星开采，且品种不多。到了明代，由于与中原内地的经济联系加强，对矿产的需求量猛增；官府对坑冶颇为重视，设场局进行管理，并征收课税；又因为找矿、开采技术的提高及外运条件的改善，原先已开发的矿产，诸如陶土、粘土、石灰石及在国内已有影响的汞、铅锌、铁、金、银等矿产，规模有所扩大，产地增多；煤、铜、硝石、雄黄、石英等多种矿产逐步得以开发。其间，汞和铅在国内占有重要地位，成为贵州著名土特产之一。

贵州汞矿储量居全国之首，开采历史悠久，唐宋时期，朱砂、水银已成为贵州地域的主要贡品。入明以来，由于药用、炼丹、朱批及丹粉的需要，官府极重视汞的开采，在贵州开设多处水银、朱砂场局，生产规模不断扩大，成为全国之冠。当时贵州有三大产区：最大的产区在黔东北的铜仁府、思州府、思南府和石阡府；其次是普安州，以及贵州宣慰司亲辖水西地方。除场局及土司所办汞矿以外，民间开采也很兴盛。明正德年间，川、湖游民涌入务川一带山间，开采汞矿。贵州所产朱砂质地优良，向来为皇室所贵，世人瞩目。铜仁万山所产的朱砂，多数水运到辰州出售，以至因此而以"辰砂"闻名。

贵州的铅锌矿主要分布于水城、威宁、赫章、普安等地。唐、宋时期即已开采。入明以来，因朝廷需要取云南的铜、贵州的铅锌铸造铜钱，贵州的铅锌矿开采勃然而起，主要产地有播州宣慰司、贵州宣慰司、乌撒军民府及思州府、都匀府、普安卫等地。

铁的开采和冶炼业，也因朝廷制造兵器、农具、工具的需要量增加而有发展。据史载，产铁之地有贵州宣慰司、石阡府、黎平府等处，仅播州杨氏土司就在尚瓷寨等地开设有铁冶24处。就连偏远的山区也有采冶铁矿者，如荔波的巴岩等处。

明代中期，贵州开始开采煤矿。见于记载的有普安、安南、新兴所等地。为开采金、银矿，官府曾在贵州设局，如永乐年间提溪长官司设有太平溪金矿局、石阡长官司设有落桥及葛容溪银矿局、铜仁府金场局等。

贵州这时期的采矿业，大多具有一定规模。这些实行集体劳作的局场，均有严密的组织。民间的矿场，由民间自备工本开采，官府征课。官办、民办矿场的规模大小不一，但都突破了原先的家庭手工业的模式。

当然，开采仍多用手工劳动，设备简陋。官府对朱砂、水银、铅锌、金、银等矿的采掘、冶炼管制甚严，课税也重。其他矿产如石灰、煤、石英等，官府因担心民众藏匿山中聚众反抗，往往也会加以限制，甚至下令封闭。这些作法，束缚了贵州矿产业的进一步发展。

在明代，镇远等府已能生产瓷器，标志着贵州烧窑技术进入到新的阶段。在制瓷业的带动下，制陶业也有发展。明洪武年间，一些江西陶工迁至贵阳，在贵阳中曹司黄宽寨办起作坊。平塘的牙舟陶器，造型、图案多取材现实生活，富有当地少数民族的风韵，尤其是陶制小动物，形象逼真，很有艺术观赏价值。

明代贵州文化教育的发展，促成造纸、印刷业在贵州的兴办。嘉靖三十二年（1553），贵州巡抚刘大直在贵阳鱼铺湾开设了一家纸场，招募江浙纸匠制造各色纸张，当地各民族子弟都来学习。此后，平越卫、龙里卫、安庄卫、都匀府皆产纸。当时，石阡纸颇负盛名，《黔书》专列"黔纸"一目予以介绍，说石阡纸，极光厚，可临帖。遵义造纸业也很发达，遵义的纸，用构皮为原料制成的叫"皮纸"，以竹为原料制成的叫"竹纸"，这两种纸很宜于书写。另有一种以竹杂草为原料制成的纸叫"草纸"，是供冥事及粗用的。贵州所产纸张不但供应省内，好的皮纸还被贩运入蜀中；有的远销云南。据《滇海虞衡志》评价，说云南大理、禄劝出产的纸，都不及来自黔省之多且佳。

在造纸业兴办、发展之同时，明代贵州刻书业又有发展。当时的刻书主要是官刻，由官府主持、提调，募人刻版、印刷、装订，用纸、用墨都不惜工本。曾印刷有明弘治《贵州图经新志》、嘉靖《贵州通志》、嘉靖《普安州志》、嘉靖《思南府志》等。明末，一些寺院也刻印佛经、语录、灯录等，如南明永历十二年（1658），就刻印有《语嵩和尚语录》12卷。

随着经济的发展、城镇居民的增多，明代贵州手工业匠人加工制作了一些颇具特色的工艺品，如：玉屏箫笛、思州石砚、贵阳雄精等。早在明万历年间，玉屏箫就已名声在外，因当时玉屏为平溪卫，故名"平箫"。平箫用玉屏当地羊坪所产的美竹为箫材，以郑氏制作的为最佳，以至于当时天下之言箫者必首推郑氏。玉屏箫笛造型精美，刻有龙凤、山水、花鸟、诗词，音色圆润清亮，既是乐器，又是可供收藏的工艺品。明末清初，思州石砚已为世人所知，陈鼎在他的《滇黔游记》中专题记述了"金星砚"。这种砚石质优良，易于发墨，又因其镂雕工艺精湛，造型古朴典雅，素为文人所珍贵。贵州是中国主要的雄黄产地，王士性的《黔志》、田雯的《黔书》中均有介绍，说贵州土产的雄黄，有的一颗重达十余两，土官用雄黄制作成盘、屏，作为镇宅之宝；又说有的雄黄工艺品，价格十分昂贵，说它价值连城，也不算多。

总之，自江浙、江西、湖广、川陕等地的工匠进入贵州，在社会中形成专门从事"手艺佣工"的群体，并世代传承其手艺，由卫所、城镇而逐渐散居到贵州各地，从而给贵州手工业注入新生力量，带来新气象，引进和开发了若干新的产品，并在与本地少数民族手工工艺交融的过程中，把贵州的手工业生产推进到一个新的阶段。

第四节　商贾经济活跃

商业城镇的兴起　特色独具的民间集市　食盐专卖和土特产外运
货币流通不畅与以物易物　协济与贵州财政

明以前，贵州城市极少。唐宋时期所建羁縻州、县，无固定治所，大都寄治于山谷之间，只是一些较大的村落而已。元代，贵州地方上始出现一些军事城堡，但为数尚不多，且规模狭小，人口稀少。那时最大的顺元城（今贵阳），也是城址狭隘，城垣卑薄，北至钟鼓楼（今勇烈路、北门桥一带），东起老东门、西抵大西门、南至南明河，只是一座以低矮土墙环绕的小城。其他如镇远府城、黄平府城、播州司城等，其规模较顺元城亦相去无几，或许更为局促。明初，在贵州设卫所、建省后，增设府、州、县，全省先后兴建了城池 50 余座，计省城 1 座、府城 4 座，另建有屯堡 281 处。这些城池、屯堡、营汛，最初只是军事据点和政治中心，但因为所处地理位置优越，交通条件较好，而且人口比较密集，生活的社会化程度比农村高，货物需求量大，货币也较流通。由此，逐渐形成了大小不等的商业活动中心，并辐射到周围地区，对贵州经济的发展发挥了积极推动作用。

省城贵阳，处于全省的中心位置，是湘黔、滇黔、川黔、黔桂四条驿道干线的交会点，又有龙场九驿通达黔西北，还有诸多大道与州、县相通。过往马匹、夫差、官兵、客商不计其数。明初，移贵州宣慰使司于城中，又设立贵州前卫及贵州都指挥使司于宣慰城。建省后，改为省城，又增设贵阳府、新贵县附郭，官署越来越多，而官户、民户、军户、匠户、客商、士人等亦纷纷入住城内，五方杂处，商业日盛。明初主政贵州者，如顾成、马烨等亦致力于城市扩建工作。明洪武年间，城区拓展至北门桥外，形成新的街市。明天启年间，又在北门外扩建外城，城区扩展至今威清门、六广门、洪边门一带。城内有通衢大街，纵横交错，并有街道通往城外。城内外已形成 14 个坊市，三牌坊市等处成为商业繁华区，北市等是为新辟商业区，马棚街市是驮马汇集处，馆前驿市为运夫、运商集聚处，鱼巷铺早晚卖鱼，绣衣坊则有许多绣衣作坊。当时，贵阳已成为全省重要商品集散地，经营的商品计有：丝、麻、土布、葛布、皂靴、雕漆器、皮包、马鞍、蜂蜜、饴糖、土粉、水胶、油、生漆、蓝靛等。城中及周边贵竹司、程番府的商人中，有的是来自内地、中州的前代仕官经商流移至此，更多的是来自江西、川、两湖的客民。

黔东北的镇远、思南、铜仁等城，也是多得地理、交通之便。这些地方，地与川、湖接壤，又是由湘入黔驿道、水道的要津，得交通之便，很快就成为商业繁盛之地。如镇远，扼守驿道，濒临潕阳河，因此成为"滇黔门户"和"水陆之会"。在明代，这里更是舟车辐辏、货物聚集之所，云南所产的铜、锡和西路的各种货物，都要在此转运，一部分黔产的铅锌，也要由此外运，各种溯江而上进入贵州的货物，也在此集散。所以，外来客商大都在此居停，并集结成街市。从当时当地的沙湾市、辰州市、南京市、江西市等街市名称，便可知道商人中不少来自南京、江西、湖广等地。镇远商业之繁华，从其岁征商税为全省之冠，可见一斑。又如上接乌江、下通楚蜀的思南府城，当时也成为川贵商贾贸易通道的咽喉，居民以陕西、江西来者为多，在此的江西人多是前代商贾宦游者的后裔。在务川，因为有砂坑之利，人们在这里咸集贸易，故多殷实之家；又因为土地宜种棉花，因此当地棉花贸易也比较发达。四川涪陵运销贵州的川盐，必须经过思南的龚滩，每年盐税多达数万，思南因此被视为商旅之康庄，舟车之孔道。铜仁府城，居辰沅上游，得水路之便，舟楫往来，商贾互集；更因当地物产丰富，盛产朱砂、水银、黄金、铁、楠木、杉木、竹木等，商业日渐繁荣，以至人称"渐比中州"。

贵阳以西各卫及府、州，商业比东路发达，其中尤以普定、普安为最。普定卫的居民，多从事贸易，城内有十字街市、局前街市，城外有马场市和牛场市，进行大宗牲畜贸易。普定商贸之发达，曾给徐霞客留下良好印象，他在《黔游日记》中说："普定城垣峻整，街衢宏阔，……层楼跨街，市集甚盛。"许缵曾在《滇行纪程》中，更称许安顺府城"贾人云集，远胜贵阳"。再往西去的安南卫、普安州等，也成为当地的商业中心，治城之内有南市、东市、龙场市、狗场市、猪场市等，不仅吸引汉人从事商业，当地少数民族居民也纷纷带着他们的产品进入市场。

黔北播州出产丰富，商业发达，沿川黔驿道上的各宣慰使司、宣抚司、长官司所在地，形成了一些商贸中心，进行铅矿石、杉木、大米的营销。黔西北高寒地区，地处川滇要道，因置驿设卫，人口渐多，在过境商贸活动的牵动下，当地的商业也日渐发展，形成一些城市。例如普市所，当地居民多数不务农桑，专事贸易。再如乌撒卫，城内有上、下关和四牌楼、三市，城外有鼠场、马场二市。毕节卫城内，有康衢市、迎恩市、东关市、南关市。属贵州都司所辖的永宁卫，有7个市场；就连商业落后的赤水卫，也有连湾市。

随着交通的改善，在城市商业的推动下，军卫与民间、各民族之间的经济交往日益频繁，于是在府、州、县城附近，交通便利之地，出现了许多农村场市，为城乡之间、屯堡和村寨之间提供互通有无、进行交易之便。这些集市贸易的特点是：以城市为中心，在周围地方轮流赶场，场期依干支为序，场市皆以十二生肖命名，子日赶鼠场、丑日赶牛场……经常都有场市，而赶场地点则逐日轮换。州县城的贸易多取这种形式。贵州宣慰司附近旧有卯、申二场，明弘治以来，又增子、寅、午、戌四场，共为六场，不仅有了定期场市，集市数也有增加。当时，全省其他地方集市的情况，与此大同小异。还有的集市渐渐发展为"百日场"，集日逐渐固定化。一些卫所及屯堡地方以后亦渐成集市，附近各村寨按期前来赶场，并渐有住户和街道。不过，贵州大多数地方的场市并无房屋，货物多半是露天堆积，以白天为市，商贾苗民按期而至，交易而散。后来，这类场市逐步扩大，深入到少数民族聚居的地方，如石阡府、龙泉司、苗民司，开州苗民聚居的乖西长官司等。这些场市或设在土司地，或设在少数民族村寨。

明代贵州农村集市多处于初级发展阶段，集市贸易仍以物易物、互通有无为主，规模不大，多半是"日中为市"，但已开始出现出售和收购土特产品、食盐、茶、米、布、生产工具等以牟利为目的的贸易活动，以及专事商贾的社会群体。可见，当时贵州农村集市商业化程度又有所提高。此外，农村集市还往往成为当地人们社会交往的重要场所，尤其是青年男女们谈情说爱、议婚论嫁之地。

除民间集市贸易外，在贵州，某些特殊的贸易活动则必须在官府的严格控制下进行。这类贸易的数额大，事关国计民生大计或某些特殊需要。如盐、马、茶及水银、朱砂等土特产，都是由朝廷立法加以规范，官府严加管制，具有专卖性质，采用贡、销形式进行，形成贵州经济社会中又一种制度文化。

例如食盐的运销。贵州素不产盐，但人们的生活又离不开盐，所以历代王朝都以盐的运销作为控驭贵州的重要手段，施行"开中"之法⑨。在贵州，这一政策既可供给食盐，又可补给军粮，收效甚佳，故而迅速推广并长期延续。至明永乐年间，"开中"之法已在贵州都司所辖各卫普遍实行，纳粮与中盐并行，以纳粮促进食盐运销，以中盐刺激军粮供应，"开中"与屯田互为表里，食盐源源运入贵州。明代运销贵州的食

图上 3-8　"盐巴客"，即运盐的民伕

盐，主要是淮盐、浙盐，其次是川盐和滇盐。外省商人向贵州运粮、运盐，促进了贵州商品化经济的发展。按照当时的规定，民户的食盐，需要用粮米或货物换取钱钞，这就促使贫困山区的农民将其产品投入市场，以换取购盐所需的钱钞。当然，由于贵州商品经济不发达，到明末时盐法废弛，盐商转手买卖，从中牟利，致使盐价倍增，以至"斗米斤盐"，不少地方民众不得不终年淡食无盐。

明代，贵州向外运销的商品主要是土特产品，包括农林产品及矿产品，重要的有马、茶叶、木材、桐油、生漆、铅锌、水银、朱砂等。这些以"土贡"形式出现的商品运销，多半属官府行为，控制甚严。马有马法，茶有茶法，木有木政，矿产品则有坑冶之法，都具有专卖性质，民间贸易因而备受限制。

贵州土产的"水西马"、"乌蒙马"很著名，是向朝廷进献的土贡之一。明初朝贡无定期，贡马也无定数。明洪武十七年（1384）以后，定马贸易之数，每年易马 6500 匹，每匹给布 30 匹或茶 100 斤、盐 100 斤。永乐以后，额定各府、司贡马数目，或三年一贡，或三年两贡，对朝贡者皆给予优厚赏赐，这实际是变相的买马。永乐元年（1403），明成祖因感贵州路途遥远，曾令礼部增给马价。此后，贵州一度出现卖马热潮。贵州建省以后，突击性成批购买战马大为减少，逐渐转为经常性的分散买马活动，所购马主要用为驿道驮马和卫所操马，数额甚大，如贵州都司所属各卫额定操马 2391 匹，各驿道所用驮马也不少于一两千匹。

木材是明代贵州外运物资的又一大项。木材外运主要采取"贡木"

方式。自明以来，贵州已成为朝廷采办大木的重点地区，自明成祖缮治北京宫殿始，历正德、嘉靖、万历朝，不断到贵州采办大木。仅万历二十四年至万历末，贵州坐派办楠木、杉木、大柏枋 1298 根，费银 107 万余两。可见，贡木也是一种特殊贸易。

贵州盛产茶叶，明代对茶的控制甚严。贵州茶中的优质者，作为"贡茶"进献朝廷。官府在各产茶地设置机构课取，设茶仓贮藏，令商人纳钱请引，贩私茶者会被治罪。明洪武年间，就在播州宣慰司等地设置茶仓，收购贵州各地茶叶，作为"边茶"运往藏区换马。

贵州特产的朱砂、水银，也都以贡品形式外运。当时，贵州布政司每年解运上贡水银 227 斤，朱砂 16 斤 8 两。

正是这种官方控制的贸易，极大地拉动了贵州与外省的物资交流，同时也刺激贵州的商品生产和货币流通进一步发展。

入明以来，由于人口增加，农业、手工业、矿业都有较大发展，加之官俸、军饷及赋税征收均要用钱，货币遂在贵州逐渐通行，但长期处于流通不畅状态。

贵州建省后曾设宝泉局。明弘治三年（1490），朝廷曾计议在贵州铸钱，但未有结果。弘治十六年（1503），贵州获准铸"弘治通宝"，但为时不久，户部即令"合量减铸"。直到明末崇祯年间，铸有"贵"字的贵州铸钱才广为流传。至于按照钞法而推行的纸币，在贵州则始终流通不畅。这种所谓"物重钞轻"的现象，实则是因为贵州经济不发达，商品流通量小，人们宁可握有实物或银、钱等硬通货，也不愿使用纸币。尽管朝廷和贵州布政使出面采取了一些行政措施，力推货币流通，然而，仅推行两年，各地官府即纷纷要求朝廷准许贵州免用。即使是对民生影响最大的食盐钞，也因为它让百姓的使用极其不利，也终于获准"免征盐钞"。

在广大山区，特别是少数民族地区，钞法和钱法更不能畅通。民间贸易，通常采用"以物易物"方式。有的地方的交易、借贷关系中，仍保留着古老的"刻木为契"的方法。商业活动中，仍然以某些日用必需品或比较贵重的物品作为一般等价物，最常见的是牛、米、麦、布、帛、盐、银等。在少数民族地区，牛是最常见的等价物。因米谷为贵，所以农村贸易多以米、麦为一般等价物。贵州少蚕桑，一般地方又不宜种棉花，布、帛多来自川、湖，因此布、帛在民间贸易中也常常充当货币之用。银是贵金属，盐是特殊商品，民间得之不易，也多用作货币。

尽管因经济发展刚起步，贵州地方的货币流通并不畅通，但官府在贵州极力推行钱法、钞法，货币影响贵州经济社会的大势不可逆转，并不断发挥其刺激经济的作用。

贵州自建省以来，全省赋税收入不如中州的一个大郡，财政收入远远不足以解决驻军兵饷、官员薪俸及驿道开支等。因此，明朝廷对贵州实行"协济"政策，做法是：其一，命湖广、四川两省每年固定将钱粮解纳贵州，以保证贵州的日常开支；其二，因通云南的贵州驿道来往人员频繁，开销甚大，命云南给予驿道补贴；其三，遇有战事时，则令有关行省协济钱粮，以作军费。

按照明廷规定，由湖广、四川协济秋粮，云南协济驿站银，其数约占贵州财政收入的60%。由此可知协济粮、银对于贵州的重要性。事实上，一旦上述协济粮、银不能如期运到时，贵州的财政就会发生恐慌。贵州历任的督、抚，上任后的首要任务，便是火急督催三省协济；或要求朝廷借钱粮以垫支。一旦贵州地方发生战事（如明万历平播之役），朝廷则采取各种非常措施，筹措军饷粮款，运解贵州。

那时期，贵州常有自然灾害。遇水、旱灾时，朝廷往往以恩蠲、灾蠲的名义，对贵州实行蠲免税粮。即使无灾，也要择贫瘠之地进行优免。遇有天灾人祸，朝廷对贵州还有赈济。依靠中央朝廷的协济、蠲免、赈济政策，勉强维持财政，也成为当时贵州经济社会的特点之一。

第五节　教育多方发展

官民捐资办学渐成风尚　官学与儒学教育　司学及土司子弟教育
书院与社学的兴起　开科取士的肇始与发展

明朝中央王朝在加强对贵州政治、军事统治的同时，要求驻黔官员以礼为本，移风易俗；以教为先，敷训导民，从而达到广教化、变土俗，使之同于中原的目的。在这种政策的指导下，黔中办学蔚然成风，官学、书院、社学、私塾纷纷出现，贵州文教发生了历史性的变化。

贵州教育较之全国各省，有一定差距。主要表现在以下方面：一、明永乐十一年（1413）贵州建省之初，由于教育基础十分薄弱，学校仍由云南提学副使代管。二、建省后，贵州府、州、县设置随之建立，但为数不多，与之配套的学校设立则更晚，也较少。而且，府与卫多分立而不同城，各自的文化背景大不相同：府城居民多是原住民及外来移民，教育程度低；卫所军人及其家属则多来自文化较为发达的中原及长江中下游地区，因此儒学首先在卫所驻地发展起来。三、贵州是土司比较集中的区域，相应设置有宣慰司、宣抚司、长官司与土府，因而有相当一部分官学是以司学的形式出现。司学及朝廷的国子监，主要吸纳贵州土司的子弟入学，旨在培养土官。四、自元代以来，全国各地的书院已逐级官学化，然而贵州书院兴办较晚，兴起于弘治十六年（1503），因受王阳明心学思想影响，官学习气不深。正是在王阳明及此后的邹元标等人的影响下，贵州举办的龙冈书院、阳明书院、正阳书院、鹤楼书院、南皋书院等，自由讲学之风一直较为盛行。

为了使教育早见成效，明王朝给予贵州不少优惠政策：一、对地方贫瘠、衣食难敷的贵州学子，予以廪膳照顾；二、令有司拨款修建庙堂斋舍，支持各地办学；三、鉴于学校初设，缺乏师资，特准许择用新选的贡生为用，以补不足；四、放宽入学条件，扩大学生来源；五、对于按规定准予不考而进入国子监的生员，加强辅导；六、贵州进入国子监的生员，受到特殊优待。

在明朝历代派驻贵州的巡抚、布政使、按察使、提学副使及府、州、县、卫的官员中，大多尽职尽责办学，以推动贵州教育为己任。他们设学官、建文庙、办官学、创书院，大力提倡儒学，培养人才。一些开明的土司，也顺应时代的变化，将自己的子弟送入国子监学习，并大力支持当地办学。被贬谪到贵州的王阳明、张翀、邹元标等官员，积极从事教育活动，倡导自由讲学之风；一些科举出身的贵州人，热爱桑梓，将自己的才学奉献给贵州教育；还有一大批来自中原的人，因为希望自己的子弟读书习礼，通过科举获取功名与前程，更是成为支持积极办学的一种重要力量。

正因为有了上述的基础，在明代的贵州，捐资办学渐成风尚。捐资者有官、民，有客寓者、乡绅，有流官、土官，有教职者及生员。由于各阶层参与的人多，贵州教育得以较快发展。如印江，原无县学，知县张熔有感于士绅萧重望曾恳请建学却无经费，于是多方筹措，并动员士民踊跃捐输，终于使印江县学"不费公帑一钱"而建立起来。毕节卫学草创之初，建学无地，经费无着，指挥使唐谏率先将自己的房宅地皮若干献出，又倡议所属千户、百户捐俸；并对卫学大加修葺，使学校设施日臻完备。嘉靖年间，四川涪陵人张柱任思州知府，见府学年久失修，毅然以修复为己任，节衣缩食，悉心策划，建号舍12间，并使学宫所需要的各种设施，一应俱全，井然有序。都匀府明代中期之前没有书院，嘉靖三十七年（1558），明代"柳州八贤"之一的张翀（号鹤楼），因弹劾严嵩父子乱政而贬谪都匀。初到都匀之时，无处栖身，在城中辟地一块，搭起半间草屋，以读书为乐。由于风雨所侵，草屋无法居住。这些情景被都匀千户韩梦雄、王尚武，军政使娄拱辰及当地士人得知后，出于对贤者的敬仰，大家为其在东山脚南侧修建读书堂。他知恩图报，在读书堂建成后，将其作为讲学之所，教育都匀学子。之后，都匀民众感谢张翀的兴学育才之举，将读书堂称为"鹤楼书院"。以上事例，足显明代贵州各阶层捐资办学已蔚然成风。

在这种崇尚教育的氛围下，地方政府及士绅团体也纷纷出力，建文庙，办学校，捐学田，修进士坊、举人坊，表彰当地文士，激励士人面壁苦读，贵州教育得到迅速发展。据史籍所记，从明初至明崇祯三年（1630），贵州共建官学47处，各府、州、县、卫、司遍立学校，培养人才。

明代大力提倡儒学，教育的形式是官学、书院与社学，教学的基本内容是儒家经典。官学由官府委派学官管理，朝廷在北京、南京设有国子监，地方则设有府学、州学、县学及卫学。贵州因为是多民族地区，官府不仅设立了府学、州学、县学及卫学，还设立了宣慰司学、宣抚司学与长官司学。

贵州的官学，一般集中在水陆要冲。一是交通便捷、与外地联系较多的湘黔、滇黔驿道和水道所经地区；二是卫所星罗棋布、外省移民成批迁入、有较好办学基础的地区；三是在改土归流后设立的府、州、县，流官的统治中心，这有助于推动儒学教育。

官学由朝廷任命的学官直接管理学校。主持贵州省学政的提学道副使（以按察使司副使的身份提督学政），通常由进士出身的京官充任。府学设教授 1 人，训导 4 人；卫学设教授 1 人，训导 2 人；州学设学正 1 人，训导 2 人；县学设教谕 1 人，训导 2 人。这些学官，既是教育的行政长官，又是生员的师长。各级官学均有学田，多寡不等，或由官府拨给，或由民间捐赠，收取租谷以供学校开支。

明代官学教育与科举密不可分，有"科举必由学校"之说。明初，大批军户进入贵州，在贵州建立卫所，并在当地立身安命，繁衍生息。为稳定军心，朝廷在卫所兴办儒学，使其弟子有读书致仕的机会。所以，在贵州官学中，卫学占有重要的地位。明洪武二十七年（1394），首先建立了普定卫儒学。三年后，在湖广都司所属铜鼓卫（今锦屏县）设立卫学 1 所。宣德八年（1433），为了使边远之人通晓礼义，得贤才以备用，当时为四川所辖的乌蒙军民府奏请朝廷建学，获得批准。自此，贵州各卫纷纷兴办儒学。据史料所载，自宣德八年（1433）至崇祯三年（1630）近两百年间，除因本地已有府学或司学的地方外，贵州各卫凡有条件的都建有卫学。军生普遍受到教育，逐渐成为官学的重要力量。

明永乐十一年（1413）贵州建省后，府学随之建立。适值思州、思南二宣慰司改土归流，朝廷分其地设为八府后，在思州、镇远、黎平、思南、铜仁、石阡等地相继建立府学。贵州各府趁势跟上，先后建立府学。府学的建立，对贵州各地区的文教发展起到积极的推动作用。

贵州的州学、县学不多，发展也不平衡。明洪武十七年（1384），时属广西布政司所辖的荔波县率先建立县学。但县学开办后，由于生员大多系苗族、瑶族、壮族，语言不通，施教困难，维持九年后，地方官奏请罢学。

在兴办州学、县学时，地方官员根据需要及存在的问题，采取了相应的对策。如万历年间，学官在视察黎平府所属的永从县学时，见设施简陋，不具办学条件，提请废除。御史萧重望（思南籍）奏请建立思南府所属印江县学，以解印江学子赴思南就读行途奔波之苦。御史李时华（贵阳籍）因见平越、普定二卫学改为府学，奏请增设黄平州学和新贵县（今贵定县旧治）学。之后，朝廷又增设真安县（遵义府属）县学、天柱县学（时属湖广布政司）等。

卫学及府、州、县学建立后，通过举贡，不断为国子监输送监生，培养更高一级人才。为了对边地少数民族施以"教化"，明洪武十五年（1382），朱元璋诏告西南土司，命令他们将自己的子弟，一律送入国学受业。之后，又谕国子监，命令他们对于来朝求入太学的西南土司、土官们的子弟，不仅要特允其请，而且更要善为训导，俾有成就。洪武二十八年（1395），朱元璋命令在贵州各土司设立儒学。自此以后，明朝历代皇帝特别重视对土司子弟的"教而化之"。司学与土司子弟教育，成为贵州官学的一大特色。

值得注意的是，贵州司学既按照国家大政方针所建立，又随着民族地区建置的改变而改变。如明洪武十年（1377），在元代播州路儒学的基础上，建立了播州长官司学，之后改为播州宣慰司学。万历二十八年（1600），平播州土官杨应龙，改土归流，分播州地为二：设遵义军民府（属四川）和平越府（属贵州），原司学即改为府学。永乐五年（1407），思州、思南二宣慰司学建立，六年后，二宣慰司被"改土设流"废革，司学立即改为府学。

明王朝对土司子弟教育的重视还表现于：在朝廷制定的土司制度中明确规定，土官必须比照流官以官品分等级，承袭必先造册勘定；应袭之人必须经过儒学教育，袭职后必须习礼三月后方可任事。因此，未经儒学教化者，一律不准承袭土职。各处土官衙门应袭儿男，一律依照军生之例送官学读书、乡试，地处边远者可就近府、州、县学或卫学就读。通过官学对土司子弟教育的制度化，逐步培养符合封建政治要求的土官承袭人。据史料统计，自明洪武十七年（1384）至万历中期的二百余年间，贵州各土司所贡生员不下四五百人。

司学的创立和土司子弟进入国子监学习，不但是贵州民族教育的一个重要开端，而且为府、州、县学铺平了道路。遵义、思州、思南、贵阳四府学及普安州学，都是在司学的基础上建立起来的。自司学建立以

后，各民族地区民众的文化素
质渐有提高，不同文化间有了
更多的交流。水西地区的"水
西成化大铜钟"，以及《千岁
衢碑》、《大渡河桥碑》等许
多碑刻，都同时铸、刻有彝文
与汉文，说明汉、彝文化已有
了很好的交流。土司子弟入学
后，接受汉文化教育，培育了
一批文人，如成化年间，水东
的宣慰司同知宋昂与其弟宋昱
皆长于诗词，合著的《联芳类
稿》颇受清人朱彝尊赞赏，并
将其诗收入《静志居诗话》。

图上 3-9　水西成化大铜钟

　　明代的书院虽然隶属于官
学，但因为是学者讲课授业、
著书立说、出版图书、开展学术活动的场所，所以在教学形式及内容上
有别于官学。书院的管理者（山长），是由大吏或提学副使聘请的饱学之
士担任。山长有权聘请著名学者讲学，内容广泛，讲课自由，学术气氛
较为浓厚。这与官学教育旨在科举不同，书院以传授知识为主，不以科
举为务。

　　明弘治年间，书院勃然兴起。自弘治十六年（1503），贵州提学副
使毛科首建贵阳文明书院后，至嘉靖、万历的百余年间，铜仁的铜江书
院，定番的中峰书院，修文的龙冈书院，黎平的天香书院，平越的石壁
书院，贵阳的阳明书院、正学书院，都匀的鹤楼书院、南皋书院，镇远
的紫阳书院等继起，共建书院二十余所。这些书院大多分布在官学密集
地区，集中在黔东北六府及黔中一线，这对活跃官学密集区的文化学术
大有助益。

　　贵州书院的兴起、发展，与王阳明在黔讲学及其王学在明代盛极一
时有着密切关系。正德初年，王阳明在修文创建龙冈书院，聚众讲学，

从学者三十余人。之后，学子云集听讲。王阳明的教学很有特色，形式灵活，学子可以自由发问，先生则根据自己的见解即席回答。如果有异议，可辩论切磋。通过双向交流，密切了师生关系。龙冈书院开启了贵州自由讲学之风，颇具独立思考、个性解放的特色，这在当时国内各书院中十分突出。明正德四年（1509），贵州提学副使席书曾邀王阳明赴贵阳文明书院讲学。王阳明辞世后，其"心学"风靡华夏，成为影响中国社会的"圣哲"之学。王阳明对贵州教育的贡献和影响极大。（详见本书下编第五章《地域学派：黔中王学》）

自明洪武八年（1375）诏令建立社学以来，贵州各地相继办起社学。社学属于半官半民或民间自办的学校，设于城市或乡村，以里甲为单位。社学师资来自民间，学生则是未启蒙的学童。教课内容不外乎冠、婚、丧、祭之礼，兼读《御制大诰》及本朝律令。蒙童优秀者，可通过"童试"，升入府、州、县学，而府、州、县学的生员，如考核不合格者则发还社学。贵州各府中，建社学最多的是遵义府，城乡村里遍立社学。据万历年间遵义府的统计，府内共计有 87 所社学。思州府、思南府所属的州、县、司亦建有社学。地处黔西南的普安州共设社学 10 所，其中 7 所建在少数民族聚居的地区。

明万历年间，为缓解因社学兴起而造成的师资不足，朝廷准许贵州从新选贡生中择优录用，以补教职之缺，每社学设两位老师，一师专教蒙童，一师讲述文义典故。这一举措，无疑对贵州社学的发展和普及起到了推动作用。

灭元之后的明王朝，重振科举，在宣扬治国以教化为先，教化以学校为本的同时，指明"科举必由学校"，必须从官学教育出来的学生中选拔科举人才。

明代科举分为乡试、会试及殿试三级进行。贵州开科取士始于明洪熙元年（1425）。当时贵州建省不久，考试设施未备，于是朝廷诏令，贵州所属各地有愿意应试者，可以赴湖广就试。宣德四年（1429），改为云南、贵州合试。这一年，云、贵两省共取 11 名，贵州仅普安的刘瑄一人中式，是为明代贵州举人之始。正统四年（1439），贵州赤水卫（治今毕节县赤水河）人张谏中进士，成为明代贵州进士第一人。

　　明景泰七年（1456），朝廷规定云、贵两省的乡试额 30 名，贵州占 10 名。此后，为了推动贵州文教的发展，消弭贵州士人的不满情绪，学额陆续递增。但贵州士人赴云南考试，路途仍然遥远艰难。为激励本省士人的向学之风，经贵州官员多次上疏朝廷，终于在嘉靖十四年（1535）获准独自设科，学额 25 名。之后，鉴于贵州学校普遍建立，士人队伍不断壮大，朝廷将贵州乡试的名额增至 35 名。在明代设科以来的二百余年间，贵州人才联袂而起，全省中进士者 111 人（郭子章《黔书》载为 109 人），另有武进士 20 人。到万历二十年（1592）时，全省举人共 1145 人。明代贵州的进士，具有军籍的有 32 人，官籍 35 人，民籍 28 人，无籍 15 人。这些进士的先辈，大多来自文化发达的中原、吴楚地区，大多出生于军人、官员及移民家庭，受中原文化影响较深。

　　在这些士人中，不少人后来成为朝廷的股肱之臣，文坛风云人物。如张谏（赤水卫），官至大学士；申祐（思南府），在土木堡之役中代帝殉难；黄绂（平越卫，今福泉县），官至南京户部尚书，以刚直闻名一时；徐节（贵州卫，治今贵阳市），官至山西巡抚，因反对宦官刘瑾而罢归；周瑛（兴隆卫，治今黄平重安），是贵州著名的教育家，其弟子门生中不少考中进士、举人；田秋（思南府水德江长官司，治今德江县），官至广东布政使，他关心乡梓教育，曾疏请贵州开科；敖宗庆（思南府水德江长官司），官至云南巡抚，惠政甚多，扬名中外；蒋宗鲁（普安卫，治今盘县），官至巡抚，因反对权臣严嵩告归；孙应鳌（清平卫，治今凯里市炉山），为明代著名学者，任国子监祭酒，官至南京工部尚书，一生著述甚丰；陈珊（铜仁长官司，治今铜仁县），为进士，其子扬产等兄弟八人，或进士或举人，被孙应鳌誉为"八英"；丘禾实（新添卫），为一代名士，著有《循陔园集》；杨师孔（贵州卫），进士，其子杨文骢（字龙友），诗书画名噪江南，为"画中九友"之一，诗列入"崇祯八家"；谢三秀（贵州前卫，今贵阳），文才出众，一生诗作颇丰，成为名噪当时的"诗词旗鼓"，被誉为"天末才子"……值得注意的是，在这些科甲出身的士人中，甘任教职者达数十上百人，其中有不少人为贵州教育作出了贡献。

　　自儒学教育兴起，以学校为中心，逐步传播中原文化，包括诗词、古文、佛经、道藏、医药、历算、蚕桑、农书及"奇巧"之术，促进了贵州的进一步开发。在官学和书院的推动下，城市和乡间办起了社学、私塾，读书识字的人渐多，土司中也产生了一些杰出的知识分子，如田秋、易贵、宋昂、宋昱等。再加上土司子弟入学习礼之后，政治上向流官靠拢，在一定意义上为"改土设流"奠定了思想基础，对贵州的政治、经济、文化起了重要推动作用。

第六节　宗教多元融合

佛教的广为传播　道教的深入与坛祀的兴起　伊斯兰教的进一步传播　佛道儒三教合流渐成趋势

贵州成为行省后，实行土官、流官并治，密切了与中原佛教的关系。在明王朝倡教政策的支持下，贵州土司流官多崇佛兴寺，僧官开始持教度僧，黔中僧徒士民大建佛寺，大辟佛洞，高僧大德联袂而起，使佛教迅速在全省传播、繁衍。

明太祖定都南京后，即确立了治国以教化为先的方针，以儒学为主，辅以释道，以图驯化人心，使皇图永固，帝道遐昌。朱元璋对西南边疆尤为重视，大力倡导佛教，目的在于化"愚民"，弭边患，使百姓知君臣父子之道、礼乐教化之事，变"土俗"同于中原内地。据明僧幻轮《释氏稽古略续集》卷二中的记载称：洪武二十一年（1388）三月，根据圣旨，有度牒的僧人，二十以上的发去乌蛮、曲靖等处，每三里造一庵寺，自耕自食，就化他一境的人。

图上 3-10　镇远青龙洞藏经楼

乌蛮，即当时的乌撒府，在今贵州威宁一带。因史籍缺记载，这一计划实施情况如何，无由考述。但乌撒卫的能仁寺、凤山寺、涌珠寺，毕节卫的普慧寺、灵峰寺、普丰寺、翔龙寺、惠灵寺、开化寺和大梅庵等，则都是明代所建。

受朝廷倡教政策的支配，贵州地方的土司、流官大肆兴寺，崇奉佛教，以安边化民，最终将有助于"王度"。于是，明代的贵州，兴建了不少寺院，如贵阳的大兴寺、永祥寺，安顺的圆通寺，兴仁的护国寺，普安（今盘县）的大威寺，安南（今晴隆）的涌泉寺，毕节的普慧寺，威宁的涌珠寺、能仁寺，遵义的大士阁（万寿寺）、湘山寺、瓦厂寺，都匀的观音寺，麻哈（今麻江）的静晖寺，镇远青龙洞的中河山寺，黄平的月潭寺，平越（今福泉）的三教寺，思南的中和山观音阁，铜仁的东山寺、观音阁等。

尽管自唐、宋、元以来，佛教寺院几乎遍及今贵州全省，但独不见有住持僧人的记载，其中一个重要原因在于，唐、宋、元时都没有在贵州实行官度僧人和僧官制度，寺院大多由土官土司迎请僧人住持或由土人自行管理。自明代起，为实现安边化民的政治目的，始在贵州建立了一套完整的僧官制度[①]，与学官、道官制度相辅而行。

贵州建立僧纲司的时间比他省稍晚，大抵始自明建文、永乐年间。据《明实录》载，在今贵州境内最先建立僧纲司的，是当时四川布政司所辖的播州、乌撒和贵州宣慰司。贵州布政司所辖各府的僧纲司，是建省以后才设立起来。如明正统十四年（1449），设贵州毕节卫僧纲司，其后，又在安顺、思南、黎平、铜仁等府设立僧纲司。明代贵州的僧纲司寺，有贵阳的大兴寺、安顺的圆通寺、遵义的大士阁、务川的东泉寺、乌撒的能仁寺、毕节的善慧寺等。其中，以贵阳的大兴寺和安顺的圆通寺最为著名。

设置僧纲司管理机构，给予了僧人相当于士大夫一样的品位，规定他们习仪的场所、管理寺院的范围以及度僧的数量。明代贵州僧纲司的僧官，除负有"辅佐王道，化导边民"的责任外，还负责处理诸如建寺、度僧、诵经、僧籍、戒律、僧事纠纷，以及组织和举办各种祝祈法会（为圣祝寿，为国庆典）等佛门事务。其中，除事涉军民的纠纷要送有司究治外，其余皆由僧官衙门究治。明代对僧人的管理和度化有严格规定，对寺院、度牒、戒律、诵经方式乃至施主布施金额等，都逐条加以规范，并规定僧人度牒三年一度，对各地度牒僧人也都有一定限额，府不得过 40 人，州 30 人，县 20 人。据史载，如正统十一年（1446），赐给贵州会诵《心经》、《法华经》以及能作瑜伽法事的土僧童 49 名度牒。

明初至万历以前，贵州僧人基本上是以土僧为主。著名的贵州土僧有真贤、慧智、镜文、罗汉和尚、思南苗僧等。明景泰以后，度牒制度日渐废弛，允许僧人捐钱粮以授度牒（即"鬻牒"）。贵州财政困难，鬻牒之事更是屡见不鲜。如景泰二年（1451），贵州饥荒，朝廷诏令僧人有愿赴贵州"纳米五石者"，即"给予度牒"，自此以后，内地流入贵州的僧人与日俱增。至万历以后，汉僧多于土僧。

在明代，僧分三类：不立文字，必见性者为"禅僧"；能讲解诸经旨义的为"讲僧"；能作瑜伽法事，演佛利济之法，消一切现造之业以训世人的为"教僧"。明太祖朱元璋认为"教僧"更能化导边民，故对其尤加扶持，广为推行。所谓瑜伽，即瑜伽密教，又称密宗或真言宗，因修习"三密"瑜伽而获得成就，故名。此宗在唐代由印度传入中土。在其流传过程中，形成重术数而轻法理的特点，僧人多以神异之功、咒术、礼仪而广行祈福禳灾之法。自汉唐以来，贵州地域就为少数民族聚居之地，巫风盛行。因此，在明朝廷的大力扶持推行下，瑜伽密教一传入贵州，便很快为黔地的官僧士民普遍接受，迅速在全省广为流播，盛行一时。据有关方志所载，其中著名的"教僧"有白云、寂明、自然、月溪、洒洒、愿如、性良、祖复、广能等。

当然，除神异僧人外，明万历前弘法贵州的禅讲类高僧亦不乏其人。据史志记载，如南宗、彻空、碎尘、兴宗、雪轩、悦禅、一天等，都是一时的名僧。不过，大致说来，万历以前，传法贵州禅讲类僧人，没有密教神异僧人那样人多势众。而且，入黔弘法的禅师，大都乐于为信众祛病禳灾、超荐亡灵和驱邪赶鬼，甚至有为神异者，其行迹距密教近而离禅宗远。瑜伽密教通过神异僧人在贵州的广泛传播，使它的密咒之法、祈禳之术，在黔中产生了相当广泛的影响。

也因此，明代贵州佛教逐渐世俗化，延至清代则愈演愈烈，以致赶经忏、演梵唱、科轨仪、行醮斋、赴应门等，竟成为清代贵州佛教的主流，致使佛教走向衰落。溯其原由，既与明代盛行黔中的瑜伽密教有很大关系，也与当地文化中的巫风有关。

由于明代贵州官方的崇佛兴寺，黔中的僧徒士民纷纷辟建佛寺、佛洞。据贵州地方史志记载，万历以前僧人所建寺庙众多，其中著名的如贵阳的三省寺（又名法昙寺）、大兴寺，遵义的瓦厂寺（旧名复兴禅寺），绥阳的辰山寺（原名普福禅寺），息烽的天台寺，安顺的清泉寺等。不仅僧人建寺，士民私人建寺的也不少，如遵义的黄钟寺，息烽的慈兴寺，松桃的回龙寺，思南的观音寺，湄潭的佛顶山寺等。

贵州地处云贵高原，多为溶岩地貌，石岩洞穴众多。因此，明代贵州僧徒士民辟建佛教寺院道场，多利用天然洞崖，依山而建，据崖而立，入洞而构，遍布黔中各地，以至贵州佛教洞穴石崖之多，几为西南之冠。其中著名的有贵阳麒麟洞、仙人洞、雪涯洞，安顺石佛洞，兴义大佛洞，施秉华严洞，平越（今福泉）仙人洞（又名迎仙洞），黄平飞云崖（又名飞云洞），镇远青龙洞等。

明代，道教在贵州也迅速传播。土官、流官、乡绅多奉道教，广创宫观。官绅信道教，尤其是土官奉道教，对长期处于其统治下的民众影响很大。播州杨氏土司崇奉道教由来已久，不但兴建道观，而且直接影响到黔北一带士民。一些外省道士入黔传播道教，也推动了贵州道教的发展。见于记载的著名者，是辽东懿州（今辽宁彰武）人张三丰。张三丰，名通，又名全一，字三丰（一作山峰），号玄玄子，道教武当派创始人。明洪

图上 3-11 ［清］邹一桂：《山水观我》图册之《贵阳雪涯洞寺庙》（贵州省博物馆藏）

武二十五年（1392），他从云南回湖北时，途经平越（今福泉），见山形奇绝，气灵景幽，于是就在高真观后结茅为亭，修炼"北斗大法"，直到明建文元年（1399）离去。福泉山因张三丰驻留而名扬省内外。

贵州本土道士也逐渐增多，计有：杨斌（遵义人），钱珍（思南人），张仙（桐梓人），江南纪（锦屏隆里人），李道坚（镇远人），白云道人（施秉人）、张老雷等十多人。有的能疗病，有的身怀绝技。

随着贵州各地道教信徒增加，不少地方大兴土木建造道观。明《普安州志》就说，寺观的建造，伤财劳民；有的甚至是极土木之壮丽，殚金碧之华靡。到明末，贵州境内的道观总数已接近300座。道观多为道士募化修建，也有官吏捐建、倡建的。宫观所供神灵，见于地方志和碑刻等史料的有：三清（玉清、上清、太清）、三官（天官、地官、水官）、玉皇大帝、真武大帝，以及文昌、城隍、灵官、财神、雷神、天后（斗姆）、关帝、吕祖等。

当时，贵州的道教有全真、正一两派。全真派必须出家住观修炼，正一派则多居家修行。两派都有众多信众，影响遍及全省。道教创立于中国本土，所信奉的星君仙真及众多俗神，很容易与少数民族的自然崇拜、图腾崇拜和祖先崇拜相结合；道教的神诞节会、消灾祈祥、岁时民俗等，也多能与少数民族中普遍存在的巫术、占卜相结合，因此，道教得以在贵州各地的少数民族中传播，范围逐步扩大。遵义、铜仁仡佬族的"还傩愿"、黔西北白族的神主牌、黔东南榕江瑶族的"还盘王愿"等，都明显渗入了道教信仰的内容。据《盘王大歌》（瑶族道书）载，瑶族所奉道教尊神有三清、玉帝等。

明正统年间（1436—1449），朝廷组织撰《正统道藏》。正统十三年（1448），敕颁贵州一部，藏于贵阳大道观。同时核准贵州置道纪司（即省级道教管理机构，设于贵阳大道观），州有道正司，县有道会司。天顺元年（1457），道士戴雪隐进京领得印篆归来，出任道纪司的第一任都纪。

贵州儒、释、道"三教合一"现象，在明代开始凸显，对道教传播有一定影响。杨端第26世孙杨斌（曾任昭勇将军、播州宣慰使、四川按察司按察使），明正德十三年（1518）从白飞霞学道，回遵义后，在高坪紫霞山建先天观。他著有《玄教大成道法》、《道法双明玉书》、《神霄清啸》、《玉府琼章》等书。他秉承全真道三教合一说及净明道的忠孝思想，认为儒释道三教道本同源，目标一致，只是途径不同；认为炼丹、斋醮、符咒等，是舍本逐末之举。推崇净明道第二代祖师刘玉"欲修仙道先修人道"的思想，认为修人道的忠孝是修道的根基。

　　贵州地瘠民贫，民众去寺观，是以祀典以交神明，达到御灾除祸的目的。为了争取信徒，一些道士注重为民间消灾弭难，趋福避祸，谋取现世的利益。为了迎合民众的需要，不少地方的道士在建道观时，还要建佛教殿堂、塑佛像。以至仅从名称，已不能确认某座寺观属于佛教还是道教。有的甚至直接称为"三教寺"，融儒释道于一体。对民众来说，解除天灾人祸的威胁，是最要紧的事，他们的信仰多是围绕现实生活而形成和进行的。因此老百姓往往不在意道教、佛教及民间信仰之间的区别，请师不辨僧道，烧香、祈祷不分寺观；行斋建醮，有僧有道。明代贵州佛教寺庙中，有道教殿堂、造像的为数不少，有的还住道士。譬如，始建于明正统时的安南玉皇阁（在今晴隆县），阁为三层，上层祀玉皇大帝，中层祀三官、灵官，又有佛殿，时住僧人，时住道士。毁于兵祸后，僧人募金重修；明嘉靖十七年（1538）道士铸钟一口。万历初，有乡人及住持僧人重修，铸玉皇、观音、文昌等像于阁内。贵州巡抚郭子章曾撰《玉皇阁铸像记》记其事。更为典型的是镇远青龙洞建筑群，最早的建筑为洪武二十一年（1388）所建真武观。永乐十五年（1417）建山川坛，后又建玄妙观、玉皇殿。青龙洞（又名南洞、太和洞）位于中河山石崖南段，弘治二年（1489）道士李道坚（镇远人）到此建道观；此后陆续增建有圣人殿、老君殿、吕祖殿、考祠、朱文公祠（紫阳书院）、水府祠、水晶宫、中山寺（中元禅院）、文公祠、灵官庙、杜康庙、观音殿、藏经楼、澄江阁、临清阁、有斐亭、厉坛、文昌阁、杨泗殿、万寿宫等。洞内供奉着玉皇、佛陀、观音、燃灯佛、文殊、普贤、地藏、韦驮、太上老君、元始天尊、斗姥、张三丰、吕洞宾、丘处机、通天教主、赤脚大仙、十八罗汉、十二圆觉、尧、舜、禹、孔子、朱熹、药王、文天祥、财神、雷神、雷公电母、杜康、许真君等数十尊释、道、儒像及民间信奉的神像。

　　在当时贵州的民众家中，供观音菩萨、财神、药王及其他行业神的亦不少，还设有"天地君亲师位"或"天地国亲师位"等神位。贵州民间信仰、供奉和崇拜道教神像、山神、菩萨；在玉皇、东皇、瘟司、龙王、财神、灵官、黑神、牛王、山王、土地、关公、文昌、孔子等的诞辰之日，要出资为各种神及菩萨做会。此外，还有青醮会、太阳会、虫蝗会、雨水醮、牛王会、财神会、山王会等，"三教合一"与民间信仰更是不分你我。

明洪武十四年（1381），朱元璋调集大军征伐云南。率军的左副将军永昌侯蓝玉、右副将军西平侯沐英及其军中不少将士，均为回族穆斯林。据估算，明代进入贵州参与军屯的人数约七十多万人，回族占有一定比例。当时乌撒卫辖48屯，其中马家屯、杨湾桥、海子屯、尚家屯至今仍为回族聚居地。一些回族穆斯林将领、官员入黔任职，参与贵州屯戍的回族将领、官员，其部属有不少也留居当地。如洪武四年（1371，一说洪武初年）出任贵州都指挥使司指挥使的回族将领马煜；弘治十二年（1499）率部属数万人征普安卫（治在今盘县）、后驻安南卫（治在今晴隆）和普安卫的沐昆（沐英后裔），其部属中有纳、撒、张、马、速、丁、桂、阮、海等姓回族人士，均留居于当地。

随着定居穆斯林人口增多和经济实力增长，各穆斯林聚居地开始修建清真寺。其中建于洪武年间的有4座，均在威宁（马坡、下坝、马家屯、马撒营）；建于万历年间的有2座（威宁杨湾桥、盘县大坡铺）。清真寺的建立，使回族穆斯林之间的联系加强，以清真寺为中心的宗教、文化活动增多。

明代贵州伊斯兰教传播，基本上仍为家传世袭。明初，一些地方官吏有种种强迫穆斯林革俗背教的措施。为适应这种形势，穆斯林对伊斯兰文化、习俗等，作了某些不伤主旨的改变。如学习汉文化，研究儒家经典，有的还参加科考取得功名；生活习俗方面（居住、服饰、语言等），在不影响伊斯兰教信仰的前提下，尽可能作一些适应性改变，以减少伊斯兰文化立足和发展的阻力。但在宗教信仰方面，却不容外教的半点掺杂，威宁回族穆斯林将伊斯兰教与"释迦牟尼之崇尚浮屠"，"羽客黄冠炼丹之避谷"严格区分，"事则恪遵认、礼、斋、济、游也，经则钦奉《辅尔歌你》也，圣则依归穆罕默德也"，认为这是清真之教"流行于天下万世而不易"的根本保障⑪。

　　在明代，贵州的佛、道、儒、巫混杂合流的特征和趋势日渐明显，形成原因极为复杂。它的形成，几乎与贵州地区各民族的政治、经济、历史、地理环境，以及文化习俗的方方面面分不开，是诸多因素糅合的结果。简而言之，主要有以下三个原因：

　　一是受中原三教合一的影响。中原佛道儒三教合一始自魏晋时期。至宋明时，三教已在理论上形成一股互相渗透、互相合一的思潮，当时在社会占统治地位的宋明理学，便是这一思潮的反映。贵州的佛

图上 3-12　［清］《黔省诸苗全图》之《八寨丹江罗汉苗礼佛图》（日本早稻田大学图书馆藏本）

教，主要是从黔北、黔东传入并覆盖全省的，归属于中原大乘佛教文化圈，历来就受到中原三教合一文化的深刻影响，但比中原稍晚，在明清时期最为盛行。当时开宗明义称名为"三教寺"，共祀佛道儒神像的寺庙，遍布贵州境内，并且多为僧尼住持。明清时，仅贵阳一个地区的"三教寺"就达 25 座之多。普通的佛寺中，也多建有玉皇殿、灵官殿、关帝殿等。即便是比较单一的禅宗寺庙，其中也多有三教合一的内容。如遵义的瓦厂寺，原名复兴寺，明正德年间僧如兴建，历来为禅宗道场，而其大雄宝殿中的雕饰，却既有《释迦说法图》、《渔翁渡佛图》、《唐僧师徒西天取经图》，又有《赵公明骑黑虎收合和二仙图》、《西厢记图》、《诸葛亮设空城计图》，充分地表现了三教合一的色彩。三教合一的结果，不仅使黔中民间混淆了三教的区别，而且把巫教的内容也杂入其中，一方面使巫教三教化，如佛教的转世轮回、天堂地狱、因果报应等观念掺入到巫文化中；一方面又使三教巫化，如其神祇的巫教化、仪轨的巫术

化，造成佛道儒巫混杂合流。

二是黔中土官、流官的提倡。贵州地方土官、流官出于政治的需要，大多对佛道儒甚至巫教采取"神道设教"的态度，因而同时尊奉佛道儒巫，对其合流并行也予以大力提倡。各教为投其所好，也网罗很多外教信仰延入其中，由此形成佛道儒巫混杂的奇特现象。黔中土官、流官对佛教的接受方式，是把它与道儒混同，甚至与巫同等看待，使之或具有"神道设教"的政治功能，或成为利用鬼神祸福以愚民的工具。

三是境中佛教世俗化的结果。在佛教传入之前，贵州各少数民族信奉的多是本民族固有的原始巫教，大多还处于自然崇拜和鬼神崇拜阶段，民众不仅对"巫鬼"有着根深蒂固的信念，对巫术有着很强的依赖性，而且鬼神观念和巫术意识作为一种集体无意识，积淀在人们的心灵深处，支配着他们的行为。佛教传入时，为了在贵州生存发展，除了与儒、道合一外，还以世俗的"方便法"与当地原始巫教相互适应，互为消长，吸收了本土巫教的某些神祇、咒术、礼仪和民族民间信仰，不断充实、调适，逐渐成为适应当地民族的世俗化宗教。贵州佛教在明清时期最终形成佛道儒巫多元混杂的格局，追本溯源，实滥觞于佛教初传贵州时期。因此，贵州佛教文化中包容了极为丰富的地域文化和民族文化，在贵州多民族传统文化中占有很重要的地位。

需要注意的是，贵州佛教对境内原始巫教的适应和吸取，并不是表现为与之"合一"或"水乳交融"，而只是对原始巫教的适应和让步，只是对原始巫教的某些神祇、咒术、礼仪和民间信仰的吸收。同样，境内原始巫教也未将佛道儒三教的思想和教义消化吸收，合而为一，甚至迨至明清时期也仍然如此。这与藏传佛教的"佛苯融合"、云南佛教的"佛巫合一"有着明显的区别。因此，一般来说，贵州自唐至明清以来的佛教文化中的佛道儒巫混杂合流，表现为多元杂交，杂而不交，呈现出民族性、地域性、多元性和混杂性的特色。

在适应贵州民族文化环境和生活处境方面，佛教不仅表现出世俗性的特点，而且表现出佛教作为世界性宗教相对于贵州民族传统宗教（原始巫教、原始宗教）的强势。这是因为佛教的普世性超越于一般地域性、民族性宗教的局限性，对不同文化和民族表现出适应性和包容性。正因为这些特点，使佛教这样一个外来的宗教，在贵州这个文化不发达、经济落后、社会组织与社会关系比较原始简单的环境里，能够得到人们的认同，传播并发展起来。

第七节　学术领域拓展

阳明心学的发祥　大型通志及家传族谱　徐霞客的《黔游日记》　医学和阴阳学

明代，贵州学术文化中最重大的事件，莫过于王阳明入黔并在贵州龙场"悟道"，传播心学。王阳明（1472—1529），名守仁，字伯安，浙江余姚人。任兵部主事时，因反对宦官刘瑾等"八虎"专权，被谪贬至贵州龙场（贵阳西北 70 里，今修文县治）当驿丞。明正德三年（1508），王阳明到达贵州龙场。他在贵州三年，百难备尝，受到了趋炎附势之徒的侮辱，但同时也受到贵州各民族和官府、土司中一些耿介之士的关怀和帮助，他终于在此大悟"圣人之道，吾性自足"，形成了自己独特的心学体系，提出了"心即理"、"心外无理"和"心外无物"的学说。他以"心"为中心范畴，讨论了"心"与存在的关系，不但体会到"圣人之心与天地万物相通"，而且提出了他的"心即理""知行合一"学说，奠定了"致良知"的理论基础，为最终形成一套完整而系统的心学理论体系奠定了基础。王阳明之所以能在贵州创立心学，除了他具有渊博的学

图上 3-13　王阳明像（清光绪贵阳阳明祠据山阴王氏家传明代绘本刻石）

识，有"为圣"之志，有忧国济世之心及多方面的杰出才干外，还因贵
州龙场特殊的人文环境。龙场十分艰苦的条件，培养了王阳明置生死于
度外，在逆境中顽强奋起，以大其心而与天地万物直至与宇宙合一的气
概，克服了各种困难。同时，贵州各民族纯朴敦厚的品格、爱憎分明和
助人为乐的精神，帮助他悟出"人人皆有良知"之道。因此，贵州龙场
成了王阳明心学诞生的圣地（其学术成就，本卷下编有专章"黔中王学"
论述）。

明代宦黔官员和贵州本土出生的官员文士，大都关注贵州史事，了
解实情，他们根据自己的所见所闻，记录下当时发生的重大事件，撰写
成书、文或奏章，保存了许多重要史料。其中，重要史著有何乔新《勘
处播州事宜疏》、李化龙《平播全书》和刘锡玄《黔牍偶存》等，都是记
录当时贵州发生的震惊全国大事（如"平播之役"、"奢安事件"等）的
重要史料。

明成化十八年（1482）前后，四川抚按官员控告播州宣慰使杨爱、
宣抚使杨友等"欺罔朝廷、枉杀人命、毒害军民"等罪行。朝廷派何乔
新为钦差，前往播州审勘。勘毕，何乔新撰写《勘处播州事宜疏》上奏。
此疏涉及当时播州诸多方面的史料。首先是播州土司庄园概貌，如庄
田、茶园、猪场、蜡崖、鱼潭等，均为第一手珍贵资料；其次是关于银
场、铅场、铁冶、采木和商贸情况；第三，疏中列举杨氏土司毒害军民
的多桩劣迹。这是研究贵州土司历史的可贵文献。

明万历二十六年（1598），播州宣慰司使杨应龙举兵反明。明廷派李
化龙任四川巡抚，总督川、湖、贵三省军务，指挥八路大军攻入播州。
万历二十八年（1600）夏初，攻破杨氏的最后城堡海龙囤，平定播州，
改设遵义、平越二府。李化龙将此役有关文献整理为《平播全书》15卷。
李化龙是这场战役的最高指挥官，书中所采用的材料，是当时的奏疏、
战报、咨文、善后事宜疏及书札等，因为是原文照刊，能较客观地反映
"平播之役"的全过程，有较高史料价值。此外，时为右副都御史巡抚贵
州、兼制蜀楚军事的郭子章，撰有《黔中平播始末》3卷；贵州按察使杨
寅秋撰有《平播录》5卷以及钟奇、程正谊、赛达、邢玠的有关著述，对
这时期中黔、播间的军务也都有详细记载。

　　明天启、崇祯间，四川永宁宣抚使奢崇明与贵州宣慰司土目安邦彦联合举兵反明，一度攻陷重庆、遵义，兵围贵阳，进逼成都，声势浩大，历时9年，后由总督朱燮元平定，史称"奢安事件"。朱氏编有《督黔疏草》12卷，内有《陈黔省情形用兵机宜疏》、《陈黔蜀边界扼要情形疏》等重要文件，是研究"奢安事件"的重要官方资料。时任贵州提学佥事的刘锡玄，著有《黔牍偶存》5卷，记述黔事十分详尽。第一卷为《黔南学政》，记述贵州教育体制中的利弊。第二卷为《黔南军政》，记述战役的相关情况。第三卷为《围城日录》，详记围城实况，从明天启二年（1622）二月初七日安氏土兵围攻贵阳城，至十二月初七日解围，整整10个月，前后攻杀共7局。第四卷为《附图》。第五卷为《贵州武举乡试录》。这是研究教育、科举与"奢安事件"的珍贵史料。

　　家传族谱，是不可或缺的史料。明代，贵州谱牒学开始盛行，对于了解大姓源流及若干历史事件大有裨益，尤其是土司的族谱更有重要研究价值，如《安氏家传》、《杨氏家传》等，史料价值尤高。

　　《安氏家传》是贵州宣慰司使安贵荣所修，由国子监祭酒周洪谟撰写，并作序。这部家传记述了水西安氏自济济火以来千余年的历史，是研究彝族历史必读的重要史料。从昆明酋帅济火"赞武侯平南夷、擒纵孟获"，受封为罗甸王，领有一方土地，世代承袭；到第56代的宋初普贵；再到明初霭翠授土官宣慰使，其妻奢香修地方道路，开11驿。其弟安的继位，由皇帝赐姓安，从此为安氏；其后安陇富、安观均向慕华风，改变土俗；安贵荣"好读书史，通大义，设庠序以明礼义"等，均有详细叙述。实为不可多得的珍贵史书。

　　《杨氏家传》，为明翰林学士宋濂撰。记播州杨氏自宋南渡起，迄元仁宗朝杨汉英止，凡17代，历时六百余年。全传五千余言，收入宋濂《潜溪銮坡别集》，有单刻本。传前有宋濂作《杨氏家传论》。《论》云："杨氏以一姓相传，据有土地人民，俨然如古之邦君。由唐历五季，更宋涉元，凡六百年，穹官峻爵，珪组照映，亦岂偶然之故哉！盖蒙诗书之泽，涵濡惟深，颇知忠荩报君之道，或天有以报之欤！"[12]著者对杨氏世代留意礼义，行儒家之道，才得世守不替的评价，可谓深中肯綮。

　　贵州自建省以来，修志之风日盛，明万历年间达到高潮，从明永乐

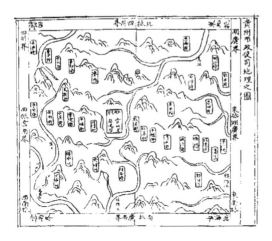

图上3-14　明弘治《贵州图经新志》书影

至崇祯二百余年间，共修纂省志方志七十余部。有全省通志，有各府、州志，有卫志，也有宣慰司志。其中大部分亡佚。现存者仅十余部。

明弘治《贵州图经新志》17卷，沈庠（金陵人，时任按察副使）修，赵瓒（云南人，儒学教授）纂。此志以地为经，以事为纬，先按行政区划分类，首列贵州宣慰司，次列思州等八府，再次为永宁等四州，最后为龙里等十八卫及黄平、普市两千户所。各司、府、州、卫所之下，都列有山川、风俗、土产等目。但体例粗疏，记事简略。所搜碑碣，有可信者。

明嘉靖《贵州通志》，谢东山修，张道纂。嘉靖三十四年（1555）刊行。卷首有杨慎序。此志以事为经，以地为纬，按内容分为建置沿革、郡名、星野、疆域、山川、风俗等40个门类；门类之下分列司、府、州及卫所。条理清楚，内容充实。原刻本存浙江天一阁。谢东山是四川谢洪人，时任贵州按察副使；张道是江西湖口人，时任贵州宣慰司儒学训导。杨慎（字升庵）是四川新都（今成都市新都）人，正德六年（1511）状元，因故谪戍云南永昌。杨慎在《序》中批评朝廷不重"边徼"，指出"衣之裔曰边，器之羡曰边；而器破必自羡始，衣破必自裔始，何以异此？边可轻乎哉！"⑬这确是精辟之论，常为论边徼方志者所称引。

明万历《贵州通志》24卷。沈思充修，许一德、陈尚象纂。刊刻于万历二十五年（1597）。比弘治《图经》晚约百年，比嘉靖《通志》晚约五十年。此书善取两志之长，补其缺略，不仅资料搜罗宏富、内容详赡，而且体例有所创新，取材颇有见地。在总体构思方面，提出了以纲举目、经纬相兼的原则。首以省会为纲，中以各属分纪，纬之以兼制，经之以经略，畅之以艺文终焉。此书力排"别种殊域"的偏见，盛赞贵州山川人物，详载少数民族风俗，体现"俗尚各异"的特点。在省会及各属分纪之前，均冠有舆图，图文并茂；"纪略"、"艺文"两门中，录有大量有用的文献资料；还有"书籍录"，以存史籍目录。此志有两个亮点：一是反对"割股疗亲"的陋习，在"凡例"中申明："孝子割股者，不轻与，以防末俗也。"而当时及后世的若干方志，则都不

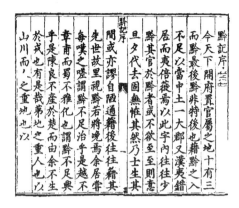

图上 3-15　明万历刻本《黔记》书影

能免俗，都把"割股"当作典范大加褒扬，可见此书纂修者的卓识。二是在《艺文志》中选载有彝文文章，并辅以汉字译文，称之为"夷字演"。录存少数民族文字作品，堪称极有胆识的创举。主修者沈思充，浙江桐乡人，时任贵州提学佥事（后任副使），他亲自审改定稿，使该志"犁然有条理可观"。纂辑者许一德，曾任云南按察副使，贵阳人，年事已高，挂名而已。主纂者陈尚象，都匀卫人，官刑科给事中，因建言被削职还乡，专心修志。邹元标为此志作序，《序》中评价此志："丰约同异，必详必确，草创润色，裁正铨次，咸得其人。卓乎，贵州之宪章矣"。

　　明代贵州还有一部私家撰写的志书，规模宏大，影响深远，就是郭子章的《黔记》60 卷。此志完稿于明万历二十一年（1593）。原刻本藏北京、上海两地图书馆，贵州有油印本。郭子章，字相奎，江西泰和人，隆庆进士。"平播之役"时，郭氏受命为贵州巡抚。在任十年，治绩彪炳，有"名臣之冠"之誉。他曾巡行贵州各府州县，踏勘山川形胜，了解风土民情，留意文献，掌握了第一手资料，亲自撰写志书，保存了丰富的地方掌故轶闻。此志最大特色，是设有《大事记》一目，为以往《通志》所无，实属首创。叙事详近略远，文笔简练，颇有史法。后来黔中许多方志，都仿效此例。此志还因地制宜，设置有《宣慰列传》、《土司土官世传》、《诸夷》、《古今西南夷总论》各目，很有地域特色。另一个亮点是，在《乡贤列传》中，特辟了《理学传》1 卷，记述王阳明的再传弟子孙应鳌、李渭、马廷锡三位理学大师。郭氏在书中评述道：

"王文成与龙场诸生问答，莫著其姓名。其闻而私淑者，则有孙淮海、李同野、马内江。读三家著述，真有朝闻夕死可之意，可以不愧龙场矣！"清初黄宗羲撰《明儒学案》，对黔中王门弟子尚无记述；岂知早在百多年前，郭子章就有明确论述。先见之明，流芳千秋。郭氏对土司官家出现的诗人也特加推许。如贵州宣慰同知宋昂及其胞弟宋昱，合著《联芳类稿》刊行，《黔记》为其立传，并录二人诗作多首。清初朱彝尊将宋氏昆仲诗作辑入《明诗综》，并在其《静志居诗话》中给予颇高评价。明贵州学者丘禾实撰《黔记序》评云："余观《大事记》，黔之故实，厘然指掌，虽黔人不谂也。至读《贤宦传》，先辈典型，一一烂然如昨，而身不知。又如《宣慰传》中载昂兄弟诗，蔚然风雅，想见其人。土流如此，何论华族！而《黔记》未成时，辄并湮没。"⑭

明代府州志中，质量较高且流传至今的有三部。

明嘉靖《思南府志》，洪价修、钟添纂，田秋删补，嘉靖十六年（1537）刻本。原刻本藏天一阁。洪价（安徽休宁人）时任思南知府；钟添（湖北郧县人）为铜仁府学教授；田秋（思南人）官至广东布政使。全志共8卷，分设地理、建置、田赋、祠祀、官师、人物、拾遗、诰敕八志。除详细记述思州土司外，对当地各民族的记述也较详。还采录了当地植棉、朱砂开采冶炼情况，以及四川民众流入思南资料，颇为珍贵。

明万历《铜仁府志》，陈民耀纂修，万历间刊刻。陈以耀（江西人）时任铜仁知府，全志12卷。原刻本藏台湾图书馆及日本东洋书库。现已由台湾影印出版。

明嘉靖《普安州志》，高廷愉纂，嘉靖刻本，10卷。高廷愉（浙江乐清人）于嘉靖三十年（1551）任普安知州。志中对普安十二营记载颇详，对罗罗、布依先民、仡僚、僰人也有记述。原刻本藏天一阁。

明时，一些文士游历黔中，或辑录多家游黔诗文，编写地理著作。特别是在万历以后，著述不少。其中，较著名者有王士性《黔志》、曹学佺《贵州名胜志》和徐弘祖《徐霞客游记》之《黔游日记》。

王士性，浙江临海人，曾官四川参议，明万历末曾亲历黔境。《黔志》名为"志"，但并未具备志书的体例，也未广征文献，而是根据自己所见所闻和实地考察写成。虽然仅有二千余言，但所记内容丰富翔实，诸如历史人物、山川风土、诸苗习俗、水道交通及土司现状等，都有记述。如对水西彝族首领奢香的事迹，记述较详。物产中，涉及养龙坑的"龙驹"、水银、辰砂、雄黄的开采，皮胎漆器制作工艺等，多有赞誉。对水西土官安国亨的桀骜不驯，播州土司杨应龙残虐"七姓五司"的罪行，也多有揭露。对彝人治盗有方，因彝族地区"虽夜行不虑盗也"的民情民风而称赞"彝俗因亦有美处"。作者对贵州的山川胜景颇为赞赏，说"贵州多洞壑，水皆穿山而过"。对贵州的地形及气候特征，作了"天无三日晴，地无三里平"的概括。

明万历年间，曹学佺著有《贵州名胜志》。曹学佺，福建侯官人，官至四川按察使、江西按察使，又任过南明唐王朝礼部尚书。对名山大川、古迹胜景十分喜爱，撰有《舆地名胜志》193卷，其中《贵州名胜志》4卷，以记述名山胜水为主，兼及沿革、地理、民族、风俗。多征引前人诗文和地舆专著。书中所辑录的一些文章，今已难找到原著，如张翀的《龙山道院记》、石阡知府祁顺的《游铁溪记》等。《游铁溪记》中所描绘的景物，正是今潕阳河的风景，名称虽异，但许多景观依稀可辨。

徐霞客《黔游日记》2卷，四万余字。徐霞客名弘祖，明南直隶江阴人，著名旅行家和地理学家，三十多年间，足迹遍及大半个中国。明崇

图上 3-16　[清]邹一桂：《山水观我》图册之《铁锁桥》（贵州省博物馆藏）

祯十一年（1638）三月末，徐霞客由广西进入贵州独山州，经都匀、麻哈（今麻江）、平越（今福泉）、新添（今贵定）、龙里至贵阳，游广顺白云山，西行经安平（今平坝）、安顺、镇宁、永宁（今关岭）、安南（今晴隆）、普安（今盘县），西去云南；八月再由云南返兴义，十月初入滇。两次黔游 51 天，写日记三十多篇。日记所录内容广泛，不仅描绘名胜古迹、山脉、水道，地形地貌、溶洞、瀑流，以及植被、物产等，而且录写了社会风情、土司械斗、民间疾苦、交通贸易诸方面的实况。不但是研究岩溶地貌的宝贵资料，也是研究明末贵州社会、政治、经济的第一手资料。徐霞客用十分精当的文字，真挚的情感，描绘了贵州的真山真水。他听说建文帝曾隐居广顺白云山，特意登山游览三天，与寺僧自然禅师结为挚友，用文字描绘白云山中奇特幽丽的风光。对白水河瀑布（今黄果树瀑布）的描述，更是跌宕起伏，声情并茂。如云：

　　透陇隙南顾，则路左一溪悬捣，万练飞空；溪上石如莲叶下覆，中剜三门，水由叶上漫顶而下，如鲛绡万幅，横罩门外，直下者不可以丈数计。捣珠崩玉，飞沫反涌，如烟雾腾空，势甚雄厉。所谓"珠帘钩不卷，匹练挂遥峰"，俱不足以拟其壮也。

他评论道："盖余所见瀑布，高峻数倍者有之，而从无此阔而大者。"这是省外游人首次用精彩文字描绘大瀑布雄奇磅礴的风采。

徐霞客对盘江铁索桥、镇宁双明洞、普安碧云洞的描绘，也颇细致曲折，引人入胜。对市集城垣的描绘，引人遐想。如平坝市集："城不甚峻，而中街市人颇集，鱼肉不乏。"普定（今安顺）风貌："普定城垣峻整，街衢宏阔。南半里，有桥，又南半里，有层楼跨街，市集甚盛。"⑮这是明代末期贵州市集的缩影。

明代建省以后，在各府、州、县和卫都开设医学和阴阳学，任命相应的官员以司其职。医学方面，府设正科一人，州设典科一人，县设训科一人，设官而不给禄。医官之外，有医生、医士从事医疗作业。未设医学的地方，一般都设惠民药局，对军民中贫病者，给予医治。

此前，贵州大部分地域的民众有疾患却不识医药，而多信巫摒医，一旦患病，就只是祭拜鬼神，或占卦问卜以求吉凶，有的则是医巫不分，神、药两解。一旦瘟疫流行，死者接村连寨。医学之官设立后，逐渐推广中医，开辟"药圃"种植药物。随着医学事业的发展，也涌现了一些医术高超的名医。如桐梓县（时为四川所辖）的名医傅天镇，生活于明正德、嘉靖、万历间，据说寿达百岁，通经史，以医术名世，著有《增补金镜录》、《手验方》，有四川巡抚刘某为之锓版印行。

贵州各地药材也渐次开发、利用。据各府、州、卫方志记载，中药材品种较多，各具特色。如贵州宣慰司产芝草，五色皆备，紫色者尤多，俗称"菌王"，又产前胡、桔梗、降真香等药材。程番府（今惠水等地）产一枝箭，为疮、创伤特效药。平坝卫有半夏、桔梗；普定卫有五味子、红花；乌撒卫有茯苓，厚朴、半夏、荆三棱；永宁卫有巴豆、栀子；思南府有降真香、菖蒲；石阡府有紫草；铜仁府有仙茅。《普安州志》所载的中药材有六十多种，有南星、白芷、天门冬、续随子、石斛、当归、五加皮、玄参、金银花等。丰富的药材、为民众疾病的防治和医药知识的普及，产生了良好效应。

阴阳学的建立，对农历的推广和节候知识的普及产生了积极作用。贵州少数民族，在长期物候变化的实践中掌握了相应的规律，创造了"但候草木以记岁时"的"自然历法"。这种原始历法，通常以昼夜交替以定"日"，以月的圆缺以定月，以谷物成熟、寒暑交替的周期以定"年"。因此，各族所用历法不同，甚至同族异地的历法也有差异。如苗族各地秋收时间不同，故"岁首在冬三月，各尚其一"。传统的彝历，岁首在十月。明代推行《大统历》（俗称"皇历"），每年由钦天监编印发行，在全国各地普遍推行。历书中确定二十四节气，有利于农业耕作，人们习称为农历。由于农历优于自然历法，贵州少数民族也逐渐采用，同样也有"春节"、"端午"、"中元"之类节日活动，并采用以干支计日之法。为推广皇家历法，各府、州、县还设立阴阳学官：府设正术一人，州设典术一人，县设训术一人。明正德年间，贵州总兵、怀柔伯施赞，为让百姓掌握气候，命工匠绘制《七十二气候图》，并请王阳明作序。有了《七十二气候图》，老百姓一目了然。

阴阳学中，"占候"为重要内容之一，如记载"灾异"现象，明代对贵州发生的灾异颇多记载，如水灾、火灾、风灾、地震、虫灾，以及彗星、陨石等。阳阳学的术数，尤重堪舆之术，讲究"风水"。贵阳城即选在"贵山护其后，富水绕其前"的地方，取其"富贵"之意。明代在贵州大兴土木，建有大批城池，修建了不少官署、宫观、学校及大量民宅，无不勘择基址，选定动工时日；选阴宅、修墓，无不请"阴阳先生"择定。所以，阴阳学在民间颇为流行。

第八节　文学艺术风貌初现

王阳明的"居夷诗文"　客籍文人的成就及影响　"黔至明始有诗"
本土文人的贡献　稀缺的小说　书画艺术　弋阳腔军傩等的传入

明代以前，贵州汉文学处于拓荒阶段。虽出现过一些汉文作家作品，但他们的作品大都散佚，或仅存目，或仅存单篇断简，所存篇什，确是吉光片羽，弥足珍贵。明代建省后数十年，才逐渐形成规模，从明宣德到万历前期，是贵州汉文学的成长阶段；明万历后期至清初是其繁盛阶段，也是贵州汉文学发展的第一个高潮。

贵州建省以来，游宦、游幕或贬谪来黔的客籍文人逐渐增多，他们创作了不少文学艺术作品，推动了贵州文艺的发展。其中，王阳明、杨慎、吴国伦、邹元标的影响较大。

明正德初年，王阳明贬谪为龙场驿丞。他曾居处山洞，得夷民帮助修筑"何陋轩"，并在此创办龙冈书院，同诸生讲读、嬉游，向土民学耕稼，心绪渐佳，写下多首抒情绘景的诗歌和散文，有《居夷诗》129首，文26篇。《古文观止》选录王阳明文3篇，其中两篇《瘗旅文》、《象祠记》就写于贵州，而今仍脍炙人口。前者哀吏目客死他乡之悲凉，叹自己落魄龙场之不幸，抒发忧郁愤懑之情怀，如泣如诉，文情并茂。后者从象祠说起，述水西彝人祀奉傲象的原由，最后指明"盖有以信人性之善，天下无不可化之人"，是一篇富有哲理的论说散文。他对贵州山川的雄奇感到惊异："贵竹路从峰顶入，夜郎人自日边来。莺花夹道惊春老，雉堞连云向晚开。"（《兴隆卫题壁》）"鸟道萦迂下七盘，古藤苍木峡声寒。境多奇绝非吾土，时可淹留是谪官。"（《七盘》）对此奇境多少有些陌生感和畏惧感。与学生们相处、旷达自得的生活，使他领悟到孔夫子与学生们"浴乎沂，风乎舞雩，咏而归"的最大乐趣，如云："讲习有真乐，谈笑无俗流。缅怀风沂兴，千载相为谋。"（《诸生夜坐》）他还用诗笔描绘贵阳一带的秀绝风光，如《过天生桥》、《晓发六广》、《来仙洞》、《南庵次韵》等。

在王阳明的启导下，贵州文化和文学形成一个高潮，涌现一批学者和文学家。王阳明诸生中也涌现一些诗人。如贵阳陈文学（字宗鲁），著有《陈耀州集》。汤冔（字伯元），著有《逸老闲录》、《逸老续录》若干卷。

明嘉靖间，被誉为"一代雄才"的诗人杨慎（号升庵，四川新都人），被贬云南永昌（今保山市），永不叙用。他曾游历贵州许多地方，留下不少诗篇。如《夜郎曲》、《乌撒喜晴》、《七星新桥》、《夜郎溪》、《罗甸曲》等。《普安行》二首之一写道："断肠盘江河，销魂笼箂坡。军堡鸣笳近，蛮营荷戟多。三辰晦光彩，七旬历滂沱。斓衣从风乱，芦笙跳同歌。可怜异方乐，令人玄鬓皤。"描绘北盘江一带特有的民族风情。

明"后七子"之一，主盟诗坛二十年的吴国伦（字明卿，号川楼，江西兴国人），隆庆年间曾在贵州任提学副使，到过许多地方，写有多首诗作。他对黔中文士多有激励，尤其赞赏谢三秀。

明万历年间，"东林党三君"之一邹元标（字尔瞻，号南皋，江西吉水人）谪都匀达六年之久。他在龙山讲学授徒，培育出陈尚象、吴铤等一批人才，大开黔南文教。他写下了《都匀龙山》等诗篇，还著有《龙山志》，可见对其黔南感情之深。后世门人亦建"南皋书院"以纪念他。

明代本土黔人的文学作品，虽各有别集刊刻，但绝大部分散佚，只有孙应鳌和杨文骢的诗文集较完整地保存至今；其他各家，虽经后人多方搜寻，只有部分诗章及残卷保存下来。清人莫友芝等辑《黔诗纪略》33卷，搜录明代黔中诗人241位的作品2406首，加上方外的68首和无名氏的24首，共计2498首。莫友芝在《雪鸿堂诗搜逸·序》中，对明代黔诗的发展概貌及诗家，作了概括性的论述，把明诗的发展大约划分为两个大的阶段：即从明宣德到万历的百余年间，是"榛莽递开，略具涂轨"的时期；后一阶段自明万历后期到天启、崇祯，这是"炳麟铿锵，道乃大启"的时期。两个阶段都有一批诗人出现⑯。

明代前期，贵州文教发展迅速，逐渐涌现本土的诗文作家。王训及宋氏昆仲可为代表。

王训（号寓庵，贵州宣慰司人）大约生活在明永乐至成化年间（1403—1487）。他博学知兵，有智略，曾为《孙子兵法》作注。青年时上《保边政要》八策，得明宣德皇帝嘉纳。王训中云南乡试举人，曾被荐为贵州卫儒学教授，有《寓庵文集》30 卷刊行。现存诗十余首，文 2 篇。其《程番夜客》5 首，描绘险恶的社会现实，抒发壮志难酬的愤懑。有"暴客尚存愁逆旅，奸谀不死恨英豪"和"曾于丹微提三尺，羞向青铜见二毛"之句。晚年，他受赠为武略将军。王训是目前所知贵州第一位有诗文集传世者，被誉为贵州有明一代"文教鼻祖"。

与王训同时而稍后的宋昂、宋昱兄弟两人，出生于水东土司官世家（按：宋氏后裔，今为布依族），得名师教授，诗名渐起。兄弟俩合著《联芳类稿》；得南京吏部侍郎罗玘（字圭峰）作序刊行，流播海内。罗圭峰《序》云：（宋昂）"于文章歌赋，攘臂敢为之，间能流传四方。其意欲与中原大家相角逐，宁止通古今、取科第者之足言乎！其弟秀而能文。"清初朱彝尊编选《明诗综》，选录了二人的作品，并在其《静志居诗话》中评云："黔之宋氏昆友，滇之沐氏祖孙，各著诗文，媲于风雅。……埙篪迭奏，风韵翩翩，试掩姓名诵之，以雅以南，莫辨其出于任昧侏僇也。"⑰认为在边裔"蛮夷"之中，竟有这样的文艺之才，实属难能可贵。

明中叶，贵州诗坛涌现一批诗人。贵阳除陈文学、汤冔外，还有马廷锡、袁应福；思南有田秋、安康、李渭。成就最高者当推清平孙应鳌。

孙应鳌（1527—1584）是黔中阳明学传人，著述宏富⑱。文学作品有《学孔精舍诗稿》6 卷，《督学文集》4 卷，今存。明代诗坛居于主导地位的"前七子"和"后七子"，提出"文必秦汉，诗必盛唐"的口号，拟古之风较浓。孙应鳌与"后七子"中的王世贞、谢榛、吴国伦都有交游唱酬。吴国伦出任贵州提学副使时，特往清平拜望老友，写诗相赠，应鳌回赠数诗。《答川楼二首》之一写道："文旌遥指㵲溪东，小驻清平调转工。几阵春风与春雨，满城开遍杏花红。"称颂友人振兴黔中文教之功，二人情谊甚笃。但孙应鳌与"七子"诗风并不相同。因他笃奉阳明心学，主张人心自立、自主，不依傍于外物，对于诗文创作，坚持"诗言志"、"诗体情"的宗旨。他认为时代变迁，人的行历不同，不能只从形式上摹拟古人，要求因时适变，抒写各自的"性情"。他热爱山水，所到之处，均有纪游之作，但他更关注国家民族大计，体察民生疾苦，写了许多忧时感事的诗篇，如《关塞曲十首》、《荒城谣十二首》、《海上行》、《无麦谣》等，无不具有鲜明的时代色彩，诗风平易，自然质朴，感情真挚，有较强的感染力。有些作品有民歌风味。百姓困苦，边荒少数民族受苦尤重，有的被迫揭竿而起，反抗官府，他的诗反映了这一历史事实。如《家居秋怀》中写道："戍鼓黔南不断鸣，三苗氛祲竟谁清？虞廷原自敷文德，何事频年不解兵！"《黔诗纪略》收其诗有457首，编为4卷。清莫友芝对他的诗文评价很高，认为"先生以儒术经世，为贵州开省以来人物冠。即以词章论，亦未有媲于先生者"⑲。他和当时思想家李贽、徐渭、汤显祖等一起，站在文学革新思潮的前列，推动着晚明文风的巨变。

明代晚叶，黔中文坛道乃大启，诗家辈出，如丘禾实、潘润民、杨师孔、越其杰、谢三秀、杨文骢、吴中蕃等。其中成就最高者为谢三秀，杨文骢、吴中蕃次之。

谢三秀（字君采、元瑞），贵州前卫（今贵阳市）人，生卒年不详，生活于明嘉靖间至天启之际（约1550—1627），贵州旧志称他天才卓越，博览群书，早有令誉。举拔贡时，巡抚郭子章、副使韩光曙对他十分器重。但他屡试不第，仅任过教谕，后弃官远游，结交名流如李维桢、王穉登、汤显祖等，并在江南刻印诗集，诗名远播。汤显祖有诗赞谢三秀："何得贵阳谢生美如此，齿至龙媒尚边鄙"。谢三秀生活在明朝日趋衰落腐败之时，目睹社会昏暗和人民生活痛苦，而自己又空有抱负不得施展，于是满怀激情写下了大量的诗。其诗清雄宕逸，风格俊远，在纷乱嘈杂的明末诗坛上吹进了一股清风，时人谓之为"治世遗音"。谢氏在贵州经过两场战乱，一是明万历中叶的播州土司叛乱，一是天启年间的"奢安之变"。他反映战乱的诗作较有价值。《村行即事》之一写道："十里荒村路，寻幽到薜萝。陂寒菰叶少，篱晚豆花多。废寺纷虫网，贫家静罗雀。老翁晞发坐，相对说兵戈。"一派荒寂景象，兵戈的阴影仍留在人们言谈中。安邦彦土兵围贵阳达10个月之久，围解后战事未息。《蔺州乱后有述》中有"阃外椎牛闻犒士，路旁插羽见征兵。凄风断角吹残垒，落日哀猿啸废城"之句，仍是一派战乱气象。《蛮娃曲》描写苗家

图上 3-17　[明]杨文骢:《台荡纪游》图册之《灵岩寺》

姑娘纺织葛布的劳苦与辛酸，堪与白居易《新乐府·缭绫》媲美。谢三秀一生诗作颇丰，著有《雪鸿堂诗集》和《远条草堂》，共收诗千余首，为黔中之冠。李维桢《雪鸿堂诗集·序》评他的诗歌："整而不滞其气，雄而不亢其旨，深而不晦其致，清而不薄其辞，丽而不浮，诗家诸体无不精当，诗品诸妙无不具备。"王祚远赞其诗"业播之天下，若吴、若越、若楚、若闽、若岭南、若江右，皆知黔有君采"(《远条堂题词》)。《黔诗纪略》收其诗 188 首。清人朱彝尊《静志居诗话》评价他："诗甚清稳，由其生于天末，习染全无。黔人之轶伦超群者。"谢三秀有"天末才子"之誉，清人郑珍称其为贵州明代诗家中成就最高者。

杨文骢[②]（1596—1646），字龙友，号山子，贵阳人。20 岁中举，明天启初，其父杨师孔调任浙江左参政，举家迁南京。杨龙友性豪爽，好交游，陈子龙、夏允彝、邢昉，以及复社侯方域、陈贞慧、吴应箕等都是其座上宾，被朋友们视之为经济救时的奇男子。他在文学艺术上的成就，绘画第一，诗歌第二。杨龙友善于观察事物，常以画家的审美眼光寻觅山水田园特具之美，以充满情感的诗笔加以描绘，极富诗情画意。主要著作有《山水移》和《洵美堂诗集》。《山水移》编为 4 卷，附录 1 卷，是他 33 岁时游浙江天台、雁荡所作，集诗、画、文《台荡日记》于一书，得董其昌、陈继儒、倪元璐等名流题识，评价颇高。董其昌称赞他的《山水移》，"有宋人之骨力去其结，有元人之风韵去其佻"。他的画因而名噪江南，使人刮目相看。吴梅村将杨龙友列为"画中九友"之一。《洵美堂诗集》主要是诗，共 4 卷，是他 39 岁至 46 岁之作。其作品充溢着爱国激情，关切国家安危，有澄清中原之志。描绘山川风物的诗，则显得活脱纯净，给人以亲切自然的美感享受。明夏云鼎辑《崇祯八大家诗选》，杨龙友为八家之一。清人莫友芝搜得杨龙友诗三百多首，七言、五言、古体、近体皆备，辑入《黔诗纪略》，厘为 3 卷，并评价"其诗骨挺劲岸异，已有不可一世之概"。

吴中蕃[21]（1618—1695），字滋大、大身，别号今是山人，贵阳人。崇祯十五年（1642）举人。青年时代远游北至燕赵，南至江淮吴越。中壮年时，都在战乱中度过，"一身戎马内，毕世乱离间"（《杨林道中》），正是其生平写照。晚年生活在康熙盛世，对新朝的政绩是赞赏的："今虽终老在山谷，身见太平复何云。……从前那还望到此，高天厚地歌吾君。"（《知足》）吴中蕃一生著述宏富。其诗作反映战乱景象者居多，沉郁、幽怨、悲感，直抒情怀，见其所然，言其已然，不事雕琢，不乏雄浑健劲之句。他也是山水诗作的高手，往往在山光水色中融入个人情思，颇堪品味。

图上 3-18　吴中蕃像（凌惕安编撰《清代贵州名贤像传》）

他还奖掖造就了贵州新一代人才，其中最出色的是后来誉满京华的周起渭（渔璜）。吴中蕃诗歌的代表作《敝帚集》10 卷，收诗千余首，莫友芝从中选出三百余首，编入《黔诗纪略》。清孔尚任在读了《敝帚集》后，十分惊异，特写《敝帚集序》云："观其诗，则隐身焉文之流。多忧世语，多疾俗语，多支离漂泊有心有眼不易告人语。屈子之闲吟泽畔，子美之放歌夔州，其人似之，其诗似之。"感到"即中原名硕凤以诗噪者，或不能过之。乃知其中未尝无人"；"使天下知黔阳之有诗，自吴滋大始"[22]。对吴中蕃诗在贵州文坛的地位给了很高的评价。

贵州汉文学以诗歌为大宗，一向视诗为文学的正统而轻视的小说、戏剧之类，因此涌现大量诗作者和诗歌别集，却少有本土的小说和戏剧作品存世。明代以贵州为题材的小说，据民国《贵州通志·艺文志》"小说家类"所列，有《牂牁野史》，署为"咄咄道人"，但不知为何时何人撰述；存有《平南传》一部，也未著撰者姓氏，4 卷 36 回，附录《题辞》1 卷；正文部分 15.6 万字，附录部分 3.4 万字，共 19 万字（不含标点）。原钞本保留在独山烂土长官司（今三都县境）明武略将军张均后裔张复初手中；民国年间贵州通志局搜求历史文献，张复初献出，经万大章校订，由文通书局铅印出版。这部小说的主人翁是武略将军张均，从明太祖登基大封功臣写起，直至永乐年间平定思州田氏叛乱止。所写内容与贵州建省前后的史实大都吻合，显然受《三国演义》的影响，七实三虚，语言比较通俗，有不少口语白话，正是明话本、拟话本的风韵。写平思州的篇幅将近全书的三分之一，写得比较细致，大小数十战役，写得颇有声色，很有地域特色和民族特色。其中涉及湘黔一带许多地方，地理及情况相当熟悉，或许作者就是贵州人。一般认为此书稿成于明代，但在明代仅有钞本，且因年久而散佚上册，经清嘉庆初和民国时的两次重印，未必就是原稿面貌。从现存《平南传·楔子》及文中夹批不难看出，并非明初传来的文字，而应是张氏后裔在清代补缀和重纂的㉓。

　　另有以贵州为题材的明代小说《新刻全像音诠征播奏捷传通俗演义》，署名为"清虚居吉瞻迁客考正，巫峡岩道听野史纪略，栖真斋名衢逸狂演义，凌云阁镇宇儒生音诠"。全书 6 集、6 卷，以礼、乐、射、御、书、数名集，每集 1 卷。目录列有 100 回，回目单句；但正文无回数，计 49 则，每则有双句标题，相当于两回的回目；第 99 回、第 100 回仅附录"玄真子《赞平播功臣诗集》"、"玄真子自叙"及"翰林李胤昌撰《川贵用兵议》"，并无故事情节。从署名可以看出，"玄真子"和"名衢逸狂"实际上是同一个人，但是何方人士，则无从得知。这部《征播奏捷传》，记载了明万历年间播州（当时为四川所辖）土司杨应龙叛乱后，明廷派遣李化龙为总督兼任四川巡抚，调度湖广贵州巡抚及各路大军围剿，此即为所谓"万历三大征"之一。此书为万历三十一年（1603）佳丽书林刊本，即征播之役后的第三年，国内已逸失。本书曾由中华书局在 1991 年编入《古本小说丛刊》第 18 辑出版，并明确指出，该书在我国国内已无藏本；日本则藏有两部，一部藏于尊经阁，一部藏于日本京都大学。本书的体例属古章回体小说，虽属文学作品，但仍可与正史相印证比较，细节之处亦可作为史料的补充。

艺术创作方面，有几位书画家值得一提。

王阳明工楷书和行草，以王羲之为根柢，兼采各家，笔致挺劲中见婀娜，灵气飞动，堪称一代大家。他谪居贵州期间，留下不少墨迹。现留黔中者多为木刻。在龙场的草书楹联："壮思风飞，冲情云上；和光春蔼，爽气秋高。"原迹写于黔产谷皮纸上，为草书，笔势飞动挺劲，变化神奇。另一幅是"绿树倚青天，五峰秀色；苍松驾白石，万壑烟云"，为行书，风舒云展，潇洒自如。清光绪间，袁开第（杏村）据墨迹摹刻《教条示龙场诸生》楷书，刻为枣木板4块，藏于修文阳明洞。《客座私祝》，刻为木板4块，196字，原藏修文阳明洞，木板已失，有拓本留存。《阳明家书》、《致罗整庵书》，清道光年间据原迹刻石存贵阳扶风山阳明祠，后毁，光绪间复摹刻。

孙应鳌任陕西提学副使时，楷书《谕陕西官师诸生檄》，刻为石碑（现藏西安碑林）。清人郑珍、莫友芝曾得见其拓本，分别写有长诗予以评赞，把此拓本与王羲之的《乐毅论》、《黄庭经》相媲美。在清平城北的宗伯桥侧的石壁上，镌有孙应鳌手书擘窠大字："云晴天影阔，山静水声幽。"

前述杨龙友以"诗书画三绝"闻名天下，是明代贵州画家之翘楚。其父杨师孔（字愿之，一字泠然，号霞标）工书法，擅长真行大书，刻为摩崖，徐霞客的《滇游日记》中，曾记述杨泠然在安宁城北郊温泉题写的几幅摩崖"醒石"、"泠然"、"御风"等："门右有'此处不可不醉'，为泠然笔。刻法精妙，遂觉后来者居上。"认为杨泠然的书艺水准在杨慎（升庵）之上[20]。

此外，周祚新（字又新，号墨农），杨龙友妹夫，明崇祯进士。擅水墨山水，所画墨竹尤精妙。马士英（字瑶草，贵阳人），明万历进士，崇祯朝官凤阳总督，弘光朝为东阁大学士兼兵部尚书，工书画，其画宗五代南唐董源和元末黄公望（大痴道人），当时求者极多。

明代贵州文化的兴起，受中原、江南及邻省的影响很大，从书画艺术这一侧面即可看出。

图上 3-19　安顺屯堡
地戏《五虎平南》

　　黔中土生土长的文士，对乡土的挚爱之情尤深。他们写下不少脍炙人口的佳篇。有的出外做官，虽然饱览异乡风物，但总忘不了故土的美好山川，具有浓烈的乡土情结。他们不仅写下怀乡之作，画出故乡美景，更用多种方式表达乡土之恋。当故乡受旱灾闹饥荒时，他们集资购米运回故乡赈济；有的创办书院，培育人才；有的捐资助学；有的搜求地方文献，编纂成集，或捐资刻印故乡先贤遗著；有的捐资修茸庙堂、道观等古迹名胜，保存地方文物。总之，黔土文人热爱桑梓、关心乡邦的情怀，不仅为贵州文学艺术留下宝贵财富，也是推动黔中文化与文学艺术发展的重要因素。

　　自明而后，中原文化的传入是全面的、持续的、日益扩大的。此间，大约在元末明初、明代中期以后，戏剧演出活动已相当普遍，上演的剧目也丰富多彩。据史料记载，从剧种看，有肉傀儡、牵线傀儡（木偶）、百戏、角牴戏、军傩、昆腔、弋阳腔、花灯戏，少数民族的傩戏、花灯戏等剧种；从演出形式看，包括唱堂会、庙会（社戏）、高台、径丈氍毹、广场、行进、春节、庆贺、白日、夜晚、妆扮等；从剧目看，诸如《霸王别姬》、《铜雀台》、《薛仁贵征东》、《薛丁山征西》、《五虎平

西》、《五虎平南》等剧，均在贵州演出过。明嘉靖时谢东山、张道修撰的《贵州通志》卷六载："成化六年，布政使司萧俨奏大成雅乐一部，按察使钱钺增置乐舞：衣、冠、带、履，凡二百六十四件。"所谓"雅乐"、"乐舞"，即当时流行的北杂剧、南戏以及由南戏衍变出的四种声腔（海盐腔、余姚腔、昆山腔、弋阳腔）。这则记载虽然没有介绍演出剧目，但从演出所需的"衣、冠、带、履，凡二百六十四件"中，可知当时演剧之盛况。明嘉靖、隆庆年间的南曲革新家魏良辅在《曲律》中曾说：腔有数种，纷纭不类。各方风气所限，有昆山、海盐、余姚、杭州、弋阳。自徽州、江西、福建，俱作弋阳腔。永乐间，云、贵二省皆作之，会唱者颇入耳。那么，当时贵州必定已经出现用方言土语、土腔土调演出的、移植昆曲的弋阳腔剧目，而且"会唱者颇入耳"。

　　明代贵州的傩事活动，明嘉靖《贵州通志》卷三也有评述，虽然没有明确提到傩戏，但是所说"送山魈"、"迎春"等习俗，与土民装扮"傩神"，以"跳鬼戏"（傩戏）来"聚戏娱乐"有紧密联系；而且已提到"具鼓乐"、"酒宴以庆"的物事，这也是傩戏演出的习俗。军傩传入贵州的时间，文献中没有明确记载，大约在明洪武年间。明初至中叶，弋阳腔已遍布在今之安徽、浙江、江苏、湖南、湖北、福建、广东、云南、贵州、南京、北京等地[25]，不仅留守于贵州安顺的江西、浙江、湖广籍士兵会把弋阳腔化的军傩传入贵州，内地移民、特别是在安顺以东的安徽凤阳和南京籍的流民、士兵，也会把弋阳腔化的军傩传入贵州。

　　明代贵州的戏剧活动，在出土文物中亦可见一斑。出土于安顺的明宣德十年（1435）镌刻的《李诚墓志铭》（贵州省博物馆藏）铭文载：李诚是永乐年间戍守贵州的都指挥使李政之子，祖籍安徽凤阳，"既冠，好曲艺"。这"曲艺"指的就是宣德年间盛行的"南戏"。遵义赵家坝明墓出土的《演乐图》石刻（贵州省博物馆藏），以高浮雕手法刻六人在戏台上表演的情状。戏台有一主台，二侧台，为双檐歇山顶，主台四角立柱，侧台立二辅柱。主台上设桌加帔，一人着袍服，高举右手，立台左，另一人着官服，其左右各立侍卫一人。二侧台各有一人，坐地抚琴。《演乐图》生动形象地再现当时贵州的戏台和戏剧演出活动。

【注释】

① [明] 徐弘祖著，朱惠荣译注：《徐霞客游记全译》，"黔游日记"，贵州人民出版社 1997 年版，第 1435—1459 页。

② [清] 田雯：《黔书·紫薇》，罗书勤等点校，黄永堂审校：《黔书、续黔书、黔记、黔语》，贵州人民出版社 1992 年版，第 122 页。

③ [清] 田雯：《黔书·水西马乌蒙马》，罗书勤等点校，黄永堂审校：《黔书·续黔书·黔记·黔语》，第 99—100 页。

④ 见弘治《贵州图经新志·贵州宣慰司》，《山川》养马龙坑条下。弘治刻本，贵州省图书馆影写晒印本。

⑤ 腰机系一种织机，机绳系在腰间，经线板置于胸前，以手穿梭织布，所织布仅宽 1 尺。

⑥ [清] 张澍：《续黔书·女酒》，罗书勤等点校，黄永堂审校：《黔书、续黔书、黔记、黔语》，第 222 页。

⑦ [明] 田汝成：《行边纪闻·蛮夷》，王有立主编：《中华文史丛书·二三》，据台湾大学图书馆藏本影印，明嘉靖刊本，台湾华文书局印行，第 581 页。

⑧ [宋] 周去非：《岭外代答·蛮弩》，杨武泉校注，中华书局 1999 年版，第 117 页。

⑨ 明洪武四年（1371）始定中盐则例，将盐引分发各省及卫所，大引四百斤，小引二百斤，招募商人将粮运输到缺粮地点交纳，换取盐引后，在指定地点购盐，转销民间，即所谓"开中"。

⑩ 明洪武元年（1368），在京师立善世院；十五年（1382）设僧录司，掌管全国僧教。在地方，各府设僧纲司、置都纲，各州设僧正司、置僧正，各县设僧会司、置僧会，持掌府、州、县僧教。僧官之职由礼部授予，所授之僧，俱选精通经典、戒行端洁者为之。

⑪ 见《吾教规程》碑，存威宁下坝清真寺。

⑫ [明] 宋濂撰：《宋学士全集》卷之十，同治退补斋本。

⑬ [明] 沈庠修，赵瓒纂：《贵州图经新志·序》，弘治刻本，贵州省图书馆影写晒印本。

⑭ [明] 郭子章撰：《黔记》，万历三十六年刻本，1966 年贵州省图书馆复制油印本。

⑮ [明] 徐弘祖著，朱惠荣译注：《徐霞客游记全译》，"黔游日记"，贵州人民出版社 1997 年版，第 1507 页。

⑯ 黄万机：《贵州汉文学发展史》，贵州人民出版社 1999 年版，第 21—22 页。

⑰ [清] 朱彝尊：《静志居诗话》卷二十四，"土司"，人民文学出版社 1998 年版，第 774—775 页。

⑱ 孙应鳌（1527—1584），字山甫，号淮海，谥文恭。贵州清平卫（今凯里）人。明嘉靖二十五年（1546）举人，三十二年（1553）进士，选庶吉士，改户科给事中，出为江西按察司佥事。历官陕西提学副使、四川右参政、佥都御史，抚治郧阳，后为朝廷大理卿，户部右侍郎，又改礼部，充经筵讲官，掌国子监祭酒事，后任刑部右侍郎，南京工部尚书等。隆庆六年（1572）50 岁辞职回家后，在家乡清平建山甫书院讲学。

⑲ [清] 唐树义、黎兆勋、莫友芝：《黔诗纪略》卷五，关贤柱点校本，贵州人民出版社 1993 年版，第 184—185 页。

⑳ 杨文骢（1596—1646），字龙友，贵阳人。崇祯年间，历任华亭教谕，迁青田知县，永嘉知县，以监军身份出海平定海寇。清军入关后，任南明弘光朝（福王朱由崧）官兵备副使。次年，南京陷落，又在隆武朝（唐王朱聿键）任兵部右侍郎兼右佥都御史。清顺治三年（弘光二年，1646）在浙江衢州抵抗清兵，败退浦城。被俘后不屈被杀，一家同死者 36 人。对龙友死事的记述和评价，历来褒贬不一。在正史或野史的视角下，在文学和艺术的描述中，对他的记载有所不同甚至大相径庭。

㉑ 吴中蕃自认为是大明遗民，抱"守节奉明"之志，曾在南明永历年间出任遵义知县、重庆知府、礼部仪制司郎中兼吏部文选司郎中。因劝阻永历帝从安龙西迁昆明获罪，罢官回贵阳隐居。清王朝知其为黔中宿学，曾几次派员来请他出山为官，都被婉言回绝。曾先后应贵州巡抚曹申吉、卫既齐之礼聘，主纂《贵州通志》。

㉒ 孔尚任：《敝帚集·序》，任可澄等辑：《黔南丛书》第三集第二册，据吴氏响怀堂原本校印，页三，贵阳文通书局代印。

㉓ 另有研究者从行文风格、语言文字等方面分析，认为并非明人之作，成书年代当在民国早期。参见李中《〈平南传〉琐谈》，《贵州文史丛刊》，2009 年第 1 期。

㉔ [明] 徐弘祖著，朱惠荣校注：《徐霞客游记校注》，"滇游日记"，云南人民出版社 1985 年版。

㉕ 余从：《戏曲声腔剧种研究》，人民音乐出版社 1990 年版，第 122 页。

第四章

走向成熟：清代

清王朝对贵州的统治政策，基本上沿用明王朝成规，只是更加具体和细致。中原文化的强势传播和发展，最终在贵州确立了以儒学为中心的主流文化；大山的阻隔和少数民族文化的坚守，保留了多元文化共存的基本格局。改土归流的大力实施和完成，促进了贵州与中原经济、社会、文化的一体化进程。农业、手工业、矿业、商业、文化教育都有较大进步，进入成熟时期。但自鸦片战争以后，国势日衰，再加上西方资本主义的侵入，在多重作用的合力下，贵州传统的社会模式已难以为继，渐次进入近代转型的变化之中。

第一节 整合归一统

改土归流 政治军事制度的调整 省域基本划定 清末新政与贵州官制的改革

"改土归流"是明清两代中央王朝对中南、西南地区在政治、经济上采取的重大措施，也是中原文化与贵州民族文化碰撞、交融的过程，对贵州的发展和民族关系等产生了重大影响。明代，朝廷的一系列政治、

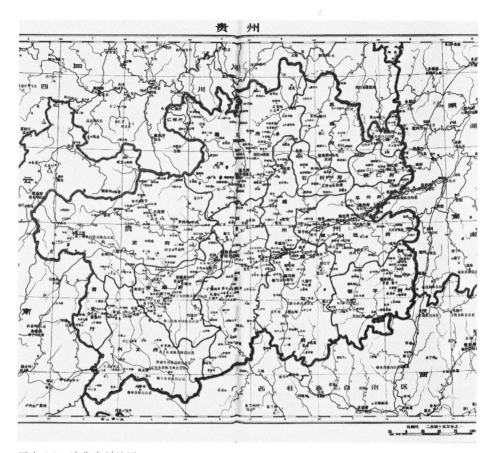

图上 4-1　清代贵州地图

军事、经济、文化措施，已为进一步控制贵州地方、纳入主流社会模式
作好必要的物质和精神准备。与此同时，以领主经济为特征的土司制度
的种种弊端，到清初时已暴露无遗。在地主经济的巨大冲击下，土司制
度已渐崩溃；具有较大独立性的土司政权的存在，对于高度中央集权的
封建国家体制显然是不安定的因素；土司内部、土司与土司、与土民、
与各级政府之间的纷争、战事等层出不穷，导致贵州地方社会难以稳
定，封建专制统治难以维护。因此，时任云贵总督的鄂尔泰在《改土归
流疏》中称："云贵大患，无如苗蛮。欲安民，必先制夷，欲制夷，必改
土归流。""改土归流"以"安靖地方"，"将土地、人民归州县管辖"，"化
生苗为熟苗，化熟苗为良善"，将"苗蛮"地方一变而"悉为衣冠礼仪、

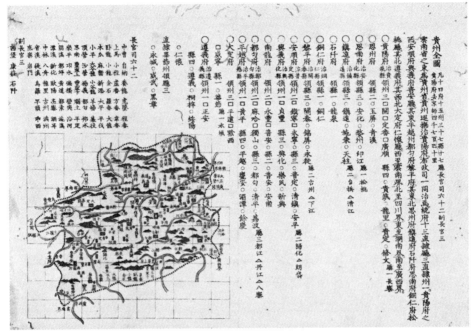

图上 4-2 《清二京十八省疆域全图》之贵州全图（日本嘉永三年刻本）

户口贡赋之区"①，增加国家的赋税收入，实现思想文化的"统一"，是当时封建中央王朝的追求。

贵州的改土归流始于明代，完成于清代。明代有三次高潮，分别是永乐十一年（1413）革除思州、思南宣慰司；万历二十九年（1601）平播之役后废播州宣慰司；崇祯年间平定"奢安之变"后废除水东宋氏土司。清初继续此举，在清顺治年间，废除贵州宣慰司、乌撒土府及马乃土司。

清雍正四年（1726），鄂尔泰出任云贵总督，贵州改土归流达到高潮。他在其《改土归流疏》、《云贵事宜疏》中明确指出，改土归流的目的是"剪除夷官，清查田土，以增租赋，以靖地方"，而贵州改土归流的重点是开辟"苗疆"。苗疆是指南起今黔桂边界、北至潕水，东起黎平、西至都匀，既无流官也无土司的广大少数民族地区。与其他地方"改土归流"的方针不同，鄂尔泰主张"制苗为先务，而尤以练兵治苗为急务"。具体做法是："计擒为上策，兵剿为下策。"②从清雍正六年（1728）

张广泗率兵讨伐八寨苗开始，至十一年（1733）哈元生平定高坡、九股苗止。经过五年的大规模军事"讨伐"、"进剿"，清廷在"苗疆"先后设置八寨、丹江、都江、古州、清江、台拱等六厅，这标志着对黔东南"生苗"地区的武力"开辟"基本完成③。继而，又对贵州一些小土司进行肢解或废除。

清代的改土归流，打击和限制了土司的割据势力和特权，加强了中央和地方的联系，巩固了多民族国家的统一。归流后所采取的一系列善后措施，诸如建筑城池、丈量田土、清理钱粮、变革赋役、开发交通、广设学校、实行科举等，客观上调整了贵州地方社会的生产关系，促进了贵州各民族之间的经济、文化交流，加快了对贵州地区的开发，推进了民族地区的经济发展和社会进步。

清初，为强化中央政权对贵州的控制管理，还先后实行了以下措施。其一，裁卫并县。清康熙时曾先后三次，将卫所或改为县，或归并入府、州、县。其二，政区调整。如平定水西后，设立平远、大定、黔西三府；改四川乌撒土府为威宁府，改隶贵州；几经反复，最终将水西全改由流官治理。其三，调整省界，因为贵州与相邻的云、川、桂交壤之地，界址多有不清，康、雍两朝时对省域作了较大调整，至乾隆时，省界和省内府州县界基本确定下来：在东界，将镇远、偏桥两卫拨归贵州；将湖广的平溪、清浪两卫、靖州之天柱县割隶贵州。在南界，确定黔、桂两省边界西段以红水河为界，将江北的罗烦、册亨、长坝、罗斛、广西庆远府的荔波等划属贵州。在西北界，将威宁的永宁割隶四川，二站、六铺由云南宣威管辖。在北界，将四川的遵义府改隶贵州。至此，贵州省境基本确定，面积已达十七万多平方公里，比明代的贵州增加了57000平方公里，扩大约三分之一。

为改变前朝遗留下来的都府军卫多元并治、政出多门、互不统率、相互掣肘的局面，清王朝还在贵州采取了一些制度举措：

首先，实行督抚统兵体制。以总督辖区为大军区，以提督为一省最高军事长官，以镇为单位的地方统兵系统。以总督、巡抚等文官而兼武事、以文制武，是"督抚制"的一个特点。"督抚制"下的绿营驻军，作为专事防守的纯军事组织。贵州全省驻军为四镇、十协、若干营汛，分驻于全省各地，形成一个以贵阳为中心的严密军事网。屯卫也做了改革，直接由行政系统的按察使和贵东兵备道管辖，成为一种用军事组织编成和管理的农业生产单位，虽然设有千总、把总等武弁，但不管兵马，只管组织屯丁生产和平时的操练。

其次，设置道、府、厅、州、县。至清乾隆中期，贵州各级行政区划基本上固定下来。到嘉庆、道光年间，全省共有十二府、三直隶厅、一直隶州、十二散厅、十三散州、三十四县。

再次，对于从总督、巡抚到知县的各级文武官员的设置、职责、权限、考核、奖黜等，均有定制进行管理，就连少数府、厅、州、县的土官，无论文武，也纳入国家的统一管理之中。

一元化的政治体制，有利于国家机器更有效地运作，从而更好地集中政治、经济、文化资源开发，发展贵州的社会经济。同时，也有利于保持社会稳定，有利于各地区及全省的经济、文化交流，促进民族关系的改善和形成统一的、以省为单位的区域经济，从而使贵州的开发进入到一个新的历史时期。

这样的制度一直维系到清末。为了在新的世界形势下继续维持统治，内忧外患的清政府不得不采取某些改良措施，实行“新政”。在政治体制方面，光绪三十二年（1906）七月起，清政府推行的“新政”改革重点，转向预备君主立宪活动，成立资政院和咨议局。贵州巡抚庞鸿书根据清廷筹办咨议局谕令，于光绪三十四年（1908）十月，成立筹办处，全面策划地方自治及咨议局选举事宜。宣统元年（1909）九月下旬，贵州省咨议局成立，议员39人，书记长1人，并召开了第一届常会，选举正、副议长，讨论评议了一些议员的提案。

清末“新政”在政治体制变革方面的另一重要内容是改革官制。经过一段时间的协商和研究，贵州地方新官制按朝廷部署，于清光绪末期、宣统初年间确定下来。具体改革为：一、设立地方审判和检察机构；二、改学政为提学使，统辖全省学务，归督抚节制；三、改按察使为提法使，专管司法行政，监督各级审判；四、裁贵西道、粮储道，设巡警道、劝业道，前者分管省内警政（包括消防、户籍、治安、营缮、卫生等），后者专管全省农工商及各项交通事务；在省城还另设有劝业公

所。至此，贵州开始迈上近代化之途。（详见本章第九节《清末贵州的文化转型》）

第二节 农业大发展

耕地面积不断扩大　水利的兴修　包谷番薯的推广种植　稻作技术的多样化　经济作物的发展　农村商品经济的发展　鸦片的种植及其泛滥

清代，贵州农业经济较前又有较大发展，主要表现在耕地面积不断扩大、农业生产技术有长足进步，面向市场的经济作物有较大发展等方面。

经历过明末清初的战乱后，在清康、雍、乾三朝，大一统的中国进入相对安定时期，加上清王朝颁布"圣世滋生人丁，永不加赋"的旨谕，实行"休养生息"政策，贵州的人口逐渐增加。明末贵州人口约为200万人左右。清前期，我国人口统计发生了重大变化，顺治十八年（1661），贵州全省按"丁"（即不包括妇女、儿童、老人及"化外"之地人口，奴婢、僧尼等也不贯人籍）统计，在册的"丁"仅为13839人；乾隆四十二年（1777），贵州才实行"摊丁入亩"政策，是全国最晚的，人口统计数据相对于此前要可靠得多，乾隆五十一年（1786），全省人口已达5151000人。这些增加的人口，除贵州辖地扩大、所管户口增加，改土归流后一些土司地区的人口纳入丁口统计外，这近百年里的人口中，自然增长和邻近省份迁入贵州的人口为数不少。人口的增加表明农业劳动力的增多，这是清代贵州农业发展的重要原因。当时，清王朝在贵州（除"苗疆"地区外），基本上执行的是奖励开垦、"与民休息"的政策：对于开垦荒地者，一再放宽起科年限，从六年一直放宽到十年。同时，实行减轻徭役、禁止私派、赈灾救荒、抚济流亡等措施，从而大大提高了农民的生产积极性，特别是开垦荒土的积极性。因此，在此期间，一度掀起了贵州历史上大规模的垦荒热潮，荒地变成了耕地，新垦田土年年有增。这在《清实录》所载贵州向朝廷报告的所垦田亩数目中

图上4-3　重安江上古式水碾

有所反映。

大规模的垦荒，使贵州耕地面积逐年增加。据史载，顺治十八年（1661），全省在册田亩为1074344亩；乾隆三十一年（1766）为2673062亩；嘉庆时，在册田地计2703167亩，另有屯田63965亩，共计达2677132亩。以上数字，还不完全包括少数民族聚居地区的田亩数。实际上，"苗疆"自乾隆、嘉庆之间，人口大幅度增长，人力极足，开挖山坡田土，不少地方甚至几无隙地。因积极垦荒，贵州少数民族地区的耕地面积也已急剧增多。

贵州的农田水利建设，也因官府的重视、提倡、奖励和扶持，较之前朝更普遍、经常性地进行，在一定程度上已成为发展农业生产的一项制度化措施。乾隆五年（1740），清廷就要求贵州地方官："查黔地多山，泉源皆由引注，斯沃壤不至坐弃。……凡贫民不能修渠筑堰而久废者，令各业主通力合作，计灌田之多寡分别奖赏，如渠堰甚大，准借司库银修筑；其水源稍远，必由邻人及邻邑地内开渠者，官为断价置买。"④

贵州地方的农田水利工程以堰塘、渠为主。堰，贵州一些地方称"坝"、"堰坝"，指垒石筑坝，横截溪、河以提高水位，用以灌溉附近的田土。著名的堰坝有如开泰县（今黎平）的西门堰，宽50余丈，灌田500亩；高堰，宽40丈，灌田300亩。仅余庆一县就有堰32处。因堰塘之利于农作民生，贵州不少州县，往往以堰为地理标志，作为地名而流传至今。择山水汇集处挖坑、筑坝蓄水的"塘"，是贵州许多地方普遍兴建的一种水利设施。著名的有如定番州（今惠水）的清水塘，可灌田数百亩。康熙年间，天柱县有水塘36处，灌田多达8910亩。由于山塘开挖工程较小易行，在少数民族地区多有兴建，如凯里苗民即开挖有"翁夫"（音，意为雷公塘）、"瓮别"（意为山塘）两塘。由于这些山塘多建在村寨附近，除蓄水以灌田外，还兼有人畜饮水、洗涤、栽藕养鱼、休憩等功用。

为将山泉、溪流之水用于灌溉，各地还兴建了不少引水渠，如雍正、乾隆年间，正安人韩升念在当地先后兴建的右干渠、左干渠，可灌田数百亩。贵筑县干堰塘、麦穰寨、宋家坝三处所开引水渠，垦田约三千亩。此外，一些地方筑陂引水灌田，如在瓮安草塘，将东岗山泉引以溉田九千多亩。各地农民还因地制宜兴建一些方便利用的水利设施：平地筑坝引水浇灌的堰田；平日积水为池、以塘放水的塘田；滨水以水车提水灌溉的水车田；地势低洼、靠溪涧灌溉的冷水田；终年浸水不竭的烂田等。

由于官府的提倡，江南水乡农村常见的水车、龙骨车、戽桶、枧等灌溉工具，也逐渐多见于贵州山区。布政使陈德荣就曾建议各地"仿江、楚龙骨水车灌田技术"制成式样，"劝民照式成造"，并由官府酌情借给工本费。在推广这些工具的同时，当地农民还进行了因地制宜的改造，如水转筒车，就是利用贵州盛产的竹木为筒；黎平等地改造后的水车，大者达60幅，高者径为3丈，筒多者有24筒。平远州为使水车能提水更高，还拦河筑坝，再安水车。除固定安装的水车外，还有根据需要临时安置使用的龙骨车、戽斗；在高山深谷间，为引水则安置枧槽，以致黄平等地方，以高枧、高枧林等为小地方命名。

水利设施的兴修、引灌器具的推广，加上这一时期封建地主经济在贵州已占主要地位，因此，贵州农业生产特别是粮食生产，确有较大发展。如遵义、贵阳、安顺、都匀、独山等府州县，产粮自给有余。省城贵阳的粮食，全由邻近的定番、广顺供给。镇宁州产米颇丰，农民有余粮，还可以贩粜供邻村。清镇每年所收的米谷，除留、交之外，还有余米到次年青黄不接之时出粜。遵义县产米丰饶，食用之余，多有盖藏。都匀每年所征之米，除自用之外，还有数千石运往古州、都江、下江等地。石阡也是一个虽有歉岁、但无馑民的粮食自足地方……

和明代一样，清代的贵州，农业制度文化是以解决吃饭问题为目的的，主要手段就是不断扩大耕地面积，但这是以破坏贵州脆弱的生态环境为代价的。随着人口的爆炸性增长，荒山空地的开垦殆尽，生态环境的日益恶化，必然导致发展势头渐次停滞甚至倒退。这也正是清末贵州社会矛盾激化的重要原因之一。

　　原产于美洲的玉米，在明末传入贵州。这种耐旱、产量高于荞子、小麦、小米的粮食作物，很适于田少地多、水源缺乏的贵州山区，因此，一经传入便迅速传播开来。《贵阳府志》卷二七载：贵阳的农民"耐以济荒，种之者广"；安顺地区则"近年山土多种包谷"；黔东地方"黎平栽移之山，初年俱种包谷，至树盖地为止"。至清代中叶，贵州各地均种植包谷，玉米已成为贵州民间的重要粮食之一。对此，清人郑珍曾写有《玉蜀黍歌》，记述当时滇黔地方"只今弥望满山谷，长梢巨干平坡陀"，并细致描绘其形貌："一茎数苞略同禾，粟亦无皮差类稞。粽笋脱绷鱼弩目，绞胎出骨蜂露窠。"尤其欣赏其易食味美等长处："落釜登盘即充腹，不烦碓磨箕筲罗。有时儿女据瓯叫，雪花如指旋沙锅。"⑤

　　原产于美洲墨西哥的番薯（又名红薯、红苕），明末清初传入贵州。因耐旱高产，适应性强，能解民间缺粮之苦，很快就在贵州各地推广开来。道光年间，已有不少州县种植；到了同治、光绪年间，更是广为种植。清人萧光远的《甘薯》诗详细

图上 4-4　六枝依底苗族旱地耕作

记述道："此物称广植，不过十载前"，"家食计十口，薯粮支半年。薯粉多似雪，薯酒甘如泉。遂令米价减，视昔数倍悬。岂云薯蓄广，频岁还戈铤……繁孰司农政，种薯令早宣。"⑥

由于贵州山区地理环境的多样化，民族杂居文化的多元化，不同地区、不同民族逐渐形成了与之相适应的独有生产方式。这在稻作农业上的表现尤为突出。如选择稻种，就会根据不同的土质和气候差异而有不同的选择：品种有糯、粳之分；按成熟期有早、晚之别；就谷壳色有红、黄、白稻等种类；根据对田土的适应性，分为水、旱。各地还因为引进、培育的不同，细分为更多的品类。如贵阳府晚熟类品种有：红壳糯、牛毛糯、老鸦糯等；粘稻则有羊毛粘、红粘、白粘、紫粘及蝉鸣稻、粳稻等。主要产稻的黔中、黔北、黔西南、黔东南等地区，不同地方都是根据各自的特点，育成、选用多种稻种以适用于不同的田土和不同的年成，不仅是为了保证有较高的产量，同时也为了保持其特色，以满足不同民族、不同饮食习俗的需求。在黔东南、黔南的苗族、侗族、布依族等民族地区，普遍种植糯稻，其产量虽低，但油质多、口味香、用途广。在黔北、黔中的汉族聚居地区，普遍种植小麦；山区宜种红稗；高寒地区如威宁则主产苦荞。麦有小麦、大麦、米麦、燕麦、青稞麦等；包谷则分黄、白、紫、红等品种；豆则有大豆、赤豆（红豆）、白豆（色饭豆）、绿豆、蚕豆、豌豆、四季豆、扁豆等多样的粮食品种，是为了解决各族居民的吃饭问题，并因此而形成不同地区、不同民族各不相同的饮食文化。

清代贵州的经济作物有所发展。特别是棉花，明代仅有思南府种棉，到清乾隆年间，就已扩大到思州府、天柱、黄平、独山、麻哈、兴义、普安、贞丰、册亨、罗斛、青溪、仁怀等地；此后，更扩大到乌江、锦江、清水江、都柳江、盘江、赤水河等流域。在安顺府安平等地，因官府提倡、鼓励，棉花成为该地的"专产"。贵州所产的棉，有草棉、也有木棉。道光以来，贵阳、安顺、都匀等地还从湖北、河南引进良种，棉花产量因此提高。因为种棉，带动了纺织业的发展，纺织的需要，又刺激了蓝靛的种植，以致在咸、同以后，省内一些地区农家的蓝靛收益超过了粮食，不少农家专种或主种蓝靛。在独山，一亩之田，稻

图上 4-5　蓝靛的制作

与靛各分种半亩，收成估价，靛高两倍；在瓮安，农家因蓝靛而致富者比比皆是。

烟叶大约在明末崇祯年间传入贵州。由于收益超过稻麦，各地农民纷纷争种。到清道光年间，全省共有 7 个府县种植烟叶，在遵义府几乎是无处不种。此后，全省的烟草种植面积不断扩大，到光绪中后期，全省年产烟叶 3822680 斤，居全国第 17 位[⑦]。

随着经济作物种植面积的不断扩大，越来越多的粮食产品进入市场，贵州传统的自给自足的自然经济模式有所动摇，农村商品经济有了发展。尤其是在这时期中，蚕桑业、农村副业、林业的发展更多地面向市场，加速了这一进程。

直到明末清初，贵州历史上尚无种桑养蚕的记载。乾隆三年（1738），陈玉璧（山东历城人）任遵义知府时，见当地山区多青枫树，便几次派人到历城购来山蚕种，并引种成功。他从山东请来织师，在当地作指导；还亲自出面传授放、养、缫、织等工艺技术，免费向农户提供蚕种，并予以一定资助。乾隆十三年（1748），正安州吏目徐阶平从浙江携带蚕种来州，教农家饲养，使养山蚕、桑蚕相继在正安兴起，并迅速扩大开来。继遵义、正安之后，从北到南，贵州许多府州县都发展了养蚕业。其间，一些地方官员倡导、推广尤为积极，一些知名人士也亲自参与有关活动。光绪十五年（1889），贵州巡抚潘霨派人从江、浙一带运来桑苗，分发到各地种植；有的地方还择地设立官桑园，广植桑株，改良土桑、购运湖桑，发放桑苗，遍种乡里。蚕桑业很快兴起，成为贵州农业生产的新门类，帮助农家增收，乃至出现了"种桑栽桐，子孙不穷"的农谚。

　　清代的贵州，各府皆种植有茶叶。这不仅是向朝廷进贡的重要土产之一，更逐渐成为贵州的重要商品。到清末，茶叶已经成为贵州重要的外销产品之一，形成如都匀毛尖、贵定云雾茶、务川高树茶等一批地方名优产品。光绪年间，贵州产茶量约占全国第八位。遵义府的茶叶，每年约有十余万斤行销渝、沪等地。在一些少数民族地区，如独山州九名九姓长官司、永宁州募役司和水西等地，也出现了以产茶为主业的农家。

　　清代后期，因为国内外市场的桐油需求量增加，贵州各地油桐树的种植和桐油的生产都有较大增加。道光、咸丰年间，黔东南、遵义等地普遍种植油桐。光绪元年（1875），因桐油开始输入欧洲，销路较广，贵州桐油的产量大增。到光绪后期，贵州种植油桐的地方多达40余县，主要分布于清水江下游，潕水、麻阳江、榕江、乌江、盘江和赤水河流域，贵州成为全国产桐油最多省份之一。

　　市场的需求，还促使贵州的遵义、思州、思南、镇远、石阡、铜仁、大定、贵阳、安顺等府、州的农村，种植能放养蜡虫、生产白蜡的蜡树。在黔东、黔北、黔西等地的农村，则将野生漆树人工种植，培育出了大木漆、小木漆两种漆树。仅桐梓一地，每年贩卖到巴蜀的漆液就逾千担，值金三四万。在威宁、大定、毕节、黔西、水城、平远等地，广种漆树，使大定的漆器在清道光至民国初年名扬省内外。为给贵州造纸业提供原料，各地农村还纷纷种植构树等。

　　不过，因为长期的"大木"采贡，因为人口不断增殖而毁林开荒，贵州的原始森林资源日渐减少，到清代已开始显得供不应求。为此，在乾隆初年，贵州各地官府就要求百姓，或"封山"，或在土质适宜处逐年栽植树木，要求每户植树数十株至数百株不等；对有突出成绩者加以鼓励。乾隆六年（1741），云贵总督张广泗更在向朝廷的奏折中提出，黔中无地非山，尽可储种材木，主张应劝谕民众广行种植，并提倡伐木与种树相结合；要求各级官吏动员各族民众广泛种植树木。各地官府也明令规定，不得放任牲畜践踏山林树苗，不得在植林地带烧山积肥，违者一定要强行照数追赔。

　　地方社会经济、特别是商品经济的发展，有力地促使贵州林业、尤其是商品性林业有了较大的发展。清水江、乌江流域等地农民创造了培植人工林的方法，培育出大量的杉、油桐、竹的商品林；出现了一批林业专业户；形成一套有效经营种、销、运的管理制度和相关组织。有的地方还出现雇工植林、利用契约关系进行林木种植、销运的经营方式。清水江流域杉木的种植、贩卖，更随专业化的发展而出现经营杉木的"山林主"，以及通过租佃契约关系租佃山林的"栽手"。"栽手"承租山场，种育杉林；待杉木成材后，"栽手"与"山林主"按四、六股分成。这种经营方式刺激了商品林业的较大发展。到清末，清水江流域林木总值已达到银百万两之多。乾隆三十四年（1769），闽人黎理泰从福建上杭引进楠竹，在赤水的胡市乡种植。后来，楠竹种植技术推广至黎平、天柱、榕江、锦屏、雷山、剑河、江口、铜仁、松桃、印江、遵义、桐梓等地。各地竹农们总结出不少种育方法。

鸦片战争后，自然经济模式日渐瓦解，促使农村副业转向市场并得以发展。除了种桑养蚕、种植加工蓝靛、烟叶、茶叶、桐油等传统副业外，在贵州农村中，出现一些新的副业项目。如开州（今开阳）马场等地兴起的竹笠加工，几乎无家不产，并多出自妇女手工，每一顶竹笠虽然仅值市银七分，但各地商贩纷至沓来，每月成交量竟达一万五千多顶，银千两左右。遵义一带农民则将竹撕成细丝，编织成细丝竹笠，大宗产品贩往云南，每年可获银万余两；遵义用竹制成的"茶山筷"，遵义南乡龙场坪农民用水竹剡篾编织的竹席，不仅在本地畅销，还贩到外地。贵州盛产的五倍子、天麻、茱萸、冻绿皮、金银花、桔梗、厚朴、龙胆草、冰片、泡参、柴胡、川芎、穿山甲、朱砂等百余种中药材，先后走向国内中药市场，并因此被国人称誉为"夜郎无闲草"。在贵州各地，还出现了如竹纸、竹麻履、"瘿木器"、蒲席、银耳、茶籽、茶油、楮皮纸等新的、极富特色的土特产品。

一些地方开始出现专营的畜牧业。许多地方的场市集中，多有马市、牛市，市中还有牙行经纪人等。同治年间，贵州的牛已销往湖南、湖北等地；此后，黔西北、黔西南一带的牛销往云南、四川、广西。所产马匹多销湘西、云南等地。农家饲养的猪，也有一部分投入市场，赫章可乐所产可乐猪，成为云南宣威火腿的原料猪；荔波产的小猪还销往广西。到清末民初，猪鬃已成为贵州大宗出口的商品之一，远销汉口、香港；牛皮、羊皮亦成为贵州大宗外销的山货。

第一次鸦片战争后，鸦片进入贵州，贵州吸食、贩卖鸦片者日渐增多。第二次鸦片战争后，随着鸦片进口贸易的合法化，贵州的罂粟种植开始泛滥，并很快成为鸦片输出大省。咸丰六年（1856）前后，贵州境内一些州县连畦种植罂粟，借以渔利。在贵州，一亩地种收包谷仅售银一两七钱左右，种红豆仅获银二两，而种罂粟可收鸦片五六十两，可售银六至八两，收益远高过粮食和经济作物。因此，不少田主、农户竞相种植。至光绪年间，除黔东南的"苗疆"很少栽种外，全省上下鸦片弥山遍谷，鸦片产量逐年增加：光绪五年（1879）时约为一万至一万五千担，至光绪二十三年（1897），剧增至四万担，成为居四川、云南之后的第三产鸦片大省。鸦片这种特殊商品的产销，逐渐成为省内许多府州县的社会经济支柱，不少地方的市场，主要靠鸦片贸易而得以支撑；各地棉纱、棉布、日用百货的大量购入，也主要依靠鸦片外销所得的收入才得以维持。围绕鸦片的各种税收，当然也就成为贵州财政极为重要的来源之一：光绪前期，鸦片厘税收入约为十多万两；到光绪后期，就已增加到二十多万两。但是，大量种植、贩运鸦片，造成贵州社会吸食鸦片成风，不仅戕害人们身心健康，严重败坏社会风气，更阻滞、破坏了贵州农业经济的正常结构，使贵州经济社会畸形发展。

第三节　手工矿业新因素

丝绸等家庭手工纺织业的商品化　茅台春等酒业兴盛　采冶技术日渐完善　官督商办与外商觊觎

在清代贵州的民间手工业中，纺织仍占有重要地位，特别是少数民族地区，妇女"日则出作，夜则纺织"，凭着祖传的技艺和简陋的腰机、站机，用葛、麻、毛、棉及丝等原料，纺织家庭所需的斜纹、斗纹、狼鸡叶纹、花纹等布料。这些极富民族特色、美观、厚实、耐用的纺织品，间或作为贡品或商品运至内地。一些入黔的官员，不仅提

图上 4-6 从江占里侗族织布

倡种棉、种桑、养蚕，还鼓励农家从事纺织，对不事纺织者，予以劝惩；对勤于纺织者给予奖励。一些省、府、州、县官员更亲自出面，教民种棉、种桑、养蚕，设立织局，教民妇纺织。到道光二十年（1840），省城从事纺织者已不下数百家。在迁徙入黔移民的带动、传授下，较先进的纺织技术在贵州逐渐传播开来。清末，农村家庭手工业突破自给自足的模式，开始面向市场。其中，尤以丝织业、棉织业突出。

贵州的丝绸，以遵义产量最大，名目最多。依等级品种，可分为府绸、鸡皮茧、毛绸、水绸四类，以府绸为上品，水绸为下品。除众多个体生产户外，还出现若干具有雇佣关系、内部分工明确、进行规模生产的作坊和工场。遵义出产的山蚕、山丝，从原料到成品，已在城乡形成社会性、连贯性的生产，其产品多销往市场，在内地，甚至可以与吴绫、蜀锦争价。吸引了不少秦晋、闽粤的商人，携茧而来，鬻绸而去。这些丝绸产品不仅有本地市场，还开拓出外省市场，被时人称为可与苏、杭媲美的"遵义绸"、"贵州绸"，遵义成为全省最为富饶的地区。遵义丝绸业也向省内其他地区扩展，至清光绪中叶，全省计有一百余家丝织业，产品有正安产的"徐婆绸"，桐梓产的"桐绸"，清镇产的"眉公绸"，定番产的"定番绸"等。其间，黔南、黔东南等少数民族地区的手工织锦技术也明显进步，知名的"侗锦"、"苗锦"等纺织产品，也开始进入市场。

清代，随着内地纺织技术的传入，特别是在黔江楚移民较多从事手工织布的带动，贵州本地原有的纺机、织机均有改进。古州厅车江一带，原来的手摇纺纱机改为足踏式后，效率提高一倍以上；嘉庆、道光年间，新城（今兴仁）的棉织业由搬梭织布变革为丢梭织布，织布效率从每天可织七八寸宽的窄布丈余，提高到日织宽至一尺、长四丈八尺的小土布。

手工纺织业的发展，不仅表现为技术上大有进步，产品的商品性增加，还表现为已经突破了自给自足自然经济的家庭手工业生产的模式，在规模、雇工、分工和产品经销上均有所变化。以兴义府的机户为例，最初多系一户一机，操作者多系妇女；咸丰初年后，开始出现一户二机、一户三机；有的机户还招收了徒工，并雇佣长短工，开始作坊生产。到 19 世纪八九十年代时，织工多达四五千人，虽然仍以一户一机为多，但一户二机、三机者增加，还出现一户七八机者。值得注意的是，贵州纺织开始由农村向乡镇、县城集中。清末新城（今兴仁）县城就有织机 3000 架，织工达五六千人；县属巴林有百架织机，织工二三百人。当时，贵州的棉纺织业，以安顺、遵义、兴义、兴仁、贵阳等地较为发展。在这些地区的棉纺织业中，还出现生产环节日渐专门化的倾向：一般分为倒纱、浆纱、牵纱、织布等多道工序，并形成弹匠（弹花）、纺家（纺纱）、织家（织布）、染房（染印）等行当分工。在一些地方，植棉、纺纱、织布还分别形成相互有联系而又各自独立经营的商品生产部门。在少数民族地区，棉纺织业也进一步推广，各民族的纺织技术不断提高，达到相当的水平，所生产的特色产品，如苗布、大布、蓝布、仲家布、斜纹布等，不仅可以满足本地之需，一些品种还可以有较多的数量销往外地。

贵州民间素有酿酒习俗。如水族的"九阡酒"、苗族的"苗酒"（又称女酒）、仡佬、彝、苗等族中的"咂酒"（又称钩藤酒）、"刺梨酒"等。在清前期，省内作坊所产的酒已有不少品种，其中以"茅台烧"最为有名。"茅台烧"最初名为"白水曲"，后来又被称为"茅台春"或"茅台烧春"，为仁怀城西茅台村当地人所酿制。在嘉庆前，茅台村已有酿酒作坊二十多家，一年所用粮食不少于二万石，其生产规模"全黔第一"。

图上4-7　晚清茅台酒罐及所获金牌

酿酒人充分利用了茅台当地的自然环境优势，吸收各地、尤其是贵州各族民众民间作坊的酿酒经验，用特殊工艺酿制成"茅台烧"，无色透明，芳香特殊，醇和浓郁，味长回甜。终于在后来成为世界驰名的贵州茅台酒。光绪年间，茅台酒年产约数千斤，开始少量销往贵阳、重庆等地；至 20 世纪初，产量增加到近万斤。此外，遵义的鸭溪、董公寺，安顺等地出产的酒，也渐有名声。

贵州汞矿厂点多，规模大，在清代已遍及省域南北十数个府州县。规模较大的矿厂，集中在务川、开州。在务川，从板场经木悠至岩头，长 10 里、宽 1 里的地域内，采砂场、炼砂场连绵不绝。道光年间，务川人申一在木悠开办的采炼厂，雇工三百余人。开州的矿厂规模更大，白马洞矿的"背捶手"人数达万余名。当时，采掘汞矿、冶炼水银已有一套复杂而完整的工序。

清末，外国公司开始觊觎并插手贵州汞矿。光绪二十三年（1897），法国里昂中国商业考察团调查开阳白马硐汞矿。光绪二十五年（1899），英法商人签订租借万山矿区的"合同"，在万山西滑石坡开设"英法水银公司"，进行汞的采治和收购。在这些矿厂中，开始采用机器钻孔，炸药轰山，每小时放四五十炮，效率比土法采矿提高数百倍。该公司雇工上千人，矿工每天劳动时间长达十几小时。十年间，采治水银 700 吨以上，价值 430 万银元，获利 400 万银元。与此同时，民营汞矿厂也有发展，多集中于铜仁、万山、开阳一带。光绪初年，这些矿厂已初具资本主义性质。

自清王朝准许民间在官员的监管下开采黑、白铅矿（白铅指锌），并在贵州设立鼓铸局之后，需铅量的剧增，促进了贵州各地铅业的蓬勃兴起。其中，威宁州境内的铅厂最多。威宁的妈姑厂、凯里的永兴厂、绥阳的月亮岩厂、水城的福集厂等的规模较大，铅产量不断增加。雍正年间，威宁妈姑厂年产铅 20 万至 30 万斤，到乾隆年间就增至 100 万斤以上。各铅厂中，产量最高的是莲花厂，年产量达 500 万至 600 万斤。乾隆年间，全省产量为 1400 万斤以上，产量最多的是威宁州，年产量达 1000 万斤。贵州成为全国铅矿主产地，也是全国铸币用铅的主要供应地。除运京都外，主要运销汉口，再转至四方。所以在全国各地流通的钱币中，都有贵州铅的成分。清末，贵州铅矿也是外商觊觎的目标。光绪二十八年（1902），法国来福公司在贵州与官府签订《华洋合办正安铅矿公司章程》，欲取得正安州龙女洞铅矿 20 年的开采权。

值得一说的是，光绪十二年（1886）起，在巡抚潘霨的主持下，贵州在镇远开办了历史上第一个有一定规模的近代企业——青溪铁厂。该厂开办后，于光绪十六年（1890）六月一日产出了我国"天字第一号"铁锭。而此时，张之洞创建的官办汉阳铁厂才开始动工兴建，到光绪十九年（1893）才建成投产。虽然青溪铁厂不久因种种原因和困难而停产，但它是中国最早的冶铁厂，是 19 世纪 80 年代中国第一个"官商合办"、并带有股份制色彩的民用钢铁企业。它在中国工业近代化的历程中，具有标志性意义。

第四节 商品经济与城镇发展

集市贸易与商业化城镇 全省性商业网络的形成 食盐的运销及改革 繁荣的木材业 棉绸百货鸦片贸易的勃兴 会馆行会商会应运而生

清代，商品生产的发展，促进了贵州城乡社会经济和商业贸易的兴盛。

贵州的集市俗称为"场"，大多设置在物产丰富、村落较密、交通便利、地势平坦、居民较集中的集镇，场与场间一般相距二三十里或四五十里，在省内各府、厅、州、县呈点状分布。场市都有固定的场

图上4-8 ［清］《黔苗图说》短裙苗之《紫草入市图》（贵州省博物馆存）

期，"有一六者，有二七者，有三八、四九者。要以五日一次。又有期鼠、马者，期牛、羊者，各以其所属日、支为市"⑧。以后，随着集市贸易的发展、供求量的增加，一些地方的场期相应缩短以应需要。例如，余庆县县城的集场，在明代时是逢丑、未赶场；到了清朝，场期改为每月逢三、六、九赶场。

清代集市贸易的兴盛，主要表现为：一是各地场集数多有增加，如镇宁州，明代有集场 5 个，到清代新增为大小 40 个；永宁州，乾隆时有集场 15 个，到了道光时发展为 29 处；归化厅，乾隆时有集场 16 个，到了咸丰年间增为 23 个。其次，由于各地经济发展的程度不一，各地场集的地理位置及当地交通状况多有差别，因此各地集场的分布也疏密不同：经济较发达、交通便利地区的集场多一些，反之则少。省内场市最多的州县是镇宁、普安厅，其境内有场市 38 个；而少数民族聚居的丹江、凯里、罗斛等地最少，全境只 1 个场市。尽管各地场市发展不平衡，但总的趋势是集场在不断增加。再次，集市初多分布于县城，后来乡村的集市发展很快，各地新增的集市就多是乡村的集市。四是，一些场集的规模在不断扩大，如清代中后期兴起的黔北四大名场，民间称为"一打鼓，二永兴，三茅台，四鸭溪"，分别在今金沙、湄潭、仁怀、遵义县境内。黔东南地区自"苗疆六厅"设立后，四方商贾络绎往来，黄平、古州等地很快就成为当地的商贸中心。黄平的旧州，来自荆楚和贵州各地的棉、靛、烟、布等货物鳞集于此，一度出现"来樯去橹如织"的盛况。古州（今黎平）因商贾日众，百货云集，俨然一个大都市的模样。

各地集市贸易的物资，主要是农副产品和手工业日用品。农产品主要是稻米、包谷、小米、高粱等粮食作物，瓜果、蔬豆、干鲜山货及箕、帚、布、锦等日用生活用品。商贩则提供食盐、布匹、铁锅、铁刀、铧、锄、针、碗、钵等。各地上市的物资种类、多寡不尽相同，并逐渐形成当地的特色商品。如仁怀县的集贸，以酒为大宗，多由陕西商贩经营；其次是竹木，经营者多为本地人，茶、笋居第三位，此外有铁器、蓝靛等物品。务川县的集场上，贩漆的很多，交易额每年不下数万金，农民全赖以资生。

此时的农村集市贸易，因为都是零星买卖，价值量极少，因此多是以物易物，很少以银计价，也不常使用度量衡。以后才渐以盐为等价物，进而用钱。物物交换，多数是以"件"为单位计价。例如，竹是以每"杠"的大小、木是以每"株"的粗细计价；鸡、鸭、鹅、羊、猪以"只"、蛋以"个"或用草扎 10 个为单位；水果、干果、蔬则论"堆"。粮食以斗、碗计量，但各地的斗、碗大小不一，如贵阳的斗最小，铜仁的斗最大。在荔波县，新粮上市时是谷而不是米，计量时不用斗而用秤。牛、马之类大牲畜的交易计价法更是别具一格：先以篾片箍围牛的前肋，再以掌（张手时拇指与食指间距离）量篾片长度。黄牛以 12 掌为大，水牛以 16 掌为大。马的测量法，是用木棍从地面量到马背，再以掌量木棍，12 掌为大。此外还要查看马齿，齿少者为优。

粮价往往随时空而变。雍正年间，贵州米每石值银七至九钱；乾隆五十一年（1786），贵阳、安顺等地每石值银五钱左右，黎平米每石却高达一两五钱至一两七钱。灾荒年米价必然陡涨。不过，省内米价虽有变化，但大多低于省外。

进入集市的铁锄、铁耙、箕帚、鱼虾、蔬果等日用零星物品，按规定不在抽税范围，烟、茶等土产也是百斤以上才纳税。但一些地方官吏却以多设关卡、重征、重收等进行盘剥。尽管如此，清代贵州乡村集贸越来越成为城乡各族人民生产生活的重要组成部分，并形成一批专事集贸营利为业的商贩。商品生产的发展，推动了集市贸易的发展；集市贸易的兴盛，又反过来促使商品经济的发展。

图上4-9　清代木材商号字锤

在集市贸易发展的基础上，城镇商业也不断发展。一些乡镇的场市往往成为一方物资的集散地。赶场时不仅附近几十里以内的货物来此交换，甚至距离数百里、上千里的省内外货物，也会辗转运来销售。集市上不仅有行商，也有坐贾。久而久之，场市逐渐成为当地人口聚集的中心，邻近村寨的农户逐渐向市场靠拢，一边种地，一边摆摊。一些外地、外省的商贩，有的也会流寓定居于此地，开店经商。这样的场市，因为人口增加了，不仅在场期时繁荣，平日也很兴旺，日渐成为府、州、县内的一处贸易中心、经济文化重镇。如清镇的鸭池河，经营盐号、布号、花行的商人颇多，商贸繁盛，时人称誉为"小荆州"。思南的塘头，经常有来自川、陕的商贩来收购桐油、木油、灯草、土布等，再转运至四川的涪陵、湖南的常德等地；也有一些江西商人，就在当地开设了源荣号、十字号、安家号等十余家商号，坐地经商。场镇尚且如此，各地的府、州、县城，当然更是商贾往返流寓之所。特别是省城贵阳，黔北的遵义，黔东的镇远、黎平，黔西的安顺、兴义等，商贸活动规模更大，种类更齐全。往往一城之中有数市、十数市；在工匠、商贩聚集的地段，往往就会形成若干街道、集市。例如，道光时的贵阳，百工汇集，他们往往来自省外。商贾则以江西、湖南籍的人为多。到了清末，贵阳更成为全省最大的商业市场，以大十字为中心的东、西、南、北四条大街，构成全城的商贸集中繁盛区；东、西、南、北的四市，分别以楚、滇、川、粤为主进行贸易；城内既有米市，也有竹木市、棉纱市等，商户最多时有三百余家。工匠及小商贩，则分散于轿夫巷、皮匠湾、铁匠街、打鱼街、鲜鱼巷、粑粑街、米市巷等处。在黔东重镇镇远，城内共有码头十处，其船只、货物、人流的吞吐量居全省之冠。安顺城内有五市，仅绸布业店铺就有二百余家，是贵州西部最主要的商品集散地，有"万马归槽"的美誉。

到清末，贵州已基本形成从省城贵阳及遵义、安顺等中心城市到各府、州、厅、县城和乡村集市的商业网络，一大批以赶场、行商为业的商人阶层活动于其间，使贵州的商品经济出现前所未有的繁荣景象，密切了贵州各地区域之间、民族之间，省内外以及国内外的经济交流，既带动了全省、特别是边远少数民族地区经济社会的发展和进步，同时也促进了各民族之间的思想、文化交流，增进了贵州各族人民的团结。

贵州不产盐，历代的食盐都来自省外。因为交通不便，盐的辗转运输，多靠人背、马驮。运量少、成本高，百姓难免有淡食之苦。清初，仍施行"销岸"制度；到了雍正、乾隆年间，入黔的粤盐、滇盐、淮盐、川盐，分别运至省内后，都必须在指定的地域内销售。在很长时间里，盐税是地方财政的重要收入之一。而引课税厘也都摊入到盐的成本中，为民众所承担。咸丰、同治时期，盐政败坏，官商勾结，致使运销体系混乱，越境倾销、囤积断供、提价强销之类的事情屡禁不止，盐荒遍及黔省。光绪三年（1877），时任四川总督的丁宝桢（贵州人），采纳了候补道唐炯的建议，对川行黔边的"盐岸"进行整顿，奏准推行盐务章程15条，实施食盐"官运商销"之法，并着手解决贵州盐厘过重的问题，划清了川盐在黔销售范围，采取加强税收管理、裁减冗杂手续等措施，进一步整顿盐务，才使盐路畅通，盐务运销日益兴旺，成为清末贵州商业繁荣的重要组成部分之一。

当时，黔川边的仁（仁怀）、涪（涪陵）、綦（綦江）、永（叙永）四大"盐岸"，共有十余家大盐商。贵阳商人华之鸿因协助唐炯推行"官运商销"之便，在贵阳、仁岸、永岸先后开设数个盐号，握有川盐运黔的专利权，因此而成为巨富，积下了后来在贵州开办现代企业文通书局、酒厂等的原始资本。省城贵阳内，数家大盐号集中于一街，该路就以盐务街命名。这些大盐号，月销食盐六七十万斤，供应贵阳及邻近各县数十万人。每天下午，都有运盐的马驮、人挑结队而来，下盐入仓，车水马龙，备极兴盛。全省食盐运销量也随之剧增。乾隆六年（1741），运黔的川盐仅467500担；到光绪四年（1878），已猛增至868100担。

清代，贵州的人工育林有较大的发展。省内重要木材贸易地在清水江流域，其中，清江厅多产松、杉，黎平府多产杉。特别是杉木，因树干长而直，材质佳，很有销路。清水江流域的木材贸易中心，在锦屏的王寨、茅坪、卦治三寨，居民以侗族、苗族为主。这些经营者因多年经营木材交易，既通汉语，又有经营知识和经验，往往充当种木苗民和购木商人之间的中介。三个村寨各设有木行，王寨的号"同仁德"，茅坪的号"同仁美"，卦治的号"同仁治"。当时，外地水客每年可以买到价值二三百万两银的木材。在清水江流域沿江河一带地方，"坎坎之声铿訇空谷"，"商贾络绎于道，编巨筏放之大江，转运于江淮"⑨，一派繁荣景象。繁荣兴旺的木材贸易，当然为"山寨"、"行户"带来了巨大的财富。

清代，贵州棉绸业十分兴盛，可以把大量价廉物美的蚕丝、丝绸投入市场。当时，柞蚕丝绸价几乎与棉布相当，以至时人穿用绸料如同棉布。也因此吸引了大批省外客商前来购买贵州的丝绸。当时，不少集市每逢场期，一个场日的山丝交易量多至数千斤。仅桐梓一县，年产丝绸就约十万匹。乾隆、嘉庆年间，山西、河北等省的客商纷纷前来购买；而桐梓本地的商人，则南往贵阳、东至正安、北上重庆，向外推销。道光年间，还在松坎设起丝行，在成都、重庆设起"绸帮公所"，在汉口、上海、苏州等城市设起"同兴号"，专门经销桐梓绸。来到桐梓的四川、河南商人，每年"货绸而去，通岁计有十万金"⑩。此外，正安、定番等地产的丝绸，也多销往省外。

外来移民带来的中原、江南等地的纺织工艺技术，在清代得到了更大更广的普及，促进了城镇、农村棉纺织业的大发展。在出产棉花的兴义等地，棉织业尤有大发展，产品部分投入市场后，以致云南罗平、平彝等地的民众，也远道前来购买。当本地棉花不敷供给时，云南的商贩便会运棉花到兴义，再换取兴义产的棉布运销云南。这样的一进一出，刺激了兴义棉纺织业的进一步发展。到道光年间，陕西、湖南的棉花、湖北的棉纱先后运入兴义、遵义等地，致使这些地方的家庭手工业出现纺与织的分工，出现了专事纺纱的"纺户"和专事织布的"织户"。"织户"或用购来的棉花，交易"纺户"出产的纺纱；或先购得湘棉囤积起来，再伺机转卖给"纺户"，"纺户"再将纺纱卖给织户。这里所织的布，有"大布"（宽布）、"小布"（窄布）之分，"小布"就地出售，大布则销省内外。到清末，因外国洋纱、洋布的涌入，家庭手工业的纺、织分工又有发展。这样的变化，对传统男耕女织的自然经济模式形成巨大挑战。

贵州的百货业兴起较晚，在清末才形成。在 19 世纪 70 年代以前，市场上仅有维持人们的日常生活最低需求、为数不多的日用百货，少数富贵人家才能消费外地运来的"洋广"杂货。随着商品经济的发展，人们趋洋好新的观念逐渐形成。特别是鸦片的大量外销，鸦片商人在卖出鸦片的同时，购运回洋纱、食盐、绸缎、布匹等，以及各种从未进入贵州百姓日常生活的商品，贵州百货业由此兴起。清末，销售较多的日用百货有洋袜、毛巾、洋伞、洋烛、肥皂、洋钉、纽扣、牙刷、牙粉、首饰、玉器、玻璃、燃料等。这些"洋广"新货的花色品种不断增多，经营规模也不断扩大，进而拉动了如丝棉织品、纸类、煤油（时称洋油）等商品的交易量，带动了整个商业的发展。当时，百货业多集中于大中城市。在省城贵阳，百货业是当地四大商业行业之一，经营百货的商户有四十多家，资本总额约十万多两银。其中，以"王隆昌"、"陈兴隆"、"戴宝华"等商号较大。其他如安顺、兴义、遵义、毕节、思南等城，百货业也有一定的规模。

鸦片是贵州地方很典型、也很特殊的商品。清末，贵州鸦片产量剧增，在地方商品贸易中的比重不断加大，并在安顺、贵阳、兴义、遵义等地形成较大的集散地，鸦片贸易畸形繁荣。最初，经营鸦片的多为两广、湖南商人；后来，一批专营鸦片收购、转运、销售的本地商人应运而生。贵州的鸦片，主要销往湖南方向，其次是重庆、四川方向和经广西销往广东。当时，主要经营鸦片的商行如锦盛隆号，在光绪二十年（1894）即拥资二十万两；一些商号在城里有专业作坊，从事加工生产和销售活动；有的在省外设有分号。贵州鸦片商将鸦片运出省，再以所得购回棉纱、布匹、日用百货等。安顺因附近各县种罂粟者多，鸦片质量好，是当时贵州最繁忙的鸦片市场，引得两湖、两广的商人联翩而至，以鸦片为大宗货物，并在安顺设庄、设行，坐地收买，加工外运，其经营人数和规模不断增加、扩大。据《续修安顺府志》所载，当地仅来自两广的鸦片商就有十余家，零星小贩为数更多。鸦片的运销，带动贵州商业的畸形繁荣。迨及清末，官府实行"严禁"政策时，鸦片贸易陡然下跌，其他商业活动也因此大受影响。

　　因为城镇商业的发展，物资交流日渐频繁，交流范围不断扩大，外地客商、手艺工匠等纷纷来到贵州，多在城镇聚居。史载，乾隆年间，全省有贸易、手艺、佣工"客民"24444户，另外还有居住在城镇并在乡间购田置地的"客民"六七千户，总数不下十多万人。从同一地区来黔的客商，往往以同乡的关系结合起来，互通信息，相互提携，遇事能相商结伙，与其他客商竞争，逐渐形成为许多商帮。例如，经营钱庄的"山西帮"，开当铺的"陕西帮"，运销丝绸、百货的"江南帮"、"浙江帮"，做瓷器、菜油生意的"江西帮"，做布匹生意的"两湖帮"，长途贩运的"广东帮"、"福建帮"，运销食盐和做手艺的"四川帮"，等等。这些商帮中人，共同捐资修建会馆，作为同乡聚会的处所，进行商务活动的交易所、客栈和货栈。清代，贵州各地普遍建有会馆。在贵阳，有陕西会馆、江西会馆（万寿宫）、福建会馆、江南会馆（苏、皖商人合建）、两广会馆、两湖会馆、北省会馆（北五省商人合建）、老川会馆和新川会馆、云南会馆和兴义八属会馆等。在镇远、遵义、兴义、古州等地，也有各种会馆。就连县城以下的水陆码头，有的也建有会馆。各地以江西会馆最多，其次为四川会馆。这些会馆，不仅为过往同乡提供食宿，还购置"义园"，兴办学校。为团聚人心，各地会馆多以某种信仰为象征：福建、广东会馆为供奉妈祖而建天后宫；江西会馆为供奉许仙真君（许逊）而建万寿宫；两湖商人尊大禹而建禹王宫；川人敬李冰父子而建川祖庙；北方各省会馆推崇关羽而建关圣庙。

　　随着工商业的发展，行会也适时出现，以维护同一职业或行当从业者的共同利

图上4-10　铜仁的四川会馆

益，并祀奉本行业的始祖。在贵州，先后有缝纫业的"轩辕会"，厨师及饮食业的"詹王会"，泥木石业的"鲁班会"，酿酒及卖酒者的"杜康会"，铜铁匠的"老君会"等。行会由把头控制，内部制定有行规，并规定价格；新入会者须先申请，得行会允准后，方才能够开业。到清末时，在行会的基础上，自发形成了一种工商业联合组织——商会。宣统元年（1909），"贵州商务总会"成立，并在政府登记备案后，获得清廷民政部刊发的铜质"关防"印记；会长一职由官府劝业道与省城士绅共同协商产生，首任会长是退职武官何东山。1911 年辛亥革命后，"贵州商务总会"被"贵州省城总商会"取代。

　　会馆、行会、商会等组织的出现，是贵州工商活动发展到一定规模和阶段的产物。虽然主要从事经济活动，但是，为了联络同乡、同业之间的感情，这些组织不时组织开展一些文化活动。如普安厅的"同兴合记"、"全美义记"等 32 个铺号、93 家商户会议成立的"义举财神会"，就规定每年农历三月十五日、十月十五日举行两次圣会（财神会），届时进行的活动，首项就是"祭神"；该会在议事、制定章程、铺号规约、校正公尺公戥、协调商务，在会客商的红白喜事、人事往来关系等事务中，给贵州工商界带来一些新气象，也为一些相关的经济活动赋予了或多或少的文化色彩。

第五节　传统教育的发展与转型

官学书院的发展　社学义学私塾推进民族地区文化教育　"加额取进"特殊政策　"西学东渐"推动教育转型

　　如果说明代是贵州教育史上的播种期、成长期，那么清代则是收获期。在清代，贵州的经济社会一直在民族矛盾、社会动荡中艰难前行。然而，由于全省各府、州、厅、县兴办官学，文教有明显的进步，贵州人才纷纷脱颖而出，从而书写了"六千举人、七百进士"的不俗成绩。在乾隆、嘉庆及咸丰、同治年间的贵州各族人民大起义后，随着外侮日深，内乱频仍，贵州教育经历着痛苦的挣扎，最终顺应时代潮流，步入新式教育的新时代。

清朝的贵州，各府学、州学、县学，仍以儒学教学为主。官学数量增多，教学规模扩大，士人队伍日益壮大。

历任主持贵州政务的大员，对贵州的文教都十分重视。顺治十六年（1659），首任云贵总督赵廷臣在《抚苗疏》中，就建议朝廷在贵州首先要抓对民众的教化，这是正本的开端；并提出要先从土司、土官的继承人抓起，凡年龄在13岁以上的子弟，要令其一律入学习礼，学习儒学后，才可以承袭继位。土司、土官族属的子弟，有愿入学者，可以听补廪科贡，与汉民一样仕进，使他们明知礼义。清廷在贵州改土归流的过程中，同时也在当地新设州学、府学和县学。康熙二十七年（1688）十月，贵州巡抚田雯在《请建学疏》中，恳请朝廷准许在还没有官学的三州九县建学育才。但直到十年后，朝廷才批准了田雯的奏疏，在这些州、县增设儒学，并定出学额。此后，田雯又增建阳明书院。田雯的继任者王燕，于康熙三十八年（1699）上《请设学校疏》，要求在贵州未设学校的州、厅、县、卫遍立官学，设置教官，并加强对全省官学的管理。新增的官学主要分布在：一、原先仅建府学未建州学、县学的地方；二、新设建置的地方；三、设立直隶厅或州的少数民族地区。通过历朝、历代贵州地方官员不懈的努力，到清末改新学时，全省共有官学69所，其中府学12所、直隶厅学3所、直隶州学1所、厅学6所、州学13所、县学34所。学额总数也远远超过明代。

清初，贵州各地学宫大多简陋。地方官员始终把重建、扩建和完善学宫作为发展官

图上4-11　清代《修文龙冈书院讲堂题记》石碑

学、振兴教育的要务。到雍正、乾隆两朝，各级官学的办学条件得到初步改善。各级官学均置有学田，作为学校日常经费来源，以"崇圣、尊师、培士"。值得一提的是，改造、重建学宫的资金，来自官府拨款、官吏捐银、士民赞助等。各级官吏也都把学宫的建设完善，视为自己任内的重大政绩。因此，地方官员或捐廉、或劝捐，完备学宫规制，改善学宫条件，使学宫成为当地儒学发展的标志。

在发展儒学教育的同时，官府对贵州各类学校生员的思想和学习，也有十分严格的控制措施，严格规定教学内容，非钦定书籍不准学习，制定颁行了各种行为准则和条规，用封建道德作为官学教育的训练标准，要求士人敦品励学，谨言慎行，要以圣贤诗书之道，开示"愚民"。乾隆九年（1744），贵州按察使宋厚奏请对生员"严加月课"（即考核），为朝廷采纳，并推行全国。

清初，朝廷为防止明朝遗民利用书院宣传反清思想，对书院采取了抑制的政策。顺治九年（1652），清廷明令不许别创书院，群聚徒党，以免他们号召地方的"游食之徒"空谈废业。在这种肃杀的气氛中，贵州仅保留了明代的书院4所：思南府的大中书院、为仁书院，平越府的溥仁书院和贵阳府的阳明书院。随着政权的日益巩固，清廷逐渐认识到书院制度导进人才的作用，是其他类学校所不及的。雍正十一年（1733），清廷以设立书院，有裨益于士习文风而无流弊的理由，下令在各省设立书院，经费由朝廷拨给。各省官员闻风而起，都视兴办书院为人才之薮、教化之源。贵州的官员亦不例外。是年，贵州巡抚元展成根据雍正帝的这一诏令，在巡抚署左侧原文明书院的基础上，建学舍50间，建立贵山书院。此风一开，书院在贵州渐渐兴起，以书院作为各级官学的有效补充，使书院具有明显的官办特征。书院的负责人（山长）、设置、办学经费及生徒等，均由各级官府批准授予，对书院生员的课程内容，也有明确的规定。

据不完全统计，康熙年间，贵州有史可稽的书院仅为二十余所，雍正到光绪年间，就发展为175所，较之宋代仅有1所、明代仅有21所，这个发展速度十分惊人。清代贵州的两个富郡，一是黎平府，共创办书院27所，平均每个厅县5所，数量居全省之冠；一是遵义府，共办书院 19 所。值得一提的是，一些过去文教未兴之地、新建置的府、州及直隶厅，也多建起了书院。如新建置的大定府建有 11 所，兴义府建有 10 所；少数民族聚居的松桃直隶厅，在道光及光绪年间，先后建起书院 3 所。在过去被视为"王化未及"的"千里苗疆"，改土归流后，也先后在罗斛厅、长寨厅、郎岱厅、归化厅、永丰州、古州厅、永从县、八寨厅、丹江厅、台拱厅建立了书院。儒学文化更大规模地深入贵州的少数民族地区。

不过，清代贵州的书院虽然发展较快，但大多不具规模。大多数的书院，或是由义学改建，或是把书院、义学合一。其经费除来自官府拨款和田产外，多来自官员自捐，士民、绅商所捐。清代，贵州总计有民办书院二十余所，可见社会各界对本省教育事业的关怀。但经费不济，致使大多数书院发展艰难。咸丰、同治年间，贵州爆发各族人民大起义，少数民族地区的书院多遭焚毁。战后，书院多半废弛，有的得以恢复和重建，有的就此消失。光绪年间，贵州虽然又新建一些书院，但数量少、规模小。光绪二十七年（1901），清王朝颁布兴学诏书，贵州的书院随后便改为大、中、小学堂。自此，书院退出了历史的舞台。

虽然官府对各地书院控制很严，书院自身也是重考课而轻讲学，然而，书院在客观上推动了贵州文化的传播和学术思想的发展。贵州的部分书院，仍然沿袭明代王阳明、邹元标的讲学之风，比较重视"山长"、主讲的选聘。如贵阳的贵山书院，生徒常在百名以上，最多时达二百余人，聘请省内外许多博学鸿儒到此讲学，使书院的教学质量明显高于府州、县学。康熙年间的贵州巡抚田雯、陈锐，乾隆年间被誉为贵山书院"三先生"的陈法、张甄陶、艾茂，乾嘉年间主持贵山书院的何泌、翟翔时，光绪年间的贵州学政严修等，都以"得天下英才而育之"为职志，以躬为训课、为学子释疑解惑而著称。正是由于他们的身体力行，贵州的书院人才辈出，世代不衰，在传播文化、繁荣学术等方面起到了重要的作用。书院学子中，出现不少俊杰之士，如嘉庆年间被誉为"殿上虎"的谏官花杰，咸丰、同治年间著名的汉学家傅寿彤，"滇黔以状元及第夺魁第一人"的赵以炯等。

不过，正是由于贵州社会发展的滞后性，贵州的书院有近一半创办于鸦片战争以后。据资料统计，1841年到1902年的61年间，贵州新建、改建了79所书院。在戊戌维新思想席卷全国，旧式书院教育已遭到维新人士口诛笔伐、改革传统教育的思潮已经兴起之时，贵州由于历史的原因，传统教育仍有其发展的空间，书院教育不仅未受到冷落，反而得到发展，有的地方甚至在戊戌变法以后，还在兴办书院。

社学与义学是地方的基层官学，属于蒙养教育的范围。清代的贵州，在"苗疆"设立社学，就是为了教化"犷野"之民。贵州巡抚张广泗在《广兴义学文》中也说，教化最好的办法，莫如义学。设立义学的目的，就在于改变贵州各少数民族"不事诗书"和"鄙野强悍"的习俗。因此，贵州各地的社学，由中心城镇延伸到边远的少数民族地区，学生是邻近的乡村子弟，年12岁以上、20岁以下有志于读书求学者；社学的教师，要从官学的生员中选任。从顺治到乾隆年间，贵州社学在朝廷政策的影响下，或盛或衰，几经反复，发展极不平衡。顺治十六年（1659），清廷统一贵州后，随着政治局势稳定和社会经济的恢复，贵州的社学也陆续设立。除贵阳、遵义、安顺等文化发达地区外，在一些边远山区，社学也有所发展。但到康熙二十五年（1686），朝廷认为社学近年来多有冒滥，命令各地提学严行查革。贵州作为李定国抗清和吴三桂发动叛乱的基地，社学更是在"查革"之列。所以，在康熙后期，贵州的社学基本处于停滞状况；有的社学也改为义学。雍正即位后，认识到抑制社学的发展，既不利于朝廷对各族民众的思想控制，又会激化民族矛盾，于是下令恢复各地的社学，贵州的社学又因此获得了进一步的发展，但主要分布在汉族聚居区。在"改土归流"后的民族地区，仍然主要是"义学"。乾隆初，也曾多次诏令贵州发展社学，要求在"苗地"遍立社学，并要择选内地的礼师去充任教职。但到了乾隆十六年（1751），清廷又议准了贵州布政使温福（满族贵族）《黔省应行更复各事宜》的奏疏，认为贵州苗民之所以敢于反抗官府，正是由于社学中汉族知识分子传播反清思想所致，应该对设立于各地的社学予以裁革。此后，官府便开始逐步裁革贵州的社学，少数民族聚居区的社学一律改为义学。从此，贵州社学一蹶不振，日趋没落。在贵州的基层教育中，只有义学维持到清末学制改革以前。贵州的社学的被封杀，致使贵州教育严重滞后，加大了贵州与邻近省区在文化教育上的差距，给贵州、特别是贵州少数民族地区的社会文化发展，带来严重的消极影响。

乾隆后期到嘉庆、道光间，经历过贵州各族人民的大反抗之后，清廷意识到必须调整政策，才能缓和民族矛盾，而安抚的重要手段之一，就是广设义学，发展教育。因此，在嘉庆、道光间，贵州出现了大办义学的热潮。尤其是道光十六年（1836），颇有政声的贺长龄①出任贵州巡抚，认为"黔地苦文教未兴，或数厅县无一义塾"，贵州教育的落后制约了经济的发展，贵州要摆脱贫困落后，必须首先发展教育。在贺长龄的身体力行下，贵州创办了一大批义学，道光年间（1821—1850），贵州创办的义学计157所，数量和规模都达到了历史最高水平，黔士蒸蒸向学，风气丕变，贤才茂起，影响在百数十年之后。据不完全统计，自康熙二年（1663）到清末学制改革前，各地方政府及民间创办的义学约有五百余所。

在贵州"汉苗杂处"的社会环境中，社学、义学的教育，使贵州各民族文化进一步与中原文化交融。史书及地方志上多出现当时贵州各少数民族"渐染华风"、"与汉民不甚悬殊"；都匀府"苗民于务农纺织之外，亦间有读书应试者"；黔西"虽属边鄙，渐摩教化已久，户诵家弦，咸知读书为贵"；古州（今榕江）义学"未几汰去，而弦诵之声如故也"等记载，正是这种深远影响所致。由于社学、义学数量的大幅度增加，使得贵州教育的普及程度较之明代及清初有了很大提高。社学、义学主要建设在苗、侗等少数民族聚居区，主要吸收各民族中平民子弟入学，承担蒙养教育之责，因而部分家贫而向学者得以入学，接受启蒙教育，这对提高各民族受教育程度、推动少数民族地区的文化发展作用很大。

在清代，私学（私塾）也是贵州的一种相当普遍的教育形式。有两类：一类是进行启蒙教育，一类是较高层次的私人讲学。私塾为一馆一师，塾师大多为当地的举人、秀才，也有个别的进士与著名学者在家设馆授徒。贵州私塾办学形式有四种：一、家塾，有钱人在家设馆，教授族亲子弟。如遵义沙滩禹门寺振宗堂的黎氏家塾、遵义县的蹇氏私塾；二、坐馆，塾师在家设馆，教授学生；三、众馆，亦称延馆，由几家人或几个村寨联合举办，塾师的酬劳由学生家长共同承担；四、义馆（族馆、会馆），大多由家族、会馆举办，专教同籍同乡子弟；也有一些义馆还外供附近的儿童免费读书。私塾对入学年龄、教学内容及学习年限没有统一的规定，使用教材由塾师自行选用，童蒙阶段不外乎《三字经》《百家姓》《千字文》《幼学琼林》及文选等；较高阶段主要学习儒家经典，先"四书"，后"五经"等。注重读书、写字与作文的训练，主要为学子进入府州县厅学打下文化基础。在私塾阶段，一般要求两年读经，三年开讲，五年学会吟诗作对。清代的贵州，从府、州、县、厅到边远乡村都设有私塾。如当时的遵义，四乡遍立私塾，就是在比较偏远的乡村，也可以听到孩童的诵读声。黔东南各县都设有私塾，仅天柱县就有私塾二百余所、学生六千余人；铜仁6个县共建私塾1011所；到宣统二年（1910）时，安顺还有私塾45所、学生774人。直到清末民初，贵州私学的学生人数仍然远远超过新式学堂的在校生人数，并且在较长时段里一直保持生源上的优势。

　　清代贵州最有名望的家学私塾，是遵义沙滩的黎氏家塾。黎安理是乾隆年间举人，因科场失意，转而投身教育，大半生在东乡沙滩禹门寺"振忠堂"黎氏家塾授学。他教学有方，督课甚严，弟子大多学有成就。其后，进士出身的黎恂继承父亲遗志，倾其所学，继续在黎氏家塾授徒，自注《千家诗》作为初级读本，进而讲注汉魏及宋代大家之学。在他的精心教诲下，黎氏家塾培育出"西南两大儒"郑珍、莫友芝，以及晚清桐城派散文大家、著名外交家黎庶昌。沙滩人才蔚起，代有传人，成为贵州文化的亮点。追本溯源，实为黎氏家塾之功。（详见本书下编第六章《沾溉百年：沙滩文化》）

　　自康熙年间起，清廷为加强对贵州的政治、军事和文化统治，逐渐调整政策。在科举制度上，一方面不断增加贵州的乡试名额，一方面多次对贵州少数民族学子采取"加额进取"的特殊政策，配合朝廷对贵州少数民族地区的开发，促进科举制度在贵州的发展。

　　自顺治十六年（1659）开始，"贵州各属大学取进苗生五名、中学三名、小学二名，均附各学肄业；廪额：大学二名、中小学一名。至出贡，现在苗生新进尚少，令附大学者三年一贡，附中小学者五年一贡，俟入学人多，另照州学例三年两贡"[⑫]。这一政策，允许少数民族进入各级官学读书应试，是很大的进步。虽然在康熙二十二年（1683），曾一度颁布过"其（指土人）土司隶贵州省，附贵阳等府学……不准科举，亦不准补廪、出贡"的规定，但在康熙四十四年（1705），经贵州巡抚于准上疏吁请改变这种做法后，朝廷也意识到这项政策带来的不良后果，同意贵州的少数民族民众可以"民籍"身份参加各级科举考试。雍正三年（1725），清廷规定，黔省的苗人子弟愿意读书者，准许其进入义学，接受同样的训诲，每遇岁、科两试，准许在该学定额中，取进一名，以示鼓励。三年后，贵州"改土归流"，这项对少数民族科举"加额取进"的政策，在贵州全面推行。乾隆朝亦遵循此项政策：凡贵州"归化"未久的苗童，只要有能力读书附考者，都准照加额取进；凡"归化"虽经百年、但近年才愿意读书者，也准许与归化未久的苗童一样报名应试，在加额内取进。但是，到乾隆十六年（1751），由于清廷担心苗民的觉醒将危及自己的统治，应贵州布政使温福所请，取消了对少数民族的"加额取进"政策，从而再一次阻塞了少数民族读书应试之途。

不可否认，在"加额取进"政策实行的百年间，贵州各民族得以增进了解、和谐共生。少数民族学生也因此进入各级官学，造就不少精通汉文化的文人学士。如水西（今鸭池河以西地区）彝族的安吉士、安淦辛父子，精于史志，著有《贵州新志》；余家驹、余昭、余达父，安家元、安履泰及安履贞（女）等，才情出众，诗名远扬。长于汉文化的苗族龙绍纳，其诗赋名扬黔中，颇受称道。

自两次鸦片战争之后，外侮日深，内乱频仍，清王朝遭遇到前所未有的统治危机。为了"救国图强"，探求"治国之道，富强之源"，光绪二十二年（1896）五月，贵州人李端棻[13]上《请推广学校折》，建议在全国进行教育制度改革，疏请立京师大学堂，各省府、州、县遍设新式学堂，学习格致、制造、农商、兵矿等西方新学，并建藏书楼、仪器院、译书局，广立报馆，选派留学生。从而敲响了封建科举制度的丧钟，拉开了向近现代教育转型的序幕。

早在戊戌变法前，在贵州学政严修[14]的主持下，对贵阳的学古书院（又名南书院，即原正习书院）进行改革，课程除传统的经史外，增设了时务、数学、英文、格致（即物理、化学）、地理等有关西学课程。严修提出三十二字的箴规，指导学生学习中西文化："义理之学，孔孟程朱；词章之学，班马韩苏；经世之学，中西并受，中其十一，而西十九。"无论从课程设置、教学方法和教学管理上看，都具有近代学校的色彩，因而后人将其称为"经世学堂"⑮，并视之为贵州近代

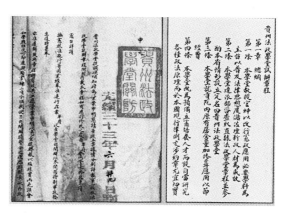

图上 4-12　清光绪三十三年贵州法政学堂文件

史上的第一所新式学堂。学堂于光绪二十三年（1897 年 3 月 30 日）开学，比黄遵宪、谭嗣同等人在长沙创办的时务学堂还要早半年。这不仅是贵州兴办近代教育的开端，也是国内最先改革书院的典范。这个学堂为贵州乃至国家培养了大批英才，他们成为清末民初政界、文坛及学界的中坚力量。

光绪二十四年（1898）春，贵州巡抚王毓藻顺应的维新变法的时代潮流，疏请贵州仿北洋武备学堂章程，设立新式军事学堂，获准；即在贵阳次南门外旧铸钱局地址兴建校舍。次年夏，第一批共 88 名学生入武备学堂。除国文、历史科目外，其余课程均由日本教官充任，教材、课程亦照搬日本军校的规定。开办不久就遭停办；光绪二十八年（1902）重新开办；光绪三十二年（1906）撤销，改为陆军小学。至辛亥革命时，陆军小学共办了 5 期，毕业生达五百余人。陆小学生身处清末"大变局"时期，深受新思潮及同盟会反清宣传的影响，对清廷的腐败无能及改变现状有着深刻的认识。当辛亥革命爆发时，这些学生成为贵州辛亥革命的骨干力量。

从光绪二十七年（1901）起，清廷先后颁布"兴学诏书"、《钦定学堂章程》及"癸卯学制"等与教育有关的维新改革，及至光绪三十二年（1906）废除科举，宣告旧式教育的终结。在这五年间，贵州从省城到各府、直隶厅、州、县，原有的书院、府学、州学、县学均改设大学堂、中学堂、小学堂，基本完成了教育转型的任务。

自光绪二十八年（1902）至宣统二年（1910）间，贵州掀起了一股办新学的热潮。据统计，全省共办各类学堂683所，其中高等小学堂、初等小学堂及两等小学堂655所，中学堂6所，师范学堂、简易师范学堂和师范传习所10所；实业类学堂有贵州官立蚕桑学堂、贵州官立农林学堂、贵州矿业中学堂；军警类学堂有武备学堂、将弁学堂和高等巡警学堂。这些学堂，一是官立学堂，由政府出资兴办；二是公立学堂，由社会团体或私办公助；三是私立学堂，由个人创办；四是客籍学堂，由旅黔外省人或会馆所办；五是教会学校，由西方教会在黔机构创办。还有女子学堂三十余所，一些少数民族地区也开办了女子学堂，贵州各族妇女破天荒获得了与男子同等受教育的权利。

清廷兴办新式学堂的宗旨是"中学为体，西学为用"，学生既可学习经史，又可学习西方自然科学与社会科学。然而，随着清王朝国势颓微，难以为继，新式学堂成为宣传维新思想、革命党人反清斗争的基地。这当是统治者始料不及的。

向日本派遣留学生，是清末"新政"的另一重要内容。光绪三十一年（1905）九月，贵州巡抚林绍年对新学堂的师资匮乏大感忧虑，于是上疏清廷，陈述振兴庶务，全赖人才，而要培养人才，必先预蓄师资人才。为此，他奏请选送本省聪俊子弟前往日本留学，以培养合格的新政人才。获准后，即从贵州部分府、州、县选派首批赴日留学生（包括官费、公费、自费）共151名。此后，贵州又多次选派学生出国。这些留学生所学的专业以师范为多，所定时间以速成为限。他们学成归国后，按照事先约定，为贵州"各尽义务"，成为具有新思想、新知识的新一代人才，并为实现新政作出应有的贡献。

清末的教育改革、兴办学堂，是贵州教育发展的一个重要里程碑，它标志着旧式教育就此终结，近代学校教育体系的开启。通过近十年的教育改革，贵州初步完成了传统教育的近代化改造，初步建立起从初等教育到高等教育，包括实业教育、师范教育和留学教育在内的近代学校教育体系，终于踏上了教育近代化的发展道路。这对于改变贵州落后、闭塞的状况作用重大。在近代中西文化冲突交融的过程中，清末教育改革在客观上促进了西方文明在贵州的进一步传播，推动了贵州传统社会结构的逐步解体，新兴社会力量的逐步形成，削弱和动摇了清王朝在贵州的统治基础，在一定意义上为贵州辛亥革命的爆发准备了社会条件。

必须说明的是，在汉文化进入之前，贵州各少数民族的教育形态比较古朴，族际间和地域间的经济文化交流较少。随着中原文化的传播和教育水平的提高，在一定程度上推动了贵州各少数民族的传统教育，并突破本民族文化的局限，与汉文化教育有了密切的交融，朝着中华民族所共创共享的文化方向迈进。这种多元一体的大文化格局，使贵州各世居民族的文化教育得以较快发展。除学校教育外，贵州少数民族传统教育中的家庭（家族）教育、社会（包括村寨自律、民族文字、习俗、原始宗教信仰等）教育形式及文化传承内容十分丰富。对此，在本书下编第三章《大美不言：世居少数民族文化》中有专门论述。

第六节　宗教的兴衰与文化冲突

佛教临济禅宗的兴起　道教的衰落及其民间世俗化发展　伊斯兰教及哲赫林耶教派　天主教基督教的传播　"贵州三教案"与中西文化冲突

明末清初，贵州禅宗虽有临济、曹洞二宗，但临济独盛，卓然冠映黔中。这是有原因的。

那时，中原、西蜀战乱，而贵州却因地处西南边远之地而免受兵燹之扰，环境相对安定。明永历帝曾驻跸贵州安隆（今安龙），使贵州一度成为南明永历王朝的政治文化中心。永历王朝注意保护和修建佛教寺庙，因此，中原西蜀的禅师、特别是临济禅宗天童圆悟一系的禅师，纷纷入黔。贵州临济禅宗诸山的开山禅师，大都能继承"百丈精神"，别立禅居（禅寺），农禅并重；在黔弘教时，继承和发扬了临济禅宗简洁明快、棒喝齐施的宗风，能够打破成见，应机说法，因而深受黔中士民的欢迎。加之黔滇为南明最后领地，明士大夫多汇集于此，逃禅出家之风盛行，为临济禅宗在贵州的发展注入了活泼生机，呈现出鼎盛气象。

当时，如何解脱眼前的苦难，成为黔中士民关注的中心。黔中临济禅宗大师丈雪、语嵩、赤松、瞿脉、厂石等人，以深厚的佛学造诣，将临济禅宗激烈的棒喝打破我法的执著，以一切现成、任运自在的禅风，斩除经义和教理的葛藤，一方面赢得了黔中明朝遗民、逃禅士大夫的青睐，另一方面又适应了黔中下层信众朴质少文的特点，使临济禅宗在黔中上下层广大士民中产生了广泛的影响。

清代，贵州道教已处式微。顺治、康熙、雍正三朝，虽然道教的地位远不如明代，但在民间仍有较大势力，其多神崇拜的特点，具有广泛的适应性，为了满足民众的需要，理论上进一步简化，并吸收民间信仰和方术，将民间供奉的神吸纳入道教神仙系谱。清代，贵州本土道士迅速增加，贵阳见于记载的道士有43名，其中本地约占80%。他们广布于城乡，以道教教理教化信众，以术济人，促进了道教传播。

在清代，贵州官绅士民捐建道观、神祠的势头不减。见于历朝记载的有数十座。捐建的方式，一种是各级官员捐廉倡建。如光绪二十一年（1895）修复黄平飞云崖建筑，捐资者有贵州巡抚、提督学政、布政使、按察使、粮储道、黄平州知州等各级官员和附近群众。另一种方式是，由信教群众公推会首募集资金，用来建道观，道观建成后，召道士为住持，但道士对所住道观及田产无权处置。

随着汉族移民的大量增加，各省入黔人士为加强联系而设立的会馆，多祀道教神。到清末，贵州道观已达千余座。由于多神崇拜，立善积功等宗教观念进一步深入民间，以崇奉关帝、玉皇、城隍、五显、财神、文昌、吕祖、灵官、龙王、药王、马王、牛王、火神、山神、土地神等为主的神庙大量增加。对供奉对象各地有所侧重。

清代贵州道教的一个特点，是道教宫观与祠堂同在一地，道教尊神与地方民众崇拜之人共处一堂。所谓"有功于国，则祀；有德泽民，则祀；能捍大灾，御大患，则祀；死封疆，卫社稷，则祀"⑩。如乾隆十三年（1748），正安州吏目徐阶平（字旬令，浙江嘉善人），见州境内多有栎树（俗称青枫），可以饲养柞蚕，于是自外地携来蚕种，教百姓烘种饲缫之法，民众感激他为官一任，造福一方，嘉庆二十五年（1820），正安绅民在县城西门、安场（今安场镇）、瑞溪（今瑞溪镇）修建"徐公祠"，以示怀念。祠正殿塑像自右至左依次为：财神、三霄、川主、灵官、徐公。

儒、道、释三家逐渐合流的趋势，在清代更加明显。禅宗本身即提倡"三教合一"，兼融儒、道，这种现象在贵州表现十分突出，所以贵州的三教寺特多，仅贵阳府各司里便有 225 座。更有甚者，如普定玉真山寺，始建于明宣德五年（1430），清光绪十三年（1887）重建。分为上中下三殿。下为斗姥殿，中为观音殿，上为玉皇殿。玉皇殿内所塑神像有观音、如来、韦驮等，并刻有八仙中的"铁拐李"。佛寺殿堂的壁画、雕刻、楹联中多有三教合一的特征，如楹联"杖悬日月长生佛，葫贮乾坤自在仙"。在黎平南泉山，虽然从嵌于大殿底层左侧山墙的道光八年（1828）立《公议禁止碑》可知，该寺为佛教寺院，但在上元、中元、下元等道教节日，同样也建醮祈神。它是佛寺还是道观？令人莫辨。

在道观中建佛教殿堂、造像的现象也不少，有的道观中还长期住有僧人。典型者如贵阳青岩镇，明代开始建寺观，至清末已有九寺（龙泉寺、慈云寺、观音寺、朝阳寺、迎祥寺、寿佛寺、圆通寺、凤凰寺、莲花寺），八庙（药王庙、黑神庙、川主庙、雷祖庙、财神庙、火神庙、孙膑庙、东岳庙），五阁（文昌阁、云龙阁、三官阁、奎光阁、玉皇阁），二祠（班麟贵祠、赵国澍祠），一宫（万寿宫），一楼（水星楼）。形成了三十座寺、庙、观并存的局面。每逢"观音会"（农历二月十九、六月十九、九月十九），有数万人到此参加活动。遵义县的回龙寺，保存了许多历代木刻神像，其所供奉的神像，在贵州农村中有一定代表性。其正殿内，从左至右的神像排列依次为：神农氏、山主、雷王、牛王、财神、土地、掌刀将、黑神、七姓将军、黄毛童子、川主、东皇太乙、救苦观音、送子观音、碧霄圣母、金霄圣母、送子娘娘、武魁、文魁、文昌帝君、太阴神、太阳神、女娲、药王、灵官等；二楼供刘备、张飞、关羽；三楼供玉皇大帝，左为地母、右为王母。这些神像以道教诸神为主，也有佛像、民间供奉的地方神及历史人物，实为一个综合性的庞大神系。

这时期，贵州道教建筑和雕塑艺术成就颇为显著。建筑艺术方面，以贵阳文昌阁、织金财神庙具有代表性。贵阳文昌阁始建于明万历二十四年（1596），清代曾六次维修、重建。现存的文昌阁建筑群的格局为嘉庆年间形成。文昌阁主体为木结构建筑，阁分 3 层，高 20 米。其三层三檐不等角的九角攒尖顶，造型十分罕见。建筑典雅端庄，浑厚质朴。织金财神庙始建于清初，乾隆四十八年（1783）重建，外观近似宝塔状，形式富于变化，共有十八翼角，五十四条脊（包括博脊在内），外形奇特，体量庞大，为省内所罕见。

贵州道教与民俗关系极为密切，对民间流行的傩坛渗透较深。傩坛脱胎于古老的傩祭活动，在发展中逐渐融入巫、道、儒、释的内容。贵州傩坛多打道教旗号。黔北有玄皇、五显、梓橦派；黔东有茅山、师娘、梅山教派。道教尊神玉皇上帝、傩爷、傩娘及三清等，为傩坛的主神。清代贵州民间宗教有较大发展，其理论上和仪式上多效法道教。如弘阳教的经典教义，就较多吸收了道教的内容，有些经典直接由道教照搬过来，语言更加通俗易懂，易记易传，很适合下层广大民众需要，信众较多，在黔北一带，往往借用佛、道教场所为其基地。清代后期的战乱（尤其是咸丰、同治时期），危及道教，道观多毁于战火，道士被迫离观。

比较特别的是，贵州不少地方还流行儒坛。儒坛，是在吸收儒、释、道教义而形成的民间信仰仪式之一，在传承仪式上多与道教相同。儒坛分文昌斗坛（奉文昌帝君为主）、桂籍坛、广济坛等。儒坛敬孔子、佛祖、观音、太上老君、玉皇上帝、灵官、雷神、大仙、真人、将军、元帅以及诸天神圣、圣贤名人。念诵的经典有佛经、道经及儒家的《大学》、《中庸》、《论语》、《礼记》等书。儒坛"择乡间山林环回、林木荫翳处，设讲坛。……诵经，曰《文昌》、曰《救急皇经》、曰《治世宝录》、曰《善诱新书》、曰《救急灵章》……"[17]当时有民谣说："儒生打儒教（醮），兼用佛与道。"主要活动有：农历正月初一、初九"玉皇会"；春节"春祈会"；六月"旻皇会"、"祖师会"；七月"超度会"；秋季"秋报会"等。各坛可分做，也可两坛合做，会期一般为七天。

清初，清军进入云贵地区，一批陕西、宁夏、甘肃及河北等地回族穆斯林将士随清军进入贵州，戍守各地。不少回族穆斯林将领、官员在贵州任职。仅雍正三年到道光十八年（1725—1838）就有马会伯、哈元生、哈攀龙、哈国兴、张国相五人先后出任贵州提督，其部属中有不少回民。回族穆斯林大量迁入、留居贵州，不少人出任各级军政官员，提高了回族的社会地位，有利于伊斯兰教的传播。

此外，一些回族穆斯林因为官、经商等入黔并落籍；一批穆斯林人士和伊斯兰教经师、阿訇在黔中兴办经堂教育，倡建清真寺，推进了伊斯兰教传播。顺治十六年（1659），陕西长安阿訇刘吉，经云南来到威宁，在下坝清真寺开办经堂教育，培养经学人才，仅其子、孙两代就有二十余人出任黔西北及滇东北一带清真寺的掌教。康熙四十三年（1704），凉州庄浪人韩忠出任威宁镇总兵，倡建清真寺，引导穆斯林恪守教规，学习伊斯兰文化和中国儒家文化，发展经济。

清前期，贵州穆斯林经济迅速发展。回族穆斯林以农业为主。有少量从事小商品经营者，多数活动于乡间，走村串寨，经营布匹、盐、茶叶、牛羊肉等。威宁中水一带白蜡虫种质量优良，远销四川等地。清雍正"改土归流"后，地主经济得到完善，生产力得到进一步的解放。经过长期积累，到清末，回族穆斯林中，农业和畜牧业出现了新兴地主；有的经营蚕园、白蜡，开办皮革作坊、银厂等。随着穆斯林经济的发展，新建、完善清真寺有了物质条件。康熙至道光年间，在盘县、安顺、威宁、贵阳等地，均新建或重建、扩建了不少清真寺。

清中叶后，清朝贵州地方官员对回民持歧视态度，采取压制政策。这种民族歧视和压迫政策，招致回族穆斯林的反抗。从咸丰七年至光绪十七年（1857—1891），威宁爆发了四次回民起义。贵州历次回民起义均以伊斯兰教为旗帜，起义首领不少是阿訇。"白旗起义"义军还在根据地内建清真寺、办经学院等，推进了伊斯兰教传播。起义失败后，清政府将穆斯林强迁各地，以便管束。一些穆斯林为免遭屠杀，纷纷逃亡他乡。他们将伊斯兰教带往新的地域。在生活稳定后，他们在新驻地如平坝、安顺、镇宁等地，也建起了清真寺。

在清代，贵州的穆斯林教派为格底目和哲赫林耶。哲赫林耶于道光年间（1821—1850）中期传入贵州西南一带；咸丰、同治年间（1851—1874）"白旗起义"失败后，黔西南回族穆斯林逃亡或被强迁各地，哲赫林耶也随之传播到安顺、贵阳等地。光绪十六年（1890），马元章（哲赫林耶第七代教主）到贵州办理教务。他积极宣传民族团结和教派团结的主张，缓和与统治者的矛盾，引导穆斯林勤农事、经商贸，发展经济，兴建清真寺。他为了统一管理哲赫林耶教务，还将兴仁、安龙、盘县、兴义、普安、贞丰、镇宁、安顺、平坝的哲赫林耶分为十二坊。马元章回甘肃前，委任跟随自己多年的云南弥勒人杨云鹤（1820—1917）为贵州"热依斯"[18]，常住于兴仁三家寨道堂（哲赫林耶传教中心）。杨云鹤以农、牧、商并重，发展道堂经济；他告诫穆斯林，安分守己，勤事农业，和平相处，不损人利己；他主持道堂扩建，兴办经堂教育，亲授阿拉伯文和伊斯兰教经典课，聘请汉族教师讲授汉文和儒家经典，培养了一批"经书两全"的阿訇。经杨云鹤十多年不懈努力，使当地"回汉和睦"，"方人之向道者众，慕道者深"[19]，从而推动了哲赫林耶在贵州的传播。

由于地理环境阻隔，贵州的哲赫林耶与格底目派穆斯林之间极少交往，从未发生过教派争斗。教派对增强本派穆斯林团结互助上还起了一定作用。

明末，贵州已开始有天主教的活动。清初，明永历朝廷退至安龙，天主教也被带入。顺治、康熙年间，贵州属南京教区，基本上属于法国的传教范围。康熙四十年（1701），意大利耶稣会士都嘉禄（亦译为杜克蒂）兼任贵州首任代牧。康熙四十三年（1704），他派遣法国遣使会会士到贵州考察。康熙四十七年（1708），法国耶稣会传教士刘声闻任贵州代牧，但他无法进入贵州，便将贵州教务委托给法国遣使会传教士、四川宗座代理穆肋勒（又名穆天池、穆勒尼）兼管。穆肋勒于康熙五十一年（1712）到务川、思南一带，发展了几名教徒。由于当时清政府禁教甚严，西方传教士很难在贵州立足；又因入天主教后，不拜天地、不敬祖宗、男女齐聚，不符合中国传统习俗，也遭民众敌视。因此，天主教的传入贵州，最初只能秘密进

图上4-13　20世纪初石阡天主教会

行。乾隆二十年（1754），务川毛田有一个生意人在四川信教，回家后劝说家人信教。两年后，巴黎外方传教会会士、四川宗座代牧范益盛（又译名博德）来到务川传教，便以他家为据点，发展近二十名教徒，成立贵州第一个教会。至嘉庆四年（1799），全省教徒为 599 人（其中贵阳教徒 100 人）。嘉庆七年（1802），法国巴黎外方传教会传教士徐德新任四川宗座代牧。次年，徐德新分贵州教区为两部分，一部分为黔东道，包括贵州东部和东北部，主要在务川（毛田、毛燎）及川南，由中国神父蒋若翰管理；另一部分为黔西道，包括贵阳、遵义及兴义等地，由中国神父罗玛弟管理（后因罗未至，另派人巡视教务）。嘉庆十三年（1808）望教者增至 104 人，领洗者 48 人；全省教徒为 1402 人。

鸦片战争后，清政府被迫与西方列强签订一系列不平等条约，天主教获得在华传教特权。道光二十四年（1844），清廷被迫对天主教开放"教禁"。道光二十七年（1847）六月，法国巴黎外方传教会传教士白斯德望至贵阳。当时贵州仍为禁教地区，但因他貌似中国人，能说汉语，活动较为方便。他多次到黔北、黔东、黔南、黔西南、贵阳附近传教，其工作为巴黎外方传教会所赏识，道光二十九年（1849）升为贵州代牧区主教。道光三十年（1850），贵阳北堂落成（贵州教区主教府即在此堂），附有男、女学堂各一所；为加强与外地联络，建立贵阳到广州的定期邮班。咸丰元年（1851），白斯德望为贵州第一位中国神父骆文灿"祝圣"。咸丰二年（1852）开办男、女学堂各一所，修院一所；在贵阳、定番、都匀、镇远设立了四个医馆，主要是免费诊治儿童。在白斯德望主教任内，贵州的教徒增加到 2200 人。

咸丰四年（1853），法国传教士童文献（1821—1907）接任贵州教区教区长，在北天主堂建女修院。在

图上 4-14　贵阳城北天主堂

贵阳市六冲关建男修院，由胡缚理任院长。咸丰七年（1857），修生杨通绪毕业，晋铎为神父。为帮助外国传教士教授拉丁语和修生学习《圣经》及神学知识，童文献编写了《拉丁中华小字典》、《法、拉、中通行官话字汇》、《中国格言录》、《中拉对话集》、《谈话写作中国文规》等著作，并创办《贵州教区日记》，刊载教区动态消息，介绍历史、地理知识。这一时期，天主教在贵州发展迅速。到同治九年（1870），贵州有主教1人，外国传教士15人，中国神父2人，修女27人，男女传教先生30人，修院1所（修生45人），学堂31所，教堂和活动点170处，教徒8000人。此后，天主教由贵阳向黔北、黔东北、黔西南传播，先后在一些地方建立传教点和教堂，或派出传教人员。到道光二十六年（1846），全省教徒已约为4万人。

天主教对近代贵州中西文化交流和社会进步，有过不可忽视的贡献。传教士中那些虔诚的宗教信仰者，为促进中西文化的交流做了大量工作。为了传教的需要，同时也是贯彻天主教"荣神益人"的宗旨，贵州天主教开办了一些医馆、诊所，到道光二十二年（1842），贵州各地建立的医馆已达56个。早期的医馆、诊所，除贵阳等少数医馆外，设备均较为简陋。贵阳教会医馆是各地医馆的中心，不仅为各地培养医务人才，还供给各地医馆中成药。此外，兴办慈善事业是贵州天主教教会联系社会、塑造形象的一项工作。通过治病、收养孤儿等，以取得群众信任，扩大社会影响。童文献任教区长时，建了圣婴善会（天神会），收养被遗弃的小孩，并给病孩付洗。到光绪十三年（1887），全省共办有10个孤儿院，收养孤儿414人。孤儿中有的被培养为传教人员，如杨保禄、陈伯多禄等。天主教会还在贵州兴办学校，最初是为传教而办，但其在发展过程中，对促进文化教育和中西文化交流起到了一定作用。道光二十五年（1845），在贵阳兴办男、女学堂各1所；到同治九年（1870），已增至31所。

在进行科学研究和普及科技知识方面，天主教也有所贡献。清光绪二十七年（1901），贵阳大修院院长范恩利与教师周忠臣、安龙教区贾禄等，在贵阳新华路天主教大修院内创设气象站，进行气象观察，该站后来成为上海徐家汇天文台的一个联系站。他们绘制的贵州地图比较精确，后在香港印为"贵州教区详图"。马伯禄、施恩等人从光绪二十一年（1895）开始，用两年时间采集贵州各地的植物标本进行研究。

值得一说的，还有南明永历小朝廷与天主教耶稣会的密切关系。南明永历王朝在清顺治九年（明永历六年，1652）退至贵州安龙后，希望通过天主教而获得外援以对抗清军，因此天主教得以在南明广为传播。天主教传教士在宫廷内得到信任；在内宫，一些重臣和皇室重要成员受洗入教。朝廷派员去澳门求援，也曾得到过澳门葡萄牙当局发兵、带大炮数门助战，收复一些失地；或获赠火枪百支等协助。明永历帝就位的一年里，皇族内就有烈纳太后、永历皇后（教名亚纳）、永历生母马皇太后（教名玛利亚）、皇子慈垣（教名当定）等五人受洗；另有朝中官员四十余人、妃嫔五十余人及一些太监入教。甚至还委派波兰籍耶稣会士卜弥格充任南明出使教廷的特使，于清顺治七年（明永历四年，1650）持致教宗及耶稣会总长信函，远赴罗马。

基督教于光绪初年传入贵州。最先进入的是"中华内地会"，接着是"循道公会"。光绪三年（1877），中华内地会派遣传教士祝名扬、巴子成等入黔，得在清军中服务的麦士尼将军的帮助，在贵阳开展传教工作。首先在贵阳车家巷建立"福音堂"，这是基督教在贵州境内建立的第一座教堂。自光绪五年（1879）以后，内地会派遣加拿大人文藻夫妇、英人潘惠廉医师、传教士白德礼、潘博年、党居仁等人，先后到贵州传教。基督教传入贵州的最初十余年间，先后有内地会传教士 19 人在贵阳、安顺、兴义、遵义、独山等城镇传教，建立教堂，并开办义学、诊所、戒烟馆等，吸引群众入教。他们站稳脚跟后，便逐渐进入到郎岱、赫章、威宁、普定等少数民族聚居区。内地会是贵州基督教传教时间最长、范围最广、信徒最多的一个差会，设有中国籍传道人员的组织"证道团"，在宗教思想上宣传"属录"，注重个人神秘传教经验。"循道公会"于咸丰元年（1851）传入我国，在光绪三十年（1904）由云南昭通传入贵州威宁石门坎。这个宗派认为，单纯的传教不足以应付新的社会问题，应当深入下层，宣扬能取得内心的平安就是幸福，造就循规蹈矩行事的人。英国人柏格里是最先进入石门坎的传教士。他深入苗族地区传教，并依靠苗族布道员杨雅各、张约翰等进行传教，在石门坎建教堂、办学校、开医院、造苗文，很快打开局面。柏格理以石门坎教堂为中心传教，选拔、培养当地汉族和苗族布道员或教师，派到黔西北、滇东北、川南一带传教。以后，循道公会的传教范围逐渐扩大，增设许多教堂、学校和医院。

　　基督教之所以把在贵州传教的重点放在少数民族地区，一是因为天主教未曾进入这些偏僻山区，不致与天主教发生冲突。二是这些地方的社会矛盾突出，生活艰难，人们希望在精神上得到慰藉和解脱。在这些地区，佛教、道教的影响极小；传教士只要能够争取到几个有影响的少数民族信徒，就可以通过民族传统的家庭家族的亲属关系，顺利扩展传教。

　　在贵州的基督教各宗派都注重兴办教育事业（主要是小学校），吸引穷苦青年信教和培养布道员。光绪二十三年（1897），党居仁在水洞街内地会会所兴办"义学"，招收男女学生各一班，每班学生60至80人，学制四至五年，后来经扩建更名为"敬一学校"。光绪三十二年（1906），又开办"广智学堂"，主要招收豪绅子弟，目的是在本地社会上层人物中扩大影响。该校除请本地名士教授文学外，还开设英语、科学常识等课程，报名入学者多至百余人。这一年，柏格理在石门坎建"石门坎光华小学"，首批学生二十多人，全部为青壮年苗族。为了传教和帮助苗族群众学习文化，柏格理与汉、苗族信徒钟焕然、李司提反等，研究创造出一套可供推广的苗文。在苗族、彝族地区建立教堂的同时，还建立了一

图上 4-15　威宁县石门坎柏格里墓

批光华小学分校（仅设初小部）。

基督教传入之初，就以为人治病施药作为一种重要的传教手段。许多教堂都兼有医院诊所。虽然大部分只有一两名专职或兼职医护人员，医疗设备也较简陋，但在宣传卫生知识、防病治病方面仍发挥了重要作用。基督教会在教徒中提倡移风易俗，劝戒信众放弃酗酒、早婚、缠足等陋习，树立尊重妇女、同情弱者、病者等观念，开展队列操练、跳绳、打篮球、踢足球、唱歌、跳舞等有益活动。柏格理曾编写一本天文知识小册子，印发了数千份，以改变人们对日食的迷信见解，在客观上促进了科学技术知识及文明生活方式的传播。

无疑，天主教在贵州的传播，是伴随帝国主义侵略势力和不平等条约的签订而推进的，有着极其深刻的政治背景，其无视中国法律，干扰地方行政，造成与官府为代表的政治势力之间的矛盾。作为一种外来宗教文化，天主教与中国传统文化和贵州地方文化存在明显差异，这种异质文化向贵州城乡民众渗透，触及到民众以"敬天法祖"为核心的传统信仰，造成教会与民众之间的矛盾。政治上的对抗，异质文化的碰撞，必然会引发冲突。以青岩教案、开州教案、遵义教案为代表的一系列教案，就是在这种情况下发生的。教案风波对贵州的政治文化造成了重大影响。

青岩教案。这是《北京条约》签订后中国发生的第一起教案。咸丰十一年（1861）端午节，贵阳青岩民众按当地习俗上街"游百病"，当一部分群众走过姚家关大修院门前时，一群小孩齐声高诵民谣："火烧天主堂，洋人坐班房。"大修院的看门人和四名修生出来驱赶，与群众发生争吵。青岩团务道赵国澍（畏三），担心此前与天主教传教士过往甚密会给自己带来不利，便一反常态，抢先执行贵州巡抚何冠英和提督田兴恕的"秘密公函"（此函把天主教斥为"异端邪说"，最为害民；把反对洋教是否积极作为地方官考绩的依据），派团丁将四名修生抓到青岩团务署训斥，扬言要处死不放弃天主教信仰者。四名修生回去报讯。次日，大修院院长白伯多禄率领全院修生到杨梅高寨的教徒家躲避。五天后，赵国澍因修院不予答复，派人将看门人和两名修生抓回关押，并查抄大修院，烧毁房屋。贵州提督田兴恕当即提升赵国澍为全省团务总办，兼署青岩团务。贵州主教胡缚理请法国公使馆出面，写信与贵州官府交涉，迫使田兴恕放人。田兴恕大怒，即令赵国澍将抓获的人处死。事后，天主教会通过与清廷交涉谈判，双方议决：贵阳府迅速张贴中法《天津条约》20 份；令贵州巡抚将抢去胡缚理的书籍和宗教用品、屋舍等如数赔还，原物已毁者赔银 5000 两；被杀者每家赔银 250 两，并为死者赔造富丽的坟墓。

开州教案。同治元年（1862）正月十五日，开州（今开阳县）夹沙龙的群众扎龙灯，准备祭龙神。当地民间组织"一心团"派人通知天主教徒参加，教徒以奉教为由予以拒绝。"一心团"总办周国璋等在劝说教徒时，与教徒发生争吵。周国璋将此事禀报开州知州戴鹿芝，戴立即飞报田兴恕。田兴恕下令缉案就地正法。戴鹿芝便派人逮捕了法国传教士文乃耳和四名教徒，几天后全部处死。事发后，贵州教会派"外事司铎"任国柱赴京，通过公使馆向清廷提出交涉；法国公使哥士耆即电告法国政府，同时联络英、美、俄等国驻华公使，一起向清廷提出"强烈抗议"，要求严惩相关官员。经反复交涉，清廷赔偿白银 12000 两，将田兴恕遣戍，贵阳六洞桥田兴恕公廨划拨给贵州天主教会。

遵义教案。同治八年（1869）端午节，遵义民众在炎帝庙打斋醮（道教仪式），祭醮首人杨树勋与天主教徒杨希伯发生口角，杨希伯便带领百余教徒冲击迎表队伍，还追入庙内砸毁器物。被激怒的数千民众拥进天主教堂，抄走其设备、书籍等，并捣毁爱仁堂（教会医馆）。贵州当局派候补道陈昌运前往查办。陈昌运了解事情真相后，向黔抚建议：劝说贵

图上 4-16　提督田兴恕被充为教产的公廨

州主教胡缚理等和解了事，并护送布沙尔等暂离遵义。胡缚理听了布沙尔等的汇报后，写了致法国公使的信函两件，派人带到北京面交法国公使，请求向清廷交涉。同治十年（1871）正月，清廷屈从列强的压力，将遵义教案结案：纠众抢夺教堂财物的傅有沅，拿获讯明正法；杨希伯挟嫌逞凶，激成众怒，导致天主堂被毁坏，发配边疆充军；杨树勋争殴酿成巨案，杖二百，流二千里。遵义教案连同贵州所发生的几起教案，共赔银 7 万两。

　　贵州"三教案"的发生，是近代中国社会的主要矛盾——中华民族与帝国主义之间矛盾不断激化的产物。鸦片战争后，传教士在政治上以外国公使所代表的强权作后盾，形成一个凌驾于清廷之上的独立权力系统。损害了中国的主权。在中国，"皇权至上"、"君权大于神权"观念影响至深，率土之滨都是帝王一统的天下。独立的天主教权力系统的插入，破坏了这种格局，动摇了官府统治的基础。同时，天主教传教的政治性很强，一些传教士耀武扬威，藐视官府，欺压百姓，不时进出衙署，干预词讼，不肖之徒借入教牟利，作奸犯科，仗势欺人等，这些行为同样会引起官吏们憎恶。因此，教案多由"民教之争"上升为"官教冲突"。例如青岩教案的前奏，就是天主教贵州教区主教胡缚理藐视官府的行为所致。咸丰十一年（1861）四月，胡缚理收到从北京法国公使馆发来的"传教士护照"后，他穿上主教礼服，乘紫色显轿，盛设百余人的仪仗（相当于中国巡抚出行礼仪），去见贵州巡抚何冠英和提督田兴恕，遭到何冠英的冷遇和田兴恕的拒见。贵州提督田兴恕等警告胡缚理：黔省教门已多，实无增加教门之必要，今后教徒中，如有违法乱纪之事发生，汝等不能辞其责。几天后，田兴恕连续三次派兵到贵阳北天主堂，驱赶教徒，查抄经像、祭品及各种宗教用品。何冠英、田兴恕还联名向各府、州、县发出一份"秘密公函"，要求对欲图传播天主教淆惑人心者，以外来匪人看待，随时驱逐，或借故处之以法。"秘密公函"下发不到一个月，就发生了青岩教案。因此，青岩教案实质是以何冠英、田兴恕为首的贵州官府与天主教势力之间的政治性矛盾冲突，"秘密公函"是这次教案的"催化剂"。而开州教案，本因民俗祭龙纠纷而起。但随着官府介入，出动团练，逮捕并处死传教士和教徒，事件迅速由民间纠纷转化为政治性争端。青岩教案和开州教案中政治冲突的焦点，是维护传教特权，还是维护官府权威。天主教依赖传教特权，为其传教扫清道路，扩展教会势力；官府要以其权威，维护统治基础，保障政令畅通。双方都会为此而力争。这也是教案起因简单，而事态变化急剧、处理过程复杂，多由"民教之争"转为"官教冲突"的根源所在。

引发贵州"三教案"的另一原因，是由于中西文化差异的冲突。中国长期以来一直保持着以儒家伦理为准则、以男性血缘为纽带的宗法制度，以此为基础，维持并不断完善了以"尊天敬祖"为核心的宗教信仰。一切宗教组织都必须依附于皇权，接受朝廷官府的管辖，不得违背官府的法规。明末清初，天主教刚传入中国时，曾以天主教教理趋附中华传统文化的方式进行教理宣传，开展传教活动；对中国教徒在官场上祭孔、在家里祭祖的行为也采取了宽容的态度。但后来罗马教廷禁止将天主教教义儒教化，称中国民众的敬天、祭祖、祀神等皆为"非法礼仪"，企图以天主教习俗取代中国传统的信仰，将其理念强加给中国民众，甚至干预民众的民俗活动。这种做法必定招致中国民众反对。例如遵义教案发生就是如此。据统计，1861 年至 1910 年的 50 年间，因四种类型习俗（神灵崇拜类、伦理类、消灾祈福类和娱乐类习俗）而引发的天主教、基督教教案达 147 起，这些习俗均是民间信仰的重要内容㉑。当然，从文化的角度看，贵州"三教案"中民众的迷信观念、官员的处事鲁莽、官民的盲目排外等，也是导致冲突升级的因素之一。

第七节　学术的深化及业绩

经学小学独树一帜　版本目录学很有影响　地方志全国知名　杂著
地方特色显著

由于清代贵州教育的发展，直接影响、促进了贵州学术研究的发展，成果比明代丰硕。刊行学术专著数百部，涉及诸多门类，有经学、小学、史学、方志、目录学、金石学及杂著等，并做出了较多成绩。

经学。有专著 116 部。学术水平较高，影响较大者，有陈法《易笺》、萧光远《周易属辞》、郑珍《仪礼私笺》和《巢经巢经说》、宦懋庸《论语稽》等。

　　清代贵州有 38 家说《易》的专著，其中以陈法的《易笺》和萧光远的《周易属辞》学术价值为高。陈法（1692—1767，贵州安平人），康熙五十二年（1713）进士，后受聘贵山书院山长达 20 年。他是清初理学家，撰《易笺》8 卷，是他研究《易》数十年心得的结晶，全文收录《四库全书》。他的基本观点是："《易》所言者人事耳"，"其所道不外人伦日用"，没有谈天地、风雷、阴阳。《四库总目提要》认为"其辨最为明晰"。书中关于卦象错综之辩，甚为明晰；所论"筮法"，也与经义有所发明，可备一解。萧光远（1803—1885，遵义人），以教书为业，主讲遵义湘川、育才、培英诸书院历 16 年。他十易其稿，撰《周易属辞》12卷。他独辟蹊径，"屏去旧说，取全书千三百三十有六字，依《说文》求其故训，析其偏旁，谐其声组，一切从本经比例索解"，用一种独异于前人的研究方法，终于"渐得凡例若干条，旁推交通，妙义环起，……专精极矣！"㉑

　　对《礼》的研究，清代黔中学人有专著 18 部。特出者是郑珍的《仪礼私笺》8 卷，《考工轮舆私笺》2 卷和《凫氏为钟图说》1 卷，另有《巢经巢经说》1 卷。（参见本书下编第六章《沾溉百年：沙滩文化》）

　　另有宦懋庸（1842—1892，遵义人）撰《论语稽》20 卷，初刊于光绪二十年（1894），黎庶昌作序。宣统三年（1911），振华书馆出版有铅印本，此后陆续重印，发行颇广。此书考核历代各家注释，择其善者，加上自己的见解，有不少创获。黎庶昌在《序》中说它"尤足补二千数百年说《论语》诸家之遗阙"。此书在民国年间影响较大。

　　小学是研究经书的基础，含文字、音韵、训诂等学。清代贵州有专著 40 部，学术价值较高者十余部。其中，郑珍研究《说文解字》数十年，有研究专著十余种。仅刊行《说文逸字》（3 卷）、《说文新附考》（6卷）、《汗简笺正》（8 卷）3 种；莫友芝撰有《唐本说文木部笺异》1 卷。郑知同（1831—1890，字伯更），贵州遵义县人，是郑珍之子，醉心于《说文》，造诣精湛深邃，小学成就尤高，有专著十余种，仅刊行有《说文本经答问》、《六书浅说》2 种，其余稿本均佚。《说文本经答问》上、下卷，以问答形式，反复辩明《说文解字》本字即古文，非秦小篆，对历代许多专家的误解谬说一一纠正。黎庶昌在《说文本经答问序》中，对他的治学态度和造诣作了高度评价。《六书浅说》阐发六书本义，后为胡朴安著《中国文字学史》所征引。

清末民初，姚华②著有《小学答问》、《书适》和《黔语》3 书。《小学答问》写成于光绪二十六年（1900）。此书叙述文字学有关知识，采用问答方式，简明扼要；提出的"以母通子"法，即依据汉字的造字方法，先归纳整理出基本字（或称原型字，即"母"字），再以每一类基本字，有规律地演绎出一批衍生字（即"子"字）。这对掌握多种形声字很有帮助。《书适》提出了研究文字学的几个基本问题，如我国文字的起源、造字方法、文字递变的几个阶段，书写工具的沿革，以及我国文字发生、发展的社会意义和运用文字的作用等；同时运用清末出土的甲骨文、钟鼎文资料，融入进化论的观点，对上述问题作了精到的阐发，不囿于前人陈见，实事求是，有所创获，令人耳目一新。《黔语》记述的是贵州方言。

音韵学方面有两部重要专著，一是莫友芝《韵学源流》，一是傅寿彤《古音类表》。《韵学源流》1 卷，堪称简明音韵学发展史。征引书籍 296 种，提及人物 251 位。全书分古韵、今韵、反切三大部分，对各部分的代表性著作，依其学术水平及在音韵学发展史上的作用，作了实事求是的评价。莫友芝对音韵三大部分的划分，对后世音韵学的研究和音韵学史的编写，都有一定的影响。傅寿彤（1818—1874，贵阳人），咸丰三年（1853）进士，撰《古音类表》9 卷，初刻于同治癸亥（1863）。他研究历代音韵学著作，创立五声、三统、十五部之法，以求合于天、地、人自然之数，类以统十五部，部以统二百六十韵，韵以统一千二百七十四之声，声以统九千三百四十六之字。按这样的方法去分

图上 4-17 莫友芝像（选自凌惕安编撰《清代贵州名贤像传》）

析声韵，可以解决许多问题。傅氏谐声表有两个鲜明特点：一是不仅收谐声偏旁，而且收谐声字，并作简要释义，对研究古汉语音义关系颇有助益；二是对滋生的谐声字作说明，并将关系密切者收在一起。但他的"韵部与天地之数相准"之说，及"三统生十五部"之说，未免有些牵强。

清代黔人的目录学著作，据民国《贵州通志·艺文志》存目仅13种，已刊而未入目1部。其中有几部在全国很有影响。莫友芝是著名目录学家，所著《邵亭知见传本书目》16卷，在学术界影响很大。此书所收，计《四库存目》者45种，《四库全书》未收者647种，堪称洋洋大观。此书最大特点是博采异本，详加考辨：一是鉴定刻本时间；二是考订作者生平、简评内容优劣；三是考订版本源流及收藏情况；四是考订异本增减，判明版本优劣，多有独到之见。此书在清末印行，有多种版本，多次印刷，成为图书工作者和藏书家案头必备之物，是清代较著名的版本目录之一。莫友芝在江南各藏书名楼中，见到不少珍稀的宋元刻本或精抄本、手稿，均写有题识，合编为一书，题名《宋元旧本书经眼录》，共3卷。第一卷题宋椠本47种，第二卷题金、元椠本46种；第三卷为旧抄本、手稿38种，共131种。此书的主要特色，一是考古籍经藏情况，二是辨别版本真伪，三是摘抄或全录序跋，或对全书内容提要钩玄，于治学者助益不少。《书衣题识》，是莫友芝对自己购藏的部分珍贵古籍，题识于书衣之上，共53则，合编为1卷。题识内容广泛，有的考订版本，有的校正文句异同，从而判定优劣，有的记录购求经过与时间、地点，有的记录校勘情况。莫友芝的另一部目录学专著《持静斋藏书纪要》（上下卷），附刊于丁日昌《持静斋书目》后，有清光绪间苏州文学山房聚珍版。本书按经、史、子、集四类分部，每部又以宋刊、元刊、明刊分目；每目之内又按内容分子目。对一些精善刻本、稿本的记录比较详细。除行款规格、纸质等外，还记述经藏流变，品评其文物价值。稿本多为《四库》未收者，其中记录的一批明末清初野史颇为宝贵。此外，莫友芝还撰有《邵亭书画经眼录》4卷，品论吴、唐、五代（蜀）、宋名家真迹。

光绪年间，黎庶昌出使日本，在公使署辑印《古逸丛书》200卷，共26种。他撰写《古逸丛书叙目》1卷，载于《古逸丛书》之首，对所辑

26 种古逸书籍作出考订，分别记述版本源流，卷本抄写字体的美丑，椠本的精粗，内容与今本的差异，以及在中土亡佚情况的追溯。有很重要的学术价值。

贵州的金石学专著，仅见有莫友芝的《金石题识》1 卷，附刊于《宋元旧本书经眼录》；《梁石记》1 卷，未刊。《金石题识》对各家碑刻或金文拓片，或记其所在地点，或考订其存没、毁损情况，或记查访经过；有的还附释碑文，并鉴定其文物价值和艺术品位。莫友芝的金石论著中，提到多种前人未能发现的珍贵碑刻和金银器物，考订精审。近代学者对他金石目录学的成就评价颇高。郑珍也是位金石爱好者，搜集了一些珍贵金石文物或碑刻拓片，并写诗作跋，进行考订，写有多篇考证金石的文章。

陈矩（1851—1939，贵筑县人）的《天全石录》1 卷，则是别开生面的石录。陈矩曾随黎庶昌出使日本，为使馆随员，后任四川天全知州。他在日本搜得古本逸书数万卷，金石三千余种，又得木叶、梅景、楠化诸石；在天全，他也搜得奇石多件，并为每件奇石写"谱"，描绘其形貌特征，并系以"赞"，汇编为一部奇石谱录。

清代贵州史学著作，可分为正史、编年、杂史三类。黔人正史著作 3 部，以《十六国方域考》为佳；编年类 4 部，有《十六国年表》等；杂史类 62 部，有《播变纪略》、《平黔纪略》、《苗变纪略》、《全黔国故颂》和《西王母国故》等。

傅昶撰《十六国方域考》14 卷，是针对洪亮吉《十六国方域志》一书之不足而改订者。他发觉《晋书》所记史实并不可靠，认为洪亮吉的《志》所载各州、郡、县故实，不出《晋书》和崔鸿《十六国春秋》之外，是"重志"，并无新的资料，因作此《考》，既不离《晋书》，也不泥《晋书》；按州、郡、县为主，详考其沿革，使各国疆域一目了然。

记述咸丰、同治年间史迹的杂史有多部，较佳者有以下几部：《播变纪略》1 卷，宦懋庸撰，此书记述遵义一带自杨龙喜起事后十几年间的变化，是作者亲历亲见之事，记述客观真实，史料价值较高。《平黔纪略》20 卷，罗文彬（1845—1903，贵阳人，同治进士）等撰。此书采用编年体形式，记录咸同大起义 20 年间的历程，起自咸丰四年（1854）二月二十七日，独山州杨元保起义，迄于同治十二年（1873）十二月初六日，李鸿基被俘牺牲，丹江被清军占领。材料搜集较广泛，著录态度也较严谨。但大都摘自官方奏章，缺乏农军方面的实际资料。《南溪四种》，韩超（？　—1878，直隶昌黎人）等撰，此书包括《独山平匪记》1卷，《遵义平匪日记》1卷，《苗变纪事》1卷，《南溪韩公年谱》1卷（陈昌运编），四种合一，由汪康年辑入其《振绮堂丛书》，汪康年的《跋》云："右《南溪四种》，皆记昌黎韩南溪中丞在贵州战事。"此书虽私家著述，但是当事者所亲历目睹，故较真实，有史料价值。

黎庶昌《全黔国故颂》24卷，精抄本（书稿存贵州省博物馆），选黔中历代贤哲，依其生平行迹及所建树之德操、功业或论著，写成颂体一篇。分名臣、忠义、循吏、儒林、文苑、孝友、货殖、方技、列女、土司等目，从晋到清共 110 人。

严修于光绪二十年（1894）出任贵州学政，历时三年。他改革书院，引进西学，培育大批英才。在赴黔驻黔期间，他每天写有详细日记，后辑为《蟫香馆使黔日记》若干册。为贵州近代文化史、教育史研究提供了宝贵资料。

姚大荣（1860—1939，普定县人，光绪九年进士）《西王母国故》，68 篇。《西王母国故》初题为《上古三代治理西域史钩沉》，后扩大内容，历经 40 年而成此书，共约百数十万言，删削为六十余万言。书稿存贵州省博物馆。为上古世界史著作，以西王母为主体，关涉世界地理沿革、种族变迁、文化张弛，以及历史系统等。

清代贵州方志多达 195 部，现存 89 部，质量较高者，有康熙 2 部《贵州通志》和乾隆《贵州通志》，道光时 5 部府志。另外，李鸿章主修、黄彭年（1824—1890，贵筑县人，道光二十五年进士）总纂的《畿辅通志》300 卷，名望颇高，为全国名志之一。

清康熙《贵州通志》有前、后两个版本，前志由贵州巡抚曹申吉主修，吴中蕃、潘驯总纂，成书 33 卷。吴三桂叛乱，版片尽失。贵州巡抚卫既齐再修，由吴中蕃、李祺总纂，成书 36 卷。继任巡抚阎兴邦补充 1 卷，刻印成书。现在两个刻本均有存书。两志纲目得体，切合贵州实情。前志《土司》之后，有记述少数民族的专篇，每一民族都绘有人物风俗图，有文字说明，这在历代志书中，算是创举。清代贵州通志中，质量最高的是乾隆《贵州通志》。始纂于雍正十一年（1733），完成于乾隆六年（1741）。主修者先后有鄂尔泰、展元成、张广泗。初纂者靖道谟，继纂者杜诠，全书46卷，分天文、地理、营建、食货、秩官、武备、人物、艺文八大纲，分统七十四目，以类相从，有条不紊。后来州郡志均奉此为圭臬。此志全文收入《四库全书》。《四库总目提要》评云："此书综诸家著述汇成一编，虽未能淹贯古今，然在黔省舆记中，则详于旧本远矣！"

梁启超在他的《中国近三百年学术史》中，对清代"经名儒精心结撰或参订商榷"的方志而"可称者"，列了104种，贵州的《遵义府志》、《贵阳府志》、《大定府志》、《安顺府志》和《兴义府志》5部府志，名列其中。

《遵义府志》，平翰、张锳、黄乐之主修，郑珍、莫友芝总纂。于道光二十一年（1841）完稿，成书48卷。此志资料搜集宏富，考证精审；体例新颖，不蹈袭陈例；文笔典雅精粹，叙事简明生动。梁启超在《中国近三百年学术史》中，评为"府志中第一"。

《贵阳府志》，周作楫主修，萧琯、翟锦观总纂，邹汉勋删正。完成于咸丰元年（1851）。此志是纪传体的代表作。有纪有传，有录有略，又辅之以图，参之以表。全书分三类："冠编"（为"宸章"2卷）、"正编"（全志主体，分纪、表、记、略、录、传诸体，88卷）、"余编"（分文征和杂识两大类，20卷）。全志共110卷，约350万言。时任云贵总督的贺长龄在《贵阳府志序》中说："是编之辑，虽止一郡文献，而领袖全黔，将来续修通省之志书，以此为权舆，条举通省之政事，以此为圭臬，所系岂不重哉！"

《大定府志》，黄宅中主修，邹汉勋总纂。道光二十九年（1849）成书，分八纲三十七目，共60卷。云贵总

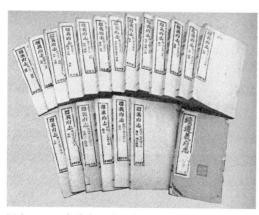

图上 4-18　清道光《遵义府志》书影

督林则徐为此志作《序》，并在致黄宅中（惺斋）的书札中，对《大定府志》作这样的评价："深叹编纂之勤，选择之当，综核之精。以近代名志较之，惟严乐园之志《汉中》，冯鱼山之志《孟县》，李申耆之志《凤台》，或堪与此颉颃，其他则未能望其项背也。"

《安顺府志》，常恩主修，吴寅邦、邹汉勋总纂。道光三十年（1850）成书，分九大纲七十二目，共54卷。此志资料搜罗宏富，统合古今，特别是地舆的制图有创造性，可供取法。

《兴义府志》，张锳主修兼总纂，又聘邹汉勋、宋逢甲协纂。历时13年，于咸丰三年（1853）成书，共74卷。这部府志的义例颇为严整，材料选择也很精严，修志态度极为认真。

一些文人游宦贵州，写了有关贵州风土、习俗、物产及史迹、人物的著作，其中质量较佳，影响较大者有《黔书》、《续黔书》、《黔语》及《黔南识略》等。

《黔书》上下卷，田雯撰。田雯（1635—1704，山东德州人，康熙三年进士）于康熙中叶出任贵州巡抚。《黔书》采用标题写法，一篇记一事一物或一人。上卷记沿革、风俗、山水风物；下卷记人物、物产及怪异现象。文笔典雅，叙事生动，情文并茂。此书附于田雯的《古欢堂集》之后，被收入《四库全书》。

《续黔书》8卷，张澍撰。张澍（1776—1847，甘肃凉州府武威人）于嘉庆年间，历任玉屏、广顺、遵义知县、知州。此书体例略同《黔书》，篇幅更多，内容更广，所记自星野形势、风俗古迹，以至草木、鸟兽、虫鱼，共一百余条。考证精密，文章尔雅，博观自喜，情旨斐然。

《黔南识略》32卷，爱必达修，张凤孙纂辑。爱必达（?　—1771，满洲镶黄旗人）在乾隆年间任贵州布政使，后任贵州巡抚、云贵总督。此书以省、府、厅、州、县为纲目，详记沿革、疆域、山川、形势、风俗、土田、财赋、关隘、营汛、驿道等情况，而无人物、艺文、星野、占候等，是一部纯粹的地理志。

《黔南职方纪略》9卷，罗绕典撰。罗绕典（1793—1854，湖南安化人，道光进士）历官贵州布政使，后升云贵总督。此书大体依《黔南识略》体例，补充土司、苗蛮方面的内容，又补录上书所缺失的遵义、思州、仁怀各府、厅的资料，使全省十二府、三厅、一州的土地、人民的基本情况，均有其梗概。

此外，还有李宗昉《黔记》、吴振棫《黔语》、徐家干《苗疆见闻录》等。

据《贵州通志·艺文志》载，清代杂著存目98种，今存不足30种。史实类杂著中，较佳者为萧光远《鹿山杂著》、《鹿山杂著续编》。此书记录作者生平所历所闻之事，其中记遵义十年动乱的文章，有史料价值。家教类的著作颇多。如徐遑《家训》、王士俊《闲家编》、傅潢《傅氏庭训》、黎恺《教余教子录》、郑珍《母教录》、莫友芝《过庭碎录》、蹇诜《醒庵家训》等。王士俊的《闲家编》入《四库存目》。郑珍的《母教录》传播最广。

杂著中有丛书性质的，一是《黎氏家集》，一是《古逸丛书》，均由黎庶昌刊行。（参见本书下编第六章《沾溉百年：沙滩文化》）

此外，陈夔龙㉒《梦蕉亭杂记》2卷，所记都是其生平所经历的晚清重大历史事件及人物行迹，对于光绪、宣统两朝的朝章国故及其治乱兴衰的情况，叙述颇详。如戊戌政变中袁世凯告密的细节，"六君子"被害情形，义和团运动，八国联军入京，慈禧西逃情景，以及奉命协助奕劻参与议和，签订《辛丑条约》等，都有详细记载。不少细节颇为生动，引人入胜，是研究近代史的重要参考资料，此书刊行以来，被多部丛书收录。

第八节　文学艺术的迭兴

黔中诗人名冠一时　文评传奇略见风骚　书画名家辈出　地方剧种诞生　民间戏剧活跃

贵州的文学艺术在清代得到长足发展，刊行诗集有数百部，词集数十部，散文集百余部，还有小说和戏剧（传奇）等作品。书画艺术家的作品在全国艺坛也有一定影响。多种戏曲涌入贵州，产生了贵州梆子、贵州琴书等戏曲品种，川剧也颇流行。

清代前期，诗歌成就最高而影响较大的是周起渭㉓。他少年时代即好吟咏，15岁时所作的《灯花诗》，曾传颂一时。他曾拜诗坛盟主王士禛

（渔洋）为师，并与京师名流查慎行、顾图河、史申义等交流唱和。其诗《分韵京师古迹得明成祖华严经大钟》，以朱棣夺取皇位的"金川门"事件为题材，揭露皇室"骨肉相残"的凶狠本性，内容深刻，气势磅礴。时人称道此诗"瑰伟特出，冠于一时，由是称翰林院能诗者，必以公为举首。"他的诗名鹊起，引起康熙皇帝注目。杨钟羲《雪桥诗话》载："陈文贞（陈廷敬，谥文贞）在直庐日，圣祖传问后进诗人为谁，文贞以史申义、周起渭对。一时翰院有两诗人之目。"㉕他的诗作先后编为《回青山房诗集》、《稼雨轩诗集》、《燕山尘土集》。自选有《桐野诗集》4卷，分别刻印于北京和江南，流传至今。其诗以咏史之作成就为高，其次为纪游诗，再次为题画诗。其《赤壁避风登苏公亭放歌》为七古长篇，登临怀古，抒发胸臆。诗的开头气势崚嶒，让人联想到赤壁大战的壮阔景象。接写系舟登岸所见景物，引出对苏公昔日遭际的追忆。此诗格调高雅，词章华美。此后常有文士在苏公亭上向游人朗诵苏公"二赋"及此诗，成了堪传千古的名篇。周起渭三次游历江淮吴越，写了百多首纪游之作。其七绝《泛舟西湖夜半始归》，被袁枚在《随园诗话》中赞为"断句入耳，有终身不能亡者。……写景则周起渭《西湖》云：若把西湖比明月，湖心亭是广寒宫。"周起渭是清初宋诗派，对晚清宋诗派代表郑珍、莫友芝等影响颇深。郑珍有诗云："贵州数诗家，有明推雪鸿（按：指谢三秀）。国朝二百年，吾首桐野翁"㉖。更有论者，推尊周起渭为"黔中诗帅"。

与周起渭同时稍后的贵州诗人，有遵义的罗兆甡、李专，黎平的胡学汪、胡奉衡父子，铜仁的徐闇、徐奭兄弟和张元臣等，都有诗

周起渭

图上4-19　周起渭像（选自凌惕安编撰《清代贵州名贤像传》）

集传世,成就可观。其中,有田榕、潘淳,足以步武周起渭。田榕著有《碧山草堂诗钞》16卷,辑入《黔南丛书》。他游踪颇广,诗作多得江山之助,追求淡雅幽清的意境,风格奇崛瑰伟,很有特色。写有《黔苗竹枝词》24首,描绘各民族特有习俗风情,别开生面。潘淳与田榕友善,时相唱和。著有《橡林诗集》6卷,《春明草》1集。其诗专学杜甫,有沉郁顿挫风韵,也是诗人内心愤懑的抒发。

乾嘉之际,涌现了傅玉书、唐金、田均晋、刘启秀、犹法贤及花杰、周际华等一批诗人。成就较高者为傅玉书[②],著有《竹庄诗文集》41卷。他的《桑梓述闻》10卷,记载了瓮安各方面史料,被认为是全国第一部私家志书;《鸳鸯镜》传奇1部,是清代贵州最早的也是仅存的两部传奇之一。辑有贵州明清两代诗歌《黔风旧闻录》、《黔风鸣盛录》各6卷,是贵州最早的一部诗歌总集。他的纪游之作较多,有写黔中奇崛山水者,诗风略近王、孟。一些反映民间疾苦的作品,诗风与杜甫为近。

道光、咸丰同治以降,黔诗掀起更大高潮。郑珍、莫友芝既是宋诗派代表作家,更是黔诗几百年来的一大高峰。郑诗被"同光体"诗派奉为"不祧宗祖",有"清诗三百年,王气在夜郎"的赞誉。其亲友如黎兆勋、黎庶焘、黎庶蕃昆仲、莫庭芝;还有他们的长辈黎恂、黎恺和莫与俦,其下一辈有郑知同、郑淑昭、黎汝谦等,都是黔中诗人中的佼佼者。贵阳也有一大批诗人,如陈钟祥、黄彭年、李端棻等。陈钟祥著有《依隐斋诗钞》12卷、《香草词》5卷刊行。他曾出使藏区察木多,写成《康邮草》,描绘藏区风习民情,别饶风致。黄彭年著有《陶楼诗钞》6卷,《陶楼文钞》14卷。其诗多抒写性灵,反映民间疾苦。李端棻现存《苾园诗存》1卷,他以诗歌宣扬平等、自由观念,痛斥清王朝屠杀维新志士,镇压爱国学生。如《政治思想》云:"天地区分五大洲,一人岂得制全球。国家公产非私产,政策群谋胜独谋。君为安民方有事,臣因佐治始宣流。同胞若识平等义,高枕无忧乐自由。"

贵阳还有一批颇有成就的诗人,如傅寿彤,"陈氏三杰"陈灿、陈田、陈矩,"黔南六家"杨文照等。遵义诗人除黎、郑两家外,尚有塞家父子,赵家父子;唐氏九代有诗人,以唐炯成就为高。黔西北也有一批诗人,如张琚、史胜书、丁宝桢、章永康,女诗人周婉如,彝族诗人余家驹、余昭、余达父等。

贵州词人全出在晚清。叶恭绰《全清词钞》选录贵州 17 家作品。在全国词坛影响较大者有黎兆勋、黎庶蕃、莫友芝和章永康等人。章永康虽年仅 33 岁即逝，但著有诗词集二十多种近百卷；惜散佚，仅存《瑟庐诗钞》3 卷，《海粟楼词》1 卷。他的词以婉曲绮丽者居多，但有些词气魄宏大，颇有豪放派风韵。陈钟祥著有《香草词》5 卷，《鸿爪词》、《哀丝豪竹词》、《菊花词集》、《牡丹亭词》各 1 卷，词的成就在其诗歌之上，所表现的生活面颇广，有的描绘各民族地域的民俗风情，部分作品触及时事。

散文创作中，有几家的成就可观。陈法是位理学家，又工诗，其文集有《犹存集》8 卷（辑入《黔南丛书》）、《塞外纪程》1 卷。《犹存集》体式众多，有奏章、禀檄、札、议、论、序及杂文等。涉及时务者颇多。其中《黔论》一文，指出贵州人有"五病"，而生活在贵州有"八便"，涉及文教、社会风习、自然环境诸多方面；进而提出"去四病而彰八便"的措施。论点新颖，至今仍有现实意义，堪称一篇奇文。傅玉书有《竹庄诗文集》41 卷，为文谨守桐城"义法"。著名诗人钱载（1708—1793，《四库全书》总纂之一）为《竹庄文集》作序，称赞其文"集中说理之文，剖析疑似，至较之毫厘分寸之间，而谬迷之端，磔然以解。其议论古人事，审时度势，纵横博辩，波澜酣恣，而衷于至当，如剑割石，如土委地，无可游移"。丁宝桢[20]刊行有《丁文诚公奏稿》26 卷，《十五弗斋诗文存》1 卷。其奏议全由自己动笔，从不假手幕客。其文关系国家大计及民生安危，识见精敏，剖析条畅，论断果决，具有无可辩驳的逻辑力量，且文采斐然。一些记、序文章，也构思巧妙，品之有味。黄彭年刊行《陶楼文钞》14 卷。他学养深淳，刻意为文，所写文章，寓意深

图上 4-20　陈法像（选自凌惕安编撰《清代贵州名贤像传》）

远，独具卓识。人物传记，善于选取典型细节，使人物性格活脱显现，颇得太史公运笔神髓。

综观清代贵州的散文，成就最高而影响深远，要算遵义沙滩郑、莫、黎三家文人的作品。近现代多种全国性散文选本，如《清文观止》、《续古文观止》、《近代散文选》、《近代文学大系·散文卷》等，都选录莫与俦、郑珍、莫友芝、黎庶昌的作品，少则一篇，多者一人十几篇。他们已跻身全国名家之林。（详见本书下编第六章《沾溉百年：沙滩文化现象》）

小说和戏剧创作，曾是贵州文学的薄弱部分，在清代有所改观。范兴荣⑧的《唫影集》4卷，66篇，初刻于道光二十一年（1841），为短篇神怪小说，与《聊斋》相类；每篇之末，有"赏音子曰"的评论一段。这部小说集，或记述社会中的奇闻逸事，或借鬼神狐兔的行藏爱恋而影射现实，发泄作者愤懑之情。有的揭露官府大小官吏贪赃枉法，如《杜履祥》一篇，即脱胎于《聊斋》中的《席方平》，而冤情更甚；《龙宫闹考》一篇，揭露科场中的诸多弊端，暴露丑恶。全篇文笔优美流畅，行文骈散相间，错落有致。与《聊斋》中的狐仙鬼魅不同，《唫影集》中的狐鬼多狡黠狞恶，也许是人情淡薄、人心狡诈的末世风气的反映。黎安理的《梦余笔谈》共14篇，以往曾把此书划归"杂著"类。但按其内容，大都怪诞奇诡，或以梦境曲折反映现实，或写骇人听闻之怪异事，其特征与纪昀《阅微草堂笔记》相类，应属笔记小说。

章回体长篇小说《玩寇新书》，著者佚名，仅存作者《自序》及56回目录。从回目来看，取材于咸丰、同治年间农民起义时期的历史事件，由咸丰四年（1854）八月桐梓杨凤起义，到咸丰六年（1856）十月贵州提督孝顺克复都匀止，所述仅两年多时间，只是二十余年起义风暴中的一小部分。从《自序》所表白的其写作目的来看，作者是位颇有正义感的书生，是当时事件的亲历目睹或听闻者，"虽稗官野史，其有关世道人心者匪浅。但愿天心厌乱，及早太平，则天下幸甚。"回目中所涉及的诸多事件，在郑珍、莫友芝的诗作中也曾提及；所针砭的人物，均为当时的大权在握者。据《清代述异》所引，说当时有人劝作者，"是书若成，恨汝者必多"，因而只写五十六回便辍笔，原稿秘而不宣，以免引来杀身之祸；但心有所不甘，便存下回目，附刊于韩超的《韩南溪四种》中，让后人推想。也有说作者只拟出回目，并未动笔。

尤值得一书的，是但明伦㉚评点的《聊斋志异》，俗称《但批聊斋》。他所评点的《聊斋志异》，初刻于道光二十二年（1842）。清末喻焜把先后四家（王士禛、何守奇、但明伦、冯镇峦）点评本《聊斋》汇编成集，并在《序》中说："及云湖但氏新评出，披隙导窾，当头棒喝，读者无不颀首皈依，几于家有是书矣！"但明伦对《聊斋》并非逐篇皆评，而是对感受深切者加以评点，有时几字、数十字，有时几百上千言；既有眉批、旁批，也有总评，往往鞭辟入里，令人叫绝。读《聊斋志异》，并读但明伦的评点，会领略得更深切，得到更多的识见和享受。

乾隆、嘉庆年间，贵州出现了两部传奇，一是傅玉书的《鸳鸯镜》，一是任璇的《梅花缘》。《鸳鸯镜》传奇写成于乾隆三十八年（1773）冬，分上下两卷，共20出，是以唱南曲为主的长篇戏曲。通过晚明忠臣杨涟、左光斗子女婚姻的曲折遭遇，反映忠臣与权奸魏忠贤党羽的斗争。这部传奇宣扬忠孝节义的伦理观念，寓惩恶扬善的要义，主题较为陈旧，但客观上反映了明朝政治的黑暗和社会的动乱，有一定的认识价值。任璇（约1745—？字次枢，号龙溪），普安州（今盘县特区）人，乾隆五十三年（1788）举人，官广东永安知县，有政声。《梅花缘》写于他中举之前，署名"古盘问花居士"，共4卷29出。嘉庆七年（1802）刊刻，也是以唱南曲为主的传奇，写秀才王廷睿与大家闺秀方秀梅之间离奇曲折的爱情故事。故事情节，显然受《西厢记》、《牡丹亭》、《荆钗记》的影响。剧中人物有个性色彩，语言活泼，与人物身份吻合；对环境描写、气氛渲染也较成功。任璇《后序》中有"愿学玉茗文人，笑烟花于南部"之语，足见他颇以才情自负。但《梅花缘》与《鸳鸯镜》一样，只是案头文学作品，缺乏本色当行的戏剧语言，雅正有余而风趣不足，难以搬上舞台。

贵州书画艺术，有清一代名家辈出。

康熙年间，周起渭（渔璜）与知名画家王石谷、禹之鼎等过从甚密，常为他们的画题诗。《桐野诗集》中题画诗有七十多首。他的书法真、行皆佳，潇洒飘逸，才气纵横。有周书七言联"名传冀北三千里，地近蓬莱尺五天"传世。陈法喜好书画，书艺尤高，《临圣教序》，字大若胡桃，笔力沉稳，结体飘逸中寓端严，韵致淡远。他的册页前后有袁思铧、莫庭芝等多家题跋；又有行书《塞外纪程稿》两种传世。

乾隆、嘉庆之际，遵义的唐惟安（号敬亭）擅指画。郑珍的《书唐敬亭先生指画鹰》诗，称赞其画技艺高妙，不同凡响。道光、咸丰之际，郑珍的书画、莫友芝的书法，均有较高造诣。郑知同、黎庶昌也工书艺。这时期有位指画家陈钰，技艺高超。陈钰（1814—1869，字二如，号一指山人，安平人）居处贵阳，他的《钟馗破扇图轴》为指墨写意，以指墨点染出钟馗磊落嵚崎、卓然不群的性格特点。《墨笔山水花卉散页》十幅，均以指、笔兼用，粗豪处用指蘸墨勾点，细微处用笔皴染，各臻其妙。同时代的书画家，还有张日晸、黄辅辰、石赞清、张琚等。

同治、光绪年间，有几位技艺精湛的书画家，如王恩诰、傅衡、袁思铧、何威凤、严寅亮[31]等。王恩诰所画皆师造化，写出真山真水及花鸟的神韵。傅衡的画多仿大小李将军，承袭金碧山水之法，其构图繁缛，用笔工细，人们对其精妙处不理解，时有訾议。陈田曾见其所作《罗汉渡海图》，十分赞赏，称其"精细处，锐入毫芒，叹为古人绝作。吾黔龙友、瑶草、又新以六法名家，此后寂无嗣响，虎生出，而论画者乃不敢轻黔人"[32]。袁思铧工诗文，有《双印斋诗稿》，尤精书画。书法专攻欧阳询，风骨开张，气韵不俗，为同治、光绪以来黔人书法冠冕，名重京师，求书者遍海内。画工花卉，师法恽南田，设色淡雅，清丽自然。黎庶昌在日本东京宴请友人时，曾张挂袁思铧的四帧花卉小品于壁间，极受小松亲王及诸大臣赞赏。何威凤入京会试不售，入南学攻读，交游名流，得翁同龢、王闿运赏识，书法各体皆工，画擅花鸟、山石、竹木，也画狮虎和骏马、苍鹰，又独创"凤"的艺术形象。姚华对何威凤颇为推崇，其《何翰伯威凤画凤三首》之一云："青藤龙友风流尽，三百年来访旧闻。几见乡邦才子笔，萧条异代又逢君。"把何威凤视为徐渭、杨龙友的嗣响者，推尊极高。严寅亮在国子监南学与何威凤同室共处，两人极友善。严寅亮曾题写"颐和园"榜额，又为颐和园中书写过多方匾额和多副楹联；曾在蜀中刊行《剩广墨试》。严寅亮以楷、行为精，楷书雍容大度，体势轩昂，行书挥洒自如，如行云流水，舒朗自然。晚年寓居贵阳，在黔中留下的墨迹甚多。

清代，曾有不少书画家游宦、游幕或旅游黔中，留下多帧绘画珍品和墨宝。顺治年间，江苏常熟画家黄向坚赴云南寻父，饱览滇黔风光，绘成山水图册，题名《寻亲图》，有 8 幅藏于贵州省博物馆。江苏无锡邹一桂，乾隆前期两任贵州学政，在黔六年，绘有《楚黔山水十二景》1 册，为友人强索去。回京后再作图数十幅，更名为《山水观我》，他在《序》中写道："天下奇特山水甚多，惜游人观后迅速忘却。而黔中山水，格外有情：人不观山水，山水却起而观人，具有特殊魅力，引得无数文士，竟往游观。而自己不惟观时流连忘返，至久别后，仍忆念不已。"现有 12 幅和 22 幅两种图本传世。后一种图本的图后，有张鹏翀、郑珍、窦奉家等人的题跋，其中《东山》、《黔灵山》、《雪涯洞》、《照壁山》和《涵碧潭》5 幅，画的是贵阳城区景物。或为水墨泼洒，或为丹青敷色，色调或绛或青，深浅殊别，因而气韵不同，各具风采。洪亮吉于乾隆晚期出任贵州学政，在贵州留下墨迹多幅。现存者有《红柿山房》篆书横额一块，安顺华严洞有"读书洞"三个擘窠大字；还绘有《岁寒图》、《管下名山图》等。阮元出任云贵总督时路过贵阳，为翠微阁题写榜额，并有七律一首刻为诗碑。林则徐任云贵总督，为唐树义写有行书楹联一副。何绍基充贵州乡试副主考，鹿鸣宴上题写七律一首索和。临川人桂馥，同治、光绪间入黔任佐吏、州县官、广顺知州，考察黔中民族风情，画有《黔南苗蛮图说》，并刊行。山阴人俞培剑任兴义府经历，也画有《百苗图》若干幅，形象生动，衣饰灿然。

贵州的摩崖碑刻颇多，其中有许多具有较高的艺术水平。贵阳黔灵山九曲径崖壁上，楷书"黔灵胜境"，是康熙年间石阡知府陈奕禧所书；行书"第一山"，是嘉庆年间黄宗源临写米芾书；两丈高的草书"虎"字，是咸丰十年（1860）总兵赵德昌所题。修文龙冈山间、何陋轩等处有几通碑刻，如贺长龄的楷书《君子亭记》、罗绕典的楷书《何陋轩记》、吴振棫的楷书《龙冈漫兴》诗碑。遵义沙滩禹门山有摩崖三通，为郑珍篆书、莫友芝隶书、黎庶昌楷书各一幅；在子午山有郑珍撰文、书丹、手刻的《黎太孺人墓表》，是颜体楷书；青田山莫友芝墓碑，为张裕钊楷书；莫与俦墓碑，是莫友芝楷书等，皆是佳作。贵阳花溪小碧乡大寨村，有清乾隆年间谢庭薰题刻的"是春谷"摩崖若干幅，有楷书、隶书，规模宏大。

在黔西北彝族地区，清代留下许多彝文碑刻，有碑记、墓碑或墓志，有的为岩刻，或是彝汉两种文字合璧同刻，或是彝、汉碑分立。已发现彝文碑刻四百多处，有的碑刻很精美，例如立于清嘉庆癸亥年（1803）冬月二十九日的毕节大朗乡大屯村口《李雨铺四楼碑》。

清代工艺最精湛的石雕，当推安顺文庙的两根石龙柱。石龙为镂空雕刻，玲珑剔透，宛转空灵；背负龙柱的石狮，雄伟活泼。石牌坊全省各地皆有，造型壮美；雕刻精细者，有遵义龙坑场"乐善好施"坊、兴义鲁屯的石坊等。

建筑艺术中，最为突出的是侗寨鼓楼和风雨桥。侗寨鼓楼在造型上集楼、阁、亭、塔为一体。著名的从江增冲鼓楼，始建于康熙十一年（1672），通高20米，为五层十三檐八角攒尖顶。从江高阡鼓楼，建于嘉庆年间，平面呈六角形，顶为六角攒尖顶，共15层檐，通高23米，为当时贵州境内最高鼓楼。风雨桥是桥梁、楼阁、房屋、长廊相结合的建筑形式，最著名者为黎平地坪风雨桥，建于清光绪年间，全长55.88米，高3.3米，高出水面10米，颇为壮观。

楼阁及殿堂建筑群，以镇远青龙洞为最。由青龙洞、紫阳洞、万寿宫、香炉岩、祝圣桥等组合而成，占地六千多平方米。始建于明中叶，几度毁于兵火，至清代形成现今规模。在山崖洞壁间构建，依崖傍洞，贴壁凌空，形成五步一楼、十步一阁、曲径如绵、回廊如带的格局。楼阁飞檐翘翼，寺院青瓦红楼，纵横排列，错落有致。从江对岸仰望，有

图上 4-21　遵义尚稽陈公祠

如巨画悬空而挂，奇妙异常。在中国各地建筑群中，堪称一绝，备受建筑学家们称道。此外，贵阳文昌阁、织金文昌阁也独具特色。著名的祠庙有遵义尚嵇陈公祠、石阡万寿宫。规模宏伟、造型精美的庄园有毕节大屯土司庄园，兴义下五屯刘氏庄园等。

贵州建省以后，外地的戏曲逐渐传入。入清以后，黔中艺术人士吸取各剧种的优长，创造出贵州梆子。贵州艺人对外来的琴书加以改造，创造出贵州琴书这一曲艺品种。川剧传入时间较晚，但颇为兴盛。

属于"雅部"的昆曲，大约在明后期传入贵阳，到清代康熙、乾隆之际颇为盛行。"花部"的秦腔、弋阳腔在清初也颇流行。乾隆时，贵州有位叫杨宝儿的秦腔艺人，曾到北京献艺，与京师名伶并驾齐驱。此后，楚腔、川戏也传来贵阳。黔中戏曲艺人吸收各种声腔的优长，创造出贵州梆子。在乾隆、嘉庆之后，还涌现了一些名伶，如李少白，兼擅红生和文武生，唱做工冠绝一时；王心怛有"神音须生"之誉。其他如魏文才、钟文发、何花脸、王六公、张官保等，都以演贵州梆子而著称于时。贵州梆子剧目多达二百多出，如《华山下棋》、《彦章跑城》、《秦琼起解》、《三击掌》、《拷红》、《拜月亭》等。梆子戏班先后有隆庆班、豫升班、洪泰班、万和班、高升班等。到光绪年间，贵州梆子衰落，演员改搭其他剧种的班子。

琴书以扬琴为主要伴奏乐器，是一种说唱形式的曲艺，俗称为"扬琴"。乾隆、嘉庆年间由外地传入，在文人士大夫间流行。道光年间，经过王石青、蒋发三等人加以改造，吸收贵州本地民间曲调及板腔音乐，形成具有贵州地域特色的艺术品种，称"贵州琴书"，也称"贵州弹词"。演唱内容，除小段子外，还有大型曲目，分生、旦、净、末、丑等角色，伴奏乐器也增多。光绪年间，贵州琴书开始走向民间，在贵阳、安顺、织金、黔西、遵义、铜仁等地，出现了多个"玩"扬琴的团体、茶社，曲目多达490多出，如《琵琶记》、《青梅记》、《玉娇梨》、《一捧雪》等。琴书在后世被搬上舞台，逐渐衍进而为黔剧。

川剧传入贵州较晚，先流行于黔北一带。由于川中商人涌入贵阳，川剧也随之而入，很快赢得贵州观众的喜爱。贵阳城中的四川会馆，成了川剧的重要演出场所，官员们常在这里迎宾应酬，每届乡试的公宴都在这里举行。由于川剧的兴盛，吸引了贵州梆子的观众，导致贵州梆子戏班的衰落。

贵州民间还流行一些娱神娱人的戏种。

傩堂戏又叫傩坛戏、傩愿戏，有浓厚的宗教色彩，与冲傩还愿、驱鬼镇邪等宗教活动结合在一起，在酬神活动的中间插演"正戏"。表演者头戴各色人物的面具，穿上戏装，扮演各种角色。傩堂戏流行于黔东、黔北、黔南和黔西北一带，除汉族外，土家、布依、苗、侗、仡佬等民族也都有傩堂戏。演出剧目很多。

黔北、黔南及省内其他汉族地区流行"阳戏"，也是"酬神还愿"的宗教性娱乐活动，所奉祀的是"川主"、"土主"、"药王"三圣，也有加祀"文昌"的，带有三教合流的色彩。

端公戏，又叫"庆坛"、"跳坛"，也称"傩愿戏"、"还愿戏"，属傩戏系统，流行于黔北、黔南等地区。演出的班子称"坛"，"坛主"即端公。演出时或戴面具，或"抹花脸"。分文坛、武坛；文坛不跳戏，武坛则唱与跳并重。

地戏，由军傩演化而成，流行于安顺、黔西南、六盘水及黔南等地区；布依族、苗族也搬演地戏。地戏一般在村头旷地上演出，不上舞台，观众在四周高阜处观赏。演员把面具顶在头上，穿上戏装，扎上靠旗，手舞刀枪等各式道具，边舞边唱，边说边打；所演剧目多是战争题材。

花灯戏，由花灯歌舞发展演化而成。花灯歌舞一般在地面表演，称为"地灯"。后来吸取其他戏曲的表演手法和板腔，表演有人物、情节的"灯夹戏"，逐渐登上舞台，形成"台灯"，即花灯戏。形成"台灯"的时间大约在道光、咸丰之际。其中又分东路（思南、印江一带）、西路（安顺一带）、北路（遵义一带）和南路（独山一带）花灯。

此外，布依族中流行一种坐唱形式的艺术，叫"八音"，又称"八音坐弹"，在兴义、安龙一带流传。生活在红水河、南盘江一带的黔西南地区布依族，从清代中叶开始将壮族的壮剧融入本民族的音乐和表演形式，形成了布依剧。布依剧的剧目，有"正戏"、"杂戏"之分。"正戏"多半是表演汉族历史故事，以汉文刻本流传；"杂戏"则根据布依族民间故事和传说，由艺人自编自演剧目，没有唱本，仅凭口传，形式短小精

图上 4-22　布依族
"八音坐弹"

炼。布依剧演出时一般不搭台，在平地上表演，因而又叫"土戏"或"地
戏"。在贵州的黎平、从江、榕江，广西的三江和湖南的通道一带侗族聚
居区，主要流传侗剧。侗剧创始于清道光年间，据说首创者是黎平人吴
文彩（1799—1845），他将一些汉族传书改编为侗戏剧本，并设计了侗戏
的平板唱腔。第一部侗族题材的侗戏是《金汉列美》，是与吴文彩同时代
的戏师张鸿干根据侗族叙事诗《金汉》改编的。宣统三年（1911），侗族
戏师梁少华、梁耀庭将侗族民间故事《珠郎娘美》改编为同名侗戏，在
侗族地区广为传播，影响很大。

第九节　近代文明的催生

先觉者与维新思潮的传播　政治社团与新政　新经济实体与近代化
的肇始　社会文化开始艰难转型

　　鸦片战争之后，外侮日深、内乱不止，清王朝面临前所未有的危
机。洋务运动破产后，国内要求政治改革、寻求"救国图强"之路的呼
声日益高涨。中国社会发生了急剧变化，贵州文化也随之转型。
　　在贵州，传播新思想、推动新思潮贡献最为突出的代表者，是严修、李端棻和吴嘉瑞。

严修任贵州学政期间，大力倡导新学，传播西方新思想、新文化。一是创建资善堂书局，二是改革书院。光绪二十一年（1895），严修捐养廉银千金，成立贵州官书局（附设于贵阳资善堂内），他亲自为书局草拟章程、缮写书目和价格，为书籍的购买、收藏与流通建立制度。侧重购买西方自然科学和介绍西方政治、经济、历史的图书，如《几何原本》、《算学启蒙》，李提摩太的《泰西新史揽要》，魏源的《海国图志》，郑观应的《盛世危言》等。严修创建官书局的时间早于京城改强学会为官书局，使黔中士子广沐其泽。后来，又在官书局成立《时务报》代派处，使更多的黔中士子有机会读到《时务报》、《申报》等具有广泛影响、传播新思想新潮流的报刊。光绪二十三年（1897），经严修倡议，率先改革贵阳的学古书院（原正习书院、又名南书院），其基本指导思想是"中体西用"，严修还拟订三十二字箴规，从精神方面指导学生（参见本章第五节）。

光绪二十三年（1897）十一月，严修上疏朝廷，提出请另设经济特科，对那些"周知天下郡国利病"、"熟谙中外交涉"、"算学译学擅绝专门"、"格致制造能创新法"、"堪游历之选"、"工测绘之长"及"统立之专名"的人才，量材取用，用于正途。严修的奏折得到光绪帝的赞同。光绪帝于酝酿变法之际，指令总理衙门及礼部官员制定章程，设经济专科考试，包括内政、外交、理财、经武、格物、考工等六个方面。维新派对开经济特科高度赞赏，认为是"戊戌变法先声"；梁启超称之为"变化之原点"。不少历史学家认为，严修此举，在中国近代教育发展史上占有重要地位，不仅打破了科举制度迁腐空疏、八股取士为唯一渠道的积弊，而且为学习西方科学文化，为具有维新思想与技能的人才跻身于政治舞台铺平了道路。

光绪二十二年（1896），时任刑部左侍郎的李端棻，向清廷上《请推广学校折》。李端棻所说的"推广学校"，目的是"开民智"、"求多士"，认为惟有普及教育，培养大批人才，才能使中国强大，才能改变被列强欺侮的命运。他提出了"一经五纬"的构想，"一经"即以学校为经，"自京师以至各府、州、县皆设学堂"，从青少年入手，学习经史之外，增开

"万国近事"，讲授西方人文科技知识，造就"奇才异能之士"；"五纬"则是设藏书楼（图书馆），创仪器馆，开译书局，广立报纸，派遣游历西洋者，以此扩大"西学"的传播。《请推广学校折》受到光绪帝的高度重视，随即下诏实行，成了全国实行教育改革的指导性文献。此后，《时务报》、大同译书局相继成立，京师大学堂（北京大学前身）及各地学堂应运而生。几年后，正如李端棻所想，清廷"废科举，兴学堂"，下令各省选派留学生。李端棻的《请推广学校折》，全面系统地阐释、规划了未来中国教育的全景，拉开了中国新式教育改革的序幕，为教育新时代的来临铺平了道路，为新知识、新文化、新思想、新科技的传播及文化转型起到重要作用。

　　戊戌变法失败后，李端棻因"滥保匪人"（指举荐康有为、谭嗣同等）而被革职查办，流放新疆。光绪二十七年（1901）遇赦返里后，他心志愈坚，虽年近古稀，仍利用主讲贵阳经世学堂、掌贵阳贵山书院的机会，极力向学生传播西方民主自由思想，专题讲授"卢梭论"、"培根论"，宣扬孟德斯鸠的三权分立论、达尔文的进化论和赫胥黎的天演论，积极传播西方先进的政治哲学思想和科学文化知识，为贵州思想文化注进了新的活力，一时风气渐变，言西学维新者渐众。他还联络四方贤达，积极推行新式学校。光绪二十八年（1902），他在贵阳各方人士努力下，创建了"公立师范学堂"，作为推广发展现代教育的基地，这是贵州第一所新式师范学校。光绪三十一年（1905），他与一些贵州名流提议、并经贵州巡抚林绍年批准，在原正本书院附设贵阳府中学堂的基础上，创建贵阳中学堂（次年改名为贵州通省公立中学堂）。李端棻为在贵州推动新式教育，传播科学文化和先进思想，培养适合时代潮流新型人才，起到了先驱者的重要作用。

　　在贵州传播新思想、在启蒙运动中起

图上 4-23　李端棻像（选自凌惕安编撰《清代贵州名贤像传》）

着重要作用和影响的又一位维新代表人物，是吴嘉瑞（1845—？）。吴嘉瑞，湖南长沙（一说湘潭）人，进士出身。光绪二十二年（1896），他奔走于南京、上海一带，结交了梁启超、谭嗣同等维新派人士，与谭嗣同过从甚密。吴嘉瑞佛学造诣深厚，谭嗣同视其为自己的"学佛第一导师"；谭嗣同的维新派代表作《仁学》，与吴嘉瑞的影响有关。吴嘉瑞是维新变法的坚定鼓吹者和支持者。光绪二十四年（1898），吴嘉瑞出任贵州贞丰百层河厘金局总办。时值戊戌变法时期，他在贞丰创建了贵州近代第一个有影响的、宣传资产阶级维新思想的团体"仁学会"。该会成立后，积极接纳有志青年入会，并"每夜由吴、杨（按，指吴的幕僚杨希昭）共选一讲演题目，或国际时事，或国内政治，或西儒学说"③，向会员传播维新思想，阐明救亡图存的道理。吴嘉瑞虽系朝廷官员，然而他敢于抨击时弊，揭露官场黑幕，批判封建专制制度，由一个康梁维新派，很快成为一个敢于纵谈革命不讳的民主革命活动者。他言辞之犀利，识见之精辟，思想之新锐，视野之开阔，赢得士人的好评。一时间，维新思想风行贞丰，吴嘉瑞成为了社会各界瞩目的人物。在仁学会与吴嘉瑞思想的影响下，贞丰青年风气大开，人心思变。纷纷走出家乡，或求学深造，或寻求救国效力、施展抱负的机遇。有的进入陆军小学或法政学堂，有的东渡日本求学，有的步入军旅，有的涉足政界，有的投身文教，有的参加报社，为后来贵州的辛亥革命积蓄了力量。光绪三十二年至三十三年（1906—1907），贞丰官立高初两等学堂、官立高初两等女子学堂（是贵州开办最早的女子学堂之一）相继成立，其策划、组织及领导者，大都来自"仁学会"。

　　光绪二十一年（1895）春，丧权辱国的《马关条约》即将签订。面对日本帝国主义的鲸吞蚕食及清政府的腐败无能，康有为、梁启超趁着入京应试之机，联合十八省的一千三百余名举人，向朝廷提出了拒和、迁都、练兵、变法等要求，准备于次日呈递都察院。史称"公车上书"。但条约匆忙签订生效，各省举子闻讯，群情激奋，又深感失望，不少人退出请愿活动。在已签名的 603 人中，贵州人数为 96 人，仅次于广西（为 99 人）④。可见贵州虽地处西南一隅，但在维新思潮的影响下，贵州士人是一批不甘人后、具有新时代眼光的人。

正是在这样的大趋势下，到光绪三十一年（1905）前后，贵州相继出现了一批具有资产阶级性质的小团体或带有团体性质的组织。科学会与历史研究会是贵州最早的反清爱国社团。

光绪三十年（1904），张忞、平刚等在贵阳创办科学会，其宗旨一为修学，一为革命；藉研究科学，广集同志，从事反清革命宣传。次年，历史研究会创建。其成员以陆军小学学生为主，活动地点主要在贵阳达德学堂。陆军小学原是清政府培养新军骨干的学校，然而却成了爱国青年酝酿革命风潮、从事反清斗争的策源地。其主要成员有席正铭、刘莘园、阎崇阶等。名义上研究历史，探讨学术问题，实则宣传满虏入关残杀汉人的惨痛史实，刺激青年学生的革命情绪，宣传孙中山的革命理论，鼓动人民起来革命，推翻清王朝的统治。后来，历史研究会将革命宣传的重点，集中转向新军。这些早期团体并无严密的组织机构和明确的革命纲领，但它们都以宣传革命、推翻清政府、号召组织群众、酝酿武装起义为活动内容，大大启发了贵州社会各阶层群众的觉悟，推进了贵州民主革命的进程，从思想上和组织上为资产阶级革命奠定了基础。

自治学社是辛亥革命时期贵州最重要的资产阶级政治团体。光绪三十三年（1907）十一月，在清王朝实行新政的背景下，法政学堂学生张百麟①等主持的"自治学社"在贵阳成立。随着成员的增加，该社团正式选举社长，制订社章，设立工作机构，出版《自治学社杂志》和《西南日报》。自治学社前期秉持"凡个人自治、地方自治、国家自治之学理，皆当以次第研究之"的宗旨，主张在保留清廷的前提下，通过自治、立宪达到资产阶级议会政治的目的。随着国内革命形势的迅猛发展，自治学社队伍的不断壮大，成员分布全省，其政治诉求逐渐远离君主立宪，转而倾向于发动武装革命、推翻清廷的斗争道路，演变成贵州的资产阶级革命党。它在贵州所领导的革命运动，已成为中国同盟会领导下的全国革命运动的一部分。

宪政预备会是辛亥革命前后贵州另一个最具影响的资产阶级政治团体。宪政预备会由法政学堂部分学生所创办，成立之初，以君主立宪、议会政治为职志。唐尔镛、任可澄、华之鸿成为该会的领导成员之后，为了使"君主立宪"的主张为广大士人所接受，他们开办宪政学习班，招集士人分班学习，然后分派到各县传习，作为君主立宪的准备。为了鼓吹君主立宪，宪政预备会一面通过发展贵州近代工商业积累了经济实力；一面通过创办《黔报》（光绪三十三年农历六月初八，即1907年7月16日正式创刊，是贵州历史上的第一份日报）、《贵州公报》和兴办教育，不仅加强了官方的联系，而且密切了社会上层人士的关系。

光绪三十二年（1906）七月，清廷实行"新政"，准备在十年后施行宪政。在九年的预备立宪过程中，贵州地方的新官制按朝廷的部署确定，以适应社会政治、经济趋向近代化的需要。军制改革方面，也正式组建了新式陆军；到宣统末，贵州军队已形成为以新军为主干，以巡防队、绿营为辅的三种军制并存之势。宣统元年（1909）九月下旬，贵州咨议局成立，定额议员39名，由选举产生，逐渐形成了一股敢于与清王朝抗衡的政治力量，评议员提出一些事关贵州政治改良、社会经济发展的议案。当选的议员们，大多热心公益，关心桑梓，思想新锐，不仅积极参与地方立宪活动，还非常热心于全国性的宪政活动，在清末筹备立宪运动的各种政治组织、活动中，多有贵州代表参加。在启迪民智、张显民权上作了一些工作，在一定程度上动摇了封建统治的根基。在清末实行新政期间，在贵州地方官中，出现了一些受过新学教育及留学东瀛的新面孔。如贵定知县金壮春，曾就读于京师大学堂及日本中央大学政治经济科；贵阳知府陈鸿年，曾赴日本考察政治；大定（今大方县）知府吴嘉瑞，曾赴日本考察学务、工艺、警察、监狱诸政；候补知州赵一鸣，毕业于日本大学政治系；修文知县沈钟，自费留学日本，毕业于法政大学……这些官场的新面孔，无疑为死气沉沉的清末官场带来一丝生气。

但是，"新政"掩盖不了贵州官场腐败的种种内情，企图依靠旧制度中的利益集团来推行新政，无异于缘木求鱼，"新政"的最终结局只能是失败。不过，这些政治、军事方面的改革，毕竟顺应了历史发展的趋势，并为辛亥革命提供了较为有利的社会环境和政治平台，而贵州新军则成为贵州辛亥革命的主力之一。

在经济方面，晚清的贵州，已经开始出现一些新经济实体。光绪十一年（1885）十一月，深受维新思想浸染的贵州巡抚潘霨上疏清廷，明确提出：黔省矿产甚多，煤铁尤甚。如能开采合法，运销各省，可免购自外洋。次年，潘霨再次上疏，进一步分析开发贵州地下资源的紧迫感，提出开办青溪铁厂的建议。从光绪十二年（1886）开始，经过近五年的筹建，克服了诸多困难，到光绪十六年（1890），青溪铁厂正式出铁。建成后占地六十余亩，其规模之大，在当时国内亦属仅见。厂内生产分炼铁、炼钢、轧钢三部分，各种机器设备32件。厂内有外籍工程师5人，招有固定工近千人。青溪铁厂不仅是贵州历史上第一个具有一定规模的近代企业，也是19世纪80年代中国兴办的第一个"官商合办"企业，其筹建时间比著名的汉阳铁厂还早三年。但是，投产后便遭遇到更加棘手的困难，不久只好停产。此后，几经"接办"、"承办"的折腾，青溪铁厂始终未能恢复正常生产，终于在光绪三十一年（1905）以失败告终。青溪铁厂的失败，有着多种复杂的因素，如封建官僚政治对铁厂筹建、各类生产要素的制约，主办人缺乏近代化企业生产技术和管理水平，经济发展水平一直滞后的贵州在清末尚不具备近代化大型企业生存的基础条件等。但它的创办，是贵州近代化进程中的一个开端，无疑有着重大的影响。

晚清贵州的矿冶业，在资金来源及经营上，在采矿规模及采用技术上，均与过去不可同日而语。一是外国资本开始渗入矿冶业；二是矿冶业或由国人独资、合资兴办，或是官督商办或官商合办；三是部分矿冶开始引进新技术，采用机器生产。显现贵州近代工矿业进入了新的阶段。除矿冶业外，贵州出现了为数不多、具有资本主义性质的近代民用工业企业。按宣统三年（1911）清廷农商部"凡一户之制造品，有七人以上工作者，均得称工厂"的标准，清末贵州全省共有工厂120家，雇佣

镇远清溪铁厂，"天字一号"钢锭

图上4-24　青溪铁厂遗存

图上 4-25 丁宝桢像（选自凌惕安编撰《清代贵州名贤像传》）

工人 1578 人，平均每厂雇工 13 人左右。贵州近代工业的出现不仅时间晚，而且工厂的规模都很小；而且在这些工厂中，使用动力生产的只有一两家，大多数还是传统手工生产。

贵阳文通书局是清末贵州近代民营工业的代表，也是当时唯一使用动力规模最大的近代民营企业。贵阳文通书局筹创于光绪二十四年（1898），创始人为出身于大盐商家庭的华之鸿。他独资创办文通书局的动机在于："思贵州交通阻塞，新知识传播到黔旷日持久，若果放任自流，贵州文化将永远落后于各省之后。若欲传播新知识，端赖书籍，莫若创办一所规模较大之书局，既可继承先祖未竟之遗志，且印刷厂可以容纳多人，是亦符合提倡工业之旨。"[36]文通书局印刷的第一本铅印书，是郑珍辑纂的《播雅》；第一部石印书籍为英文教科书。宣统三年（1911）秋，文通书局正式对外营业。全局有职工约百人，待遇按月以薪金方式付给。在当时的贵州，它已经是一个全新的近代企业，代表着贵州新兴民营近代工业的诞生。

随着省内外贸易的扩大，改善交通运输成了当局治理黔政之要务。清光绪初年，四川总督丁宝桢为运销川盐，两度治理赤水河，先后疏理险滩七十多处。咸丰六年（1856）至光绪二十年（1894），贵州政府又对德江县的乌江左新滩和右滩进行治理。清末，为方便黔湘商旅，锦江商民捐资在下游购地筑坝，蓄水行船。光绪十四年（1888）青溪铁厂开办时，当局在青溪修建长堤，特设省内第一个专用码头，为运输装卸设备及物料服务。此外，为适应日益增长的省外贸易，南盘江、清水江原有的港口码头也有进一步的改善。在湘黔水路重镇镇远，清末已有码头 11 座，中转土特产及日用百货，年吞吐量达百余吨。

清末，民间运输在贵州兴起。同治五年（1866），总部在重庆的麻乡约信轿行在贵阳设立分行，并先后在贵州省内的松坎、遵义、普安厅（治今盘县特区）等地设立站点，利用驿道从事客（用轿子和滑竿运送旅客）、货（分帮挑抬或驮运、背负）运输，并开展寄信、寄包裹及汇总等业务。

　　光绪二十三年（1897），贵阳正式兴办邮政，是为贵州近代新式通讯邮电事业之始，贵阳至长沙、梧州、昆明、重庆的邮件均可从新式邮局寄送。当时，管理邮电的海关总署将贵州划属云南邮界司统辖，光绪二十九年（1903），在贵阳设立副邮界司，管理本省邮务，邮路通达广州、汉口、上海等大商埠。邮传部成立后，贵阳设立邮务管理局，邮递范围逐渐扩大；到宣统时，省内有近百个府厅州县乡镇，均设立等级不同的邮局或代办所，邮路总长万余里。光绪十三年（1887），贵阳、毕节架设了电报线，开通了电报；到宣统年间，全省已有二十余州县架线开通电报。此外，各府城衙门也开通了电话。信息的迅速传递，各地百货的腾跌、万里起居，随时即可传达，不仅刺激了经济的繁荣，而且改变了民众的生活模式。

　　如前所述，清末新式学堂的兴起，是贵州文化转型的一个重要标志。而文化转型的另一重要标志，是作为宣传媒体的报纸杂志及具有普及性质的白话文小说的出现，新文化逐渐取代旧文化。早在戊戌变法前后，宣传维新变法思想的《时务报》就传入贵州，一些西方著作亦进入士人家庭。清廷开始推行"新政"后，贵州官方及政治团体兴起了办报热。光绪三十二年（1906），由遵义知府袁玉锡倡办的贵州最早的报纸《白话报》问世，贵州的第一份期刊《贵州教育官报》（月刊）诞生。光绪三十三年农历六月初八（1907 年 7 月 17 日），代表贵州宪政预备会政治观点的贵州第一份日报《黔

图上 4-26　20 世纪初贵州的轻班邮差

报》问世。光绪三十四年（1908）七月，自治学社创办了《自治学社杂志》，这是目前所知贵州最早发表新小说的期刊，发表于该刊第一期上的《越南亡国史》和第二、三期上的《社会鉴》，是贵州最早的启蒙白话小说，是两篇典型的政治小说。宣统元年（1909）六月，自治学社的《西南日报》正式出刊；"宪政派"创办了《贵州公报》，贵州商务总会也办了一份三日刊的《商报》……这些报刊诞生于新思潮的洪流中，得益于时代的需求，新思想需要新载体，新议论助长新媒介，二者相得益彰，预示着旧时代旧文化向着新时代新文化的转型。

　　清末的贵州社会，新旧并存。漫步贵阳大街小巷，映入眼帘的是，在传统中国民居中夹杂着教堂与洋房；店铺林立的商业区里，洋布、洋线、洋花边、洋袜、洋巾、洋油等与传统商品并列柜台，不时可见电报局、邮政所、照相馆、眼镜店与西式诊所的身影；街上来往的行人中，除了身穿长袍大褂、土布苗装者，还有身着西装洋服的外国人，穿戴配饰西装、西帽、革履、手杖外加夹鼻眼镜一副赶时髦的新潮人士；新军士兵的新式制帽后却依然拖着长辫……青年涉猎西学，热衷于启蒙、救亡，尤爱体育、音乐；妇女追随时尚，热议"天足"、留洋；茶馆里听客满座，说书人大谈剑仙侠客；老百姓饱尝生活艰辛，企盼圣主明君；商贾们惨淡经营，梦想时来运转；士绅们奢谈政治，争议立宪、共和；官员们坐困颓局，心忧革命潮起……

图上 4-27　晚清贵阳自奋女学堂师生合影

这一幅幅生动的画面，是中西文化的相遇与交流，是传统文化的反思与批判，是文化转型期中的自傲与自卑。无论在认识上，还是在情感上，这都是一个复杂而痛苦的矛盾斗争过程。正是在这样的观念和实践的转变中，传统的贵州文化开始了艰难的、走向近现代的转型之旅。

宣统三年（辛亥）九月十四日（1911 年 11 月 4 日），贵州自治学社等团体发动起义，兵不血刃，推翻了清廷在贵州的统治，宣布建立大汉贵州军政府，继湖北、湖南、陕西、山西、江西、云南之后，贵州共和革命成功。

【注释】

① [清] 贺长龄辑：《皇朝经世文编》卷八十六《兵政》十七《蛮防》上，鄂尔泰：《改土归流疏》、《云贵事宜疏》，道光七年（丁亥，1827 年）刻本。

② [清] 贺长龄辑：《皇朝经世文编》卷八十六《兵政》十七《蛮防》上，鄂尔泰：《改土归流疏》、《云贵事宜疏》。

③ 魏源：《圣武记》卷七《乾隆湖贵征苗记》，道光甲辰北京琉璃厂镌。

④ 《清实录·高宗纯皇帝实录》卷一三○，中华书局 1986 年版。

⑤ [清] 郑珍撰：《巢经巢诗集》卷三，页二十五，清光绪精写刻本。

⑥ 周恭寿等修：《续遵义府志》卷十二，页九至十一，民国二十五年刻本。

⑦ 刘锦藻编纂：《清朝续文献通考》卷三八二，"实业五"，页 11294，浙江古籍出版社 2000 年版。

⑧ [清] 平翰等修，郑珍、莫友芝纂：《遵义府志·风俗》，道光二十一年刻本。

⑨ [清] 俞渭修，陈瑜纂：《黎平府志》卷三上，光绪十八年黎平府志局刻本。

⑩ [民国] 李世祚修，犹海能等纂：《桐梓县志》卷九，民国十九年铅印本。

⑪ 贺长龄（1785—1848），湖南善化人。道光年间，历任贵州巡抚、云贵总督等。治黔九载，振兴文教，多有惠政。

⑫ [民国] 刘显世、谷正伦修，任可澄、杨恩元纂：《贵州通志·学校志》，民国三十七年贵阳书局铅印本。

⑬ 李端棻（1833—1907），字苾园，贵州贵筑（今贵阳市）人。著名维新派大臣，举

荐康有为、梁启超等人，支持变法。百日维新期间，授礼部尚书。戊戌政变后，被充军新疆。后赦归故里，主讲贵州学古书院。

⑭ 严修（1860—1929），字范孙，原籍浙江慈溪。任贵州学政时，曾奏请光绪帝开设"经济特科"以改革科举制度，是革新封建教育、推进教育现代化的先驱。有《严修东游日记》、《严范孙先生古近体诗存稿》、《蟫香馆手札》等著作。

⑮ 经世学堂是后人对严修改革后的南书院的称呼。在严修的《蟫香馆使黔日记》中，只有"南书院"或"学古书院"，而无"经世学堂"名称。改革后的学古书院有经世致用之实，并无"经世"之名。

⑯ [清] 年法尧修，夏文炳纂：《定番州志》卷十七《祠祀》，康熙五十七年稿本，未刊，1985 年贵州省图书馆据钞本复印本。

⑰ [清] 碧山野史撰：《播变纪略》，"六月儒坛起"，清咸丰四年（1854）记。川东道署，清光绪二十年刻本。碧山野史即宦懋庸（1842—1892），贵州遵义人，著述宏富。

⑱ 中国伊斯兰教教职称谓。阿拉伯语音译，原意为"主席"、"首领"。是哲赫林耶等门宦实行的一种教坊组织管理制度。它是门宦教主派往某一地区的教务代理人，指导宗教活动，委派阿訇，管辖若干寺坊。今已不复存在。

⑲ [民国] 冉聂修，张俊颖纂：《兴仁县补志》卷九，民国二十三年稿本，未刊，1965 年贵州省图书馆据兴仁县档案馆藏稿本复制油印本。

⑳ 赵树好：《论晚清习俗教案》，《人文杂志》1998 年第 5 期。

㉑ 莫友芝：《周易属辞序》，见 [民国] 刘显世、谷正伦修，任可澄、杨恩元纂：《贵州通志·艺文志》，黄永堂点校本，贵州人民出版社 1989 年版，第 21 页。

㉒ 姚华（1876—1930），字重光，号茫父，贵州贵筑（今贵阳）人，光绪三十年（1904）进士。曾出任邮传部船正司主事等职，学问、文名、书画皆为一时所重。一生著述颇丰。

㉓ 陈夔龙（1855—1948），字筱石，号庸庵，贵阳人。光绪进士，历官河南、江苏巡抚，湖广、直隶总督兼北洋大臣。以遗老身份寓居上海三十多年。著有《花近楼诗集》等十几部诗文集，出资刊印多部贵州文献。

㉔ 周起渭（1664—1714），字桐野，又字渔璜，贵阳人。康熙三十三年（1694）进士，入翰林院。任京官二十年，参编《渊鉴类函》、《康熙字典》等大型书籍。

㉕ [清] 周起渭：《桐野诗集》，贵州人民出版社 1999 年版，第 514 页。

㉖ [清] 周起渭：《桐野诗集》，第 532 页。

㉗ 傅玉书（1746—？），瓮安草堂下司人，清乾隆乙酉（1765）举人。先后主讲黄平、镇远和贵阳等地书院。

㉘ 丁宝桢（1820—1886），字稚璜，平远州（今织金县）人。咸丰进士，累官山东巡抚、四川总督，事功显赫。

㉙ 范兴荣（1786—1848），字仲华，普安州（今盘县）人。嘉庆十三年（1808）举人。道光初授知县，历官山东文登、湖北黄冈等县知县，升武昌同知兼权江夏县事，返里建"积书楼"，以读书撰述自娱。著有《环溪草堂诗文集》、《望益文课》等。

㉚ 但明伦（1782—1855），号云湖，贵阳府广顺州（今长顺县）人。嘉庆二十四年（1819）进士，授翰林院编修，官两淮盐运使。其文学造诣颇深，著作颇丰。

㉛ 王恩诰，字云轴，安顺人，咸丰、同治间入军幕，曾任四川懋功直隶厅同知。傅衡，字虎生，贵筑人，同治年间官广西左州知州，工诗文，有《师古堂集》。袁思毕（1838—1888），字锡成，修文人，先后入丁宝桢、鹿传霖、张之洞幕。何威凤（1853—1918），原名翰伯，清镇人，光绪乙酉（1885）科举人。严寅亮（1854—1933），字弼臣，贵州印江人。光绪十五年（1889）中举，任清宗室官学教习，兼国子监南学斋长，后以同知衔分发四川。

㉜ [清] 莫庭芝、黎汝谦辑：《黔诗纪略后编》卷二十八"傅左州衡"传证。稿本，辛亥冬日陈夔龙筱石氏刊于京师稿本。

㉝ 吴雪俦、胡刚：《贵州辛亥革命散记》，《云南贵州辛亥革命资料》，第 176 页。

㉞ 关于"公车上书"，近年来随着档案史料的发掘利用，许多学者提出了质疑。以往研究者对这一事件的认识，大都沿袭《康南海自编年谱》中的说法。20 世纪 80 年代以来有黄彰健、汪叔子、王凡、姜鸣、欧阳跃峰等学者著文质疑。茅海建在《近代史研究》2005 年第 3 期和第 4 期发表《"公车上书"考证补》，其观点是："公车上书"有两个不同的概念，一是由政治高层发动、京官组织的上书，其数量多达 31 件，签名的举人多达 1555 人次，且上书已达御前；另一个是由康有为组织的十八行省举人联名上书，那是一次流产的政治事件，上书并不是都察院不收，而是康有为根本没有去送。由此学术界进行了广泛而激烈的讨论。2007 年《近代史研究》连载房德邻《康有为与公车上书——读〈"公车上书"考证补〉献疑》，对茅文质疑，新的学术论辩由此展开。

㉟ 张百麟（1878—1919），字石麒，贵筑县（今贵阳）人。青年时拜维新派人士吴嘉

瑞为师，学习新知识及变法维新思想。光绪三十三年（1907）十一月，考入官立法政学堂，组织贵州自治学社（后加入同盟会），创办《西南日报》，编印《自治学社杂志》，开展革命活动。宣统三年（1911）11 月 3 日夜，贵州革命派起义成功，被推为大汉贵州军政府枢密院院长。"二二事变"逃离贵阳，在上海组织西南协会、政治促进会，创办《惧报》等。曾任南京组织的讨袁军秘书长；曾被孙中山在广州的护法军政府委任为司法部长。在上海撰写《约法战争纪要》、《黄泽霖传》等。

㊱ 华问渠：《贵阳文通书局概述》，《贵州工商史料汇编》，第 1 辑，第 128—129 页。

下编

第一章

独特摇篮：喀斯特生态文化

　　人们总会在一定的自然环境中形成自己的谋生方式。这种谋生方式，又模塑着人们自身的行为和思维方式，形成自己的文化。贵州人生存在典型的喀斯特环境中。这里是中国乃至世界分布面积最大、发育最强烈的喀斯特高原山区，喀斯特面积达 13 万平方公里，占全省土地总面积（17.6 万平方公里）的 73.8%；全省 95% 的县（市）有喀斯特分布，比重之高，全国唯一①。因此，喀斯特养育、影响着贵州人，贵州人适应、改造着喀斯特。贵州各民族因地制宜创造的各种文化成果，无不打上喀斯特生态环境适应性的印记。

第一节　特色鲜明的聚落文化

　　聚落形态：大杂居、小聚居　村落形态：洼地村、溪边村、半坡村　建筑形态：穴居、吊脚楼、石板房

　　贵州境内山脉众多，层峦叠嶂，绵延纵横，是一个典型的高原山区，而喀斯特地貌又构成了高原上最典型的自然景观，广泛分布着石沟、石牙、峰林、峰丛、峡谷、凹地、盲谷、瀑布、喀斯特湖等喀斯特

地貌，地面的地貌割裂。在地下，发育了溶洞、暗河、暗湖及石钟乳、石笋、石柱等形态各异的喀斯特景观。由于喀斯特地貌在这片地域内典型发育，因而贵州被称为"喀斯特王国"。

生活在贵州的各民族，在历史漫长的迁徙、流动过程中，受地理环境多样性，特别是喀斯特地貌的影响，不断地适应、改造自身所处的喀斯特环境，逐渐形成独特的聚落文化。

"大杂居、小聚居"是贵州各民族总体的聚落形态。"大杂居"即在一个较大地域范围内，有多个民族交错而居；"小聚居"则是在"大杂居"的环境中，有一些按族属不同在相对较小范围内成片聚居的不同民族村落。这种"大杂居、小聚居"的总体聚落形态，又因为居住地喀斯特地形的不同种类，可以大致分为三种类型，即：散珠状喀斯特聚落、串珠状喀斯特聚落和片状喀斯特聚落[②]。

散珠状喀斯特聚落，是分布在峰丛洼地上，被群山阻隔孤立的小型村落，如散珠般点缀在喀斯特高原之中。串珠状喀斯特聚落，是分布在峰丛谷地中，地势相对平坦，房屋依地形而建，呈井泉分布，如串珠状连成一片的聚落形态。片状喀斯特聚落，是分布在峰林溶原中，在面积较大的山间平地上形成的，呈片状分布的大型聚落。

"大杂居、小聚居"的聚落形态，打上了贵州地域喀斯特环境的印记，表现出独特的喀斯特文化特征：封闭性、原生性和多元性。一方面，由于喀斯特地区的地貌破碎，山原耸立，峡谷深切，沟壑纵横，地表崎岖，群山阻隔等典型特点，在交通极为不便的情况下，生存环境比较封闭，制约甚至阻遏了外来文化的传入，在不同地区"小聚居"的不同民族，各民族的传统文化因此得以在相对封闭的环境中长期保持，世代传承，延绵不绝，较为完好地保存着其文化的原生性，从而突显出"五里不同俗，十里不同风"的特点。另一方面，"大杂居"的特点，又使得各民族在贵州都找到了自己生存发展的空间，多元的少数民族聚落文化，在这片土地上都得以原生性地保存、共生；外来的、本土的文化之间，不同的民族文化形态之间，都能找到一种共生和谐的相处模式，互不干扰，互相欣赏，共生共荣。这正是贵州独特的喀斯特环境中文化的生成方式。也因此，贵州的地域文化呈现出极大的包容性，被称为"千岛文化"。这样的景观，不仅在国内，即使在世界上也十分罕见。

喀斯特环境对居住人群的生活习惯、心理状态、精神意识的影响也很巨大。喀斯特环境的封闭性、脆弱的生态，使人们对自然有着强烈的依附性；生计的艰难，人们往往会满足于自给自足的自然经济和已经形成的生活方式；缺乏与外界的交流，人们的思维模式往往比较封闭、保守。正是喀斯特封闭型环境的制约，使得贵州生产生活水平相对落后。各聚落所受到的各种因素的影响程度和发展进程也有所不同，与周围环境的关系也越来越复杂，从而表现出不同的地域差异和特征。

贵州村落的总体特点是：依山傍水而居，聚落小而分散。为了适应形态各异的喀斯特地貌，村落往往呈现为三种不同的具体形态，即：洼地村落、溪边村落和半坡村落③。当然，虽然是各具特色，又都体现出其生产生活与周围环境协调统一的合理性。

喀斯特峰丛洼地，是贵州十分典型、分布较广、最为常见的一种地貌。丘陵、峰林、峰丛包围形成一片面积不大的低洼之地，雨水常年从四周山上冲刷下来泥沙，堆积成了洼地上平整而肥沃的土地。一般

图下 1-1　喀斯特峰丛洼地

村寨多选择在这种生存环境较好的洼地中，形成喀斯特地区典型的洼地村落。洼地中间若有泉水出露，往往成为村落位置的最佳选择。村寨依地形而建，沿洼地边缘布局，逐渐向中心分布，与地形相吻合，呈多边形。由于洼地面积狭小，土地十分有限，有限的环境容量决定村寨的规模也较小，住户大多为几户、十几户不等，形成了"小聚居"的聚落文化形态。由于山高谷深，地理环境封闭，峰丛洼地中的聚落人群与外界交流甚少，相对孤立，以血缘纽带组成社会关系，往往是单一民族聚居，其物质文化、精神文化、制度文化世代传承而独具特色，表现出有异于其他地区同一民族的特征，形成了"文化孤岛"。贵州山区有许多这样的洼地聚落，群山环绕，洼地与洼地之间孤立分布，如散珠般点缀在崇山峻岭之中，形成了每个聚落相对独立的文化生态，并得以延续和传承。这一类型的聚落，主要分布在黔南、黔西南，其中紫云、望谟、罗甸、荔波等地最为典型。其民族构成苗族最多，布依族和瑶族次之。

山区中还有一种比峰丛洼地更适宜人居的地理环境，即坝子（山间盆地）。坝子比洼地面积大，宽广平整，土壤肥沃，河流横穿而出，人们逐溪随土而居，构成了喀斯特地区的另一种村落形式——溪边村，从而也形成了与洼地、山地村落显著不同的文化景观。

溪边村耕地集中，水资源丰富，热量条件好，雨水丰沛，是自然条件相对优越的地方，土地承载力大，垦殖业很早就已开始。较大的环境容量，为人们的聚居创造了条件，溪边村寨的规模较大，住户大多为几十或上百户。建筑形式多样，不同民族以自己传统的吊脚楼、石板房为居，也有较多的青砖瓦房。房屋有沿井泉分布，或沿洼地、谷地边缘、在谷地中等不同聚落形态。聚落与地形相吻合，在空间上，多个聚落沿山脚、河岸、主要交通线，串联着十几个甚至几十个大大小小形态各异的自然村落，分布密集，人口较多，各村寨之间的联系也较多；形成三里一村、五里一寨，错落有致、各具特色的串珠状民族聚落文化类型。在村寨内，血缘关系还占有较大的影响。这种聚落广泛存在于贵州的各民族中，比较典型的有布依族、水族、侗族等，沿兴义纳灰河、凯里巴拉河、务川濯水、纳雍寨乐河流域及都柳江畔，这类聚落很多。

一些地方，由于地理条件较为优越，开发较早，移民迁入较多，中央政府的管辖力度较大，汉文化及先进的农业技术影响大，文化交流融合的深度及广度也较为深远，往往形成局部地域的经济中心和商品集散地，地域关系逐渐显现，血缘纽带逐渐减弱。村寨内逐渐由单一民族渐变为多民族的"大杂居"，形成了在贵州山间盆地和丘原片状分布、民族分散杂居的聚落文化。人们的穿着、建筑、节日文化等习俗，与峰丛洼地、谷地和山地的居民，在许多方面存在差异，表现出一定的开放性。这一类型的聚落，分布于贵州境内的贵阳、安顺、平坝、惠水等地。

　　贵州的山区面积占全境的89%，在崇山峻岭之中散布着许多大大小小的村落，形成了散珠状的山地聚落——半坡村和山地村。生活在山地村落的人们，受地貌及其他自然条件的制约，村寨地处高坡，房屋建筑与村寨布局，生产方式与生活方式，都只能依山势而变、顺应而生。由于大山阻隔、道路艰险，山地村落在历史上往往相对封闭、偏僻，血缘纽带在村寨内有着较大的影响，往往是单一民族聚居在一起，形成了自己独特的生产生活方式。例如，因为道路崎岖，出工干活往往翻山越岭，来往不便，日出而作、日落而息，家庭里的饮食习俗多为一日两餐制。因盐作为调味品昂贵而辣椒有驱寒消食之效，故山民嗜辣，有"海椒当衣裳"的民谚。为适应喀斯特山地气候多变，人们多缠头帕以抗潮保暖。为便于山间行走而穿着宽裆直筒翻腰裤，打绑腿，穿草鞋。使用适合山地环境的器具如"背篼"、"高挑"（两个箩筐直接穿挂在扁担上而不用绳索）等；建造适应山地环境和潮湿气候的吊脚楼……如此等等，山地聚落的行为习惯和思维方式，自然打上喀斯特地貌的深刻烙印。

　　在喀斯特环境中，贵州各民族不断地发展，形成与环境相适应的文化生成形态，民居建筑即是其中最能表现人地关系的一种形态。贵州的民居建筑，是在高原山地、喀斯特地貌的环境基础上应运而生的，拥有自己独特的文化形态和内涵，也是喀斯特文化的一种集中表现。正如民居研究学者所言："贵州的许多山寨和民族村落还聚集有千姿百态、各具特色的民居建筑，还保留着不少丰富多彩和极具浓烈个性的民族和地域文化。贵州民居之'花'，源于现实的'空间形态'——壁立的群山缺乏沃土，没有平原支撑的省份，是开在山川与溪流之上，与自然山水天然相融，优势与缺陷同步共存的民居类型。它与大山的雄浑险峻相一致，有着大山的粗犷和内涵，又体现着特殊的震撼力，还蕴含着高山峻岭的锐气。"④

自远古时代起，贵州高原喀斯特地貌中孕育了灿烂的史前文化。古人类在森林茂密、虫蛇猛兽出没的环境中，常常选择岩崖洞穴居住。喀斯特地貌形成的许多天然洞穴，是古人类栖息的理想场所。因此，穴居是贵州高原上最早的一种居住形态。时至今日，洞穴作为居住场所仍时有发现，如贵州紫云县著名的"洞中苗寨"，就是坐落在洞穴里的一个苗族村寨，成为独特的文化景观，也是穴居文化尚存的活化石。

进入农耕社会后，与非喀斯特地区相比，贵州的建筑形态受环境的影响更大，对环境的依赖性更强，从而带有明显的自然痕迹和地域特色。贵州少数民族地区传统的建筑形式主要是吊脚楼和石板房。建筑反映出人们的智慧与自然条件的交互作用，从而呈现出不同的地域特点和文化风格。如黔东南山多树木，房屋以树木的干栏式建筑为主；黔中一带多石少树，石多页岩，当地布依族以石板盖房，形成独具特色的石板房。

干栏，亦称高栏、阁栏或揭栏，贵州称吊脚楼。干栏建筑是古代南方越、濮、夷、蛮民族的创造。四大族系民族在漫长的历史演进中逐渐分流演化成现今南方的诸多少数民族。随着社会发展，长江中下游流域、珠江流域一带的干栏建筑几乎绝迹，而在西南的广大山区，干栏建筑却完整地保存下来，主要集中在贵州、云南、广西的少数民族地区。

贵州是干栏建筑保存得最为完好的地区之一。干栏建筑是在贵州生活的苗、侗、布依、瑶、水、仡佬、土家、彝等少数民族主要的民居形式，至今保存完好，并将这种建筑形态发挥到极致。这与贵州的喀斯特地貌密不可分。干栏式木结构的建筑，从古至今一直是贵州最为普遍、典型的民居样式，房屋依山而筑，半傍斜坡，后与坎接，前部用木柱架空，于是形成吊脚。它充分利用斜坡地形，巧妙地把楼房与平房结为一体，前半部是架空的楼房，后半部为接地的平房。这样以木柱支撑架空的形式非常适合山地的斜坡地形。这也正是喀斯特地貌中最为适宜的建筑形式。贵州山区丰富的森林资源和和谐的生态环境，有利于吊脚楼这种木结构建筑的生成和世代传承。

　　贵州的黔东南是干栏建筑最集中的区域，世居于此的苗族和侗族，千百年来一直沿用着古老的干栏建筑。

　　苗族的吊脚楼，以黔东南雷山一带的苗族村寨最为典型。该地域的村寨，常由数十座或百座吊脚楼聚集而成。吊脚楼一般分为三层，底层用作牛栏、猪圈、鸡舍、堆肥、放柴等用。第二层为人居住，一般为三开间，正中间为堂屋，两侧各一间睡房。正中一间的后面还有偏厦，前有回廊。第三层一般隔成数间，用于存放食物、堆放杂物、晾衣晒被等。房顶以杉树皮或瓦盖顶。谷仓则多建在距住宅区较远的地方。这里的吊脚楼以杉木建造，雷公山四周茂盛的森林资源为房屋的建造提供了丰富的材料。苗家人在村寨附近的山上广植林木，在山顶形成风水林，保证木材的供应，同时起到守护村寨的作用。雷公山一带绵延的大山，茂盛的森林，层层梯田，与鳞次栉比的吊脚楼交相辉映，形成令人叹止的独特文化景观。

　　侗族的民居，虽属于典型的山地干栏式木楼建筑，但又别具特色。侗寨以鼓楼为中心，逐层扩散开来，形成一个个或大或小的建筑群。侗族吊脚楼一般是"倒金字塔"形的三层建筑，底层接地面，较为潮湿，易受虫蛇侵扰，所以不住人，用来安放舂米的石碓，堆放农具、柴草，圈养家畜等。第二层是人居生活的主要空间，有火塘、卧室、楼梯间、宽廊及其他辅助空间。第三层一般用来存放粮食及一些不常使用的生活用具，发挥的是仓库功能，也有的在这一层设置待客的卧室。占用面积最大、既独立又起连通作用的中介空间，是二层楼上的宽廊。这是侗族民居内部的重要空间，在宽廊内往往放置着供妇女劳作的纺纱机、织布机之类工具。宽廊的一端与楼梯相连，内侧与同廊道平行的各个小家庭的火塘间、卧室等相通。这里就蕴含侗族的习俗：一幢大木屋就是一个父系大家庭共居的地方，兄弟各自结婚组成家庭后，往往是"分家不分房"，几个小家庭共同居住，宽廊就是由几个小家庭组成的公共空间。

　　侗乡的禾晾和禾仓，也是一种小型的干栏式木构建筑。禾晾用来晾晒捆扎成束、带长穗的禾稻；禾仓用来储藏禾稻。禾晾的结构十分简单：三五根大木立柱，用若干横条木连结，立于地上，再以几根斜柱支撑稳固，即是一架禾晾。有的禾晾顶上，还用杉树皮扎成檐顶覆盖。挂

图下 1-2　荔波县瑶族禾仓

满了稻穗的禾晾，远远看去像是一架架撑开的大帆。禾晾架一般立于村寨的边上和寨中的小片空地上，是立体化的"晒坝"，既节省地面，又有利于稻穗通风防霉，是侗寨一道美丽的风景。有的侗寨，禾仓多达上百间，远看犹如一座小村寨。

贵州多石山，居民往往就地取材，以石为主要建筑材料，采集适宜修建房屋的天然薄片状石材，修建石板房。这种房屋外形看似楼房，是干栏式房屋在喀斯特地区的另一种演进形式。房屋分上下两层，下层用精心加工的石料砌成，用于圈养牲口和堆放农具、杂物，上层用砖石砌成，供人居住。这种民居，多分布在贵州中西部，即贵阳、平坝、安顺、普定、镇宁、关岭一带，形成独具特色的石头村寨。许多村寨，从寨门、寨墙、路面到院落、房屋，都用石头砌成，是名副其实的"石头寨"。石板房有平房也有楼房，一般是三间或五间为一列，以木料作房架和门窗。屋顶为人字形，两面分水，用规整的石板盖成交叉的斜纹，看上去十分美观。

石板房的主要特征，一是以石为基，用天然的毛石或经过加工的方石或条石打地基。有的石基还雕刻出花纹，最常见花纹称"一炷香"和"风杆雨"，一般是经济条件较好的地方或经济条件较好的人家才用。二是以石砌墙，一般有用天然石片做成的毛墙和经过打磨的碇子墙两种。

图下 1-3　贵阳市花溪镇山村

有的还要在礅子石的露面砧出花纹，然后再砌成墙体，有美观装饰的效果。三是石板盖顶。一般多用石片盖屋顶，有的用天然毛石，也有的将毛石片加工成方形或菱形，然后覆盖屋顶。

　　石板房的典型村寨之一，是镇宁县境内一个已有六百余年历史的布依族村寨，寨名就叫"石头寨"。由于附近多石山和水层页岩，为人们提供了天然的石料资源。寨子依山傍水，寨后绿树成荫，村头寨边的竹林树荫下，安置有石凳石椅。石屋沿着一座石山坡自上而下依山林立，层层叠叠，鳞次栉比。有的石屋房门朝向一致，一排排参差并列；有的组成一正两厢院落；有的石砌围墙、石拱朝门成单独院落。房屋不用一瓦一砖，全为木石结构。用木料穿榫作屋架，有七柱、九柱、十一柱不等，中间均作堂屋，下为实地地面；左右两边多作卧室，上铺地板；下为关牲口的"地下室"。在建房时，首先用石头砌好两个较高的屋基，一般在 2 米以上，然后将木柱房架立在上边。正因为屋基较高，家家都要砌石阶进门。房架立好后，四面封石墙，用薄石板盖房，有的用石料间隔，石柱支撑。砌石接缝紧密，线条层次匀称，工艺精湛，房屋造型美观大方。这种就地取材建成的石屋，不仅造价低廉，节约木材，不怕火灾，而且舒适耐用，冬暖夏凉，极有特色。

第二节 形态各异的垦殖文化

精耕细作的坝子梯田 广种薄收的坡耕地 陡峭山丘的放牧地 人地关系的二重性

在贵州喀斯特地理环境中，远古时代主要是以狩猎的方式获取生存资源。春秋战国以后，农业普遍发展，各少数民族以自身积累的传统农业技术求取生活资源，生产力落后。自明代以来，汉族大量迁入，带来先进的农业生产技术，汉族与各少数民族共同开发改造着贵州喀斯特高原，在不同的地形环境中逐渐形成形态各异的垦殖文化。

根据地形不同，农业垦殖形态主要可分为三种类型，即精耕细作的坝子、梯田，广种薄收的坡耕地和陡峭山丘的放牧地。农业生产方式和不同的垦殖形态，反映了特定生存环境中的人地关系，人们在不断的生产实践中，既受制于环境，也积极改造环境，在适应和改造的过程中演绎着人地关系的二重性。一方面，刀耕火种的落后生产方式，使得原本脆弱的喀斯特生态环境更加恶化，人地矛盾尖锐；另一方面，各民族千百年来延续着与自然和谐相处的生产生活方式，形成贵州人观念中强烈的"天人合一"和谐的人地关系。

传统农业的发展受制于自然环境。贵州没有广袤的平原，最适宜农

图下 1-4 从江县大洞村梯田

业生产的地区是一些散布在山间的盆地和河谷平原，俗称坝子。坝子的面积仅占全省土地面积的 3%，主要分布于贵州中部的贵阳、安顺等地区，全省有大小坝子六千多个，但超过万亩的仅 23 个。坝子地势平坦，气候温和，土壤肥沃，灌溉便利，采用精耕细作的水田耕种方式，是自古以来贵州农业生产最集中和富饶的地区，也是贵州高原上农业兴盛、人口稠密的经济中心。这些稻作农业类型的村寨，大多分布于坝区周边的山麓地带，形成"依山傍水"的村寨建筑布局。这是因为人们在利用开发自然环境时，对低洼平旷地带高度重视、惜土如金。在他们的心目中，所有河谷、坝区的低洼平旷地带，都是最具农业开发利用价值的土地，都应该被开辟为良田。于是，人们的居住地一般都选择安排在山麓地带。这样的选择，其意义在于，一方面可以最大限度地使低洼平旷地带产出更多的食物资源，另一方面又由于山麓地带高于坝区河流水位，可以近水居住而又能防避水患。"依山傍水"而居，既近水利又避水害。村寨建筑的整体布局，很好地体现出稻作农耕民族与大自然和谐的"人地关系"原则。

在一些山间丘陵地带，也采用精耕细作的水稻耕种方式。人们因地制宜，因山就势，在丘陵山坡上开辟出呈阶梯状层层相接的水田，即梯田，利用山间水源自然灌溉。贵州稻作民族对梯田开发的原则是：沿山麓逐级而上，在山腰最上端的梯田，一般必须保证山泉水源能够自上而下的自然顺流灌溉，梯田之上的生态植被必须严加保护，以保证有足够的水源灌溉山下的农田，并将水土流失的危害降低到尽可能小的程度。从事梯田稻作农耕的村寨布局特点，是居民居住于半山腰上，几乎与最高水源水位平行的海拔位置。村寨居住点的选择原则，是保证劳作范围的半径最小，以减轻人为的劳动强度。这种居住特点，与坝区"依山傍水"居住方式，在原则上是一致的，那就是：保证水源之下的土地得到最大限度的开发利用，又可保证村寨的人畜饮水得到最大的便利。

位于贵州从江县加榜乡东北的加榜梯田，地处月亮山腹地，是苗族人世世代代留下的杰作。从党扭村至加榜乡所在地连绵 25 公里山路，星罗棋布地分布着很多线条优美的梯田，一片连着一片，层层叠叠，形态各异，千姿百态。加榜独特的地形地貌，决定了这里的梯田面积最大的不过 1 亩，大多数田都是只能种一二行禾的"带子丘"和俗称"青蛙一跳三块田"的碎田块，最小者仅有簸箕大。片片相连，整个梯田规模宏大。无论从线条还是整体形态看，加榜梯田都吸取了天下梯田之精华，极具魅力。特别是那些居于梯田间的村寨，与梯田相互环绕，交相辉映，与大自然融为一体，体现出人类与大自然的和谐之美。

正是稻作型农业对于水资源的需求，使得贵州的丘陵稻作型文化，在追求水资源的过程中，形成了发达的"山区梯田"农耕特色，以及对当地生态环境系统的良好保护。由于多山的特点，贵州的坝区稻作农业与山区梯田稻作农业总是有机地联系在一起，二者皆遵循同样的自然开发原则，所使用的劳动生产工具、牵引力以及耕作技术也都是一致的。唯一的区别在于，坝区由于地势较为平坦，交通便利，可以利用机械动力作运输工具；而山区则以人力的肩挑背扛为主，劳动强度比坝区的大。在贵州，精耕细作的坝子和梯田稻作农业，基本上是最稳定和有利的农业生产方式。相比起贵州山地广袤的坡耕地，坝子、梯田是贵州富饶的粮仓。

坡耕地是指分布在山坡上的、地面平整度差，跑水、跑肥、跑土问题突出，作物产量低的旱地。多数属于坡度在 6°—25° 之间的地貌。坡耕地的存在，严重制约旱地作物产量的大幅度提高。贵州最重要的基本省情之一，是碳酸岩分布面积广，喀斯特强烈发育，脆弱的喀斯特环境效应突出，从而形成一个特殊的环境生态系统——亚热带裸露、半裸露型喀斯特生态系统。在这个生态系统中，最突出的表现是土壤资源十分贫乏而尤显珍贵。据专家计算，在这种喀斯特生态环境中，堆积并发育形成 1 厘米厚的土壤，大约需要 2500—8500 年，成土的速度非常缓慢。而与此同时，土壤的流失却非常迅速，尤其是在降雨充沛的亚热带地区更是如此，致使贵州的喀斯特山地常常出现岩石裸露、土层浅薄、土壤分布零星、多成石旮旯地的贫瘠状况。又由于喀斯特地区地下溶蚀管道非常发育，地表水常常通过基岩的裂隙渗入地下，造成严重的干旱缺水。缺土、少水的生态环境，大大限制了森林植被的发育，致使这些地方的生态环境十分脆弱，石漠化加剧。正因为如此，贵州的坡耕地面积虽然很大，但单位产量却很低。在坡耕地上的农业耕种，只能是广种薄收的生产模式。

　　贵州典型的坡耕地区域在毕节地区。那里的岩溶地貌与侵蚀地貌交错出现，喀斯特面积占全境面积的23.3%，山峦重叠，河流纵横，地貌类型多样，地面零星破碎，相对高差大。因为属于低纬度高海拔地区，垂直差异明显，灾害性天气出现频繁。在这里，粗放、单一的农耕作业，是历代农民的主要谋生手段，毁林毁草、开荒种粮用以解决吃饭问题的现象十分普遍，垦殖率逐年扩大，水土流失逐年加剧，生态环境日益恶化，农业生态十分脆弱。

　　除了坝子梯田和坡耕地之外，在喀斯特山地，多是长有一些灌木和杂草的荒山。这类荒山由于土层浅薄，地表干旱，只有一些抗旱性强、喜钙的植物能够生长，只能用作放牧地。由于地形陡峭，多悬崖绝壁，山上满布岩石，因此放牧的牲畜，主要是善于攀爬、行动敏捷、蹄质坚实的山羊。山羊以荒山上的灌木嫩叶、树皮为食，对喀斯特生态环境有较强的适应性。但是，一旦放牧数量过多或过于集中，山羊的强度活动，又会造成荒山灌丛植被的退化。于是，形成了陡峭喀斯特山丘放牧地特有的"山地耕牧"型文化，主要分布于贵州的乌蒙山区，向南包括南、北盘江流域的彝族、仡佬族分布区；向东包括清镇、安顺西部及黔北的大部分地区。

　　在历史发展的进程中，"刀耕火种"型和"山地耕猎"型两种文化在转型取向时，大多都借鉴了稻作农耕的文化方式，从而使稻作农耕文化几乎遍布贵州各地，惟独乌蒙山地区例外。在乌蒙山区，除少许河谷坝区外，其整体经济特点，仍表现为浓郁的"山地耕牧"型文化特色。究其原因，除气候、自然环境等客观原因外，主要还是其历史文化传统的影响。早在唐代，乌蒙山地区彝族先民的"山地耕牧"型文化就十分发达，居民尤善养马。这种传统，也是后来乌蒙山能够长期影响贵州农业经济发展的原因。到元代，乌蒙山的农牧经济文化发展达到了顶峰。明代，由于"屯田"所形成的经济发展和交通便利所获得的商贸利益，使安顺、黔北地区和黔南等地区迅速成为新的经济活动和发展中心。贵州经济中心的这种位置转移，使乌蒙山地区失去了原先的重要地位，开始有所削弱。到清初，由于马匹不再是贵州与外界贸易的主要商品，乌蒙山的"养马"畜牧业逐渐衰退,乌蒙山的"耕牧经济"开始萎缩,居民转而从事黄牛饲养和山羊饲养畜牧业。正是这样的历史因缘所造就的文化传统,使这里的居民难以放弃他们所固有的"山地耕牧"生存模式。

在"山地耕牧"型文化之中,其开发的原则,是先农后牧,即在开垦出来的土地上,先以种植业为主经营,待土地肥力下降后,丢荒的土地自然成为公共放牧地,然后农耕经济带继续前移,其文化景观在视觉上具有明显的带状划分。在宋元时期,乌蒙山地区作为全国性马匹出产供应市场,牧业经济与农耕经济双重加速发展,正是"山地耕牧"型文化之中这种互动关系运动的结果。

这种农牧并举的"山地耕牧"型文化,在初始时期有目的性非常明确的迁徙,后来由于定居,人们只能在有限的土地范围内从事耕种与放牧。随着人口的膨胀,农耕经济更能为人们提供足够和稳定的食物来源,于是,农耕土地面积逐渐扩大,而牧地面积逐渐萎缩,随着畜牧业在"山地耕牧"型文化中的比例逐步下降,以致乌蒙山区的畜牧业大部分消失,更多的人转而从事山地旱作农业。

贵州喀斯特地区错综复杂的人地关系,从整体上大致呈现为两类景观,形成贵州喀斯特环境中人地关系的二重性:一类是人地严重对立,造成诸多不便。由于喀斯特生态环境自身的脆弱性,一旦破坏就很难恢复,后者的消极影响将越来越显著,从而产生了一系列严重的生态问题和环境问题。突出的例证,就是在坡耕地的开发利用中,人地关系变得十分尖锐。另一类则是人地和谐相处,有利于共同发展。贵州的少数民族同胞非常注重自然环境与生产生活的和谐统一,在改造开发的同时,保护、敬畏自然,形成"天人合一"、与自然和谐相处共生的生产生活观念,千百年来一直延续。

古代贵州的先民们,早就认识到林木植被对防止水土流失、调节小气候的功能,把禁止砍伐森林看作是"吉"的表现,把肆意破坏森林看作是"凶"的行为。因此,"风水林"始终是贵州民间原始的保护模式,一直延续至今。生活在贵州的各族先民,一方面选择"好气场"即林木茂盛之处,作为理想的生存居住环境;一方面又通过保护、广植林木,来使自己的居宅、村寨,获得"藏风"、"得水"、"乘生气"的好风水。

　　在贵州的侗族文化里，山和水不仅仅是一种物质存在，而是一种具有象征性和隐喻功能的文化符号。侗族先祖与山林、河水存在一种血水相连的亲缘关系，即山林、河水是人类的"本源"和"母体"，是生命最初的寓言。依山傍水作为一种生态存在，已经融入侗家人的生命意识和生存实践中，既是侗族生态经验的折射，更是侗族文化的一种选择和表达形式。在侗族古歌中，对于居住环境多有生动的描述："刹仰好，好地方，冬天暖来夏天凉，寨前小河水长流，寨后青山气势壮，晚蝉叫起很幽静，这里人间胜天堂。"依山傍水而居，是侗族很早就已获得的生态经验，是侗族千百年来认同的理想环境模式。侗家人很讲究山与水的配置、谐和。以侗族的风水观念，绵延起伏的山脉为龙脉，龙总要朝向水，朝向开阔之地，村寨就要建立在这样的龙脉之上。他们把山势（即龙脉）绵延而来至坝区或溪流边戛然而止之地，称为"龙头"。龙头前面，是环绕的溪流和开阔的坝子；龙头后面，是起伏跌宕、来势凶猛的山脉（龙脉），侗族村寨就立在这样的龙头处，侗家人称为"坐龙嘴"。后山山势凶猛，侗家人便要在后山多蓄古树箐竹，作为风水林，以镇凶邪，以保清吉，以祈福祉；溪涧源源流去，隘口穿风而过，会把财源带走，会让福气漏掉，侗家人便在溪涧上架设福桥（即风雨桥），封住财源；在隘口多建凉亭，堵住风口。山、水、树、桥、亭、路，是侗族村寨的重要配置，是侗族村寨的重要的文化符号，共同构成了侗族村寨的

图下 1-5　黎平县
地坪风雨桥

地理空间和文化空间。

侗家人依山傍水而居的格局，坚持结合自然地形、不破坏自然形势的原则，明显带有盆地农业文化生态节制的典型特征。正是这种生态节制，使整个侗族村落环境显出一种紧凑感，即田园、山水、林木、道路、村落、家居是一个整体，它们共同形成了侗家人的生态观、生命观、文化观和族群认同。在侗家人看来，村落不是一个抽象的概念，是由田园、山水、林木、道路、坟场、木楼、鼓楼等构成的物理空间，是一种文化的隐喻形式和表达形式，这种隐喻和表达的理念就是和谐。

不仅是侗家，贵州的各少数民族都有"天人合一"观念，也都在农业的耕种中直接体现出来。

第三节　喀斯特环境与贵州文化

喀斯特文化的典型特征　喀斯特环境与历史文化　喀斯特环境与景观生物资源　喀斯特环境与民族文化

贵州集中且连片分布的喀斯特地貌环境，是贵州喀斯特文化的摇篮。喀斯特文化是贵州世代居民对环境的利用与改造过程及其结果，也是喀斯特自然环境对人们的养育和影响的结果。在这里，喀斯特地区的居民（包括外来移民），与以碳酸盐岩为基础的喀斯特环境互动着、依存着。

喀斯特文化的主要特质，是以"石文化"为核心。人们以特定的方式开发特有的自然资源，适应独特的自然环境。人们在生产、生活中对喀斯特环境的利用，都与几乎无处不在的碳酸盐岩相关。如房屋以石为基座、围壁、构架、屋顶；家用器具有石桌、石凳、石碓、石磨等；以石为路、为桥；以石为棺，以洞穴为墓葬……人们的一切活动，包括一切所需的生产、生活资料，利用及改造环境的方式、手段和工具，以及所形成的思维方式、行为模式等，都与"喀斯特"有机结合在一起，形成有别于其他的"喀斯特"文化情结。

贵州喀斯特文化的形成，可以上溯到二十多万年前的旧石器时代。地域环境中随处可见的碳酸盐岩石，为先民打制、磨制石器提供了物质基础。在喀斯特环境中，贵州的世居民族的原生文化形成了喀斯特文化的主体；历史上不同时期迁入的其他民族，其文化与本土文化碰撞交融而形成的次生文化，是喀斯特次生文化的主体。此外，周边省区地域文化的渗透，以及多元一体的中华文化的直接影响，共同塑造了今天贵州喀斯特文化的形式和内容。

贵州喀斯特文化具有其典型的特征。一是从其形成的过程和结果可以看出，它融合了众多的民族文化，具有综合性的特点；二是从其发展的历史看，经历了几个典型的阶段，从史前时期的石器文化，到夜郎文化，再到封建时代及近现代，具有一定的时代特征；三是由喀斯特造成的闭塞环境和不便的交通，导致地方经济的自给自足，封闭性突出，使贵州文化较之同时代的其他地域文化（如中原汉文化）的演化进程缓慢；四是由于喀斯特环境的空间分异性，造成了在本地域内，不同环境空间的文化演化历程不仅有差别，而且由于前期文化的印记并未消除，因而具有明显的文化分层现象，文化在时间与空间上的综合交织，具有明显的时空沉积性。

在石器时代，生活在贵州的远古先民，无论是生活环境、食物来源，还是工具制造，喀斯特环境都为他们提供了极为丰富的资源。因此，孕育了灿烂的石器文化，一些石器、骨角器的制造技术（如锐棱砸击法）甚至处于领先地位。这是贵州文化的起源时期，也是贵州文化辉煌的部分，尤其是旧石器文化，在中国乃至世界都具有不可替代的地位，不少遗址具有重要的考古研究价值和极高的学术地位，为研究我国西南地区原始社会提供了丰富的实物资料。

贵州辉煌的石器文化，与丰富多样的喀斯特环境密切相关。首先，喀斯特地区发育了众多的洞穴和地下暗河，而且旱洞干燥，离地面高度一般大约在20米至40米之间，四季恒温，洞口宽敞，有利于观察洞口外界，水源方便，是古人类理想的栖息之地。在先民学会建造房屋之前，这就是他们生活、繁衍的最佳居处。其次，喀斯特环境中碳酸盐岩的岩性坚硬，便于打造石器，为先民制造谋生工具提供了物质资源，维持他们的生计。再次，贵州喀斯特环境的地形复杂多样，地形切割程度深，水网密度大，垂直差异大，亚热带气候复杂，孕育繁衍了种类繁多的动植物，为先民的生活提供了丰富的食物及水源。这对于利用简单工具、以采集狩猎捕鱼等为生、对大自然依赖性很大的先民来说，喀斯特环境无疑是资源宝库，对石器时代文化的形成影响最大。

至迟出现于战国时代的夜郎文化，是贵州社会文化史上处于顶峰的奴隶制文化。作为邦国，古夜郎国的实力之强、势力范围之大，很让后人惊叹。从考古资料和历史文献中可以发现，夜郎的活动中心大致在今贵州的北盘江流域，这里正是典型的喀斯特环境。

夜郎文化影响深远，究其原因，与喀斯特环境有相当密切的联系。首先，喀斯特高原地区水热充沛，特别是盆地（坝子）、河谷地区，土壤肥沃，是发展农业的有利条件，在生产力相对较低的社会中，这样的环境生产能力足以维系一定数量的人口的生计。其次，喀斯特环境的封闭性，恰好使生活于其间的人们，得以免遭中原及周边地域频繁战争的侵扰，能在一个相对安定的环境中繁衍生息，创造自己独特的夜郎文化。这个时期出现的一些生产、生活方式，有的甚至在今天仍然有程度不一的遗存可以辨析。另一方面，在喀斯特环境的制约下，许多地方的生产、生活方式变化不大，文化交流很难实现，社会发展也因此保持明显的原生性。直至明清时期大举"改土归流"，才使贵州文化进一步融入大中华文化。

在漫长的地质年代中，贵州这片土地经历了复杂的古地理环境变化，塑造出世界上锥状喀斯特发育最典型、地域景观类型最丰富的一片喀斯特高原山地。

图下 1-6　贞丰县小石林

地表、地下喀斯特发育强烈，二元结构典型，水文结构复杂，地貌类型多样，几乎可以见到喀斯特的所有地貌形态和类型。地势较高，内部分异较大，深受河流切割，山高坡陡，地表崎岖破碎，洞穴深、长、大、多，地表有石峰、峰林兀立，峰丛耸立绵延，与盆地、谷地镶嵌，洼地、漏斗、落水洞星罗棋布，石芽、溶沟随处可见，还有众多奇特的天生桥、穿洞、瀑布等形态。

贵州素有"古生物王国"之称，是古生物化石的天然博物馆。在这个天然博物馆中，保存有瓮安生物群、凯里生物群、关岭化石群、贵州龙动物群、江口庙河生物群、牛蹄塘生物群等众多的化石生物群。在长达 14 亿年地质年代中，在贵州这 17 万平方公里的土地上，形成并蕴藏了极为丰富的化石。其特点是类型和门类齐全，时空分布广，保存好，生态及埋藏类型多样，珍稀生物群多。如海龙、鱼龙、鳍龙、楯齿龙等海生爬行动物，千姿百态的海百合、菊石、牙形石、双壳、鹦鹉螺及陆地生长异地保存的古植物化石，是我国珍奇三叠纪古生物化石宝库，其数量之大、种类之多、保存之精美、形态之奇特，为全球同期地层所罕见。

在亚热带湿润季风气候条件下，再加上海拔较高、纬度较低、地势起伏较大、地形也较复杂的特点，贵州拥有优质的生态气候资源。大体上是冬无严寒，夏无酷暑，但同时又具有气温的垂直变化明显，"一山有四季，十里不同天"，气候差异十分普遍的特点。这样的自然环境，使这片土地拥有丰富多样的生物资源，具有生态系统多样性、物种多样性和遗传多样性等特点，类型复杂，组合多样，是品种多、价值高的生物资源宝库。

特殊的地域中发展起来的文化，必然会带有特殊地域所赋予的内涵。正因为贵州是中国乃至世界喀斯特地貌典型发育的山区，贵州拥有了无比丰富的多样性能源、矿产、生物、旅游等资源。这是生活在这片高原山地的人们赖以生存和发展的物质基础，当然也是他们的意识或精神生成的基础。以自然环境为活动空间、以人群活动为主要表现形式的诸多文化现象，都受到喀斯特环境的直接或间接影响。许多以环境为载体的民族民俗活动，宗教、祭祀、丧葬活动，对洞穴的崇拜，明清时期留下的"屯堡文化"……不同地形、不同喀斯特环境（高原区、峡谷区、峰丛洼地和谷地区）对人们心理意识的不同制约作用，形成特殊的喀斯特民族心理意识、思维方式和行为方式，思想或较为开阔、实用、重利，或较为保守、固执、朴实……所有这些，在历史长河中，都保留了大量的文化遗迹，都打下了与所处喀斯特环境相适应的深深烙印。也因为喀斯特环境的相对封闭，使得这样独特的贵州文化能较为完好地生存和保留至今，形成丰富的、独特的喀斯特文化。历代贵州各族人民创造的历史和文化，与其他地域相比较，虽然彼此之间既有同一性，也有千差万别，但都是丰富多彩、不可替代的。由此，凸显出中华文化多元一体的基本特征。

【注释】

① 熊康宁等：《喀斯特文化与生态建筑艺术》，贵州人民出版社 2005 年版，第 1 页。

② 熊康宁等：《喀斯特文化与生态建筑艺术》，第 92—99 页。

③ 屠玉麟等：《独特的文化摇篮——喀斯特与贵州文化》，贵州教育出版社 2000 年版，第 25—43 页。

④ 罗启德：《贵州民居》，中国建筑工业出版社 2008 年版，第 10 页。

第二章

未解之谜：夜郎文化

　　因成语"夜郎自大"而闻名的夜郎国，的确曾是历史的存在，但有关汉文献不足，考古材料较少，其面目始终朦胧不明。长期以来，学者们一直努力寻求其真相，当代一些学者们更进一步借助彝族文献，采用民族学、人类学、考古学等方法，极力描绘出一个真实的夜郎。

第一节　史籍记载的夜郎

　　汉文献的内容　彝文献的内容

　　记载夜郎的史籍，有汉文献和彝文献两类。

　　先看汉文献。汉武帝元鼎六年（前111），司马迁出使西南夷，并考察了当地诸方国，然后在《史记·西南夷列传》记载："西南夷君长以什数，夜郎最大；其西靡莫之属以什数，滇最大；自滇以北，君长以什数，邛都最大；此皆魋结，耕田，有邑聚。其外西至同师以东，北至楪榆，名为嶲、昆明，皆编发，随畜迁徙，毋常处，毋君长，地方可数千里。自嶲以东北，君长以什数，徙、筰都最大。自筰以东北，君长以什数，冉駹最大，其俗或土箸，或移徙，在蜀之西。自冉駹以东北，君长以

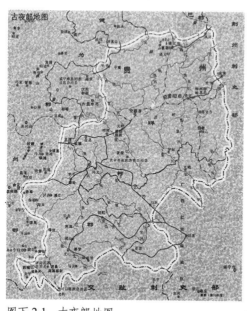
图下 2-1　古夜郎地图

什数，白马最大，皆氐羌类也。此皆巴、蜀西南外蛮夷也。"

自此，《汉书》、《后汉书》、《华阳国志》、《水经注》等文献，又对夜郎国存在的时间、地域、经济、社会、族属、对外关系，以及最终灭亡等，留下了只言片语的记载[①]。综合各书，依时序，大致排列为：

一、有竹王兴于遁水，建立了夜郎国，故夜郎王又称"竹王"。当时或更早，在今贵州、桂北、湘西及川南一带，尚有由濮、越民族建立的牂牁国。周襄王姬郑元年（前651），牂牁还曾参加齐桓公称霸的葵丘会盟。其后，夜郎灭牂牁。

二、楚顷襄王二十年（前279），楚将庄蹻取道沅水西进，攻陷且兰，使夜郎迎降，然后入滇称王。

三、秦始皇嬴政二十六年（前221），秦统一六国，派常頞略通五尺道，在古夜郎及牂牁地区设朱提（今云南昭通）、堂琅（今云南会泽、东川）、味县（今云南曲靖）、汉阳（今贵州赫章）、鳖（今贵州遵义）、镡成（今贵州黎平）、夜郎（今贵州石阡西）、且兰（今贵州福泉、贵定、黄平一带）、毋敛（今贵州独山一带）、谈指（今贵州贞丰）、谈稿（今云南富源）、漏卧（今云南罗平）、漏江（今云南泸西）、同并（今云南弥勒）、宛温（今云南丘北）、镡封（今云南丘北、砚山西）、都梦（今云南文山西）、毋单（今云南弥勒、泸西西）、进桑（今云南屏边）、西随（今云南金平）、句町（今广西西林）等县，分由蜀郡、巴郡、黔中郡及象郡领属。

四、汉武帝建元六年（前137），汉武帝开发西南夷，派郎中将唐蒙入夜郎，见夜郎侯多同，"（唐）蒙厚赐，喻以威德，约为置吏，使其子为令"。汉朝设犍为郡，郡治移至夜郎境内的鳖县。夜郎归汉后，南夷诸小邦纷纷归顺汉朝。随着司马相如受命通西夷，西南夷由此再次纳入中国版图。

五、汉武帝元朔三年（前126），汉朝与北方匈奴战事紧张，御史大夫公孙弘向汉武帝建议罢西南夷，"专奉朔方"。武帝遂"罢西夷"，而在南夷，则"独置南夷、夜郎两县一都尉"，并令"犍为自葆就"。

六、汉武帝元狩元年（前122），为探求南方丝绸之路，汉武帝派王然于等人经滇国往身毒（印度），寻找另一条通向西域的道路。王然于等在滇西一带受阻，返回时途经夜郎，夜郎王继滇王之后向汉使发问："汉与夜郎，孰大？"是为"夜郎自大"成语的由来。

七、汉武帝元鼎六年（前111），派司马迁往西南之时，夜郎国之外，西南夷地区尚有且兰、句町、漏卧、毋敛、鳖、滇、邛都、昆明、巂、徙、筰、冉駹、白马等若干方国或部族。同年，汉朝分兵征南越，其中一路取道牂牁江。夜郎出兵助汉，且兰拒绝发兵。汉与夜郎联军未至而南越灭，汉八校尉回师时平定且兰，改南夷之地为牂牁郡。夜郎侯应诏入朝，封夜郎王，赐印绶。后"渐骄恣"，被斩。于是有"夷濮阻城"之事发生。牂牁太守吴霸上奏，天子封其三子为侯，配祀。

八、汉成帝河平二年（前27），夜郎王兴（《汉书·天文志》作"歆"）与漏卧侯俞、句町王禹举兵相攻，汉朝遣使劝说，不听。汉新任牂牁太守陈立至且同亭召见夜郎王兴，杀之。兴妻父翁指与兴子邪务胁迫二十二邑叛汉。陈立断其粮道、水源，造成夜郎联军内乱，"共斩翁指，持首出降"。夜郎国灭。

上述关于夜郎国历史文化的汉文献，只记述了汉族史学家对夜郎国的一些片断印象，除去重复处，其文字总量不过三千余字。

再看彝文献的记载。

彝文十分古老②，书写的留存的文献较多，重要者如《西南彝志》、《彝族源流》、《物始纪略》、《夜郎史传》、《益那悲歌》、《彝族创世志》、《宇宙人文论》、《土鲁窦吉》、《彝族诗文论》及《彝文金石（彝文经卷）图录》等，其中的《夜郎史传》、《益那悲歌》，堪称夜郎国的史诗。它们所提供的关于夜郎国历史文化的信息量很丰富。如：夜郎国的统治族群，创立该国的历程，与濮人、漏卧的战争，五度强盛的历史，曾经的都邑在贵州赫章可乐，国灭后夜郎王族最终的去向等等，均为汉文献所不载。

彝文献还较详尽地记录了西南夷的文化事象，如夜郎国君、臣、师三位一体的政权形式，社会法规的具体条款，西南青铜文化，稻作文化，养蚕丝织，更记述了清、浊二气的哲学观，先天八卦及五行学说，十月太阳历的推算和应用，以及西南夷的数学和医学等等。这些记载，不仅大大丰富了中华民族的文化宝库，也为构建夜郎历史文化提供了参考资料。

择要略述如下：

一、厘清了创立夜郎国的夷人的来龙去脉。夷人是彝族在古代的称谓，早已活动于云贵高原。其后一部分人曾渡过金沙江发展到川西北高原，也曾与南下的氐羌族系及昆夷等族融合。据《西南彝志》、《彝族源流》及《物始纪略》等文献记载，夷人社会发展经历了哎哺、尼能、什勺、米靡、举偶、六祖等六个重要历史阶段。

在第四阶段的米靡时期，约当公元前12世纪上半叶，即商代之末③。夷人有"恒"、"投"家族，繁衍出希慕遮支系。希慕遮氏传至第14代孙道慕尼时，其兄长窦仇阿兴起君长制；希慕遮支系传到第28代孙娄珠武时，恰值周室衰落、天下诸侯纷起，中原大地列国争雄的春秋之际。娄珠武生12子，幼子武洛撮，曾在成都平原创立了蜀国④。夷人素有以幼子继承宗祠的传统，据《彝族源流》等文献记载，除武洛撮之外的11个儿子各率本部族离开了成都平原，渡过泰溢河后，有的与汉人融合，有的与濮人融合，有的则率本支系继续南下。或以熊为图腾，或以虎为图腾，或以鸟、蛙、柳、松等动植物为图腾，各自"变"去了。据称，出现在西南及荆楚地区的巴、楚、僰侯、诸此、滇、夜郎、昆明、邛都等方国，绝大多数都与这个支系有关。其中武僰古一支与川西南的僰人（即濮人）融合，繁衍为武僰系统的十个支系，包括僰阿遮、僰雅勒、僰阿鲁、僰阿蒙、僰宏唐、僰叟额等，此后即遍布于川西南、滇中、滇东北及黔西北等地。僰阿遮、僰雅勒为卢夷国的创建者，僰叟额在今宜宾一带建立了僰侯国，僰阿蒙支系即竹王世系，为夜郎国的创建者。

夷人武僰支系创立夜郎国的本事，见于《夜郎史传》。此书开篇即说："武僰夜郎根，夜郎僰子孙，夜郎竹根本，夜郎水发祥。"不但指明了夜郎国是夷人武僰支系创立的国家，而且清楚地记述了武僰支系的 27 代谱系，从始祖僰阿蒙（即第一代竹王）始，其传承如下：僰阿蒙——蒙阿夜——夜郎朵——郎朵乍——乍慈慈——慈阿弘——弘阿武——武阿古——古阿举——举阿哲——哲阿尼——尼阿哎——哎阿鄂——鄂鲁默——鲁默姆——姆赫德——德阿哲——哲默遮——默遮索——索武额——额哼哈——哼哈足哲——足哲多——多同弭——同弭匹——匹鄂莫——莫雅邪。创立夜郎国的君长即为第三代传人夜郎朵，时在春秋中叶⑤。夜郎国名的来历，显系以人名为国名。

"夜郎"的彝语本意，据彝族学者余宏模解释："夜"，或译作以、液、益，为水；"郎"，或译作诺、那、纳，为黑。"夜郎"，就是"黑且深的大水"，即金沙江，意为"从金沙江迁徙而来的"。夜郎朵之名即有此意。夷人有因水名命人名，又因人名而定国名、地名的传统。夜郎朵之名从金沙江而来，夜郎朵本人立国后，即以其名命其国名，故称夜郎国⑥。

夜郎立国后，至第 24 代传人多同弭（即多同）时代，适逢汉武帝开发西南夷。《夜郎史传》中记述了多同弭顺应时势，归附汉朝，为此建立了丰功伟绩。而在《益那悲歌》等彝文献里，则详细记述了竹王诞生的神话传说，印证了晋人常璩《华阳国志》中记载的竹生人故事。

夜郎国至 27 世莫雅邪时国灭。而夜郎国灭后王族的去向，汉文献无载，彝文献则指出："夜郎的残余，迁往啥弭去，住啥弭卧甸（今滇西境），就是这样的。"⑦从而补充了汉文献的不足。

二、指明了夜郎国都邑之所在。《夜郎史传》等彝文献记录了夜郎君长建都选址的标准，并说明夜郎曾在武益纳时代建都于可乐（今贵州赫章县可乐镇）：

> 武君长住地，经常都在换。一时住一城，一时住二城。但是所住处，都有清泉流。无水的地方，武君就不住。无井的地方，武君就不住。所以夜郎君，他选的住处，一要有清泉，二要有河流。有了这些后，万物才生长，百花才鲜艳。武仇余君长，凡是他住地，美妙如仙境。⑧

　　另据彝文献所记，包括大革洛姆（今安顺）、液那勾纪（今曲靖）等地，也都曾做过夜郎国的都邑。

　　三、《夜郎史传》及《益那悲歌》，还分别记载了夜郎国五度盛衰：第一度强盛，即夜郎立国之初，"夜郎朵之世，居液那勾纪"，液那勾纪在滇东北境，开国之君夜郎朵以此为都邑，兴起君长制，"代高天长权，为大地守境"，雄踞一方。第二度强盛，夜郎国传至第 14 代孙鄂鲁默时，与武濮所、弭靡两部联姻，进一步壮大了国力。他以宰拜赫嘎为中心，"兴起帝王制"。第三度强盛约当中原战国中期，夜郎与六祖分支后的武、乍两部联姻。武部第 7 代传人武益纳以"夜郎"为号令，向东实行武力扩张，灭掉了东、西濮，定都可乐。第四度强盛时值楚将庄蹻打败夜郎后，夜郎部族不堪忍受异族的统治，传至第 19 代孙默遮索时，"居大革洛姆，开三代新亲，先与句甸（句町）开，后与漏卧开"。说明对濮、甸那样的小方国，默遮索采用联姻的方式，结成联合体，开始了复兴夜郎国的大业。秦灭汉兴，传到竹王第 24 代孙多同弥手里，他以多同弥谷（今云南曲靖）为都邑，内附汉朝，"开辟了新天，开创了大地"。其疆域占有"四方五水"，被称颂为"天之子"，"唯我独尊君，唯我享盛名"，取得了夜郎国第五度的强盛。

　　四、记述了夜郎历史文化各侧面：如前所述，彝文献中有一类是直接记述夜郎历史文化的，如《夜郎史传》、《益那悲歌》等，对夜郎物质文化的记述，包括冶金、制铜鼓、制银器、铁器，狩猎、畜牧、农耕等生产方式，工匠的分工与地位，雕龙雕虎、九重宫殿的建筑艺术等；对精神文化，则记述了打牛祭天地、祭祖的原始宗教仪式，对歌谈婚、多葬式、尚武好战等；社会文化则有竹王崇拜，龙、虎图

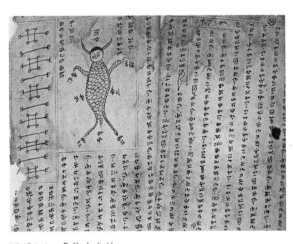

图下 2-2　彝族古文献

腾的信仰，社会结构的体现，君长之位传嫡不传庶，"嫡贵庶贱，长房为大"，以及法律文化等丰富的内容。其中以对军事文化的反映最为充分，军制、兵器、军纪、战术、奖惩制度等的记载，都十分翔实。彝文献的另一类则记述彝族文化，其中包括述史、神话、传说及习俗等方面的内容，如《西南彝志》、《彝族源流》及《物始纪略》等，由于这些彝文献中记述了上古时代彝族先民的历史文化内容，可以通过比较、分析及整合，纳入夜郎文化范畴。比如夜郎国灭后王族逃向滇西，据《夜郎史传》、《益那悲歌》等书的记载是去到了啥弭卧甸，即滇西地区。那么，夜郎王族为什么要逃向滇西？原来，滇西以点苍山为象征的啥弭卧甸（今保山地区及大理州一带）本是夷人的老家即祖源地。据考证，夷人历史上至少有三个支系同这里有关：其一是实勺时期的什扎耿部，一开始就以点苍山麓为中心；其二是六祖分支前，支格阿鲁支系离开今黔西北后，即迁至"啥益（即"弭"同音异译）卧甸"的大理坝子一带。支格阿鲁本是武僰氏中僰雅勒一支，与竹王支系的亲缘关系自不待言。其三是六祖分支后，"各支大量涌入今云南西部的保山地区和大理州各地，与鲁克沙壹后裔哀牢夷的毕待鲁氏汇合，通过联姻，形成了'蒙确舍'集团"⑨。唐代西南有名的南诏国即来源于此。据《指路经》（彝族办丧事时为亡魂指引同祖先团聚之路的经籍）所载，其最后的归宿即为点苍山。可见，夜郎残部在国灭后投奔"啥弭卧甸"，实在是返回家园，有认祖归宗、寻求庇护之意。

五、记述了夜郎国的政治文化。与中原王国和周边邻国乃至内部的关系，国君、臣、师三位一体的政权结构特点，《夜郎君法规》等法律的制定和记述等，也在彝文献中多有记载。

关于"对外"关系，在《夜郎史传》第二卷《夜郎在可乐》中，记述了建都可乐的武益纳（夜郎）与亲兄弟堵土以及漏卧国的阿苦、阿古兄妹三者的爱恨情仇：武益纳因嫌地盘小而产生侵略漏卧之意，兴兵三年，死亡惨重而未果，又想先吞并自家兄弟堵土的地盘再图漏卧。为了智取，装病派两大臣去骗堵土来朝，伺机杀弟夺土。堵土看透来意，杀掉两臣后愤然起兵，俘虏并囚禁了哥哥，统治全境。此时漏卧见其内乱，想乘乱而入，发动战争。双方大战十年后，堵土设计战胜并生擒漏卧国的阿苦，但以礼相送。阿苦的妹妹阿古不甘失败，与兄比武后夺得兵权，再战堵土并以计谋擒获堵土。堵土大义凛然爱民如子的气度感动了阿古，后者义释堵土。双方又战，堵土战胜并抓住了阿古。阿古不服，提议比武，最终不打不成交，一场旷日持久的战争最终化干戈为玉帛，堵土娶了阿古，并将国家还给哥哥武益纳，夫妻双双迁居到大革落姆（今贵州安顺）去了。

彝文献多系毕摩（彝族祭师）世代相传的手抄本，年代往往难以确认，所述的真实性也难免令人疑惑，如前文所引《夜郎史传》，就很类似于民间传说。但另一方面，彝文献与汉文献也有相符之处。如《夜郎史传》言及夜郎灭亡一节道："莫雅费之世，乱出柴确星，赫万妖横行，赫洪怪乱世，立慎特罢凶，夜郎被攻打，夜郎被消灭。"《汉书·天文志》则为："（河平二年）十一月上旬，岁星、荧惑西去填星，皆西北逆行。占曰：'三星若合，是谓惊位，是谓绝行，外内有兵与丧，改立王公。'其十一月丁巳，夜郎王歆大逆不道，牂牁太守立捕杀歆。"虽然"柴确"是否"荧惑"之类还需考证，但两者间的契合，的确令人对彝文献有敬畏感[⑩]。

第二节　考古发现的夜郎

夜郎文物的确定　赫章可乐墓葬　威宁中水墓葬　普安铜鼓山遗址
三类文物的比较

从考古角度看，要确定是否夜郎国遗物，首先要确定夜郎国的地域边界，其次还要有周边的非夜郎文化作为参照。

尽管对夜郎的认识争议多多，但就其大体方位而言，意见则较一致：民国至中华人民共和国建立以来，我国出版的几部历史地图集，夜郎虽没有十分明确的疆界，但其方位都肯定地被放置在以贵州为主的地理范围。这是因为文献记载虽简略，对夜郎地域方位的关键坐标点却是明确的。归纳起来有：

一、夜郎处于巴蜀的南边，汉武帝时曾派员修筑从巴蜀地直通夜郎的道路。

二、夜郎处于滇的东边，从滇向东可达夜郎。汉武帝派往身毒的使臣受阻后滞留滇国，继而东向抵达夜郎，夜郎首领与之有夜郎与汉谁大的对话，后世才有了"夜郎自大"的成语。

三、夜郎处于西汉时南越国的西北边，从夜郎乘船沿牂柯江东南向可达南越国国都番禺。

多年来的考古发掘，已基本揭示了战国至西汉时期的巴蜀、滇及南越的地理方位。大体说来，巴蜀分布在四川和重庆的广大区域，南境抵达今川南地区；滇国分布在云南滇池为中心的区域，东境越过滇东的曲靖；南越则在广东以广州为中心的区域。此外，我国南方春秋战国时期著名的楚文化，考古发现已证实基本未超越今湖南西界。这三块地域以及楚文化之间的空缺，正是贵州为主的地域，与人们过去所认为的夜郎范围大体一致。加之考古发现已将巴蜀、滇、南越主要的文化面貌显示出来，这为通过考古手段探寻古代夜郎提供了极有利的条件。

因此，从理论上说，该地域内如能发现战国至西汉时期，与巴蜀、滇和南越等考古学文化均不相同者，就有理由纳入到夜郎文化范畴中去。

当然，通过考古揭示夜郎文化全貌绝非一朝一夕之事，尚需丰富的资料积累及详细的研究成果。因为，从考古学文化的角度说，目前还不能确知此范围内该时段的文化遗存，究竟是单一类别的文化还是几类并存的文化。按照《史记》和《汉书》的记载，当时的西南夷"君长"可至"百数"，夜郎王兴率人马见汉王朝牂柯太守陈立时，其跟随的"邑君"便有数十名，说明夜郎国可能是很多部落的联盟体。这些部落固然可能属于同一种民族，但更可能属于不同的族系，具有不同的文化。因而，该区域内的文化遗存，还须细加甄别，不能一概论定为夜郎文化。尤其当不同地点的考古文化遗存显出某些差异时，更需要等待足够证据去辨明它们究竟是同一考古文化的不同地方类型，还是不同的考古文化。

夜郎考古发现可追溯到半个世纪前，其重要成果主要集中在三个区域：属于黔西北的赫章可乐等地区；同属黔西北的威宁中水等地区；属于黔西南的普安青山等地区。现将三者的主要发现分别介绍如下。

一、赫章可乐墓葬及遗址

赫章县位于黔西北毕节市，亦即上文提到的武益纳都邑之所在，现在的可乐，是赫章县境西北部的一个民族乡。从 20 世纪 60 年代起，这里就不断发现汉墓。这是夜郎时期考古遗存分布最为集中的地区。经调查，在可乐坝子方圆不到 5 平方公里范围内，共分布有战国至汉代墓葬群 14 处，遗址 2 处。

14 处墓葬群中，已清理出战国至汉代墓葬 372 座，其中除五十多座为中原风格的汉式墓葬外，其余都是当地土著民族墓葬。考古报告将前者称为甲类墓，将后者称为乙类墓。2000 年的集中发掘，由于发现不同形式的特殊葬俗和一批独具特色的精美文物，被评为"2001 年度全国十大考古新发现"①。

两处遗址，一为柳家沟战国至汉遗址，一为粮管所汉代遗址。

乙类墓的考古遗存中，最重要也是最为特殊的遗迹现象是"套头葬"，由当时的考古发掘者根据其最基本的特征，提出了这一形象化的命名。迄今为止，发现的"套头葬"存在几种形式。

最常见的形式，是在死者头部套一件铜釜。铜釜造型多类似早期铜鼓，被称为"鼓形铜釜"，也有少数其他造型的，更有一例是一件铜鼓。从揭露开的墓葬看，铜釜侧立于墓坑一头，正套于死者头顶，死者脸面的大部分露于釜口沿之外，就好像为死者戴了一顶特殊的铜制大帽。

另一种形式，是除了在死者头部套一件铜釜，在死者足部也套一件铜釜或铁釜。如 274 号墓葬，墓套头和套足的铜釜都铸造精良，腹部饰一对硕大的辫索纹环耳。用于套头的铜釜，肩部还铸有一对昂首扬尾的猛虎，对着铜釜口沿相向而立，显示

图下 2-3 "套头葬"墓（赫章县可乐 274 号墓）

出无比的威力和权势。此外死者脸部还盖有一件铜洗，右臂盖有二件铜洗，左臂外侧立有一件铜洗，整体充满神秘气氛。这座墓出土器物近百件，是可乐已发掘墓葬中随葬品最丰富的一座。据推测，墓主人应具有很高身份。

还有一种形式，是死者除头顶套铜釜外，足下还垫有一件大铜洗。如273号墓葬，死者右臂另盖有一件铜洗，左臂外侧立一件铜洗。

"套头葬"按两次发掘报道，共发现25座。但从有关资料看，前一次发掘统计时可能有少数疏漏。总数应在30座左右，在发掘的"乙类墓"中，大约占10%。

用于套头的一例铜鼓，使用了一件典型的石寨山型鼓，铜鼓胴部饰有竞渡纹，腰部饰有牛纹。铜釜中多数为鼓形，与云南楚雄万家坝出土春秋时期的鼓形铜釜十分相像。此外还有其他不同造型的铜釜，有饰立虎的大铜釜、饰饕餮纹的大铜釜、立耳鼓形铜釜等，造型独特，工艺精良。可以推测，套头葬使用的器物在该部族中是格外珍重的。

"套头葬"是一种非常特殊的丧葬形式，目前在国内外尚未见相关报道。研究者对其性质看法尚不统一。有的认为，这是南夷民族中一种民间宗教意识的客观反映，采用"套头葬"者是部族中具有巫师身份的成员，套头铜釜是巫师主持祭祀仪式时重要的通神法器[12]。相关的研究还在继续中。

此外，可乐墓葬中还发现几种颇奇特的埋葬方式。

一种是在死者脸上盖一件铜洗，发现有二墓。另一种是在死者头下垫一件铜洗，发现一墓。还有一种是在死者头旁地上斜插一件铜戈，发现四墓。这几种奇特葬式数量相对较少，但也折射出当地居民特殊的丧葬意识。

可乐甲类墓和乙类墓中出土大量文物，包括陶器、铜器、铁器、玉器、骨器、漆器及纺织品等，对了解该地区当时的生产、生活、社会状况，以及与中原汉文化的交往等，提供了十分重要的实物资料。

出土文物中出土的农业生产工具，包括铜锄、铁铧、铁锸、铁铲等，在出土铜铁器具中所占比例不大，或许因为人们日常生产所需，缺乏神圣感有关。不过从品类丰富的农具类型看，当时夜郎农耕技术已达相当高的水平。在出土的铜鼓中，曾发现有炭化的稻谷和大豆，也说明当时种植品种兼有水田与旱地的粮食作物。可乐地方不大，但其墓葬群和遗址不小，可以推想，如果当时没有稳定和相对高产的农业收成，是不可能容纳大量人口在那里居住生活的。

墓葬中出土了两种造型的干栏式陶屋模型，其中一件，房屋悬空安置于四根方形立柱支撑的木架上，屋前有廊，廊边缘有栏板，廊中部立有一根顶端带斗拱的立柱，斗拱造型为中原汉代建筑常见的形式。屋下悬空层地面设置有一副脚踏的长木碓，可以用来加工谷物。干栏本是我国古代南方的一种建筑形式，多出现在湖泽多水地区或山地，持续流行的时间很长，至今，在贵州黔南、黔东南等一些少数民族地区还在大量建造使用类似的民居。可乐出土的干栏式陶屋模型，非常形象地记录了夜郎时期当地居民的住房形式，通过模型中斗拱式立柱等结构，还可明显感受到地方民居与中原民居巧妙结合的建筑文化。

墓葬中出土一些陶纺轮，是当时的一种纺线工具。如何织布还不得而知，至今没发现有关织布的机件遗存。但在一些铜器或铁器上，发现少量粘附的纺织物残片。经专业部门鉴定，其中包括丝、麻和毛等几种类别。可见当时人们的衣着品类已经颇为多样化，能够适应不同季节气候的变化。

出土文物中还发现许多独立成件的铜、玉、骨等不同质料制成的装饰品，包括有发饰、项饰、耳饰、手饰、带钩等。其铜发钗，出土数量较多，有几种造型，大的簧形首双股钗长度可达25厘米。使用最多的U形钗长度多在15厘米左右。发钗都成组横向交叉插在人的头顶。从几座保存死者头骨痕迹的墓中看出，发钗当时位置距离人头顶骨有3—4厘米，说明很流行在头顶绾扎一个高高发髻

图下2-4　宽片形铜镯（战国—西汉，赫章县可乐出土）

的发型，正好印证了史籍中关于夜郎、滇等民族"椎髻"习俗的记载。

又如铜镯，宽片形铜镯片宽达 3 厘米，镯面密密镶嵌数列孔雀石小圆片，圆片直径 0.15—0.3 厘米，厚度仅 0.05 厘米，圆片中心还钻有一个小孔。一只铜镯上的孔雀石圆片多达 400 片。凭借当时的生产力水平，如此众多的孔雀石小片加工起来定然十分不易，而至今还没人破解这些小圆片具体加工的方法。

装饰品的佩戴方式，还显示出该部族一种特殊的审美观。比如出土耳饰主要为骨制的玦，佩戴方式有两种：有人对称佩戴，左右耳各戴一只，或各戴三只；有人却仅仅戴在一侧耳朵上，不讲究左右对称。如 341 号墓中，主人右耳戴了一件非常漂亮的玉玦和一件骨玦，左耳却什么也没戴。手饰佩戴也有这种特点，有人左右手各戴一铜镯件，有人却左手戴一件，右手戴三件。显然除了讲究对称之美外，人们还有意追求一种不对称的美。这种多样化的审美观，充分反映出人们对于生活的热爱，以及部族群体热情开放、追求新颖别致的性格。

随葬品中的陶器在甲类墓和乙类墓中有很大区别。甲类墓随葬陶器多，种类丰富，制作工艺好，成型工艺有泥条盘筑法和快轮拉制法，烧制火候较高。乙类墓却很少使用陶器随葬，即便使用，基本上也只有一件，其中出土的陶器，均采用泥条盘筑法手制成型，烧制火候很低。最为特别的是，在制陶泥料中添加有大量植物烧成的炭屑，制成的陶器非常轻，拿在手上，感觉就像是用纸壳做成的器物。考古发掘者称它们为"夹炭陶"，认为可能是专为随葬而制作的特殊陶器。

金属兵器是随葬品中重要的器物，但甲乙两类墓中兵器各有不同。甲类墓中兵器主要是铁制品，包括刀、剑、矛、镞等，也有少量铜矛、铜镞，造型为西汉时期中原常见的兵器。乙类墓中战国时期墓葬主要有铜剑和铜戈，其中，无胡三角援铜戈和无胡直援铜戈最具典型的地方民族特色。有的无胡直援铜戈的柄部铸有三个牵手上举站立的人物图案，充满神秘色彩，可能与部族的原始宗教信仰有关；到西汉时期，铁制兵器逐渐增加，其中牌型茎首铜柄铁剑制作尤其精美，论者认为铜柄浇铸时采用了失蜡法技术。这种铜铁复合剑是当地一种极有代表性的兵器，使用者在族群中可能具有较高身份。

乙类墓兵器中还出土少量巴蜀式铜剑和个别滇式蛇头茎首铜剑、喇叭形茎首铜柄铁剑等，反映了不同文化间的交流。

乙类墓的种种迹象，比如"套头葬"和其他特殊葬式、铜戈上神秘的图案等，反映该部族是一个原始宗教意识浓郁、各种宗教仪式繁复的群体，这些宗教仪式成为群体凝聚的重要力量。

墓葬的分布状况，可以反映出部族的社会组织结构及性质。从乙类墓的地域分布总体看，没有特别的级别界限，无论是套头葬墓、随葬器物多的一般墓，还是空无一物的普通墓，都交叉散布在同一片墓地中，不时还会出现相互挤占的现象，完全看不出墓与墓之间有主从、殉葬或陪葬关系。这说明，部族的成员虽然各自社会身份有所不同，个人拥有的财富存在若干差异，但作为部族成员的基本身份却是相同的，这与典型的奴隶制社会，比如商朝，有着本质的区别。在这个成员基本身份平等的社会里，存在有不同级次的管理集团，他们是公共经济和行政权力的掌管者。而部族宗教教职人员，成为群体精神十分重要、有力的维护层。他们中有的人同时兼为行政管理者，有的人却并不进入行政管理集团。因而我们看到，乙类墓中的各个套头葬墓之间，存在着随葬品的明显差别：有的套头葬墓拥有相当丰富的随葬品，甚至多达近百件；有的套头葬墓的随葬品仅有一两件。这种明显的差异，应当与墓主人身前是否兼任行政管理者，是否支配部族的公共财富有着密切关系。

可乐部族所表现出来的社会组织结构，与国际上很多地区存在过的酋邦制社会十分相像。这种社会出现于氏族制的后期，并不一定会发展成为奴隶制国家，而是长期自我维持，成为人类进化模式中另一种稳定的社会形态。考古学家童恩正二十年前将酋邦制概念引入到我国西南考古研究中，认为云南考古中揭示的滇族社会，并不是过去通常所认为的奴隶制国家，而是一个酋邦制社会。他认为这种社会组织在我国南方和西南是普遍存在的，包括史籍中所记载的西南夷中的"夜郎侯"、"句町侯"、"漏卧侯"等，都应该是大小酋邦的最高酋长，不宜简单用我们过去所习惯的社会进化的单线模式来研究认识当时的西南夷社会⑱。可乐墓葬所反映出的社会组织状况，再次证明了童恩正对西南考古极有见地的研究论断。

二、威宁中水墓葬

威宁与赫章县相邻，是贵州省平均海拔最高的县。其中水镇自 20 世纪 60 年代以来，陆续发现一些磨制石器、陶器和青铜器。1977 年和 1978 年，考古部门先后两次在该镇梨园等地进行发掘，共发掘古墓葬 58 座，时代主要为战国中期至西汉末，个别为东汉。发掘者将这批墓葬分为两种类型，认为 II 型墓为"夜郎旁小邑"的墓，I 型墓则"以汉族风格为主"[①]。2004 年考古部门在中水银子坛又发掘 82 座墓葬，时代与出土遗物大致与前相同，发掘资料尚未公布。

仅以前两次的发掘资料为依据分析。

这批墓葬出土陶器较多，陶质有夹砂陶和泥质陶两种。夹砂陶多为灰色或白色，泥质陶主要为红色。陶器基本为手制成形，制作较粗糙。器物上纹饰不多，有一些简单的刻划纹和绳纹。不过，陶豆的足部常开有一些相当突出的镂孔，镂孔分为长条形、三角形、圆形等不同形状，往往很大。这种高足镂孔豆和另一种盘口单耳罐在陶器中最富有地方特色，显然代表了一种地方民族的文化遗存。不过，中水出土陶器的造型与赫章可乐墓葬中出土陶器的造型具有较明显的差异，可能反映出其制作者不属于同一亲密文化系统。

中水陶器中最引人关注的，是不少器物腹部或口沿上刻划有不同的符号。这类符号已发现数十个，除去重复式样，可统计出 41 种。发掘者和有的研究者认为，这些符号有的和古彝文的单字形体比较接近，应当即是古彝文。但更多研究者不同意，认为可对应者少，不足为据。而且，这些符号虽可能有一定的指事意义，但缺乏文字构成的基本要素，也完全不存在语言载体所需的连续组合形式，因而其性质可否看作为文字还需审慎考虑。对这些符号的研究还会长期持续下去。不过，这样成批在陶器上留下刻划符号，在早期民族文化遗存中是一种很值得重视的现象；在贵州，目前也仅在威宁中水墓葬中有所发现。

青铜兵器中，有地方特色的是戈和剑。戈皆是直援无胡形，与赫章可乐乙类墓直援戈不同的是，援显得窄长，援面铸有旋涡纹等纹饰。还有的戈略呈三角形，援面铸有山字形等纹饰。戈的柄部往往铸有图形纹饰，但从未见赫章可乐铜戈上的三人图案。

铜剑有蛇头茎首剑、扁平茎无格剑等不同形式。另外出土少量长骨交铜矛、铜弩机、铜镞等。

此外，出土有较多铁制兵器，包括刀、剑、矛等，基本为汉式风格。

装饰品中，仿生性造型的铜带钩十分有特色，其中有牛头形铜带钩、鲵鱼形铜带钩、飞鸟形铜带钩、镂虎（狮）形铜带钩等，构思巧妙，造型别致。仿生造型显然来自于人对现实生活的观察，这可能从一个角度反映出当时人们生活的充裕状态。此外，将牛、鲵鱼等动物巧妙设计为铜带钩，说明这几种动物必定受到人们普遍的珍视或喜爱。因此，有研究者论述牛头带钩时，认为反映了牛在该部族社会生产、生活中，发挥着非常重要的作用，以致成为人们崇敬的对象。

墓葬中还出土一些铜发钗、铜手镯、铜扣饰及铜铃等。其中宽带形手镯铸有连续圆圈纹和人字纹等纹饰，铜铃中弧形顶附一对管状耳的大铃等，也突出显示了地方民族特色。

三、普安铜鼓山遗址

普安县位于黔西南，铜鼓山遗址位于该县青山镇一座相对高度约 80 余米的小石山上，分布面积约 4000 平方米。1979 年考古部门对遗址曾作过小型试掘，第二年进行了第一次发掘，揭露遗址北半部 1500 多平方米范围。发掘报告刊于贵州省博物馆考古所编《贵州田野考古四十年》一书（贵州民族出版社 1993 年 12 月版）。鉴于发掘报告未能在专业学术刊物上正式发表，很多人对资料不了解，遗址的很多问题也需要加深认识和了解。2002 年，贵州省文物考古研究所又进行了第二次发掘，揭露遗址东南部约 900 平方米范围。此次发掘资料也尚未公布。

遗址位于山顶，土层很薄，由于长年水土流失和农耕种植扰乱，遗迹现象的保存状况受到很大破坏。虽然发掘中清理出不少柱洞，但很难看出较完整的房屋结构。发掘者观察，可能曾有少量长方形柱架结构的房屋，还有很多可能是窝棚形式房屋的遗存。根据文化层堆积状况和出土遗物分析，遗址的时代为战国至西汉。

试掘和两次发掘出土大量陶片，完整陶器极少。给人印象最深的有两点：一是烧制火候高，一是纹饰使用普遍。所发现的陶片基本为夹砂陶，以红色、灰褐色为多，硬度明显比贵州其他地区，比如赫章可乐、威宁中水等地出土的同时期陶片大得多。此类陶器烧制温度应高于700℃，反映遗址主人在制陶控制火温方面，已掌握了很好的技巧。另外，所发现的陶片绝大多数都带有纹饰，且繁密完满，尽管绝大多数为绳纹，另有少量方格纹、刻划纹等，显得简单，但从陶片所在部位看得出，纹饰都是从器物口沿一直布满器底。这在贵州出土的同时期陶器中是独有的。陶器都以手制成型，多采用泥条盘筑技术，少量小型器物采用捏塑方法。器形主要为罐类。已发现的器底绝大多数是圜底，很少有平底和圈足。从出土陶片的陶质、陶色及纹饰风格看，遗址主人制陶工艺水平相当高，对陶器的要求，首先讲究其实用性，同时又有较高的审美要求。

遗址出土青铜器不多，其中以带有∨∨符号的铜钺最有特色。符号铸于钺面靠銎口处，两面相同。1980年与2002年各采集和发掘两件此类铜钺，形制虽略有差异，但符号基本相同。具此符号的铜钺目前只发现于贵州。此外，1980年采集到的喇叭形茎首一字格曲刃铜剑，是另一种很有特色的兵器。据发现者介绍，铜剑出土于遗址内，农民种地时挖到的。这种造型的铜剑，在黔西南地区的兴义、安龙，以及黔中的清镇都曾有出土。另外，两次发掘都出土一批青铜雕刻工具，很像现今形式各异的雕刀，估计与制作浇铸青铜器的范和模有关。遗址中还出土有尖叶形铜锄，说明种植农业已是部族重要的经济产业。

用于浇铸青铜器的石范和陶模，是遗址最引人关注的重要发现。试掘和第一次发掘就出土近五十件，第二次发掘又出土数十件。使用石范铸造青铜器，是我国南方自商周以来就广泛流行的青铜铸造技术。国内已出土的战国至西汉时期青铜铸造石范还不多，因此，铜鼓山遗址这批石

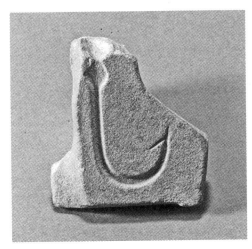

图下2-5　鱼钩石范（战国—西汉，普安县铜鼓山出土）

范，成为研究我国战国至西汉时期西南地区青铜铸造技术非常珍贵的实物资料。石范与陶模基本都已残破，从器物形制看包括不同的剑茎模、戈模、钺范、剑范、铃范、鱼钩范等。其中1979年试掘出土的一件钺范，钺身大部保存，銎口旁的刻划符号清晰可见，形制与1980年采集到的以及2002年发掘出土的铜钺完全相同。2002年发掘出土的一件残戈模也很重要，模上刻有三个相互牵手上举的人物图案，构图与赫章可乐墓葬出土铜戈的装饰图案十分相似，显示这种牵手上举人物图案在黔西南至黔西北是一种流行图案，使用这种装饰图案铜戈的部族，可能都具有相同的宗教信仰习惯。鱼钩范是唯一形制完整的一件石范。鱼钩形体特别大，从弯折处测量，长度为6.3厘米，钩前端设计有倒刺，倒刺长0.7厘米。所有看过鱼钩范的人都会联想：如此巨大的钓钩如果用于捕鱼，鱼有多大？若非用于捕鱼，又用于何物呢？

遗址中还出土大量玉质、石质的装饰品，包括管饰、玦、内缘带唇边的手镯等。还出土较多石臼。

由于普安青山处于南北盘江的腹地，铜鼓山遗址格外受到研究者重视，认为这里很可能是与夜郎国有关的部族十分重要的一个"工业基地"，其中出土的遗迹和遗物除了能形象反映当时的青铜铸造技术外，在反映部族的社会结构、生产方式等方面也具有特别重要的研究价值。

除了铜鼓山遗址，在普安青山镇、新店乡和雪浦乡还调查发现十处时代大体相当的遗址，分别是：青山镇大坡上遗址、大营山遗址、小营山遗址、大院子遗址、屯上遗址和狮子山遗址；新店乡屯脚河营盘山遗址；雪浦乡土司湾营盘山遗址、大坡遗址和铜壶山遗址。此外，在与普安县相距不远的安龙县龙广镇还发现六处，在兴义市郑屯镇等地发现两处同时代的遗址。这些遗址共同的特点是：分布相对集中，往往一个坝子周围就连续分布几个遗址。遗址面积不大，一般坐落于相对高度不及百米的石灰岩小山顶上，山上土层不厚，多有岩石裸露。这些遗址目前尚未进行过考古发掘。调查中所采集到的陶片，质地与装饰风格都与普安铜鼓山遗址十分相近。

值得注意的是，这些遗址所处的安龙县和兴义市，以及黔西南其他一些县市，如兴仁、贞丰、望谟、册亨、晴隆等，还陆陆续续出土过一大批地方特色鲜明的青铜器。其中包括曾在铜鼓山遗址出土过的带♡符号的铜钺、喇叭形茎首一字格曲刃铜剑、尖叶形铜锄等。其他还有很多是铜鼓山遗址没发现的，如：T形茎一字格曲刃铜剑、扁圆茎无格曲刃铜剑、曲刃铜矛、直援无胡铜戈、船形铜斧、羊角钮铜钟、管形耳铜铃等。这些分散出土的铜器有的一种类别在好几处不同地点出现，虽然它们形制上稍有差异，但基本特征相同，亲缘关系非常明显。有的类别仅发现一件，但重要的文化元素与其他种类器物有明显联系。

比如带♡符号的铜钺，除了铜鼓山遗址出土外，在兴义市顶效、下五屯及巴结，普安县青山、楼下，以及册亨县等地还陆续出土七件。这些铜钺大小和形式有所不同，比如有的刃部顺着钺体两侧弧线平滑内收成半圆形，有的则向两端上折后再向下内收为弧形。但铜钺上的符号基本一致，而且都铸于钺面靠銎口尖端处。显然都属于具有同一特质文化的兵器。

再比如喇叭形茎首一字格曲刃铜剑，除了铜鼓山遗址出土过，在兴义市的郑屯和顶效还各出土一件，在安龙县的新安和龙广各出土一件。此外，20世纪50年代在清镇汉墓中也出土过一件，曾被误称为铜矛[15]。这些剑茎为空筒状，茎首外张形似喇叭口。格作长长的一字形。双刃成曲折状，在一般青铜剑中很少见。剑身两面铸有似箭矢或麦穗状纹饰，茎上也有不同纹饰。这种剑因形式特殊，独具特色，引起研究者关注。

在安龙龙广发现的T形茎一字格曲刃铜剑仅有一件，是另一种造型非常特殊的兵器，茎首成片状向两侧外展，茎上铸有细密的纹饰，剑身也是曲刃，剑身铸造的纹饰也似箭矢或麦穗状构图，显然与前述喇叭形茎首一字格曲刃铜剑有着密切的亲缘关系。由于这柄剑形制罕见，铸造格外精美，有考古人员甚至戏称它为"夜郎王剑"。

又比如管形耳铜铃，在望谟、兴仁、贞丰等县市出土二十余件，此外在黔西南之外的六枝、威宁、清镇、平坝等县市也曾发现过十余件。这种铜铃没有正中悬挂的环钮，而是从顶上两侧各伸出短短一段空心小管，用以悬挂，在古代铜铃中造型十分特殊。最初发现时，甚至不知应该称之为铃还是钟。这种铜铃最大的器身高达18厘米，一般高数厘米，最小的仅有2厘米。铃的具体使用方法还不清楚，出土时有的是单件，

图下 2-6　羊角钮铜钟（战国—西汉代，安龙县出土）

有的却是多件，如望谟同时出土十三件，六枝同时出土七件。多件同出，显示出当地文化对这种铜铃的重视。

又比如羊角钮铜钟，在安龙已陆续出土三件，其中一件通高 36.3 厘米，是国内现存羊角钮中形体最大的。此类钟与中原地区商周以来的铜钟造型差异很大，钟壁很厚，钟体呈合瓦形，上部逐渐内收，正视有如一顶斜弧状的帽盔。顶部没有商周铜钟的甬形钮，也没有后世铜钟的环形钮，而是伸出一对弧形外展的片状耳，形状很像一对羊角，所以被称呼为羊角钮铜钟。这是我国春秋战国时期南方少数民族一种十分典型的青铜乐器。

总之，这些分散出土的青铜器不仅从地域上，而且从时代特点和基本文化风格上，都应该与普安铜鼓山遗址的文化遗存，作为同一个区域的夜郎时期考古遗存来看待。

贵州夜郎时期三片区域的考古遗存，既具有相互关联的文化因素，又各自呈现出相对独立的特色，相同者有：三地区的铜戈都是直援无胡造型，从未发现过其他地区常见的带胡铜戈。无胡铜戈中具有三个牵手上举的人形图案，在黔西北的赫章地区与黔西南的兴义地区都屡有发现，甚至发现其铸造的石范，基本可以视为一种特质文化的重要表征。又如，三地区都发现不少铜铃，尤其是造型很特殊的弧形顶两侧附管形耳的铜铃，在黔西北威宁、六枝以及黔西南兴义地区都屡有出土，大小各异，但造型特点全都一致，表现出人们共同的技艺和审美心理。

其差异性也不可忽视，比如：

一、"套头葬"的局部性。从考古发现看，"套头葬"不是一种短时间偶然的埋葬现象，但目前除赫章可乐外，其他地点尚未发现。与赫章县相邻不远的威宁县中水镇已发掘一百多座大体同时期的墓葬，尚未发现有"套头葬"。从六盘水到兴义地区的夜郎时期遗址以及文物出土地点，至今也没有发现过同时期墓葬，而且基本还没有出土过与"套头葬"类似的大型铜釜等具有地方民族特色的铜容器。根据目前资料，虽然推测这种特殊埋葬方式的分布范围不该局限于可乐一域，但却无法确定其分布，更不能说套头葬代表了整个夜郎地区普遍存在的特殊丧葬习俗。

二、虽然在三地区已发现的陶器工艺水平大致相当，但仍存在各自的风格特点。比如：威宁中水墓葬陶器与赫章可乐墓葬陶器，从器型和纹饰风格看，有较多相近处。但一些典型器物，如威宁的高柄大镂孔豆，赫章的饰乳钉的单耳折腹罐，都绝不见于对方。而威宁陶器上的最有代表性的刻划符号既不见于赫章，也不见于普安铜鼓山遗址及相邻的地区。普安铜鼓山遗址的陶器，差异性更明显。器型上主要是圜底器，极少见平底器和圈足器。制作工艺从选料到烧制，都明显优良，器表装饰的绳纹也从口沿一直满铺至底部。这都与威宁、赫章完全不同。

三、三地区出土的铜兵器具有各自一些特点，如赫章可乐最具代表性的兵器是剑和戈，其中典型剑是镂空牌形茎首铜柄铁剑与铜剑。不见铜矛。铜镞很少。威宁中水铜兵器主要有剑、戈、矛及镞。剑以扁茎剑较典型，不见赫章典型剑。矛窄弧刃，长骨交。箭镞较多。普安及黔西南铜兵器以剑、钺和矛最具代表性。剑以喇叭形空首一字格曲刃剑为典型，安龙出土的 T 形茎首剑和扁圆茎首剑也十分别致。钺多，以饰有 ∨∨ 符号者最典型。矛为曲刃造型，与威宁的窄弧刃区别很大。

四、铜农具出土不多，其中赫章出土为条形锄，而普安、兴义及盘县出土为尖叶形锄。

五、在赫章可乐及普安铜鼓山都出土不少作为耳饰的玦，其中赫章多为骨玦，有少量玉玦；普安铜鼓山主要为玉玦；但威宁极少见玦，此外仅见一件细铜条小环耳饰。

概括而言，贵州三地区夜郎考古遗存，作为独立于巴蜀、滇、南越之外的考古文化体系，它们在文化面貌上所反映出的共性与相互间存在的联系性，是建立在相同的社会背景、相似的生态环境及相近的文化传统基础上的，反映了这三片地区部族间可能具有的联盟性，或许还有血缘性。而已发现的考古遗存中表现出来的种种文化因素的差异性，则可能与它们所属的具体族系或支系的独特文化有关。按司马迁《史记·西南夷列传》记载，当时西南夷君长多至"以百数"。其中应当存在着不同族系或支系。而据《汉书·西南夷两粤朝鲜传》记载，西汉晚期夜郎王兴被诛杀后，其岳父及儿子曾"迫胁旁二十二邑反"。可见当时在夜郎国统辖下，各邑"君长"众多。这些邑君与夜郎王的从属关系，与汉帝国的君臣关系相比，似乎较为松散，更像一种联盟共主的组成关系。这当中一种原因应该是，这些君长不光代表着不同的部族，甚至可能会分属于不同的族系。因而，我们今天在不同区域的考古遗存中看到一些不同的文化因素，应该是很正常的客观反映。

第三节　学者构想的夜郎

历代学者的共识　立足彝文献作出的构想　洪水与兄妹开亲神话
竹王传说　铜鼓文化　评价

依据汉文献有限的史料，传统的学者们一直在对古夜郎国的历史文化进行着考证与推测。

明清以来，一些学者主要依据汉文献，运用考据学、地理学等方法，对"夜郎临牂牁江"之"牂牁"进行考证，得出"牂牁"本"系船木桩"，"牂牁江"即为发源于滇东流经黔西北、广西境内的南、北盘江、红水河的总称，并以此对古牂牁的疆域作了大致的定位，认为夜郎本属其中一部，春秋末期牂牁衰微分裂，降为夜郎国邑的旁小邑，后又发展为且兰国，该地也是汉武帝设置牂牁郡址所在。当代更多的学者则从历史学、民族学、地理学、文化学等角度，运用汉文献史料和考古学成果，对夜郎国存在的历史时间、疆域、族属、统治民族、社会性质等进行研究，虽有争议，但也有一些大致相同的共识：

一、夜郎国存在的时间。由于"夜郎"国名第一次在汉文献中出现，是在楚将庄蹻西征灭且兰、降夜郎期间，表明当时夜郎国业已存在，故一般都将夜郎国存在的上限，定在战国晚期或更早（根据彝文献记载的推算，约在春秋中期，即公元前651年前后），下限则是夜郎国灭的公元前27年。并由此得出结论："夜郎历史前后二百多年，所处的时代正是我国封建制逐步代替奴隶制的社会大变革时期。"⑯

二、夜郎国的疆域。历来争议虽多，但多数赞同《后汉书》所追记的战国时代夜郎国的地区："有夜郎国，东接交趾，西有滇国，北有邛都国，各立君长。"即以今贵州省地域为腹心，兼有与滇、川、桂相邻之一小部分。这个分析与历史上夜郎国的疆域应大体相符。大体可分为"数郡说"或"一郡说"。前者认为夜郎据有汉代犍为、牂柯、武陵三郡之地，约相当于今贵州西部、云南东部和东北部，四川南部和广西西北部，今四川乐山、彭山、眉山、夹江等也属夜郎故地。另一种意见则认为古夜郎极盛时包括今贵州全省，川南、滇东北，桂西北及湘西等地，故有"大夜郎国"之称。其中以王燕玉的考证较为具体而合理，即整个夜郎国"幅员约占今贵州四分之三凡五十四县，云南三分之一凡二十一县，四川一角凡六县，缺今贵州东部二十二县，可以云南二十一县相抵，可说大夜郎国相当于今贵州全省之广"⑰，"一郡说"则认为夜郎仅为牂柯郡内一县，而夜郎作为部落联盟则包括牂柯郡全境，汉设牂柯郡所辖各县不过是改国名为县名；也有的认为虽为一郡，但黔西南、黔西北，滇东北、川西南及桂西北都应包括在牂柯郡范围之内。

三、夜郎国的族属。司马迁在《史记·西南夷列传》中说："西南夷君长以什数，夜郎最大；其西靡莫之属以什数，滇最大；自滇以北君长以什数，邛都最大。此皆魋结，耕田，有邑聚。"学者们普遍认为：作"魋结"发式的族群，一般是古越人及濮人。濮人是夜郎故地的原住民——根据史料记载，早在商代时，这里的濮人曾以丹砂向商统治者进贡，而汉文献中对于夜郎族属中关于百越及百濮融合而成的"僚人"的记载比比皆是。夜郎故地、特别是贵州一带新石器时代文物中，还有不少代表越文化的有段、有肩石斧、石锛出土，表明越人自东南沿海迁入云贵高原至少有三千年以上的历史；春秋时代即已出现的牂柯国，也为濮、越族群所共同创建。

四、夜郎国的社会性质。夜郎国是一个部落联盟似的方国，其社会既有中原战国晚期的奴隶社会要素，也带有西南民族地区若干原始部落社会的特点。《史记·西南夷列传》中说，夜郎人"耕田，有邑聚"；又说唐蒙初入夜郎时，"夜郎旁小邑皆贪汉缯帛"；《汉书·西南夷两粤朝鲜传》中则说"牂牁同并等二十四邑皆反",夜郎王兴的"从邑君数十人",被其妻父翁指"迫胁"同反的有"旁二十二邑"等,说明农耕社会的发展,这些"邑聚"、"邑君"的存在及其权力的显示,既是原始部落氏族制社会晚期的遗存,也是奴隶制产生和存在的基础及条件。《史记·西南夷列传》又说,唐蒙劝夜郎侯多同以地内属,"约为置吏,使其子为令",表明夜郎社会可能已经是奴隶制社会,才可能产生首领的子继父位,由其家族长世任其职,成为奴隶制国家的国君。多同及兴两代夜郎王与汉使相见时,都各自带了一批"邑君",表明夜郎国及其邻近的部落和属国之间,有一种联盟性质的关系,在是否内附汉朝,或与句町、漏卧两国战和等重大问题上,需要与各部及属国的"邑君"相商,以求得一致的意见,又有早期军事民主制的影子。《华阳国志·南中志》说竹王有"从者",此即臣僚或护从;竹王部"遂雄夷濮",至夜郎国末期,还发动了与句町、漏卧的大规模的战争;《史记·西南夷列传》中又说,夜郎有"精兵十余万";汉发兵下牂牁江袭南越时,"且兰君恐远行旁国虏其老弱"等,都表明夜郎等方国不但有庞大的军队,且在各方国、部族间发动战争。《汉书·食货志》说,汉武帝时所置包括牂牁郡在内的各初郡,"又时时小反";在汉朝派出王然于等汉使探索南下通身毒的道路时,多次碰上"常隔滇道"的头兰等部族的袭击,即有可能"反映夜郎诸部贵族以武力劫夺汉人为奴,并非是从政治上反对汉政权"[18]。而汉文献中也有关于夜郎及各盟国、部属向外贩卖奴隶的记载,如《史记·货殖列传》载:巴蜀商贾"南御滇僰僰僮";《司马相如列传》说西南夷中有"父兄不辜,幼孤为奴,系累号泣"的情况等等,说明当时有蓄奴的习俗。综合而论,夜郎社会既有奴隶制的某些要素,又存在着若干部落社会的特点,既非典型的奴隶制,也非典型的原始民主制,当即上文童恩正所认为的"酋邦制"社会。

随着彝文献的翻译出版,当代一些学者以彝文献为基础,对夜郎及其文化进行着更大胆的构建。他们除承认前人就夜郎存在时间、疆域、社会性质等的研究成果外,有一些新的认识。

就夜郎建国主体而言,在原先的"濮、越共建说"中加入彝族先民夷人,拓展为"夷、濮、越共建说"。加入夷人的理由,除了彝文献外,夜郎故地及滇地出土文物中，曾有如今之彝族"指天刺"（一名"英雄结"）者外，文献如《华阳国志·南中志》也说汉武帝斩竹王置牂柯郡时，有"夷、濮阻城"之事发生。

导入了原先没有的彝族及其文献后，夜郎国的建立和统治者就被认定为夷人，而濮、越等民族则为其应从者。而且，夷人不但创造了夜郎国，主导着夜郎，就连"夜郎"之语，也不过是彝语"益那"、"以诺"、"也纳"等的音变，义为"黑而深的大水"。

横向在空间上，将夜郎文化类型分为东、西两板块：东边以濮、越人为主，其文化类型系稻作文化；西区则以夷人为主，其文化类型属于农耕兼游牧文化。纵向在时间上，将夜郎文化分为三期：夜郎建国前，以夷、濮、越等为主体的"前夜郎文化"或称"夜郎文化之源"阶段；夷人立国期间，由夜郎人传承并创造的"夜郎文化本体"阶段；和夜郎国灭亡至今，由夜郎后裔民族及夜郎故地各世居民族共同传承并发展创造的"后夜郎文化"或称"夜郎文化之流"阶段。

纵横交错，就构建出一个时贯古今，地含全省，人融各族的"大夜郎文化"体系。在此基础上，更将"大夜郎文化"的文化形态归纳出"两大特点"，就原初文化符号归纳出"三大支柱"，就精神文化归纳出"八大精神"，就风俗习惯归纳出"二十五要素"。

两大特点：一是文化形态的复合性，二是创造夜郎文化民族的多元性。

三大支柱：一是洪水神话中的兄妹开亲，二是竹王传说，三是铜鼓文化。

八大精神：开放吸纳，艰苦拼搏，天人合一，和而不同，兴学崇教，自我管理，歌舞自娱，知足常乐。

二十五要素：畲山为田，稻作，干栏式楼居，贯头衣，披毡，蓝靛，腰机，鼻饮，咂酒，吃火锅，喜酸辣，凿齿，文身，椎髻，芦笙，铜鼓，牂柯柱，打儿洞，对歌成亲，产翁制，父子连名，打牛，多葬式，猎头，尚巫傩[19]。

这是一个很庞大的夜郎文化构想，本章不可能作详细的介绍。"两大特点"前文已多有论及；"八大精神"为中华各民族大都具备的普遍精神特征；"二十五要素"也能从许多西南少数民族文化习俗介绍中查阅，兹就其"三大支柱"进行简介。持此论的学者认为该内容十分重要：洪水及兄妹开亲神话、竹王传说和铜鼓文化乃是夜郎文化的三大公共符号，三者鼎足而立，共同支撑起夜郎文化之鼎。三者关系为，"洪水神话与生命意识既是夜郎人的精神文化现象，也在一定程度上反映了夜郎制度文化（如血缘婚制）的某个进程；竹王传说有着社会或制度文化的内容，却也包含着夜郎人竹崇拜的精神文化信仰；而铜鼓文化虽是物质文化的代表，它的作为祭器、重器及乐器的功能，又是夜郎民族精神文化及其制度文化的象征"[20]。

一、洪水及兄妹开亲神话

洪水之后的兄妹开亲，几乎在夜郎故地各个世居民族中都有流传。故事说：洪水过后，只剩两兄妹，经由某种外物之劝告，又经占卜取得神谕，为了繁育后代，双方克服恐惧心理，不得已结婚生子。但各民族的传说又有小异：

仡佬族（源于濮人）的兄妹在天神仰格指示下结婚，生下九子，各分化成苗族、彝族、仡佬、布依、侗家等。

布依族（源于越人）的传说：兄妹婚后，或说生下无头无脚无手的混沌肉团，砍成 108 块后，变成陶、李、张、陈各姓之人；或说生下的是小孩，后被砍成几块，肝变成了布依族人，肚子变成了苗族人，头和脖颈变成了汉族人等。

图下 2-7　苗族兄妹开亲绣片（台江县老屯乡）

侗族（源于越人）的传说：兄妹开亲也生下肉团，受乌龟启示，解剖开来分别将骨头丢往田坝、肉丢往河边，心肝丢往岩洞，肚肠丢往山坡等，第二天这些部位都分别变成了人：骨头变成了健朗的汉族人，肉变成了能歌善舞的瑶族人……结论是"我们汉、侗、苗、瑶，在很早很早以前，同是一个老祖母"。

水族（源于越人）的传说妹妹也生下肉团，哥哥将它砍成9999块，扔在九岭九坡九条河内，第二天一早，各处都在冒烟，都有人在唱歌说话。

苗族（源于苗瑶）的与此类似，这次是两夫妇共同将肉团切割丢弃，次日变成吴、龙、石、麻、廖等各姓人众。

瑶族（源于苗瑶）生下的是个畸形娃娃，分不出男女，分不开头身，发不出声音。这次不是父母动手粉碎后抛弃，而是水牛将其踏碎，乌鸦衔去抛甩，于是肉末都变成了人。

彝族（源于夷人）的洪水神话似更为多元：或与仡佬族相近，在天神格兹指示下结婚，兄妹在属狗之日到河中洗澡，兄在河头，妹在河尾洗澡并饮用其水，几个月后怀孕，生下一只葫芦丢弃河边，天神用金、银锥凿开葫芦，产出汉、傣、苗、藏等各族人；或与布依族相近；而《西南彝志·洪水泛滥史》不是兄妹开亲，而是洪水之后，仅存留笃莫一个男人，天神因其多才艺，将三个女儿下嫁于他，共育六个孩子，是为彝家六祖。

以上神话传说约可归为两大类：第一类是兄妹开亲，似出于早期原初社会，其中蕴含两方面含义：其一是各民族有差异，如各族兄妹的名字，故事的情节等；其二是各民族都是同一祖先的亲亲骨肉同胞。这类传说，应当来自早期部落联盟、酋邦制的意识形态。第二类是英雄创世，仅存一个男人，娶天神之女为妻生子的传说，似出自唯我独尊的阶级社会。

有趣的是，上述洪水神话几乎都与葫芦和竹子有关。

关于葫芦：各种神话传说都讲兄妹俩在洪水到来前受神引导，躲入葫芦获救，或婚后妹子产下葫芦。

关于竹子与生育：

仡佬族的是：阿仰兄妹生下的九子都不会说话，也不会吃喝，于是阿仰咨询天神仰格。仰格指导道：闷竹林子长得有九个节，你去拿来锯了放在火中烧。锯一节就烧一节，烧一节就会爆一节，爆一节就有一个儿子会讲话了。阿仰夫妇照办，果然如此，但竹节不尽相同，九个儿子的语言也各有异，以至不能交流。

壮族（源于越人）的竹子直接就有了神的象征：洪水后只剩伏依兄妹，两人在街中，一株竹子向他们弯腰叩头说道：地上没有人了，你们兄妹结婚再造新世界吧。兄妹道：兄妹怎能成婚？除非将你砍死后你能复活。于是砍断该竹为数截而尽皆相连成活，兄妹才结婚生子。

侗族姜良、姜妹两兄妹洪水退后，问竹子：世上哪里还有人？竹子答：洪水满天下，世人都死光。你们要成双，只有兄妹来配上。姜妹害羞，将竹子砍断成碎节。竹抱怨说：实话对你讲，你反把我伤。若是找不到别的伴，你要把我来接上。后来兄妹因没有其他伴侣而成亲，只好重接竹子，所以现在的竹子是一节一节的。

水族的相仿，只是当兄妹问竹时，竹的回答是：发洪水，淹没人间。地面上，已无人迹。老竹死，笋子接替，造人烟，哥要讨妹。

彝族的洪水神话中也有竹子：《洪水泛滥史》说始祖笃慕藏身葫芦躲过洪水，之后"葫芦碰着树丫，落在茅草丛。竹根被他撞，竹茎节节长，葫芦裂了缝"，于是笃慕才重新踏上大地；《洪水潮天的故事》中也有生下孩子不能说话，只好烧竹子让孩子说话的情节是：他们的父亲"伍午在后山上砍回三节竹子，叫三个儿子坐在火塘边后，就把竹子烧起来。一会儿，竹子的第一节爆了，爆在大儿子斯沙身上，把他烫痛了，叫了一声'沙拉麻呷则'，盘脚坐在地上。后来，他成了藏族的祖先。竹子的第二节爆了，爆在二儿子拉伊身上，把他烫痛了，叫了一声'哎哟'，便跑去坐在门槛上。后来，他成了汉族的祖先。竹子的第三节爆了，爆在三儿子格支身上，把他烫痛了，叫了一起'阿兹格'，便坐在地上。后来，他成了彝族的祖先"。

比较洪水神话后，论者谓："世界各民族洪水神话中出现兄妹开亲的例子并不少，这大概同人类在初民时代都实行过血缘婚制密切相关。但在洪水神话中出现葫芦与竹的意象则是夜郎民族洪水神话的独特之处。不要说西方《圣经》'创世纪'中的洪水神话没有，中原汉文献中所记载的洪水传说里也没有。""在古夜郎人的原始思维里，葫芦与竹其实都是

女性子宫的象征。而流贯在夜郎民族洪水神话里的生命意识，……这是夜郎人及其先民对人类生殖力狂热崇拜的体现。"㉑

二、竹王传说

洪水神话中已经可以看出夜郎民族有将自身的生命与竹子相渗透的意象，即以竹为图腾。竹王传说更进一步证实了这一点。

这种传说不仅在夜郎故地的少数民族中广泛流传，而且在周边省区各兄弟民族也得到传播，就是汉族古文献也有所记载：

从遗址看：贵州福泉市有竹王城，四川大邑、湖北恩施、广西阳朔等地有竹王庙，苍梧县则有竹王祠。

从文献看：常璩《华阳国志·南中志》："有竹王者，兴于遁水。有一女子浣于水滨，有三节大竹流入女子足间，推之不肯去。闻有儿声，取持归破之，得一男儿。长养，有才武，遂雄夷濮。氏以竹为姓。捐所破竹于野，成竹林，今竹王祠竹林是也。王与从人尝止大石上，命作羹。从者曰：'无水。'王以剑击石，水出，今竹王水是也，破石存焉。后渐骄恣。"

《后汉书·南蛮西南夷传》："夜郎者，初，有女子浣于遁水，有三节大竹流入足间，闻其中有号声。剖竹视之，得一男儿，归而养之。及长，有才武，自立为夜郎侯，以竹为姓。"

从民间文学看：仡佬族的《仡佬族古歌》，说该族在祭山送祖时，会唱："竹子扁担轻轻放，竹子拐杖好好存，走出走进全靠它。它是告佬（即仡佬）的竹王，它是我们的先人。出门做事它会讲，出门做事它会说，会讲会说是竹王，我们世代敬供它。竹王万世保佑我们，仡佬家家享太平。"

在黔西南流传的《竹王》，说倡乳姑娘无父母兄弟姐妹，独自一人住在岩洞，垦荒织布度时光。一天，倡乳在河边洗衣服，突然水中冒出竹筒一节，旋转着漂至面前。她捞起竹筒，听见筒内传出婴儿的哭叫声，便用棒槌敲破，见一男孩躺在其中，手舞足蹈，逗人喜爱。倡乳急忙抱回洞中抚养，取名"笃筒"。笃筒长大，猎兽捕鱼；倡乳渐老，采集种植。一天，倡乳被老虎叼去，笃筒四寻，见母亲尸骨后，怒火中烧。打死老虎，安置母亲遗骨于悬崖之上。各寨父老见笃筒有杀虎之雄，推举为王，故称"竹王"。

《贵州神话传说·竹王的传说》中记载的黔西北仡佬传说，前半与黔西南的相同，后半谈及到夜郎国建国过程："不久，笃筒打虎的事传出去好远好远。因为山大树林多，处处有猛虎吃人，四山八岭的人都跑来请笃筒去打虎除害。因为他打虎的威名越传越远，各处村寨的仡佬人都争着请他去当寨主。后来他管的寨子越来越多，骑着快马日夜奔跑，百把天也跑不完。于是，他就想出个好主意，并小寨为大寨，集十个以上的大寨为一个部分，挑选出精明能干的人来当头领，各部分又归笃筒统领。就自称为夜郎国，大家拥戴他当了国王。因为他是竹中所生，人们又都称他为竹王。"

布依族也有竹王的信仰。有学者曾记述布依族人家的"竹王送子"仪式：设毕供品，"经师（布摩）点上香烛，念经请竹王，感谢竹王送子给主家，承继香烟。经文是用布依语念，像唱歌一样好听，经中这样念道：布依根生住贵阳，祖先本是夜郎王。夜郎王乃天神降，金竹竿内把身藏。竹竿顺着山溪走，寻得浣衣竹王娘。竹娘取竹破开竹，竹王跳出迎风长。护身竹片长成竹，转眼绿遍万山岗……"[22]

彝文献中，也有丰富的竹王记载：除上文提及的《夜郎史传》称："武僰夜郎根，夜郎僰子孙，夜郎竹根本，夜郎水发祥"；《益那悲歌》更将此演绎得更加全面曲折："武僰的一支，往水边发展。僰雅夜这人，与恒米祖之女，叫恒米诺斯，在竹林边，恋爱了一场。事情发生后，恒米诺斯她，就上天去了。僰雅夜本人，孤身留凡尘。满了一年时，在竹林中，日有婴儿哭，夜有婴儿啼，声大应苍天。僰雅夜他，使用银斧头，使用金砍刀，寻声去伐竹，又迅疾剖开。见一个婴儿，在竹筒里面。左眼生日像，右眼长月像。僰雅夜认为，这是怪异儿，这是怪异子，非传宗之人。于是将竹儿，丢进大河中，就像这样了。毕待鲁阿买，嫁到阁沓谷姆。有一天，毕待鲁阿买，到阁沓大河，一心去洗线，在那浣丝纱，在那洗绸线。就在大河中，把竹儿救起，取名僰雅蒙。僰雅蒙这人，长到两三岁，有善良天性。长到六七岁，知识很丰富，专心求功名。长到八九岁，已受人器重，自己却谦逊，很有名气了。策举祖赐他，很高的地位。掌权发号令，威荣很显赫。"

因为彝族关于竹王的传说丰富而全面，在 20 世纪 40 年代，民族学家马学良先生考察后，曾怀疑竹王传说虽然广泛流传，但其源头可能在彝族故事。当时他搜集到一则夷人洪水神话中说，始祖渎阿普（当即笃慕）受仙人启示，挖木为筒藏身其中以躲避洪水。木筒漂至悬崖，幸被山竹挂住，得免坠崖，自是后人奉祀山竹。人死之后，也以山竹制灵牌，此中便含有竹能保护族裔之意，因之视为图腾。彝文祭经又有"古昔牛失牛群寻，马失马群寻，人失竹丛寻……祖变类亦变，祖变为山竹，妣变为山竹"之语。马学良推测："经籍所载和民间传说，都是说明倮（彝）族的祖先是由竹而生，与竹有血缘关系。因此竹即是祖先灵魂归托物，竹即是人的来处，也是人死后的归宿。所以倮族人死后，以竹来做灵位，不无根据。"并进而推想："夜郎若为僰倮，则二书（《华阳国志》和《后汉书》）所载，亦即僰倮之神话传说矣。"㉓

三、铜鼓文化

铜鼓是中国南方少数民族社会生活中重要的器物，从文物考察和少数民族的口头传说和彝文献中，可以知道夜郎故地不但是铜鼓的主要分布区域，夜郎人也是最早使用铜鼓的先民。

从文物看，考古学家宋世坤曾说：解放后，在贵州麻江、赫章、遵义、贵阳、都匀、长顺、贞丰、丹寨、望谟、兴仁、册亨、安龙、从江等地曾陆续出土或征集到铜鼓七十余面。其时代，早在战国，晚到明清。"以上资料不仅反映了贵州境内居住的牂牁人或夜郎人至迟于战国时期已经使用铜鼓，而且它还有力地证明了贵州铜鼓分布范围甚广，当地民族使用铜鼓的时代延续甚久。如果推广到整个大夜郎国故地来进行考察，更可以断定，不但夜郎故地是我国铜鼓的主要分布区域之一，夜郎民族也是我国最早使用铜鼓的古代民族"㉔。

从贵州的民间神话传说看，涉及铜鼓的很多。如布依族的《铜鼓的来历》说：早先布依族的老人死后，其灵魂总是上不到十二层天去成仙，而是下到十二层海的地府里去。一次，布依族先祖布杰做梦，梦见天上的太白星相告：你们的老人要想上到十二层天去，就要到天上去向天神讨求一面铜鼓下凡。待老人辞世，敲上三声，声震天宇，天神才会差仙人来接老人们的灵魂上天。而要讨求铜鼓，就得从青龙山顶那棵高大入云的马桑树爬上天去找天神。布杰得到指点，经历各种磨难，终于以自己的生命为代价让布依族同胞得到铜鼓。自此，布依老人过世，就敲响三声铜鼓，以报天神；在超度时，再敲九声，请天神派仙人来引导死者上十二层天。不仅如此，每逢过年，布依人还要敲响三声铜鼓，恭请先祖从天上下来共享人间的节庆。因此，"布依族的铜鼓，既神圣、庄严，又很金贵"。

在黔南的水族同胞也视铜鼓为宝，哪一个寨子有铜鼓，全寨人都会感到自豪和吉祥。水族一般在重大祭祀、重大节日时，才由老人用酒等祭鼓后敲击，非常神圣，因为其来历不凡：一种说法是水族一杰出后生与天王之女成婚，天神的配嫁，还说："到了人间，你们丰收或遇到灾难，就敲响这面鼓：是喜，我来跟你们喝喜酒；是忧，我来帮你们战胜困难。"另一种说法是，水族先王模仿秦始皇制成，后经到南方的诸葛亮改造过的。

最值得关注的是彝族的铜鼓问题：在相当长一段时期，彝族被认为是没有铜鼓的民族，直到20世纪70年代，云南楚雄万家坝出土了几面彝族的铜鼓，而且是公认铜鼓各类型中年代最久远的，所以被称为"早期铜鼓"。据称这些铜鼓出土时，还出土了与贵州赫章可乐相似的立耳鼓形铜釜。最有意思的是：这些早期铜鼓经历了从炊具到铜釜，再到铜鼓的演变过程，所以常见炊爨痕迹。而如前所述，可乐出土的套头葬铜釜中也有一面与万家坝类似的铜鼓，而这些铜器也都有炊爨之痕迹。所以论者谓：赫章可乐南夷墓中出土的铜鼓能与云南楚雄的相互"呼应，都是同一民族，同一时代的文化遗

图下 2-8　三都县三洞达过"卯"节祭铜鼓

存。……应该说这正是夜郎铜鼓文化在云贵高原一带兴趣和流布的明证"。

如果说作为文物的彝族铜鼓不太多，那么彝文献中描述的却很丰富：

《西南彝志》中记述了彝族六祖分支后进入乌蒙山区的德布氏家族，在大革洛姆（贵州安顺）曾修建九重宫殿，第四重殿中陈列着九面铜鼓："以下的一幢房子，也有德家的九个鼓。娄姆密拟部落的尼能与实沟，天地与举额，在天上聚会商议，进行一次天地的整理。他们把铜和铁化合在一起，造成天鼓，安置在宽广的城里；造成地鼓，放在辽阔的地上。另外还有实沟造的阔口鼓，以及仙鼓，也安置在地上。……后来有一天，仙界的五个鼓，被狂风从树梢上刮下来，飘飘荡荡的，吹到笃慕俄的跟前。笃慕俄用布帛把鼓包好，传给儿媳德来保存。是这样的呀。德家虽有九个鼓，但名贵的只有这五个鼓。成千的人都纷纷议论，上万的人也热烈地赞扬，都说这鼓出名，能放射出月亮般的光辉，就把它陈列在一幢房子里……"

《物始纪略》记述了铜鼓的由来，说造的人是够阿娄与葛阿德，他们"闲着无事时，去到铜矿山，矿山拾铜块，拾九驮铜块，用来铸铜鼓"。其鼓有大鼓、小鼓：大的上面铸有太阳和鹰的图案；小的上面铸有月亮和虎。其作用在"作战凯旋日，打铜鼓藤鼓，打马杀牛贺。擂鼓响如雷，击钟如闪电，人吼惊苍天"。

民间文学资料中的彝族传说，记述了彝族各种各样的鼓："铸锅所余的材料，又用来铸鼓。铸九个有节的鼓给青人，铸八道箍的鼓给红人。铸给实沟的鼓响声震天，铸给实沟的鼓响声震地。天鼓响震天，地鼓响声好。额索的鼓声响天宫，实沟的鼓声回地府。铸一种藤缠形的鼓，箐鼓响云霄，箐鼓响星宿。舍鼓响牛睡，姑鼓响熊奔逃。嫩鼓传达权令，师人鼓诵红。铸造天界鼓，传说是这样。"

而在滇桂交界的彝族，更有史诗般的《铜鼓王》，分梦鼓、铸鼓、争鼓、迁鼓、赞鼓、传鼓、祭鼓、卜鼓、诈鼓、析鼓、卫鼓、赠鼓、追鼓、分鼓、哭鼓、换鼓及承鼓等，记述了夷人昆明族系的迁徙历史。

彝文献及夜郎故地各世居民族民间传说中的夜郎铜鼓文化遗存，不但印证了考古学方面的研究成果，更补充了出土铜鼓的研究，特别是汉文献史料记载之不足。从中不难看出，铜鼓文化也是夜郎文化又一重大特征[25]。

通过"三大支柱"的论述，可见论者在彝文献的基础上，广泛运用考古学、历史学的方法，借鉴民间文学、文化学、人类学等成果，力图构建出一个以彝族为主，其他世居民族文化为辅的多元一体的"大夜郎文化体系"：用洪水后兄妹开亲的神话传说，来证明夜郎各民族间有共同的血缘认同；用竹王神话，来证明夜郎各民族间有共同的政权认同；用铜鼓文化，来证明夜郎各民族间有共同的习俗认同。换句话说，血缘认同、政权认同、习俗认同，是实现其"大夜郎文化圈"假说之"鼎"之三足。

综合而论，传统学者以汉文献基础，参照考古学、历史学、地理学等的研究，实事求是，信而有征，但却因材料的不足而只能展现夜郎国及其文化的一鳞半爪。当代学者以彝文献为基础，参照各学科研究方法和成果的构建，宏大整体而全面，但却也呈现出一些弱点：

——传统学者认为，早先贵州这片土地上的先民是濮人和后来的越人，从而推断夜郎国的建造者是濮越族裔，并认为夷人进入贵州时间较晚，要确证彝族人早先即进入并建立夜郎王国，证据尚嫌不足。

——彝文献多为流传极其有限的手抄孤本，如《夜郎史传》，就是译者自己收集并珍藏的唯一秘本，其时代、真伪往往无法确认，以此为立论之基，难免令人犯疑。

——"大夜郎文化"的构想将整个贵州的各民族、甚至旁及到周边省区，以及古今各时代全部纳入一体，这种跨区域跨时代的做法，从思路到成果都难免令人感到唐突。

……

或许，学者们还有赖于更多考古成果和体质人类学的支撑，才能断定夷人是否在夜郎的时代已进入贵州境；还有赖于彝文献的不断发现、翻译，特别是彝文献间的相互比较研究，才能确定其内容的一致性和可信性；还有赖于汉文献与彝文献在国王、年代、地域等方面的详尽对比研究，才能增强其说服力；还有赖于相关各省、区学者们的共同研究和不断切磋，才能就各民族关系、演变历史等得出较为一致的看法……

总之，夜郎国及其文化，迄今为止，仍然是尚待确解的谜。

【注释】

① 主要见《史记·西南夷列传》，中华书局 1982 年版，第 2991—2998 页；《汉书·西南夷两粤朝鲜传》，中华书局 1962 年版，第 3837—3845 页；《后汉书·南蛮西南夷列传》，中华书局 1965 年版，第 2844—2846 页，[北魏] 郦道元：《水经注》卷三十六"温水"，陈桥驿译注，王东补注，中华书局 2009 年版。

② 彝文字的古老已为考古学界所证实。如西安半坡出土陶器上的 50 个刻划符号，有 22 个与彝文字形、义相同或相近；贵州威宁中水出土的陶文，不但与半坡刻符书写的风格一致，在不同的 13 个字中，有 8 个字与彝文字形、义相同或相近。又如龙山陶文中的文字，完全可以按照彝文释读。此外，贵州出土的彝文"万古擂钵"上的 5 个彝文字，在威宁一带搜集到的战国彝文夜郎王印上的彝文字，特别是赫章可乐银子岩上的汉阳、平夷划界石刻，均表明夜郎时代夜郎民族的文字已趋成熟。《华阳国志·南中志》说："今南人言论，虽学者亦半引夷经。"这里的"夷经"，指的正是彝文献。丁文江曾提出彝文字同汉字"同源"的观点，诚如他在《爨文丛刻》"序"里所说，彝族的文字"根本与汉文同源但是极早就与汉人隔绝，所以看不出他们的直接关系"。既然是"同源"而异流，那么汉字存在的历史时间也应当是彝文字存在的历史时间。

③ 根据流传在贵州大方县的彝文献《帝王世纪》所载，贵州水西土司安氏从始祖希慕遮起，到末代土司安胜祖时，共传 115 代。安胜祖卒于清康熙三十七年（1698），若以每代 25 年计，则希孟遮生当公元前 12 世纪上半叶，即商代之末。

④ 详见易谋远《彝族史要》（上），社会科学文献出版社 2000 年版。

⑤ 竹王世系共传 27 代，夜郎国灭时在西汉河平二年（前 27），以每代 25 年计，第一代竹王约生当周桓王十八年（前 702），第三代竹王夜郎朵约生当周惠王二十五年（前 652），时当春秋中叶。

⑥ 余宏模：《古夜郎境内的彝族先民》，见《夜郎考》（之一），贵州人民出版社，1979 年版。

⑦ 王子尧、刘金才：《夜郎史传》，四川民族出版社 1998 年版，第 10—11 页。

⑧ 王子尧、刘金才：《夜郎史传》，第 325—326 页。

⑨ 王继超：《彝文文献翻译与彝族文化研究》，贵州民族出版社 2005 年版，第 53—55 页。

⑩ 较重要的彝文献除上引诸书外，已出版的尚有王子尧译：《彝族古歌》，贵州人民

出版社 1989 年版；何积全编：《彝族叙事诗》，贵州人民出版社 1997 年版；毕节地区译文翻译组：《益那悲歌》，贵州民族出版社 1997 年版；王继超、王子国译：《彝族源流》，贵州民族出版社 1991 年版；贵州省毕节民委编：《物始纪略》第一、二、三集，四川民族出版社 1990—1993 年版；王继超译：《摩史苏》，贵州民族出版社 2001 年版；贵州毕节地区民委编：《彝文金石图录》一、二辑，四川民族出版社 1989 年版，1994 年；王运权编：《西南彝志》一至十四卷，贵州民族出版社 1988 年至 2008 年版。等等。

⑪ 20 世纪 70 年代发掘，见贵州省博物馆考古组等：《赫章可乐发掘报告》，《考古学报》1986 年第 2 期；2000 年发掘，见贵州省文物考古研究所编：《赫章可乐 2000 年发掘报告》，文物出版社 2008 年版。

⑫ 梁太鹤：《赫章可乐墓地套头葬研究》，《考古》2009 年第 12 期。

⑬ 童恩正：《中国西南地区古代的酋邦制度——云南滇文化的实例》，《童恩正文集·学术系列·人类与文化》，重庆出版社 1998 年版。

⑭ 发掘报告分别刊于《考古学报》1981 年第 2 期和《文物资料丛刊》1987 年第 10 期。

⑮ 贵州省博物馆：《贵州清镇平坝汉墓发掘报告》，《考古学报》1959 年第 1 期。

⑯ 侯哲安：《夜郎初步研究》，见《夜郎考》（之一），贵州人民出版社 1979 年版，第 28 页。

⑰ 详见王燕玉《贵州史专题考（修增本）》，贵州人民出版社 1986 年版。

⑱ 朱俊明：《夜郎史稿》，贵州人民出版社 1990 年版，第 172 页。

⑲ 此论以王鸿儒为主，主要为其代表作《纵横夜郎文化》的综述。上述内容分别见《纵横夜郎文化》，贵州民族出版社 2007 年版，第 3 页，第 4 页，第 7 页。

⑳ 王鸿儒：《纵横夜郎文化》，第 109、110 页。

㉑ 王鸿儒：《纵横夜郎文化》，第 116—122 页。

㉒ 弋良俊：《夜郎探秘》，贵州民族出版社 2002 年版第 32 页。

㉓ 王鸿儒：《纵横夜郎文化》，第 123—129 页。马学良语见其《云南彝族礼俗研究文集》，四川民族出版社 1982 年版，第 12 页。

㉔ 宋世坤：《贵州考古论文集》，贵州人民出版社 2000 年版，第 304 页，第 305 页。

㉕ 王鸿儒：《纵横夜郎文化》，第 130—141 页。

第三章

大美不言：世居少数民族文化

　　贵州很早就已成为我国西南各民族交往的结合处。明代初期建立贵州行省及清初的政区调整，各族群人口在贵州穿插居住，形成了各民族"又杂居，又聚居"、"大杂居，小聚居"的分布格局，多元族群、多元民族、多元文化共生共存。各世居民族在自然条件、地理环境、人文历史、文化传统、思维方式、道德观念、经济社会发展程度上各有差异，但民族间和平相处，形成一个和而不同、多元共生的文化统一体。

第一节　物质文化

三种类型的农业生产　独具特色的苗侗林木业　三种聚落与民居建筑　独特的饮食服饰　特色浓郁的传统工艺

　　贵州民谚"天无三日晴，地无三里平，人无三分银"，在某种程度上反映了贵州的地理、气候、民生状况。尽管贵州的地上和地下资源都十分丰富，但由于地理、地缘和历史等诸多原因，开发较晚，贵州各族民众长期处于"人无三分银"的困境。

　　贵州各少数民族多是"候草木以记岁时"，"男子计口而耕，妇人度身而织"，伐木建房，劈竹制器，上山捕兽罗雀，下河捕鱼捞虾，自给自足。由于多种原因，各民族社会、经济发展极不平衡，多种社会形态、经济模式杂然并存。

至迟在明代以前，一些民族仍然部分地保留着原始的渔猎采集的生产生活方式。"黔之深箐邃洞，人迹罕至，往往为苗瑶所踞，采食山毛"。在明代郭子章的《黔记·诸夷》中，就记录着彝族先民"以渔猎山伐为业"；仡佬族先民"好猎，逐鹿罗雀为事"；毛南族先民"暇则挟刀操筍柳，以渔猎为业"；侗人"冬采茅花御寒"；世居大定、平远一带的各民族"入山采漆售于市"，等等。

由于贵州土地资源垂直差异明显，立体农业特点突出。各少数民族的农业生产，大致可分为水田稻作、山原水田旱地兼作和高原旱地耕作三种类型。

水田稻作。早在汉代，生活在北盘江一带的夜郎国居民，已是"耕田，有邑聚"。生活在沅江上游一带的武陵郡居民，采取了火耕水耨之法，实现了民食鱼稻。到唐宋时期，这些地方已是稻粟两熟。黔东南、黔南、黔西南一带土宜五谷，多植粳稻，水源好的地方，就田点种，甚至不移秧、无粪壤、不用多耕耘，也有收获。到明代，都匀一带已经普遍使用牛耕，广顺州猫场堡一带，已开垦成为膏腴之壤。特别是贵阳府的仲家（布依族）善于治田。当时，贵州种田之人把田分上、中、下三等，大约上田宜晚稻，中田宜早稻，下田宜旱粘。民间有"丰年上田可收米五担，中田四担，下田三担至二担不等"之说。清嘉庆年间，黎平、锦屏、榕江、从江一带，上田一亩值二十余金，丰年可收谷七石，稍次的也可收获五六担，一个劳力可耕种七八亩。该地区出产的粮食作物有糯稻和籼稻，光绪《黎平府志》曾记载有"黄丝"、"金钗"、"冷水"、"红米"等多种糯禾品种。清平（今凯里市属）、镇远、偏桥（今施秉县）一带，"其地产香稻，圆而实大"①。唐末五代初，大姓首领据有被称为"蛮夷腹心"的靖州一带（含今天柱、锦屏、黎平三县地），开始出现了"男丁受田于酋长，不输租而服其役"②的状况，实行以劳役地租为标志的封建领主制。到明代军屯、清朝实行"改土归流"后，屯军逐渐强占了当地的良田沃土，各少数民族人民只得另开荒地谋生。后来，屯军头目演变为汉族地主，利用各种手段大量兼并各族人民的土地。如台拱、清江、黄平、八寨、清平、古州十厅县，共有汉民 8678 户，而典卖苗产就达 6263 户，其中有些地主一户就买下"苗产"数百份。黄平地方，苗产尽为汉族地主所有，苗民无土可依，只能围绕着汉户而居，承佃客民的田土耕种。红水河以北的仲家亭目地区，地主所有制也冲破了土司、亭目的藩篱，逐渐发展起来。

山原水田旱地兼作。黔中一带，汉武帝元鼎六年（前 111）建立牂牁郡后，采取"募豪民田南夷"之策，招"三蜀大姓"在夜郎地区屯田，各领"部曲"开垦。到魏晋南北朝时期，豪民大姓演变为统治贵州地方的"牂牁大姓"。这时的牂牁郡仍然处于畬山为田，无桑蚕，寡畜产的境况。到唐代，这里也还是土宜五谷，不用牛耕，仍然是采用刀耕火种的方法耕种田地，是为畬田。宋朱辅在《溪蛮丛笑》中载，仡佬所居，"有鸟落平（旷），言鸟飞不能尽也，周数十里皆腴田。凡平地名曰平坦"。其富者"托借田买屋以居，名十庄院"[③]。到明代，大量屯军进入贵州，为地主制经济发展开辟了道路。贵阳附近的水东等长官司辖地，已逐渐纳入地主制经济范围。黔北、黔东靠近川、湖，唐代设立播州都督府（治今遵义），或"招谕生僚"以治州，或"开山洞"、"开南蛮"以设县，汉族人口源源进入，编户籍，征赋税，成为与内地同等的下州。其中，费州较有发展，曾有一县因田多而得名"多田县"。明永乐十一年（1413）设立思州等八府后，虽保留了若干长官司或蛮夷长官司，但已设流官管理，人口"编户齐民"，土地"计亩升科"，向地主制经济发展。当时属四川布政司管辖的播州宣慰司，在改设流官前，以庄园形式的地主制经济较为发达，将辖地编户分等级征收钱粮；明末改设流官后，当地的苗族、仡佬族等民族的农户，或为佣田，或垦山土，有产业者同汉民一样，也要纳秋折钱粮。

高原旱地耕作。在汉晋时期，彝族先民"逐水草而居"转为定牧定耕。初时的耕作，采取了"耕山到处皆凭火，出入无人不佩刀"的方式；后来耕地用牛，开垦土地，种下五谷，其中荞子、燕麦种植的面积最广。到明洪武二十年（1387），贵州宣慰使奢香每年可缴纳税粮 3 万担；到弘治十五年（1502），水西彝族地区的农业生产有了较大发展，可缴纳税粮达 5 万担。明末清初，军屯制和民屯制的瓦解，汉族人口大量进入彝族地区，大规模开垦土地和种植农作物。雍正四年（1726），普安、大定（今大方县）等地大规模开垦田土，牛耕更为普遍，犁田时采用一牛三夫，前挽、中压、后驱的方式；水利则是拦河围堰，用以灌溉。清代中期，玉米传入彝族地区，增加了旱地高山作物的品种，贫穷者以苦荞为常食，佐之以包谷、燕麦。伴随"改土归流"的推进，大部分土目蜕变为地主，彝族地区大都从封建领主制逐渐向地主制过渡。只有少数偏僻地方，土目仍有较大势力，依然实行封建领主制。

回族先民自明代初期进入威宁地方，以农为业，开垦屯田，经受土司制度的压迫剥削，时常遭到"拔佃"的威胁。世居黔西北一带的苗族、仡佬族、布依族，绝大多数没有土地所有权，土地几乎归彝族土目和少数封建地主所有，他们的耕作用地，全都要向土目或地主租用。

贵州自古以来林深箐广。各族人民的生产、生活与树林有着密切的关系，将丰富的森林资源视为宝贵的财富。人们披的蓑衣、戴的斗笠、住的房屋、食用的茶油、点灯的桐油，早先耕作用的木制犁、耙、锄，使用的木制家具和器皿，渡溪河的木船、木桥等，都取自于山林的树木。森林的自然生长蓄积量一直超过人们的采伐量，森林资源有增无减。早在宋神宗元丰七年（1084），今都柳江沿岸就出现了一些"板木为生"的"峒民"，乃至以杉"劈板博易，舟下广东"④。据《明实录·贵州资料辑录》记载，从明正德年间到嘉靖、万历朝，朝廷多次到贵州征派大量楠、杉木为"皇木"。此外，一些民间木商也进入天柱、锦屏、剑河、黎平等地采购杉木，外运出售。到清雍正、乾隆年间，外地木商，特别是"三帮"（安徽、江西、陕西）、"五襄"（湖南省常德、德山、河佛、洪江、托口）木商，涌入黎平府采购杉木，年成交营业总金额达白银 200 万两至 300 万两⑤。同时，"山客"（即贩木售予"三帮"、"五襄"等下河"水客"的苗族、侗族商人），也相应逐年增加。"……黔诸郡之富最黎平，实唯杉之利……自郡之清水江以下广百余里……斧斤日寻，其声丁丁，铿訇溪谷，粉橑栾栌之用，靡有不具。商贾骈坒，赍刀布而治质剂者，岁以数十万计。其地有三，曰王寨，曰毛坪，曰卦治，岁一寨人掌其市易，三岁而周。盖尝讼之，部使者定为令甲也。大梽小桴，纵横纽束，浮之于江，经奔处、远口、瓮洞，入楚之黔阳，合沅水而达于东南诸省，无不届焉"⑥。从明末到清嘉庆、道光年间，天柱、锦屏、剑河、黎平一带地方，已是"商贾络绎于道，编巨筏放之大江，转运于江淮"⑦。随着木业的发展，清水江和都柳江沿岸出现了一些木材商品交换的地方性集镇，如今锦屏县的王寨、茅（或作毛）坪、卦治、平略，天柱县的坌（或作奔）处、清浪、三门塘，榕江县的古州，从江县的丙梅等处。特别是王寨，明正德年间（1506—1521），侗族王姓由九寨迁到此地居住，到明代末年，这里也只有二三十户人家。由于王寨地处小江、亮江和清水江的汇合处，到清雍正初年已发展成为官府专设的"总木市"，即木材贸易的中心市场，总理"三江"木材贸易。光绪三十二年（1906），从王寨输出的木材总值达白银 100 万两，占清水江流域木材输出总量的一半，"傅隆盛"、"永顺和"、"振泰顺"等大商号相继出现，王寨很快发展成为清水江一带的商业中心。

伴随林木的商品化，自然原林因大量砍伐而逐步减少。在内外木商的影响下，林区的苗族、侗族人民逐渐学会了人工造林。乾隆十四年（1749），黎平府内自茅坪（今锦屏县属）以上清水江沿岸二百余里，杉木林已经是"承日无隙，土无漏阴"，其中不少是人工造林。苗族、侗族的林农熟练掌握了杉木采种、育苗、造林、营林和林粮间作的生产技术，使植杉造林成为人们普遍的生产活动。由于黎平府一带山多载土，很适宜种植杉树，三五年便可成林，20 年便可供砍伐。这种人工育林的方式，很快推广到省内其他地方。

贵州少数民族的畜牧多为农家副业，以饲养家畜家禽为主。黔西北彝族地区向来以农牧并重，唐代时已是"邑落相望，牛马被野"，宋元时，其特产有水西马和乌蒙马。在南宋，这里是西南马市的重要来源。在元代，亦溪不薛（水西）设有大牧马场。在明代，水西、乌撒（今威宁、赫章）所产的马，"上者可数百金，中亦半之"。

贵州各少数民族的聚落，多依山傍水，就地取材构筑房屋，聚家族而居，利于生产生活。按地区和各民族的特点，大致可分为三种聚落与民居建筑类型。由于各民族交错居住的缘故，某一散居民族的聚落与民居建筑，往往是以某种类型为主，其他类型兼而有之；在同一类型中，也会存在着其他类型的实体。生动地反映了各民族聚落与民居建筑的形成，与气候、地理等自然条件及社会、文化、习俗等人文环境之间的密切相关。（详见本书下编第一章《独特摇篮：喀斯特生态文化》）

一是干栏聚落型。世居黔东、黔东南、黔南、黔西南地方的苗族、瑶族、仡佬族、布依族、侗族、水族、壮族、仫佬族、毛南族、土家族等民族，多居住干栏式木楼。这一特点，在唐以来的历代史籍中多有记载。特别是世居黔东南、黔南、黔西南地方的布依族、侗族、水族、壮族、仫佬族、毛南族和仡佬族，称"房屋"或"家"的语音，就近似于"干栏"二字的合音⑧。苗族、土家族等民族多称其为"吊脚（柱）楼"。

二是石木聚落型。世居贵阳和安顺地区的布依族、苗族、仡佬族等民族，多采用石材建造房屋。以白石为墙，石片为瓦，建成坚固牢实、美观大方、冬暖夏凉的石板房，形成一个个石头院落，一处处石头寨。黄果树滑石哨一带，布依族人家就地取材，修建的石板房一般面阔三间、二层，内为穿斗木构架，铺楼板，外砌石墙，顶盖石板瓦。墙体有滑石墙、毛石墙、沙石墙之别，其中滑石墙选用细錾条石或块石砌成，厚薄均匀，美观考究。以加工的片状石板盖顶，从檐口叠次而上，铺成整齐的菱形或鱼鳞形。门头上要放两块石头做成的"宝物"，大门正对流水，象征"财源广进"。开窗小若升斗，内阔外敛，利于防卫。石头建造的房屋，与家庭日用的石钵、石磨、石缸等，与屋外的石板路、石桥、石凳等相映成趣。石板房顺应自然，古朴美观，屋顶稳定而安居，依然保持人居楼上、畜圈楼下的干栏居住特点。

三是土木聚落型。贵州彝族农牧兼营，村寨多建在平缓的山坡或山间盆地上，前向阳后靠山，左右有林木，柴煤水火俱全的"撮箕形"地方。房屋坐向依地形而定，门向以屋主生辰推择。每户人家都有土墙或石墙围成的院落，房屋多为土木结构，以土筑墙，以木为檩和门窗，山墙有封尖或半封尖，屋面前短后长为"虎坐形"，覆盖茅草或麦秸。房屋多为长方形，面阔三间，进深两间，火塘或锅庄在堂屋右边开间。有的人家在火塘的左方靠墙之处，安放一块石头，以代表火塘神（彝语为"姑鲁侈"），每逢祭祀之日，都要奉以酒、肉，烧香化纸。在毕节大屯一带，房屋有"一颗印"、"一个进出"、"一封书"、"一厢一正"、"两个进出"、"三合头"、"四合天井"等平面布局。房屋造型还有"金包银"、"修冒角"、"腾地填"、"填土楼"、"半边楼"等做法。贫苦人家有的住"杈杈房"，四壁用树条或包谷秆编篱笆围栏。富有者住木板房，也有"五柱三罳（间）"、"七柱三罳（间）"、"九柱五罳（间）"的区别。

图下 3-1　威宁县彝族的藤编屋

贵州少数民族各不相同的饮食文化，主要表现在不同的主、副食和色彩纷呈的名特菜及多姿多彩的酒文化。清人罗绕典《咏土物》诗云："野蔬充膳不胜采，一诗难括千琼环。"⑨

大米、苞谷、荞、稗等，是贵州各少数民族的主食，还加工成多种风味食品，尤以米粑最具特色。明清以降，"黔人饭稻而喜粉糍。屑糯为之者，曰糍粑。屑粳为之者，曰饵块粑。市中鬻此者最众。迨饯岁时，则家家赁舂，屑米以斗石计，为度岁需。舂声与腊鼓声相和也，贵阳诸郡县皆然。至若窄乡穷壤，十九以苞谷为粮。洞户山民则所食惟荞与稗耳，有老死未尝齿稻麦者"⑩。在威宁州，因为多贫穷者，多以荞麦面为主食，间或食用包谷、燕麦。广顺州的苗族，则多以麦稗杂野蔬为食，虽然有稻米，但多储以待正供或宾客，有的人家甚至终生不曾得食稻米。在开泰县（今黎平县属）八洞等地的苗、侗族人，常食糯米，蒸饭捏团，以手掬食。在黔东南，"苗疆产米最白，斗亦较中土为大，每米一石重有三百六十斤，其价值总不过三四五吊而止"⑪，又可见其粮食的丰饶。

由于贵州素不产盐，一些少数民族因而喜食牛羊内脏和腌制品。有将"牛羊肠脏摆洗，羹以饷客，臭不可近，食之既，则大喜"。宋人称"不乃羹"⑫，后人称"牛瘪"、"羊瘪"。明代，有的民族"以荞灰和秫粥酿为臭渖，以鱼肉杂物投之，曰醋。蛆蚋丛喂以为珍具，矜富羡者，则曰蓄醋桶几世矣"⑬。到清代，居住在贵阳、安顺、兴义、都匀诸郡的仲家（今布依族），"其俗聚马、牛、鸡、犬骨以米参和之作醋，以酸臭为珍品，称富人者则曰'蓄醋几世矣'"⑭。由于贵州缺盐，早有以"蕨灰浸水"、"狗椒"或"草灰滤水"等方法以代盐。明清时期，当辣椒传入贵州后，又逐渐产生了以酸辣代盐的食俗。

唐宋时，贵州少数民族就有"以牛酒为聘"、"生子乃持牛酒拜女父母"的习俗（如《旧唐书·南蛮西南蛮传》所记）。仡佬族、侗族等民族中，有的人饮自酿的"钩藤酒"，一次可至数升。明清时，饮酒之风更盛，凡遇亲戚喜庆，人们要负酒牵牛而去，并随身带数件新衣，以夸耀其富有。遇丧葬、祭祀时，则要酿酒、砍牛，邀集亲属聚饮歌唱，富有者往往会大量酿酒，以大瓮贮酒，执牛角遍饮。彝族、仡佬族、苗族等民族地区自酿的"咂酒"颇有名，是用大麦、苦荞、黄稗酿成为酒，饮时不用杯酌，而是宾主环坐，置槽瓮于地，以藤管吸饮，称为"咂酒"。一些地方的苗族，在女儿数岁时就酿酒，到冬天水塘干涸时，用泥密封罌瓶埋于塘中。直到女儿出嫁时，才取出以供宾客，其味甘美异常，谓之"女酒"。

贵州少数民族服饰，是表现其民族文化的重要形式之一。从赫章可乐、威宁中水的汉代墓葬中，可大体描绘出死者生前装束的基本轮廓和形象。其椎髻头饰和身体各部位的佩饰方式，古籍中多有记载，至今在贵州各民族中均可看到。秦汉时，夜郎居民有"魋髻"或"椎髻"之称。武陵"苗蛮"，"好五色衣服……衣裳斑斓"。唐宋时期，彝族先民"乌蛮"，男子髽髻，女人被发，皆穿牛羊皮。"东谢蛮"的男子穿以绵绸及布做成的衫袄，大口袴，右肩上斜束皮带装，以螺壳、虎豹、猿狖及犬羊之皮作为外饰；男女椎髻，以绯束之，后垂向下。

明清时期，史籍多按服饰及颜色、头饰、习俗、生产劳动方式及居住地之别等作为族称的依据。世居贵州各地的苗族，其服饰的共同点是：多着上衣下裙，而男女的头饰、服色、上衣的大小长短及衣领衣袖的变化、裙子的形制长短及其质地皆有区别。其中，"男女梳尖顶髻"的，称"尖顶苗"；"以木板尺许绾发内"的，称"顶板苗"；裙长五寸许、"极厚而细褶"的，称"短裙苗"；"服饰皆尚白"的，称"白苗"；"服饰皆尚青"的，称"青苗"、"黑苗"；"衣被俱用斑丝"的，称"红苗"；"饰袖以锦"的，称"花苗"等等。

世居各地的布依族，其服饰的共同点是：男女包头帕，男裤女裙，穿草鞋或布鞋；男女的头饰、服色、上衣的大小长短及袖子、裙子的形制长短及其质地皆有区别。

世居各地的仡佬族，其服饰的共同点是：男女着桶裙、"贯首衣"，以服色、习俗区别支系。

世居各地的侗族，其服饰的共同点是：女绾发插木梳，

图下 3-2　清代"打铁苗"女子

围胸兜，穿裤或裙，戴耳环，服色及刺绣佩饰有区别。在从江、下江的侗族，蓄发挽髻。

世居各地的彝族服饰，男子头饰独特，笼发束于额如角状。男裤女裙，饰物有贫富区别。

世居荔波的水族，妇人挽发盘头，笼以木梳，色尚青。瑶六寨的青裤瑶，男子蓄发挽髻，青布长衣；妇人发挽偏髻，青布短衣，裙长不及膝。董界里的白裤瑶，男子蓄发挽髻垂后，覆以花布，青布短衣，以红白线缘其边；妇人发挽髻垂前，耳饰以大银环。荔波的壮族，妇人短衣短裙，仅以遮膝。

清平县的仫佬族，男子科头、跣足，妇人则穿短衣。

贵州少数民族传统工艺，主要是以家庭为中心的手工副业；工艺技术靠口传心授、代代相传。由于各民族的文化背景不同，使得传统工艺形成了较强的区域性，不同民族或不同地域有着不同的工艺特征。各民族在长期交往中，相互影响，共同创造了贵州民族的传统技艺。

图下 3-3 榕江县摆贝苗族蜡染龙

贵州出土的古代陶纺轮有多种形制，伴随出土的还有麻布、麻绳等物，足见古夜郎的纺织已有发展。汉代，武陵"苗蛮"已是"织绩木皮，染以草食"。唐宋时期，多采取腰机织布，仡佬族妇女纺织的"圈布"较著名。到明清时期，布依族妇女善织的"仲家布"；定番的苗族、布依族、仡佬族妇女所织的斜纹布（名"顺水斑"）；荔波水族的"水家布"；黎平洪州侗族妇女善织的"棉葛布"等，均有名气。其中，定番州谷蔺苗族所织布最精细，在市场上人争购之。特别是在关岭、镇宁一带，布依族、苗族纺织的"铁笛布"，曾著称于南方各省。

贵州一些少数民族盛行织锦，苗锦侗锦就很著名。松桃厅苗族妇女养家蚕，织板丝绢及花布锦以为业。特别是镇远府苗族所绣的布称为"苗锦"，极为精致。黎平曹滴司的侗锦，以五色绒为之，有花木禽兽各种纹样，十分精美，在邻郡也很受欢迎。侗锦的织造材料有棉纱和丝绒之分，既有单一材料织造，也有丝棉混织。一般侗家都有织锦的"陡机"。其图案的线条都呈直线，常见的有人字形、十字形、口字形、之字形、米字形、卐字形等。织女将这些图案组成一幅幅简练明快的画面。画面内容大多取材于常见事物，如描摹动物、植物、器皿等，少数大型侗锦取材于古代神话故事。

蜡染是贵州少数民族的一大技艺。《后汉书》、《临海水土志》、《新唐书》中有"染彩"、"斑文布"、"卉服鸟章"等记述。朱辅《溪蛮丛笑》中记："溪峒爱铜鼓甚于金玉，每模取鼓文以蜡刻板印布，入靛缸渍染，名点蜡幔。"[15]到明清时期，"盖模取铜鼓文以蜡刻板印布者，出独山州烂土司"[16]，即今三都水族自治县所属的水族、布依族村寨。世居贵州各地的花苗，其衣裳先用蜡绘花于布上，然后染之，再去蜡，则花纹见，并在衣袖等处用锦装饰，色彩斑斓，以至于被称为"花苗"。明洪武年间，蜡染在贵州极为盛行，成为一项重要的外销商品。北京故宫博物院保存有 11 世纪和 17 世纪的贵州蜡染文物，其中有清代皇家宫廷珍藏的一幅安顺苗族蜡染背扇扇面；在平坝下坝棺材洞岩洞葬出土的有鹭鸟纹彩色蜡染裙、翔鹭纹彩色蜡染裙、水鸟纹彩色蜡染裙和凫雁纹彩色蜡染裙等彩色蜡染 5 件；有龟背及葵花纹蜡染棉质夹裙、缠枝花蜡染棉质夹裙、缠枝花草纹蜡染裙和忍各花蜡染裙等素色蜡染裙 7 件；在长顺交麻干贷天星洞岩洞葬出土有豆点花草纹蜡染裙、勾连纹蜡染裙、忍冬花纹蜡染裙、铜鼓纹蜡染裙等蜡染织品 8 件，初步鉴定属当地苗族在宋代和明代制作的遗物[①]。

　　刺绣也是贵州少数民族的一大技艺，在明清方志中多有记载。丹寨一带苗族，胸前锦绣一方护之，谓之"遮肚"。荔波一带布依族穿"红绣花鞋"，仡佬族妇女"两袖绣五彩"。贵州省博物馆珍藏的台江苗族织绣女夹衣、苗族织绣花鸟动物图案围腰、彝族土司绣花骑马衣及绣花长袍等，反映了贵州少数民族在明清时期的刺绣风格和传统技艺。

　　贵州少数民族佩戴银饰和银饰加工也较盛行。黔东南一带，苗族、侗族均喜饰银器，无论男女，戴用耳环、项圈，妇女并戴手钏。富裕人家的妇女，有的戴手钏五六对，其项圈之重或竟多至百两，炫富争妍，自成风气。

　　木、藤、竹、石、土陶、革等器皿的制作使用，在贵州自古有之。其中，明清时期水西"乳漆器"颇负盛名。该器物有盘、盂、盅、壶、箭囊及马鞍等，用上等水牛

图下 3-4　雷山、凯里、麻江、丹寨等县市的一种苗族服饰

皮以水浸、火烘、木张、啮定、刀削、楅鬏、沙复、土窨、石砻（威清产），绘以文采，涂以生漆，黄硃靛三色皆和。水西马鞍极为名贵，有的一鞍可值数十金。北京故宫博物院珍藏有贡品"皮胎锚金漆葫芦"。

在传统的生产劳动中，少数民族离不开刀箭弓弩，因此其制作工艺十分精湛。史称"苗人制刀，必经数十锻，故铦锐无比。其试刀，尝于路旁伺水牛过，一挥，牛首落地，其牛尚行十许步才仆，盖犀利之极，牛猝未觉也"[18]。凯里一带苗族善制强弩，名"偏架"。世居平远、大定、黔西、威宁一带的彝族，善造坚甲利刃，标枪劲弩。在明代，这种坚甲利刃，有的价值可抵十余匹马。

自古以来，贵州地方所产朱砂、水银全国闻名。仡佬等民族多以采砂为业。史书中对此多有记载。如"婺川县境有板场、本悠、岩前等坑产硃砂，其深十五六里。土人以皮为帽，悬灯于额，入坑采砂，经宿方出。其良者如芙蓉箭镞，生白石上者为砂床。碎小者，末之以烧水银为银硃。土人倚为生计。岁额水银百六十斤入贡，而民间贸易皆有之，如钱钞焉"[19]。历史上有名的"辰州砂"，实际大多产于黔东北而贩于辰州（常德）。

贵州的布依族、苗族、水族、瑶族等民族，一直沿用铜鼓于祭祀和娱乐。东谢蛮对有功劳者，常用牛、马、铜鼓奖赏。大型聚会时，则击铜鼓，吹大角，歌舞以为乐。贵州已出土汉代铸造的多种青铜器物的模和范，出土汉代各种铜器数千件，可见贵州各民族的先民早已掌握了冶铜技术，显露出夜郎青铜文化特有的风采。

苗族、侗族、水族、仡佬族、瑶族、彝族等民族都擅长制作和使用芦笙。芦笙在宋代以前就广为流传，明清时期更为盛行。还自制有箫、笛、莽筒、牛腿琴、木鼓等民族乐器。其中，最著名者，为玉屏箫笛。制箫始于明万历年间，因玉屏前为平溪峒而称"平箫"。制笛始于清雍正五年（1727），因改平溪卫设玉屏县，始称"玉笛"。故玉屏箫笛又称"平箫玉笛"。清代被列为贡品，故又名"贡箫"。它用本地特产的小水竹、紫竹制作，须经过四大工艺流程、七十二道工序。其外形典雅，音质纯正，音色圆润。其中，椭圆形扁箫为箫中上乘。

第二节　社会文化

黔南白裤瑶的"油锅"　青裤瑶的"播冬"　黔东南苗族的"鼓社"
黔西北彝族的"家支"　形式各异的婚嫁习俗　瑶族的"石牌"制
苗族的"议榔"　侗族的"峒款"　彝族的"则溪"　布依族的"亭目"

直到清代末年，居处于黔东南、黔南溪峒稻作农业生态环境的大多数民族，其社会文化还遗留着较多的氏族社会原始民主制残余。居处于黔西北地区山原农牧业生态环境的民族，其社会先后进入了奴隶制社会的奴隶主专制、封建领主制时期的贵族专制。在家庭、婚姻和社会结构方面，均各具民族特色。

这些特色，首先表现在家庭和家族方面。

至清代末年，在贵州的少数民族地区，绝大多数为一夫一妻制父系家庭。它不仅是本民族最基本的经济生活单位，更是与血缘家族伴生的最基本的社会单位。家庭一旦脱离自己的血缘家族，就难以生存。

一般来说，父母子的两代人家庭较少，多为三代人的家庭，三代人以上的父系大家庭在许多民族中也都有存在。在接受汉族姓氏以前，家庭成员"有名无姓"，多采取父子连名传承。男耕女织、男主外、女主内是家庭成员的基本分工。家庭必聚家族而居，也是"有族无姓"。有一个家族居住于一寨，也有几个家族共居于一寨。家庭财产的继承，因民族历史文化背景的不同而有所区别。其中，以黔南白裤瑶的"油锅"、青裤瑶的"播冬"、黔东南苗族的"鼓社"和黔西北彝族的"家支"最具代表性。

黔南白裤瑶语"播卜"，汉译"油锅"，意为"同一口锅里吃饭的人"。这是同一个父系祖先的家族成员，聚居一处，共同劳动，共同消费，长期保留着"油锅瑶老制度"的文化运作方式。其中，谢、何、罗、陆、王、施、覃、黎、韦等九个"汉姓"，都各自有本姓氏的"油锅"名称（即固有的姓氏），称为"瑶姓"。最初的"油锅"，是一个父系家族公社，所有的成员都是同出于一个父系祖先的亲属，彼此都有血缘关系。后来，随着人口的增多，生产力的发展，父系家族公社逐渐解体，分解为由许多"父母子"的核心家庭所组成的兄弟家族公社，即新的"油锅",实行共有私耕,独立生活,从而使原先的"油锅"变成为父系大家庭的结合体。由于狩猎经济和游耕农业的需要,同一"油锅"的人,都是聚家族而居,随群体迁徙。在一定活动范围内,以山脉、河流或其他自然物为其地界,属本"油锅"人所有,据为领地;同一"油锅"者,自由开垦,自由放牧,砍柴割草,其他人不得擅自入内劳作,动用一草一木。每年春耕前,由头人召集全"油锅"成员举行会议,先要共同祭祀保护神,祈祷人寿年丰,六畜兴旺,鼓励生产,传授技术,然后各自发表意见,达成共识,规范行为,维护公众的生产生活秩序。这种在宗教形式下的"油锅"民主议事,具有极为浓厚的传统色彩,对整合"油锅"文化起到了重要作用。通过"油锅"会议讨论修改制定的维护社会生产生活秩序的习惯法,是人们约定俗成的世代传承的为人处世的基本原则,具有至高无上的权威性。对违反习惯法的处理,大多由头人召集族老或全体族民大会公众裁决,小事批评教育或请酒赔礼,或当场示众;对严重违反习惯法规而屡教不改者,还处以丢硝洞的极刑。对于真相不明,一时难以辨别者,采取赌咒或捞油锅的办法处理。凡不赡养父母者,要受到全家族人的唾弃。每个家庭的土地买卖,必先征求家族的意见,方可外卖。严禁偷盗,若有违反,轻者请酒赔礼、退还原物,重者丢洞处死。保护家禽家畜,不准将家禽病菌带入寨内,违者全部赔偿。

每个"油锅"都有头人、狩猎领队和鬼师。头人意为"大哥",是公认的自然领袖,知识面广,社会阅历多,生产经验丰富,精通本民族历史和习惯法规,熟悉巫术,办事能力较强,大家都服从他。对内,他是"油锅"的组织者和管理者,负责组织生产、调解纠纷、执行习惯法和主持各家各户的婚丧大事;对外,他代表"油锅"行事,维护家族组织的整体利益。血缘关系或姻亲关系较多的几个"油锅"联合为"排",即兄弟"油锅"。在清末,瑶山白裤瑶共有三个"排"(即江奔、姑类排;董蒙、板告排;董别、九加、拉更莫、塘光、董瓜排)。"排"的领袖人物,由各"油锅"头人推选公认,遇事与大家共同商议解决。三个"排"联合组成的"大排",产生一个称为"大王"的总头人,也是整个瑶山的总头人。"油锅"、"排"、"大排"自然形成的头人,皆称"瑶老",故称"瑶老制"。瑶山尽管出现了三级组织形式,但因村寨过于分散,地缘组织的职能作用并没有得到充分发挥。直到清代末年，仍然是"油锅"的职能在起决定作用，每个家庭只有依托于自己的"油锅"才能生存。

黔南青裤瑶语"播冬"，意为"父子"，是由一个共同的父系祖先传袭繁衍的血缘集团；使用同一姓氏，居住同一村寨或寨里的同一隅或同一排干栏长屋，相当于一个父系家族，有的在居住形式上还保留着父系大家庭的外壳。"播冬"的头人称"买怒"，意为"我们的母亲"；家族长与家族成员之间则是母亲与孩子的关系，还遗留着母权制的痕迹。同一"播冬"聚居一处，有较为固定的活动地域，拥有共同的山林、田地、河流、葬洞、神社地、房屋、生活用具以及相同的祭祀仪式。同一"播冬"的成员可共同采集和围渔，共同出猎，平均分配；集体采集，或共同分配，或谁采谁有，其他"播冬"成员不得擅自入内。田地为固定耕地，有别于轮种的"火捞土"，包括水田和常年耕种的熟土。早先，土地由家族即"播冬"占有，并由头人进行分配，由各家自行耕种；以后，变为各家私有，但未经家族允许，任何人不得私自典当、买卖。"播冬"各成员的田地买卖，也只能在本"播冬"内进行，确保本家族财产不得流失。家族中留有一部分公用土地，以其收入作为家族祭祖等公众事务的费用，或救济家族中的鳏寡孤独。所以，瑶麓的土地关系，明显地表现出公有私耕、公有私占和私人所有三重性质。家庭财产由子女继承，若无子女，则由血缘相近的亲属继承，若子女亲属皆无者，则归"播冬"全体成员所有。同一"播冬"的成员，互相帮助，互相接济，有福共享，有难同担。"播冬"的头人"买怒"，由本"播冬"成员大会推举产生，负责调解本"播冬"内部的各种矛盾和纠纷，维护全"播冬"的利益不受侵害，参与"官侯"组织的头人"买怒广"召集的对外交往的事务活动。特别是要负责参与或派人履行祭祀"娲厦"完毕之后的插标地仪式，以确保瑶麓和本"播冬"占有领地的完整，并负责把本"播冬"公有的土地平均分配给各家庭耕种。

黔东南苗族的"鼓社"，黔东南苗语称为"姜略"。"略"即"鼓"，象征历代祖先神灵安息之所；"姜"是对最早兴鼓祭祖人的敬称，演变为"家"或"家族"的称呼。鼓社是由若干个具有共同父系血缘的家族组成。同一血缘群体居住在相邻的一片地方，举行祭祖活动的"鼓社"，与村寨组织是重合的。早先，是一个父系家族公社、以"鼓"为单位的标志展开活动。迁徙时，各单位以"鼓"为联络标志。后来，随着私有制的发展和一夫一妻制的父母子核心家庭的确立，逐渐演变为共同居住一个村寨或团寨，甚至是跨村寨的父系家族组织。同时，在以一两个父系家族组织为核心建寨发展的过程中，又以结拜兄弟的泛血缘关系的组织形式，将家族组织向地缘组织延伸。在转换过程中，原先鼓社的多种功能，如祭祀、生产、婚姻、伦理、仲裁、军事等，也相应地转换成为村寨的功能。为了维护全寨的社会和生产秩序，进行宗教祭祀和对外联络，大多数村寨都形成了传统的长老制度。它是由"寨老"、"活路头"、"牯脏头"和"鬼师傅"即"四老"的职能作用所构成，他们既分工又合作地行施自己的权利和义务。"四老"都不脱离生产劳动。他们的产生与家庭和家族的利益是紧密关联着的。寨老对全寨负有主要责任，对内处理日常事务，关切到各家各户；对外有决定之权，享有较高的威望。除"四老"外，各大寨还有临时的"芦笙头"和狩猎的"攒山头"，在实际的生产生活中都起到了重要的作用。每个家庭及其成员，都必须在家族和村寨的规范下活动。

在黔西北的彝族社会，"家支"是其社会结构的血缘组织，源于原始社会的父系氏族，由同一男性祖先所繁衍的子孙构成。一般是同一男性祖先的后裔组成一"家"，其诸子辈自成一"房"，"房"的人口繁衍增多自成一"支"。每个家支都有共同的名称，以父子联名的谱系表明各家支的血统关系，在故有的土地范围内聚家支而居，其成员共同崇拜一个祖先，有共同的祭祖活动，有相互继承财产的权利和相互援助保护的义务，并以合力抗外为手段，树立家支社会地位。为确保家、家支为单位的诸多事务的正常开展，家有家长，家支有"头人"，由男性充当。家支头人，由长房长子担任；也可视家支内外的事务松紧、缓急，由民主选举有号召力、能以身作则、以家支利益为重的成年男性担任。有重大事务，由头人召集，开家支会议，集体商定后行事，充分发挥家支的社会功能和作用，维护全体成员的利益，一致向外发展。嫡长子继承制是家支制度的经脉，一经确立，自然有嫡庶之分，长幼之别，亲疏之异。于是，以嫡长子为"正宗"，其余皆为"旁系"，形成一种树枝状的谱系结构，从分支上体现出相互之间的隶属关系。以一"家"而论，嫡长子为"大宗"，其余诸子为"小宗"；同样，在一"支"当中，诸子的嫡系为"大宗"，而旁系又为"小宗"；各家之间，亦按其嫡庶、长幼、亲疏而有"大宗"、"小宗"之分，从而构成一个严密的以血缘为群体本位的宗法系统。

与家支制和宗法制相适应，古代彝族还形成了一整套源于禁忌的不成文的和成文的习惯法规，用以维护社会生产生活秩序。习惯法有"家法"、"乡规民约"和"成文法规"三种形式，内容广泛，执行严格，有较强的约束力。"家法"是彝族宗法制的组成部分，使用范围局限于"家"内和家支内。每个"家"或家支，都有家法，俗称家规。一般家法都有其共同性，都要共建祠堂，合力对外等规定，强化家支内聚力。为树家风，则有长幼、男女之间的言行规定，违者，视情节轻重论处。在合力对外时，凡成年男子必须投入其中，否则受罚；轻者批评教育，重者开除家支籍。家法的执行者，一般是家支长老为首的男性长辈集团。相邻村寨之间，为了某种共同的利益，维护社会生产生活秩序，维护传统文化的氛围，共同制定规约，在特定的社会环境里实施，由各家支族长组成的男性长老集团监督执行。其内容广泛，深受家支宗法制和土司制的影响。其中，按传统宗法制的继承制、等级制等方面的规定，君业由长子继承，无子者由妻袭位，子幼者由妻替职。违反者，为社会所不容。在土地财产及租佃等方面，土目绝嗣，其财产按宗法制原则，由其他土目"吃绝业"。礼仪节庆、婚姻丧葬、衣食住行等各方面的规定，均不得违反。对盗、抢、烧、杀等方面的规定，凡偷抢者，必断指，以作记号。对于一时难以查清的案情，遂请巫师或"布摩"采用"神判"，有"捞油锅"、"赌咒"、"踏红铁"等[20]。彝族先民很早就创造了本民族的文字，记录下了各君长在不同时期制定的成文法规，如《水西大渡河建桥碑》记载的"慕俄格一家，祖创有规章，子孙可法也"。每个家庭只有遵循祖传规章才能生存发展。

贵州各少数民族的婚姻缔结形式多样，血缘家族外婚界限分明，未婚青年穿戴标志明显。从唐宋到明清，许多民族的聘礼多为牛、酒。世居今黔桂交界一带的"南平蛮"（指今壮族、布依族），"为婚之法，女氏必先货求男族"[21]。世居今黔湘交界一带的"辰沅靖州蛮"（指今侗族、仡佬族、瑶族等），"男未娶者，以金鸡羽插髻，女未嫁者，以海螺为数珠挂颈上。嫁娶先密约，乃伺女于路，劫缚以归。亦佯争叫号求救，其实皆伪也。生子乃持牛酒拜女父母，初亦阳怒却之，邻里共劝，乃受"②。一些地方的苗族，未娶者以银环饰耳，称为"马郎"，结婚后就要脱去银环。贵阳府的"青苗"，未婚的男子剪脑后发，娶妻后则蓄发。普安直隶厅的"仲家"、"倮㑩"有用鸡卦决定婚姻的习俗。布依族地区的婚姻则由男女自主，以牛、酒致聘。黎平的阳洞"罗汉苗"（今侗族）嫁女时的嫁妆多为田亩。大定府的"倮㑩"婚用媒妁，以牛马为聘。世居荔波县的青裤瑶，婚嫁通媒妁，以羊、酒为聘；在瑶麓地方，到清同治二年（1863）三月立下的《永流后代》石碑上，"聘礼"规定为："上户财礼二十四千（文），中户十八千，下户十二千，众议不准多要。"到 20 世纪初，各民族青年都有自由择偶的机会，但方式不一。特别是苗族青年，多在支系内自由恋爱。但"姑舅表婚"㉓和"不落夫家"㉔的婚姻习俗，在苗族、布依族、侗族等民族地区较为盛行。白裤瑶地方实行支系内婚与"油锅"外婚。同一"油锅"的人，都是一个父系祖先传下的子孙，同辈的人，都是兄弟姐妹，按照氏族外婚的原则，绝对禁止通婚。同一姓氏及姨表者，也严禁通婚。婚姻关系只能在不同的"油锅"之间缔结，以此形成了瑶山白裤瑶支系的家族组织和社会组织。凡与其他民族通婚、本民族他支系通婚、同一"油锅"内通婚或姨表通婚者，家族的人都不认他，实际上是开除族籍。伴随社会历史的发展，白裤瑶的"油锅"数量逐渐增多，由于不与其他民族和本民族的其他支系通婚，更不准"油锅"内的人以及姨表之间的通婚，因而形成了每个"油锅"都是一个外婚集团，整个白裤瑶则是一个内婚集团。这两个元素的契合，使血缘亲属关系与婚姻缔结关系连结成社会的纽带，将各个"油锅"连结起来，相互之间保持着一定的联系，居住在毗连的村寨，从而使整个白裤瑶构成一个姻亲·血缘集团——具有一定文化运作能力的支系。

　　彝族地方实行"家支"外婚与等级内婚。同一家支繁衍到 9 至 11 代之后，可举行"尼姆"，即分宗。分宗后，各认各宗，各立祠堂，原家族的标志及义务消失，变原来的家支关系为姻亲关系。以祖先的神灵为旗帜，以父子联名的谱系表明各家支的血统关系，纵横交错，联系紧密。

为克服家支人口少，势弱力薄所带来的种种困难，一些小家支虽不属同宗，亦以同家支看待，组成泛血缘群体本位的家支联盟，同样履行血缘家族的义务，合力办好内外事务，同样严禁通婚。由于某种历史原因，有些家支代代

图下 3-5　天柱县侗族"乡规民约"石碑

遵守，有别于其他家支的特殊惯制，如严禁与某个家支往来与通婚等。若不同等级成婚，就要处以重刑，或开除族籍。

　　长期以来，由于各少数民族社会历史发展的不平衡，伴随人口大量流动而带来的文化交流，使得贵州世居民族的社会文化表现出构成的复杂性、类型的多样性。在社会结构上，有的表现为农村公社的初级阶段，如青裤瑶的"石牌"制；有的则表现为农村公社的高级阶段，如苗族的"构榔"、侗族的"峒款"、布依族的"议榔"等；有的表现为明显的封建制度，如彝族的"则溪"制度、布依族的"亭目"制度。

　　黔南瑶族石牌制。青裤瑶说的"阿常"，就是"石头法规"之意。明代初年，瑶族已分布荔波各地，形成所谓"八十二峒瑶民"。这里是以血缘、姻亲为基础的关系，组成了一个自给自足、性淳朴、少争讼的社会。以家族组织"播冬"、村寨组织"官侯"和界于两者间的"播冬及朵"而凝聚于"石牌"组织之下，采取"熟霞"祭祀和"石牌"制度整合瑶麓瑶族的支系文化。

　　"播冬及朵"，直译为"父亲和孩子们的兄弟"，是由两个或两个以上的"播冬"为了某种共同的利益而结成的一种联合组织，有的由一个"播冬"裂变而成，有的是吸纳外"播冬"成员后组成的结盟形式。瑶麓大寨的韦、覃两姓人数最多，势力最大，居住时间最长，一直是瑶麓最为强盛的两个"播冬"，组成"播冬及朵"。"官侯"，意为"穿我们这种衣服的瑶人地方"。瑶麓地方的"官侯"，包括覃家、上韦等六个"播冬

及朵"，构成有机的地缘关系组织。"官侯"有单独的名称和领地。现存的清嘉庆十二年（1807）立的《河界碑》，曾记载了"尧陆"领地的部分界缘。"官侯"的土地公有制，主要表现为以"播冬"占有的形式，山林、水田和旱地都分别由各"播冬"占有，其间土地的分配和调整及土地纠纷，由"官侯"头人会议解决。"官侯"区域，既有别于瑶族其他支系的文化生活习俗，又是一个万众一心"人皆为兵"的地方性军事自治组织，还是一个订立和执行石牌律习惯法的地方性自治的行政机构，对外代表整个瑶麓与政府或周边民族村寨进行交涉，维护青裤瑶的根本权益。"官侯"组织有公认的领袖人物"买怒广"，意为"我们瑶族地方共同的母亲"或"我们瑶族地方最大的人"。他由"播冬"或"播冬及朵"组织的联合大会推举产生，一般是1—3名。当选者贫富不拘，务求公正爱民，通晓汉语，有外交才能，遵循禅让制或终身制，不称职者可以罢免，甚至于处死，并无任何特权或高于他人的报酬。"买怒广"的权力，通过民众大会召集人身份加以体现，而实行裁决的权力则是属于全体青裤瑶。咸丰、同治年间，"买怒广"组织瑶民参加各族农民大起义，抵御清军的大围剿，使瑶麓的大部分村寨得以幸存。改土归流后，官府即下令包括瑶麓在内的瑶庆里征收地丁税额定银两。之后，免除官府赋役，就成了历代头人的一项重要任务。及至光绪中期，瑶庆、瑶麓一带瑶民，每岁上纳丁粮，苦不堪言。在瑶民头人的要求下，当地知事将瑶民的丁粮正额七十二两免征，每年折收钱二千五百文。到光绪二十九年（1903），催粮派款要由头人督办解送，"买怒广"果告粮（覃光明）勇于向当地政府陈述瑶民疾苦，力争减免税额，表现出了非凡的外交才能，受到瑶麓瑶族的世代歌颂。

建立石牌组织谓之"立石牌"，议定石牌条款谓之"埋石牌"，违反石牌条规谓之"犯石牌"，退出或分开石牌组织谓之"折石牌"，执行石牌条款谓之"会石牌"。在固定的"议事坪"（今瑶麓小学门前），召开头人会议或民众大会，制定和执行石牌律，故有"石牌大过天"之说。"石牌"分为无文字的"埋岩"和有文字的石碑两大类，前一类是对制定和执行传统习惯法规的形象记忆及标志，是不成文的口述传承，主要表现在伦理道德方面；后一类是在习得汉文以后对传统习惯法规的记录，是借用汉文的成文条款，使习得者看懂明白，使口述传承者有依据，既表现于传统习惯法规，又表现于盟约和告示。两类的目的，都是为了"存留后记"，警诚后人。如同治二年（1863）三月立的关于瑶麓地方"婚姻法规"的《永流后代》石碑。还有根据具体事件设立的法规和裁决办法："立款单人韦，为祖上遗留田业山场地土，连年以来，近有不法之徒，进山伐木，败坏偷盗，田山禾谷地内粮仓棉花谷物等项，屡遭偷害，众等约齐商议各款勒刻，若拿获贼盗，不拘轻重，告知还款，照例重罚。"这是随土地私有制的发展而产生的习惯法规。也有通过大家的共同努力和斗争，促使当地官府作出某种规定后，把这些规定勒于石上，作为保护自己利益的依据，具有告示安民的意思。凡是模范地遵守石牌律，为石牌律的贯彻和发展作出贡献的，就会得到整个瑶族社会的承认、尊重，以至流传千古。

黔东南苗族的"议榔制"。苗族聚居的雷山、台江、剑河、榕江、从江五县，位于清水江流域和都柳江流域之间，地处雷公山区和月亮山区，具有山高水也高的特征。由于山川阻隔，这里是贵州建立行省三百余年后才进行建置的地区，所以，直到清朝末年还遗留着农村公社时期的"鼓社"制和"议榔"制的"风俗统治"。

雍正七年（1729），清朝"开辟苗疆六厅"，对雷公山区和月亮山区实行"土流并置"，即在厅节制下的卫堡、土司"三管齐下"的分治。其中，在雷公山南面置古州厅（今榕江县），但没有尽括月亮山区的计划寨一带地方。直到同治十三年（1874），清廷的统治势力才始达月亮山的计划诸寨。这两处山区，随着社会的急剧变化，小农经济迅速发展。在中央集权制度和苗族议榔制度的融突和合之中，由农村公社残存的原始公有制经济向封建领主制经济转换，从而形成"议榔"的"榔社"共同地缘关系，依然自成一体，共同管理，使苗族社会内部实行有机的运作。

经过几次大迁徙，唐宋时期移入今贵州地方的苗族进一步增加，逐步成为全国苗族分布的中心地区。特别是居住黔东南的苗族，形成了"千里苗疆，九千鼓社"的文化特征和文化运作方式。世居雷公山区西江大寨和月亮山区计划诸寨的苗族，虽然属于古代苗族传下来的不同支系，但两地的宗教信仰和风俗习惯，仍残存着远古苗族社会的组织形式。西

图下 3-6　榕江县摆贝苗族寨老

江大寨是出自一个共同父系祖先的聚居村落，计划诸寨则是出自多个父系祖先的散居村落，两个寨子各自所处的社会环境不同，其社会文化的构成形式因此而各具特色。

"议榔"是对苗语"勾夯"即盟誓会议的意译。它是苗族社会中一个寨或若干个寨集体会议或联合集议，制定共同遵守的某种公约的议会组织形式。在雷山一带地方，曾有鸡讲等 23 个"讲方"（即"自治地方"）。这种自治地方的组织活动形式，以栽岩为示，歃血盟誓，制定和实行榔规榔约，共同信守。其规模大小不一，小者一个大村寨，大者包括数十寨并若干鼓社。西江地方就是一个大寨组成的"讲方"，计划地方则是由数十寨组成的"耶吉究兄"。

在西江，"自治地方"的领袖叫"方老"，由寨老、鼓藏头、活路头、榔头和巫师组成理事会，制定"榔规榔约"，规范大家的行为，共同管理地方。榔头和各寨的小榔头，负责管刑罚纪律、维持地方治安，调解和处理寨上和地方上的民事纠纷。另外还有专门的裁决人，称为"理老"。在历史上，西江早先的规约，主要是同一大寨内的寨与寨之间禁止通婚；后来，又制定保护个人财产不受侵犯，对外来的压迫势力齐心协力反抗斗争等一系列榔规。立榔规榔约时，由"榔头"或精通乡规的理老、巫（鬼）师身着新装主持仪式，宰牛杀鸡，以每人喝一口生鸡血酒，每家分一小块牛肉吃，表明每人都参与了榔规榔约的盟誓，必须共同遵守。

在计划一带，与"议榔"的组织形式相类似的，则叫"栽岩"或"埋岩"，"栽岩议事"或"埋岩议事"。凡举行会议而议决之事，都要栽或埋一块自然石，后来改为立石碑。一般来说，按照议事所涉区域而表现为四种形态：一是一个大寨的栽岩议事，二是几个小寨的联合栽岩议事，三是几个大寨的联合栽岩议事，四是片区间"耶吉兄"和"耶吉究"的联合栽岩议事。主持这种栽岩议事的头人，苗语称为"故

图下 3-7　榕江县滚仲寨苗族规议事

往"，即大官之意。"耶吉兄"和"耶吉究"两个片区的栽岩议事组织的联合，就叫"耶吉究兄"，也就是整个计划地方的联合栽岩议事。计划一带地方栽岩议事活动，由寨老或头人先念诵"议事词"，让大家知道历来的议事是鼓励什么，反对什么，也就是重申历届议事的宗旨；然后再讲述这次议事的目的，重申和补充历届"议事规约"，要大家更好地遵守，最后宣布违犯"议事规约"者的人名、案情，惩罚和处理的具体办法，并指示执行者办理；然后以吃稀饭和串串肉的形式，让此次议事的内容家喻户晓。"议事词"是"议事规约"的前言，二者的组合，就是一部完整的口述习惯法。《议事词》一开头就说："煮有撑架锅子，蒸有甑子蒸笼，古老古代就传下来，栽一个岩石在这里，永世不朽，永世不丢。"《议事词》是从议事的活动中产生，因此议事活动有了变化，其内容也就跟着发生变化。《议事词》的最末一段说道："地无人管不肥，人无人管不发，人吃人不好，人打人要亡。"当苗族社会出现了私有制并有了剥削和压迫之后，也曾出现过当权者利用栽岩议事的形式来服务于自己的权势的现象。计划一带地方栽岩"议事规约"的内容，包括维护社会秩序、维护集市交易、维护婚姻、家庭、维护边界的安定团结等方面，以此达到"以草捆草"、"以柴捆柴"的治理目的。

黔东南侗族的"峒款制"。侗族分布黔湘桂鄂毗邻地区，其中半数以上人口在贵州，主要居住黔东南的黎平、天柱、从江、榕江、锦屏、剑

河、三穗、岑巩、镇远等地。在传统文化运作上，以黎平、从江、榕江三县交界处的"六洞"、"九洞"最有代表性。社会基础是农村公社，其表现形式为村寨；村寨的核心是家族组织，村寨和家族的标志是鼓楼；村寨之间的联系是合款，合款的标志是款坪埋岩，以此构成侗款制度的显明特点。千百年来，侗族人就是在这种制度下有序的生活。

侗族地区，唐宋时有"九溪十峒"、"九溪十八峒"之称。当时，"六洞"和"九洞"各方圆百余里地。"六洞"由肇洞、洒洞、溶洞、贯洞、云洞、顿洞组成，而且每个洞又由若干个村寨组成。"九洞"包括朝利（曹滴洞）、孔寨、贡寨、往洞、增冲、增盈、高传、信地等侗寨。依托的"峒款"制，是地缘组织的联盟活动。内部及之间通过"合款"方式加强联系，在村寨组织的基础上，逐渐扩展为小款、大款、扩大款，是以峒款作为它的组织形式。"六洞"合款，有几十个村寨。"九洞"合款，由上半款即"上千二"（户）和下半款即"下九百"（户）两个小款组成。据侗族理词《九十九老》（有的称《九十九公》）记叙，"六洞"、"九洞"，在历史上曾属侗语南部方言区联合组成的"十峒款"中的第"六洞"和第"九洞"[25]。在今侗语北部方言区即沅江流域的各支流地区的贵州和湖南毗连一带，历史上曾有"五溪合款"、"九溪同款"。南北两个方言区之合，就是上述史籍记叙的"九溪十峒"、"九溪十八峒"。

在峒款组织的范围内，村寨基层组织的"寨老"，是按村民的意志产生的。几个村寨之间联盟的小款组织的"款首"，是由各村寨的寨老集会，推选出最有威信的人做"首士"，侗语意为"祖父中的领导人"，在名称上还与血缘有一定关系。毗邻地区几个小款联合而成的大款或扩大款的款首，则由小款款首集会推选出最有威望的人担任，侗语意为"侗家的重要人物"，在名称上已经超越家族与村寨交织的界线，扩展到一片侗族地区。款首，由为人正直，社会经验丰富，办事能力强，熟悉乡条侗理，享有崇高威望的寨老担任；无任职期限，有事则主持会议，无事则在家务农，是一种义务性的职务。因此，寨老、款首又统称为"乡老"、"仁老"或"里老"。平时，款首的职责是参加处理款内各村寨之间的内部事务，如解决村寨间的田土和山林纠纷、执行款约等。这些内部事务，多在小款内由乡老主持解决。当发生社会动乱时，款首负责主持起款会议，组织武装自卫，抵御外敌入侵，抗击股匪掳掠等。这种武装行动，多在大款范围内组织，由若干个小款款首组成领导集团，由大款首统一指挥。为了保持小款内各村寨或大款内各小款之间的联系，款首之下设有专职通讯员，称为"款脚"，平时承担鼓楼火塘用柴，击鼓集众，打扫卫生等；发生战斗时，负责与各寨的通信联络，甚至作为本寨代表与对方交涉有关事宜。款脚的生活费由村民负担。战时，各峒款还组织有"款军"，负责保卫，都是为维护公众利益而自觉行动。每个合款组织都有款坪，又称款场，是款内较适中的空旷场地，为款众集会的地点，立有"栽岩"，侗语称"定岜"。通过合款议定的款约，早先为口耳传承的款词，后来发展成为用汉字记侗音的手抄本、用汉字镌刻的款碑，它是款辖区内村民的行动准则。凡举行重大议款活动，必须举行庄严的栽岩立誓"进款坪"仪式，侗语称"捞堂瓦"，要杀牛祭祖，由款首念诵规约，立岩为证共同遵守。把牛肉串分送各家各户以示人人知晓，同心协力。栽岩是侗族社会早期法规的标记和见证，它在民众的心目中是威严的法石。

黔西北彝族的"则溪制"，是贵州水西彝族建立政权后，以传统的"家支"为主干，在家支宗法化、地域化和政权化的基础上形成的一种制度。"阿哲"家的祖先"勿阿纳"作为"罗甸国大鬼主"，建立起氏族部落统治。在东汉末年，六世孙妥阿哲（济济火）充分利用机遇，与诸葛亮"南抚夷越"的战略计划相结合，获得了本部族安定生息和发展的条件，建立起宗法奴隶制的"罗施鬼国"。在宋代，该地区的农牧业生产迅速发展，出现了聚落的农牧业经济群，促使农牧业经济时代的奴隶制形态向封建领主形态转化，构成具有彝族地方特色的以"苴穆"为最高统治者的较为完善的则溪制度。

"则溪"又作"宅溪"、"宅吉"，彝语"则溪"原意为"仓库"，氏族部落的储粮柜、储粮仓，掌管兵马、钱粮。因为彝族君长将其地分为若干片区，并在每一片区的中心点驻兵屯粮，设立仓库征钱粮，后渐衍变为嫡宗支氏族部落的封地、行政区域，并以"则溪"作为这一级行政区的代称，亦为氏族部落称谓。则溪是军事、行政合而为一的地域性组织，负责掌握军事和征收赋税两项任务，它植根于彝族的家支组织，形成了多民族多层次的等级制度，成为封建领主制的一种特殊形式。按家支宗法制原则，视嫡子多少和大小而设大小则溪。其中，乌撒建有 8 个则溪，扯勒建有 18 个则溪，水西建有 13 个则溪，普安建有与则溪同类的 12 营（彝族文献《水西制度》）。则溪的头目，负责"上马管军，下马管民"，一身兼有军民长官二任，而则溪的人民，平时则输之粟，有急则助之兵，亦兵亦农。则溪制度与家支分地而治，通过家支行使政权的职能，通过家支而体现隶属关系，在不同的历史条件下，形成以则溪制度为特征的不同经济形态类型的社会。在土地关系上，则溪的所有土地都归君长所有，各宗亲在自己分得的土地上形成一个个则溪，则溪下又有部。土地层层分割，按家支大小、亲疏形成不同的势力范围；在政权关系上，君长是最高首领，则溪犹如州县行政区，而部是则溪以下的行政区，实行"土目分治"，起着基层地方政权的组织作用。在则溪制度里，家族的宗法关系与政权的隶属关系是一致的，政权、族权、土地占有权完全统一在一起。

妥阿哲在征服整个水西地区和巩固罗施鬼国政权后，随即按家支大小而分占地盘，使宗法族权与政权合二为一。妥阿哲家的宗主，作为家支首领称"阿哲蔺"，作为政权首脑称"阿哲苴穆"，接受蜀汉封号则为"罗甸王"。同时吸纳了汉族的制度文化要素，形成了彝汉合璧的"一君一臣一师"的制度，对军事、行政合二为一，地域性氏族部落的则溪组织形式，实行"三位一体"的集权管理。其制度规定，由嫡长子继承，诸子分封各治一地，其他宗亲领地加上"罗甸王"亲属地，构成了若干则溪。在则溪内，"穆濯"死，由嫡长子继承，诸子立为"祃裔"；"祃裔"死，仍由嫡长子继承，诸子立为"奕续"，如此往下分支，均为一个血缘群体本位的统治集团。到元代，取缔了罗甸、自杞、罗施鬼国等方国和其他地方政权，实行土司制度，"苴穆"即为土司，受朝廷加封而成为贵州宣慰使司的宣慰使，成为封建国家一级官府的官员，并委任其宗亲，对辖地再行名正言顺的统治。据《水西大渡河建桥碑》记载："苴穆"定"有十二宗亲为帅"和"四十八目"管理，世袭继承，依然保留着军事、行政合二为一的地域性氏族部落躯壳的则溪组织形式。在其上，则是彝族的传统机构与汉族的九品中正制融和一体的血亲宗法统治——"九扯九纵"。"九扯"即分设的总务、军务、礼仪、门户、祭祀、器物、护卫、诵读、司祠等九个办事机构，"为九室以居之"。"九纵"即列"苴穆"、"更苴"、"穆魁"（濯魁）、"诚慕"（白慕）、"诺唯"（祃葩、慕史）、"祃初"（祃写、弄余、崇闲）、"濯苴"（拜苏、拜项、扯墨、黑乍）、"项目"（弄都、初贤）及服役执事者等九个品级爵位，所设为四十八目。元至元二十年（1283），立亦溪不薛⑯宣慰司，派兵戍守，分其地为三，设流官抚治。同年，置亦溪不薛总管府，开始设置土官。元末，亦溪不薛势力日渐强大，其首领阿画扩展领地至鸭池河以东。明洪武四年（1371），明廷合并水西安氏、水东宋氏二土司地，置贵州宣慰司，设司署于贵竹长官司地（今贵阳城区），以水西安氏首领霭翠为宣慰使，以水东宋氏首领宋蒙古歹（宋钦）为宣慰同知。洪武六年（1373），诏令贵州宣慰使霭翠位居各宣慰之上，成为当时"贵州四大土司"之首。清康熙四年（1665），贵州宣慰司被革除，则溪地分设平远、大方、黔西等府，则溪制告终。

安氏世居水西，世有其土，世长其民。水西的土地有"宣慰公土"和"土目私土"两种。宣慰自占一批官庄，把其余的土地分给则溪；则溪划出一批官庄，其余的土地又分给土目；土目自占一片官庄，其余的土地分给生产者使用。其中，土目所领的散地，有"粮户地"、"夫差地"、"人租地"、"牛租地"、"马租地"、"羊租地"、"猪租地"等名目，还有原奴仆成家的佃户称"人租户"，一经安佃，世代相袭，"抵死为业"。阿哲家的传统分封土地，实行"寓兵于农"，把赋和役结合在一起，进一步巩固传统的则溪制度。

世居水西的仡佬、布依、宋家、龙家等农耕民族和人们共同体，虽然处于封建领主的社会环境，仍然顽固地保留着本族群的农村公社地缘组织，聚族而居，男耕女织，推其首领为寨老，自成一体而隶于封建领主，内部虽有阶级分化，但不甚明显。还有世居于此的苗族，特别是"大花苗"支系，居住深山僻谷，以狩猎、刀耕火种为业，迁徙无常，作为一个群体，它隶属于土司、土目，成为集体农奴，有的还沦为奴隶。但其内部却保持着原始的社会组织和平等的人际关系，"有名无姓"，以血缘关系结合为氏族，聚居一寨者有寨老，有的还成为土目的"六巴"。他们有争论不找官府，别人也不得以律法制约，而是自己推举族中公正善言语者,称为"行头",来评讲化解是非曲直。土地在家族内进行分配,直到1911年尚未有明显的阶级分化。又有蔡家、六额子等族群,直接依附于土目,成为专门从事某种徭役的奴仆,过着奴隶般的生活。

黔西南布依族的"亭目制"。红水河沿岸,古为"百粤之地"。红水河是贵州与广西的界河,其北面为布依族居住区,即今黔西南自治州的东南部地区。沿岸一带产生的亭目制,属于农业经济形态封建领主制的一种特殊形式,起源于唐宋时期的羁縻州峒,形成于元明时期的土司统治,衰萎于雍正年间的改土归流,毁灭于嘉庆、咸同两次布依族农民起义,直到1911年还有若干残存。由于亭目制的历史作用,使该地区布依族传统的社会制度发生了变异。当亭目制毁灭以后,该地区布依族传统的社会制度又出现了整合,使本民族传统的制度文化得以传承。

唐宋时期,在今贵州乌江以南及广西全境,建有若干个羁縻州。在中央集权实行的羁縻州峒的峒官制度下,在中原封建地主经济形式的主导和影响下,既不改变村社的政治体制,也不改变传统计口给田的"八围田制"^②,而将农业经济形态的村社变容为领主经济的初级形式,将原来血缘和地缘涵化的群体形态,增容为以等级或阶级的群体形态,为后来亭目制度的推行和实施奠定了社会基础。

元代实行土司制度,泗城土府、西隆土州将一种变容的军事化的土司制度——亭目制度,由南向北越过红水河,推行到了布依族地区。亭目制度是在军事占领的基础上发展而来的,是较为典型的封建领主制度。它始于宋皇祐四年(1052),终于清末。当时,宋廷派狄青率军平定广西侬智高的反宋战争。战乱平定后,狄青分部众驻守广西,其下王、黄二将则向红水河以北地区进军,形成以二姓为首,岑、侬、贺、陆诸姓分地而治的局面,并分亭设甲,用军事力量统治黔西南的布依族地区。这个地区亭目制度的形成,开始于元至正十年(1350)岑福广征上林洞和安隆洞,完成于明弘治十四年(1501)的"外哨"甲、亭设置。在泗城土府、西隆土州之下,设有若干甲,每甲分管数亭,每亭分管若干寨,实为四级管理制度。"甲"是军事组织,甲的头领称为"甲首",各甲辖地大小取决于军事力量的强弱,甲首是泗城土府或西隆土州所封的土目,甲首的承袭,是嫡长子继承,无嫡子者,则是兄终弟及,而其余诸子则分派各地辖区充任"亭目"。亭是甲的下级组织，逐渐成为一级封建政权，兼有统兵、征赋、治安、保民等职责。亭有大亭、小亭及半亭之分。大亭管四五十寨，小亭管三五寨或六七寨不等，半亭即一亭之半，一般只设亭目一人。寨是亭以下的基层行政单位，即原峒官制的社会基层组织，原本有寨老或头人。当村社被亭目控制以后，委任寨老或头人为"把事"或"乡约"或"寨头"，或沿用原来的称号，其职责是征粮、派夫、管理本村寨内外事务，成为亭目统治村社的助手。

为了管理方便，土官将土地分为"公田"和"私田"。公田有五种：粮田、夫田、站田、马排田、祭祀田。粮田，一般由布依族老户耕种，每年向土官纳粮若干；夫田，即是差役田，种田者必须承担某种差役，故而有以各种差役命名的田；站田，又称栈田，种田者既不交租也不服役，一般都住在交通沿线，负责接待过往土官和内地驿卒；马排田，又称兵田，种田者必须当兵；祭祀田，种田者每年须纳租，供土官祭祀之用。这些地租形式比较固定，耕种者也可世代承袭，对土地只有使用权而无所有权，并且不许买卖和转让。私田有两种：印田和把事田。印田又称亭目田，意即掌印人的田，由土官将其领地上最好的大坝水田划出一部分以作膳之用，由当地农民代耕；把事田，是由土官分给下属的师爷、把事、总管等人的薪俸田，也是由农民代耕，但把事田不世袭，一旦离职即收回，再由继任者享用。除此以外，还有一种称为"私庄"的土地，私庄地处边远，耕种者多是苗族，私庄土地原是荒山，苗族群众迁入后，经亭目允许开垦，每年除交烟火钱外，还要交纳各种实物并承担土官的各种杂役，实际成亭目的私产，因而称为私庄。亭目可将私庄内的整个村寨土地连同居民一起出卖或转让，但不能随意抽卖其中的土地和居民。

在亭目制度下，人们按等级生活，甲首由土司委派，分统各亭，对土司有隶属关系，甲首与土司、亭目形成统治阶级，其下辖的夫役、私庄百姓等对他们有较强的人身依附关系，可以被作为物品转让或买卖。所辖甲亭，计有罗斛（今罗甸）九甲，六十一亭半；永丰（今贞丰）八甲，六十八亭，此两处为黄、王二姓土官所管。册亨四甲半，二十七亭以及安隆（今安龙）长官所辖诸甲，由岑、陆、贺诸姓土官所管。雍正四年（1726）改土归流和拨粤归黔以后，末代土目王由先因私刻印信，霸收皇场，剥取民膏，于光绪三十一年（1905）被罗斛厅提案讯究，从严律办，结束了亭目的统治。但直到清末民初，由于当地的少数民族不通汉语，仍有土目留亭协办公事。

以亭目制度为特征的封建领主形态，并不是内部自然分化的结果，而是岑氏以军事征服推进所致，土地全部归岑氏土司所有，层层分封，分片管理，他人不得买卖和典当；土民以占有份地为基础，完全被束缚在土地上，在法律上与土司存在着不同程度的人身依附关系，受着超经济的强制，比之峒官制度为特征的封建领主形态，亭目制度更进一层加重了对土民的剥削和压迫。

值得一说的是，尽管历经唐宋时期的羁縻州、元明时期的亭目制统治，直到清雍正改土归流以后，黔西南一带的一些布依族聚居地，土地公有事象依然存在，依然沿用着"八围田"制。清人爱必达的《黔南识略》中记载：罗斛州"田无顷亩可计，亦无科则可分"；册亨州同地方"田亩多在山凹水沟之旁，土黑而肥，高处即多碛薄，向来未经丈量"。红水河北岸的布依族村寨，依然处于血缘和地缘结合的稻作的农村公社。"男当耕种，女当绩纺，庶乎家家富盈，殷室安居，乐享太平"[㉘]。直到清朝末年，人们"早出耕种以资仰侍父母，暮入息聚围议场圊桑麻"。道光二十七年（1847），立于北盘江畔的《马黑地方乡规碑》就反映了这一史实。

第三节　精神文化

原生性宗教与崇拜　人为宗教的传入　独特的习俗事象　丰富的民族民间文学　苗族服饰和侗族大歌　多彩的民族传统艺术　竞技体育及民族医药

贵州少数民族的精神文化中，蕴藏着各民族的文化基因和精神特质，是维系本民族血脉的元素，融入于本民族的民情风俗、文化艺术、生活习惯、道德规范、养身理念之中，成为各民族传统文化的重要组成部分，世代传承。

　　原生性宗教与崇拜，是其中十分重要的组成部分。从远古延至明清时期，贵州各少数民族对自然、祖先、图腾、鬼神的崇拜依然盛行。在一些地方，时至今世，依然呈现。

　　自然崇拜。在贵州各少数民族的生产和生活中，将与人类直接相关的自然物和自然力看成是具有生命、意志和能力的对象加以崇拜。不同地域及气候的影响，使近山者拜山、靠水者敬水，反映出人们祈求风调雨顺、人畜平安、丰衣富足的实际需要。在历代史籍记载中，最突出的是布依族"祭山"、侗族祭"水"、白族"祭天"。另外，对崇拜对象的神灵化，进而发展为抽象的自然神崇拜，有苗族支系"西苗"的"祭白虎"、土家族的"迎山魈"、苗族的"刻木为马"设祭、仡佬族支系"锅圈仡佬"的"置虎头"祷告、仫佬族"以草为龙"郊祭等。

　　祖先崇拜。以祖先亡灵为崇拜对象，相信祖先神灵具有神奇超凡的威力。对祖先的崇拜，是各少数民族最重要亦最普遍的信仰。史籍记载最多的是苗族各支系的祭祖活动，如"岁时，召亲戚挝铜鼓，斗牛于野，刭其负者祭而食之。大脔若掌，以牛角授子孙，曰某祖某父食牛"㉙。此外，对群体认同的领袖、英雄、圣贤等，也同样祭祀和崇拜，有祭"竹王"、祭"孟获"、祭"杨再思"㉚等。如汉晋时期，在夜郎县郡治（今安顺一带）内，就有竹王三郎祠。直到明清时期，在杨老黄丝驿（今福泉市属），仍有竹二郎、竹三郎祠，当地人祭祀十分虔诚。

　　图腾崇拜。一些少数民族以自己的祖先来源于某种动植物，或是与某种动植物发生过亲缘关系而作为崇拜对象。典型者如苗族崇拜枫木和盘瓠，瑶族崇拜盘瓠，土家族崇拜白虎等。《山海经》载：苗族祖先"尤（蚩尤）所弃其桎梏，是为枫木"。苗族古歌《枫木歌》有"枫木生妹榜，枫木生妹留"。《晋纪》中也记载说"武陵蛮"是槃瓠之后，在"五溪"一带的人叩槽而号，以祭槃瓠。

　　鬼神崇拜。赫章可乐汉代墓葬中发现用铜洗盖脸的葬式，用铜釜或铜鼓的"套头葬"，不能排除其中有原始宗教信仰的因素。《汉书·天文志》记载的"三星若合是谓惊位"，"外内有兵之丧"，以应"夜郎王兴"之事，说明中原的巫术文化已与夜郎联系在一起。兴义出土汉代的"心"

形纹戈，普安、兴义出土的"◇"形符号铜钺等图案符号的涵义，或许与"俗好鬼巫"有关。早在汉晋时期，牂柯郡就"俗好鬼巫，多禁忌"。唐宋至明清时期，贵州地方许多民族的先民也都有崇尚巫鬼的民俗。

贵州少数民族大多数信仰原生性宗教。传入贵州的佛教、伊斯兰教、天主教和基督教等人为宗教，经过长时期的调适、演绎，与贵州本土少数民族的原生性宗教信仰交流杂糅，从而使宗教信仰习俗具有十分鲜明的地域性、民族性、社会性和敏感性特点。除回民信仰伊斯兰教外，"僰人"既信仰原生性宗教又信仰佛教，有部分布依族既信仰原生性宗教又信仰天主教，还有部分苗民既信仰原生性宗教又信仰基督教。不少民间信仰中，杂糅着佛道儒的多元成分。贵州少数民族多信仰万物有灵的原生性宗教，史籍称"巫教"，其禁忌较多，明清史籍记载苗族、毛南族、白族等民族先民的事象较多。如"在独山为九名九姓苗……以十一朔为节。以元日为把忌，忌数门不出，二七而解，犯者以为不祥。乌罗者，可以三月一日为忌，二十五日而解"㉛。

佛教传入贵州较晚，兴起于唐，传布于宋，发展于元，繁荣于明，鼎盛于明季，衰落于晚清，而以南诏佛教影响较大。伊斯兰教文化传入贵州，始于元初，随忽必烈征云南、移居贵州西部的军人而传入。及至明清，进入贵州各地定居的回民越来越多，他们修建清真寺，过宗教生活，衣食住行、婚嫁、丧葬等习俗中多有宗教色彩。忌食不反刍动物之肉及猛禽兽肉；不食动物血和自死牲畜之肉；宰牲要请阿訇或懂教规的人；对牛羊只能说"使唤"或"宰"；倒茶、倒水不能用反手；吃饼要掰开后吃；禁抽烟、喝酒；忌吃饭时脱帽和在清真寺、坟园、河边大小便；禁止求签问卦；忌讳男子留长发、八字胡、长指甲；送葬只能说"送埋体"等㉜。

贵州少数民族的传统风尚、礼节、习性独特，除前述饮食、服饰、婚姻等习俗外，还有一些独特的习俗事象。在贵州历代的地方史志、古籍中多有记载。

起居宴会。直到近世，世居的各少数民族都有"好楼居"、"席地而坐"、"不用箸"、"竹器盛食"、"牛角饮酒"、"燕会击鼓为乐"、"夜卧围炉厝火"、"水碓舂米"、"浙水沃发"、出不闭户、见遗不拾等习惯。

如"仲家"，"好为楼居，饮食匙而不筴"。而世居黔西北一带的各民族，则是"坐无几席"、"用匕抄饭"、"涤臁刷齿"、"盘盂漆皮"，习俗各异。

结绳刻木。早在唐宋时期，贵州地方的"东谢蛮"、"牂牁蛮"就皆"刻木为契"。明代，贵州许多少数民族在订立契约时，并无文书，而是刻寸木以为信物。彝族虽有文字，但民间也常以木刻为信，而无书契。在有的地方，贫民不通文字，刻木甚至结绳为信。到清末，台拱厅（今台江县）的许多苗族仍不知文字，用木刻为信。

婚丧凿齿。明清时期，仡佬族有因婚丧而凿齿的习俗。在平伐（今龙里、贵定一带）的"打牙仡佬"，父母死时，子、妇各折自己的二齿投之棺中，赠送给死者表示永诀。安平县（今平坝县）的"打牙仡佬"，女子将出嫁时，要先折自己的一齿；平远（今织金县）的"打牙仡佬"，女子将出嫁时，必先打自己的二齿，以免妨碍夫家，并剪前发而留后发，取"齐眉"之意。这就是古书上所谓"凿齿之民"的习俗。

占卜为兆。贵州各少数民族的占卜形式，具有明显的地域性和多样性特点，在内容上各具民族特色。明代史籍记载，布依族占卜时用茅草或铜钱、鸡骨。彝族以鸡骨占吉凶。苗族占卜时用鸡骨，视其裂纹（璺）以断吉凶，也有的是折茅为兆。清代史籍记载，在新贵县、广顺州的花苗，占卜时或折茅，或熟鸡，取鸡的胫骨与脑验证吉凶。台拱、古州、清江一带，苗族用芳草卜卦，预知吉凶；或以二螺蛳置于盆中，观看其相斗，以卜吉凶。还有以卵卜葬，贵阳府的花苗，为死者选择墓地时，以鸡蛋掷地，不破者为吉。

贵州少数民族的丧葬形式和习俗有很多种。有树葬、悬棺葬、岩洞葬、二次葬、火葬、土葬（移棺土葬、高山土葬、侧尸土葬）等。埋葬时间亦不同，有即时下葬、停棺待葬等。葬时的祭祀形式也多样，有衣装祭、歌舞祭、椎牛祭、坟前拜祭等。还有守孝七七、丧忌食肉、以犬相遗等活动。

甚至争讼处罚，各少数民族也以不同的习俗方式处理。史籍中对此多有记载。唐宋时期，"东谢蛮"对有功者赏以牛马、铜鼓；有犯罪者，小事杖罚，大事杀；如盗物则加倍偿还。"牂牁蛮"对窃盗者罚三倍还赃，杀人者如能出牛马30头赔偿死者家，才能赎死。明清时期，苗人争讼，

图下 3-8　苗绣"姜央射日"

不入官府，即便请官府裁判也不得以律例科之，而是推公正善言语者（称"行头"），讲清曲直，责成败诉者按习惯法赔偿。"峒人"也是如此，争讼不入官府，而是请长者（称"乡公"）论决。"罗罗"（即今彝族）十分看重信约，一旦盟誓之后，如果不予遵从，就要杀牛抚谕，分领片肉，再不敢背约。

贵州少数民族的民间文学，是各族人民长期社会生活的产物，凭其社会生活的需要产生和流传，深刻地反映了各民族各方面的生活和思想感情。包括神话、传说故事、歌谣、叙事诗、谚语、谜语等体裁的民间作品，具有很强的口头性、集体性、变异性、传承性、直接的人民性和优越的艺术性。

贵州少数民族神话，既有创世神话，也有神佛神话和英雄神话。各民族都有自己的开天辟地神话，表现出在不同文化背景下，不同民族对世界与人类本源的理解与诠释，有个性，亦有共性。

例如，对于人类的起源，苗族先民和侗族先民都有共识，均认为是"蛋"生的。苗族图腾崇拜中的蝴蝶，起源于蝴蝶妈妈即"妹榜妹留"，她"生下十二蛋"，孵化出包括姜央在内的十二种动植物和雷公等，成为万物之母、人类之母；经过洪水浩劫，姜央和妹妹娘妮成婚繁衍人类，出现了会讲"苗家"、"客家"、"侗家"话的人群。其中，"苗家说'蒙蒙'"、"客家说'去去'"、"侗家说'拜拜'"③。而在侗族古歌中，则是："文娃造天天上起云雾，文五造地地上出江河，龟婆孵蛋世上有人烟。"当龟婆孵化的"蛋"生出了松恩、松桑两兄妹，他们成婚后又生姜良姜美等十二兄妹。同样的一场滔天洪水过后，姜良姜美成婚繁衍人类，同样是"汉、苗、侗、瑶各种话都有"。其中，"汉族住在大江大河边"，"侗族住在依山傍水的地方"，"苗族住在高山顶上"，"瑶族穿的是花衣裳"㉞。这说明，在黔东南语境中，各民族友好往来，开天辟地的神话相互影响、共同传承。

这样的文化互动影响，在贵州少数民族的传说故事中也较为普遍。最突出的是"竹王"传说。东晋常璩在《华阳国志·南中志》中所记述的竹王故事："有竹王者，兴于遁水，有一女子浣于水滨，有三节大竹流入女子足间，推之不肯去。闻有儿声，取持归破之，得一男儿。长养，有才武，遂雄夷濮。氏以竹为姓。捐所破竹于野，成竹林，今竹王祠竹林是也。"后来，班固在《后汉书·南蛮西南夷列传》中重述，并添加了竹王"自立为夜郎侯，以竹为姓"的情节。贵州的仡佬族、布依族、彝族、苗族等民族，不仅都有大同小异的"竹王"传说故事，如仡佬族的《竹王传说》、《赛竹三郎》，布依族的《王竹》，彝族的《益那悲歌》、《夜郎史传》等，还有各民族生息繁衍与竹崇拜的文化事象。如《夜郎史传》开篇即说："武僰夜郎根，夜郎僰子孙，夜郎竹根本，夜郎水发祥。"表述夜郎国的开创者是"武僰支系"的第三代传人"夜郎朵"。

在贵州紫云县麻山深处，曾经为苗族"东郎"（苗语，意为"歌师"）们千年如一日传承的苗族英雄史诗《亚鲁王》，近年来被发现、发掘，其第一部（10819行）已经整理、翻译和出版㉟（据估计，大约可整理出3—4部，长达62000多行）。《亚鲁王》流传在麻山和麻山以外的苗族西部方言区，如贵阳、清镇、平坝、安顺、镇宁、关岭、织金、息烽、赫章、威宁、四川叙永等地，史诗所传唱的是西部苗人创世与迁徙征战的历史，讲述苗族世代颂扬的民族英雄首领亚鲁王及其子孙的英雄故事。史诗以铿锵有力的诗律和舒缓凝重的叙事风格，生动讲述了西部苗人的由来和迁徙过程中波澜壮阔的场景。《亚鲁王》的发现和出版，改写了苗族没有长篇英雄史诗的历史，有学者认为，这是当代中国口头文学遗产抢救的重大成果，其文化价值堪比藏族史诗《格萨尔王传》、蒙古族史诗《江格尔》、柯尔克孜族史诗《玛纳斯》。

贵州少数民族歌谣的种类很多，按内容及功能可分为劳动歌、仪礼歌、时政歌、生活歌、情歌、儿歌等类。各民族歌谣,几乎都是五言或七言，也有前三言、后四言的特殊复式句，有押腰韵、腰脚韵、头脚韵或腰韵、尾韵相互为韵，多运用比兴、夸张、重叠、谐音等手法。劳动歌是民歌的源头，各民族都有，其中土家族的《薅秧锣鼓》最为典型。"种植时，田歌相答，哀怨殊可听"。布依族情歌中的《十二部对歌》，是把平时男女青年谈情说爱的过程用十二问答的形式进行详细描述，想象丰富，唱词扣人心弦，可以连续唱七八天。仡佬族地区的童谣："初开天，天连地，初辟地，地接天。天椭圆，像锅盖，地溜圆，像磨盖"，生动地描述对宇宙的直观认识。各民族历来都有时政歌，特别是反映农民起义时期的歌谣最为感人，如黔东南苗族的《张秀眉歌》描述："挖坟去捡殉葬品，捡来祖先买水银。上交汉官台拱厅，交完官税才脱身"。在清朝官府的逼迫下，张秀眉领导了当地的苗民起义。"明早天刚蒙蒙亮，秀眉带兵去打仗。方赏下来那一带，大小敌营一扫光。"

贵州各民族都有叙事诗，其中苗族、彝族等民族有几十部之多，均以生动的人物形象、严整的结构和引人入胜的故事情节，记叙了各民族关于天地形成、人类万物起源的神话和民族迁徙的传说，反映了贵州各族人民在封建社会中追求自由婚姻、反对封建礼教以及不甘受压迫剥削、反对封建统治的斗争，让人们从一个侧面了解到贵州各族人民在各个历史阶段中的生活状况和精神风貌。其中，苗族叙事诗《仰阿莎》，就叙述了仰阿莎降生、成人、恋爱、婚姻的故事，她最终爱上了诚实的月亮。彝族叙事诗《可俫古城传奇》有1300余行，叙述了另外一番场景，从不同的侧面展示了一幅彝族远古时代丰富多彩、绚丽多姿的历史画卷。

贵州少数民族都有言简意赅的谚语，有的称古话、俗语，有的称成语、警语，有的称歇后语，反映了各民族的生活实践经验，口头流传，通俗易懂，身体力行，皆以为戒。在同一地区，各民族有共识的谚语。如"立夏不下，犁耙高挂"；"一日黄沙三日雨，三日黄沙九天晴"；"四川太阳云南风，贵州下雨像过冬"；"人有脸，树有皮"；"人怕伤心，树怕剥皮"；"酒满敬人，茶满欺人"等。其中，谚语最丰富的是彝族先民留下的《谚语》、《妇女谚》等经典，既有反映气象、环境保护、适时耕作、植树造林的谚语，又有为人诚信、自尊自爱等道德方面的谚语。源于民间口头文学的贵州少数民族歌谜，典雅通俗，歌与谜结合，综合事物，妙趣横生，是各民族聪明智慧的结晶。黔西南操黔东方言的苗族，生产劳动之余或节日、酒宴期间，都喜欢开展猜谜活动。称谜语为"供收"，埋谜叫"务供收"，开谜叫"布供收"。猜谜中，喜以酒代罚取乐，猜不中者须喝一杯酒，猜中了，出谜人也得喝一杯酒。方式有直接口叙的，也有以歌的形式进行表述的，一对一答，热烈活跃。以歌的形式表述的谜语，一般都是四句歌。如问："哪样开花平地平？哪样开花多爱人？哪样结籽成双对？哪样结籽打单身？"答："韭菜开花平地平，牡丹开花多爱人，豇豆开花成双对，茄子开花打单身。"侗族男耕女织，妇女的纺织技能从小就开始训练，民间便编有关于纺织技艺的谜语在少女中传唱。如榕江县车寨的纺织歌谜：一侗女唱："哪个穿白衣，脚落地？哪个是后娘，披纱高挂起？哪个是狗，穿石壁？哪个鹞子罗汉，身后拖线紧追？"一侗女答："'敦'穿白衣，脚落地。'综'是后娘，披纱高挂起。铜钩是'狗'，穿'石壁'。'梭子'是鹞子罗汉，身后拖线紧追。"㊱

民间艺术是劳动者为满足自己的生活和审美需求而创造的艺术。贵州少数民族的民间工艺美术、民间音乐、民间舞蹈和戏曲等多种艺术形式，既具有民族特点，又有地方特色。

贵州少数民族由于其独特的历史和地理位置，保留了丰富多彩的民族民间艺术，世代相传。

刺绣、蜡染是贵州众多少数民族妇女的特长，是她们服饰最主要的装饰手段。很多作品都具有技术高超，造型奇特，想象丰富，色调强烈，风格古朴的特点。

这些特征，在苗族服饰中表现尤为突出。

苗族服饰艺术不仅有年龄、盛装与便装的不同，而且还有较大的地区差别。尽管如此，但大多保持着苗族独特的传统款式，即：妇女穿长短不一的百褶裙，图案花纹不

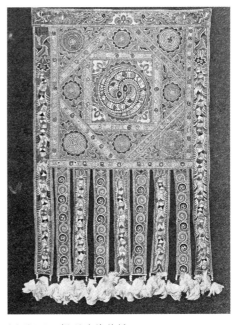

图下 3-9　缀羽毛的苗绣

尽一致，但母题内容和制作方法大体相同；多刺绣、织锦、蜡染装饰；衣裙的颜色主要是红、黑、白、黄、蓝五种；基本保持着其先民三苗"好五色衣服"的传统；用料则随着居住环境的差异、贫富而有棉、麻、毛料之分。上衣多为开襟，有左衽、右衽和对襟的区别。头饰多种多样，发型也有所不同，保留的古风颇多，上古三苗椎发髻首、麻发合髻的遗韵犹存。

唐代苗族先民的"鸟章卉服"，就是用刺绣装饰的写照。从明、清时期史籍记载看，当时各地苗族除以织锦、蜡染装饰外，刺绣是服装的主要装饰，史籍记载各处苗族服饰时多有"花衣"、"花裙"等文字，足见当时刺绣运用之广泛。在苗族各支系的服饰和背儿带中，几乎找不到不用刺绣作装饰的支系，只存在用量、技术和工艺娴熟程度上的差异。苗绣的使用，主要是作为苗装中头巾、衣领、衽襟、袖腰、袖口、衣肩、衣背、衣摆、腰带、围腰、裙子、裹腿布巾、鞋子及围兜等的装饰。有的苗族支系服饰上主要以蜡染为装饰。背儿带也是苗绣装饰最多的用品，成为苗族妇女表现其娴熟刺绣技艺的地方。帐帘、枕巾以及宗教仪式上的用品如祭祀伞等，也是以苗绣装饰的重要用品。

苗绣的技法十分丰富，使用单一技法作装饰的苗装极其少见。综合各支系苗绣，其技法大致有十多类，即平绣、挑花、锁绣、堆花、贴布、打籽绣、破线绣、钉线绣、辫绣、绉绣、锡绣、马尾绣等。而每一类绣法，又有若干种不同的运针方法。黔东南一带的锁绣，就有双针锁和单针锁等。剑河县苗族锡绣，用锡作为丝线材料的特殊刺绣技法，光泽度好、质感强，深受当地苗家人的喜爱。马尾绣是以丝线裹马尾制作图案的刺绣方法，工艺独特，刺绣制品十分精美。使用不同的绣法、针法，形成不同的构图风格，技法繁复，图纹丰富，这是苗绣的风格，都有丰富的文化内涵和很高的艺术欣赏价值。

作为一种民间艺术，苗族服饰色彩纷呈，宏富多姿，常常被人们所注目。有学者研究认为，苗族服饰大约有130种以上，但其作为一种文化传统和生活模式，一种符号与象征，却又往往被人们所忽视。苗族服饰的类型之所以绚丽多姿，重要原因在于苗族有众多的文化上有一定差异的支系群体（"亚族群"）。服饰是苗族文化的表象特征之一，是苗族各支系历史记忆的载体，是各支系的主要文化符号，也是其民间信仰文化的形象展现。它是苗族内部支系认同的主要标志。

贵州镇宁梁子上、空洞河一带苗族男子的节日盛装上，有一块四方绣花披肩，纹饰分为三层：里层有六个水生动物图案，中层有三路纵横交错的花纹，外层两边各有两组竖线条，每组竖条中间又各有黄、蓝、绿三种不同颜色的竖条。据当地苗族解释，披肩上的纹饰，是记录苗族先民还在长江边生活时修建城郭的情况：里层六个小水生动物代表游弋于江中的鱼类，中层三路图案代表城郭的形状，外层三路不同色的竖条纹则表示迁徙途经的三条大江河。由于后来被迫离开平原地方到了山区，祖先们怀念故土田地、城郭和河中的鱼虾，就把这些东西绣在衣服上。黔西北一带苗装，不论男女均有披肩，披肩左右花纹无异，每块披肩又分披底和披面。披底边纹标志苗家故土旧居的住房基脚为长条石垒砌；披底中心花纹标志苗家故土旧居，土壤肥沃，美丽富饶，田园连片。扇面的花纹分为卷柏细辛花、蕨草细花和猪槽细辛花三种。三种花纹虽异，但含义一致，都标志中苗族故地是一片锦绣河山，有绚丽多姿之巍巍群山环抱。披肩下悬有吊旗，吊旗分为吊白、吊旗和吊须三部分。吊白标志军旗边的旗杆套子，吊旗标志远古战时的军旗，吊须标志军旗五光十色的三彩须。她们穿的蜡染百褶裙的纹饰，也同样具有上述象征的主题。苗族服饰图案表达出的苗族历史虽然不详细、不精确，但绝对不是虚幻的，是可以与苗族丰富的口头文学如古歌、史诗、神话、传说相互印证的。

苗族通常以服饰的色彩、款式造型方面的特点作为支系的重要标志，也作为群体内界定社会角色的重要标志。不同支系之间的宗教仪式、节日活动内容与时间、语言以及习俗等都有一定的差异。例如同在雷山县境内的"长裙"和"短裙"两支苗族支系，同样一个"吃新节"，在"长裙"支系社区内是在稻谷刚含苞欲放的农历六月，而在"短裙"支系社区内却是新谷开始收割的农历八月初。凯里市舟溪一带的"短裙"支系，正月有热闹的芦笙会；而与他们相邻而居的"长裙"支系，其社会传统则明确规定春节一过便禁止再吹芦笙。如此等等。在苗族不同支系中像这样的文化差异是十分鲜明的。用最外观的服饰差异，去界

图下 3-10　苗族传统手工制作银饰

定这些文化和行为规范有差异的群体，使人们一目了然地分清不同支系之间的界限。此外，苗族对其传统社会中的宗教角色、成年与未成年、已婚与未婚、性别、年龄以及死者的服饰等，也都是有所标志的。凯里舟溪一带的苗族少年和儿童以戴绣花长尾帽为未成年的标志；少女一旦成人，便改帽为帕，头发挽成高髻。威宁、赫章、水城一带操川黔滇次方言的苗族未婚姑娘，以额发剪成圆弧形，编独辫或独尖髻缠绕彩色花线及插梳为标志，已婚者留长发并于额上扎独尖髻，无彩色花线缠绕。

苗装充分显现苗族信仰文化，使信仰理念具象化的是其纹饰。纹饰大致可分三大类：几何纹、动物纹和植物纹。从造型创意和题材内容上看，多源于族群古文化和历史的记忆，源于自然环境的写实和古历史文化及自然环境的写意。在服饰纹样中出现频率最多、运用地区最广泛的纹饰造型有龙纹、鱼纹、凤纹、鸟纹、蝴蝶纹、角纹、漩涡纹、几何纹和花草纹等。如龙纹、蝴蝶纹、鸟纹等都蕴含深层的信仰意象。苗装中的蝴蝶纹，在绝大部分苗族支系的观念中，表示的是苗族的母性生殖主题意象。常见的人骑龙、驯龙、戏龙以及龙与狮、象、鹿、狗、猫、鼠及花草等同处共生的画面，则都源自苗族"万物有灵"，所有生灵相安、平和、依随的意识。

还值得一提的，是苗装中的银饰。苗族民谚中有这样的说法："无银无花不成姑娘，有衣无银不成盛装。"苗族银饰工艺精湛，品种丰富，历史悠久。《新唐书》记载，唐太宗贞观三年（629）东谢蛮酋谢元琛入朝进贡时，其装束便是"以金银络额"。元代《文献通考》亦有类似的记载。明、清两朝文献记载中反映苗族人民佩戴银饰更不乏其例。在凯里、凯棠和黎平出土的明、清时代银饰、银碗等，工艺精湛，款式也与今日之苗族的银饰相似。苗族银饰的制作过程比较复杂，至今仍然是全手工制作，并形成铸炼、锤打、编结、洗涤等一整套制作过程。几乎每个苗族地区都有自己的银饰艺人。台江县的施洞、撑羊，雷山县的大沟乡空坝等，是苗乡闻名的银匠村。特别是雷山空坝、台江排羊等村寨，几乎全村男人都掌握银饰制作技术，承袭了若干代人。

　　苗族的银饰，极少与其他材料相搭配；在制作上，绝不吝惜用材。一个佩齐了整套银饰的盛装苗女，可以说几乎是用白银将自己"包裹"起来，以多为美，以大为美，以重为美。银饰对于整个服饰系统的意义，已经远远超出了一般饰品的装饰和点缀功能，"反客为主"成为苗家女子盛装的"主色调"。苗族银饰呈现出总体种类和佩戴数量"两多"的特点。一方面，苗族银饰的种类极其繁多。据调查，贵州苗族的银饰，按品种计，约有 40 种，如扣环项链、实心项圈、泡项圈、镂空钻花项圈、螺旋项圈、压领实心手镯、泡手镯、镂空手镯、龙头手镯、戒指、银花、围腰链、银羽、银泡、银雀（银凤）、长簪银绳、银冠、银罗汉、银铃、银耳环、耳柱、钗牙签、银蝴蝶、银牌、银锁、银披肩及祭祀用银冠等。根据使用部位，大体可分为头饰、首饰、身饰、衣帽饰等四部分。其中每一类的品种亦纷繁复杂，据说，贵州各少数民族仅银手圈的样式就不下千种，其中很大一部分是苗族的。另一方面，苗族佩戴银饰非常强调数量。按照苗俗，女儿出嫁或重大节日时，身上的银饰越多，家人就越觉得荣耀。在一些地方，一整套

图下 3-11　台江、黄平等县的一种苗族服饰

苗族妇女服装的银饰多达五十余套件，其中，耳环要挂三四只，叠至垂肩；项圈要戴三四件，没颈掩颔；其他如腹饰、腰饰等更是层层叠叠。都柳江流域流行排圈，三个以上为套，多的可逾二十圈；节日中佩戴手镯多者可达七八副，甚至十副。在台江县施洞一带，姑娘穿戴完毕，一身的大小银饰部件多达数百件。使用银饰最多的盛装样式是"银衣"。"银衣"主要盛行于黔东南一带，在清水江流域，一件"银衣"的组合部件多达数百。"银衣"上的银片有主片和配片之分，主片压花，纹饰精美，主要用来装饰衣摆、衣背等显眼部位；配片稍小，纹饰简单，主要用来装饰衣袖、衣襟、衣摆边等处，或缝饰在主片排列的间隙中，以作渲染衬托。西江苗族"银衣"上的主片一般有24件，其中衣摆片11件，装饰在腰腹部位，衣背片13片，分5排布局；配片为5件骗蛹纹三角形银衣片，另有骗蛹形银铃吊皿件，装饰在腰带上。施洞苗族的"银衣"，主片有44件；与主片配套的辅饰，有帽式银衣泡595个，蝴蝶铃铛吊60件，用于衣摆、袖口等部位。苗族追求银饰大器形的典型代表，如西江苗族的银角，其器型尺寸一般宽约85厘米，高约80厘米，饰件高度甚至超过佩者身高的一半。流行于都柳江流域的蝶形吊，造型分5级，总长在85厘米以上。若以重量而言，黄平苗族的一副银凤冠重达2公斤多；从江县西山苗族的一副13件银排圈，将近2公斤重；清水江流域的银项链，指头粗的实心银条环环相连，一付足有2—3公斤重；而都柳江流域流行的银排圈，最重的达4公斤！一个盛装的苗家妇女，其全身银饰的总重量甚至达一二十公斤。

苗族银饰在发生渊源上，更多地来自于苗族原始信仰，表现出"非实用性"和"单纯性"的艺术追求。一方面，苗族银饰与其服装一样，是历史记忆的载体，同样具有"记忆性"特征。如西江苗族的大银角，造型源自其祖先蚩尤"头有角"的形象，旨在祭祀祖先，获得其护佑。银饰中有不少直接借用于苗族刺绣的纹样图案，如蝴蝶妈妈、久保杀龙、各种变形龙、骑马男子及各种兵器的造型等。另一方面，苗族银饰的纹样的传统纹样又常常会因时因地而变，并不拒绝汉族文化的传统题材，如双龙戏珠、八仙神通、双狮滚绣球等[⑤]。

蜡染在贵州少数民族地区流行极广，世代相传，纹样独特，是贵州著名的民间工艺美术之一，也是贵州众多少数民族妇女生活中不可缺少的一种艺术。蜡染是由古代"画缋"工艺逐渐发展而来，在我国有很长的历史，史称"蜡缬"。从考古发掘的实物上看，汉代已经有蜡缬工艺运用。发掘于贵州平坝县的苗族唐代彩色蜡染品和史书上多次反复记载的苗、瑶民族"衣服斓"、"点蜡幔"、"瑶斑布"等例证说明，蜡染工艺是苗、瑶民族先民对印染工艺的一项贡献。很多苗族地方都流行有《蜡染歌》（古歌），叙述蜡染的起源。按苗、布依等民族的习俗，所有的女性都有义务传承蜡染技艺，每位母亲都必须教会自己的女儿制作

图下 3-12　蜡染花鸟蝶图案

蜡染。所以族中的女性自幼便学习这一技艺，她们自己栽靛植棉、纺纱织布、画蜡挑绣、浸染剪裁，代代传承。

贵州民间少数民族妇女常用的蜡染艺术，是用特制的铜蜡刀沾蜡液，将图案花纹绘于白布上，待蜡凝固后，将织物在土靛染液中浸染。晾干后，再用沸水煮去蜡质，这样，有蜡处因有蜡防染而未着色，便形成各种美丽的蓝底白花纹样。大块的蜡质防染处，由于靛蓝浸入蜡的裂痕中而形成冰裂纹。所以，每一块在刻意却不确定中产生的蜡染布料，都是世上独一无二的作品。蜡染有点蜡和画蜡两种技艺，一般不打样，只凭构思绘画，也不使用直尺、圆规等工具。贵州少数民族以蜡染作为主要装饰的有黄平、重安江一带和丹寨县的苗族妇女，她们的头巾、围腰、衣服、裙子、绑腿等，都是用蜡染布料制成，其他如伞套、枕

巾、饭篮盖帕、包袱、书包、背带等，也多使用蜡染布料；安顺、普定一带的苗族妇女，把蜡染花纹装饰在衣袖、衣襟和衣服前后摆的边缘，背孩子的蜡染背带，点染得精巧细致，除蓝白二色外，有的还加染上红、黄、绿等色，成为明快富丽的多色蜡染；镇宁、普定一带的布依族妇女，头上盘着粗辫子，披着头巾，上衣两袖用蜡染的工整螺旋纹作装饰，并点缀长条的几何纹刺绣，下身穿蜡染百褶长裙，胸前系长围腰，很能显出体态的健美。

贵州民间蜡染的图案以写实为基础。艺术语言质朴、单纯、天真，粗犷而有力，特别是它的造型不受自然形象细节的约束，富有儿童般的幻想力，很多还保留原始艺术的痕迹，变化大胆而夸张，含有无穷的魅力。蜡染的图案纹样十分丰富，大致有三种类型：一是以自然形象为主，多采用花、鸟、虫、鱼等图案纹样。二是以几何图案为主，多用螺旋纹、云纹、水波纹、齿状纹等纹样。三是上述两种纹样两相搭配，点缀穿插。这些蜡染纹样一般都来自生活或优美的传说故事，具有浓郁的民族色彩，各民族的蜡染都有独特的风格。例如苗族的蜡染图案有的还沿用古代铜鼓的花纹和民间传说中的题材，有的是日常生活中接触的花、鸟、虫、鱼；而布依族则喜用几何图案。"鱼"和"鸟"是蜡染中常见的图案。"鸟"在贵州一些少数民族的神话传说中含有吉祥、幸福美好之意；在苗族的神话传说中，"鹡宇鸟"有多子多福的含义。而"鱼"在贵州民间往往象征"配偶"或"情侣"，也有多子多福的双关寓意㊳。

利用当地水牛角加工雕刻的酒器，在月亮山区的苗族、水族村寨较多见。如荔波县一对雕刻有"水书习俗"的牛角，长约尺许，牛角的背部雕刻有火凤凰、孔雀、腾龙、飞鱼、仙女驾云、武官文官面具、太阳、月亮、火球等图案和二十多个水族文字符号，技艺精湛。面具是贵州民间传统傩戏、地戏演出者头戴的脸谱，用白杨木精雕细刻而成，再涂以脸谱彩绘，造型生动，夸张诡秘，神采飞扬，颇具民间艺术色彩和粗犷的风格。剪纸在贵州各少数民族中也很普遍。苗族剪纸主体纹样的动物中，有龙、鹡宇鸟、蝴蝶、鱼等，人物有央公央婆、蝴蝶妈妈、苗族英雄务么细及驭龙伏狃的苗人男女。另外，太极阴阳鱼、枫树及苗楼建筑也常常出现在画里。这些形象都与苗族的古老信仰和传说有关。

贵州各民族人民都善用歌曲表达思想感情，种类多，演唱独特。苗族有飞歌、情歌、古歌、酒歌、嘎百福歌、大歌、龙船歌、丧葬祭祀歌之分，有对唱、独唱、二重合唱、三部合唱，乐器有芦笙、芒筒、夜箫、姊妹箫、笛、唢呐、古瓢琴、二胡、月琴、铜鼓、木鼓和皮鼓等。飞歌音调高亢嘹亮，豪迈奔放，明快的曲调有二十余种，感染力极强，其中台江飞歌属四声徵调式最为典型。布依族有小调、大调、散花调等歌曲，包括叙事歌、风俗歌（婚嫁歌、丧事歌、生活习俗歌、酒歌）、儿歌、舞蹈歌、山歌、小调大歌与小歌等歌种。乐器有葫芦琴、月琴、牛骨胡、箫笛、芦笙、唢呐、勒朗、木叶、铜鼓、牛皮鼓、木鼓、锣、钹、铙等。其中，大歌（"文南"）与小歌（"文楞"）都是二声部重唱歌曲。惠水一带"好花红"调，为四声羽调式，活动音域八度，迂回曲折，悠缓自如。歌词一般为七言八句，用比喻手法见物生情，内在含蓄、寓意深刻，生动活泼，委婉动听，广为流传。黔东南地区的侗族音乐和曲调约百种，北部方言区民歌以单声部山歌为主，有一般山歌、玩山歌、白话、酒歌、伴嫁歌及其他礼俗歌曲。南部方言区民歌可分为小歌、大歌、习俗歌和仪式歌等。

特别值得一说的是侗族大歌。它流行于侗语南部方言地区第二土语区，中心流行区包括黎平县南部及与之接壤的从江县北部，包括今黎平县岩洞、口江、双江、永从、肇兴、水口、龙额及从江县往洞、谷坪、高增、贯洞、洛香等地（民间习惯称为"六洞"、"九洞"），以及榕江与"九洞"毗连的部分侗族村寨。大歌，侗语称"嘎老"，"嘎"即歌，"老"含有大、长、古老之意。它是由一领众和集体多声部谐唱的民间支声复调歌曲，无论在旋律、调性、曲式结构、多声形态，还是在歌唱组合形式、演唱场合与演唱方式、方法上都很独特，具有很高的艺术性。大歌一般在村寨或民族之间集体做客的场合中演唱，是侗人文化交流和情感交流的核心内容，在某种程度上体现和传达了侗族文化的灵魂。大歌按体裁主要有三类：（1）嘎老：称为"一般大歌"、"鼓楼大歌"，它以侗族村寨的名称命名，如"嘎统"就是增冲的大歌，"嘎坑哆"就是坑洞寨的大歌。侗族各村寨都有自己的歌师，他们各自创作本寨特点的大歌，在鼓楼演唱时，只要歌声一起，侗族听众就知道这是唱某地某寨的

图下 3-13　黎平县地们侗族青年唱大歌

大歌。（2）嘎所：译为"声音歌"，这类歌曲旋律优美，多声部效果丰富，演唱时还带一点衬腔以展示歌手美妙的歌喉，经常摹仿森林中蝉鸣鸟叫和流水之声。这是侗族大歌中的精华，在鼓楼演唱时最受欢迎。（3）嘎龚（嘎锦老）：译为"叙事大歌"，这类大歌主要演唱侗族民间传说故事，如"嘎娘美"是唱珠郎娘美逃婚的叙事大歌；"嘎英台"就是唱祝英台的叙事大歌。这类大歌内容冗长，但故事情节曲折动人，要连唱几晚才能唱完。如"嘎门龙"就有二百多段，"嘎娘美"有一百多段，"嘎英台"有 102 段。演唱叙事大歌全靠记忆，歌队的两个领唱是重要的角色。此外，还有"嘎腊温"（儿童大歌）、"耶"（"踩堂歌"中的多声歌），"嘎莎困"（拦路歌中的多声歌）也都归纳其中。

　　侗族大歌的旋律，纵向有不同音程的结合，横向是低音声部的分支。这种民间多声部音乐的其主要特征：（1）以支声为主：主要是塑造单一音乐形象；服从于同一个音乐主题。侗族大歌的主要旋律在低音声部，高音声部都是在低音基础上的变唱。唱高音声部的"歌头"首先要熟练地掌握低音旋律的进行规律，然后根据一定的规律去发挥。歌师只教低音，高音声部则在于"歌头"们凭自己的才能和智慧，即兴配唱。（2）运用模仿手法：在大歌中，特别是在声音大歌中，声部模仿极为普遍，是构成多声的一个重要手段。（3）持续长音的运用：主要在低音声部，用主长音持续为背景，让高音声部在上面任意发挥。这是侗族大歌中的重要特点。还有加装饰音持续和固定音型的持续音等。（4）调式色彩的对比：在高音声部与低音声部之间，在同一音列的基础上，形成调式色彩的对置。这种情况常出现在大歌的中间段落。

关于侗族历史上音乐活动的最早记载，是宋人陆游在《老学庵笔记》卷四里留下的文字。"辰、沅、靖等蛮、仡伶⑱……农隙时，至一二百人为曹，手相握而歌，数人吹笙前导之。"明弘治《贵州图经新志》中《黎平府·风俗》志："侗人""暇则吹芦笙、木叶，弹琵琶、二弦琴……以为乐"，明代邝露《赤雅》（卷上）说："侗……善音乐，弹胡琴，吹六管，长歌闭目，顿首摇足，为混沌舞。"由此可见，"长歌闭目，顿首摇足"的侗族大歌和侗族独有的乐器琵琶、牛腿琴所产生、萌发的年代，要比它被点滴载入史册的年代早得多。

值得注意的是侗族音乐的传承方式。侗族谚语说："饭养身，歌养心。"又说："侗族人人会多嘎（唱歌），除非是哑巴。"侗族有一套学习自己民族音乐的优良传统。凡族内的儿童，不论男女，从六七岁起就被组织在一起，从童年起就要接受传统的歌唱训练，称为"歌班"（歌队）。侗寨中一般设有月堂数处，专为歌班学习侗歌或男女青年行歌坐月之用。歌班按成员年龄分为小班（6、7 岁—14 岁左右）、中班（14—18 岁）、大班（18—20 岁左右）、老班（20 岁以上）。歌班少则四五人，多则十余人。侗族歌班学习甚为勤奋，一年四季，不论农忙农闲，每天晚上，大家自动聚集在月堂里，由"桑嘎"（歌师）一套一套地传授各种侗歌。女歌班中，有两人领唱，称为"歌首"或"姑娘头"。男歌班也有一两个自然领袖，称为"罗汉头"。学习两三年后，小歌班就能演唱一般的大歌，逢年过节客人来到寨里时，就可以参加比歌。唱到十七八岁时，已能够熟练地掌握各种类型的侗歌。侗族歌班在长期训练中，能达到音色纯净统一、声部协调和谐的极高水准。需要强调的是，侗家人不仅学唱侗歌，更重要的是通过唱侗歌，从大量的传统大歌、叙事大歌中学文化、学知识，包括民族的历史知识、生产劳动知识、道德伦理和为人处世的知识，从中摄取精神生活所需的丰富营养。这充分展示了侗歌的教化功能、认识功能和审美功能⑳。

贵州少数民族歌舞的历史悠久，多为集体歌舞。在境内出土的汉墓砖石画像中，有"乐舞表演"、"打鼓图"、"芦笙舞图"等题材。唐代，有"僚聚则击铜鼓，吹大角，歌舞以为乐"㉑的记载。宋代，史载"牂牁夷"的瓢笙"水曲"舞，是"数十辈连袂宛转而舞，以足顿地为节"㉒。

到明清时期，凡"孟春，各寨择地为场跳月，不拘老幼，以竹为笙"㊸而舞。苗族民间舞蹈有芦笙舞、铜鼓舞、木鼓舞、板凳舞和古瓢舞等。芦笙舞（苗语称"究给"）是以男子边吹芦笙同时以下肢（包括胯、膝、踝）的灵活舞动为主要特征的传统民间舞蹈，动作有走、移、跨、转、立、踢、别、勾、翻等，有吹笙伴舞、吹笙领舞与吹笙自舞之分，其功能兼有自娱性、竞技性和祭祀性，其中自娱性芦笙舞最为普遍。舞蹈时，芦笙手在队前或在圈内领舞，一般按男前女后的队列，逆时针环绕行进。每当盛大节日，成百个芦笙，上千的人群，层层环绕跳芦笙舞，气势极为壮观。在"跳花"、"跳月"、"踩花山"等民族节日，青年男女还通过芦笙舞选择配偶，如"讨花带"、"牵羊"等均为表现男女青年相爱的舞蹈。竞技性芦笙舞，在节日期间举行，以曲调多、技巧难度大取胜。舞蹈动作有连续旋转、矮步、倒立、翻滚等，舞时乐曲不中断。在一些苗族地区，老人亡故，有以芦笙舞祭祀亡灵、慰藉死者家属的习俗，舞蹈动作沉稳。芦笙的舞曲及舞步，各地大同小异。芦笙舞曲有礼乐曲、叙事曲、进行曲、歌体曲与舞曲等。芦笙舞动作表现或庄重肃穆，或节奏紧凑，动作激烈，或轻松明快、活跃敏捷，都因适用的不同而有异。其中，丹寨的芦笙《锦鸡舞》、贵定的芦笙《鼓龙鼓虎——长衫龙》、赫章芦笙《大迁徙舞》最为著名。在贵州，侗族、水族也有芦笙舞，盘县彝族有葫芦笙舞。还有台江苗族《反排木鼓舞》，镇远、台江一带苗族《板凳舞》，黔南、黔西南布依族《织布舞》、《铜鼓刷把舞》、《花包舞》，黔西北彝族《铃铛舞》、《阿细跳月》，晴隆彝族《阿买戚托》，黔东北土家族《摆手舞》等，都是贵州少数民族舞蹈中的奇葩。

贵州少数民族民间戏剧，最早的形态当源于傩祭向傩戏艺术初步过渡的彝族"撮泰吉"。到明清时，傩戏已在苗、土家、仡佬、侗、布依等民族中流行。明代，军傩在安顺扎根，发展成地戏。清代，花灯戏随着移民也进入贵州，随即诞生了布依戏和侗戏。民间曲艺，最早源于各民族的说唱文学，苗族有"嘎百福"，布依族有"八音坐唱"，侗族有"锦"等，丰富多彩，娱人娱神。

彝族"撮泰吉"，流传于威宁县板底乡裸嘎寨，又称"撮衬姐"。表演者头缠锥形帕，身上和四肢用布紧系，手执木棍，有的头戴面具，有的装扮耕牛、狮子。在野外表演，按祭祀、耕作、扫寨三程序进行，并有传统的铃铛舞及狮子舞。农历正月初三至十四之间表演祭祀和耕作，正月十五日为扫寨，祈求风调雨顺，人畜兴旺。

图下 3-14　威宁县板底"撮泰吉"

傩戏又称傩堂戏、端公戏，是在民间祭祀仪式基础上吸取民间戏曲而形成的一种戏曲形式，流行于黔东、黔东北、黔东南、黔南的苗、土家、仡佬、侗、布依等民族村寨，演出剧目较多，表演各具特色，其中德江土家族傩堂戏最具代表性。土家人称傩戏为"杠神"，布置傩坛（傩堂），佩戴面具表演，有正戏和插戏之分，共有八十多支，其中正戏十六支，多取材于神话传说、历史演义和民间故事。演出程序为开坛、开洞、闭坛。傩戏之外还有傩技表演，项目由主家与坛班约定，目的是"还愿"，祈求神灵保佑。

布依戏，布依语称"谷艺"，主要分布册亨、安龙、兴义等布依族聚居地方，源于本民族的祭祀活动，在布依族板凳戏、布依族彩调（八音坐弹戏）和布依地戏的基础上演变而成。传统剧目有源于"摩公"的经咒、古歌、傩仪故事、说说唱唱、民间传说故事、民间神话故事等，如《三月三》、《六月六》、《罗细杏》、《罗赫信》、《打草鞋》、《穷姑爷》等，均用布依语说唱，最具民族特色。移植剧目源于汉族历史故事、唱本，有《秦香莲》、《祝英台》、《穆桂英》、《樊梨花》、《玉堂春》、《董永卖身葬母》等。戏中有生、旦、丑及大王、大将等分工，各角色的舞台调度都是三步或五步一转身，演唱过程中对面穿梭，形式活泼，风格质朴。音乐由唱腔、器乐曲牌和打击乐三部分组成，演奏乐器有牛骨胡、葫芦胡、二胡、笛子、月琴、包包锣、小马锣、钗、钹、鼓等，有的还加入"勒尤"和木叶伴奏，深受布依族人民的喜爱。

侗戏，是在侗族歌舞基础上直接或间接受桂北采调和黔北花灯戏影响而形成的侗族戏曲。其音乐主要有戏腔、哭腔、歌腔、大歌腔等腔调。器乐曲有闹台调、引腔调、转台调、过门调、尾声调等。锣鼓有开台锣鼓、过门锣鼓、尾声锣鼓。把彩调、花灯的音乐与侗族大歌、小歌、礼俗歌音乐结合在一起，进行叙述和抒发情感，并用侗族琵琶、牛腿琴、笛子伴奏，应和时有多声部自然和声，表现力强。传统侗戏由侗族说唱文学衍变而来，既有只说不唱的韵语念词"垒"，又有只唱不说而用琵琶等乐器伴奏的"嘎"，还有又说又唱的"锦"。侗戏改编剧本，多取材于"锦"的曲目如《毛洪玉英》、《金汉烈妹》、《三郎五妹》、《门龙绍女》等，还有侗族叙事诗歌如《吴勉》、《丁郎龙女》、《珠郎娘美》等。由于受叙事诗的影响，传统侗戏改编的剧本长，场次多，人物杂。表演位置为变横"8"字，演出程序先由"表白"说唱引入正戏，称"串故事"，再接"串锦"，随后唱散堂歌。侗戏开场，由掌班师傅敬请侗戏祖师吴文彩⑭。

嘎百福，主要流传于雷山、台江、剑河、丹寨、凯里和榕江一带苗族村寨，以说为主，以唱为辅，说唱生动，富有风趣。内容既有热情的歌颂，也有深刻的讽刺，表现了苗族人民爱憎分明的性格。曲目有《榜藏农》、《娥兰约》、《博翁勇和谷纪妮翁省》、《娥妮和久金》、《榜纪黎和久博弓》、《雄学》等，深受苗族群众称赞。

八音坐唱，主要流传在兴义南盘江流域一带布依族村寨，表演形式为八人分持牛骨胡、葫芦琴、月琴、刺鼓、箫筒、钗、包包锣、小马锣等八种乐器而围圈轮递说唱。以第一人称的"跳入"唱叙故事，以第三人称的"跳出"解说故事，也有加入勒朗、勒尤、木叶等布依族乐器伴奏。演唱时，男艺人多采用高八度，女子则在原调上进行演唱，产生强烈的音高和音色对比，增加演唱情趣。唱腔用布依语，道白用汉语，有小嗓和平嗓之分，由乐队人员分担角色。曲牌有正调、正音、走音、自路板、长调、倒长调、反簧调、倒茶调、吃酒调等三十多个，可单独演奏，也可边奏边唱。传统节目有《布依婚俗》、《贺喜堂》、《胡喜与南祥》、《迎客调》、《唱王玉莲传》、《敬酒歌》等四十余个，民族特色浓郁。

嘎锦，又称"刚锦多锦"，流行于黎平、从江、榕江等县侗族村寨，由歌师自弹自唱，以唱为主，中间夹有说白。说用散文体或散韵结合，每段唱词取一韵即可，说、唱、对白均辅以一定的表演动作。一人扮演多个角色，叙述故事、塑造人物、表达感情，反映社会生活情景。代表曲目有《珠郎娘美》、《三郎五妹》等，流传久远。

贵州少数民族的竞技体育活动，源于生产劳动中演变的竞技和舞蹈动作，以技巧为手段给人以美感的表演艺术，反映了各民族的力量和智慧。来自舞蹈的竞技体育活动，以苗族的芦笙舞最为独特。无论男女，从儿童时代起就学吹芦笙和跳芦笙舞，舞蹈动作以矮步、蹲踢、旋转、腾跃等为多。每当节日集会的芦笙比赛，竞技时往往以动作的节奏多变，迅疾激烈见长，有的则以完成较多高难度动作而取胜。盛行于黔东南地区苗族芦笙舞的"斗鸡"和"牛打架"，模仿禽兽的习性、神态，以表现生活情趣而引人入胜。盛行于黔西地区苗族芦笙舞的"巧喝酒"、"蚯蚓滚沙"、"滚山珠"和"芦笙拳"，竞技技巧更高。"巧喝酒"是在长凳上置一盛满米酒的杯子，然后舞者围着长凳边吹、边舞、边昂天弯腰喝酒。"蚯蚓滚沙"和"滚地龙"两动作，是舞者跪地昂天弯腰，以头顶地为轴心，随后挺起，边吹奏芦笙边翻身舞动。"滚山珠"，则是边吹奏芦笙边作向前和向后翻滚或倒立、叠罗汉等动作。"芦笙拳"舞更是独具一格，以芦笙伴奏和指挥，男女舞者按节奏互相穿插而挥拳对打，有的还插入花棍对击。双人"芦笙拳"，以翻滚的芦笙动作为基本功，逐步发展为一套以芦笙为攻守招法的武术动作。还有源于苗族板凳舞的板凳拳，也形成了一套器械武术。苗族妇女使用的蜡染方巾，常做娱乐杂耍，也练就成了软器械武术。

贵州少数民族医药丰富而独特，源于"神药两解，巫医一家"。如水族民间传说中的药神"六铎哈"，就是水族人民在与疾病作斗争的长期医疗实践中，获取丰富医疗经验的化身。各民族充分利用"黔山无闲草，夜郎多灵药"的资源，在长期与疾病作斗争的实践中创造发明了贵州民族医药，如苗族医药、彝族医药、布依族医药、侗族医药、瑶族医药、水族医药、仡佬族医药等。唐宋时期，世居西南地区的"蛮夷"，就很善用药箭，中箭者必死无疑，但若得其药，就可无虞。宋真宗咸平五年（1002），牂牁地方酋长龙汉瑶派牙校率一千六百余人进京朝贡，贡物中除马匹、布帛等，还有药物。对于"菖蒲"之药，"黔蜀蛮人亦常将随行，卒患心痛，嚼一二寸，热汤或酒送亦效。其生蛮谷中者尤佳"⑤。到明清时期，世居平伐地方的仡佬族善用百物之毒，染箭刃，伤人即死，甚至触其气者亦死。"黔之诸苗"都擅长制"药弩"，尤以"补笼仲家"的"药弩"最毒，称为"补笼药"，被射中者与拔矢者，都会立即死亡，但只有"苗能医之"不死。瑶人常在耕作之暇入山采药，沿寨行医。都匀、八寨的"短裙苗"常采紫草等药草以作营生。"黔之苗"有一种用胡蔓草汁的窖酒，色红碧，疗效极佳。各民族医药不仅能防治多种疾病，而且对骨折、刀伤、蛇伤、骨髓炎、脊柱结核、肝炎、结石、风湿、心脏病、癫痫等疾病有着显著疗效。在疾病诊断上除"望、闻、问、切"近似中医诊断外，另有"划、扪、揪、扣、弹筋、击打"等法，对疾病的命名直观形象，生动确切，在治疗上很讲究"药量"、"药引子"、"用药时间"以及"忌嘴"等。用药主要是鲜品，讲药理如热病用凉药，寒病用热药等，并注意药物的性味，如久泻用酸涩之药。药方多秘方、单方，苗族歌谣称："一个药王，身在四方，三千苗药，八百单方"。其医术诀窍，口耳相授，多为单传。对药物的命名，多是根据药物的形态和药用部位以及所治的病取名。

千百年来，苗族医药形成了两纲、五经的原理，探索到了36症、72疾、108个小症和49翻的医学理论模式，总结了36症、72疾、108个小症的病由、病因、病症属经、识病方法、治病原则、用方、用药、方解等临床经验，认识了药物的植物形态、药理作用、性味属经、功能主治、用法用量等。在关岭、镇宁、紫云等地，苗医使用的糖药针疗法，就出自弓弩上应用的"见血封喉"等弩药的解毒法。《神农本草》所列植物药252种，其中"有一百多种与苗药同名同义"⑥。

创自妇女的彝族医药，源于母系氏族时期，据彝文文献《物始纪略·药的根源》记载："很古的时候，风吹疾病来，疾病漫人间。……女的有知识，百病她来治，青草能治病，树皮能治病，人们感谢她。……医病的知识，这样传下来"。彝族先民认为，万事万物的根本是清浊二气，天、地、人和各种事物都是由清浊二气产生的，因此清浊二气是彝医认识自然、了解疾病和治疗疾病的总纲。流传的医药病理类经典，有《病情诊断》、《医药书》、《测病书》、《采药书》、《驱麻风病》、《二十穴位针刺疗法》等。其中，仁怀地方彝医流传的根据"五体（筋、心、肉、骨、血）说"的病理配制药方，编为5门38类，共263个药方，仅治"体伤"的药方就有158方，占总数的百分之六十，对"五体损伤"有独到的经验。

第四节　文化交流

节日文化互动融合　从"夷多汉少"到"汉多夷少"　汉文化传播中的"同位借入"⑩及内化　各民族习俗的相互影响与双向互变

秦汉时期，贵州地方的民族被统称为"西南夷"，在历史的演进过程中，逐渐形成"又聚居，又杂居"的分布格局。直到明清，贵州地方的民族被统称为"苗种不一"的"苗蛮"，多达百种；在民国《贵州通志·土民志》中被分6个族系85种人。清乾隆以前，民族分布"夷多汉少"。随着社会变革，民族交融，经过"夷多汉少"到"汉多夷少"的演变，贵州民族逐渐形成为"大杂居，小聚居"的分布状况，支系繁多，分而未化，融而未合，你中有我，我中有你，文化多元，共生共存。

这一特点，突出表现在贵州各少数民族的民族节日中。民谚"大节三六九，小节天天有"，反映了贵州多民族、多节日的历史状况。节日初源于农业生产，根据作物的生长周期，发现了四季交替规律，即以"候草木以记岁时"。由于贵州地形复杂，气候多变，各民族、各支系散居各地，候草木有早晚，观日月有先后，便出现了多种多样的岁时节令、四时八节和复杂俗尚，大都集纪年、农事、祭祀、纪念、社交等多种功能为一体，形式与内容大同小异。又因各民族的社会历史发展不平衡，除彝族有君长有文字、水族有"水书"习俗、瑶族有"过山榜"证据、侗族以"汉字记侗音"成书外，大都"有族属无君长"，岁时各异，我行我素，历法自得，天天有节，既体现了民族文化交流、互动融合，又具有各自特点的节日文化。

唐代，居住今黔滇边的"庄蹻之裔"是"以十二月为岁首"，采用殷历，以建丑之月（即夏历的十二月）为岁首。到明清时，大定府（今大方县）"倮倮"的岁时皆采用正朔，流传的经典有《观测无日缺月日》、《观夜空星月经》、《观二十八星宿》、《推算时令书》、《观测播种时间》、《观测阴晴天象》、《观测气象》等。贵州苗族的支系最多，岁时多样，岁首有冬三月、六月、十月、仲冬等不同。布依族在贵州分布较广，各地的岁时也不一，岁首有六月六日、十月望日、十二月之分。此外，仫佬族"以三月朔"、白族"六月二十四日为度岁"、花瑶以"十月晦日为节"、侗族"每岁冬月朔日为大节"。一年四季的时节更换时，各民族都要举行活动，有的吹芦笙、击铜鼓；有的要做糯米饵块，杀鸡泡酒；有的还要鼓歌迎祭、架秋千群戏、斗龙舟……。无论哪个民族过节，其周边的其他各族村寨的人也多半会参与其中，共同欢庆，把节日变成为一个多民族文化交往的机会和场所。

贵州地域内，各少数民族与汉族的文化交流由来已久，或可追溯到战国末年楚顷襄王派庄蹻入滇之时。从某种意义上说，夜郎文化是周边各地区各民族相互影响而融合形成的文化。到三国时期，方国交往更盛。彝文《教育经典》这样说：彝（夷）与蜀两方，布帛两相合，金银两面交，彝（夷）与汉心顺。唐宋时期，贵州地方各民族首领加强了与中央王朝的联系，晋京朝贡受封，把贵州民族文化带到中原，促进了贵州与中原的文化交流。特别是北宋时期，黔西北的罗氏鬼国与黔北的思、播两州均参加"川马"贸易；南宋时，罗殿、自杞、毗那、谢番、滕番又以"乌蒙马"、"水西马"参与"广马"贸易，都加强了与汉族和周边各少数民族之间的交流。

到明清时期，中央王朝在贵州加强了"王化"措施，少数民族与汉族的交流一直处于双向互动的发展之中。特别是沅江上游的清水江、渠水一带所产木材进入中原贸易，进一步加大了贵州少数民族与汉族的文化交流。人们通过结"同年"通商往来、"同耍"建立感情、入赘组成家庭等形式，贸易客民置买田产，落业居住，彼此联为婚媾，相习相安，和睦相处。清乾隆以前，贵州还是"夷多汉少"的地方；到清朝末年，汉族人口分布到了贵州各地，已经是"夷多变汉多"。一方面是少数民族编姓氏，上户籍，说汉语，习汉字，穿汉装，经商贸易，结拜兄弟，与之联姻，吸纳汉族的风俗，逐渐改变生活方式而逐渐趋向"汉化"；另一方面是汉族吸纳少数民族的风俗，说少数民族语言，取少数民族名，穿少数民族服装，与之联姻，逐渐改变生活方式而逐渐"夷化"，形成你中有我、我中有你的民族文化交融。

随着汉文化的传播，读书应试之风在贵州各民族中盛行。明清时期，贵州少数民族子弟通过应试成为秀才者较多，在全省"七百进士，六千举人"中也不乏其人。母系为当地少数民族的子弟，如明洪熙元年（1425）出生于思南府务川火炭垭（今务川仡佬族苗族自治县大坪镇龙潭村）的申祐，为贵州明代进士第三人。弘治七年（1494）出生于思南府水德江长官司（治今德江县）的田秋，21 岁为进士。出生于五开卫地方（今贵州黎平县）的龙起雷，万历十七年（1589）为进士。清乾隆八年（1743）出生于天柱县白岩塘的宋仁溥，35 岁时为进士。父母皆为当地少数民族的子弟中，也相继出现举人、进士。如乾隆二十八年（1763）出生独山州（今独山县）兔场的莫与俦，布依族，嘉庆二年（1797）举人，次年进士。天柱人欧阳仕瑸，侗族，乾隆三十三年（1768）举人，乾隆四十年（1775）进士，官居北京。此外，光绪二十一年（1895）四月，参加康有为、梁启超发起的"公车上书"签名、力求变法图强的举子中，就有 7 名在京的黔东南籍的苗族和侗族举人。

贵州少数民族在与汉族长期接触和学习汉文化的过程中，创造了具有同位特质的民族文化。水书，水族语称为"泐睢"，是水族古文字及其著编水书抄本的统称。水书兼容图画、象形和抽象的文字特点，是一种类似金文、甲骨文的文字符号系统，有着悠久的历史。水书是水族文化极为重要的组成部分，所载内容涵盖水族天文历法、原始信仰、哲学思想、诗歌音韵、民俗活动等方面的文化知识[⑱]。贵州少数民族在学习汉文化的过程中，"同位借入"的情况也较普遍。如修撰家谱和石碑记事，同时吸纳了儒学的精华。孝、悌、忠、信是儒学倡导的调适人际关系的基本准则，在贵州少数民族地区的许多家谱中都有所体现。罗甸县布依族土司在明成化二年（1466）修订的《黄氏族谱》中，就特别强调"敦孝悌以重人伦"，大量引用孔孟之言，并制定"祖训八条"要求子孙效法实践。黎平县三龙乡高增侗寨于清康熙十一年（1672）立下的汉文大款款碑《万古流芳》，就夹有汉字记侗语音的成分。道光二十七年（1847）立于北盘江畔的《马黑地方乡规碑》，就是当地布依族头人"议各习"的遗存。此外，还有一些单一法规，如同治二年（1863）三月立于荔波瑶麓、关于瑶麓瑶族地方"婚姻法规"的《永流后代》石碑等。

随着汉文化的传播，与各少数民族文化产生了融合，或多或少地逐渐内化为本民族文化的组成部分。早先，当彝族先祖"妥阿哲"征服了整个水西地区、受封为"罗甸王"时，就吸纳了汉族的制度文化要素，形成了彝汉"合璧"的"一君一臣一师"的制度。唐代有"乌蛮……其语四译乃与中国通"⑩。彝文又称夷字、爨文、韪书、蝌蚪文、倮语、倮倮文、毕摩文等，历史久远，明代最为兴盛，记载彝族历史的彝文文献众多。对于彝族文字，明清史籍多有记载。明成化二十一年（1485），由贵州宣慰使司宣慰使安贵荣主持用彝文和汉文铸造的大铜钟，见证了两个民族文化交流的历史。

瑶族的"旁砖"即《过山榜》（又名《瑶人榜文》、《盘王券牒》、《评皇券牒》），是信奉盘瓠为始祖、被称为"过山瑶"的瑶族同胞世代流传和珍藏的一种记载本民族历史的文献。它是唐宋朝廷用以招抚瑶族先民入籍的券牒文照，也是瑶与汉文化交往的典型事例。明清时期，在侗族地区广泛流传的汉文版《罗经顶门针》、《象吉通书》、《永吉通书》、《罗经透解》、《从正避谬》等，以及所产生的汉字记侗音的手抄本《侗书》、《东书少鬼》、《圣母扫净一本》、《侗垒》、《侗耶》等，吸纳了江南地区汉族的民间信仰文化，其中包括儒家的道德伦理、佛家的慈悲为怀、道家的行善积德等观念，与侗族固有的信仰观念互补共融，促进了侗族原始宗教信仰的发展。

明清时期，随着建省和汉族文化的影响，贵州少数民族在习俗方面的最大变化，就是发饰、服饰和讲汉语、习汉仪。地方史志中，多有布依族"服饰居处与汉人同"，侗族"颇类汉人，多以苗为姓"，仡佬族"颇通汉语"、"男子不着冠，今渐作汉人之服饰"之类的记载。到了清代，不管是多民族杂居地，还是单一民族居住的村寨，习俗变容的情况更是有增无减。类似"涵濡礼教，渐习华风"、"耕凿诵读，与汉民无异"、"薙发易服，通汉语，与汉无异"的记录，在地方文献中更是比比皆是。

从"夷多汉少"到"汉多夷少"的变化过程中，贵州少数民族与汉族之间的族际关系发生了深刻变化，出现了双向互变的情况。其规律大致为：早期是"以汉变夷"，后期则"以夷变汉"。最早的是战国时期来到的移民，如"宋家人"，其先民是中州裔，因为久居边徼，衣冠俗尚逐渐接近"夷人"而"少同华人"。到明代，如在安顺府，在苗民之外，有被称为"屯田子"、"里民子"、"凤头鸡"等的人群，其实都是汉民移民，他们多是明洪武年间自安徽凤阳一带拨来安插之户，因历年久远，男子着汉装，但妇人服饰似苗非苗，与邻近的苗民彼此已无多少区别。在黔东南一带的"苗疆"，由汉族变为少数民族的情况最为突出。"其地有汉变苗者，大

图下 3-15　安顺屯堡老妇

约多江楚之人。懋迁熟习，渐结亲串，日久相沿，浸成异俗，清江南北两岸皆有之。所称'熟苗'，半多此类"⑤。在苗疆，一般而言，有"天地君亲师"神位者，都是汉民变苗者，他们说苗语，着苗装，与苗家通婚。这种状况，在侗乡亦复不少，所谓"客民即积渐而入各洞寨"；后来，大多数客民逐渐被"夷化"了。另一方面，更多的是少数民族的"汉化"，如镇远府黄平州，虽然地接苗疆，由于汉民错处其间，历年久远，昔日苗寨，到清代中后期尽变为汉寨。有的几经辗转迁徙，迁入贵州前就已经不同程度地"汉化"了，如嘉庆二年（1797）后，有一部仡佬族由湖南移居于兴义县兴让里，其服饰与汉民同，只有语音稍异。在普安直隶厅，自滇迁来的白族赵、何等姓，自楚流入的仡佬族邓、杨等姓，他们的服色、土俗等已经与汉人相同。

　　由于"大杂居，小聚居"的分布格局，各少数民族与其居住地相邻民族之间的交流，更为常见和频繁。特别是在唐宋以后，随着政治、经济、文化交流的扩大，各民族相互影响而融合的力度也有增强。地方史

志中，关于"西赵蛮……其风俗物产与东谢同"，"䍧牁蛮……风俗物产略与东谢同"，"西南诸夷""风俗与东谢蛮同"之类的记载颇多。在黔湘两省交界地方，"五溪之蛮……聚落区分各亦随异，沅其故壤，环封而居者，今有五：曰苗、曰傜、曰獠、曰仡伶、曰仡佬，风声习气大略相似，不巾不履，语言服食率异乎"⑤。这正是各民族在大杂居、小聚居中长期交往和相互影响的结果。在黔西南，布依族、仡佬族、白族与彝族彼此杂处，其间的文化交流与影响也比较明显。例如兴义"府辖仲苗居十之八九，倮夷居十之一二"；"倮男薙发以白布缠头，衣同仲苗。妇女长袍短裙，银环贯耳，髻首稍异仲妇。其信鬼尚巫又与仲苗同"；世居威宁、兴义县、贞丰、普安县、普安厅的"爨人"，"通各苗语"⑤；"爨人，十二营长部落皆罗罗、仲家、犵狫（今仡佬族）、爨人。语言不相谙者，常以爨人为通事译之……服饰、居处、婚丧、嗜好，皆与宣慰司罗罗同"⑤。在黔南，百越民族之间及瑶族支系间的交流颇为常见。世居荔波县的少数民族中，"水苗"（今水族）的婚嫁与仲家（今布依族）相似；"僮苗"（今壮族）"俗与仲家相似"。世居荔波县的"佯苗"（今毛南族）男女装束皆类似"水苗"。水族与瑶族世居都匀、都江、独山、荔波、黎平的"水人"（今水族）和世居荔波的"佯人"、"伶人"（花瑶）、"侗人"（一说青瑶），"其风俗嗜好略同傜人"。世居荔波的"僮人"，"服食同傜人"。

在黔东南，苗族与侗族之间的交流则更为常见。在黔东南语境中，苗族的鼓社文化和侗族的鼓楼文化，都是建立在以血缘群体本位或血缘与地缘相伴生的父系群体本位的基础之上。人们通过长期的友好往来，同样获得了同质文化的共识。苗族最隆重的"鼓社祭"所祭祀的第一个祖先神祇，就是"妹榜妹留"。这种鼓社文化，也得到了剑河县、锦屏县交界的小广、化敖、瑶伯、彦洞一带和镇远县报京等地侗族的共识，他们同样采取"鼓社祭"的形式祭祀本民族的祖先。侗族鼓楼虽然源于男子集会所的"罗汉楼"，可是最隆重的祭祀"萨玛"女神的活动，则要在鼓楼或鼓楼坪上举行。这种鼓楼文化，也得到了从江县山岗、高吊一带苗族的共识，他们同样采取鼓楼集会的形式祭祀本民族的祖先。有所区别的，仅仅是活动内容的不同，具有本民族浓厚的文化特色。苗族的"鼓社祭"和侗族的"鼓楼魂"，分别积淀形成了各自的民族文化的核心，其广泛的共同性，就是对祖先的崇拜。

值得注意的是，少数民族文人与汉族知识者之间的交流。典型者如布依族的莫与俦（1763—1841），于嘉庆十二年（1807），在家乡独山兔场家宅后建影山草堂，设馆教育家乡子弟。次年，受聘主讲于独山紫泉书院。在家乡教授生徒，历时 14 年。道光二年（1822），他出任汉族聚居的遵义府学教授，以许慎、郑玄为宗，兼及南宋理学，成为遵义地区汉族"沙滩文化"的奠基人之一。他培养了一批各民族的有用之材，其中著名者如莫友芝、郑珍等。

【注释】

① [清] 爱必达、罗绕典撰，杜文铎等点校：《黔南识略·黔南职方纪略》，贵州人民出版社 1992 年版，第 28 页、196 页、24—25 页、177 页、39 页。

② [宋] 洪迈撰：《容斋四笔·渠阳蛮俗》，上海古籍出版社 1983 年版，第 125 页。

③ [宋] 朱辅：《溪蛮丛笑》，见符太浩《溪蛮丛笑研究》，贵州民族出版社 2003 年版，第 295 页、330 页。

④ [宋] 范成大撰：《桂海虞衡志·志蛮》，见齐治平《桂海虞衡志校补》，广西民族出版社 1984 年版，第 94 页。

⑤《侗族简史》编写组：《侗族简史》，贵州民族出版社 1985 年版，第 47 页。

⑥ [清] 田雯、张澍、李宗昉、吴振棫撰，罗书勤等点校：《黔书·续黔书·黔记·黔语》，贵州人民出版社 1992 年版，第 386—387 页。

⑦ [清] 爱必达、罗绕典撰，杜文铎等点校：《黔南识略·黔南职方纪略》，第 177 页。

⑧ 王均等编著：《壮侗语族语言简志》，民族出版社 1984 年版，第 824 页。

⑨ [清] 田雯、张澍、李宗昉、吴振棫撰，罗书勤等点校：《黔书·续黔书·黔记·黔语》，第 389 页。

⑩ [清] 田雯、张澍、李宗昉、吴振棫撰，罗书勤等点校：《黔书·续黔书·黔记·黔语》，第 392 页。

⑪ [清] 徐家干撰，吴一文点校：《苗疆闻见录》，贵州人民出版社 1997 年版，第 178 页。

⑫ [宋] 朱辅:《溪蛮丛笑》,见符太浩《溪蛮丛笑研究》,第 162 页。

⑬ [明] 郭子章:《黔记》卷五十九"诸夷",万历三十六年刻本,1966 年贵州省图书馆复制油印本。

⑭ [清] 田雯、张澍、李宗昉、吴振棫撰,罗书勤等点校:《黔书·续黔书·黔记·黔语》,第 395 页。

⑮ [宋] 朱辅:《溪蛮丛笑》,见符太浩《溪蛮丛笑研究》,第 131 页。

⑯ [清] 田雯、张澍、李宗昉、吴振棫撰,罗书勤等点校:《黔书·续黔书·黔记·黔语》,第 225 页。

⑰ 参见熊永富《贵州岩洞葬与蜡染文化》,1988 年 5 月 21 日《贵州日报》;《贵州境内的岩洞葬与岩墓》,《贵州省博物馆馆刊》第 5 期;《平坝"棺材洞"清理简报》,《贵州田野考古四十年》,贵州民族出版社 1993 年版;刘恩元、胡腊芝、王洪光:《试论西南古代蜡染》,《贵州文史丛刊》1995 年第 5 期。

⑱ [清] 张澍:《续黔书》,"苗刀"。[清] 田雯、张澍、李宗昉、吴振棫撰,罗书勤等点校:《黔书·续黔书·黔记·黔语》,第 225—226 页。

⑲ [明] 沈庠修,赵瓒纂:《贵州图经新志》卷之四《思南府·风俗》,弘治刻本,贵州省图书馆影写晒印本。

⑳ 威宁彝族回族苗族自治县民族事务委员会编:《威宁彝族回族苗族自治县民族志》,贵州民族出版社,1997 年,第 40 页。

㉑ [唐] 杜佑撰,王文锦等点校:《通典》卷第一百八十七"南平蛮",中华书局 1988 年版。

㉒ [宋] 陆游:《老学庵笔记》卷四,中华书局 1979 年版,第 45 页。

㉓ 即姑与舅的子女互为婚配,这是一种近亲婚配方式,认为姑舅联姻是"亲上加亲",可以使本族的财产不外流。姑舅表婚是亚血缘婚的遗留形式。姑表婚是以父系来划分的,就是按父亲的血统来划分,父亲兄弟与姐妹之间的子女可以通婚;而舅表婚则是以母系来划分的,即母系兄弟与姐妹之间的子女可以通婚。参见 [清] 田雯、张澍、李宗昉、吴振棫撰,罗书勤等点校:《黔书·续黔书·黔记·黔语》,第 298—299 页;[清] 爱必达、罗绕典撰,杜文铎等点校:《黔南识略·黔南职方纪略》,第 105 页、108 页。

㉔ 即举行结婚仪式后,女子回到娘家居住,一两年后才长住夫家。参见 [清] 田雯、张澍、李宗昉、吴振棫撰,罗书勤等点校:《黔书·续黔书·黔记·黔语》,第

302 页。

㉕ 这里的"十峒款"，包括今都柳江流域的贵州黎平、从江、榕江和广西三江侗族自治县、融水苗族自治县及湖南通道侗族自治县的交界地区。

㉖ "亦溪不薛"系蒙古语音译，意为"水西"，历史上的"水西"，系指乌江上游鸭池河以西之地。

㉗ 所谓"八围田"，就是将各村寨的土地分为 8 份，每份又分为 8 丫，共 64 丫，然后再按各姓氏家族的人口多少进行分配，人口众多的姓氏家族可以领两三份田，人口少的姓氏家族可以认领一份田，或者两姓共认领一份；各姓家族分得田后，再"按口耕种"，即又将田分为数丫，落实到户，这种制度事象，一直延续至清代中期。

㉘ [清] 爱必达、罗绕典撰，杜文铎等点校：《黔南识略·黔南职方纪略》。

㉙ [明] 郭子章：《黔记》卷五十九"诸夷"，万历三十六年刻本。1966 年贵州省图书馆复制油印本。

㉚ 杨再思为唐末及五代时期靖州一带统领"十峒"的酋长。入宋，杨再思被追封爵位谥号，渐被当地百姓奉为神灵，称为"飞山太公"，并被塑造为杨姓及这一带"峒民"的祖先。

㉛ [明] 郭子章：《黔记》卷五十九"诸夷"。

㉜ 纳光舜：《新月之光——贵州伊斯兰文化》，贵州人民出版社 2006 年版，第 119—124 页。

㉝ 参见燕宝整理译注：《苗族古歌》，贵州民族出版社 1993 年版，第 486 页；马学良、今旦译注：《苗族史诗》，中国民间文艺出版社 1983 年版，第 252—253 页。

㉞ 参见吴显才、吴金松等口述，吴生贤等搜集，杨国仁整理：《侗族祖先哪里来》，黔东南苗族侗族自治州文艺研究室、贵州民间文艺研究会编《侗族祖先哪里来》，贵州人民出版社 1981 年版，第 1—2 页，29—30 页。

㉟ 《亚鲁王》第一部由杨正江和紫云苗族布依族自治县《亚鲁王》工作室搜集、整理和翻译，于 2011 年 11 月由中华书局出版。

㊱ 歌谜中，"敦"是绕经纱的竹笼或竹笼机。铜钩穿"综"引经线喻为"狗"穿"石壁"。侗语称男青年为"罗汉"，梭子喻为"鹞子罗汉"。详见贵州民族研究所编：《民族研究参考资料》第 27 集第 104 页，1986 年内部出版。

㊲ 关于苗族服饰，详见吴仕忠等编著：《中国苗族服饰图志》，贵州人民出版社 2000

年版；贵州省文化厅、贵州省博物馆编：《苗族银饰》，文物出版社2000年版；杨正文：《苗族服饰文化》，贵州民族出版社1998年版。

㊳ 关于贵州民族民间蜡染，详见《中国贵州民族民间美术全集·蜡染》，贵州人民出版社2008年版；《贵州少数民族服饰图案艺术》，贵州人民出版社、外文出版社1986年版。

㊴ 仡伶，是古代侗族先民的自称。

㊵ 关于侗族大歌，详见张中笑、杨方刚主编《侗族大歌研究五十年》，贵州民族出版社2003年版。

㊶《旧唐书·南蛮西南蛮》，"东谢蛮"，中华书局1975年版，第5274页。

㊷《宋史·西南诸夷》，中华书局1977年版，第14223页。

㊸ [清] 李宗昉：《黔记》。见 [清] 田雯、张澍、李宗昉、吴振棫撰，罗书勤等点校：《黔书·续黔书·黔记·黔语》，贵州人民出版社1992年版。

㊹ 吴文彩（1798—1845），黎平县茅贡腊洞人，读过私塾，他能用汉字记侗音，最早从汉族戏曲和传奇唱本中移植改编了侗戏《梅良玉》、《李旦凤姣》、《毛洪玉英》、《刘知远》、《高文举》等剧，为侗戏编剧演出奠定了基础，被尊为侗戏始祖。

㊺ [宋] 苏颂等编撰：《本草图经·菖蒲》，草部上品之上卷第四。《经史证类备急本草分、尚氏辑本礴本草图经》。

㊻ 参见陆科闵、王福荣主编《苗族医学》，贵州科技出版社2006年版。欧志安：《湘西苗药汇编》，岳麓书社1990年版，第45页。

㊼ 文化因子的同位借入律，是文化制衡的四大规律之一，指在文化互动演化过程中以文化因子借入的形式，实现文化间的制衡关系。在这些规律的作用下，人类文化体现出了文化调适的社会张力，这也因此造就了人类文化的生生息息。

㊽"水书"已有55本典籍入选"国家珍贵古籍名录"。160卷本的《中国水书》，收入1453种（册）水书、近六万单码，以原采集地为经、类别为纬，参考手抄本成书年代、抄本尺寸、色彩品相等编目，集录了水族文化的大量信息。详见《中国水书》编辑委员会编：《中国水书》，四川出版集团巴蜀书社、四川民族出版社2006年版。

㊾ [清] 张广泗修：《贵州通志·苗蛮》卷之七，乾隆六年（1741）刻本。

㊿ [宋] 朱辅：《溪蛮丛笑》，见《说郛》卷五，中国书店1996年版，第163页。

(51) [宋] 朱辅：《溪蛮丛笑》，见《说郛》卷五，第163页。

○52 [清] 爱必达、罗绕典撰，杜文铎等点校：《黔南识略·黔南职方纪略》，第 223 页、387 页。

○53 [明] 郭子章：《黔记·诸夷》卷五十九。

第四章

五方杂处：移民文化

这里使用的"移民"一词，其定义是：具有一定数量、一定距离、在迁入地居住了一定时间的迁移人口①。

在口碑和文字文献的记载中，在今天贵州这片地域中，最早的居民，似乎是百濮族系中的某些群体，他们或许就是今天仡佬族的先民。最早走向这一方的移民，有确切文字记载的大约应是周安王十九年秦献公二年（前383），秦献公灭狄䝠戎，首领卬率羌人由渭河上游出发，至今青海贵德、共和一带的黄河河曲，循青藏高原东部和川西高原间谷地分别迁至今甘南、川北、川西和云贵高原。其次，当是秦昭王二十八年楚顷襄王二十年（前279），楚将庄蹻由沅水溯流而上，攻克在今贵州都匀、黄平、贵定一带的且兰国，征服夜郎国，进至滇池②。秦汉以后，氐羌、苗瑶、百越等族系的一部分，逐渐从周边地域迁徙而入。此后，伴随着中央王朝每一次面向西南的政治、军事、开发大动作，都会有移民迁徙到这片地域：有的是生存型移民，有的是从平原到山区、从内地到边地的开发性移民，更多的是以行政或军事手段推行的强制性移民。

文化传播总是借助于人的迁移和流动来实现的。移民在地理空间的运动，本质上是一种文化的迁移，特别是在制度文化和物质文化的传播过程中，移民具有明显的优势。移民带着自己原籍的文化，逐渐参与、融入到贵州文化中来。又因为贵州独特的喀斯特环境，更突显出贵州文化你中有我、我中有你，五方杂处、多元会合的特色，既包含着各相邻地域的文化因子，又发生着程度不同的渗透与变异，形成了贵州文化的重要特征：各民族文化多元并存的开放性和与之相适应的弹性极大、共生共荣的包容性。

第一节　屯堡文化

屯堡和屯堡文化的形成　屯堡文化的表征　屯堡文化的影响

贵州历史上，明初大规模的集团性移民，使大批汉族人在贵州长期居留屯田，建立了很多屯堡。随着历史变迁，大多数屯堡已经消失，而在以安顺为中心的一带地区，许多具有明代屯堡特点的村寨依然存在，而且世代传承着比较典型的明代汉族移民文化，成为一种独特的文化现象，是汉文化变异的一种特殊模式。

屯堡形成的历史背景，是明初"调北征南"平定云南的战争和"移民就宽乡"的"填南"举措。明初，全国尚未完全统一，元朝镇守云南的梁王把匝剌瓦尔密负隅顽抗并 7 次拒绝招降，朱元璋决定用兵。明洪武十四年（1381），以颍川侯傅友德为征南将军，永昌侯蓝玉为左副将军，西平侯沐英为右副将军，率军 30 万，经贵州之境攻取云南。其时贵州尚未建省，流官极少，基本是少数民族的土司统治。朱元璋威德兼施，大多数土司归附朝廷，且奉皇帝诏谕出兵出粮协助征南大军，大军的先头部队对叛服无常且阻挠其行进的土司则加清剿。因此，贵州入云南的道路迅速打通，并在扼云贵交通咽喉的普定（今安顺）至普安（今盘县）一线，留先锋顾成的重兵"列栅以守"，堵住云南出口，并防范附近土司的骚扰。云南平定后，朱元璋对贵州很不放心，说："至如霭翠（贵州彝族土司）不尽服之，虽有云南，亦难守也。"③当时的贵州确实不平静，如境西北的乌撒、乌蒙、东川、芒部、建昌土司不断作乱，普定一带的"西堡蛮"也相继作乱。于是，朱元璋将战略重点放在贵州，从政治、军事、经济和文化教育等方面制定制度，采取措施，稳定贵州。这也为贵州在明永乐十一年（1413）的建省打下了基础。

　　屯堡主要因军事目的而建立，逐渐有相应的经济和政治管理举措。明朝廷在贵州境内驻军20万，并援引全国早已推行的卫所制度，上设贵州都指挥使司统辖。到洪武三十年（1397）设立锦屏卫，贵州都司24卫2所全部设置完毕。贵州都司军人及家属合计约为42万人，大都来自东部各省。无论驻军和卫所的数量，比周边地区都多。大军要吃饭，贵州无力供应。于是贵州的卫所驻军先后实行屯田，并规定屯军须带眷属，无妻室的给予婚配，纳入军籍，军籍世代继承。在严格的军事管理下，这些军户"三分守城，七分下屯"，实现了朱元璋"寓兵于农"的"有事则战，无事则耕，暇则讲武"意图。他们耕种的是官田，除领食粮和盐外还享受朝廷的一些优待，如配给种子耕牛，兴修水利等。

　　在军屯建立前后，民屯和商屯也兴起。贵州当时人少地多，数额庞大的驻军虽实行屯田但还要戍守和出征，粮食不敷供应，从外地运转又交通不便，劳民伤财，于是朝廷遂有"举湖广（今湖北、湖南）填云贵"之举，这就是所谓"调北填南"，大量外地移民有组织地进入贵州屯田，官府也招募外地流民和罪犯等参与，于是许多民屯出现。

　　这些民屯与军屯杂处相望，属当地官府管辖，开垦耕种的也属官田，享受三年不交"田籽"（公粮）的优待，但管理比较松懈。商屯则是招募外地商人在此组织开垦土地（也是官田），以所产粮食向官府换取"盐引"，售盐牟利，实为军屯的补充。后来可以纳银换取"盐引"，商屯也就不存在了。数十万军事移民和非军事移民，多来自较发达的地区，他们在贵州落地生根，改变了"夷多汉少"的状况，稳定了明王朝对云、贵的统治，并逐渐形成有特色的文化。

　　明中叶以后，卫所对军屯的管理逐渐松弛，卫所军官不仅占夺土地，对屯堡军户盘剥压榨，还欺凌周边少数民族，激起其攻打和焚烧屯堡，土司也时有叛乱，因此屯军大量逃离，许多沦为土司佃户。到明万历年间，屯军数量已不及原有的十分之一，导致田地大量抛荒，军屯逐渐有名无实。明亡清兴，明代的卫所军屯制度先后瓦解，贵州大部分军屯也随之消失，成为普通村寨，军屯的屯军后裔也成为普通汉族农民。惟有以安顺为中心的一片地区不同，这里的屯军后裔虽已成为普通农民，有些早就离开屯堡，进入非屯堡村寨或城镇，而在不同时期，又有不少汉族人进入屯堡，但具有明代屯堡特点的村寨仍然存在，其中有不少还保留屯、堡、旗、关、哨、所等带有军事色彩的名称。据统计，在今安顺、平坝、普定、长顺等原属普定卫、平坝卫、安庄卫的地区，尚有这样的屯堡村寨三百多个④，以安顺最多。现在统称"屯堡"。当然，这些屯堡里的居民早已混杂，并不全是当年屯军或屯民的后裔，但语言、服饰和习俗等大体相同，均有明代的一些特点。由于其特点与周围的少数民族迥异，也与移民到此相对较晚的其他汉族人有所不同，清代地方文献中将这样的屯堡居民视为"另类"，称谓也很杂乱，如"屯堡人"、"屯田子"、"凤头鸡"、"凤头笄"、"凤头苗"等；民间则习称屯堡女性为"大脚"、"大脚妹"等。不仅清代地方文献，一些外来者也误认他们是少数民族。但是，他们坚信自己的族籍，有的索性自称为"老汉人"，而称屯堡中后来者为"客籍汉人"。现在统称他们为"屯堡人"。据统计，"屯堡人"有三十多万⑤，是汉族中的一个特殊共同体。

安顺一带源于明初的屯堡，经历六百多年的沧桑之变而古貌尚存；而不同时期、不同籍贯、不同阶级和不同身份的居民，基本认同自身为"屯堡人"，其主要原因是文化的维系。屯堡中的种种文化事象，是明、清特别是明初汉族民俗文化的集中体现，是历史的积淀，在长期的继承和发展中显示出很强的内聚力。

屯堡文化是在明初特定的历史背景和特定的人群中逐渐形成的。

安顺一带的地理位置是："左临粤西，左控滇服，形势雄远，屹为襟要。"明初是通向云南的要道，战略地位特别重要，因而设有普定、平坝、安庄（今镇宁）3卫，16千户所，每个千户所领10屯⑥。据估算，这一代的屯军加眷属十余万。三卫相距较近，屯堡遍布，密集程度超过贵州其他地区。安顺一带处于黔中腹地，地势平缓，坝子较多。土司势力较弱，土知府所在地远离卫城。屯堡大多建立在官道附近的坝子里，往来方便，声息相通。容易形成一个文化圈。

此地的屯军，大多来自江南（包括江淮）和中原，素质较好，在此地镇守的将领吴复、顾成，也来自江南。吴复在元代阿达卜寨的基础上修建的普定卫城（今安顺市老城），就是一个具有江南风格的城市，至今一

图下 4-1 安顺云山屯民居

些习俗仍与屯堡相通，这些都是形成屯堡文化的因素。这一带军屯的军户虽然来自各地，所带来的文化资源接近而不相同，但在严格的军事管理的推动下，比较容易整合、熔铸为一体。因此，传承至今的屯堡文化，总体比较统一整齐。与军屯杂处的民屯民户也是汉族，虽来自全国各地，但在周围多为少数民族的情况下，对军屯的强势文化自然会依附，并逐渐趋同。

屯堡文化有以下特点：

一是明初江南和中原的汉文化遗风。据史乘和一些屯堡人的家谱，其先民多来自江苏、安徽、江西、浙江、河南、陕西等地，由他们磨合形成的诸多文化事象，有不少可按迹寻踪。有的文化事象在其原籍地方已经消失，但在屯堡中仍有流传。

二是在继承故土文化中有所变异。明初，屯军和屯民来到贵州安顺一带，自然环境和气候与其故土有很大差异，屯军还须适应亦兵亦农、既耕且战的需要。生存环境的改变，使他们不能完全墨守故土文化的成规，要有因地制宜的创造。如屯堡村寨较大，建围墙、立碉堡；就地取材以石块砌墙，以石板盖房；以表演地戏尚武、习武；女性不缠足等。

三是屯堡文化并非一成不变，但变化不离其特质。屯堡文化似一孤岛，属封闭型文化。在明初的一段时期，当地的外部文化实际就是少数民族文化。但屯军是强势征服者，少数民族是弱势被征服者，彼此对立对抗；加以少数民族贴近自然、原始信仰的文化心理，与屯堡先民循规蹈矩的文化心理大相径庭，所以，在屯堡文化中很难发现少数民族文化的影响。相反，在朱元璋重视对少数民族实行"教化"，"变其土俗同一中国"的思想指导下，少数民族受到屯堡文化的影响反而较多一些。屯堡人对少数民族文化开始有限的吸纳，是在清代彼此对立情绪逐渐消除以后的事情。至近现代，彼此相处融洽，交朋友，认干亲，甚至在同一村寨杂居，文化上自然有所交流，但基本上还是泾渭分明的。随着时代播迁、社会发展，屯堡以外的世界日益纷繁，特别又有大批汉族人入居安顺一带，随之移入的与屯堡文化血脉相通的汉文化更丰富多彩，作为屯堡文化载体的"屯堡人"，自然会从中吸取养分，使自己坚守的传统文化更完美，更能满足自己新的文化需求。这在屯堡的民间艺术中多有表现。

屯堡文化在并不宽广的地域，并不众多的聚落中，能绵延六百多年，至今风韵犹存，不仅在贵州，在全国也罕见。一些人口较少的少数民族，由于有共同的地域，共同的语言，共同的经济生活，共同的文化上的心理素质，其文化能长期延续；而"屯堡人"虽有近似特点，却只是汉族中一个小小的支系，屯堡文化也只是汉文化海洋中一朵小小的浪花，情况复杂得多。对此，不少研究者作了许多探讨，认为重要的是内因，即屯堡先民及其后人在文化心理结构上与众不同。其主要表现：

一是强势文化的心理积淀。明初，此地军屯密集，周围除民屯外，都是土司统治的少数民族，他们刀耕火种，生活贫困。军户耕种的是良田好土，耕作技术先进，粮食产量高，人数相对众多，是强势群体。"填南"移民建立的民屯和军屯附属的商屯，虽不如军屯显赫，民户较之被土司压迫剥削的少数民族仍有优势。强势群体形成强势文化，自然使屯堡先民产生优越感。这种优越感逐渐成为"集体无意识"，积淀于世代"屯堡人"心中，促使其对传统文化尊重敬畏，形成习惯。习惯产生保守和惰性，即使在丧失强势地位，乃至被视为"另类"之后，也难以改变，仍然我行我素。其中，也包含"屯堡人"群体的自我保护意识。如今，许多屯堡老人谈起"老祖宗"的事业还保持着文化自觉，甚至发生是否正统屯军后裔之争。

二是宗法思想的影响。明初重儒，江南和中原儒风很盛，这种风习被移民带到了安顺一带的屯堡，特别是家族本位的宗法思想影响很大。屯堡大多是聚族而居，世代传承有系，以孝为核心道德价值，立宗祠，修家谱，在家中堂屋内供祖先牌位，合族祭扫入黔始祖坟茔（俗称上大众坟）等风气很盛。一些屯堡甚至联姻也限制在亲戚之间，不许将外人过继到无后的人家。这样，就形成一个个以血缘关系维持的文化板块。缅怀祖宗、不违祖制，也就成了屯堡人的族规和惯性思维，有些人家还将这样的族规写入家谱。

三是怀念故土的情结。屯堡先民远离繁华富庶的江南和中原故土，来到偏僻荒凉的安顺一带地区，而且必须世代居留，不许回归，思乡是常情。如今许多"屯堡人"谈起祖先来自之地，仍无限向往，他们常说的"离乡不离腔"，就是这种情感的表达。因此，继承和坚守具有故土风貌的文化，是明代稳定军心的良方，也是屯堡后人的精神安慰剂。

除上述内因外，也有外因。首先，明代的屯堡文化，其实就是官方文化。入清后，官方虽对"屯堡人"有歧视，但对其具有明代遗风的生存方式并未发现有干涉的迹象；清初的服制改革，清末民初的风俗改良，也未发现对"屯堡人"有多大影响。究其原因，主要是由于屯堡文化与官方倡导的主流文化并不相悖，"屯堡人"崇忠义，讲孝道，设私塾教育子弟，一些儒生还经科举进入仕途，为朝廷效力。其次，是环境封闭，不易与外部世界沟通。贵州如此，屯堡人更如此。这种状况，主要存在于中下层的普通"屯堡人"中，他们正是屯堡文化的主要载体。

现在所称的屯堡文化，表现在种种文化事象的表征之中。

其一，村寨和民居建筑的江南遗风。屯堡村寨一般较大，百户左右常见，多者如安顺市西秀区九溪村达千户。村寨多建在坝子，靠山近水，符合古代"避风、环水、聚气"的风水要求。这一带属喀斯特地貌，岩山很多，取石料作建材，是屯堡村寨的显著特点。不少村寨有石砌寨墙回护，开有石门，寨内有街，一般是寺庙、宗祠、学堂、商店的所在。街道辐射出若干深窄的断头小巷，两旁是栉比鳞次的独门独户民居，无杂院。传统的民居全封闭，有石砌的院墙与邻居隔断，面向街巷开门，门墙外撇，称"八字朝门"。墙内为庭院式的四合院或三合院，有的人家还有套院，铺石的院坝称"天井"。院内台阶上为正房，中间是堂屋，是供奉祖先和神灵的处所，也是客厅和餐厅；两旁则为长辈居室。台阶下的厢房较低，为晚辈所居，显示长尊幼卑的古制。房屋为穿斗式木构架，以铺成菱形的石板代瓦（只有屋脊盖瓦），一些"屯堡人"称之为"罗汉衣"。这一带的布依族村寨也以石板代瓦，但不如"屯堡人"

这样讲究美观。房屋的窗棂多有或繁或简的吉祥图案雕花，富裕人家的朝门上还有雕花门罩和垂柱。有些屯堡建有石头碉堡，在民居中巍然耸立，是旧时的防御设施。

图下 4-2　安顺屯堡民居门头

经历过六百多年的风雨，除今平坝县天龙镇的伍龙寺和安顺市云山屯的云鹫山大佛寺有始建于明的记载外，这些屯堡村寨及其民居，已不大可能是明代军屯、民屯的遗存，而是屡毁屡建，有些村寨甚至是清代后期所建，但其风范基本上还是江南建筑风格的延续。如安徽徽州一带在西晋时因战乱"衣冠南渡"带来的北方"四合院"的民居模式，门窗也多以雕花为饰，有"有堂皆设井，无宅不雕花"和"四水归堂"的说法⑦。"井"即院子，也称"天井"，"四水归堂"指房檐雨天滴水汇于堂屋前的天井，喻财源不外流。至于屯堡筑寨墙、立碉堡，显然是承袭当年军屯遗制，其先，是抵御土司和不堪压迫的少数民族的侵犯，据《明实录》记载的侵犯就有二十多次；其后，则是防"匪"患，如清咸同时期贵州农民起义迭起，曾经兵连祸结。

其二，世代传承的语言特点。屯堡人的语言与安顺一带的汉族方言同属北方语系，但发音有差别；尤以屯堡密集的安顺市附近明显。单凭语音，即可基本判定是否"屯堡人"。这种语音，多卷舌音和"儿"化音，如"吃"发音为"痴"，今天和明天说"今儿天"、"明儿天"等，与北京话相近，颇悦耳动听。其所谓"离乡不离腔"的"腔"，并不是纯江南或中原的语音，很可能是当年来自各地的屯军和屯民，为便于内外沟通而形成的"普通话"。元末明初，是流行有一种"北方官话"⑧的，元末编有一本《朴通事》，是供朝鲜人学习汉语的会话课本，其中就记录了许多北方官话。屯堡先民形成的语音世代不变，有力地证明了屯堡文化一脉相承的特点。屯堡中流行的一些谚语、儿歌等，经研究者考察，虽有创新，而源头却多在江南和中原。

其三，独特的服饰（主要是女性服饰）。这也是屯堡人的鲜明标志。男性服饰与当地其他汉族农民差别不大，而女性服饰则很特别。她们中除姑娘梳独长辫外，已婚者都留椭圆鬓，发后梳挽成圆髻，髻上纵横插玉簪或银簪，还罩发网，垂银链。已婚的中、青年女性头上缠白布，老年女性则缠青布。成年女性耳上都戴玉耳环或银耳环，手上都戴玉手镯或银手镯。衣服方面，除平坝县 些屯堡女性穿饰以花边的短装，所有屯堡成年女性都穿右衽的大袖长袍，领和袖以花边为饰，腰系丝头腰带和宽大的围腰布，服色因年龄不同而有鲜艳和素净之分。她们都是天足，喜穿凤头绣花鞋。对这种奇特的服饰，清咸丰《安顺府志》言及"屯军堡子"时称："妇人以银索绾发，分三绺，长簪大环，皆凤阳汉装也。"这是指明初屯军中的凤阳人带来的服饰。实际情况可能要复杂一些，不能排除环境和时代变迁的影响。无论如何，屯堡女性的这种服饰在全国独一无二。历来有屯堡女性不缠足的说法，显然是指当年屯军的眷属及其后裔中的女性，屯军有时忙于军务，妻女就要承担田间劳作，并常在山间奔走，缠足自然不能适应，此风延及后人。据调查，原属民屯的一些女性，过去也有缠足的。"屯堡人"说女性不缠足与朱元璋的妻子马娘娘是大脚有关，是民间传说。其实是表达了一种对文化祖源的向往。

其四，混杂的民间信仰。"屯堡人"崇奉神灵，自然神、人格神（包括祖先）都信仰，儒、释、道不分彼此，大成至圣先师、如来佛祖、玉皇大帝一律请上家中神榜（平坝县的天龙镇还有三教寺），伏羲、神农、关岳二圣、文武财神、文昌帝君、三官大帝、五显华光、当值太岁、值日功曹、东厨司命、丑午二王等民间诸神也厕身其间，使用的物件如扫帚、簸箕等也赋予神性。各屯堡均有寺庙，大屯堡有数个，主要奉祀佛祖、观音、关帝和五显等。过去寺庙毁了，也会有人在废墟前烧香化纸。一年中的庙会和佛事很多，如玉皇会、观音会、关王会、蟠桃会等；以观音会最盛，一年有三次（生日、得道日、升天日）。旧时多有迎神（称"迎菩萨"或"抬亭子"）活动，如迎城隍、迎五显等，现在只迎汪公。每逢庙会和迎神，"屯堡人"如同过节庆。巫的影响，更是弥漫于屯堡生活的许多角落。这种多元的泛神信仰，是中国农村的普遍现象，但在屯堡村寨很突出，其中不乏愚昧迷信，但也反映出"屯堡人"事事处处趋吉避凶的强烈愿望。这或许是屯堡先民当年在异地长期居留，因缺乏安全感而强化故土泛神信仰的遗风。"屯堡人"奉祀"五显"，将其写入家中神榜；有的屯堡立有五显庙，过去还有迎五显的

图下 4-3　普定县屯堡高台地戏

活动。江南一带过去就普遍奉祀五显（或称"五圣"、"五通"），明初，朱元璋曾命江南人立五圣庙⑨，苏州的农村也相信万物皆有神，连茅厕、钉鞋、天井、鸡埘、猪圈、牛棚都赋予神性⑩。"屯堡人"几乎什么神都信，但不信仰天主教、基督教和伊斯兰教。

屯堡人的"汪公信仰"最引人注目。汪公实有其人，史载，他姓汪名华，安徽歙县人，隋末称雄一方，造福桑梓，降唐后屡立战功，死后封越国公，归葬故里，屡显神应，乡人立庙奉祀，并逐渐由家族神变为地方神。据明嘉靖《徽州府志》，当地大的汪公庙就有 26 个。此地民间还称汪公为"太阳公"，其第八子为"八灵王"，第九子为"九相公"，每年举办太阳会，抬汪公神像出巡，伴以傩舞，十分隆重。明初，民间相传有汪姓子弟随大军远征贵州，留居安顺（当时为普定卫城）者在城内青龙山建汪公庙（一说为指挥王辕建），散居屯堡的汪姓子孙也建汪公庙⑪，逐渐在"屯堡人"中形成汪公信仰，将其视为祖源的象征和精神支撑。过去，一些屯堡每年都要"迎汪公"（称"抬汪公"），延续至今，以安顺市吉昌屯的活动最盛大。相传汪公诞辰是农历正月十八日，是日

图下 4-4 安顺地戏脸子

前夜，沿其故土旧例，在汪公庙为汪公木雕神像沐浴换袍，举行祭典；次日晨，抬神像入官舆，前有仪仗队，后随地戏队、花灯队、高妆队、采莲船等，在全村巡游。神像所至，每户人家都烧香供果。届时四乡群众云集，万头攒动，热闹非凡，其盛况与《徽州府志》所载几乎相同⑫。

屯堡保留着丰富多彩的民间艺术，渊源久远，是"屯堡人"生活的重要组织部分。最具特色的有：

地戏。这是屯堡独有的民间表演艺术，蕴含很多历史文化信息，是屯堡文化的重要标志。清康熙《贵州通志》称其为"跳鬼"；道光《安平县志》始称"地戏"⑬。民间则称"跳神"。地戏不上舞台，只在村寨坝子中表演，演员载歌载舞，边唱边说，以第三人称叙事，一人唱，众人和，以一锣一鼓伴演。所演剧目均为军事题材，表现民间唱本、历史演义小说中的征战故事，如《封神》、《三国》、《罗通扫北》、《薛仁贵征东》、《薛丁山征西》、《精忠岳传》、《杨家将》、《沈应龙征西》等，思想内容都是颂扬忠臣良将，维护正统，贬抑叛逆。每个剧目称为"一堂戏"，每堂戏又有若干折。据调查，民间有三百多堂戏流传。一般每个屯堡只演一堂戏，个别也有演两堂的，要连续演十天半月。表演只在春节期间和稻谷扬花时进行，寓驱疫纳吉和祈祷丰收之意。演员均为男性农民。表演时，额上戴各种插野鸡毛的带盔木制面具，头包黑布下垂遮脸，背扎彩色靠旗，腰挂有吉祥绣品的彩色战裙，手持木制短刀短枪，内穿的是普通长衫，脚穿的也是日常用鞋。表演是写意和程式化的，有许多"套路"，如"刁枪"、"抱月"、"冲枪"、"理三刀"、"打背包"、"凤点头"、"板野鸡毛"、"黄莺展翅"等，都是从生产劳动中提炼而来，受其他戏曲的影响较小。表演时，出手和腾挪都十分刚健有力。唱腔高昂，是对江南一带"弋阳腔"的继承，也有山歌等民间唱腔的影响。

最有特色的，是各种彩绘木雕面具（俗称"脸子"），主要有文将、武将、老将、少将、女将，称"五色相"。面具的雕工很讲究，注重表现剧中人物特点，对不同人物有不同的施彩。在雕匠中，对刻眉有"少将一支箭，女将一根线，武将如火焰"，刻眼有"武将鼓眼亮，女将弯月长，少将精气足，文将菩萨样"等说法。头盔和耳翅的装饰繁缛富丽，也以不同的人物的特点而有异，男将多用雕龙的盔和翅，女将多用雕凤的盔和翅。屯堡民间传说，李世民曾平定十八家反王，头盔上就雕十九条龙；岳飞是大鹏转世，头盔上就雕一只大鹏。如此等等。

地戏并不是单纯的表演艺术，因为在其表演前后，都要举行相应仪式。面具要"开光"，传说这样才会有"神性"。面具平时装入木箱，表演前要燃香烛"开箱"，"神头"念祝词，演员磕头礼拜。在一些屯堡，演员戴了"面具"后，要"参桥"、"参井"、"参路"、"参树"。正剧开场前，由两小童（剧中"小军"）"扫开场"，边舞边念吉词。正剧演完后，由扮土地和和尚的演员"扫收场"，以鸡血点面具，边舞边唱扫进吉祥扫走邪祟的吉词。最后是"封箱"，燃香烛，念祝词，将面具装入箱内，寓意众神归位。如今表演地戏时，虽然这些繁琐的仪式多已删除，但是，在对一堂戏屡观不厌的许多"屯堡人"心中，一年可以清吉平安的舒畅心情，则是除之不去的。（详见本书下编第七章《巫风遗韵：傩文化》第二节）

地戏的发生和形成是个谜，众说纷纭。比较趋同的看法是，明初屯军由江南故土带来，属"军傩"系统（权威认定，中国的傩文化分为宫廷傩、民间傩、军傩和寺院傩）。但在江南一带，只有名称不同的傩戏，并无与地戏相似的民间戏曲。"军傩"在历史文献中也语焉不详。现在只能说，明初屯军带来傩戏（包括军傩）的某些元素，如戴面具表演和驱疫纳吉的仪式，在特定的历史背景下逐渐形成地戏。明初，朱元璋提倡以儒家思想"教化"百姓，包括贵州的叛服无常的土司和少数民族人民，对百姓喜爱的戏剧在思想内容上也有硬性禁令，于是有文人染指的一些"教化戏"应运而生（其中已有三国戏和说唐戏）。在其影响下，加上朝廷对屯军有《教练军士律》的严格要求，不仅练武，还要"比试"。于是，在屯军中，以宣扬忠于朝廷的思想为内容，以打斗为练武手段，以相关民间说唱和历史演义小说为蓝本的地戏就诞生了。对此，民国《续修安顺府志》（未公开出版）有这样的表述："黔中人民，多来自外省。当草莱开辟之后，人民多习于安逸。积之既久，武事渐废。然四顾环境，尚多苗蛮杂居其中，识者忧之，于是乃有跳神戏之举。……盖借农隙之际，演习武事，亦存有寓兵于农之深意也。"其中，肯定"跳神戏"（即地戏）是演习武事，是符合实际的。地戏发展缓慢，但也经历了从简单到完整的过程。最早形象地记录地戏表演的，是康熙《贵州通志》所载的《土人跳鬼图》，图中，有二人戴面具持刀相斗（学者高伦考证可能为关羽战黄忠的三国戏），旁有人敲击一锣一鼓，还有几个村民观看。而现在表演的地戏，则复杂完整多了⑭。

　　山歌。贵州各地农民都唱山歌，"屯堡人"唱的山歌却独具特色，很著名。"农歌无本，全靠嘴狠"，这是"屯堡人"的老话。所有山歌都是即兴之作，不过"屯堡人"的嘴特别"狠"，尤其是女性，伶牙俐齿，思维敏捷，"见子打子"，出口成章。而且，"屯堡人"唱山歌已超越田间遣兴，成为一种群体性艺术活动。在节日庆典，男女山歌能手常出场赛歌，你问我答，挑情逗趣、天文地理、山川风物、人间悲欢等无所不包，唱腔高亢悠扬，响彻山野，使听众如醉如痴。山歌手们不满足常唱的四言八句山歌，还创造出飘带歌、滚带歌、盘歌、排歌、结巴歌等。如一首结巴歌：

　　（女唱）：哥在山前山后山左山右左坡右坡南坡北坡上坡下坡栽葡萄，妹在楼前楼后左楼右楼上楼下楼走马转角楼上绣荷包，哥栽葡萄大大小小酸酸甜甜苦苦辣辣长吊长吊大个大个来送妹，妹跟你绣个丁丁拐拐拐拐丁丁须须甩甩甩甩须须鱼跳龙门凤穿牡丹八仙过海的花荷包。

　　（男唱）：哥在山前山后山左山右左坡右坡南坡北坡上坡下坡栽葡萄，妹在楼前楼后左楼右楼上楼下楼转角楼上绣荷包，哥栽葡萄牵丝挂网挂网牵丝密密麻麻麻麻密密给妹吃，妹送哥一个红红绿绿须须甩甩甩甩须须丁丁拐拐拐拐丁丁鱼跳龙门犀牛望月喜鹊登梅鹭鸳闹莲野鹿衔花猴子盘儿的花荷包。

这些山歌，表现了"屯堡人"文化心态中生动活泼的一面。屯堡山歌历史悠久，据康熙《贵州通志》记载，土人（指"屯堡人"）"种植时田歌相对，哀怨可听"。江南一带农村山歌盛行，如著名的"吴歌"就是山歌，也是即兴而作，也有赛歌活动。当年的屯军和屯民，完全可能将这种轻便的艺术带来贵州，融合此地的山歌特点，形成一种具有山野气息的内容和声腔。

佛歌。唱佛歌是屯堡中老年女性礼佛活动的一项内容，可说是礼佛活动的艺术化。屯堡中老年女性多信佛，屯堡地区佛寺很多，有的建在山上。逢庙会，她们穿戴整齐，肩挎装有香烛食品的布袋（称"佛袋"），互相邀约去朝山拜佛，跋山涉水在所不计。她们在寺庙的化纸炉中烧纸钱，集体肃立唱佛歌。佛歌有长有短，唱时全凭记忆，唱腔宛转动听。其实，佛歌内容大抵与佛无关，都是源于屯堡刻印的民间唱本，有两汉、三国、唐宋的历史故事，也有孟姜女哭长城、秦香莲、蟒蛇记等民间故事，还有辨四季、识百花及劝人向善的小调。与佛有关的，只是在每段之末加一句"佛也，南无阿弥陀"。她们唱佛歌，并不限于庙会，地戏表演举行"开箱"仪式，有时也会请她们唱一段佛歌。在寺庙的山门休息，赶场在亲戚家歇脚，她们有时也唱佛歌，这就超越了佛事，成为娱人的活动。古代佛教的"变文"和"宝卷"都是说唱文学，有佛经故事和非佛经故事，宝卷的非佛经故事中，就有《梁山伯宝卷》、《岳飞宝卷》、《白蛇宝卷》等。过去，江南一带信佛的农村妇女，也唱"佛教俚语"。可见，屯堡妇女礼佛时唱佛歌，也有江南余韵，并非独创。

唱书。这是一些屯堡中老年男性的一种休闲娱乐活动。他们常在夜晚聚于一室，由一位文化水平较高的长者，手持唱本娓娓唱来，唱腔随唱本内容而抑扬顿挫，颇有韵味。唱本也都是屯堡刻印或抄写，内容很丰富，有历史演义故事和民间故事，历史演义故事中有一些与地戏相同，可说是地戏的"母本"，也有一些为地戏剧目所无，如《关公困土山》、《白蟒台》等；民间故事中有《白蛇传》、《柳荫记》、《彩楼记》、《水打蓝桥》等，为爱情故事，更是地戏没有的，这可说是"屯堡人"审美空间的拓展。他们唱书，一是娱乐消遣，二是劝人向善。民间说唱历史悠久，尤其自宋以来，历代都盛行，形式多样，有的又说又唱，有的只说不唱，有的只唱不说。"屯堡人"的唱书，属只唱不说一类，而且是纯粹的民间活动，反映了群体自娱自乐的原初状态。而当地其他汉族村寨并无此风。

唱花灯。俗称"跳花灯"，并非屯堡独有，而以屯堡最盛行。贵州花灯分东路花灯、西路花灯、高台灯、地灯。屯堡花灯属西路花灯和地灯。花灯何时传入屯堡难以稽考，有些屯堡老人说地戏是当年的屯军带来的，花灯是老百姓（指民屯移民）带来的。这也并非毫无根据，因为江南一带民间有"花鼓灯"、"采茶灯"等与花灯相近的歌舞，屯堡先民带来后，与后传入贵州的花灯融合。原来确实有些屯堡只演地戏不唱花灯，有些屯堡又只唱花灯不演地戏，演地戏的"屯堡人"还对花灯持鄙夷态度，说花灯尽是打情骂俏的内容，见不得天日的，只能晚上唱。后来发生变化，许多屯堡逢春节白天演地戏，晚上列各种纸扎彩灯演唱花灯，演员两者都会。民国《续修安顺府志》对花灯有这样的描述："唱花灯，演唱者化妆男女若干对，男执扇、女执帕，相对边唱边舞，以月琴、二胡伴奏，词极俚俗，甚得一般民众欢迎。"现在屯堡唱花灯的情形仍大体如此。花灯分歌舞和灯夹戏，灯夹戏是表现农村生活的小戏，屯堡则以表演歌舞者为多。

"屯堡人"生活的许多方面是艺术化的。儿童有充满稚趣的儿歌，伴灵要请能者唱孝歌，甚至妇女哭丧也如唱歌。妇女善刺绣挑花，绣各种寓意吉祥的纹样，有鞋、衣袖边饰、背扇、儿童鞋帽、地戏戏服等，但纹样与周围少数民族的刺绣挑花不同。银匠制作的首饰、佩饰也很精美。

"屯堡人"的日常生活，基本上都是沿袭古老传统，有许多规矩和讲究。

"屯堡人"重视人生，几乎在生命的各个重要环节都有仪式，渲染喜庆气氛。孩子出生后要吃满月酒，剃头酒；过生日要吃"割尾巴"酒。结婚前后要说亲、纳采、迎亲、回车马、过晒席、撒帐；姑娘出嫁时要"扯脸"（用线将脸上汗毛绞除）表示成了妇人。老人过世称"白喜事"，要请和尚念经，道士做法事；有的人家老太太过世还点"药师灯"，在以树干为柱的七层木架上置若干小佛像和小神像，像前燃灯，寓意将死者引向光明。"药师"是佛名，全称是"药师琉璃光如来"，为东方净琉璃世界的教主。建造房屋也是喜事，不仅兴看风水，还举行"上梁"仪式，燃香烛，放鞭炮，念吉语，向围观者撒"抛梁粑"。这些仪式的简繁因家境贫富而定，现在多已淡化。

　　"屯堡人"对过节很讲究。过春节称"过年"，从腊月二十三日祭灶起，就开始过年了。相传是日灶神要升天向玉帝禀报各家表现，供品中有屯堡特产的形如大枣的"枣子糖"，这是一种粘性很强的麦芽糖，据说这能使灶神在玉帝面前多说好话，不说坏话。同时要烧"虼蚤"叶（冬青树叶），发出噼啪声响，象征烧死了跳蚤、虱子、臭虫。年三十要贴春联、放鞭炮、供祖宗，还要祭家神（如扫帚神之类）。是日要做很多菜饭，供家人三天享用。这三天禁止动锅灶，还禁止扫地倒垃圾、做针线活，以免倒掉财富和一年手疼。这显然是原始禁忌的影响。中元节（称"七月半"）供祖宗达半月，在堂屋内挂上写有历代祖先名讳的纸质"祖宗牌"，每日以佳肴上供，最后"烧包"礼送（"包"是一种装有金银纸锞和纸钱的纸封）；沿河的屯堡还放河灯，指引祖宗上路。中秋节吃月饼有个传说：元朝官兵欺压百姓，百姓在月饼中嵌字条，相约中秋共同杀"鞑子"。这显然来自明初的屯军。据说这个传说在明初的中原一带比较普遍。

　　屯堡中手工业发达，能工巧匠多，做小生意的也多。这与屯堡先民有关，他们不仅带来了先进的农业技术，还带来了手工技艺和江南的经商之风，使封闭的屯堡社会能自我满足各方面的需要。屯堡的"四坊五匠"在安顺一带很有名，其实屯堡的手工作坊和手工匠人，绝不只此数。这些作坊和工匠既服务于内，也服务于外。手工艺品的经销推动了商业活动。"屯堡人"中没有出现像徽商那样的大商家，都是做小生意。安顺一带以十二生肖排列场期，他们多在各场间轮流贩卖商品，称赶"转转场"。清康熙《贵州通志》称土人（即明代移民后裔）"男子兼贸易，女子力耕作"，男子要兼做别的营生（当年的屯军也是这样），繁重的田间耕作自然也要女子承担。因此，屯堡女性很泼辣能干，有些能挑二百斤重的粪桶、水桶，行走快捷。有时，男人回家只干些舂煤、盖火、喂猪喂鸡和背小孩之类的家务活。农闲时，一些女人也会挑起担子，去闯荡江湖做生意。

屯堡食品别有风味。"屯堡人"平时生活节俭，常制味美的腌菜、泡菜、腊肉、血豆腐等不易腐的食品贮存，以备忙时食用。据说这是明初屯军遗风，备干菜是适应军旅生活需要。屯堡人好客，每逢节日庆典或款待客人，就要有几盘几碗的佳肴供享用。烩山药是特色菜，据考，山药又称淮山，明初由江南传入安顺一带，如今贵州也只有此地生产。辣子鸡火锅很有名，以辣子炒鸡肉为主，加入豆腐和蔬菜等一锅煮。这是独具特色的"安顺火锅"的发展，而安顺火锅与安徽旧时的"一品锅"并无二致，都是各种菜肴的有序混合，油重色重，而且都是年三十夜才食用。屯堡盛产以麦芽制成的枣子糖，据考，源自浙江的"胶牙糖"，同为祭灶供品。

具有明初民俗文化"活化石"意义的屯堡文化，很长时期基本上无闻于世，只在清代贵州的地方文献有零星记载，国外也只有日本人类学家鸟居龙藏于清末有所接触。安顺一带屯堡以外的人，对其大都熟视无睹。20世纪80年代，随着"地戏热"的出现，屯堡文化才逐渐成为贵州地域文化的亮点，学术研究的热点，旅游观光的看点。

由于历史文献中有关屯堡文化的资料很少，屯堡中"家谱"、"族谱"发现有限，研究者只能采取田野考察的方法，深入屯堡，从屯堡老人的口述中，从对屯堡现存之文化事象的直接观察中获取研究资源，得出自己的见解。一些研究是具开创性的，有些空白尚须填补，有些隐秘尚须揭示，有些谜团尚须破解，有些不同看法（如地戏是否傩戏、军傩是否存在等）尚须明辨。但这些初步的研究成果，仍是对贵州地域文化研究的重要贡献。而屯堡文化作为中国汉文化的独特现象，其研究价值会是久远的。

第二节　客籍精英人士文化

对贵州教育的影响　对贵州文学及学术的影响　对贵州艺术的影响
对贵州史志的影响

贵州历史上，的确有一些杰出的移民对地区开发、文化传播、民族融合作出过重大贡献。他们一般都是在任或被谪居的官员、文人学者、宗教领袖、宗族或部族首领、富商大贾等拥有权力、能力或财力的高素质移民。

从西汉至清末的两千余年间，由于汉族移民越来越多地入黔定居，以儒家文化为代表的汉文化由此进入黔中大地。经过与本土文化长期的碰撞、渗透、吸纳与融合，逐步形成了别具特色的黔中文化。其中，入黔官员、客籍文人在贵州教育、文学艺术、史志等领域中发挥了重要影响，并作出了重大贡献。

两汉期间，一批较为贤能的官吏来牂牁任职，他们善于处理豪族之间的纠纷，有较高威望，对稳定南中社会秩序有重要作用，从而促进这一地区经济、文化的发展，出现了舍人这样的学者和尹珍这样的教育家、书法家。

自唐代以来，历代王朝对今贵州地域施行的基本上是羁縻制，元代以降是土司制，当地的大部分领主、土官都坚守自己的文化，从客观上使这片地域上的各族文化保持着原生形态。只有少数较开明的领主、土官乐于招请客籍文士，比较重视汉族文教。在古文献中，对贵州与中原文化交融的记载，除有关于东汉牂牁士人尹珍北游中原、师从许慎归里施教的片言只语之外，几近于空白一片。直至南宋初年，播州（时属四川，今黔北地区）领主杨选"留意艺文"，聘请巴蜀文士为家塾教师，这种现象才稍微得以改变。到明代开始实施"土流并治"，清雍乾之际完成"改土归流"，贵州境内的土司制度终结，封建生产关系得以确立，贵州的经济、文化在中原文化影响下得以更快发展。

南宋初，播州大势已定，杨氏土官为达到长治

图下 4-5　遵义海龙屯遗址

久安的目的，开始注重学习汉文化，播州文化教育才开始发展。执掌播州权柄的杨选，常于"务农练兵"之暇，喜爱读书，他聘选巴蜀文士名师，到播州来讲授经、史、子、集。他尊重人才，善待士人，对那些具有真才实学的文人，或重金延揽，或折节下交，必欲得之而后快。在杨选聘请的巴蜀文士中，有位益州（今四川成都）士人房禹卿，因在蜀谋生不易，曾只身到今贵州大方、黔西一带贩马，遭土匪劫掠，多次被贩卖为奴。杨选闻知房禹卿才高学博，同情其遭遇，派人四处打听，得知其下落后，花钱为其赎身，并以客卿之礼相待。房禹卿很感激杨选，倾其所学，在播州教学多年，培养了不少人才，为播州文教大兴、人才辈出奠定了基础。

杨选的后继者中，有几位开明的执政者如杨轸及其弟杨轼、杨粲、杨文、杨价等，也都重视文化教育，"留意艺文"，尊重文人学者，致使蜀中文士纷纷投奔播州。通过蜀中文士的教化之功，这片地域上的子弟，多有读书习文者，地方风俗也为之大变。清人郑珍、莫友芝在《遵义府志》中对播州文化教育和杨氏对文教事业的推进作用作了实事求是的评价："选始嗜读书，岁致四方贤士以十百计；轼益留意艺文，由是蛮荒子弟多读书、攻文字，土俗大变。至粲乃建学养士；价乃以取播士请于朝，而每岁贡三人。然则天荒之破，杨氏之功也。"[⑮]播州文化教育的开启和推动，杨氏之功不可没。由于杨氏几代人的努力，南宋嘉熙二年（1238），播州（今遵义）人冉从周成为播州历史上第一个进士，时称"破荒冉家"。此后四十年间，播州接连有杨震、李敏子、犹道明、白震、赵炎卯、杨邦彦、杨邦杰等人荣登进士榜。播州一带受巴蜀文化影响较深，汉文化的传播与发展较贵州的其他地区为优，一方面固然与该地区经济条件较佳有关，但也应归功于杨氏"留意艺文"的得宜措施，招徕客籍文人、尤其是蜀中文士以促进文化交流，推动播州文化发展。播州文教的昌明时期，也正是播州经济、文化发展的鼎盛期，是它疆域最大、政治秩序最稳定的时期。文化的发展，对播州的经济、政治产生了巨大的作用。

明正德元年（1506），兵部主事、绍兴府余姚（今浙江余姚）人王守仁（1472—1529），字伯安，号阳明，贬谪为贵州龙场（今修文县）驿丞。

在当地"夷民"的帮助下，他创建"龙冈书院"，把教育、智育、美育有机地结合起来，用来教育龙场学子。当地的"夷人"，有苗族、彝族、仡佬族。王阳明弘扬孔子"有教无类"的教育思想，从他们的子弟中选择部分来读书，讲授儒家经典、诗文，很得"夷人"的爱戴。此后，王阳明应贵州提学副使席书之邀，到省城贵阳文明书院讲学。在这里，他不仅在"心即理"的基础上又提出了"知行合一"的重要理论；而且与席书采取座谈的形式，谈文论道，以此启迪学子的心智。王阳明直接培养了陈文学、汤冔等第一代"王学"弟子。王阳明客籍贵州虽然仅三载，但影响巨大，被认为是继尹珍之后开黔中学术风气的最重要的客籍文人。

明万历五年（1577），邹元标（1551—1624，江西吉水人）贬谪都匀卫。他在鹤楼书院旁搭一茅舍居住，专心研究王阳明的"心性之学"，与黔中著名学者孙应鳌、李渭等交游，切磋学术，并辛勤讲学，大力传播王阳明的学说，培育南荒子弟。邹元标在都匀讲学六年，培养了大批人才，致使士人纷纷向学，学文之风盛极一时。其门生中有成就者，如都匀卫的第一位进士陈尚象，此人后来受贵州巡抚江东之聘，任《贵州通志》总纂；此书世称万历《贵州通志》，是明代贵州志书中质量最高的一部。自从邹元标在都匀讲学以来，各民族子弟向慕儒家之学，汉、夷子弟登科者不少，各民族文化素质均有提高。近人考证，认为莫与俦、莫友芝父子是布依族；莫友芝的内侄曾孙夏同龢（麻哈州人），在光绪戊戌（1898）科高中状元。追根溯源，自然与邹氏的教泽沾溉有关。邹元标为黔南当地的文教事业发展，发挥了重大的作用。

清代，入黔官员及客籍文人中，以振兴贵州教育为职志的大有人在。康熙年间的贵州巡抚田雯就是其中代表人物。

田雯（1635—1704，山东德州人）于康熙二十六年（1687）四月出任贵州巡抚，适值平息吴三桂叛乱不久，黔省局面残破，正待收拾。他在贵州任上，为教育做了两件大事：一、心系士人疾苦，不惜为其请命。平溪（治今贵州玉屏县城）、清浪（治今贵州镇远县清溪区）两卫一度归属湖广，乡试在湖北武昌举行，水陆数千里，士子视为畏途。鉴于两卫已划回贵州，田雯上疏朝廷，恳请将两卫乡试改赴贵阳，以解士子行途之苦；二、针对贵州文教落后的状况，上《请建学疏》，强调学校关系风俗民心之根本，要振兴贵州文教，首先得从学校抓起，然后才谈得上育才，因此恳求清廷在永宁（治今关岭布依族自治县县城）、独山、麻哈（治今麻江县城）三州及贵筑（治今贵阳市花溪区）、普定、平越（今福泉市）、都匀、镇远、安化（治今德江县城）、龙泉（治今凤冈县城）、铜仁、永从（治今黎平永从乡）九县建学育才。十年后，朝廷终于批准田雯的奏疏，在上述州、县增设儒学，定出学额。此后，田雯趁朝廷批准其奏请设瓮安学校的有利机会，又增建阳明书院。田雯还刻意奖掖黔中人才，对周起渭（字渔璜）、刘子章、周钟瑄等，他折节下交，论诗说文，给予指导与奖拔。他曾为周渔璜的《稼雨轩诗集》作序，使之名播京华。

正是在田雯等人的大力推动下，官学在黔中大地犹如雨后春笋破土而出，并深入到千里苗疆，从而对后来的贵州政治、经济、文化产生了深远影响。

另一位对贵州文教有较大影响的客籍官员，是乾隆五十七年（1792）出任贵州学政的洪亮吉（1746—1809，江苏阳湖人）。他是当时杰出的诗人，时称"洪黄"（黄景仁），也是一位学识渊博的学者，著述宏富。到贵州上任后，他视察了各府、州、厅、县教育，针对贵州缺乏中原文教、设施少而简陋、师资力量薄弱、教师识见不高、士人孤陋寡闻等弊病，派人从江浙等地购来大批图书，诸如《十三经》、《二十二史》、《资治通鉴》、《通典》、《文献通考》及《昭明文选》、《文苑英华》、《玉海》等，分配给省内各书院，使黔中学子以此扩大视野。他倾其所学，以古学教士，使学子明白学有渊源；他常到书院考核学子，甄拔人才，奖掖励学好古之士。他在都匀府举行院试时，发现了品学兼优童生莫与俦；后来，莫与俦为嘉庆己未（1799）进士，入翰林院，对贵州文化的贡献颇大。经洪亮吉识拔取为生员（秀才）的许多人，其中不少人中举，或在会试中成进士，入翰林院者也不少。洪亮吉在黔督学三年，为贵州培养大批人才，逐步改善了贵州各地区落后的教育面貌。

贵州历届巡抚中对贵州教育贡献较大者，还有道光十六年（1836）出任贵州巡抚的贺长龄（1785—1848，湖南善化人）。在其治理黔政的九年中，在整饬吏治、发展经济、振兴文教、维护治安等方面，均有不俗成绩。其最大的政绩，莫过于振兴文教。贺长龄是当时著名的宋学家与文章家，治学力主经世致用。入黔途中，他亲睹黔地文教不兴，不少厅、县竟无一义塾的严峻现实，于是大刀阔斧地改革贵州文教。他做了几件实事：一、崇教化，励人才，在贵州普建书院和义塾，以培养人才，普及教育。在他的任内，贵阳、铜仁、安顺、石阡四府，普安、八寨、郎岱、松桃四厅，黄平、普定，天柱、永从、瓮安、清平、兴义、普安诸州县，都建起书院和义学；二、改革贵山书院，形成上、内、外三舍规模，并亲自督导、检查书院的各种教学事务。三、关心学子们的学习，对其教之养之，奋而鼓之，循而导之，优游而涵育之，扩充其所已能，辅翼其所未逮。四、重视人才，爱护人才，善于拔识人才。五、关心边远地区的教育及学子的生存状态。为此上疏朝廷，恳请增加学额。六、体恤民间疾苦，关心弱势群体，为此修建"及幼堂"，收养缺吃少穿、无依无靠的穷苦孩子，供其衣食，教其识字，年岁稍长时再教其生活技能。这个"及幼堂"，是贵州历史上第一所职业学校。在文化建设上，贺长龄亦有两大贡献：一、针对黔中僻远，书籍罕至，公私藏书都不太丰富的情况，特刊印一批经、史等文集，发往省内各地。这批书籍的刊行，产生了巨大而深远的影响。二是倡导修纂地方志，为地方文献的保护作出了贡献。

光绪二十年（1894），严修（1860—1929），字范孙，原籍浙江慈溪，出任贵州学政。到任后，他积极履行学政职责，认真考选，剔除积弊，奖掖后进，整饬士林。他对贵州文化的最重要贡献，是创办官书局、改革书院及疏开经济特科。为了解决黔中士子无书可读的困难，他把自己从京师带来的十四大箱，一百多函书籍，全部放置在省城书院，供生员们阅读。为彻底解决买书难的问题，光绪二十一年（1895），他在贵阳创办贵州官书局。书局除购置经、史、子、集外，还购进西方自然科学及社会科学书籍；并在官书局内设立《时务报》代派处，使更多的贵州士人能读到《时务报》、《申报》等，为维新思想在贵州的传播创造了条件。贵州官书局成为一条思想通道，开始在贵州传播新思想、新潮流和"泰西之学"，促使贵州士人的知识结构、思想观念发生相应的变化。严修坚持以培养经邦济世的实用人才为宗旨，主张学习西方科学技术。他在贵州学政任上时，在贵阳学古书院（后称经世学堂）推行"以儒家正统思想教育学生，学习内容却以西方自然科学为主"的教育改革，他亲自讲授数学。这个创举，无疑为全国范围改书院为学堂之先河。此后七个月，谭嗣同等人才在长沙创办时务学堂；一年后，京师大学堂才在京诞生。贵州教育因严修而得风气之先。

光绪二十三年（1897）八月，严修在贵州任上向朝廷上疏，提出请另设经济特科，试图通过经济特科考选天下有专长绝艺的人才。这个奏疏得到了光绪帝的赞同，后来在酝酿变法时，光绪帝令相关官员制定章程，设经济专科考试，包括"内政"、"外交"、"理财"、"经武"、"格物"、"考工"六个方面。维新派对开经济特科高度赞赏，认为是戊戌变法的"先声"；梁启超称之为"变化之原点"。经严修品评或入学古书院肄业的高材生，后来大都成了黔中有为人才，无论在政治、经济、文艺或学术诸多方面都有一定的影响或成就。如毛邦伟（遵义人，后为北京师范大学教授，北京女子高等学校校长）、乐嘉藻（黄平人，后任贵州教育总会会长，著有《中国建筑史》等）、周恭寿（后留学日本，曾任省教育总会会长、教育厅长、贵州大学校长）、姚华（后留学日本，是著名学者、诗人和书画家，著述宏富，书画尤为时流推重，誉驰中外）等。严修在贵州三年多的教育改革实践，为他后来兴办各级各类学校、创办开南大学取得了实际经验。因其全身心投入贵州教育事业的精神，黔中学界称他是"经师而兼人师"，"二百年无此文宗"，足见他对黔中文化发展的影响之巨。

光绪三十年（1904），贵州巡抚林绍年沿袭前贵州学政严修开办经世学堂的宗旨，为新政培养人才。在其力赞其事、拨专款扶持之下，蚕桑学堂、将弁学堂、客籍学堂、贵阳中学堂等相继兴办，并从各府、州、县选拔俊秀之士共 165 名赴日留学与考察。一年后，这些具有新知识、新思想的新型人才返回故乡，逐步成为近代贵州的文教、政治、经济发展的主力军。在晚清新政的大环境下，全省各地陆续兴办高等、中等学堂及小学堂，农林、矿业、法政、陆军、高等巡警学堂等也应运而生。新式学堂的兴起，无疑为贵州的社会转型铺平了道路。

客籍文化对贵州文学艺术、学术发生影响的方式，就大体而言，一是黔中文士拜求客籍文士为师；一是客籍文人对黔中文士的推许和奖掖。当然，这种影响往往是在交流中进行的。

最早有史记载的故实发生在汉武帝时，"牂牁名士"盛览（字长通）曾去成都拜司马相如为师，学习汉赋，然后创作了《合组歌》、《列锦赋》等作品。此后，史籍中就再无这方面的记录。

唐玄宗天宝七年（748），著名边塞诗人王昌龄（698—约756）被贬谪为龙标尉。唐代的龙标，大约地处今黔、湘接壤的黔阳、黎平、锦屏一带，是"五溪蛮"的居留地。身处边荒，王昌龄或寄情山水，或吟诗作赋，以此排遣心中块垒，这对当地的文学显然是有很大影响的。虽然史无记载，但他在龙标的诗作在后世广为流传，后人在龙标一带为纪念他而修建的各式祠堂、楼阁，已成为文学遗产和古迹。足见其影响之深远。

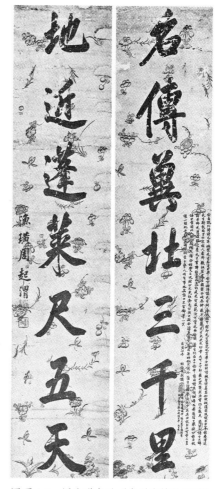

图下 4-6　周渔璜书法（贵州省博物馆藏）

在历代中原士人眼中，贵州天高地远，山重水复，文人才子凤毛麟角，难与中州争雄长。但在明代，贵州相继出现了孙应鳌、谢三秀、杨文骢、吴中蕃等一些知名诗人。其中"天末才子"谢三秀尤为突出。谢三秀（约1550—1624，字君采，又字元瑞）早年受教于明代文坛"后七子"之一、曾出任贵州提学副使的吴国伦。吴视谢为"奇才"，不时加以指导，认为其若学习有方，将来必有成就。之后，谢三秀游历荆楚、吴越，与诗坛名宿交游，相互唱酬，切磋诗艺。其中，汤显祖、李维桢对其极具影响。汤显祖系著名戏剧家，李维桢为明代末期文坛"末五子"之一，这些著名文人对他的赞誉和推毂，对其诗集流播海内、名声大振有极大关系。明末清初的贵州著名诗人吴中蕃（1618—1695，字滋大）的经历亦是如此。吴中蕃少年时游迹遍及吴越，与文人交游，转益多师，诗才大进。之后，清初著名戏剧家孔尚任在为吴中蕃的《敝帚集》作序，把吴中蕃视为贵州诗人中在全国崭露头角第一人，并给予很高的评价，从而使时人对吴中蕃刮目相看。

康熙年间的周起渭（字渔璜），虽然年少即有诗名，但他后来得以名噪京华，也与众多客籍师友的激扬和推荐有关。其中，贵州巡抚田雯的激赏，陈廷敬的推许，查慎行等的赞誉，向前辈诗家王士禛、朱彝尊的求教，才使这位边隅荒陬的诗人屹立诗坛，蜚声海内。当时及后世的诗评家在诗话中对周起渭作品多有评论，赞誉很高。这对贵州文坛无疑是极大的鼓舞。周起渭的诗歌风格，对清代贵州诗人郑珍、莫友芝、陈田等影响甚大，他们均把周起渭视为清初黔中诗界的先驱而尊崇，影响相当深远。

郑珍是咸丰、同治年间的贵州大儒。在其早年求学的道路上，贵州学政程恩泽（1785—1837，安徽歙县人）曾起到关键的作用。程恩泽是道光年间的学界泰斗，与阮元（1764—1849，字伯元，号云台）并为嘉庆、道光间儒林之首。他不仅是汉学家、著名诗人，而且是公认的宋诗运动的倡导者及领袖。程恩泽在治学上常告诫郑珍："为学不先识字，何以读三代秦汉之书？"在指出学习门径的同时，"令其服膺许（慎）郑（玄）之学"。郑珍铭记师训，转攻文字学，从训诂入手，而后研治经义，由此得窥汉学门径，从而为其确立了博研三礼（即《周礼》、《仪礼》、《礼记》）的治学方向。此后，他不负恩师期望，潜心汉学，笔耕不辍，在文字学、经学、考据学及史志诸领域，均有骄人的成绩，因此被人誉为贵州咸丰、同治年间的"西南巨儒"。程恩泽是清中期宋诗运动的代表人物，在其影响下，郑珍也成为宋诗派的中坚，是近代宋诗运动中成就最突出的诗人之一。

莫友芝是与郑珍齐名的黔中大儒。他出身书香仕宦家庭，早年曾师事贵州巡抚贺长龄、学政程恩泽。道光辛卯（1831）乡试中举后，莫友芝曾三次进京应试而榜上无名。道光二十七年（1847），莫友芝留京等候发榜。一次在琉璃厂搜集古籍时，他与一湖南人邂逅。谈及汉学源流，莫友芝如数家珍，议论精到。原来此人就是翰林院侍读学士、精于宋学的曾国藩。曾国藩欣喜之余，折节下交。十五年后，莫友芝应邀为曾国藩幕宾，在安庆的曾国藩大营中，结识了古文家吴敏树与方宗诚、经学家俞樾、张文虎及戴望等，相互交流，得益颇多。此后，莫友芝定居南京，受曾国藩之托，去江南寻访《四库全书》残本，出入名家藏书楼阁，遍交名儒硕彦，博览秘本珍籍，与吴楚文士交往密切，朋友中如丁日昌、张裕钊、薛福成、翁同书、翁同龢等，均为近代史上赫赫有名的人物。所有这些，对于来自"偏邦"才人莫友芝的学养，无疑有极大的推进和提升。莫友芝更专心于汉宋学术，旁及诗文、杂著、词律、书法、金石等，学以大进，终至名重西南。

同样，在曾国藩的幕府中，贵州遵义士人黎庶昌因才识卓异引起曾氏注意，纳于门下，授予古文义法，并委之重任。黎庶昌在这里结识了当时中国最优秀的人才，如著名学者俞樾、王闿运、李善兰、方宗诚、张文虎、戴望等，以及精于古文辞的张裕钊、薛福成、吴汝纶等。当然，对黎庶昌学养影响最大的，是曾国藩。曾国藩平生好雄奇瑰伟之文，在文学上主张把"经济"纳入古文表现的主要内容，并倡导"文道俱至"的散文的理念，将政治家的事功、学者的德行纳入"道"范畴。黎庶昌不仅师法了曾国藩的文学主张，还将其进而扩大到史学范围。正因为如此，黎庶昌的文章多具阳刚之美，风格雄肆而华赡。这固然有其独特的个性与志趣诸因素，但也与曾氏的熏陶有一定关系。

明代以前贵州艺术家的情况，鲜见于史籍文献，作品存世极少。但不能因此就断言此前贵州地域中无有艺术家。现藏于日本大阪市立美术馆的宫素然《明妃出塞图》（约南宋时期），可能是迄今已知最早的贵州籍画家的作品⑯。宋代的贵州书法家，有文献可查者为何大观、田庆裕、张汉英等；画家虽未见记载，但考古发现的文物表明，时人的绘画已有相当高的艺术水平。如南宋后期，播州土官杨粲墓石刻，造型优美，线条流畅，颇有大足石刻艺术的特色，为石刻艺术珍品。亦为黔蜀古代文化交流提供了实物佐证。

明代之后，贵州的绘画、书法艺术的情况，在文献中有较多的记载。贵州的一些文士涉及绘画书法领域，并在客籍入黔艺术家的熏染下，从王阳明、杨慎、蒋信等宦游黔中时留下的墨迹、绘画及石刻作品中摩习取法，从而出现孙应鳌、蒋杰、谢上选、马士英等书画家，并产生了"山水天下绝，腹中万卷书"的艺术大师杨文骢。

　　杨文骢（1596—1646，字龙友）是明末贵州最负盛名的诗、书、画"三绝"艺术家。他少负奇才，文章剑术兼擅其能，尤耽诗画。他早年随父北上京城，饱览山河壮美，从此毕生与诗、书、画结缘。他寓居江南二十余年期间，又游历东南名山大川，常与吴越文人交游，切磋诗艺，文酒唱酬，交往极密，无论诗艺、画艺，均相互濡染。他创作了大量的山水画和优秀诗篇，艺术炉火纯青，名噪大江南北。当时著名书画家董其昌（1555—1636）对他有"独破天荒"的极高评价。杨龙友之所以有此成就，固然与其天分才情及父亲的教诲有关，但更得益于师友的熏染，得益于董其昌、陈继儒等人的切磋。如是，才能师法自然，走独创之路。

　　清道光二十四年（1844）出任贵州乡试副考官的何绍基（1799—1873，湖南道州人），其书法艺术在晚清独树一帜，为一代巨擘。入黔后，公余之暇，他与在黔的一些旧友新交应酬，其中有不少是书画名家，如周作楫、黄辅辰、平翰等，他们登高举觞，吟咏辞赋，交流书艺。乡试发榜时，何绍基特为中举的四十人亲笔题写《榜发，得士甚盛，皆谓黔中从来所未有，书闱墨后》之诗，表达了对贵州科甲鼎盛，人才济济的良好祝愿。当时中举的举人多请座师题字，故何绍基手迹散于黔中各地，多有影响。在贵阳审阅试卷时，何绍基发现考生傅寿彤的试卷才华学识非同寻常，将其定为贵州乡试第二名，特书写"实事求是"四字赠与。此后，傅寿彤书法师事何绍基，于四体无不工，致力于晋草，运腕之妙，得何绍基真传。何绍基不断吸取历代书家及各种书体的优长，并不断探索书艺奥秘，力求创新。其书法沉雄峭拔，于恣肆中见飘逸，别具风格。他在黔中的书艺活动，不仅给贵州文化留下一些墨宝，而且对黔中文化与书法艺术的发展都有很大的推动。

　　清末贵州书画家何威凤（1853—1918，字翰伯，安顺人），被誉为旷世奇才。他有一别号"七癖"，即嗜琴、棋、书、画、诗、酒、花成癖之意。光绪十一年（1885）入京会试，落选后入国子监就读，以卖画为生，得以与京中书画名流交游。何威凤工于书法，尤以楷、隶、行见长；绘画则师法自然，常把花卉鸟兽、山水竹木作为描绘对象，尤以画凤最精。李鸿章在评价何威凤书法时，认为其实为今世不可多得之人。同治帝、光绪帝的老师翁同龢，以书法名于世，也很赏识何威凤的书画，评价很高，说他的画藏力于内，筋骨显然；其雄秀潇洒，遒劲挺拔，令人生爱。翁同龢爱才若渴，纳何威凤于门下，师生关系密切，时相往还，不时谈论古今，评书议画。翁同龢见威凤才华横溢，识见超群，多次举荐，欲为何威凤谋一前程。但终因何威凤孤高自傲，生性耿介，不为世用，返回故里，潦倒终身。后世画家姚华把何威凤与明代书画大家徐渭、杨文骢相提并论，足见其地位和影响。

清末贵州的另一书法家严寅亮（1854—1933，贵州印江人），在人才济济、书家云集之地京城得以脱颖而出，书写皇家园林"颐和园"匾额，由此饮誉士林，闻名全国，也是因为得到他人的举荐。严寅亮在京期间，常到琉璃厂荣宝斋去观摩历代书法艺术，广交当时的名流学者，虚心向他们请教学习，心摹手追，欲得神韵，融会贯通，有所创新，形成自己的书法风格。所交者中有曾国藩之长子曾纪泽（1839—1890，湖南湘乡人）。曾纪泽喜书法，常为他人画扇、画屏题诗，对严寅亮颇为赏识。光绪二十九年（1903）颐和园竣工，征求"颐和园"三字匾额时，曾纪泽向主持此事的庆亲王奕劻推荐了严寅亮。严寅亮书写的"颐和园"匾额榜书大字，发扬自己的特点，把字写得庄穆而雍容，还注意从观者视角出发，上方的"颐"字略宽于下方的"园"字，看起来上下匀称，疏密有致，当即被慈禧选定，并受命书写颐和园内的殿、堂、楼、阁匾额18方、对联23副。自此，天下士人无人不知严寅亮之名。

清末贵州又一位著名艺术家姚华（1876—1930，字重光，号茫父，贵州贵筑人），精于文字、声韵之学，长于词曲、诗文，并在书画、金石、画史、画论诸方面有着极高的成就。他早年在严修创办的贵州学古书院（后称经世学堂）就读，受影响颇大。姚华平生善交朋友，重视友谊，所交之友大都是名重一时的艺术家、文学家。姚华客居北京多年，常与同行名家切磋书画技艺，又得不少文人学者与艺术家的交互推许赞誉，因而誉驰京华。与其常相往来的友人，有书画家陈师曾、陈叔通、陈半丁、王梦白、周印昆等；戏剧表演家梅兰芳、程砚秋、王瑶卿等；大学者、文学家梁启超、王国维、郑振铎、徐志摩等。姚华之所以能驰誉海内外，被尊为一代艺术大师，这与其博采众长、兼收并蓄不无关系。对贵州的国画人才，姚华尽心竭力予以扶持。其中有的是同辈友人，得他的指点而画艺大进，如黄干夫、桂诗成（百铸）；有的由他直接培养，其中成就高、名气大的，当推邱石冥和王渔父。

客籍贵州的文士，客居留黔的时间各有长短，但大多创作了与黔中风土民情相关的文学作品或学术著作。他们的作品，既属于他们自己，也是贵州文化的组成部分。这些文化成果，与黔人自身的成果相互借鉴，相互辉映。对贵州文士来说，主观努力固然是成功的决定因素，没有一定的天资，没有刻苦的攻读精神，要在文艺、学术上取得一定成就是不可能的；但客籍文人名师的指教提携，也是获得成就的重要因素。有的人即便奋发苦读，若无人引渡津梁，指示门径，往往终身一无所成。在文化根基相对薄弱的贵州，黔中文士中的杰出者，如孙应鳌、李渭之师事蒋信、徐樾，郑珍、莫友芝之师事程恩泽、贺长龄，他们的学术与文学成就都超过了自己的师长。在一定意义上，正是他们不甘落后，积极向外求学，虚心拜人为师的结果。

主修贵州地方志乘、撰写方志型的专著，是客籍文人对贵州文化的又一重大贡献。明清之际，贵州修纂方志经历了三个高潮：第一次高潮始于明嘉靖、万历年间，既有官修的几部省志，又有客籍文人私家撰写的方志，各有特色，互为补充；第二次高潮是清康熙至嘉庆年间，官修省志及府、州、县志盛行，客籍文人私家撰写的方志一枝独秀；第三次高潮出现在清道

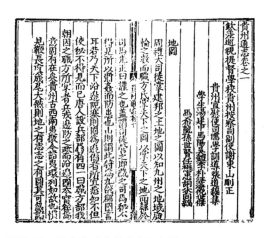

图下 4-7　明嘉靖《贵州通志》书影

光年间，出现了客籍文人修纂的几部高质量的府志，从而使贵州方志跻身于全国优秀方志之列。

明代建省之后，随着卫所的设置、驿道的畅通，过往的官员、文人日益增多，他们对贵州的山川物产、风土民俗逐渐有所了解。其中一些人，或为倡修者，或为主纂者，为贵州修纂方志，成就斐然。

明嘉靖《贵州通志》的主修并删定者谢东山（？—1586，四川射洪人），主纂者张道（籍贯不详）。嘉靖三十二年（1553），谢东山出任贵州提学副使，见旧有方志过于简略，受黔人之请，他主修通志，亲自采集资料，删改订正，历时两年，成书 12 卷，并特请当时名儒杨慎（1488—1559，四川新都人）作序。

明万历中期，王士性（1547—1598，浙江临海人）宦游贵州，写下了《黔志》一书。《黔志》内容主要有三：一是贵州的山川，二是贵州的物产，三是有关土司的传闻。贵州"天无三日晴，地无三里平"之说，即始见于此志。言及贵州民族，他有"然非一种，亦各异俗"的认识。对水西安氏及思州、播州土司的现状，《黔志》亦有所记述。《黔志》虽不具备志书体例，未能广征文献，仅根据所见所闻和实地考察而著，但它涉及面广，对贵州后来的修志者有着重要的参考借鉴作用。

被后世称为明代贵州志书第一善本的明万历《贵州通志》，由巡抚江东之（？—1599，安徽歙县人）倡导，提学副使沈思充（浙江桐乡人）主修。这二人都是儒雅博学之士。沈氏工史学，留心文献，亲自审改定稿。主纂者陈尚象，为邹元标的高足，是黔中颇有名望的学者与诗文家。万历《贵州通志》吸取嘉靖《通志》之长，质量有很大提高。

万历《贵州通志》及以前各志，编纂者多为黔人，但主修者、倡修者及大力支持者多为客籍文人，因此是主客双方共同合作的文化成果。

明万历二十八年（1599）六月平定播州之后，贵州巡抚郭子章（1543—1618，江西泰和人）立即将精力投向治理政务及文化建设之中。郭子章广搜地方文献、掌故轶闻，撰写《黔记》60 卷，集纪、传、表、志为一体，与万历《贵州通志》相比较，无论在内容与史料上，都更为丰富翔实。此后的历代贵州《通志》及府、州、县志，大多取材于《黔记》。该书文笔简练，颇具史法。其中的《大事记》、《宦贤传》、《乡贤传》

等，匠心独具，极具特色。特别是《宣慰列传》，记述思州田氏、水西安氏、水东宋氏等大土司事迹，补史之阙，弥足珍贵。

清代，贵州官修志书大幅增多，私家撰述的地志类专著也有不少。田雯（1635—1704，山东德州人）的《黔书》，张澍（1776—1847，甘肃武威人）的《续黔书》，李宗昉（1779—1846，江苏山阳人）的《黔记》，吴振棫（1790—1870，浙江钱塘人）的《黔语》，檀萃（1725—1801，安徽望江人）的《黔囊》，爱必达（？—1771，满洲镶黄旗人）的《黔南识略》，罗绕典（1793—1854，湖南安化人）的《黔南职方纪略》等，都是客籍文人对贵州文化的大贡献。

田雯于康熙二十六年（1687）出任贵州巡抚，他撰写的《黔书》是一部私家撰著的地志类专著，涉及贵州沿革、史迹、人物、物产、山川风物、民族风情诸多方面，搜罗宏富，巨细无遗，为清康熙年间志乘之佳作，对后世影响深远。

嘉庆初年，张澍宦游黔中，曾先后出任玉屏知县，代理遵义知县、广顺州（今长顺县）知州。在黔期间，他几乎跑遍了半个贵州，"足迹所至，耳目所睹"，则一一记录，然后"考之于地理，参之以闻说，信而有征者也"，撰写成《续黔书》。《续黔书》沿袭田雯《黔书》的体例，内容丰富，包罗古今，文笔洗练，考证详密，历来被史家所称道。

嘉庆、道光年间，全国各地"盛世修志"，贵州巡抚贺长龄（公元1785—1848年，湖南善化人）倡导各府、州、县修志。因《贵阳府志》初稿完成的质量不佳，贺长龄特别邀请邹汉勋（1805—1854，湖南新化人）赴黔修纂《贵阳府志》。这位与魏源齐名的湖湘学者（当时有"记不全，问魏源；记不清，问汉勋"的口誉），入黔之后，得读《遵义府志》，十分钦佩，主动写信给郑珍、莫友芝，交流修志心得，交换资料，对学问求真求实，各抒己见，平等商榷，建立了深厚友谊，既是挚友，更是诤友。在其后的五年间，邹汉勋先后主持修纂了《贵阳府志》、《大定府志》、《安顺府志》及《兴义府志》，为黔中留下了四部方志中的上乘之作，在贵州方志史乃至全国方志史上，可算是一个奇迹。也为后来的修志者留下了师法的样本。

客籍文人的大批史志著述，记述了贵州文化的丰富资料，颇有史料价值，一向为黔中文史学者所重视。这些记录，多系作者亲历或亲睹，即便是耳闻，也与事件发生时间相隔不太久，可信性较强。其所记内容广泛，有历史人物、重大历史事件、黔中特有物产、交通水道、关隘形胜、山水风物、民情风习等。其大部分作者是诗文家，文笔简练生动，颇有文采。这些客籍文人的著作，为贵州历史文化诸如民族关系、民俗、文学艺术、经济社会等方面提供了宝贵史料。其深远影响是无以估量的。

在以汉族文化为主导、各少数民族文化为柱石的贵州文化共同体的演进历程中，客籍文人为贵州文化的形成和发展作出了特殊的贡献。他们的文化成果和业绩，已成为贵州文化的组成部分，并继续产生着深远的影响。

【注释】

① 葛剑雄：《中国移民史》，第一卷，福建人民出版社 1997 年版，第 10 页。

② 葛剑雄：《中国移民史》，第一卷，第 175 页、178 页。

③ 参见黄才贵：《独特的社会经纬——贵州制度文化》，贵州教育出版社 2000 年版。

④⑤ 据安顺市政协编：《安顺文史资料——屯堡文化专辑》第二辑，《序言》（内部资料）。

⑥ 参见贵州通史编委会，《贵州通史》第二卷第四章，当代中国出版社 2002 年版。

⑦ 据《文化徽州》编委会编：《文化徽州》，安徽美术出版社 2008 年版。

⑧ 王永超：《〈朴通事〉中所见元末北京官话区民俗》，《民俗研究》2009 年第 1 期。

⑨ 据宗力、刘群编：《中国民间诸神》，河北人民出版社 1986 年版。

⑩ 据唐力行等著：《苏州与徽州》，商务印书馆 2007 年版。

⑪ [清] 常恩修，邹汉勋、吴寅邦纂：《安顺府志》，卷十八"安顺普定坛庙"："汪公庙在城内青龙山上，祀唐越国公汪华。又各屯皆有。按汪公保障护安，故有凤阳来者，享祀不衰。"

⑫ [明] 何东序修，汪尚宁纂：（嘉靖）《徽州府志》卷二"风俗"："二月二十八日，歙休之民舆汪越国之像而游，云以诞日为上寿。设俳优、狄鞮、胡舞、假面之

戏。飞纤重髫，偏诸革踏鞋。仪卫前导，旗旄成行，震于乡里，以为奇隽。"北京图书馆古籍出版编辑组编：《北京图书馆古籍珍本丛刊·29》，书目文献出版社2000年版。

⑬ [清] 刘祖宪修，何思贵等纂：《安平县志》卷五"土俗"："元宵遍张鼓乐、灯火爆竹、扮演故事，有龙灯、狮子灯、花灯、地戏之乐。"道光七年刻本，1964年贵州省图书馆据上海图书馆藏本复制油印本。

⑭ 近年有学者研究认为，地戏是成型于清代的继发性仪式剧，成型期大约是雍正、乾隆时期。详见朱伟华等：《建构与生成：屯堡文化及地戏形态研究》，广西师范大学出版社2008年版。

⑮ [清] 平翰等修，郑珍、莫友芝纂：《遵义府志》卷三十二"选举"，道光二十一年刻本。

⑯ 该画于晚清流入日本。正史上未见官素然的记载。对她的祖籍，学界颇有争议。据款署"镇阳　官素然画"，镇阳为地名，有三说：贵州镇远（贵州地方志中有元代瞻思纂《镇阳风土记》，镇远南有镇阳江），河北定州，河北正定。此画创作年代，一般认为是南宋、金（见《中国绘画全集》第3卷，文物出版社，浙江美术出版社1999年版，第108—109页），也有认为是北宋末南宋初或元明之际的摹本。此图因与金代张瑀的《文姬归汉图》相似，有人疑是临摹本。

第五章

地域学派：黔中王学

　　贵州是王阳明悟道、成道之地。王阳明在谪居龙场期间，先后在龙场、贵阳讲学，造就了一批俊彦，他们中很多人后来都以传播心学为己任。继王阳明之后，一批外省籍的王学弟子和再传弟子来到贵州做官时，在贵州立祠堂、办书院，传授师说，在贵州形成了一个持续数十年的王学潮流，崇奉王阳明的书院达二十多所，黔中王学蜚声海内。

　　在明嘉靖、万历年间，贵州出现了一批著名的心学学者，其中最杰出的代表是孙应鳌、李渭、马廷锡。他们见解独到，学识精湛，其讲学、著作，不仅受到国内著名学者的称赞，有的还流传海外，因此，理应在王门后学中占有一席地位。但是，由于贵州交通闭塞，远在边鄙，过去很少有人论及；黄宗羲在《明儒学案》中也未记载黔中王学。在相当一段时期内，贵州的王门后学鲜为人知。

第一节　龙场悟道

阳明心学始于龙场　龙场讲学　王阳明与龙场少数民族

　　王守仁（1472—1529），浙江余姚人，字伯安，号阳明子，世称阳

图下5-1　贵阳修文"阳明先生遗爱处"石刻

明先生，故又称王阳明。王守仁为明弘治十二年（1499）进士，授兵部主事。因反对宦官刘瑾，于正德元年（1506）被廷杖四十，谪贬贵州龙场（修文县治）驿丞。

明正德三年（1508），37岁的王阳明在贵州龙场悟道，这是他学术思想上的一个分水岭。在这里，他的悟道经历了三个时段，即前悟道之苦难时、悟道之体悟时和悟后起修之受用时。这不仅是王阳明个人生命心路历程的重大转折，也是中国哲学史上震撼人心的事件。

谪官龙场，是王阳明坎坷人生中的最大一次转折，也是促成他悟入圣人之道的大因缘。在贵州的三年里，他遍历种种苦难，却悟道成道，创立了自己独特的心学体系。

明正德三年（1508）三月，王阳明抵达龙场（今修文县）。他面对五大苦难：一是环境艰险。当时的龙场处于万山丛棘之中，外来之人，水土不服，随时都有生命危险。二是居无定所。王阳明到龙场时无居所，只好自己在境内小孤山下结草庵居住，他在《初至龙场无所止结草庵居之》诗中对此有描述。又常至小孤山一岩洞中读《易》，他名其洞为"玩易窝"，在其中，他栖身石床，"营炊就岩窦，放榻依石垒"，"但恐霜雪凝，云深衣絮薄"。常居于阴湿幽暗的山洞中，其艰难可想而知。三是生活无着。在恶劣的自然环境中，为维持生计，一介文弱书生自己去砍柴、挑水、摘菜、煮饭、浇园，请学于农，种田南山。他的《居夷诗》中多有描述这种境况的诗句①。四是疾病缠身。从他的《瘗旅文》及《居夷诗》中，可知他在龙场一直是疾病缠身，当地缺医少药，瘴疠侵之于外，忧郁攻之其中，他四处问药，有时无药，只好凭借读书来消除自己的病痛。五是官吏迫害。贬谪龙场后，刘瑾对他的威胁并未解除。是时，都御史王质巡抚贵州，借口王阳明傲视地方官府，遣人至龙场凌侮王阳明，不料却引起当地苗彝乡民的公愤，他们把差人围困起来羞辱并痛打，将差人赶出龙场。王质闻讯大怒，要王阳明认错谢罪，王阳明拒不谢罪。后得王阳明同乡、时任贵州按察副使的毛科从中调解方罢。

在龙场这种出生入死的困厄境况下，长期困扰王阳明心中的生命精神归宿问题再次凸显。他从京城到龙场，已经在长期的思索和生命的实践中，超越了得失荣辱，惟生死尚未了断。到达龙场后，王阳明面临五大苦难境遇，"百难备尝"，这为他的龙场悟道准备了外部条件。可以说，龙场悟道，既是他先天条件（生长于三代书香世家，聪明绝伦，12岁即有为圣之志）发展的趋势，又是他早期思想演变的产物（未至龙场前已饱读各家论典，出入儒佛道），更是他身处龙场这个特定的艰难环境中产生的结果。三者缺一不可，而后者是为悟道的契机。

面对龙场这种凄凉困苦的境遇，在境遇险恶和死亡逼迫的生命极限体验中，王阳明反复设想"圣人处此，更有何道？"他依次采取了最为本真的五大人生态度，即：首先，必须接受现实，接受苦难，先活下来。其次，必须承受，时时在生命的紧张里苦苦支撑，唯一的就是"吾惟俟命"。第三，必须忍受。王阳明在十年后曾回忆说："往年区区谪官贵州，横逆之加，无月无有。迄今思之，最是动心忍性、砥砺切磋之地。"②第四，置生死于度外而抗争。第五，超克。经历了这样的苦难，一切对他来说都无所谓了，"盖吾之一身已非吾有，而又何有于吾身之外"，惟生死一念尚存于心，"而后如大梦之醒"。于是，王阳明"收拾精神，自作主宰"（陆象山语），他抛开一切得失荣辱、生死之念，藐视困难，开始静坐沉思，以求静一。他终日默坐"玩易窝"中，冥思苦想，反复诵读《周易》，思索再三，认识到"精粗一，内外翕，视险若夷，而不知其夷之为厄"的道理③，终于悟出"心即理"之道，"格物致知"之旨，这就是后世所称道的"龙场悟道"。

王阳明日夜于"玩易窝"洞中端居澄默，以求静一，这是其悟道最为关键的过程。在中国文化中，所谓"端居"、"澄默"、"静一"就是静坐。静坐就是一种如实体悟而自我觉悟的修行工夫，以寻求人生价值和意义的根本，以促使人找到自我，自我觉悟，从而使人的生命真正成为具有本源的活动和有意义的存在。静坐是中国儒佛道三家悟道的共法。

王阳明在"玩易窝"端居趺坐以求静一，体悟到在生死存亡的最危险时刻，不仅一切贵贱、荣辱、是非、得失、成败等皆可舍之，甚至置生死于度外，而所剩下的则唯"吾心"而已，因为吾心良知是舍无可舍、损无可损、念兹在兹者，"其块然而生，块然而死，与吾独存而未始加损者，则固有之良知也"。王阳明悟到此时，心灵震撼，激动万分，故"不觉呼跃"，就感到胸中"洒洒"。他已超克生死一念，面对"居夷"的一切苦难处境都能谈笑处之。于是，他又是做歌诗，又是调越曲，又是杂谈笑，竟然"忘其为疾病夷狄患难也"。王阳明龙场悟道，在静坐过程中对世界和人生的观察获得重大突破，了悟了心性本体，开辟了自己崭新的人生境界。

关于龙场悟道，今人多有斥为神秘者。其实，这正是王阳明长期艰苦求道的结果，是他重新开辟精神天地的开始。

王阳明龙场所悟之"道"，主要并不是人们通常意义上所说的自然事物的一般规律、法则、条理，而主要是人的道德伦理、道德原则、道德意义，它关乎人的终极依据、终极理想和终极意义，即道德的终极关怀。从直接的内容看，王阳明龙场所悟之道，不外是对格物致知之说的重新理解，而其深层的内涵则颇为复杂，主要包括了心外无理、心外无物和致知格物三个内容。

一、心外无理（心即理）。"心即理也。天下又有心外之事，心外之理乎？"[④]在王阳明那里，"心即理"与"心外无理"是一回事。心不能离开理，理亦不能离开心，二者是不可分割地统一为一体的。"心即理"之"理"，指的不是自然的物理，而是伦理、道德之理；"心即理"之"心"，是指没有受到私欲遮蔽的纯是天理的心。人区别于动物，不同于万物的根本标志是什么？王阳明认为人是一个具有道德理性的存在，而不是一个生物学意义上的存在，不是一个自然的存在。作为伦理之"理"就只能存在于人的心中，即内在于道德主体身上。故云"心即理也"。这是人人都可以成圣的内在根据，是心学工夫论的出发点和归宿点。后来他用"良知"说代替了"心即理"说，由此标明人不仅具有道德理性，而且具有道德情感、道德意识。

二、心外无物（心外无事）。在王阳明那里，物即事，即为主体的意向对象，凡主体所发的意向对象，才可称为物，才可称为事。并不是我们通常所说的不依赖人的意志而转移的客观之物。"身之主宰便是心，心之所发便是意，意之本体便是知，意之所在便是物"⑤。故"心外无物"的根本内涵，即是"意之所在便是物"。依据这一心学思路，人只能在人与世界的存在关系之中来考察世界的意义，而不能在自身存在之外去追问超验的对象。由此可见，王阳明"心外无物"所关注的问题，不是客观物质与主观意识何为第一性的关系，而是主体意识在实践活动中的作用。这种形而上学与西方哲学传统的认知形而上学不同，它是一种实践的形而上学，道德的形而上学。由于意识的意向性，使精神世界（心）与物质世界（物）统而为一，正是在这个意义上，王阳明强调"心外无物"，由此也强调了人的主体性在心物关系上的主导作用。他常说的"心者，天地万物之主"、"天地无人的良知，亦不可以为天地矣"，强调的就是主体意向在实践活动中的主导作用。因此这个"心外无物"的命题，并不是通常意义上的主观唯心主义。

三、致知格物。格物致知为《大学》中的核心概念。朱熹认为，格犹至也，至者，至极也，即穷尽也，格物就是从一事一物中去探求其理，致知即达到对事物之理的认知，格物是致知的方法，穷理是格物的目的。格物是一个渐进的、由博返约、由外及内过程，最后"豁然贯通"，达到格物与致知、穷理与明心的完全统一，物与心、心与理才合而为一。王阳明龙场悟道，对格物致知作出新的解释："及在夷中三年，颇见得此意思，乃知天下之物本无可格者。其格物之功，只在身心上做，决然以圣人为人人可到，便自有担当了。"⑥在王阳明那里，物即事也，而格物之"格"训为"正"，所谓格物即格心中意向指着之事，使不正之事归之于正。要使不正之事归之于正，便要使心之所发的意念（意向）归之于正。只有去掉心中不正之意念，才能使心的意念所发用所意向无有不正，继而才有意之所在的事物无有不正。正是在这个意义上，王阳明讲格物之要在诚意，诚意即为正心中的意念，故格物即是格心，格心即是正心。在他看来，心的本体是性，性无不善，故就心的本体来说没有正与不正的问题，正心的工夫是在心之所发动的意念上，心之所发的意念，有善有恶，故必正之，即去人心之不正，以复其本体之正。在本体论的意义上，性无不善，而在存在论的意义上，则意表现为有善有恶。故一切在心性上做文章，在意念与事物发生意向关联的存在境域中做工夫。王阳明晚年提出致良知，从而对格物致知作出了更为简洁明快的解释：

> 鄙人所谓致知格物者，致吾心之良知于事事物物也。吾心之良知，即所谓天理也。致吾心良知之天理于事事物物，则事事物物皆得其理矣。致吾心之良知者，致知也。事事物物皆得理者，格物也。⑦

龙场悟道，不仅说明王阳明已超越了个人的得失荣辱、生死威逼，而且也表明儒家学者的理想实践形态有了明显的转向，即更加重视民间化的"觉民行道"的下行路线。龙场悟道决定了王阳明后来的人生实践及落实儒家理想的发展方向，他不但深刻地体会到"圣人之心与天地万物相通"，而且也提出了他的"心即理"、"知行合一"学说，奠定了"致良知"的理论基础，为最终形成一套完整而系统的心学理论体系奠定了基础。

王阳明晚年的《中秋》诗正可说明他此时的心境："吾心自有光明月，千古团圆永无缺。山河大地拥清辉，赏心何必中秋节。"王阳明悟道后，"即体而言用在体，即用而言体在用，是谓体用一源"⑧。一方面他要置身于社会历史文化的创造活动之中，振人心，砺风气，对人生和宇宙承担责任，完成使命，使万物得其理，万事得其位，这体现了阳明之"仁"，此即本体即工夫；另一方面，在世上做事功的同时，他又能超越于一切贵贱、荣辱、是非、得失、成败之外，一切尘染皆不足以累其心，更加体验到自己的本心良知这个本体，从而能主宰万物，不惧权势，不为富贵名利、贫贱得失所动，这体现了王阳明之"智"，此即工夫，即本体。

王阳明"居夷"三年，龙场的少数民族在食、住、行等方面给予他无私的援助，他们内心的朴实善良和嫉恶如仇的耿直性格，与朝中士大夫那种尔虞我诈、勾心斗角的恶习相比，形成了鲜明对照，给王阳明留下深刻印象。正因为龙场"夷民"有此"淳庞质素"，虽无汉族识文断字能力，却具有由其淳朴民俗、家庭关系、家教、生活方式、人际关系等共同塑造的善良天性，所以易于接受其思想，所谓"其化之也盖易"。王阳明认为，中原士大夫往往具有以理论求仕求财的工具理性，且有很多人格分裂的成见，虽满腹经典理论而缺乏良知；而黔中龙场乡民之心，并无乱七八糟先入为主的"意见"，反而容易接受其心学，得其真谛。基于以上观点，王阳明对龙场的少数民族抱以亲善友好、诱导教化的态度，并不因来自"上国"（京城）而自以为是，也不因身为朝廷命官而傲视龙场乡民，更不因是大汉民族而轻视黔中少数民族。相反，他与龙场苗、彝诸少数民族朝夕相处而不以为陋。这对于当时贵州少数民族群众认识自己的力量，发扬人的主体精神，提升人性自觉，起到了巨大的鼓动和催化作用。

纵观王阳明龙场悟道全部完整的过程，可以清楚地看到，苦难是其悟道的外部条件；与贵州具有良知、知行合一的朴实乡民的交游，从而体悟道旨，使他的思想发生了质的飞跃；悟后的起修受用，则既是悟道后的结果，又是他弘道的开始。

王阳明在龙场悟道之后，旋即在当地传道讲学。他的足迹几乎遍及今修文县全境，留下了草庵、阳明小洞天、南山、龙冈书院、君子亭、玩易窝、天生桥和六广驿等遗迹和遗址，特别是他修建的"何陋轩"、"君子亭"、"龙冈书院"等，成为贵州十分重要的阳明文化遗迹。龙场驿始建于明洪武年间，从未有过学舍。为报答当地"夷民"的厚爱，王阳明在龙场苗彝诸乡民的帮助下，创建龙冈书院，不知疲倦地"讲学化夷"，深得当地"夷民"及其诸生的敬服。王阳明在龙冈书院讲学，弘扬了孔子"有教无类"的教育主张，吸收了很多苗、彝、布依、仡佬等少数民族子弟进入书院攻读，对他们一视同仁，春风化雨，谆谆教诲，不知疲倦地"讲学化夷"，深得当地"夷民"及诸生的敬服，一时各地士人感慕者云集听讲，苗彝乡民环聚而观如堵，使闭塞的龙场书声琅琅，成为士人诸生向往的儒学圣地，使他们得以接受心学思想的教化，从而大大提高了他们的文化素质和思想素质。

在教育方法上，王阳明有独到之处。他不像一般教习沉溺于经书讲解、词章记诵，而是着重道德修养，使学生先立必为圣人之志。他在龙冈书院所写的《教条示龙场诸生》一文中，提出了"立志、勤学、改过、责善"的治学方法，把"立志"置于为学之先，指出："志不立，天下无可成之事。……故立志而圣，则圣矣；立志而贤，则贤矣。"⑨这种先树立人生奋斗目标，从德育入手，进而加强智育的方法，对于以往少受教育、文化落后的贵州诸生，尤其是少数民族子弟来说，无疑是一种很大的鼓舞。王阳明的教学形式生动活泼，即使在课余与诸生闲坐、聚饮或郊游时，也不忘对他们施以心学教育。这在他的《居夷诗》中多有反映。他讲授心学不拘形式，唯求道真、道合，与诸生共谋圣贤之道，便有"真乐"、"真趣"，"散帙"、"披卷"、"讲习"、"记问"、"谈笑"是如此，"浮樽"、"投壶"、"漫游"、"鸣琴"、"歌咏"亦皆然。这种先立本心之大者和生动活泼的心学教育方法，恰恰适应了贵州苗彝地区人士朴质少文的文化习俗。这是阳明心学在黔中广泛传播和影响的重要原因。

王阳明很重视用中原文明对当地少数民族士民的"化导"和"训诲"。在王阳明去世后第六年，其私淑弟子、巡按贵州监察御史王杏在《新建阳明书院记》一文中对此有很生动的记载："嘉靖甲午，予奉圣天子命出按贵州，每行都闻歌声，蔼蔼如越音。予问之士民，对曰'龙场王夫子遗化也'。且谓夫子教化深入人心，今虽往矣，岁时思慕，有亲到龙场奉祀者。"可见王阳明对当地少数民族不乏"训诲"、"化导"，使之自觉到做人的道理，知道如何改变不良风尚和陈规陋习。此外，王阳明还重视对少数民族士民的"乐教"和"礼教"，以乐教作为陶冶情操的手段，以礼教移风易俗。王阳明乐教的方法是以歌诗教少数民族反复吟唱，这样既克服了双方语言不通的障碍，又易懂、易记、易诵。由于王阳明是浙江人，他教唱的歌诗带有乡音，故王杏来到贵州听到士民唱的歌诗便"蔼蔼如越音"。至于王阳明在黔中以礼教化俗之功，明隆庆间，贵州巡抚阮文中在《阳明书院碑记》中言之甚明："始贵人士未知学，先生与群弟子日诵良知之旨，听者勃勃感触，日革其浇漓之俗而还诸淳。迩者衣冠济济，与齐鲁并，先生倡导之德，至今不衰。"由此可见，王阳明在龙场传道化俗，教化士民，为贵州文化的发展建树了不朽之功。

王阳明龙场讲学，声名大振。慕名前来龙场聆听他讲学的人，既有龙场本地人，也有外地乃至外省人；既有汉族人，也有很多少数民族人士；既有地方官员，也有普通百姓。例如，湖南人蒋信、冀元亨、刘秉鉴等不远千里，前来龙场求教，大有所得而归。当地乡民前来聆听阳明讲学的人也越来越多，贵州诸生前往龙场求学于阳明门下，学有所成的人很多，主要有陈文学、汤冔、叶梧等人。王阳明在龙场的学生，成为贵州阳明后学的第一代弟子，也是贵州阳明文化的第一批传播者，通过王阳明及其首批弟子的努力，阳明心学首先在贵州龙场得到了传播。

王阳明的谪所龙场驿，始建于明洪武十九年（1386），为彝族土司奢香夫人所设。值王阳明来时，属贵州水西彝族土司、宣慰使安贵荣的辖区。正德三年（1508）春，安贵荣得知王阳明在龙场生活非常艰苦，便主动"使廪人馈粟，庖人馈肉，园人代薪水之劳"，以尽地主之谊。又派人送来金帛、鞍马、柴、米、炭、鸡、鹅等物，礼益隆，情益至，使王阳明深为感动，并写了一封热情洋溢的回信，表示感谢。由此开始了王阳明与安贵荣的深厚交谊。从此以后，安贵荣视王阳明为师长挚友，凡遇大事都主动求教于王阳明。

正德三年，安贵荣曾从征香炉山（今贵州凯里市西 30 里），平定苗民叛乱，被朝廷加封为昭勇将军，复升为贵州布政司右参政。但他嫌官小而怏怏不乐，欲上书朝廷请赏升职，正犹豫不决；且他对于朝廷在水西腹地设军驿耿耿于怀，意欲撤除，但亦无把握。他知道王阳明曾在京任兵部主事，便遣人至龙场，以这两件事向王阳明请教。王阳明为此写了《与安宣慰》第二书，强调凡朝廷制度，定自祖宗；后世守之，不可以擅改。他指出，设军驿是朝廷制度，并非专门针对安氏而来，并以严肃的态度分析了减驿的利害得失；同时又指明，安贵荣希望奏功升职的愿望也是错误的，如再升迁，变成流官，对他没有什么好处。王阳明的信分析中肯，利害分明，这才使安贵荣放弃了减驿之议和奏功之举。

同年，贵州宣慰同知宋然所辖水东的苗民酋长阿贾、阿札、阿麻在乖西（今开阳县）聚众两万，署名立号，围困红边（今贵阳市郊）。贵州督府命安贵荣出兵平乱，安贵荣却拥兵观望，督府三檄催促，安贵荣才勉强出兵，解红边之围后又撤兵私归，致使乱事三月不息。王阳明知道此事后，写《与安宣慰》第三书，在信中先晓以大义，斥其私归的错误，示之利害祸福，力劝安贵荣迅速出兵平乱。安贵荣听从其言，再次出兵平息了叛乱，保护了贵阳及周边地区的安宁，此事史称"尺牍止乱"。

王阳明三致安贵荣书，反映了王阳明与龙场少数民族首领之间的友好关系，说明了少数民族首领安贵荣对王阳明的尊重和敬佩。王阳明通过书信，表达了他对少数民族的真诚友情，促进了民族的团结和进步，也维护了明王朝的统一及民族地区的稳定。王阳明还应安贵荣之请，欣然为水西苗彝人民崇奉的象祠（在今黔西县东 30 余公里的麟角山上）写了著名的《象祠记》，既表达了他对当地少数民族风俗习惯的尊重和真挚感情，也是他与当地少数民族友好关系的历史见证。

王阳明谪居龙场期间，与少数民族一般群众相处，关系也是友好、和谐的，交往极为密切，友情十分深厚。王阳明到达龙场时，正值山中春意盎然，当地少数民族好客而又热情，扶老携幼前来探视远道而来的王阳明，王阳明亦以礼待之。尽管双方服饰不同，语言不通，习俗各异，但是当地少数民族纯朴真诚的民风，粗犷豪爽的性格，却给阳明留下了深刻的印象。他在《居夷诗》中对此作了很多描述。他请学于农，种田南山，通过平凡的劳动，艰苦的生活，王阳明与当地"夷民"日益接近；同时，也因为王阳明为人谦虚，性情诚挚，态度和蔼，当地"夷民"争相与之亲近，在生活、劳动各方面给予他很多帮助，双方逐渐建立了深厚的感情。特别是当地苗彝诸乡民愤起驱逐到龙场凌侮王阳明的王质差人事件之后，王阳明更深深地感到当地少数民族内心的朴实善良和嫉恶如仇的耿直性格，而当地少数民族也更加敬佩王阳明的刚正骨气和光明磊落的英雄气概，双方愈加相互理解、相互信任、相互支持，彼此诚心相与，肝胆相交。数月之后，当地苗彝诸乡民看到王阳明仍居住在阴暗潮湿的龙冈山石洞中，就砍树伐木，为王阳明构筑了几幢木屋，王阳明喜出望外，分别把木屋命名为"何陋轩"、"君子亭"、"宾阳堂"和"龙冈书院"。当地少数民族在食、住、行等方面给予王阳明以巨大帮助，使王阳明深为感动，心情逐步坦然愉快。他与当地苗彝诸乡民，时而一起郊游，时而一起聚谈，时而一起饮酒，可见王阳明与当地少数民族亲密无间的友好关系。从他的"蛮乡虽瘴毒，逐客犹安居"；"投荒万里入炎州，却喜官卑得自由。地无医药凭书卷，身处蛮夷亦故山"等诗句，足见王阳明对当地"夷民"的感激眷恋之情，以至他于明正德五年（1510）初离开龙场时，还在《舟中除夕》诗中写道："远客天涯又岁除，孤航随处亦吾庐。也知世上风波满，还恋山中木石居"，真切地流露了对龙场山居的怀恋之情。

　　王阳明离开龙场后，当地苗彝诸乡民对他非常怀念，把龙冈山奉为圣地，相约不在山上放牧采樵，故至今龙冈山树木茂盛青翠。明隆庆年间，水西彝族安氏第78世、贵州宣慰使安国亨（彝名"宝锡斐糯"）在王阳明居住过的龙冈山阳明洞的石壁上，镌刻了字径盈尺的"阳明先生遗爱处"七个大字，并于洞内石壁刻下诗文，表达了少数民族对王阳明的仰慕和怀念，也说明王阳明对贵州文化的巨大影响。

第二节　贵阳传道

贵阳讲学的前因后果　阳明心学体系的诞生　"知行合一"说的影响

　　王阳明在龙场悟道并讲学，教化乡民，使当地文教大兴，引起了贵州地方官员的重视。在贵州两任地方官员的诚挚邀请下，他从龙场来到贵阳讲学，主讲于文明书院，首倡"知行合一"学说，故史称阳明"悟道于龙场，传道于贵阳"，从而使贵州阳明心学传播的中心从龙场逐步转移到了贵阳。

　　王阳明在龙场讲学时，贵州提学副使毛科在贵阳重新修葺了文明书院，并邀请王阳明来贵阳任教讲学，但是由于种种原因被王阳明婉谢。继毛科之后，贵州提学副使席书以正式书面邀请的形式，请王阳明来贵阳文明书院讲学，表示他可以完全自由地讲授自己的观点，传播心学，训迪诸生。席书在请王阳明之前，已经提前从全省各地招收了二百多名学生来到贵阳文明书院，等待王

图下5-2　贵阳扶风山阳明祠

阳明前来讲课。席书的真诚邀请和学生们对知识的渴求，使王阳明无法拒绝，于是离开龙场，前来贵阳讲学，进一步发展并传播其心学理论。席书还曾亲自率领官员，前去听王阳明讲课，以师礼事之。

在文明书院讲学期间，王阳明除继续讲授"心即理"思想外，还始论"知行合一"理论，传播"知行合一"学说，使阳明心学的传播范围更为宽广，影响也更为深远。不仅是读书人和地方官员纷纷前来求教，甚至包括贵阳城中的普通百姓和边远地区的少数民族居民，也时常前来听课。

王阳明及其弟子在贵阳传播阳明心学，一个显著的特点是以书院为传播载体，从而刺激了贵州书院教育的发展，也使阳明文化的传播保持着旺盛的生命力。创办书院是王阳明及其弟子传播阳明心学的重要途径之一。书院教育是明代中后期贵州教育的一大特色，书院教育的出现，既满足了贵州社会各阶层的教育需求，又弥补了当时官学教育的不足。明代曾有五次废毁书院，然而在贵州，自王阳明谪黔创办龙冈书院后，王学弟子在黔中各地大办书院，终明之世，贵州的书院从三所猛增至二十余所，迅猛发展，别开生面，其理何在？自由讲学精神使然。王阳明在文明书院讲学时，倡导自由讲学之风，传播儒家心学，培养王门弟子，促进了明代中后期贵州书院教育的迅速发展。在王阳明的影响下，贵州部分地方官员和一些有识之士，大力整合贵州相关的人力物力资源，积极创办书院，培养人才，使贵州各地掀起了大办书院的热潮，尤其是在全国书院官学化的情况下，贵州书院却与众不同，一直保留自由讲学风气，如文明书院、正学书院、渔矶书院、阳明书院等，其中以文明书院最为著名。

王阳明在贵阳提出的"知行合一"说，标志着阳明心学体系的诞生。"知行合一"说与在龙场提出的"心即理"、"心外无物"、"致知格物"一起，构成了阳明心学体系的主要内容。

"知行合一"说在中国哲学史上独树一帜，影响深远，具有十分突出的地位。过去我国哲学界多有将阳明的"知行合一"学说作为一种认识论去评析，因而多首肯王夫之（1619—1692）对王阳明"知行合一"说的批评。但是，王阳明的"知行合一"说主要是为了解决道德伦理问题，其宗旨是为了纠正人们在道德伦理上"知而不行"的偏向，因而"知行合一"说主要是为了建立他的道德伦理学说，其出发点和归宿点都是道德论而非知识论的，都是价值论而非认识论的。如果仅仅从传统认识论的角度去解析，难免方枘圆凿，两不相接，终不能明其底蕴。

在哲学路线上，阳明心学直接承袭于陆九渊（1139—1193），但陆九渊并没有提出过"知行合一"的思想。因此，在知行问题上，王阳明不是渊源于陆九渊，相反倒是与程朱学派有一定的渊源关系。王阳明所处的时代，正是程朱理学在思想上、政治上占绝对统治的时代，因此，王阳明对程朱在知行问题上的看法是熟悉的，他的"知行合一"正是在吸收发展了这些思想的基础上提出的。从程朱的"知先行后"说到王阳明的"知行合一"说，中间并没有一条绝对不可逾越的鸿沟。第一，"知行合一"说是对"知先行后"说的剔除。程朱理学从"理"出发，导致了知行关系的脱节。王阳明则说："知行合一之说，专为近世学者分知行为两事，必欲先用知之之功而后行，遂致终身不行，故不得已而为此补偏救弊之言。"⑩他抨击"知先行后"是一种"偏说"，并把程朱之偏剔除。第二，"知行合一"说是对程朱知行观的吸取和改造，对它的某些内容加以继承。程朱的知行观并非绝对割裂知和行的关系，在具体论述上认为知和行不仅有先后之分，也有相互依赖的一面。王阳明吸取、继承了后者，并将其发挥得更明确具体、更全面系统，从而构筑成他的"知行合一"说。显然，王阳明的"知行合一"说，是对程朱知行观的改造，改造中有剔除也有吸取，有继承也有创新。

王阳明明确提出，"知行合一"说的理论基础是"心即理"。换言之，"心即理"是他的"知行合一"说的本体论根据。王阳明分析了朱子"知先行后"的本体论根据，是以"心理为二"；而他的"知行合一"的本体论根据，则是以"心理为一"，即"心即理"。所谓"心即理"，是说"心"与"理"合而为一，不可分离。"理"是"心"之理，在"心"之中，而"心"则包含万"理"，与"理"不离，无"心"之理与无"理"之心都是不可思议的。王阳明所谓的"心"，是指没有受私欲遮蔽的心，谓之本心；他所谓的"理"，是指具有先验性和普遍性的道德伦理，谓之天理，人在本然存在的意义上是本心与天理不可分割的，心与理是一而二、二而一的，心的本体就是天理，所以阳明说："心之体，性也，性即理也。"⑪本心的显现也就是天理的发用，发用在事父上便是孝，发用在事君上便是忠，发用在交友与治民上便是信与仁。然而在现实生活中人们的心往往受私欲的遮蔽，于是就需要人们的修养功夫，排除和减去外界对本心的干扰和污染，消灭一己的私欲，恢复人的本心。正是由于本心与天理是不可分割、浑然一体的，人的本心才是无善无恶的，或者说是至善的，故王阳明才说"无善无恶心之体"⑫，"至善者，心之本体"⑬。后来王阳明将此本心称之为良知。

王阳明的"知行合一"说正是在"心即理"的基础上构置起来的。他认为知行是无分内外，不可分离，并把这一性质规定为知行的本体。他肯定知行的统一，把知行说成是不可分离的"一个工夫"。王阳明认为，心就其本体而言，本来就具有天理，因而本来就广大深远，统摄万物，如果能把遮蔽本心的种种私欲去除净尽，使心回复到本来的真实状态，它自然就会成为人的道德准则和天地万物价值意义的不尽源泉。因此，知是知此心，行是行此心，知行本是一个功夫。这与传统的认识论将主体与客体分而为二，然后主体再去认识客观对象是根本不同的。晚年的王阳明，进一步把"知行合一"说成是"致良知"。根据他的思想，致良知之"致"包含有恢复、扩充、躬行、格物和实现的意思。这实际上包含了致良知的一体两面：内转的复明、返本、扩充与外推的躬行、格物和实现，前者是明其体，后者是行其用；前者是知善知恶之知，后者是为善去恶之行；前者是尊德性，后者是道问学，两者的关系是一而二、二而一，如鸟之双翼，车之两轮，缺一则致良知不能成立，缺一则知行合一不能成立。此谓之"致良知"，良知之致，知行合一，人的道德实践就会随感而应，率性而为，自然能达到"动容周旋而中礼，从心所欲而不逾"的程度。

"知行合一"说是阳明心学体系重要组成部分之一，是王阳明于明正德四年（1509）在贵阳文明书院讲学期间首先提出来的。由于当时一般士人言行不一，知行分离，甚至发展到衣冠禽兽的地步，公然宣扬功利之说，导致道德沦丧，世风日下。王阳明提出"知行合一"的学说，正是为了纠正这种状况，以"正人心，息邪说"。可见他的"知行合一"

说主要是为了解决道德的修养功夫而提出的，它主要是一个伦理道德问题，而非知识论和认识论问题。

在王阳明的"知行合一"说中，"知"主要有两类，一是"知食"、"知饮"等，二是"知孝"、"知悌"等。前一类指人的生理本能，并非王阳明论题的重点；后一类是指人对伦理道德的认识和修养，这是王阳明要解决的主要问题。"知行合一"中的"知"，即指的是"良知"，它既不是平时知识论上所说的"知识技能"，也不是通常认识论意义上的"见闻之知"。王阳明强调的是道德意识和道德伦理的优先性，即要用良知来统率知识、转化知识。因此，在王阳明那里，道德伦理是知识论的前提，知识论以道德伦理为条件；价值论是认识论的基础，认识论是价值论的发用。

在"知行合一"说中，王阳明讲的"行"，亦有两层含义，一是指人心头的意念活动。"良知"向外发动、显现以及发动时产生的意念、感情、动机，都可以叫做行，而人之善恶行为，往往就取决于当下的一念之差。二是指道德实践，即"致良知"的功夫。这两层含义的"行"，实际上是连为一体的，都是良知的流行发用。

王阳明"知行合一"中的"一"，就是"本体"，即"心"、"良知"、"天理"、"性"、"至善"等的同义词。他说："一也，皆所谓心也，性也，命也。"⑭"一"是最高的本体，是宇宙万物价值意义的最初根源。这就是说，"一"就是良知，如果不知道"知行合一"的"一"字就是"良知"（天理），不是跌进朱熹的"心外有物"的"逐物"哲学，就是陷入禅宗佛教的遁世主义空无哲学。

王阳明"知行合一"说中的"合"，则有四层含义：其一，谓之"同"：即"知行本体同一"，如人见到美色就是知，感到喜欢就是行，闻到恶臭就是知，感到恶臭就是行，是同时发生的。其二，谓之"复"，"合一"即是"复那本体"，就是在"良知"的发用流行中，复明那被"私欲"隔断的"良知"之体。其三，谓之"贯"，即是"一以贯之"的"贯"，是说"良知"在发用流行中，要时时处处和时时刻刻地贯穿着良知之体。其四，谓之"契"，"契"有"契合"或"符合"之意，就是"良知"发用流行所产生的事事物物，要与"一"即良知之"体"即"心"相契合、符合。

王阳明认为，人心中本来具备的良知就是知，使它显露出来，就是行，做到了这些，就是"知行合一"。在符合良知的"一念"下，可以说知就是行，行就是知。过去我国哲学史界多由王夫之的抨击立论批评王阳明，并进而认为王阳明的"知行合一"说是主观唯心主义的唯我论。而事实上，王阳明在此是从伦理学和道德论的立场出发的。王阳明谪官贵州龙场，居夷处困，经过百死千难，"乃知天下之物本无可格者。其格物之功，只在身心上做，决然以圣人为人人可到，便自有担当了"⑮。王阳明所讲的主体，既不是西方哲学的先验主体，也不是传统认识论上的认识主体，而是与存在本体论意义所蕴涵的主体性统贯在一起的具体存在，是本心良知生生不息而发用流行的道德存在。因此从这一意义上说，王阳明所讲的"吾心"并不是自我封闭主义的，把王阳明的"知行合一"说成是主观唯心主义的唯我论，并不恰当。

王阳明曾用以下三句话、分不同的角度来说明"知行合一"的内容。第一句话："知是行的主意，行是知的功夫。"⑯这是从知行与主体的关系说的。主体的主意、打算、动机就是知，主体的功夫、尽力、成就就是行；知是行的指导，行是知的成就，整个是一个意向性构成，说的都只是一件事。第二句话："知是行之始，行是知之成。"⑰这是从一个有目的的活动过程来说的。在这一过程中，知与行总是统一的，总是结合在一起的，二者不能割裂，不能分开，一个活动过程的开始，主要是知，但已经包含了行；一个活动过程的终结，主要是行，也已经包含了知。第三句话："知之真切笃实处即是行，行之明觉精察处即是知。"⑱这是从知行的性质来说的。知行的性质相互联系、相互贯通、相互渗透、相互包含，知中有行，行中有知。一个道德活动，就其具有清晰的自觉和透彻的识别性质来说就是知，就其具有真实和确切的实效状况来说就是行。他说："知犹水也，人心之无不知，犹水之无不就下也；决而行之，无有不就下者。决而行之者，致知之谓也。此吾所谓知行合一者也。"⑲在他看来，"心"是生生不息的，就像流动不停的水一样，如果不是私意或私欲隔断，必然要贯彻到事事物物中去，即必然要表现为行。他反对知先行后的说法，主张知而必行，如水就下，知了即去行，

"不行不足谓之知"。故他说："人须在事上磨炼做功夫"，认为"离了事物为学，却是著空"。这里讲的"行"，显然具有主观见之于客观的意义，把这种"行"规定为"知"的自然而然的属性，把能否"行"视为是否"真知"的条件，表现了王阳明对"行"的重视。"不行不足谓之知"的思想，在反对只说不做的时弊时，无疑具有非常积极的意义。

在王阳明的整个"知行合一"说中，的确还包含有认识论意义上的"行而后知"的思想。因此，他主张在"日用事为间，体究践履，实地用功"。虽然我们说他的"知行合一"说的出发点和归宿点都是道德论而非知识论的，都是价值论而非认识论的，但这并不是说它的内容不涉及知识论和认识论，并不是说它取消认识论意义上的知识，只不过王阳明在言说知识论和认识论时，其微言大义仍紧守"心即理"之矩矱。他强调道德，但并不是取消知识，只是坚持将道德视为圣门功夫的第一义，是一切见闻之知的前提、条件和基础，道德相对知识来说更具有优先性。所谓致知，所谓知行合一，即是指在良知上用力，即所谓致良知。德性之良知（道德）与见闻之知（知识），虽然来源不同，性质也不一样，但在运用时，二者是可以统一的，它们都是统一在良知的基础上。王阳明的"知行合一"说，主要是为了建立他的伦理学。这是其知行论的本意。

在中国哲学思想发展史上，王阳明的"知行合一"说，曾产生过很大的影响。"知行合一"说强调在先验良知指导下的力行，强调在实际行动中去努力实现自己的主观信仰。这在明朝中晚期，曾激励了很多士大夫的积极奋起。它对于反对程朱理学空谈"性命"、脱离实际的学风，起过积极的作用。在近代，王阳明这一思想，又被一些进步思想家所接受，用来作为维新变法、救国图强的思想武器，对中国近代资产阶级推翻封建统治的革命起过良好的作用。

"知行合一"说对程朱"知先行后"说的揭露与批判，暴露了程朱理学的内在矛盾，大大开阔了思想界的眼界，活跃了当时的学术空气，动摇了元明以来程朱理学作为官方正统哲学的地位，客观上启发了明末清初整整一代的启蒙思想家，使阳明"心学"成为中国哲学由宋明理学向明末清初的唯物主义高潮转变的中介。

中国哲学步入近代以后，不同时期的资产阶级思想家在为独立自强的政治方案作论证或构筑其思辨体系的过程中，一方面不断将目光投向西方，另一方面又频频地向传统回顾。而王学则以其不同于正统理学的独特面目，受到近代思想家的注重，除了严复等对王学有所批评之外，从魏源到康有为、谭嗣同、梁启超、章太炎，再到梁漱溟、熊十力、贺麟等，几乎无不推崇王学。可以说，王学在近代形成了复兴之势，它与东渐的各种西方思潮彼此交织，对产生或接受某些近代的观念、思想，客观上起到了一定的引发或触媒作用，而它所包含的若干积极因素，也在这一过程中逐渐融合于其间。

在中国哲学的发展史上，王阳明"知行合一"说的意义是不可低估的。首先，自先秦以来，不少思想家对知行问题作过许多探讨，但往往对知行的对立和矛盾方面的问题探讨较多，对知行统一这方面的问题论述较少。王阳明第一次明确地提出并论述了"知行合一"的问题，肯定了知行之间不可分离的统一关系，为中国理论思维的发展，提供了有价值的思想资源，这是一个十分有益的贡献。其次，王阳明重视行，主张"在事上磨炼"，反对"著空"的思想，给后来进步的思想家和革命家以不小的影响。再次，更应该看到，王阳明的"知行合一"说对当今社会仍有重要的借鉴意义，它对于开启主体道德意识的自觉性、塑造理想人格，挺立本心良知的主宰性，彰显人的价值和意义，构建生态文明社会等方面，都具有积极的启迪意义。

第三节　阳明心学在贵州的传承

王门后学系统　黔中王门后学的四代弟子　黔中王门后学代表人物的心学思想

王阳明从 34 岁开始授徒讲学，直到 57 岁去世，先后从事教育讲学活动达 23 年之久。王阳明四处游说，大倡心学，所到之处，讲学不辍，四方学子翕然追从，并以师说鼓动天下。王阳明殁后，以其亲传弟子为核心，逐渐形成八大"王门后学"系统。

所谓"王门后学"（又称阳明后学），即是兴起于明代中叶、以王阳明为宗师、以王学为志向的一群读书人，他们在明武宗年间出现、直到明末百余年间，一直传承不断，遍及域中，包括黄宗羲《明儒学案》所称的浙中、江右、南中、楚中、北方、粤闽、止修、泰州王门，以及《明儒学案》未提及的黔中王门等分支流派。

黔中王门是王门后学中重要的一支，但因为《明儒学案》里未曾提及，故而长期为世人所不知。

贵州是阳明心学的发源地，王阳明在贵州龙场悟道，不仅创立了心学，还在龙场创办龙冈书院，讲学于贵阳文明书院。当时他在贵阳讲学的规模，据徐节《新建文明书院记》记载："各儒学生员之有志者二百余人。"道光《贵阳府志》卷五十六云："诸生环而观听者以数百，自是贵人士始知有心性之学。"是时受到王阳明亲授心学的嫡传弟子有数百人。据王阳明离黔时写的《镇远旅邸书札》记载，其在黔门生有陈宗鲁（文学）、汤伯元（燖）、叶子苍（梧）、张时裕、向子佩、越文实、邹近仁、范希夷、郝升之、汪原铭、陈良丞、易辅之、詹良丞、王世丞、袁邦彦、李良丞等数十位。由此可见，贵州是王学的诞生地，王阳明悟道的龙场又被历代学者视为"王学圣地"，许多黔中王学弟子也学识精湛，其讲学、著作享誉海内外。因此，王门后学理应有"黔中王门"的一席之地。

"黔中王门"具有以下特点：第一，贵州是阳明心学形成的原点，在时间上，"黔中王门"最早学习和传播阳明心学。第二，"黔中王门"有众多著名学者，颇具一定规模，且影响一方。黔中王门的代表人物有：贵阳的马廷锡，清平的孙应鳌、蒋见岳，都匀的陈尚象、余显凤、吴铤，思南的李渭、冉宗孔、胡学礼等人，可谓人才辈出，其中以孙应鳌、马廷锡、李渭三人为之最。第三，它具有贵州本土色彩，在思想上颇有共同的特点：一、不执门户之见，颇具海纳百川之风。这点尤以孙应鳌最为突出。他利用在外省做官之机，广泛接触各地王门后学的学者，通过与"浙中王门"的王宗沐，"泰州王门"的徐樾、赵贞吉、罗汝芳、耿定向，"江右王门"的邹守益父子、罗洪先、胡直、邹元标，"南中王门"的徐阶，"楚中王门"的蒋信等王门弟子的广泛交往，相互切磋，对各派理论学习理解，消化吸收，发展创新，从而形成了自己的心学理论体系[20]。二、以求仁为宗，直揭知行本体。王阳明在贵阳始论"知行合一"说，使"黔中王门"弟子深受教诲和启发，从而将仁德作为知行本体，着力躬行实践。如李渭之学就是以求仁为宗，以毋意为功，力倡先行。而孙应鳌之学则主张即仁是心，知行合一，经世致用，恰可与李渭相互印证。三、以经证心，勇于创新。例如孙应鳌在解读四书五经时，往往是"以经证心，以心证悟"，不拘于传统的训律，不死抠书本，常常是随己发挥，从心学的角度去解释诸经的内容。孙应鳌在晚明思想解放的潮流中，不趋人脚步，不墨守成规，其解释四书五经敢于冲破程朱思想的束缚，敢于反对传统思想，标新立异，这在当时有发挥人的主体意识、摆脱经书的束缚、启迪人们积极思维的进步作用。四、影响时间长，分布地域广。"黔中王门"主要有四代弟子，从明代中期一直持续到明末，影响长盛不衰。当时，它以贵阳、清平、都匀、思南等地为王学重镇，围绕所创办的书院开展心学的交流和传播活动。在贵阳有马廷锡执教的"阳明书院"，在清平有孙应鳌创办的"学孔书院"，在都匀有陈尚象、余显凤等人兴建的"南皋书院"，在思南有李渭讲学的"中和书院"，等等。"黔中王门"后学弟子，不仅包括了黔籍的士人，而且还包括客籍王门弟子在贵州为官，教化黔中、传播阳明心学的士人。

黔中王门后学第一代弟子。王阳明在贵州讲学时，出现"士类感慕者，云集听讲，居民环聚而观如堵"[21]的盛况。估计在贵州聆听过王阳明讲课的学生有数百人之多。在这数百听讲者中，其著名者有席书、刘秉鉴、王杏、蒋信、胡尧时、冀元亨、陈文学、汤冔、叶梧、钱凤翔等人，他们是最早在贵州传播阳明心学的学者。

王阳明到贵阳文明书院讲学时，提学席书率贵州诸生，以王阳明为师，多次到文明书院，与王阳明讨论心性之学，常至夜分，"诸生环而观听者以数百，自是贵人士始知有心性之学"。《年谱》记载："是年先生始论知行合一。始席元山书提督学政，问朱陆同异之辨。先生不语朱陆之学，而告之以其所悟，书怀疑而去。明日复来，举知行本体证之五经诸子，渐有省。往复数四，豁然大悟，谓'圣人之学复睹于今日；朱陆异同，各有得失，无事辩诘，求之吾性本自明也'。"[22]嘉靖《贵州通志》卷十一载有席书《送别王守仁序》和王阳明《又答友人》两文，《又答友人》中"友人"即指席书。该文写于明正德三年（1508），说明两人讨论早在阳明谪居龙场时就已开始。嘉靖六年（1527）席书卒，王阳明以感恩之笔写下《祭元山席尚书文》。正是席书，在王阳明居夷处困的逆境中，身冒时谤，请他至文明书院讲学，使得"知行合一"之说倡明于贵州，闻名于当世。

嘉靖十三年（1534）任贵州巡按御史的王杏（字少坛，浙江奉化人），历来崇奉阳明心学，虽不亲及阳明之门，但为其私淑弟子。王杏在黔时，非常关心贵州教育。是时，王阳明在龙场的弟子汤伯元、叶子苍、陈宗鲁等数十人反复恳请为王阳明立祠。于是王杏乃建阳明书院，训迪黔中士民，并崇祀王阳明，故史亦多以阳明祠言阳明书院。嘉靖十三年，王杏得到贵州左布政使周忠、按察使韩士英的赞助，在省城白云庵旧址创建了阳明书院。王杏亲作《新建阳明书院记》，使贵阳成为传播阳明心学的中心。

王阳明在龙场授徒讲学时，有不少省外士人慕名前来。江西安福人刘秉鉴㉓即其中之一。他初学于湛甘泉，而尤笃志于王阳明。得知王阳明在龙场授学后，远道至龙场师从。后来成为"江右王门"大师。

与刘秉鉴同时到龙场拜师求教的，还有湖南常德人蒋信（字卿实，号道林）与同邑的冀元亨（字惟乾，号暗斋）。二人"相携走龙场，受业文成之门。居久之，大有所得而去。楚中传姚江学者，虽有耿定向天台一派，流至泰州王艮，然后多破坏，不如武陵蒋、冀得其真醇"㉔。嘉靖二十年至二十三年（1541—1544），蒋信出任贵州提学副使期间，"尝以默坐澄心、体认天理训士，一时士习丕变。信施教不形喜怒，惟规规焉以礼法自求，而士皆潜移默化，有甚于劝督者"㉕。他又对龙场阳明祠进行修缮，并给置祠田，以永其香火。文明书院在王阳明离黔后未久即废，残破不堪。蒋信决意修复。他征集募捐修复。然后，他亲自在其中大讲阳明心学。黔中士子来事学者日众，文明书院已不能容，于是他决定在紧靠文明书院的右侧新建正学书院，以宏讲授。又择黔中优秀学子于其间，亲临书院讲学，黔中心学为之振兴。蒋信之学，以慎独为主，以笃论修行为实践，以明理通世务致用，具有鲜明的王、湛合一的思想倾向。"黔中王门"著名弟子马廷锡、李渭、孙应鳌等俱出于门下。

江西泰和人胡尧时（1499—1588，字子中，号仰斋），尝师事王阳明，学以躬行为本。明嘉靖中任贵州按察使，其职虽专任刑名，但他认为必有教化在先，而后刑名可用。这显然是阳明心学的影响。他与提学副使奖励士流，又重修阳明书院，刊印王阳明所著书于贵州，令学徒知所景仰，黔中士风为之大变。每逢朔、望，常率诸生诣阳明祠，展拜如谒先圣礼。

除往返于贵州的官员和外省学者外，王阳明的黔籍首传弟子，主要有陈文学、汤㬊、叶梧、钱凤翔等人。他们都是黔中王门第一代弟子的中坚人物，推动了"黔中王学"的建立。

王阳明龙场弟子得其传者，首推陈文学与汤㬊。莫友芝在《黔诗纪略》卷三中评曰："两先生承良知之派以开黔学。"陈文学，贵州宣慰司（今贵阳）人。王阳明在龙场时，他就由省城负笈求学，后又随王阳明到省城受教。他潜心向学，深得王阳明器重，师生感情亦深。王阳明在《居夷集》中有《示陈宗鲁诗》、《赠陈宗鲁》等诗。陈宗鲁对王阳明的教诲十分感激，此后以王阳明为榜样，努力从事心学的研究。王阳明逝世后，他与同窗汤㬊、叶梧等联名上书给当时巡按贵州的监察御史王杏，请求为阳明先生在贵阳立祠，经再三奔走，于明嘉靖十三年（1534）建成贵阳阳明祠堂。此外，陈文学还为龙冈书院何陋轩碑作歌，为惠水中峰书院作记，对阳明心学在贵州的传播贡献很大。其著作有《耀归存稿》、《馀生续稿》、《蠛蠓录》，其门人统编之为《陈耀州诗集》（又名《五栗山人集》）二卷。莫友芝曾称赞陈文学得"阳明之和"。陈文学因为长期做心性工夫，证悟师说，达到了发而中节，悠然自得的境界。同王阳明龙场面对死亡悟道一样，他有生死无累的超越情怀和人生态度，也有生死智慧的实存体验的哲理奠基。

王阳明说："心正则中，身修则和。"与陈文学得"阳明之和"不同，汤㬊得"阳明之正"。汤㬊，贵州宣慰司人。王阳明谪龙场，伯元前往师事之，得知行合一之学。郭子章《黔记》云："宗鲁得文成之和并擅词章，伯元得文成之正，具有吏治。"汤㬊为明正德十六年（1521）进士，历官南户部郎、潮州知府，后因流言归故里。他为官之道，以王阳明为榜样，清正严明，政事裁决如流，监税租不一染指，曾写有"肠断九回情独苦，仕逾十载养全贫"之句，以表心迹，受到当地人民的称赞。暮年家居以诗文自娱，所著有《逸老闲录》、《逸老续录》等。他与陈文学的遗著存留于世者虽少，但二人承王阳明良知之学，以开黔学的地位是无可置疑的。

此外，叶梧、钱凤翔（施秉人）也是王阳明在黔的亲传弟子。叶梧是明正德八年（1513）举人，官至镇安知县，著有《凯还歌》等诗。其事迹不传，仅知他参与校刊《阳明先生文录续编》；王阳明曾有《寄叶子苍》书札，对他的评价较高："子苍安得以位卑为小就乎？苟以其平日所学熏陶接引，使一方得有所观感，诚可以不愧其职。"可见他发挥师说"觉民行道"，于地方亦必有所贡献。钱凤翔则得王阳明军事之学，并在其参与的许多战役中，累立战功。民国《贵州通志·人物志》中记："正德中，王守仁过偏桥，翔方幼，慕其学，执赞请为弟子，守仁深器之。"可见他受益于王阳明，从而具有很高的军事才能。

黔中王门后学第二代弟子。马廷锡、李渭、徐樾、蒋世魁等为黔中王门第二代弟子中最著名者。

马廷锡（字朝宠，号心庵，贵州宣慰司人），生卒年月不详，大致与孙应鳌、李渭同时。是时蒋信提学贵州，马廷锡从其学，是为王阳明再传弟子。明嘉靖十九年（1540）马廷锡中举后，选为四川什邡县教谕，他教士以敦伦为重，立品为先，身先董率，终始不替，很受什邡人的好评。后升为内江县知县（故乡人多称他"马内江"）。他履任仅两年，得知蒋信大讲心学于桃冈，自愧心性之学未澈，竟弃官而奔湖南常德桃冈书院蒋信门下，受学数年，心有所悟，返回贵阳，与孙应鳌等交谊甚笃。他遵循王阳明、蒋信"静坐省察"的慎独工夫，于贵阳南明河渔矶之旁构筑"栖云亭"，静坐其中三十余年，潜心研究心学，日夜在其中大讲阳明心学，悠然自得。嘉靖二十六年（1547），贵州巡抚王学益疏荐于朝，后因王学益被贬官而作罢，但马廷锡由此声名大振，四方学者景仰，以致南方学者争相负笈请学于渔矶、栖云之间，黔中阳明心学再为之振。隆庆五年（1571），贵州巡抚阮文中、贵州按察使冯成能择城东隅新建阳明祠一座，名为"阳明书院"，请马廷锡主讲其间。听课者常有数百人，冯成能亦常亲临听课，贵州人士尽师其教，咸知有心性之真。他著有《渔矶集》、《警愚录》。郭子章曾赞谓："读内江著述，真有朝闻夕

死而可之意，可以不愧龙场矣。"㉖

李渭㉗为蒋信的弟子。在蒋信任贵州提学副使时，他对蒋信非常仰慕，便前往拜谒，虚心学习，深得王学真传，从而成为黔中王门的重要代表之一。郭子章《青螺全书》中记载有李渭于嘉靖二十二年（1543）与蒋信谈论"知行合一"之事："癸卯蒋公信视学贵州，公谒之，因陈楼上楼下光景。蒋公曰：'楼上是假，楼下与朋友谈笑却真。'至一介不妄取，蒋公曰：'此犹然楼上意思在，硁硁然小人哉！'公愧甚，以为学十四五年，只成得一个硁硁小人，不觉面赤背汗淋淋也。"因此，李渭后来非常重视躬行践履，在王门后学中颇具特色，属于功夫派。他坚持讲学传道，诵学不辍，平生以讲学为乐事。李渭晚年归思南，在城东北中和山中普济亭讲学，前后居乡讲学达二十年之久，闻名遐迩。各地士人慕名前来求学，其中最出名的有赖嘉谟、徐云从、胡学礼、冉宗孔、田惟安等。门人萧重望誉之为："贵筑之学倡自龙场。思南之学倡自先生，自先生出而黔人士始矍然悚然知俗学之为非矣。"㉘李渭一生勤奋好学，著述甚多，主要有《先行录问答》3卷，《毋意篇》合《大学》、《中庸》、《易问》为1卷，《简寄》2卷，《杂著》1卷，《诗文》3卷，凡10卷；《家乘》12卷，《大儒治规》3卷。

徐樾㉙（字子直，号波石，江西贵溪人），是王阳明在南昌的及门弟子。笃信王阳明"人皆可以为尧舜"的训语。后拜泰州学派创始人王艮为师，在学案上属于阳明再传弟子，为泰州王门大师。明嘉靖二十三年（1544），他继蒋信之后到贵州任提学副使，大讲阳明心学，以致"苗民率化"。嘉靖《贵州通志》卷九记载他讲学的情况："嘉靖间任提学，讲明心学，陶熔士类，取夷民子弟而衣冠之，训迪谆谆，假以色笑。盖信此心此理，无古今无夷夏，苟有以与起之，无不可化而入者，非迁也。"他门下最著名的贵州弟子为孙应鳌。

蒋世魁（字道陵，号见岳，清平人），少能诗，有俊逸才，十举不第，应岁荐授同州训导，卒于官。他潜心王学，初谒蒋信，知万物一体为圣门宗旨。既又谒湛甘泉。归玩易读书，借宅蜗居，安贫乐道。他与孙应鳌关系密切，经常一起游历，相互切磋论学。著有诗集《蒋见岳初稿》，孙应鳌为之序。

黔中王门后学第三代弟子。在黔中王门第三代弟子中，最著名的当数孙应鳌、邹元标、萧重望、赖嘉谟、徐云从、李廷谦、冉宗孔、胡学礼、田惟安、郭子章。

孙应鳌[30]少时就受王阳明在黔东南留下的《清平卫即事》、《兴隆卫书壁》、《月潭寺公馆记》等诗文的影响，对王阳明的思想和业绩产生崇敬和向往之情。明嘉靖二十四年（1545），徐樾来贵州任提学副使，亲自为贵州生员讲课，孙应鳌有缘聆听。徐樾见孙应鳌而大奇之，许以"必冠多士"，孙应鳌遂以徐樾为师。次年，孙应鳌中乡试第一名。中举后，曾赴武陵桃冈精舍，拜蒋道林为师，朝夕听讲问难，学业精进。他记录乃师教言，辑为《道林先生粹言》一书。在桃冈与马廷锡同学，交谊极厚。孙应鳌学识渊博，著作宏富，流传至今的有：《四书近语》4卷、《淮海易谈》4卷、《教秦绪言》1卷、《幽心瑶草》1卷、《督学文集》4卷、《学孔精舍诗钞》等。后世人称孙应鳌为贵州开省以来人物之冠。他与当时江西的罗汝芳、四川的赵贞吉、湖北的耿定向一起被时人许为"心学四大名士"，海内群以"名臣大儒"推之。明隆庆、万历年间，孙应鳌在家乡筑学孔书院、山甫书院、学孔精舍，集一生学问，全力讲学，阐扬心学，一时名满天下，为黔中王门大师。

邹元标[31]，师事邓以赞，为江右王门大师。谪戍贵州都匀卫期间，与孙应鳌、马廷锡、李渭经常交往，相与论学，切磋心学，砥砺名节。他谪居都匀六年，在都匀鹤楼书院主讲阳明"致良知"之学，并培养出一批黔南心学名士，如陈尚象、余显凤、吴铤和艾氏三兄弟等。余显凤写有《南皋书院落成呈陈给谏尚象、吴解元铤》一诗，生动地描写了邹元标对贵州都匀教育的贡献："邹先西江来，清风被吾里。竟挽剑河流，换却西江水。西江下鄱阳，剑河会湘澧。朝宗殊远近，入海无彼此。讲堂喜突兀，俊秀冀连起。珍重平生心，识路勿暂止。"[32]清康熙年间，贵州巡抚田雯甚至把邹元标都匀讲学，提到和王阳明贵州办学同等的高度，认为他们共同把贵州引向了人才辈出的时代。明万历二十二年（1594），贵州提学副使徐秉正为纪念邹元标在都匀讲学之功，邀约黔中邹门弟子陈尚象、余显凤、吴铤等人，在邹元标讲学处创建"南皋书院"，贵州巡抚江东之特为此作《南皋书院记》。邹元标著述有《云中存稿》、《戌记删后诗》、《龙山志》、《奏疏补遗》、《愿学集》、《存真集》、《语义合编》等。

此外，萧重望（字剑斗，思南人）、赖嘉谟（江西万安人，随其父入思南）、李廷谦（字仲吉，思南人，李渭之子）、冉宗孔（思南人）、田惟安（思南人）等，都是李渭之徒，从李渭游，好学不倦，日夜与同门交相切劘。胡学礼（务川人）曾持李渭之书问学于邹元标，元标在赠其诗中曾称赞他的学术造诣。明万历二十七年（1599）以右副都御史巡抚贵州的郭子章（字相奎，号青螺，又号蠖衣生，江西泰和人），是"江右王门"大师胡直门人，著《黔记》60 卷，贵州掌故赖之以存。陈尚象序之曰："正德间，王文成公官龙场，有《何陋轩记》，今翰墨淋漓间，似若神物护持之者。……《记》成，当与黔并永，不特海内幡然改观，因知孔子'何陋'之言，与阳明先生名轩之意，俱得公而益信也。"㉝郭子章曾为孙应鳌祠作《孙文恭公祠碑记》。

黔中王门后学第四代弟子。陈尚象、余显凤、吴铤和艾氏三兄弟、陆氏两兄弟等，皆为邹元标弟子，为黔中王门第四代弟子。

陈尚象（字心易，号见羲，都匀卫人），邹元标谪戍都匀，一见他便认定为可成大器，即以心学相期勉，故自幼即得以师事邹元标。明万历二十五年（1597），他编修完成万历《贵州通志》，邹元标为之序。其著作有《疏草》4 卷（邹元标为之《序》）、《诗文集》若干卷。陈尚象的弟子，有独山州的袁肇鼎等。

余显凤（字德矞，独山州人），当时未设州学，他即寄都匀府学，为诸生。邹元标谪都匀，即与陈尚象同师事。在邹元标居都匀的六年中，从学者百数，而余显凤从学时间最久，所得尤深。独山州的人讲阳明心学，便是自余显凤始。

吴铤（字金廷，都匀卫人），其父母早丧，在其伯父家长大，学习非常勤奋，常中夜独坐，每坐必至鸡鸣，书声达旦。邹元标谪都匀，见其试卷，视之为"黔第一士"，说其文"不作经生口吻，神知常溢笔端"。他从邹元标学习心学，进步很快。

艾氏三兄弟：艾友芝（字野史）、艾友兰（字幽谷）、艾友芸（字桂阁），是麻哈州（今麻江）人。邹元标谪黔，与艾氏三兄弟的父亲艾世美

（字尊五，号桂楼）为友，常至麻哈住其家，兄弟三人得以受业，成为心学传人。

陆氏两兄弟：陆从龙、陆德龙，在邹元标谪戍都匀时，兄弟二人共同师事，邹元标许以道器。

综上所述，王阳明谪居贵州，龙场悟道，使举世闻名的心学诞生于贵州。同时，他创办龙冈书院，主讲贵阳文明书院，首开黔中书院讲学之风，培养了一大批黔中弟子。王阳明离黔后，王门的黔籍和外籍弟子在黔中继续弘扬师说，大振阳明心学，讲学之风，盛极一时，使阳明心学遍播全省，贵州人文蔚成大观。继王阳明于龙场创办龙冈书院后，其弟子和再传弟子中，也有许多人在贵州少数民族地区建书院、讲心学。王阳明为贵州培养了一大批心学弟子，再通过其亲传弟子、再传弟子、三传弟子、四传弟子等的大力宏传、发展，至晚明时期形成贵州阳明文化圈。

由于黔中王门后学代表人物的不断努力，对王学的传播发展贡献颇多，并形成自己的思想风貌和地域特征。

孙应鳌作为王阳明的再传弟子，其思想渊源于王阳明，并通过与各地王门弟子的广泛交往，相互切磋，对各派理论学习理解，消化吸收，发展创新，从而形成了自己的心学理论体系。孙应鳌继承和发展了阳明心学，是黔中王门的重要代表。他在阳明心学的视域下，较系统地论述了自己的哲学、易学、伦理、美学、政治、教育等思想，形成了自己的学术特点，为阳明后学增添了新的内容和形式，为黔中王门后学中的领军人物。孙应鳌早年师事徐樾，徐樾即传其心斋之学。徐樾之师为泰州王门大师王艮（1483—1541，字汝止，号心斋，泰州安丰场人）。泰州王门学者大都不受传统经典的限制，多以狂者精神对经典进行随意发挥诠释，故往往轻视经典，藐视权威。孙应鳌学得其中之三昧，其显著的学术特色便是敢于以"六经注我"的心学精神，自作主宰，标新立异，勇于理论创新，不拘权威之说，不受书本约束。例如，他讲《论语》中"温故而知新"时，从心学的角度对孔子所说的"温故而知新"作出了全新的解释，释其为心中生生不息之理，这与传统的理解大不相同。在易学上，孙应鳌对《周易》的诠释亦是如此，其所著的《淮海易谈》就很有影响，清乾隆《四库全书总目提要》称其"谓天地万物，在在皆有'易'理，在乎人心之能明。故其说虽以离数谈理为非，又以程子不取卦变为未合，而实则借《易》以讲学，纵横曼衍，于《易》义若离若合，务主于自畅其说而止，非若诸儒之传，惟主于释经者也"㉞。这是对孙应鳌诠释《周易》进行的高度评价，不在于文字上的训诂，而在于借《易》以讲明心学，自畅其说，故其释《易》常能别开生面，令人耳目一新。正如当时著名学者唐伯元（1540—1598，字仁卿，号曙台，明万历间官至文选郎中）所说："近读孙淮海讲章，亦既明乎其解，视诸家较备矣。乃其紧要归明心体，是本其所本，而非《大学》之本也，是解一人，而学又一人也。"㉟说明孙应鳌著述是借助儒家经典发挥自己的思想，它已超出传统儒家经典而直"明心体"，发挥个人独到见解，其思想的特色已为世人所共见。在伦理思想上，孙应鳌以心本论的立场，继承和发挥了中国古代孔孟儒学、特别是阳明心学的道德传统，主张唯善不朽，求仁为宗，忠则必诲，善继善述，戒谨恐惧，在许多重大理论问题上有一定突破和创新。在美学思想上，孙应鳌从心学的立场出发，提出了"心即是美"的思想，倡导文艺进行儒家的政治伦理教化，由此形成了其心学美学的文化价值取向：以心性本体为基础的人格境界，以伦理本体为基础的道德境界，以意向本体为基础的至美境界。在社会政治思想方面，孙应鳌恪守王阳明"致良知"的社会政治价值理念，坚持儒家礼制，主张以儒术经世，施行仁政，选拔人才，重振纲纪，强调为政以德，讲求实效。在教育思想上，孙应鳌非常重视人才在治理国家中的重要作用，重视人才的培养和儿童教育，主张改革学校教育，充分发挥学校教育在培养人才中所起的重要作用，加强教师的职业道德修养，强调德育的重要性和教师模仿作用的发挥，主张师道与学道的统一、思与学相结合，认为儿童教育应该宜早不宜迟，并对教学的内容、教育的方法等作了系统论述，提出了许多独到的见解。

孙应鳌心学思想核心是："以求仁为宗，以尽人合天为求仁始终，而其致功扼要在诚意慎独。"㊱他平生难进易退，任事敢言，不以依违徇人，亦不以激烈取异物来顺应，沛然有余。所谓"以仁为宗"，实际上是以心为宗，是孙应鳌心一元论本体论的核心，是孙应鳌思想的出发点和归宿点。他认为，"仁"和"心"是密切联系在一起的，"仁"就是人心之理，是人心的至高无上的道德原则。在他看来，富贵和贫贱皆是外物，人心只是一个"仁"字，"仁"的本体全具于心，不仁之人，私欲锢蔽，已失其本心。"仁则此心之无私，无私则心公，心公则理得，自然安仁；知则此心之能别，能别则知明，知明则守固，自然利仁。安、利，虽有浅深，皆能善处"㊲。所谓"以尽人合天为求仁始终"，是孙应鳌求"仁"思想的最高境界。孙应鳌继承了儒家传统文化中的"天人合一"论，以"心物一体"作为他的思想起点，推及为"合天地万物为一体"。在探讨如何追求人与人、人与社会、人与自然和谐相处时，他希望全社会的人们将亲亲、爱人的方法加以推广，认为"从爱亲、敬长、孝悌之良心栽培起，一毫不丧失，由是达之天下，无一物不爱，无一物不济，充满此良心之量，与天地万物为一体，其根本信有在矣"㊳。所谓"致功扼要在诚意慎独"，则说明孙应鳌的认识论是通过发挥王阳明"诚其意，毋自欺"的"格物"工夫去实现的。他认为，"诚意慎独"是达到"心物一体"境界的有效途径，一个人如果将"仁"这一道德行为推广为对整个宇宙的道德行为，那便是反身而诚，就达到了"万物备我"的"一体"境界，如果一个人有了这种境界，那就可以说他已经享受到了极大的快乐，也就可以有限于无限，寓永恒于宇宙之间。孙应鳌认为要达到"诚意慎独"，必须要修身以正心。一个人只有真正做到了修身、正心、诚意，达到了顺应之常的层次，才能够有资格谈论齐家、治国、平天下。

马廷锡，世称"心庵先生"，主要活动于明嘉靖、隆庆两朝。他为官政声良好，对阳明心学有浓厚的兴趣，"在官尝念所学不澈"㊴，他无意为官，有心向学，从政之暇，尝自叹所学不精，后来弃官归故里，为家乡子弟讲学不倦，贵州人士尽师其教，知晓心性之真。

马廷锡的心学思想，渊源于王阳明的弟子蒋信。马廷锡曾两次拜蒋信为师求学，受蒋信思想的影响颇深。第一次拜师是明嘉靖二十年（1541），蒋信任贵州提学副使讲阳明之学于文明、正学两书院，马廷锡到书院听学，为学子之冠。第二次是闻知蒋信在武陵建桃冈精舍聚徒讲学时，已为官两年的马廷锡即辞官奔赴武陵，再拜蒋信为师，在桃冈学习阳明心学，数年始归。跟随蒋信学习，使马廷锡得以体悟"默坐澄心，体认天理"之旨，进一步理解了阳明心学。马廷锡在《登山》诗中，将为学与登山相提并论："为学如登山，且欲跻其巅。望道如望洋，谁能涉其渊。"[40]"为学如登山"反映了为学的艰辛，"望道如望洋"说明了知识海洋的宽广和学无止境。

马廷锡的心学思想，在本体论上主张万物一体，心与气合；在功夫论上强调默坐澄心，体认天理。他认为修习的目的是"体认天理"，掌握天人一体之道。他学习十分刻苦，主张通过静坐、反观，领会理气、心性、人我贯通合一的道理，达到心学家追求的最高境界。马廷锡长期追随蒋信，服膺其学，继承和发展了蒋信之学，主张万物一体，一归于心，通过反求吾心，存心养性，直达圣域。他认为程朱理学主张格物穷理，通过外物的无穷探求，从而达到心性完善而成为圣人，是牵于外物，使物理与吾心终判为二。在心学思想上，马廷锡主张求静、求定、多思考，然后才可能使学术有所升华；强调学习环境的重要性，认为求学必在极清、极静、极定的意境中去沉思体认，才能掌握道的真谛，达到长觉长明。他经常用于自警的箴言是："必极静极清，以至于极定。始长觉长明，以至于长存。澈头方了道，入手莫言贫。"[41]这些思想，是对蒋信静中求性思想的继承和发挥。马廷锡以辞官学心学始，又以不做官以归心学终，其境界不可谓不高远。其所谓"在适不在鱼"，目的在于追求与自然的和谐，融身心于自然万物之中，自由自在。马廷锡还常与孙应鳌和李渭切磋、研讨学问，三人成为好友。

马廷锡学有所成后，回到家乡贵阳，于贵阳城南南明河左岸的渔矶湾旁建栖云亭，整日静坐其中，潜心研究阳明心学，招徒授课，培养了许多王门弟子，使简陋狭小的栖云亭成为当时贵阳研究、讲授阳明心学的中心。嘉靖三十五年（1556），江西人王绍元来贵州任巡抚，到贵阳后耳闻目睹马廷锡的研究和讲学，深为感动。为了改善教学环境，他建立了渔矶书院，扩大了栖云亭的规模，内有主静堂、栖云精舍，继续聘请马廷锡担任书院主讲。嘉靖三十六年（1557），王绍元又上书向朝廷推荐马廷锡。南方学者争先恐后负笈请业。不久，提学万士和、巡抚阮文中、布政使蔡文、按察使冯成能等，相继延请马廷锡主讲贵阳文明、正学两大书院，阳明心学得以发扬。隆庆四年（1570），按察使冯成能见文明、正学两书院院址狭窄，年久失修漏雨，因择地于城东隅，重新修建阳明祠，仍榜其堂曰"正学"，谓之阳明书院，仍然聘请马廷锡任主讲。马廷锡的讲学，在贵阳再次掀起了学习阳明心学的高潮，前来求学的学生，不仅有贵州本省的，也有不少省外的，不仅有一般乡民，还有部分地方官员。马廷锡"讲诲不倦，兴起成就者甚众，成能复时时来会，听者常数百人。盖自阳明、道林后仅见云"㊷。通过马廷锡的努力，贵阳重新再现了阳明主讲龙冈书院、蒋信主讲文明书院后阳明心学复兴的讲学盛况，使阳明心学在贵阳的传播得以继续发展。

李渭（字湜之，号同野，思南府人）一生研治心学，虚心好学，孜孜不倦，曾经先后拜谒蒋信、湛甘泉、耿定向、耿定理、耿定力、罗近溪等著名大师，早年起于庭训，后广交师友，终于学有所获，成为一代名师。其心学思想的渊源，出入于湛、王两家，综其所长，躬行践履，归宗王学。明代著名王门弟子、贵州巡抚郭子章曾撰写《李渭传》，对李渭心学的形成过程及其思想渊源有较全面的概括。

自幼年时起，李渭就在非常严格的庭训下，排除杂念，践行内心修养，严格约束自己的行为，专心于学问的研究，并将"毋不敬"、"思无邪"等书之于壁，用以自戒。不论独处或与人交往，均专心于"本心"的研究，在未与人交往时，他反复体验"如何是本心"；在与人交往时，他又自问"本心是如何"。此外，他还常常虚心向他人学习，曾与蒋信、耿定向、罗汝芳等探讨心学。明嘉靖年间，王阳明弟子蒋信来贵州任提学副使，李渭前往拜谒，潜心研习心学；进京路过湖北麻城，特意登门拜访心学名家耿定向，并与之登天台山，相与论道；升任云南左参政后，心学家罗汝芳时任云南屯田副使，李渭常与罗汝芳探讨阳明心学，深感学识益进。李渭在叙述自己心学的演变历程时说："吾于此学，入白下时，觉与官和州时不同；登天台时，又觉与白下时不同；与近溪游月岩，又觉与以前不同。"㊽郭子章抚黔时，撰写《黔记》60卷，把孙淮海、李同野、马心庵同列于《理学传》，并说："王文成与龙场诸生问答，莫著其姓名。其闻而私淑者，则有孙淮海、李同野、马内江，读三家著述，真有朝闻夕死而可之意，可以不愧为龙场矣。"㊾高度评价了李渭的人品和学识，点明了李渭心学是对王学的继承和发展，及其在黔中王门中的重要地位。由此可见，李渭心学的形成，经历了受于庭训——请教于蒋信——拜谒湛甘泉——与耿氏兄弟论道——受影响于罗近溪几个阶段，其中主要是深受蒋信、耿定向、耿定理、耿定力、罗近溪等王门著名弟子的影响，其思想毫无疑问应该归宗于王学。

李渭与马廷锡、孙应鳌、邹元标等王门弟子，也保持着非常友好的往来，他们之间相互交流论学，无门户之见，博采所长，共同推动着阳明心学在贵州的进一步发展和传播。邹元标谪守都匀，首访李渭和孙应鳌以后，其讲学必称两先生的为圣事迹，并为李渭的著作《先行录》作序，李渭也曾为马廷锡所著的《渔矶别集》作序。孙应鳌有《晤李同野》诗云："南云媚归辔，春日晓风遒。如闻一妙语，为破半生愁。"⑮生动地反映了孙应鳌与李渭交流学问时的喜悦心情。李渭在思南传播心学，受到弟子和后人的尊敬与爱戴。郭子章在《题中和山寺壁——追怀李同野先生》一诗中，将李渭与会稽的王阳明及其弟子相提并论。自从李渭在思南传播"为仁"思想以来，黔东北地区的王阳明弟子不断兴起。在众多弟子的努力下，阳明心学在黔东北地区得以迅速传播，阳明文化逐渐演变为黔东北文化的主流，思南也由此逐步形成为黔东北阳明文化传播的中心，成为贵州阳明文化圈中的王学重镇。

李渭心学，在继承阳明心学理论的基础上，又结合实际有了一定程度的发展。在求学时，他以"必为圣人"为理想目标，认为人们只要通过努力，就一定能够成为圣人；在对待传统文化的态度上，他高度重视维护孔子仁学的地位，以求仁为宗；在实际生活中，他一意躬行，力倡先行。

首先是"必为圣人"的理想目标。李渭继承了王阳明立志为圣贤的思想，以"必为圣人"为最高宗旨。他一生不懈不怠地努力追求，就是为了"做圣人"。他曾锲"必为圣人"四字，随所居悬以自励。为了达到成为"圣人"的人生理想，李渭勤奋学习，自励不息，时刻牢记着要"做圣人"，并以圣人的目标严格要求自己，以圣人的言行规范自己。为了做圣人，他甘愿独自在田园生活，不知道什么是日出日落。李渭还借桐崖的凤雏鸣志。李渭立志为圣的精神，在阳明弟子中很有影响。

其次是强调"仁德"的重要性。李渭指出："孔子之仁，即树根柢也，养士于庠序也。"⑯在这里，李渭将孔子的"仁"视为树的根，在他看来，"仁"就是"德"，即"仁德"，主张"学贵在于进德"，强调为学应以道德品行为根，在于讲德，而不在于浮言华语和文章的背诵、文辞的装饰，更不在于以此作为功名利禄的手段和阶梯。在修养方法上，李渭强调"无欲"，主张事上磨炼。他廉洁为官的理念，正是他强调"无欲"，加强自身道德修养在具体行动上的体现。

再次是倡导"笃实践行"、"行在知先"的知行观。以"行"为先，强调"先行"，既是李渭心学思想的突出特点，也是李渭对阳明心学的进一步发展。知与行是中国哲学史上的一对十分重要的范畴，也是王阳明十分关注的重要命题之一。在知行观上，李渭继承并发展了王阳明心学理论中的"知行合一"思想，他主张"笃实践行"，认为"行在知先"，强调"先行"。《先行录》是他这方面理论的代表著作，由于该书内容已经失传，只能根据现存的邹元标《先行录序》来分析《先行录》的内容和基本理论倾向。在《先行录序》中，邹元标首先谈到了与李渭论学时的情景，他指出，"予昔与友谈学，友箴予曰：'学岂在哓哓为哉？躬行足矣！'"说明李渭治学，反对做表面文章，反对哓哓式的乱嚷乱叫，主张躬行为先，这给邹元标留下了很深刻的印象。对于李渭的学术观点，最初邹元标是有异议的，他"未以子（李渭）躬行为是"，认为"学之不讲，徒日躬行"，并以具体的事例来说明不知而行就不可能达到理想目的。邹元标举例说，如果有人要到燕地去，那么此人必须要先知道去燕地的道路以及山川地形的险要等，然后才能够到达燕地，否则，此人就会遇到很多困难，甚至不可能到达目的地。针对邹元标对"以行为先"观点的疑惑，李渭提出"先行其言而后从之"，即先把自己的话实践后再去推广，一个人说想要到燕地去，当他在了解去燕地的道路远近和方向时，其实他已经在开始实践其言了。在与李渭的论学中，邹元标逐渐改变了最初的看法，开始接受李渭重行的观点。当李渭以《先行录》请邹元标作序时，邹元标写道："伟哉，先生之心乎！……与先生论学而以躬行名录，诚末世之瞑眩也。"并明确表示，"子知先生之学，则予昔之未以子躬行为是，今以先生躬行为正，盖各有攸当未可以膜说为也"⑰。可见李渭《先行录》的核心内容是"行在知先"，而且得到了邹元标等人的认可。李渭不仅如此说，而且也如此做，在实践中，他是一个身体力行、笃实践履的行动派。他在云南做官时，云南学者将他与王门大儒罗汝芳作比较，认为李渭以"行"为先、笃实践履的作风，在当时人们心中有较深的影响。因李渭之学以行道为宗，从不间断、从不停步的精神，明神宗皇帝赐联曰："南国躬行君子，中朝理学名臣。"⑱可见，李渭以笃实践行而在当时名满天下。

15 世纪 70 年代末至 16 世纪末，前后百余年时间，是阳明心学覆盖贵州大部分地区的时期。随着书院教育的进一步推广，心学思想向省内一些边远地区辐射，形成了龙场、贵阳、思南、清平、都匀五大王学重镇。龙场作为王学的起源地，一直是王门学者朝拜的圣地。贵阳是贵州阳明学派最重要的中心，汇聚了来自全省的优秀学子。他们以文明、阳明、正学三大书院为依托，以民间化的方式，不断开展讲授传播阳明心学的活动。思南是远离省城的边远之地，各族杂处，风俗迥异；李渭回乡二十余年，建立书院，竭力讲学，开一方学风，培养出著名的弟子群体。清平卫是滇黔驿道上的各族聚居之地，孙应鳌、蒋世魁在此开拓了一方王学天地。都匀卫是黔南要冲，以此为中心的黔南地区，也深受王学影响，出现了著名的王学后人。

然而，到 17 世纪 20 年代以后，贵州阳明心学迅速衰落式微。究其原因，一是因为孙、李、马、邹的弟子相继去世，后继乏人；二是贵州连年战乱，社会动荡，地方书院大多遭毁；三是明廷为打击东林党，封毁天下书院，禁止自由讲学；四是人们厌恶王学泰州末流空谈误国，转宗程朱之学或考据之学。在此形势风气的影响下，贵州阳明心学的衰退式微在所难免。尽管如此，与其他各省阳明学地域学派相较，黔中王门无论产生时间、地域影响、人员规模、传承谱系等，都有自身明显的思想风貌和地域特点⑲。"黔中王学"在贵州文化中的历史地位和社会影响，终究是十分巨大的。

【注释】

① [明] 王守仁撰，吴光、钱明、董平、姚延福编校：《王阳明全集》，上海古籍出版社 1992 年版，第 695—696 页。

② 《王阳明全集》，第 159 页。

③ 《玩易窝记》，《王阳明全集》，第 897 页。

④ 《传习录》上，《王阳明全集》，第 2 页。

⑤ 《传习录》上，《王阳明全集》，第 6 页。

⑥ 《传习录》下，《王阳明全集》第 120 页。

⑦ 《答顾东桥书》，《王阳明全集》第 45 页。

⑧ 《传习录》上，《王阳明全集》，第 31 页。

⑨ 《续编一》，《王阳明全集》，第 974 页。

⑩ 《答周冲书五通》，《王阳明全集》，第 1207 页。

⑪ 《传习录》中，《王阳明全集》，第 42 页。

⑫ 《传习录》下，《王阳明全集》，第 117 页。

⑬ 《传习录》下，《王阳明全集》，第 197 页。

⑭ 《文录》四，《王阳明全集》，第 254 页。

⑮ 《传习录》下，《王阳明全集》，第 120 页。

⑯ 《传习录》上，《王阳明全集》，第 4 页。

⑰ 《传习录》上，《王阳明全集》，第 4 页。

⑱ 《传习录》中，《王阳明全集》，第 42 页。

⑲ 《书朱守谐》，《王阳明全集》，第 277 页。

⑳ 参见王路平等著《明代黔中王门大师孙应鳌思想研究》，群言出版社 2007 年版。

㉑ [明] 谢东山、张道纂修：嘉靖《贵州通志》，天一阁藏明代方志选刊续编影印明嘉靖三十二年刻本，《四库全书存目丛书》史部一九三，齐鲁书社 1996 年版。

㉒ 《顺生录八·年谱一》，《王阳明全集》，第 1546 页。

㉓ 刘秉鉴，字遵教，号印山，江西安福人，明正德三年（1508）进士。历刑部主事，署员外郎，出为河南金事，迁大名兵备副使。为官清正廉明。

㉔ [清] 唐树义、黎兆勋、莫友芝：《黔诗纪略》卷四，关贤柱点校，贵州人民出版社 1993 年版。

㉕ [清] 周作楫修, 萧琯等纂: 道光《贵阳府志》卷五十七"明政绩录三", 咸丰二年朱德璲绥堂刻本。

㉖ [民国] 刘显世、谷正伦修, 任可澄、杨恩元纂:《贵州通志·人物志》, 民国三十七年贵阳书局铅印本。

㉗ 李渭(约 1514—1588), 字湜之, 号同野, 贵州思南人。历任四川华阳(今成都)知县, 安徽和州(今和县)知州和广东高州府(今茂名市)同知。隆庆年间, 调任云南左参政。万历年间, 任应天府(治所在今南京)中南户部郎、广东韶州(今曲江县)知府。晚年归思南。卒后建专祠奉祀, 明神宗亲赐御联曰:"南国躬行君子, 中朝理学名臣。"泰州王门耿定向铭墓碑曰:"明好学君子之墓。"

㉘ [清] 唐树义、黎兆勋、莫友芝:《黔诗纪略》卷十一, 关贤柱点校本。

㉙ 徐樾, 明嘉靖十一年(1522)进士。历官部郎, 出任臬藩, 升云南左布政使。在战事中溺死于云南元江。

㉚ 孙应鳌(1527—1584), 字山甫, 号淮海, 贵州清平(今凯里市炉山镇)人, 明嘉靖三十二年(1553)进士, 先后任江西按察佥事、陕西提学副使、四川右参政, 曾以佥都御史巡抚郧阳(今湖北郧阳);隆庆三年(1569)遭谤, 辞官归里。万历初年(1573)起任原官, 升大理寺卿, 先后任户部右侍郎、礼部右侍郎、经筵讲官、国子监祭酒、刑部右侍郎、工部尚书。58 岁卒于故里, 赠太子太保, 赐谥文恭, 立祠于清平城内。

㉛ 邹元标, 字尔瞻, 号南皋, 江西吉水人。明万历五年(1577)进士, 官至左都御使, 谥忠介。万历五年因弹劾首辅张居正居丧不敬事, 被廷杖八十后, 谪戍贵州都匀卫。万历十一年(1583)召还, 授吏科给事中。

㉜ [清] 唐树义、黎兆勋、莫友芝:《黔诗纪略》卷十一, 关贤柱点校本。

㉝ [清] 周作楫修, 萧琯等纂: 道光《贵阳府志》卷五十, 咸丰二年朱德璲绥堂刻本。

㉞ [清] 唐树义、黎兆勋、莫友芝:《黔诗纪略》卷五。

㉟《甘泉学案六》, [清] 黄宗羲著, 沈芝盈点校:《明儒学案》, 中华书局 2008 年版, 第 1021 页。

㊱ [清] 唐树义、黎兆勋、莫友芝:《黔诗纪略》卷五。

㊲《四书近语》卷三; 刘宗碧, 王雄夫点校:《孙应鳌文集》, 贵州教育出版社 1996 年版, 第 201 页。

㊳《四书近语》卷三; 刘宗碧, 王雄夫点校:《孙应鳌文集》, 第 187 页。

㊴ [清] 唐树义、黎兆勋、莫友芝：《黔诗纪略》卷四。

㊵ [清] 唐树义、黎兆勋、莫友芝：《黔诗纪略》卷四。

㊶ [清] 唐树义、黎兆勋、莫友芝：《黔诗纪略》卷四。

㊷ [清] 唐树义、黎兆勋、莫友芝：《黔诗纪略》卷四。

㊸ [清] 唐树义、黎兆勋、莫友芝：《黔诗纪略》卷三。

㊹ [清] 唐树义、黎兆勋、莫友芝：《黔诗纪略》卷三。

㊺ [清] 唐树义、黎兆勋、莫友芝：《黔诗纪略》卷八。

㊻ [清] 唐树义、黎兆勋、莫友芝：《黔诗纪略》卷三。

㊼ [清] 唐树义、黎兆勋、莫友芝：《黔诗纪略》卷三。

㊽ [清] 唐树义、黎兆勋、莫友芝：《黔诗纪略》卷三。

㊾ 张新民、李发耀等：《贵州：传统学术思想世界重访》，贵州人民出版社 2010 年
版，第 208—211 页。

第六章

沾溉百年：沙滩文化

　　沙滩，位于遵义县新舟镇禹门乐安江畔，是一个黎氏聚居的村落。清代后期，黎氏姻亲郑氏与莫氏先后迁来附近居住，三家互为师友，互为姻亲，切磋学术与诗文。几代人中涌现数十位诗文作家和学者，形成了一个冠冕全黔、名噪一时的文人学者群体。其中有六位入《清史稿》列传，三位入《清代七百名人传》；代表人物郑珍、莫友芝和黎庶昌，是学界公认的诗文大家和名家。黎、郑、莫三个家族共同建造了"沙滩文化区"，"沙滩文化"成为世家文化与邻里文化的融合体，蕴蓄丰富而深邃的文化内涵，沾溉百年。"沙滩文化"是贵州文化史上的一朵奇葩。

图下 6-1　遵义沙滩全景

第一节　概观

源远流长的清中叶全国知名文化区　形成和发展的五个阶段　以儒学为本　以教育为重　以藏书为职志　蔚为壮观的丰硕成果

"沙滩文化"以黎氏家族为主体，郑、莫家族为两翼。这一文化现象，初萌于清代乾隆、嘉庆之际，成长壮大于道光、咸丰之间，绵延于同治、光绪两朝，余波下及清末民初，历时一百余年。这一文化奇特现象的出现并非偶然，除黎氏家学渊源之外，沿波溯源，上可溯及两宋以来的播州文化，更远可追至黔中的"两汉三贤"。

西汉武帝时犍为郡鄨县（今遵义一带）文学卒史舍人，贯通百家，学究天人，率先为《尔雅》作注，与司马相如、张叔等同辟一代绝诣，后世推为南中文学鼻祖。盛览（字长通）从司马相如学赋，有"牂牁名士"之誉。东汉晚叶，毋敛县人尹珍（字道真）师从许慎、应奉，受经术、图纬，归教南域，传播中原文化，被奉为先师。莫与俦创建汉三贤祠，郑珍写有《汉三贤祠记》。

唐末至明代后期，杨氏世袭播州领主达七百余年。南宋时期，杨粲祖孙几代"留意艺文"，招纳蜀中文士教授州人，并选贡士入京会试，有冉从周等八人成进士。元初，播州宣慰使杨汉英八次入大都，交游都中名士，著有《明哲要览》90卷，《桃溪内外集》64卷。明代，杨氏中也出现了不少诗文作家。"沙滩文化"中的文士，绍继汉代先贤及播州文士尚学尊儒的精神，开创新的文化业绩。

黎氏原籍四川广安。明万历中叶，朝廷平定播州杨氏土司叛乱后，黎朝邦率子孙迁来沙滩，占籍承种。沙滩原是杨氏官庄，宋代便已开垦。这里田畴平衍，弥望十里。黎氏承种，带来了蜀中的先进耕作技艺，物产丰饶，成为鱼米之乡。黎氏世代在此以耕读为业，诗礼传家。

黎氏的入黔始祖黎朝邦，是明代秀才，他在沙滩以耕读为本，教育子孙，家法秩然。他育有四子。长子怀仁为处士，"读书志古儒者"。次子怀义，诸生，以明末多故，混迹渔樵，尝醉歌曰："功名不值一杯水，富贵于我如浮云。"季子怀智，官黄冈知县；明亡，剃发为僧，号策眉，有诗传世。怀仁之子民忻（字建极），受业于著名易学大师来知德（字矣鲜）的高足胡某，尽得来氏的瞿塘之学；后授广西河池州同知，未赴任而明亡，隐居于家。他时常告诫子孙，三世不应新朝科举考试。学者私谥"文行先生"，有诗传世。直到清乾隆年间，黎氏入黔的第七世孙中，才有人考取秀才、中了举人。

第八世的黎安理，便是"沙滩文化"的奠基人。他是乾隆四十四年（1779）乡试举人。官山东长山知县，著有《锄经堂诗文集》、笔记小说《梦馀笔谈》等。延至清末民初，祖孙五代二十六人有诗文和学术论集。民国以来的六、七两代又有六人名世（见《黎氏家集续编》）。著述之富、人数之多、影响之大，在贵州首屈一指。

黎安理之子黎恂、黎恺，人称"黎氏双璧"。黎恂之子兆勋、兆熙、兆祺、兆铨、兆普，各有专工，以黎兆勋诗词成就为高。黎恺的儿子庶焘、庶蕃、庶昌、庶诚，以黎庶蕃词、黎庶昌文的成就为高，跻身全国名家之林。黎恂的孙辈十余人，以黎汝谦成就为高；曾孙辈有黎梓诸人。黎恺的孙辈尹融、尹聪，各有诗词和学术专著问世。曾孙辈黎渊、黎迈，留学日本，获博士、学士学位，也有诗文集传世。

郑珍是黎安理的外孙，黎恂的外侄兼女婿。原住遵义西乡天旺里（今遵义县鸭溪镇），14岁随父母迁来沙滩依舅家，得黎氏家学沾溉。向大舅黎恂学习宋学，又拜遵义府学教授莫与俦习汉学。终于汇通汉宋两学，成就鸿业。其子郑知同，能读父书，承父业。郑女淑昭，工诗，通文字学。

莫与俦，独山州（今独山县）人。清嘉庆年间入翰林院庶常馆肄业，师承汉学大师阮元、朱珪、纪昀、洪亮吉，深知汉学门径。晚年出任遵义府学教授，将治学门径传给门人郑珍和五子莫友芝，使其跻身汉学大师之林。莫与俦病故后，葬于沙滩附近的青田山麓，莫友芝昆弟就在此结庐，与黎、郑两家往来更加密切。莫友芝此前曾拜黎恂为师，与黎兆勋、郑珍同席共砚，相互切劘，成莫逆之交。黎庶昌娶莫与俦幺女，成为莫友芝的妹夫。郑珍、莫友芝又结为儿女亲家。黎、郑、莫三家衡宇相望，互结姻娅，互为师友，诗文创作和学术研究相互激励，补短取长，共同营造出"沙滩文化"，辉耀千古。

　　"沙滩文化"这一命题，首先出自抗战时期内迁遵义的浙江大学史地研究所编纂的《遵义新志》。该志"历史地理"章中认为，"沙滩不特为播东名胜，有清中叶曾为全国知名之文化区"①。

　　"沙滩文化"的形成和发展，大约可分五个阶段。

　　萌芽期：清乾隆后期至嘉庆前期，是"沙滩文化"的萌芽阶段。此前的一百数十年，即黎氏入籍沙滩，便开始了她的孕育阶段。直到黎安理中举，从事教学和创作活动，"沙滩文化"从此发芽生长。

　　成长期：嘉庆后期至道光中叶，黎恂、黎恺昆仲先后中举、成进士，从事诗文创作与学术研究；莫与俦出任遵义府学教授，培育人才，使"沙滩文化"初具规模。

　　辉煌期：道光中叶到同治初期，黎兆勋、郑珍、莫友芝等崛起，在经学、文字学、史志学、金石目录学、农学，以及诗文创作、书画艺术诸多方面，都取得丰硕成果，在一些领域达到全国一流水准，震惊学界与诗坛，使沙滩文化臻于辉煌的顶峰。这段时期，中国社会由承平步入大动乱的局面：太平军驰骋大江南北，贵州各民族起义的烽火燃遍苗岭、乌江。沙滩文士们奔逃流徙，或被困围城中，或结寨自保，他们亲历和目睹战乱的景象和民众的苦难，留下了"诗史"般的作品。郑、黎两家房屋与图书皆化为灰烬，但文士们依旧读书治学、撰述不辍。莫友芝走出战火未熄的山国，在江南度过晚年，赢得学术研究和诗文创作的双丰收。苦难的岁月，艰险的历程，反而玉成了"沙滩文化"。

　　升华期：同治、光绪之际，郑知同、黎庶焘、黎庶蕃、黎庶昌、莫庭芝、黎汝谦、黎尹融等相继活跃于文坛，人才济济，虎虎生风。郑知同绍继父学，受张之洞之聘入四川学政幕，又入粤受聘为广雅书局总纂，将郑氏之学传播蜀中和南粤。黎庶焘从教乡邦，培育人才。黎庶蕃游宦江淮，与名士唱酬，诗词境界大开。黎庶昌出使西洋东洋，广交异邦文士；黎汝谦两度赴日任总领事官，使沙滩文化成果传播东瀛，为中日文化交流史写下光辉篇章。莫庭芝为清末黔中名教授，桃李满园。黎尹融以进士远官吉林，以诗词抒写边境风情。他们把沙滩文化升华到更高境界、使之蜚声中外。

　　余波期：清末民初，沙滩文士仍有闪亮于学界的身影。黎尹融之子黎渊、黎迈游学东瀛，黎渊获日本早稻田大学法学博士，回国后，于1907年创办北洋法政专门学校（今中国政法大学前身），首任监督（即校长），培养大批有为之士。黎迈获日本帝国大学工科学士，返国后任四川兵工厂副厂长，后任职于财政部。昆弟二人均工诗词，各有几部诗文集传世。黎梓（黎兆铨孙，黎汝琦子）民国初年任襄城县知事，返乡为塾师，培养出几位教授和诗人，也有诗集传世。

在沙滩文化形成和发展的历程中，文士们坚持以儒学为本，以教育为重，以藏书为职志。三者相互为用，形成了根柢盘深、枝繁叶茂、万花丛集的地域文化。

黎、郑、莫三家以诗礼传家，尊崇儒学，以宋学（程朱理学）为宗。

黎氏入黔二世祖黎怀仁为子孙立下家训："在家，不可一日不以礼法率子弟；在国，不可一日不以忠贞告同僚；在乡党，不可一日不以正直表愚俗；在官，不可一日不守清、慎、勤三字。凡百所为，'敬恕'而已。"临终诗有句云："半学朱元晦。"足见对朱子学的景仰。

黎安理（号静圃）著有《论语口义》，他教育门人子弟极严，郑珍称他"孝友发屯否"，后来入《清史稿·孝义传》。黎恂（字雪楼）治宋五子之学，兼及汉学，著有《四书纂义》、《千家诗注》，以之教授门人及族中子弟。他任浙江桐乡知县时，为该县理学大师张履祥（字考夫，号杨园）修墓道，理祀田，并将其学术要著介绍给邑士，勉其身体力行。又购买《杨园先生全集》回黔。

郑珍读《杨园先生全集》后，深受鼓舞，录了手抄节本，并依其教示躬行践履。为让更多儒生受益，郑珍和莫友芝把修《遵义府志》所得的酬劳抽出一部分，刻印《杨园先生全集》45卷，郑珍写了重刻序予以评价。

郑珍治学，治经宗汉，析理尊宋，以汇汉宋为一薮为宗旨。汉学以郑玄五经传注为依归；宋学则宗朱元晦，对《近思录》有独到体悟，拟写《危语》一书以阐明宋学要旨。已打好腹稿，计划待六十岁后执笔，惜五十九岁辞世，未能成稿。

沙滩历代文士，均能以儒家信条为立身行事的准则，坚持躬行实践，从日常洒扫应对做起，勇于经受艰难困苦的磨炼，培育坚强奋进的意志；关心民瘼，和睦乡邻，有民胞物与之风；关切国家民族大计，充溢着浓郁的爱国深情；在外事活动中，大节凛然。

大力抓教育事业，是沙滩文化持续发展的重要支柱。三家都有教育论著传世。如莫与俦有《示诸生教》4篇，莫友芝有《过庭碎录》、《棠阴杂记》，黎安理有《教子录》，黎恺有《教馀教子录》，郑珍有《母教录》。《母教录》深入浅出，真切生动，易懂易行，流传颇广，引起史家注目，把"郑文清妻黎"选入《清史稿·列女传》。

黎氏在禹门寺中的振宗堂（也称读书堂）立家塾，三百多年持续不断，培育出大批英敏特达之才。其间著名塾师为黎安理、黎恺父子和道光、咸丰之际的杨开秀。黎安理的学生中有王青莲，嘉庆七年（1802）进士，入翰林院任编修，官至山东布政使，很有政声，有诗集传世。黎恺培养了黎兆勋、郑珍、莫友芝辈。杨开秀（字实田，绥阳举人）培养了黎庶焘、黎庶蕃、黎庶昌昆弟和黎兆铨、黎兆普等。沙滩民谣云："禹门寺，读书堂。孰为师，黎与杨。六十年，前后光。两夫子，泽孔长。"中间遗漏了黎恺，应是"三夫子"。

沙滩文士，绝大多数任过塾师、儒学教授、训导、书院山长。黎庶昌二十来岁时受聘为州官西席；晚年在重庆创办洋学堂，培养外语人才，送往欧洲留学；还招收拜门弟子，当代蜀中一些名教授，是他的四传、五传弟子。莫友芝主讲遵义湘川、启秀书院多年。在曾氏幕中，曾国藩待以宾师之礼，介绍一批年轻幕客拜莫友芝为师。其中姚浚昌为桐城姚鼐族裔，长年伴随友芝，师事惟谨，受益良多，后有学术著作及诗文集传世。其子姚永朴、姚永概，是近现代著名诗文家和教授；女婿范当世、马其昶，也是文坛名宿。他们均受到莫氏之学的沾溉。

收藏古籍，是沙滩文士的特有嗜好，也是沙滩文化积累和发展的厚重基石。

黎恺从浙江丁忧返里，购买数十箧古籍运回沙滩，陈列于三层大楼"锄经堂"中。插架罗列，缥缃万卷，让族中子弟及门人任情取阅。当时贵阳的贵山书院号称藏书最富，也仅有几千卷而已。黎氏藏书一跃而为黔中之冠。

郑珍经营"巢经巢"藏书室，经四十年苦心鸠集，得古籍四万多卷，其中书画文物千余件，有海内孤本六十多种。

　　莫友芝在遵义创设"影山草堂"藏书楼，历尽艰辛，弆藏可观。"入其室，陈编蠹简，鳞鳞丛丛，几无隙地。秘册之富，南中罕有其匹"②。后来书楼迁往金陵，搜罗更富，为江南藏书名楼之一。

　　三家凭借数以万计的藏书，得读古今名家诗文全集，开阔眼界，拓展胸臆，增长才思和笔力，为诗文创作蕴蓄丰厚的艺术滋养；也为经学、小学、金石目录诸学的研究，积累丰富的资料。

　　锄经堂和巢经巢藏书，在同治元年（1862）被农民起义军连同房舍一火焚烧。郑珍面对灰黑纸烬，不忍让其沦为粪土，用纸袋一包包装好，挖坑埋葬，并含泪写下组诗《埋书》。

　　黎庶昌两度出使日本，广泛搜求汉文古籍，出巨资刊印《古逸丛书》二百卷，均为中土所佚秘本。先后运回大批书籍达十来万卷，将佛经《南藏》六千多卷和慧琳《一切经音义》一百卷送入家乡遵义禹门寺藏经阁收藏。其余藏在拙尊园居室二楼。今仅留下空楼一座。

　　莫氏影山草堂藏书，被其子孙陆续变卖。其中价值连城的国宝唐写本《说文》残卷，仅以"威仪三千"白银出手，而今流落东瀛。

　　"沙滩文化"成果丰硕，包孕极富。初步统计（截至民国初年），三家已刊行各类论著八十余种，六百余卷，未刊者六十余种。在海内外产生了较大影响。其中，黎氏著作69种（刊行39种，436卷，《华盛顿传》未计卷数）；郑氏著作58种（已刊25种，144卷）；莫氏著作30种（已刊20种，176卷。其中《遵义府志》48卷，《樗茧谱》与郑氏合撰；《黔诗纪略》及《后编》各33卷与黎氏合纂）。这批著作中，经、史、子、集俱全。以经部而言，有研治"三礼"、"四书"、《左传》、《诗经》的专著，也有研治文字、音韵、训诂的著述。就史部而言，有研治《史记》、《资治通鉴》的著作，也有地方志乘、人物传记、氏族年谱之类的专书；还有奏议类、地理类、金石目录类及版本校勘方面的著作。就子部而言，有农学类、医学类、艺术类、杂家类、泉布类、宗教类的著述。集部则既有总集数种，也有诗、词、古文别集、书画篆刻集等数十种著述，极大地丰富了中华文化宝库，在中国文化史上产生了深远影响。

第二节　黎氏文化世家

"沙滩文化"的创始者黎安理　"黎氏双璧"黎恂黎恺　黎兆勋与第四代传人　后来居上走向东瀛的黎庶昌　黎汝谦与第五代传人

据黎庶昌《遵义沙滩黎氏家谱》记载，其祖先世系源远流长，历代有不少显闻人物。黎氏入黔始祖黎朝邦，于明万历中期率四子（怀仁、怀义、怀礼、怀智）由广安迁居贵阳附近的龙里。明万历年间平播之役后，黎氏迁来遵义沙滩"占籍承种"，世代繁衍。

黎氏以耕读为业、诗礼传家，很有民族气节。黎怀义曾官黄冈知县，明亡后削发为僧，拜高僧丈雪为师。丈雪在沙滩附近的龙盘山上创建禹门寺，成为黔中名刹。怀仁之子民忻，任广西河池同知，明亡隐于家，诫子孙三世，勿应新朝科举考试。怀义、民忻均能诗，《黔诗纪略》录载叔侄二人诗十八首。民忻精《易》学，是著名《易》学家来之德高足胡生的门人，著有《易经释稿》、《程子注》、《流源赋》。黎氏入黔第七、八世始有人应科举考试，考取秀才、举人者相继出现。乾隆四十四年（1779），第九世黎安理中乡试举人，是为"沙滩文化"的创始者。

黎安理（1751—1819，字履泰，号静圃）一生艰苦备尝，际遇坎坷。他的立身行事，由子孙们世代口耳相传，成为黎、郑两家后人的楷模。其传记入载《清史稿·孝义传》。黎安理五十八岁时才被授以教职，曾任永从（今贵州从江县）训导、山东长山县（今邹平县）知县，颇有政声。因病返里，仍坚持参加农事劳作。他的外孙郑珍曾来持书问字，其文行风采，给郑珍留下深刻印象③。黎安理少年时代随父亲就读于私塾，得承家学，通《易》学。著有《锄经堂诗文集》、《梦徐笔谈》、《自书年谱》和《论语口义》等。其主要业绩在教育方面。黎氏自迁来沙滩，即创办黎氏家塾，承传不辍，直至 20 世纪 50 年代初，历时三百五十余年。黎安理从教数十年，所育门生以百计。

"沙滩文化"的第二代传人是黎恂和黎恺兄弟，被誉为"黎氏双璧"。黎恂成就尤高。

黎恂（1785—1863，字雪楼），是黎安理的长子。幼年勤学，十六岁考取秀才，嘉庆十五年（1810）中举，十九年（1814）成进士，分发浙江，任桐乡知县时年仅二十九岁。为政清简，重视文教。曾为该县著名理学家张履祥修墓道、置祀田，推荐其著作。三次充任乡试同考官，甄拔一批特达之士。闲时读书稽古，曾说："人以进士为读书之终，我以进士为读书之始。"丁忧返黔时，购买图书数十箱运回故居，陈列于锄经堂藏书楼中，约三万卷之多，让族中子弟及门生取阅。黎恂居家十四年，一面开馆授徒，一面读书治学。他精研宋代理学和《资治通鉴》。又工诗古文辞，著有《蛉石斋诗文集》、《读史纪要》、《千家诗注》、《四书纂义》、《北上纪程》、《运铜纪程》、《农谈》等，与人合纂《大姚县志》15卷。塾馆常年有门生百数十人，其中拔萃者，如外侄郑珍、年家子莫友芝及长子黎兆勋等。他对郑珍的诗作极为赞赏，常加启导；郑珍每有诗作，无不击节称奇。他深知郑、莫皆可成大器，激励他们多读古籍，跻身儒林。黎恂五十余岁再度出仕云南。辞官回乡不久，贵州爆发了咸同农民大起义。黎恂随家人逃避，每到一处，总要扫地焚香，让诸孙环坐左右诵读，培育人才的心志，老而弥笃。

黎恂之弟黎恺（1788—1842，字雨耕，号石头山人），为人侠肝义胆，乐于助人，而且生性孝友。他一生贫窭，从不干求于人。晚年才出任印江、开州儒学训导，卒于任所。他的成就不及乃兄，著有《近溪山房诗钞》3卷、《石头山人词钞》1卷、《教余教子录》2卷，均刊刻行世。儿辈刻苦奋发，卓然自立，其长子庶焘、次子庶蕃和四子庶昌均有建树。

沙滩文化的第三代有黎兆勋、郑珍、莫友芝等，是他们把沙滩文化推向辉煌的发展阶段。

黎兆勋（1804—1864，字伯庸、柏容，号檬村）是黎恂之子。九岁能写五七言诗，引人注目。与表弟郑珍同砚席七八年，锐意博古通今。后来莫友芝也向黎恂请业，于是三人共同切磋，时相唱酬，学识人品相近，成为终身莫逆挚友。黎兆勋考秀才时，主试官是提学使许乃普，素以"知人"著称，他见黎兆勋试卷很惊异，不信为童生所作。复试时，当面以温飞卿诗句为题，黎兆勋即席赋五言八韵四首。许乃普披吟后说："子他日必以诗鸣，惟品骨近寒，恐禄位不及才名耳。"后来果如所言。黎兆勋有经济之才，但十次乡试都下第，后以父亲"永昌军功"选教职，终身沉沦下僚。常以诗词发抒其抑郁不平之气，与江汉诗家唱酬，诗名远播。他的诗力追王、孟，与王渔洋"神韵派"相近，同郑、莫的宋诗大异其趣。著有《侍雪堂诗钞》8卷、《莳烟亭词》4卷。诗歌成就不及郑、莫，但词则远出郑、莫之上。莫友芝对他的词评价颇高，虽不能与词坛大家并驾，但跻身名家之林，是毫无愧色的。

黎兆勋兄弟五人，他主持家政期间，对诸弟督课很严，俨如师友。其胞弟和二叔家的从弟庶焘、庶蕃、庶昌等，均拜黎兆勋、郑珍、莫友芝为师，或习汉学，或作诗文，各有成就。他们与郑、莫虽属同一辈分，但年龄相差十几或三十来岁。从文化承传方面考察，黎氏昆仲已算是"沙滩文化"的第四代传人了。

黎兆勋胞弟的文学成就不及他的三位从弟。如二弟黎兆熙，四十二岁即去世，从郑子尹习《说文》，只留下《野茶冈人学吟草》1卷。三弟黎兆祺，府学附生，研治宋学。以军功保荐知府，一度宦游云南，不习惯官场生活，拂袖而归。著有《息影山房诗钞》4卷，经郑子尹点定、作序刊行。四弟黎兆铨，以军功赏知县，出任云南寻州知州，关心民瘼，是位"强项令"。有诗集《衡斋诗钞》。五弟黎兆普，精研医学，著有《刍荛本草》2卷、《脉法正宗》1卷、《瘟疫辨证》2卷。其二叔家的黎庶焘三兄弟，文学成就足与黎兆勋媲美；而黎庶昌的声望后来居上，与郑珍、莫友芝齐名，海内泛称"郑、莫、黎三家"。

黎庶焘（1827—1865，字鲁新，号筱亭），是黎恺的长子。十六岁丧父，三个弟弟幼小，他发奋自立，课读诸弟，有如师友。咸丰元年（1851）中举，赴京应试途中得病返里。从此在家以教馆谋生，专意于诗词创作。著有《慕耕草堂诗钞》3卷、《依砚斋诗钞》4卷、《琴洲词》2卷、《筱亭杂文》1卷。郑珍称其诗"不得之静悟即得之苦吟，故能刊落浮辞，吐属沉挚"④。莫友芝称其诗"以洗炼坚絜见长，遵中后来之秀，即已无出吾弟右者"⑤。黎庶焘的业绩，还显示在教育方面。除在禹门寺开馆授徒外，还先后应聘主讲遵义湘川、育才、培英三书院，培育人才很多，知名者如宦懋庸、赵怡昆仲、刘汉英等。在沙滩黎氏教育这副"链条"中，他是继黎恂、杨开秀之后的一位重要塾师，可惜英年早逝。其子黎尹融、孙黎渊、黎迈，也都是"沙滩文化"的继承者。

黎庶蕃（1839—1886，字晋甫，号椒园）为清代词坛骁将，跻身名家之林，其成就超越其兄黎庶焘，影响比从兄黎兆勋更大。他少年时代与幼弟黎庶昌同案攻读，刻苦自励。咸丰二年（1852）中举后，一度赴京应试，因道路阻梗而折回。佐其从兄黎兆祺坚守禹门山寨，以军功保知州，后赴扬州候补淮盐运大使。曾游历江淮吴越，北上京师，由津门浮海至吴，与当世名流交游唱酬，开拓诗词境界。其诗受郑珍濡染，诗风略近苏、白，刊行《椒园诗钞》7卷。贵州诗评家陈田对黎庶焘、黎庶蕃昆仲之诗情有独钟，分别选了44首、50首入《黔诗纪略后编》，评云："遵义黎氏兄弟称诗，筱亭才力稍窘，善用其短，镂肝刻肾，有幽花晚秀之态；椒园气豪，颇自挥霍，不能如乃兄之苦吟，而出语轩轩露爽，有扶风豪士之风。"此论切当。黎庶蕃词的成就尤高，刊行《雪鸿词》2卷，词风豪荡舒张，略近苏、辛；也有深情缱绻的婉约之作。叶恭绰《全清词钞》录其词16阕，比常州词派领袖张皋文、周济还多。钱仲联编选《近代文学大系·诗词》卷，选录词家一百三十余人，其中贵州有三人，黎庶蕃以5阕居首，足见他在词坛上的地位和影响。

黎庶昌（1837—1898，字莼斋）是黎氏门中蜚声中外的佼佼者。他六岁丧父，家贫，靠庶母及生母针黹所入维持生计。长兄、仲兄入塾读书时，黎庶昌因无学费而留在家中，但他不时去塾旁偷听。塾师杨实田（开秀）见到后，叫他正式入塾，同自己的儿子对坐而读，免收学费。由是熟读经史，有用世之志。其伯父黎恂辞官归来，问及志向，他侃侃而谈，表示愿学陈同甫（南宋陈亮），"思以瑰伟奇特之行，震襟乎一世"[⑥]。参加岁、科试，常名列第一，二十一岁成为廪贡生。正遇贵州各族人民大起义，贵州停止乡试达十五年之久。黎庶昌在亲友资助下，北上京师应顺天府乡试。

黎庶昌师事表兄郑珍，学有根柢，尤醉心于古文，且留意于古今治乱及时务流弊。郑珍有《送黎莼斋表弟之武昌序》，其中"惟在己者为可恃"、"不听命于天人"，以及"豪杰之士，不待文王而兴"等词句[⑦]，对黎庶昌激励很大。黎庶昌得从兄黎兆勋资助而入京，可惜两次乡试均落第。因无还乡川资，滞留京师。同治改元，皇帝下诏求言。黎庶昌毅然写下"万言书"，指陈时弊，提出改革吏治措施25条，冒着"递解回籍"

的风险，斗胆上书皇帝。清廷特赏知县衔，分发到曾国藩的大营差遣委用。起初，黎庶昌并未引起曾氏注意。后得知是郑珍弟子，特调来作文案，纳为门生。黎庶昌与张裕钊、薛福成、吴汝纶同拜曾国藩习古文，为曾门四大弟子，晚清著名散文家。他在曾氏身边五六年，得其保荐为直隶州知州。曾氏去世后，黎庶昌撰写《曾文正公年谱》12卷，并参编曾氏全集。

光绪二年（1876），郭嵩焘出任驻英、法两国公使，黎庶昌被调任参赞。先后任职于伦敦、柏林、巴黎和马德里，历时五年余，游历西欧十国。他撰写《西洋杂志》8卷，记述各国政教风物、民情习俗，被誉为19世纪西洋风俗画卷。此书国内数度印行，近世还有巴黎出版的法文译本。光绪七年（1881）冬，黎庶昌调任驻日本国公使。三年后，丁母忧回故里，创修拙尊园，广积藏书。光绪十三年（1887）冬，再度出任驻日本国公使。此期间，他广交日本朝野文士，声誉日隆。他搜求流落日本而国内失传的我国古籍，辑印《古逸丛书》200卷，印制精美绝伦，轰动国内学界。又刻印中日文士唱和的诗文集《黎星使宴集合编》、《黎氏家集》40卷。他把贵州边隅的地域文化，推介到东瀛，促进中日文化交流。

黎庶昌悉心探求富民强国之道，倾慕西方物质文明和政教设施。受日本"明治维新"的鼓舞，他曾向朝廷上《敬陈管见折》，主张"整饬内政，酌用西法"，提出革新方案，但遭拒绝。后来因上奏折附片请建"郑莫诸公祠"而被降官三级。以道员资格出任川东兵备道兼重庆海关监督。他在重庆办实业，修云贵会馆，建公园，还创办致用书院；出资开办洋务学堂，培养并派遣学生赴英、法留学。他还接纳一些门生，使沙滩文化流播蜀中。

黎庶昌专攻古文，也研治地志及目录学，著述甚丰，除上述《西洋杂志》等外，还有《拙尊园丛稿》6卷、《丁亥入都纪程》2卷，《遵义沙滩黎氏家谱》1卷，《全黔国故颂》24卷，编选《续古文辞类纂》28卷、《古逸丛书叙目》1卷、《宋本〈广韵〉校札》1卷、《海行录》1卷、《从兄黎伯庸府君行状》1卷。未刊书稿有《孔诂》、《使东文牍》、《使东奏议》、《牂牁故事》、《莼斋笔记》等。黎庶昌成就最高的是散文，取法于郑珍和曾国藩。他出国后的作品尤佳，内容富赡，风格遒劲，已突破桐城派"义法"、"雅洁"的藩篱，自树一帜。《卜来敦记》、《游徐福墓记》、《游日光山记》、《奉使伦敦记》等文章被多家选本收录，成为近代散文名篇。

沙滩文化第五代有黎汝弼、黎汝怀、黎汝谦、黎尹融、黎尹聪等。黎汝谦成就较高。

黎汝谦（1852—1909，字受生），黎兆祺之子。他幼年刻苦读书，郑珍抚摸其顶说："他日承吾志者，其此子乎！"他是光绪元年（1875）举人。光绪八年（1882），黎汝谦随叔父黎庶昌赴日本，任神户领事官。曾与相国李鸿章之子李经方在日本邂逅，结为挚友，志趣投契。光绪十六年（1890），李经方升任驻日公使，黎汝谦随行，任驻横滨领事官。黎汝谦三年后返国，升知府调广东任职；十年后罢官返黔，寓居贵阳。黎汝谦关心国事，主张变法。与译官合译《华盛顿传》，文笔清雅传神，出版后很受国人喜爱，有开启民智之效。维新变法初期，他曾写信给李端棻、张之洞，请他们保举康、梁，让朝廷重用。变法失败后，他写有《畏垒国游记》，揭露清王朝的腐败，控诉其残杀维新志士的罪恶。黎汝谦工诗，又擅长古文，刊行《夷牢溪庐诗钞》7卷、《夷牢溪庐文钞》6卷。其诗歌成就超过乃父，与叔父黎庶焘、黎庶蕃差可比肩，散文略逊于黎庶昌，为黔中一流散文家。黎汝谦促进中西文化交流功不可没。

黎汝谦的长兄黎汝弼，师事郑知同，研治汉学，著有《虚甫诗钞》。仲兄黎汝怀，有诗稿留存。四弟黎汝贞，诗才敏捷，卒年仅二十一岁，著有《干生诗存》1卷，《黔诗纪略后编》选录其诗9首，其诗风绮丽清新。

黎庶焘之子黎尹融（1859—1898），曾一度赴日本游历，与使馆中文士唱和，有《祝融诗存》、《家稿汇存》等著述。黎庶昌之子黎尹骢，喜搜集金石书画，所蓄古钱币极丰，著有《古泉经眼图考》1卷、《古泉书录题解》3卷（刊行），成为别开生面的学术著作。

沙滩文化的第六代，活动于清末民初。代表人物有黎渊、黎迈和黎梓等。

黎渊（1879—1935，字伯颜），是黎尹融的长子。他五岁丧母。精敏好学，尤嗜吟咏。十四岁写有《庚园即景》，描绘吉林农安县署景物。次年随父丁忧返里，与族中诸昆弟吟赏家乡山水风物，受家学濡染。十九岁时其父离世。他于次年考取四川省留日公费生。光绪二十六年（1900）在日本考入早稻田大学，攻习法政专业。留学五年，获博士学位。归国后，于光绪三十二年（1906）奉命创办北洋法政专门学校（即法政大学堂），次年招生开办，黎渊为首任监督（即校长）。该校学制六年，要求学生精通两门外语。首批学生中，有后来成为中共创始人之一的李大钊。

辛亥革命后，袁世凯窃取总统职位，欲引黎渊入阁。黎渊以"秉性散淡"婉谢。袁氏亲自登门造访。黎渊难再推辞，答应为总统府秘书。嗣后，被选为参政院参政，上议院议员。但依然散淡为怀，独沉浸于魏晋文章与唐宋诗词。袁氏称帝事起，黎渊"屏迹累月"。护国军起，形势紧急。袁世凯之子袁克定曾专门向他问转圜之策，黎渊要其劝"首座"即行退去帝位以谢天下。此后，黎氏退出政坛，隐居市井，与诗友、家人唱酬为乐。黎渊有《致明堂诗稿》，分为《山居集》、《吴帆集》、《留东集》、《帡翠轩吟稿》、《鸠寄集》、《鹪巢集》等，辑入《黎氏家集续编》。

黎迈（1882—1953，字仲苏），黎渊之弟。曾考取留日公费生，赴日入东京帝国大学，习工科。学成归国，出任四川兵工厂副厂长。后赴北京，于财政部和中国银行任职。抗战前夕，举家移居唐山，拒绝日伪政府的高官引诱，坚持民族大节，隐姓埋名，题其居曰"工隐庐"。著有《工隐庐诗钞》、《海堂轩稿》、《十石鼓砚斋诗稿》、《双枣书屋倚声》、《工隐庐随笔》等。黎渊昆仲，继承其叔祖黎庶昌遗愿，为中日文化交流做出重大贡献。

黎树、黎楷、黎梓昆弟，为黎汝琦之子，均有所建树。

黎树（1867—1935，字文圃），曾任教于遵义县中学，培育不少人才。他治学谨严，喜吟咏。著有《啸峰诗稿》2卷，《日本地理志》4卷，《广州湾割地事记》1卷，《琴渊记》1卷。黎楷（1874—1938，字直哉），毕业于北洋法政专门学校第一期，曾任职于陕西、北京、奉天等地高等法院，返黔后在遵义县中、女中任教。工书法，喜吟咏，有《四勿斋诗稿》。黎梓（1886—1954，字君卫，号丹腾），博览群书，醉心诗文。在外十多年后返乡，开馆授徒，培植弟子多人。著有《助耕草堂诗钞》4卷，辑入《黎氏家集续编》。他是黎氏家塾三百五十余年的最后一位塾师，也是沙滩文化的最后一位宿儒。

第三节　一代巨儒和诗大家郑珍

命运坎坷的"西南名儒"　治学"汇汉宋为一薮"　诗笔横绝一代卓
然大家

"西南两名儒，俱出牂牁巅"⑧。两位名儒，一是郑珍，一是莫友
芝。郑珍的著作除几种单行本外，未刊书稿极多，学术价值很高。抗战
期间由贵州省政府刊印郑珍的《巢经巢全集》89 卷（含郑知同著作 4 种
8 卷；《遵义府志》48 卷除外）。可惜只搜得郑珍著作 15 种，还有十几种
散佚，包括《老子注》、《先秦古书读》、《说文大旨》、《转注本义》等。

郑珍（1806—1864，字子
尹，号柴翁），贵州遵义人。祖
籍江西吉水，入黔始祖郑益显是
位游击将军，明万历年间随军平
定播州杨氏土司叛乱，留守遵
义，定居天旺里河梁庄（今鸭溪
镇附近）。其子孙繁衍，成为望
族。郑珍的祖父是清乾隆诸生，
精医术，能诗。父亲郑文清是位
处士，工诗，也精医道。

郑珍的成长，与他母亲的培
养关系很深。郑母黎氏，是遵义
沙滩黎安理的第三女，她自幼经
受艰苦生活的磨炼，读过不少古
书，知经明理，精敏练达。郑家
所在的天旺里一带，社会风气恶
劣。郑母深恐影响子孙，毅然决
定迁居。当郑珍十四岁时，全家

图下 6-2　郑珍像（选自凌惕安编撰《清代贵
州名贤像传》）

迁往百里之外的乐安里沙滩，在外祖黎氏附近赁屋而居。郑母黎氏对子女教育很严，但严中有慈，从不鞭笞责骂；循循善诱，多方启导。郑母死后，郑珍于丙舍中回忆母亲生前言行操守，撰成《母教录》66 则，涉及德育、智育、美育、劳动教育等方面。刊行后流传很广，被视作家庭教育的典范。

郑珍三岁时，由祖父郑仲侨（学山）教读，后由父亲督课。十二岁时，曾进遵义湘川书院肄业。他生性顽皮，但山长李邺芸却视之为"神童"，非常宠爱。十四岁迁来沙滩，向外祖父黎安理"执经问字"。外祖父死后，大舅黎恂从浙江桐乡知县任上奔丧归来，运回数十箱图书，并在家开馆授徒，郑珍特地拜他为师。黎恂见郑珍诗才颖异，有过目不忘的记忆力，知他能成大器，便打开锄经堂藏书楼，让他随意取阅，并指导他研治宋五子之学，期望将来成为儒学家。

郑珍读书很刻苦，"恒达旦夕，肘不离案，衣不解带"⑨。每天记诵数万言。他与表兄黎兆勋（黎恂长子）共砚席数年，读尽锄经堂藏书。又手钞珍秘古籍，尽力购买，创建自己的书屋"巢经巢"。历经四十年，终于搜集数万卷，成为黔中著名藏书楼。

郑珍十七岁考取秀才，弱冠便选为拔贡生。主持拔贡考试的贵州提学使程恩泽，对郑珍非常器重。程氏是汉学大师凌廷堪门生，既精汉学，也工诗文，是"宋诗运动"领袖，文章称天下宗伯。郑珍赴京应"廷试"落榜，被程恩泽招入湖南提学使幕府，借游幕以游学，在程恩泽指导下研习汉学和诗文，得其真传。程恩泽特为郑珍取字为"子尹"，期望他以先贤尹珍为楷模，教化南域。在湖南游幕近两年期间，郑珍这位二十出头的青年，却与名满海内、年近半百的湖湘诗人邓显鹤、欧阳绍辂和金石学家兼诗人黄本骥等，结为忘年挚友，相互唱和，促进湘黔文化交流。

从湖南归来，应乡试失败，郑珍便去遵义府学，拜莫与俦研习汉学，与莫与俦的第五子莫友芝结为终身莫逆之交。莫与俦曾得乾嘉汉学大家朱珪、阮元、纪昀、洪亮吉等的指导，他把治学门径传授给郑珍和莫友芝，使他们终成大器，跻身大师之林。

道光十七年（1837）秋，郑珍秋闱中榜。监临官是贵州巡抚贺长龄，他把郑珍纳居门下，指导郑珍研治宋学，并赠予阮元所撰《揅经室集》一部，又资助郑珍完成学业。同年冬，郑珍与莫友芝联袂赴京应试。落第归来，郑珍应聘主纂《遵义府志》，莫友芝辅助。二人搬入府署内的来青阁，潜心修志，于道光二十一年（1841）完稿，成书 48 卷，百余万言。古今文献，搜罗精密，好古之士，欲考镜南中，争求是书，比之《华阳国志》。后来被梁启超称为"府志中第一"。

郑珍第三次赴京应试，入场前患疟疾，死而复苏，强支病体进场（若不进场，便不能享受"公车"返程），伏卧号子中三天，交白卷而出。因已是三次应会试，按资格得"大挑"二等，以教职用。回黔后，选得古州厅（今榕江县）儒学代理训导，这时他年已四十。

古州是少数民族杂居区，学生"夷汉参半"，郑珍兼掌榕城书院。他有教无类，启蒙诱导，大兴向学之风。他送一批童生去黎平府参加院试，居然有 14 人考取秀才。从此，古州人才辈出，教泽绵延至今。有位远道负笈从学的黎平学生胡长新，经郑珍精心培育，两年后中举，联捷成进士，授贵阳府学教授，成为著名的学者和诗人。郑珍曾先后任威宁州代理学正、镇远府学署理训导、荔波教谕等职。在荔波遭遇战乱，在朋友帮助下，经罗斛（今罗甸）、定番（今惠水）辗转到贵阳。在此与莫友芝、黄彭年、唐炯等相聚，盘桓数月返回故居子午山。郑家先是租佃他人住房，后自建一幢木房，取名望山堂。郑珍得此幽居，潜心治学，课读子女，自得其乐。郑珍三次任学官之外，后半生大部分时光在子午山中度过。多部学术著作，都是在望山堂园林中撰写、定稿、刊刻。可是好景不长，贵州各族人民起义爆发，黄、白号军多次进入遵义境内，他的望山堂住宅，连同巢经巢数万卷藏书毁于兵火。同治三年（1864）秋，郑珍病逝，年五十九岁。

郑珍治学，以"汇汉宋为一薮"为宗旨，取汉、宋两学之长，坚持"治经宗汉，析理尊宋"的治学原则，"以治经为文章，能贯串考据、义理、词章而一之"⑩。他也采用考据方法，但反对乾嘉学派末流繁琐的考证、脱离实际的学风；不立门户，博采众长，不立异、不苟同，实事求是。凡遇疑义及前人聚讼之处，先是独立思考，穷原竟委，提出个人见解；如与前人不合，则广征群儒之说，旁参曲证，从而明辨是非，得出恰切的解说。黎庶昌称赞他"每堪一疑、献一义，刊漏裁诬，卓然俟圣而不惑。斯一天下之神勇也！"⑪

郑珍治学的主攻对象，一是"三礼"，一是《说文解字》，旁及群经子史。著述三十多种，已刊行的经学专著有《巢经巢经说》1卷、《仪礼私笺》8卷、《考工轮舆私笺》2卷、《凫氏为钟图说》1卷、《亲属记》1卷。

《巢经巢经说》收录考据文章19篇，涉及"十三经"中的11部经典，有不少卓异创获。清末著名学者李慈铭对此书作了很高评价，称其"精密贯

图下 6-3　郑珍《巢经巢经说》书影

串，尤多杰见"，"实经学之功臣。学者遇此等疑义，称说之余，涣然冰释，自胜于看其他书也"⑫。其他几部专著，也都富于思辨色彩和崇实精神，考证精详而不冗繁，发前人所未发。如《仪礼·丧服》章的笺注中，辨析"出母"、"嫁母"丧服的异同，为寡妇出嫁辩护。《士昏礼》中，明确女子出嫁，必须"入室、即席"后才算"夫妻"，据此反对未婚"守节"的陋俗，很有人情味。《考工轮舆私笺》和《凫氏为钟图说》是工程学专著，注释精细，绘制图形，纠正历代注家之误，维护郑玄注的权威，廓清千年的疑义。为阐扬郑玄之学，晚年撰写《郑学录》4卷，给范晔《后汉书·郑玄传》作注，编写郑玄年谱，辑录著作目、弟子目。征引浩博，考订精审，是研究郑玄不可或缺的珍贵资料，深得时流推重。

郑珍的文字学专著十余种，仅刊行3种：《说文逸字》3卷、《说文新附考》6卷、《汗简笺正》8卷。前两部专著，学界公认是清代同类著作中学术水平最高的著作。当代新编《辞源》中，凡遇有关古字，多注明"参见郑珍《说文逸字》"或"参见郑珍《说文新附考》"。《汗简》是宋代郭忠恕所辑古代奇文异字。郑珍逐字推本详考，揭示真赝所由来。胡朴安著《中国文字学史》中，引录郑氏之说达数千字。《樗茧谱》是工艺学专著，由莫友芝作注刊行，流传很广。

郑珍崇奉宋五子之学，晚年尤醉心于朱元晦。他曾对儿子郑知同说："朱子一生，精力尽在《四书集注》，根底尽在《近思录》。吾五十以后看二书，道理历历在目前滚过，稍涉影响，便有走作，差若毫厘，失之千里矣！"⑬他酝酿《危语》一书多年，已成腹稿，并将要点给知同讲述，打算六十岁时再挥笔具稿，惜天不假年，未能完成"汇汉宋为一薮"的宏愿。《清史稿·儒林》收录郑珍传，在阐述其学术成就后说："珍尝谓：'遵义，汉牂牁也。自郡人尹珍道真从许慎、应奉受经书图纬，教授南域，后无有以经术发闻者。'于是以道真自命而取以为名，故学成而衮然为西南巨儒焉。"⑭

郑珍《巢经巢诗钞》问世以来，引起名家注目，好评如潮。莫友芝《巢经巢诗钞序》曾预言："论吾子生平著述，经训第一，文笔第二，歌诗第三。而惟诗为易见才，将恐他日流传，转压两端耳。"果然，而今郑珍的诗名，远在经学、小学和古文之上。同治年间，吴敏树认为"子尹诗笔横绝一代，似为本朝人所无"。曾国藩也首肯其说⑮。现当代诗论家对郑诗评价尤高。汪辟疆说："郑氏《巢经巢诗》，理厚思沉，工于变化，几驾程、祁而上，故同光诗人之宗宋诗者，辄奉郑氏为不祧之宗。"⑯胡先骕说："郑子尹珍卓然大家，为有清一代冠冕。纵观历代诗人，除李、杜、苏、黄外，鲜有能远驾乎其上者。"⑰钱仲联推尊郑诗为"清代第一"，并进而题写"清诗三百年，王气在夜郎"的赞美诗句⑱。

郑珍的外祖黎氏，世代诗礼传家，外祖父和两位舅父都工诗。他自幼在这"诗乡"的氛围中陶染，天赋又高，得长辈悉心指导。二十来岁游幕湖湘，被执湖湘诗坛牛耳的邓湘皋视为畏友。其《巢经巢诗钞》9卷，《后集》6卷，辑录生平四十年的诗作近千首，全面记录和反映了道光、咸丰之际由承平到动乱的时代风貌。如早年所作《捕豺行》、《晨出乐蒙冒雪至郡，次东坡江上值雪诗韵寄唐生》、《者海铅厂三首》，中年的《吴公岭》、《江边老叟诗》，晚年的《经死哀》、《南乡哀》等"八哀"诗，以及《东家媪》、《西家儿》、《避乱纪事》、《闰八纪事》等，无不闪耀着现实主义的光彩，堪称"诗史"。

写亲子之爱，手足之情，是郑珍诗歌的一大特色。多首缅怀母亲、痛悼季弟，以及抒发失女殇孙之痛的诗作，凄惋动人，读之令人酸鼻。

郑珍亲情诗近二百首，情真意挚，前无古人。

他的诗集中有大量山水诗，描绘奇峭瑰丽、诡幻多姿的黔中山水和祖国江山的风貌。或攀登高插云霄的危峰，或探寻幽深的溶洞，或泛舟险滩急流，或观赏千尺瀑布，或沉醉于恬淡清雅的田园风光，或迷惘于飞云盘屈的石崖……以一支出神入化的诗笔，描摹出令人叹为观止的山水画卷。使一向湮没于"蛮荒烟瘴"中的黔中"璞玉"，艺术化地呈现于近代诗坛。他青壮年时代北赴京华，东涉湖湘，西泛滇池……赋而为诗，有如风俗图卷，美不胜收。

郑珍早年泛诵历代名家诗作，对苏轼、黄庭坚及韩愈、孟郊诗作涵咏尤深。作品多奥衍生涩之风；晚年力追盛唐风骨，质朴雅淡，有杜少陵境界与白香山风韵。陈声聪（1897—1987）在《兼于阁诗话》中说："郑子尹（珍）以经学大师为诗，奄有杜、韩、白、苏之长，横扫六合，跨越前代。公以一举人入京会试不售，终老乡里。论其地，遵义为西南之僻壤；论其身世，一广文耳，而其《巢经巢诗》乃精深沉博，瑰诡奇肆如是。盖学足以养其才，才足以运其学，故华实并敷，意境特奇。所主'言必是我言，字是古人字'者，实具有创造性。其诗固甚奥衍，然其佳者，多在文从字顺处。"[19]这是中肯的评价。

郑珍《巢经巢文集》5卷150多篇，体式多样，有书札、序跋、人物传、墓志、游记、杂文等。学术性论文，多精到之见；传记类和纪游之作，文笔淡雅清新。为文不受固有法度约束，往往自出机杼，随意落笔，却与古法暗合。如《斗亭记》、《梅垎记》、《望山堂记》、《巢经巢记》等篇，情深意挚，读之令人嗔喜交作，愁思如缕，足以与归有光《项脊轩志》媲美。后人称郑珍"为文守韩、柳家法，行文谨严"[20]。

郑珍毕生研治经学和小学，汇汉宋为一薮；坚持儒家理想，躬行践履，宅心仁厚，成为富有人格魅力的一代鸿儒。才力赡裕，溢而为诗。善于融唐汇宋，自铸伟词，成为各体皆工的集大成者。诚如黎庶昌在《郑征君墓表》中所言："先生之学，鸿肆而覈辩，经术所不能尽者，益播为诗古文辞以昌大之，瑰奇孤邈，力辟陈常，论者以为汉学家所未有。"[21]其诗作产生了扭转一代诗风的巨大威力[22]。"同光体"以百计的近现代诗家，无不心仪《巢经巢诗》，推尊为"不祧宗祖"；学界以郑诗为近代诗风的代表㉒。

综观郑氏之诗，涵纳今古，轶迈宋唐，雄浑劲健，蕴蓄着大人君子之风怀，洋溢着泱泱诗国的恢宏气象。蜀中诗坛领袖赵熙（1867—1948，号香宋）《南望》诗云："绝代经巢第一流，乡人往往讳蛮陬。君看缥缈綦江路，万马如龙出贵州。"㉓由此可知，"清诗三百年，王气在夜郎"的赞颂，并非溢美。

郑珍多艺多才，工书法绘画。其画"宗思伯（董其昌），间摹文（徵明）、沈（周）"㉕，坚持以造化为师，学古而不泥古。所作《影山草堂图》、《携琴载酒图》、《游芙风山图》、《禹门山寨图》等，逸气纵横，有南宗神韵。书法各体皆工，楷书融汇欧、颜二家，参以钟繇、二王笔意，楷中融隶，别具一格，行书以颜氏《争座位帖》为宗，又兼苏东坡洒脱笔风，富有天然浑和之趣。篆书法秦代碑刻，尤得李阳冰《浯溪铭》神髓，天然浑成，结体精严。隶书远学《礼器》、《曹全》诸碑，近师邓石如，古朴潇洒。书法造诣与何绍基、莫友芝相伯仲。陈田评云："经学大师兼长三绝，古有子瞻，今则先生。"㉖

郑珍之女郑淑昭（1826—1877），字班班。幼习《说文》，且工诗。琢育三子，皆成大器。有《树萱背遗诗》、《文字述闻》（长子赵怡辑录）传世。

郑珍的独子郑知同（1831—1890，字伯更），醉心于苍雅故训之学。他曾入四川提学使张之洞幕，助其倡导小学于蜀中。他绍继家学，精研《说文》，有著作十几种。仅刊行《说文本经答问》2卷、《六书浅说》1卷两种。尚有《说文述许》、《说文商议》、《说文伪字》、《经义慎思篇》、《愈愚录》、《隶释订文》等多种未刊、书稿散佚，惟《说文正异》2卷尚存北京国家图书馆。近年发现其《楚辞考辨》手稿㉗。其中多有精深见解。有《屈庐诗稿》4卷，首刻于花近楼《郑征君遗著》中，民国贵州省政府《巢经巢全集》附录郑知同《屈庐诗稿》4卷和《漱芳斋文集》1卷。郑知同工书艺，由他手写刊刻其父的《巢经巢诗钞》，隶书遒劲飞动，笔意在魏晋之间。篆书精洁遒整，冠绝一代，有论者称为"冰翁后一人"。他晚年应张之洞之聘，赴广州任广雅书局总纂，拟将家翁巢经巢书稿全部整理刊行。为时两年，仅刊行数种，郑知同便病逝于广州。郑氏从此衰微。

第四节　莫氏教育学术世家

矢志育人的莫与俦　"志事无匹双"的西南名儒莫友芝　克继家学的
莫氏第三代

清代后期，独山州（今独山县）出现了莫氏教育世家，莫与俦、莫
友芝父子都以尹珍（道真）为楷模，把毕生精力奉献给教育文化事业，
培育大批英才。父子二人事迹被收入《清史稿·文苑传》。

莫与俦（1762—1841，字犹人，号杰夫），祖籍江南上元县。入黔始
祖莫先，于明弘治年间随军征讨都匀苗民，落籍黔南，几代都任武职。
至祖父一辈才弃武习文。父亲莫强于乾隆年间考取秀才，终身为塾师，
对儿辈督课很严。

乾隆后期，著名学者、诗人洪亮吉任贵州提学使，赴都匀府校士
时，童生莫与俦前来请教，侃侃而谈。洪亮吉称赞说："子理直气壮，必
以名节著。"嘉庆三年（1798），莫与俦中举，次年联捷成进士，改庶吉
士。当时汉学之风盛行，但西南地域仍是一块空白。莫与俦在庶常馆读
书期间，拜座师朱珪、阮元及著名汉学大师纪昀、洪亮吉为师，研治汉
学。几位老师对莫与俦期许很大。晚年时莫与俦有诗《戊戌生日郑子尹
孝廉以诗见寿和答》回忆这段往事：

> 老来不记旧卿相，独记先辈之高风。
> 乾嘉之际盛人杰，翘首未易遽数终。
> 鸿猷何曾冠当代，余绪亦足称儒宗。
> 维南有洪北朱纪，就中爱我推数公。
> 谓能负气少屈曲，稍学可作西南雄。

老师们殷盼莫与俦学成后把汉学之风引入西南。他被分发四川，在
边远的盐源任知县，丁父忧回家。为奉养母亲而留居乡里，设塾授徒，
课读子弟，历时十四年。因地处边隅，图书匮乏，无条件研治汉学。直
到六十岁才改授教职，出任遵义府学教授。

莫与俦上任后，刻意购置图书，特别留意搜求汉、宋两门经说名
著。其中宋学著作，除程颐、朱熹等"宋五子"的代表作外，还有明末

吕坤（新吾）、孙逢奇（苏门）及清初汤斌（潜庵）、陆陇其（稼书）等理学家著述。汉学则有清代的汉学名著，如惠栋《易汉学》、阎若璩《古文尚书疏证》、胡渭《禹贡锥指》、陈启源《毛诗稽古编》，以及诸家释《礼》名著，如徐乾学《读礼通考》、张尔岐《仪礼郑注句读》、江永《礼经纲目》、秦蕙田《五礼通考》等。面对这批图书，莫与俦朝夕披览，重理荒废多年的学业。但毕竟年事已高，难望大的成就，便把希望寄托在儿子莫友芝和门人郑珍等的身上。他指着满架古籍对莫友芝说："吾少也，不及知，知之矣，又无能得书；今书十九备而吾已老。若辈不及今为之，何及矣！"⑧他把乾嘉朱、阮、纪、洪诸大师治学门径，指引给莫友芝和郑珍，激励他们潜心研习，终于使他们跻身于汉学大师之林，被誉为"西南巨儒"。

莫与俦有著作多种，如《二南近说》2卷、《仁本事韵》2卷、《喇嘛纪闻》1卷，另有诗文集若干卷。书稿被其侄儿携往广西途中丢失，后由莫友芝辑得零散篇章，刊成《贞定先生遗集》4卷，前三卷为文集，后一卷为诗集。文集有历史地理和教育学方面的论文，有较高学术价值，还有一些反映社会动乱现实的记叙文、抒情文。《清文观止》一书选录其《先王父马赞》一文。

他的诗以描绘川滇之际风情风物为特色，如《喇嘛道中》、《之木里喇嘛左所》、《登左所观小海》等。所观"小海"，即今天的泸沽湖。诗中有句云："浮渟碧镜中，疏疏浮雪螺……湮消（雪融水涨）方未至，百里静无波。安得百斛舟，乘风信经过。遗闻补班郦，奇纵恣搜罗。遥遥望蓬山，清兴空尔多。"莫与俦当是描绘并鉴赏泸沽湖之美的第一位诗人。

莫与俦是贵州著名教育家，曾任独山州紫泉书院山长，培育出一批人才。任遵义府学教授期间，遵义人士争请授业，蜂房般的学舍不够住，赁屋而居的占了半个府城。莫与俦的教育准则是"六经宗伏郑，百行法程朱"，汇汉宋为一薮。《清史稿·文苑传·莫与俦》载："旦暮进诸生而诏之学，以尽其下焉者而已，上焉者听其自至可也。……听者如旱苗之得膏雨。"在教育理论方面，莫与俦著有《示诸生教》四篇论文，分别论述"正趋向"、"读书求实用"、"八股利弊"、"自强自洁"等问题，对树立高尚情操、端正学风，都有指导意义。他病逝后，莫友芝录写父亲言行为《过庭碎录》12 卷。

莫友芝（1811—1871），字子偲，号郘亭，晚号眲叟，是莫与俦的第五子。他三岁识字，由父亲和三哥莫方芝教读。故居在独山城北三十五里的兔场。住宅周围多竹木，园林中有影山草堂。莫友芝与诸弟读书其中。他十三岁离开影山草堂，随父母来遵义，在府学内"棠阴书屋"中继续读书。

青年郑珍前来拜莫与俦先生为师研习汉学时，便与莫友芝结为莫逆之交。郑珍的舅父黎恂在沙滩设塾，家富藏书，专攻经史及宋五子之学。莫友芝前往沙滩，以年家子从黎恂习宋学，与郑珍、黎兆勋同砚席，博览锄经堂藏书，相互研讨学问，切磋诗艺。二十一岁时，莫友芝考中举人。但赴京会试，名落孙山。第二次赴京，与郑珍联袂"公车"，沿途唱和，题咏名迹，以苦为乐，发抒胸臆。下第归来，应聘入志局，协助郑珍纂写《遵义府志》，历时三年，成书 48 卷。当时莫友芝年仅三十一岁。

《遵义府志》成书当年，莫友芝父亲辞世，次年母亲也去世。从此，全家十余口的生计落在他的身上。他应聘主讲湘川书院，束脩微薄，粗衣淡食，常难为继。每天从书院归来，便埋头书案。他嗜书如命，凡见出售的好书，不论囊中有无一文钱，总要赊下来，以后陆续付款。得知某家有秘籍，必定借来钞录。多年搜求，得书数万卷，仍题名为"影山草堂"，与黎氏锄经堂书楼、郑氏巢经巢书屋鼎立而三，称冠南中。

清道光二十七年（1847）春，莫友芝春闱后留京候榜。一天，在琉璃厂书肆与曾国藩邂逅。谈及汉学渊源，莫友芝如数家珍，识见卓特。曾国藩大为惊异，叹道："不意黔中有此宿学耶！"于是在虎坊桥设宴，请刘传莹作陪，与莫友芝订交。当时，曾国藩是内阁学士兼礼部侍郎、二品大员，却与一位普通举人结友，被传为佳话。莫友芝有古风一首叙其事，其中有句云："刘子之肠粲若万花谷，曾子之度汪如千顷波。长安城中有二子，使我鄙吝都消磨。虎坊桥东一尊酒，云泥参差哄人口。"不久，莫友芝落第，曾国藩特来旅舍劝慰，又写《送莫友芝》五古长篇相赠，有"黔南莫夫子，志事无匹双。万书薄其腹，廿载居幽乡"之句。

咸丰年间，农民起义军兵围遵义城四月余。莫友芝在围城中，照旧读书治学。他目睹官吏、兵练的怯懦、贪婪和残暴，写了《遵乱纪事》组诗，描述当时战况及将官士卒的种种丑态。遵义解围后，莫友芝赴贵阳，应贵阳知府刘书年之聘做家庭塾师，并与名流黄彭年、唐炯，满族词人承龄等交游唱酬。唐炯原是遵义人，其父唐树义任湖北布政使辞官归来，在贵阳城中建"待归草堂"，莫友芝、郑珍等常来草堂做客。经唐树义提议，由莫友芝、黎兆勋搜集贵州明、清两代诗歌，编辑《贵州诗集传证》。十多年后，莫友芝编成明代诗选，更名《黔诗纪略》，由唐炯寄白银五百两到金陵（今南京）莫友芝寓所，使书稿刊成，为贵州保留许多珍贵资料。

贵州战乱不息，莫友芝出外远游。清咸丰八年（1858）冬启程，领着十多岁的次子绳孙，北走重庆，出三峡，至荆州起岸北行，沿途留下不少纪游诗作。莫友芝流寓北京约两年，两次春闱均落第。他性格随和，机智幽默，交游甚广。在京所作的诗中，提及的文人将近百名，显宦如祁寯藻、王锡振、许乃普等，同辈文友如何愿船、高心夔、邓辅纶、王闿运、潘祖荫、尹耕云、李鸿裔，年轻的如翁同龢、张之洞、章永康等。莫友芝于宴游酬唱之际，得以博览各家所藏珍稀古籍和墨宝拓片，同他们探讨学问，获益良多。

咸丰十年（1860）夏秋之际，英法联军逞威大沽口，逼近津门和京师。莫友芝与翁同龢、李眉生等忧心时局，同议战守之策。他南下安徽，投奔在那里做官的九弟莫祥芝。湖北巡抚胡林翼在鄂皖之间与太平军作战，邀请莫友芝入其幕府，为他校刻所辑《读史兵略》一书。事成后，莫友芝到安庆曾国藩大营。曾国藩待之以宾师之礼，不责以军政公务，让他得以自由从事学术研究，并让一些年轻幕客拜莫友芝为师，研习汉学。其中如桐城的姚浚昌，后来成为著名学者和诗人。曾国藩之子曾纪泽，也曾向他请业。

平定太平天国后，曾国藩出资把莫友芝的家眷从遵义接到江宁（今南京）。莫友芝把寓所题名"影山草堂"，广求藏书，收获颇富。因原藏于扬州文汇阁和镇江金山文宗阁的两部《四库全书》均毁于兵火，有少量残本流落出去，莫友芝受曾国藩的托付，去江南、淮海各地寻访流散民间的《四库全书》。他查访多人，有一些线索，但所获不多。但是此行他出入多家藏书楼和书肆，得见不少珍善古籍和稿本，便一一作记；又购得一批图书，为日后研治目录学奠下基础。

同治十年（1871）秋，莫友芝病逝。曾国藩率僚属数百人前去祭奠，亲手写了一副挽联："京华一见便倾心，当年虎坊桥头，书肆订交，早钦宿学；江表十年常聚首，今日莫愁湖上，酒樽和泪，来吊诗人。"莫、曾之交，堪称布衣与达官之交的典范。

流寓江表十年，莫友芝曾先后应聘于苏州、扬州两书局，担任总纂，主持刻印或重印《资治通鉴》、《续资治通鉴》、《隋书》等大型史籍，潜心研治版本目录及金石、训诂诸学，撰写多部学术著作。已刊行的有：《黔诗纪略》33 卷，《宋元旧本书经眼录》3 卷，附录《书衣题识》、《金石题识》各 1 卷，《持静斋藏书记要》2 卷，《郘亭知见传本书目》16 卷，《唐写本说文木部笺异》1 卷，《樗茧谱注》（郑珍著，莫友芝注）1 卷，《韵学源流》1 卷，与郑珍合纂《遵义府志》48 卷。光绪六年（1880），莫绳孙将其祖父和父亲的 7 种著作合刊为《独山莫氏郘亭丛书》66 卷。还有十多种书稿未刊。莫友芝学术成就最高、影响最大的是版本目录学著作，学术界公认他是我国版本目录学创始人之一。一些藏书家和图书工作者随身携带《郘目》，以其为寻访古籍的线索。《韵学源流》一书，得到后世如罗常培、王力等的高度评价，并编入《中国历代语言学文选》作教材使用。近年发现其《郘亭书画经眼录》4 卷，经张剑点校，与《宋元旧本书经眼录》合编，由中华书局于 2008 年出版。

文学创作方面，已刊行《郘亭诗钞》6 卷、《郘亭遗诗》8 卷、《郘亭遗文》8 卷、《影山词》3 卷。其诗多山水纪游之作，也有反映现实、忧国伤时的诗篇。诗风酸涩愁苦，成为时代风格的代表，有学者评价："当时海禁已开，国家多故，具有敏感的文人更觉得前途暗淡不安，于是言愁欲愁，其表现力量，也就更能深刻而真挚。黔中诗人莫友芝和郑珍，尤足为代表。"[29]他与郑珍、何绍基，同为"宋诗运动"领袖程恩泽的门生，又是宋诗派的代表作家。钱仲联评莫氏诗云："才力腾绰，不及子尹，而朴属微至，洗尽腥腴，亦偏师之雄矣。忧时纪乱之作，传之他年，足当诗史。"[30]近年发现莫友芝遗留的诗稿、文稿多种，计有《郘亭

图下 6-4　莫友芝书法

诗补》4 卷，《邵亭杂文燹余录》2 卷、《邵亭文补》5 卷、《古今集联》2 卷。同已刊的《邵亭诗钞》、《邵亭遗诗》、《邵亭遗文》、《影山词》，合编为《莫友芝诗文集》（上、下册），由人民文学出版社于 2009 年出版，凡 70 万言。

莫友芝工书法和篆刻。他曾搜集汉代碑头百余通，朝夕摹习，并师法清人邓石如，广益多师，融汇众家，自标一格。姚华评莫友芝篆书"曲折见致，不以姿媚为之，便如琢玉屈铁。此偲翁之所以能成巨子也"。当代书法家沙孟海在《近三百年书学》中说："学邓石如篆书的，莫友芝最好，赵之谦、吴熙载其次。"莫友芝隶书摹习《张迁碑》、《乙瑛碑》和《石门颂》，又融入篆书与魏碑笔意，结体端严，波磔分明，富有"金石味"。楷书从欧、颜入手，渗入隶书笔意，于严整之中时见婀娜笔致。

行书作品多为书札，辑印入《近代名人书札》等书中。行笔自然潇洒，俊逸中见刚劲，有晋人风味。在清代众多书法家中，莫友芝是书艺界公认的一流大家。1919 年，上海有正书局出版《莫友芝真草隶篆墨迹》。现当代一些书法字典中，常影印莫氏作品作为典范[31]。莫友芝篆刻造诣精深，有《邵亭印存》一书行世，辑印印章 31 方，有白文，也有朱文。该书有篆刻名家黄宾虹、王福庵、李尹桑、赵叔孺等的题识。

莫庭芝（1817—1889，字芷升，别号青田山人），是莫与俦的第六子。他承父兄之教，又从郑珍研习《说文》，兼治群经诸子。工篆隶书法，好诗词古文。绝意仕进，以授徒为业。后选授思南府学教授，又任安顺府学教授。晚年寓居贵阳，受聘为学古书院山长，被时流推为黔中名教授。他蓄有白髯，长达尺余，仪度飘然高举。每出行，群童簇拥围观，恍若仙人临凡。为搜求贵州清代诗人作品，莫庭芝尽心竭力，又邀黎汝谦协助，并把所辑诗稿交给陈田，由陈田补充和撰写传证。最后得陈夔龙资助，刻成《黔诗纪略后编》30 卷，《补编》3 卷，与乃兄所编《黔诗纪略》适成双璧。莫庭芝有《青田山庐诗钞》2 卷，《青田山庐词钞》1 卷，刊行；又被其妹夫黎庶昌辑入《黎氏家集》，再刊于日本东京使署。

莫祥芝（1827—1889，字善征，号九茎，晚年号拙髯），是莫与俦的第九子。以干济之才受时流推许。曾在曾国藩大营管钱粮，无毫厘贪占。历任上元、六合、江宁和上海知县，升太仓知州，迁知府。这是一位不畏权贵的"强项令"。他热心文化事业，主修《上元江宁两县志》。喜搜求古籍，富藏书。他出资刊印黎庶蕃诗词集，为之作《序》；又刊印郑珍遗稿《仪礼私笺》、《轮舆私笺》等。

莫氏第三代中，学术成就不及祖父两代，但仍继承家学。莫绳孙（1844—1925，字仲武），是莫友芝第三子。少年时代随侍父亲北游京华，南下鄂皖，寓居江南。多与名流接触，识见颇广。光绪前期曾任两淮盐大使；光绪十二年（1886）随刘瑞芬出使俄国和法国，任使馆参赞（知府衔）。任满升道员，二品顶戴。晚年寓居扬州，榜其宅为"影山侨寓"。整理刊行《独山莫氏邸亭丛书》66 卷；包含《贞定先生遗集》4 卷，附录 1 卷、《贵州诗集传证》（即《黔诗纪略》）33 卷，《宋元旧本书经眼录》3 卷，附录《金石题识》1 卷、《书衣题识》1 卷，《唐写本说文木部笺异》1 卷、《邸亭遗文》8 卷。此外，整理《邸亭知见传本书目》16 卷，后由日本书商石印发行，有多家版本，流传颇广。莫绳孙自撰《影山草堂书目》3 卷，集成《双钩四种》。莫祁（字枚臣），是莫祥芝的次子，黎庶昌的二女婿。受家学沾溉，有文名，工书法、其分隶颇得其伯父莫友芝神韵。莫棠（字楚生），莫祥芝的第三子。曾宦游粤中多年，晚年家居苏州，与当世名流往还。颇富藏书，绍继其伯父莫友芝余绪，娴于版本目录之学。自编《文渊楼藏书目》1 册，著有《铜井山房书跋》一书。搜求郑珍遗著，编选《郑征君遗著》24 卷，由其同年友陈夔龙出资刊印行世。

又为遵义诗人赵菘勘定《舍光石室诗草》4卷，也由陈夔龙出资刊行。

第五节 "沙滩文化"的文化意义

忧国忧民儒者情怀　矢志教育世有贤才　乡邦文献沾溉千秋

沙滩文士是儒家正统思想的躬行实践者。黎氏入黔二世祖黎怀仁有"半学朱元晦"的遗言；黎安理、黎恂父子研治宋五子之学；莫与俦要求门生"百行法程朱"；郑珍对朱子之学研究精深。朱子学的核心，是政治与道德的秩序。礼学的核心是"良俗美序"。郑珍曾在一首诗中描绘他心目中"良俗美序"的图景㉜，把《礼运·大同篇》的大同境界形象而生动地表现出来，真正是美妙无比的理想社会。

为构建这样的理想社会，沙滩文士们并非徒托空言，而是遵循儒家的信条加强自我修养，从"格物、致知、诚意、正心"做起，进而"修身"以"齐家"，最后达到"治国"、"平天下"的目标。即先"内圣"以求"外王"。不论穷达，他们始终坚持不懈地努力着，具有国计民生的大担当，从而体现出大人君子的宏伟情怀。

与一般儒士的出处准则"达则兼济天下，穷则独善其身"不同，沙滩文士即便处于穷厄境地，依旧关切国家大计，关怀民生疾苦。莫友芝这位终身不名一官的文士，当英法联军陈兵津门之际，他与友人尹耕云、翁同龢等商讨战守之策；南下武昌，听到侵略军焚烧宫殿的消息，他愤然写下爱国诗章多首，有"北塘谁遣虚屯戍，黄屋何堪尚播迁"；"卧榻事殊南越远，可容鳞介溷冠裳"之句（《邵亭遗诗》卷六），表达了"匹夫未敢忘忧国"的情感。

当太平天国和全国各地农民起义风起云涌之际，清廷为筹军饷而卖官鬻爵，世风日下，民俗浇漓，郑珍为此深为忧虑，其情尽诉于《哀里》、《东家嫗》、《西家儿》㉝等诗中。为改变"卖官鬻爵"的颓风，郑珍一度幻想借皇帝的威力来制止。当贵州提督学政翁同书任满回京述职时，郑珍写有四首诗赠行，有句云："吾皇勤政理，国本在才贤。到若承清问，先论卖爵钱。"㉞把贤才视为国之根本，希望杜绝卖官之举而求治国贤才。拳拳爱国之心，可见一斑。动乱期间，武人横行，或派兵下乡搜刮金银，或在城中设局派捐，甚而对和尚、士绅也大肆敲诈，施以"站笼"的酷刑。郑珍目睹残酷的现实，写下《南乡哀》、《经死哀》等诗，用诗笔描绘出多种残忍的场景。

沙滩文士关注军国大计，有改革弊政、富民强国的雄心壮志。黎庶昌十几岁时便表示要学陈同甫（亮），拯济时艰；二十六岁时向朝廷上"万言书"，指陈时弊，提出当革当改的措施二十五项，包括荐举贤才，裁减冗官，停止捐纳，增大守令权限，改变科举考试内容（废八比、小楷），全面发行钞票，改革军事制度等。黎庶昌四十岁时赴欧洲作外交官，任驻英、德、法、西四国使馆参赞，游历西欧十国。对各国政教风习、经济文化、山川风物作了精细考察，对其富民富强之术及政教设施尤感兴趣。写成《西洋杂志》8卷90多篇。出任驻日公使期间，他对日本明治维新改用西法取得的成就，颇为赞赏。经过深思熟虑，把自己八年来考察西洋和东瀛所得的体会及对国情的比勘，融汇成一整套变法的方案，于光绪十年（1884）三月写成《敬陈管见折》，呈交总理衙门，请转奏皇上，要求"整饬内政，酌用西法"。奏折中提出军政和经济、文化、外交的改革纲要七大项。首先是急练水师，置兵船一百支以维护海疆；二是筑铁路通火车；三是修治京师街道，展现大国的雄伟气象；四是对各国公使优赐召见，赐宴款待，不苛以仪文，概随其国俗；五是对商务重加保护，发展本国工商业以与外商外货抗衡；六是度支宜预筹出入，即国家财政收支要作预决算，仿西法收取捐税以增加国库收入；七是派亲贵大臣游访欧美和日本，取人之长以补己之短。

此折抄送李鸿章和曾纪泽，二人在回信中都给予颇高评价，但都担心难以施行。李鸿章回信中说："尊议练水师、筑铁路、修治京师街道、优礼各国公使、保护商务、预筹度支并请亲藩游历欧洲各节，大言炎炎，深切时事，足令小儒咋舌。惜当局未能尽知，即嘉纳未必施行。解人难索，可为叹息耳！"曾纪泽回信中写道："大疏条陈时务，切中机宜，非历年周历外洋，见闻精确，不能洋洋洒洒，畅所欲言。其间修治京师道路及请醇邸（按：指醇亲王爱新觉罗·奕譞）出洋两层，弟怀之已久而未敢发。台端先我言之，曷胜快哉！假令朝庭嘉采硕画，实见施行，则中国之富强，可以计日而待。倘再因循粉饰，意见纷歧，则杞人之忧方未已也。"㉟果然，总理衙门以"情事不合，且有涉忌讳处"而原折退回。黎庶昌强国之梦破灭。

同样，两度出任日本领事馆的黎汝谦，也富有维新思想。戊戌维新之初，他两度上书李端棻，并致书张之洞及张氏幕宾王秉恩（雪岑），请李、张以一、二品大员的身份举荐康、梁，给予实权，推动维新变法，以副"天下苍生"之望。变法失败后，他愤而写《畏垒国游记》，影射慈禧太后杀害维新志士的罪恶行径。此文及四封信收入《夷牢庐文集》（只把康、梁二字盖上墨丁），于光绪二十七年（1901）在广州刻印发行。当时，康、梁还是在逃钦犯。黎汝谦冒着杀身灭族的风险刊印文集，爱国豪情和勇气堪嘉。不久，他即因文集之事被罢官。

沙滩文士坚守儒家的民本思想，不论居乡做官，均以一颗仁爱的情怀看待民众，为民着想。如黎安理任长山知县时，平反一起"钦案"㊱；莫与俦任盐源知县时，立碑永远废除"过山钱"㊲。他们的子孙中，出了两位护民抗命的"强项令"。一是莫祥芝敢于抵制上司乱命，尽力为民兴利除弊。如有位豪绅依仗强势后台，霸占崇明岛上新开的沙田。莫祥芝查明实情，不顾上司阻挠，惩治这位豪绅，把沙田全部归还开垦者。一是黎兆铨任云南寻甸州知州，云南巡抚搞了一套民兵征集法，规定征兵一人，随征军饷白银四两。时值大乱之后，招集流亡还来不及，哪有人、银？于是黎兆铨向巡抚呈报实情，拒不应征。终于停止征兵之令。尤为感人的是黎兆铨救护十万回民的事件。云南回民起义期间，为防止曲靖回民造反，将其逼迁寻甸。起义平定后，总督岑毓英担心回民再反，下令将十多万回民在寻甸坑杀。黎兆铨以全家几十口性命担保回民不再反，拒不执行坑杀令。软磨硬顶，拖了若干时日，终于让回民迁回曲靖。迁走之日，黎兆铨亲自坐在路边监督发放路资，回民含泪拜别而去。

黎、郑、莫三家在外做官者，没有一点贪污劣迹，反倒以自家薪俸做了不少公益之事，富有"民胞物与"的古风。如黎安理出资修造乐安江平远石桥（一名锁江桥）；黎恂出资重修禹门寺；黎庶昌出资修缮并扩建禹门寺，重修金顶山玉皇殿等。黎庶昌任川东道员时，出资创建云贵会馆，创办洋务学堂。当遵义一带发生饥荒时，他领头捐款赈灾，购买大批川米运来遵义平价出售，救活数十万民众。

沙滩文士大都任过塾师、学官或书院山长，或收拜门生徒，培养出大批人才。除前文所述的众多贤才之外，如：

王青莲（1776—1838，字希白，号香湖），遵义县乐安里龙坑人。少年入黎氏家塾，从黎安理游。后累官至广东按察使、山东布政使。他关心民瘼，赈济灾民，疏浚河道，政声极佳。关怀桑梓，为省城贡院添号舍、修县学宫、郡设恤幼堂。有《金粟斋诗文集》刊行。

胡长新（1818—1885，字子和），贵州黎平人。少年拜莫友芝为师，青年时代负笈榕城书院师事郑珍，著述甚丰，有《箱经堂诗钞》4卷、《箱经堂文钞》4卷；琢育人才，与莫庭芝同有"名教授"之誉。

姚浚昌（1843—1900，字孟成，号慕庭），安徽桐城人。出身名门，学有根柢。族曾祖姚鼐、父亲姚莹均为古文大家。姚浚昌十九岁时经曾国藩引见，拜莫友芝为师，攻习汉学与诗文，学业大进。后著有《读易推见》、《幸余求定稿》、《五瑞斋诗钞》等十多种，颇得张裕钊、吴汝纶等推许。

宦懋庸（1842—1892，字莘斋，别名碧山野史），曾受学于黎庶焘，又得姐夫郑知同指点。后游幕江浙，拜莫祥芝为师。嗜藏书，得万余卷，朝夕披览评点。晚年攻治许、郑之学，工古文诗词，著述颇丰。《莘斋诗集》7卷、《莘斋文集》4卷、《莘斋诗余》1卷、《播变纪略》1卷、《论语稽》20卷，均由黎庶昌刻印于重庆；尚有多部未刊书稿，如《六书略评议》、《说文疑证稿》、《史记稗言》、《读汉书私记》等。

赵怡、赵懿和赵恒三兄弟，由母亲郑淑昭亲自教读，又拜外祖父门生李镇为师，得承郑氏之学。赵氏三兄弟先后中举。赵怡成进士，著有《汉氅生诗集》8卷、《后集》2卷，还有《文字述闻》、《转注新考》等。赵懿曾任四川名山知县，著述颇丰，有《延江生诗集》12卷，《延江生文集》2卷、《梦悔楼诗余》2卷。其词入选《清代词钞》，为清词名家之一；又编纂《名山县志》15卷；学术著作十多种，如《榕轩茗谈》、《蜀江滩石记》、《南农录》、《名画经眼录》、《观海录》、《江行十日记》、《词微》、《支易》、《北征日记》等。赵恒著有《乙庐诗稿》，他还整理刊印了两位兄长的著作。

赵恺（1869—1942，字乃康），少年时代曾就教于郑知同，得读《说文解字》及清代汉学大师专著。他终身从教，广育人才。总纂《续遵义府志》35 卷（与杨恩元合作）；又编辑《巢经巢全集》84 卷。著述多种，书稿大部毁失。近年整理出版有《近泉居集》3 卷（首卷为诗，二、三卷为文）；与丰子恺合著的《子午山纪游册》，有图画和文章，石印发行。

此外，刘庆汾（字子贞，遵义人）、杨树（字珍林，安顺人）、杨兆麟（字次典，遵义牛蹄场人）等，也多受黎氏、莫氏学家沾溉，后来也有所建树。

"沙滩文化"在学术研究和文学创作的成就和影响，尚有两个亮点值得一叙。

一是重视对自然科学的研究。

黎恂著有《农谈》一书（未刊，部分内容引录于《遵义府志·农桑》卷中），分《农宜》、《农事》、《农具》三部分。他对土质性状、作物所宜、粪土所施、农事节候、种植要诀、灌溉养殖、病虫防治，农具制作和使用、耕牛畜养，都有精细论述。黎兆普（黎恂第五子）则善于培育良种和改良土壤，人们仿其法，多获丰收。他还精于医术，对张仲景之《伤寒论》钻研尤深。前来求诊者门庭若市，他却不收诊金。又亲尝百草，发现《本草》中未载的药性。著有《刍荛本草》2 卷、《脉法正宗》1 卷、《瘟疫辨症》2 卷。郑珏（郑珍季弟）也精于医道，著有《古医方》若干卷（未刊）。

郑珍精研蚕桑养殖之术，著《樗茧谱》一书，由莫友芝作注刊行。全国不少地方翻刻，流传颇广。此书全面介绍山蚕饲养、缫丝、织绸的全套技术规程。对一些经验性的技术细节，无不备述，操作指导性强。当代一些农学、林学和昆虫学著述也多引用此书。郑珍的《田居蚕室录》（未刊），记述遵义一带的物产及民俗风情，大部内容被《遵义府志》录载。书中"物产篇"分 12 类，除动植物外，尚有饮食类、器物类。此外，郑珍的《播州秧马歌·序》，介绍黔北特有的农具踩爬；《玉蜀黍歌》则考订玉米（俗称包谷）种植的由来及名称变换。他的《轮舆私笺》和《凫氏为钟图说》，考订古代工程学的专著，有精到之见。

莫友芝在《芦酒三首》所附《芦酒考》一文中，考订芦酒名称的多样性及制作方法、饮酒民俗。《甘薯歌》考订红苕的名称及民间种植、食用情形。

黎庶昌是中国人"睁开眼看世界"的第一批杰出代表之一。他更关注于西方科技。他参观伦敦、巴黎、伯尔灵（柏林）和马德里的天文台，用望远镜观察土星、木星、金星及月球，对天文学兴趣极浓，写有《谈天汇志》、《西历不置闰月》两文，收录于《西洋杂志》中。黎庶昌对地理学也有兴趣，清光绪十五年（1889）刊行《海行录》1卷。其中《奉使伦敦记》记述赴英航海途中见闻，描绘沿途各国风物及关山形胜；《黎监督训洋学堂诸生教》，是他在重庆送首批出洋留学（英法）生的训词，详述西洋生活应注意的诸多细节，以及学习科目选择等。他还写有《欧洲地形考略》1篇，长达七千言；又有《西洋游记》7篇，记述自己历时五年、游历西欧十国的所见所闻，记叙、描写精确而简明，生动而形象。又有研究中国西北地理的专著《由北京出蒙古中路至俄都路程考略》、《由亚西西俄境西路至伊犁等处路程考》2篇。他还搜得几位探险家的游记，由译官译成中文，自己综研杂采，整理出两文，提供将来用兵和通商参考。光绪十三年（1887），黎庶昌由家赴京，取道重庆、成都，过秦岭，经西安、山西入直隶，由保定赴天津，再转北京。历时三月，行程万余

图下 6-5　郑莫祠

里。后来他写成《丁亥入都纪程》（上下卷，辑入《黎氏家集》）。书中详记每日行程，一面考察民俗风情，一面考订史迹文物；对物产、植被及关塞、战场尤多留意；引古证今，纠古籍记载之失。这是一部资料翔实、考订精审的历史地理学专著。

二是搜集整理地方文献和古代逸籍。

郑珍十几岁时便从事《遵义诗钞》的搜集，经三十多年的努力，搜得明末改土归流以来的诗作，得 220 人，诗二千余首。依照人系以传，传纬以事，因人存诗，因诗存人的体例，录存不少耆旧人物、名胜风俗及轶事掌故。定名《播雅》，凡 24 卷，附 1 卷。

莫友芝对乡邦文献搜求最勤，他搜得贵州明末诗人谢三秀（君采）的诗作，定名《雪鸿堂诗搜逸》，凡 3 卷，附 1 卷。又搜求清初诗人周起渭（渔璜）的诗作，将其自选《桐埜诗集》作为"正集"，厘为 4 卷；其余作品编为"余集"，分为 6 卷，未刊。莫友芝又搜求明代诗人和学者孙应鳌的作品，竭数十年之力，得《易谭》4 卷、《四书近语》6 卷、《左粹题评》12 卷、《教秦绪言》1 卷、《幽心瑶草》1 卷、《学孔精舍诗稿》6 卷、《杂文》1 卷。他搜集贵州明代诗人作品，汇编为《黔诗纪略》（又名《贵州诗集传证》）33 卷，刊刻于金陵。

莫庭芝、黎汝谦、陈田共辑贵州清代诗人诗作为《黔诗纪略后编》30 卷、《补编》3 卷，由陈夔龙出资刊刻于北京。

黎庶昌在日本友人中村正直家获见孙应鳌《督学文集》4 卷，后刊刻于重庆。在日本搜得《丈雪禅师语录》，挑选与禹门寺相关者辑入《黎氏家集》，又将友人章永康的《瑟庐遗诗》、内兄莫庭芝的《青田山庐诗钞》、《词钞》、表兄郑子行的《悦坳遗诗》辑入《黎氏家集》。在重庆刊刻贵州诗人学者宦懋庸的著述多种，有《论语稽》、《播变纪略》、《莘斋诗钞》、《莘斋文集》、《莘斋诗余》等。并为所刻部分著作写有序跋或小传、墓志。

郑、莫、黎三家搜集整理并刊行的贵州地方文献，计 22 种，170 卷，厥功甚伟。

黎庶昌搜集整理古代逸籍更是功莫大焉。他驻日期间，辑印《古逸丛书》26 种，200 卷。花费薪俸一万多两白银，历时两年刻成，精印 100

部赠送学界名流和亲友，并将版片运送苏州书局，由其印刷发行。所辑都是国内早已佚失的古籍。其中一些秘本，是黎庶昌通过多重关系访求而得。其中尤足珍贵者，如唐旧钞卷子原本《玉篇》零卷、唐卷子本《文馆词林》、宋蜀大字本《尔雅》、宋刻本《穀梁传》、唐集字《老子注》、唐写本《汉书·食货志》、宋刻本《庄子注疏》、宋刻本《荀子》、宋本《史略》、宋本《太平寰宇记补阙》等。这部丛书共 60 册，由日本一流刻工雕板，印制装帧精美绝伦，超越前古。国内学者争相购求，视若奇珍。

　　综而言之，沙滩文士谨遵儒家敬恕之道，忧国爱民，表现出廉正忠贞、刚强不屈的品骨，以及待人宽厚、民胞物与的高风。在教书育人、学术研究和文学艺术创作方面坚持不懈，求实求新，成果丰硕（近年一批学者整理三家《全集》，约 1200 万字，即将出版问世），不少成果为传世经典，具有很高的学术价值。特别是郑珍、莫友芝、黎庶昌三人，作为沙滩文化的集大成者，他们的学术成就把晚清的贵州文化推向了新的发展阶段。从文化传承的连续性和持续时间、文人数量、作品数量、文化所涉领域及文化成就等方面综合来看，三家几代几十位学者和诗文作家、艺术家，竟然同处在相距三五里的村寨，互相激扬，共同切磋，优游涵泳于学问文章中。一百多年间，这一群学识丰富、功底深厚的知识分子，共同构建如此辉煌的"沙滩文化"，名闻遐迩，影响深远，这不仅是贵州文化史上一枝独秀的奇葩，即便在中华文化史上，也是罕见的奇迹。在沙滩文化的沾溉之下，黔中人文蔚起，人才辈出。蜀中诗人赵熙称赞郑珍诗作，有"绝代经巢第一流……万马如龙出贵州"之语，移来评价"沙滩文化"，亦是恰如其分的。它繁盛百余年，不仅是黔北文化的代表，而且足以代表该时期的贵州文化。

【注释】

① [民国] 张其昀主编：《遵义新志》，民国三十七年浙江大学史地研究所铅印本，第160 页。

② [清] 郑珍著，王锳等点校：《郑珍集·文集》，贵州人民出版社 1994 年版，第 79 页。

③ 郑珍:《书外祖黎静圃府君〈读书秋树根图〉后》,见白敦仁《巢经巢诗钞笺注》,巴蜀书社 1996 年版,第 142 页。

④ [清] 郑珍著,王锳等点校:《郑珍集·文集》,第 126 页。

⑤ 莫友芝:《〈慕耕草堂诗钞〉题语》,见清刻本《黎氏家集》中《慕耕草堂诗钞》。

⑥ 黎庶昌:《答李勉林观察书》,[清] 黎庶昌著,谢尊修等点校:《拙尊园丛稿》,中国文史出版社 2006 年版,第 49 页。

⑦ [清] 郑珍著,王锳等点校:《郑珍集·文集》,第 86 页。

⑧ 章士钊于抗日战争初期写给贵州省主席吴鼎昌的诗《访郑篇》之首句。

⑨ 陈夔龙:《郑征君遗著序》,见民国四年(1915)花近楼刻本《郑征君遗著》。

⑩⑪ 黎庶昌:《郑征君墓表》,《拙尊园丛稿》,第 56 页。

⑫ [清] 李慈铭撰:《越缦堂读书记》,上海书店 2000 年版,第 789—793 页。

⑬ 郑知同:《子尹府君行述》,见《郑珍家集》,中国文史出版社 2006 年版,第 157 页。

⑭ 赵尔巽等撰:《清史稿·儒林传·郑珍》,中华书局 1997 年版。13287 页。

⑮ 赵恺:《巢经巢遗诗跋》,见 1940 年贵州省政府刊印《巢经巢全集》诗集附录。

⑯ 汪辟疆:《近代诗述评》,见《中国近代文学论文集》(诗文卷),中国社会科学出版社 1984 年版,第 120 页。

⑰ 胡先骕:《读郑子尹巢经巢诗集》,《学衡》1992 年第 7 期。

⑱ 钱仲联说:"郑子尹诗,清代第一。不独清代,即遗山、道园亦当让出一头地。世有知音,非余一人私言。"又云:"子尹诗,才气工力俱不在东坡下。"见钱仲联《梦苕庵诗话》,齐鲁书社 1996 年版,第 280 页。又见钱仲联《论近代诗四十家》,《梦苕庵清代文学论集》,齐鲁书社 1983 年版,第 138 页。

⑲ 陈声聪:《兼于阁诗话》,上海古籍出版社 1985 年版,第 358 页。

⑳ 刘大杰:《中国文学发展史》,上海古籍出版社 1982 年版,第 1213 页。

㉑ 黎庶昌:《郑征君墓表》,见《拙尊园丛稿》,中国文史出版社 2007 年版,第 56 页。

㉒ 陈衍《石遗室诗话》云:"子尹先生、以道光乙酉拔贡,及程春海侍郎之门,故其诗濡染于侍郎者甚深。侍郎私淑昌黎、双井,有清诗人,几欲方驾箨石斋(钱载)。天不假年、而子尹与道州(何绍基)从而光大之、寿阳(祁寯藻)、湘乡(曾国藩)又相先后其间,为道咸以来诗家一变局。……窃谓子尹历前人所未历之境,状人所难状之状,学杜韩而非摹仿杜韩,则多读书故也。此可与相知者道耳。"(转引自钱仲联主编:《清诗纪事》道光朝卷,江苏古籍出版社 1987 年版,

第 10024 页。）

㉓ 郭绍虞：《中国文学批评史》，上海古籍出版社 1979 年版，第 690 页。

㉔《南望》，转引自白敦仁《巢经巢诗钞笺注·前言》，巴蜀书社 1996 年版，第 10 页。

㉕ [清] 莫庭芝、黎汝谦辑：《黔诗纪略后编》卷第十九《征君郑先生珍》。稿本，辛
亥冬日陈夔龙筱石氏刊于京师稿本。

㉖ [清] 莫庭芝、黎汝谦辑：《黔诗纪略后编》卷第十九《征君郑先生珍》。

㉗《楚辞考辨》手稿经蒋南华、黄万机等整理点校，由贵州人民出版社于 2004 年出
版，引起《楚辞》研究界注目。

㉘ 莫友芝：《显考莫公行状》，见《莫友芝诗文集》，中华书局 2009 年版，第 769 页。

㉙ 郭绍虞：《中国文学批评史》，上海古籍出版社 1979 年版，第 690 页。

㉚ 钱仲联：《梦苕庵诗话》，第 284—285 页。

㉛ 文化部在互联网上公布，为保护国家文化遗产，1795—1949 年著名书法家精品和
各时期代表作品不准出境者 193 人，莫友芝名列其中。其作品被视为国宝。

㉜ 见《巢经巢诗钞》卷八，光绪二十三年遵义黎氏刻本。

㉝ 见《巢经诗钞后集》卷六、《巢经巢诗钞后集》卷五。

㉞《送翁祖庚同书中允毕典黔学入觐四首》，见《巢经巢诗钞后集》卷一。

㉟ 黄万机：《黎庶昌评传》，贵州人民出版社 1989 年版，第 110 页。

㊱ 河南李文成起义被镇压，一位小头目隐于杂技班，在京师被捉，因衣服上有沈氏
商号字样，逼供沈氏参加叛乱，飞骑到长山抓捕商户沈家上百口。黎安理情知其
冤，查封商号时派人保护其账册及财物。后果平反，沈氏财产未受损失。

㊲ 旧例，知县视察经过土司境界，土官得到搜刮大量民财献礼，称"过山钱"。莫与
俦知其害民太甚，立碑永远废除此例。

第七章

巫风遗韵：傩文化

傩文化是以驱疫纳吉为目的，以巫术活动为中心的古文化现象，在我国曾经覆盖面广阔。随着历史的发展，一些地区的傩戏已逐渐衰落，但在贵州，仍然留下很多古老的、最具代表性的活形态傩文化。

第一节　贵州傩文化的发展历程

从傩祭、傩舞到傩戏　巴楚文化的影响　汉移民与肛神地方民俗的混融　贵州傩文化与道教、佛教、巫术的关系

从现有资料看，在我国黄河、长江、珠江流域，以及东北和西北地区，都有过傩戏、傩文化的存在，并以不同的方式和形态传承着，形成了一个东起苏、皖、赣；中经两湖、两广；西至川、黔、滇、藏；北至陕、晋、冀、内蒙古、新疆及东北的傩（巫）文化、傩戏圈。

国内学者将傩归为四大类：宫廷傩、民间傩（乡人傩）、军傩、寺院傩[①]。其中，除宫廷傩随着封建王朝的消失已成为历史陈迹外，其他三类傩都以其丰富的文化内涵、不同的形态和层次流承至今。就全国范围来说，一些地区的傩戏已逐渐衰落，但在我国西南广大地区却比较完整地

遗存下来。

古代的贵州居住着众多少数民族，在历史上较少受到各种外来干扰，又有高山深谷为自然壁垒，加之地处荆楚、巴蜀文化交汇地带，成为古老华夏文化的天然储存地，多种地域文化的沉积带，留下很多古老文化的活形态。其中最具代表性的，就是贵州傩文化。

"傩"作为古代腊月驱鬼逐疫的巫术仪式，经历了几千年的发展演变，积淀了丰厚的文化内涵。据《礼记》记载，周代每年十二月都要举行"大腊"和"大傩"仪式，所祭祀的对象为与农业有关的神灵，感谢神灵赐予丰年，同时祈求来年

图下 7-1　［清］《七十二苗全图》之《土人傩堂庆仪图》（刘雍藏）

丰收。这种宗教仪式是全国性的，上自天子，下及庶民，全都参与。由此可见，傩祭最初作为巫术仪式，在国家生活中扮演着很重要的角色，随着社会历史的演进才逐步退出国家政治舞台。

从贵州的一些古文献记载中，可看到较古老的傩祭仪式。明《贵州图经新志》载："（镇宁州）宰牛祭鬼，披甲执枪，乘骏马往来奔骤，状若鏖战，以迎神鬼。"嘉靖《贵州通志》载："除夕逐除，俗于是具牲礼、扎草船、列纸马、陈火炬，家长督之，遍各房室驱呼怒吼，如斥遣状，谓之逐鬼，即古傩意也。"嘉靖《思南府志》载："信巫摒医，专事祭鬼，客至击鼓以迎。"清康熙《贵州通志》说："（土人）岁首则迎山魈，逐村屯以为傩，男子妆饰如社火，击鼓以唱神歌。"道光《安平县志》说："岁时礼节俱有楚风，元旦以至正月十五日，击鼓以唱神歌，妆扮傩神，沿村逐疫。……九月祭五显神，远近咸集，戏舞终日，至暮而散。"

傩祭仪式在进行中，常伴有歌舞表演。尤其是当傩事活动处于四处游走状态时，舞的意义就更为突出。在彝族古傩"扫火星"、土家族傩堂

戏"送神"过程中，都有各种傩舞的表演。有的傩舞是戴着面具进行的，如《扫地和尚》、《开山祖师》等傩戏中的舞蹈片段。另一类是戴人面或兽面的娱乐舞蹈，如贵州余庆的《高矮人舞》等。还有一类是不戴面具的表演，侗族的《冬冬推》、苗族的《雷公舞》，后者先有巫师率八人组成的小队作祭祀舞蹈，而后全寨吹芦笙酬谢神灵。

傩舞的舞步，可追溯到史书中记载的"巫舞"，道教则有所谓"禹步"，巫师们大多称之为"踩八卦"、"踩九州"或"踩罡步"。关于"禹步"，历来认为是巫觋模仿夏禹行走样子作的一种舞步。具体是以八卦的八种符号为方位，以五行（东、西、南、北、中）为定向，将排列组合的方位变化由点到线到面连接固定下来，并以阴阳为气韵。舞蹈时，有规可循，有律可依。其特点可以用轻、飘、旋、颤四个字来概括，融进退屈伸、离合变态于其中，使之具有神韵。有神韵才能感动鬼神，通神祇，媚妖鬼。在贵州德江一带流传的罡步，就多达七十余种。

除步伐之外，傩舞的手势也具有同等重要的意义和类似的功能。这种手势也叫"手诀"或"诀法"，是巫师行傩坛时用十指比画、造型，以表示某种巫术含义的方法。从舞蹈艺术、戏曲表演的角度说，它是经过艺术加工和美化的手势，用以表达思想感情和内心世界的无声语言。因此，从这个意义上讲，傩坛手诀是后世舞蹈的源头与先导。手诀一般有勾、按、屈、伸、拧、扭、旋、翻等环节。运用了动静、屈伸、高低、收放、徐疾、内外、方圆、上下等辨证结构，除了有其神圣性外，具有韵律美、线条美、节奏美。

傩舞在其渊源上与原始舞蹈有关，而原始舞蹈行为又往往与初民的禳除巫术和祭祀活动联系在一起。当远古傩舞发展起来以后，既保持了通鬼神的原始功用，又渐渐加入了娱人的功能。综观贵州现存地方傩舞的结构及各民族的艺术形式，如土家族的"薅草锣鼓"、汉族的地方花灯、彝族的丧葬舞，其他戏曲舞蹈等，都被吸收进来。舞姿、舞具也日趋复杂，这在一定意义上还原了早期舞蹈所具备的"百戏"功能。

傩戏在很大程度上，脱胎于古老的傩祭活动，其最初形式也往往是傩祭仪式中请神驱鬼内容的戏剧化。因此，从这一意义上讲，傩戏与傩舞的出演并不存在先后关系。众多的傩戏剧目，如《引兵土地》、《扫地和尚》、《二郎斩鬼》、《勾愿判官》等，至今仍保持着与法事有关的鬼神信仰的内容。但在后来的发展中，傩戏融入儒、道、释的文化内容和历史、生活的事件，戏曲的内容和形式也渐渐汇入，从而使傩戏有了丰富的内容和形式。随着傩活动的发展，在傩戏的表演中，由纯粹的祭祀和法事需要逐渐掺和进大量娱人和自娱的成分。这样，傩戏既是广大农村的原始信仰方式，又是一种以戏剧表演为主体的艺术活动方式。

贵州由于所处的特殊地理位置和经济社会文化条件，是我国傩戏最多，保存最为完整的省份之一。不仅在汉族地区，苗、布依、侗、土家、彝、仡佬等少数民族聚居区，也都有着不同特色的傩戏。从贵州傩戏的特点来看，无论哪一种傩戏，都具有仪式戏剧的特征，即依托于一定的仪式演出，以戏剧的形式实现人们驱鬼逐疫、祈福纳吉的目的。如布依族的仪式性傩戏"哑面"，被认为是目前贵州傩戏类型中最古老的傩戏形态之一。这种傩戏与祀神有着密切的关系，它还没有完整的戏剧形态，而只是布依族丧祭仪式中所展现的构成傩戏的一些基本要素。

贵州民族民间傩戏系统，大致可分为两个系列、三个历史层次。彝、土家、苗、侗、仡佬等民族的傩戏为一个系列，即民间傩的系列。彝族"撮泰吉"完成了从傩祭向傩戏艺术的初步过渡，是傩戏的雏形、傩戏的低级层次。土家、苗、侗、仡佬等民族的傩戏，虽与宗教联系甚紧，但戏剧艺术综合性因素不断增加和完善，在演出戏中出现了反映世俗生活的作品，并能演出连台本剧目，它是宗教艺术向戏剧艺术过渡的中间层次。贵州地戏，是属于军傩系列的傩戏，它已经基本上戏曲化了，是傩戏发展较为高级的层次②。从贵州民间傩戏系统可以证明：傩仪、傩舞、傩戏是远古巫术文化的流变与遗存，体现了演剧形态的不断发展与完善。

贵州傩文化的渊源，普遍认为受巴楚文化的影响，也有人认为受中原文化的影响。但由于贵州傩文化类型多样，表现形态不一，所以对贵州傩文化的源流，不可一概而论。

黔北、黔东北傩戏的形成和发展，受巴楚文化的影响十分明显。贵州傩堂戏主要流传在黔北、黔东北地区，在地域上与四川东部、南部地区相连；黔东的部分地区，与湖南相邻。这些傩活动流行的地区，在古代曾是巴、楚属地或与巴楚地区相邻，习俗大体一致。长期的经济、文化交流，必然使黔北、黔东北的傩文化，深受巴楚文化的影响。

据宋人冉道隆③《大觉禅师语录》的诗句看，这一地域在宋代就已有"傩戏"的演出："戏出一棚川杂剧，神头鬼面几般多。夜深灯火阑珊甚，应是无人笑倚栏。"这首诗中所说的"川杂剧"，应该是指当时存在的某种新的戏剧艺术形式。"神头鬼面几般多"说明其中有专门演神头鬼面的人物；"神头鬼面"当是傩面的称谓。观众在这种特定的环境气氛中，感到恐惧，收敛起笑容。诗里叙述的"川杂剧"，可能就是巴人后裔在信巫、祀神鬼活动中演出的"傩戏"。对照今天流行在四川和贵州黔东等地的"冲傩"活动，可以发现，诗里叙述的诸如设棚演出、神头鬼面，演出到深夜时灯光熄灭、令人恐怖等戏剧气氛，都大致相似。当时的川杂剧，是一些略有故事情节、民俗性极强的小戏，但还不能算做高度综合的戏曲。贵州尚没有史料说明也流行这种神头鬼面的杂剧。但是由于黔东在地域上与四川涪州相连，巫人的活动常常流动，可能在贵州的巫人也会演出这类戏剧；至少，涪州杂剧对贵州是有影响的④。

贵州傩堂戏也受到楚文化的影响。有学者认为，《楚辞·九歌》描写了当时楚国巫舞、巫歌的生动情景，其中"大司命"就是一首"傩"祭的乐歌⑤。说明当时楚地巫傩歌舞的盛行，并突显了楚巫文化能歌善舞的特点。楚巫文化一直延续下来，至宋代，"州民为百戏之舞，击鼓吹笛斑斓而前，或蒙其焉，极其俚野以为乐……当是时，舞者如傩之奔狂之呼，不知其亵也"⑥。可见当时湖南傩祭活动尚处在百戏娱乐、击鼓吹笛、狂奔呼号的状况中，还没有出现戴着假面、设棚演出的情况。清乾隆《泸溪县志》载："虽无当街扎台专演孟姜女，但入冬迎傩神、还旧所许愿时，也必演一本孟姜女。"⑦把孟姜女作为"民间司傩大神"对待，这是"傩"活动在长期流变中的产物。人们把值得尊敬的历史人物奉为神灵，以他们为傩神，为人民消灾、纳吉、还愿。而在贵州，据明嘉靖《思南府志》载："俗以六月二十四日、七月二十二日为土主、川主生辰，至日有庆神之举，居民盛装神像，鼓行于市，谓之迎社火。"两相比较，可知以社火形式附上一些宗教迷信意识，与娱神、娱人的民俗相互结合，贵州的傩活动和两湖的傩活动，有着很多相似的地方⑧。

　　傩堂戏是我国已发现的最古老的民族民间剧种之一，颇有楚风特色。由于地理位置和文化传播的关系，它在贵州各民族中，特别是黔东土家族中广为流传，为群众"喜闻乐见"，故能保存至今。它既是"中国戏剧的活化石"，也可以说是楚文化的活化石。在《松桃厅志》中记载，这里"人多好巫而信鬼，贤豪也所不免，颇有楚风"。《安

图下 7-2　德江县土家族傩堂戏

平县志》也说："元旦以至正月十五，击鼓以唱神歌、妆扮傩神"，颇有"楚风"。这些地方志上所说的"楚风"，主要是指民间的酬神祭祀活动，同楚地盛行的巫风相似，实际上是楚文化的遗风。傩堂戏是酬神祭祀与戏剧艺术混杂在一起，如果我们着眼于酬神祭祀部分，它是楚文化的遗风；如果我们着眼于戏剧艺术，它又是楚文化的发展。因此，我们透过这块楚文化的"活化石"，可以看到傩堂戏与楚文化的渊源关系，进而看到各民族在文化上的相互影响，以及各自对光辉灿烂的中华民族文化所作的伟大贡献。

　　不过，也有学者认为，傩堂戏渊源于巴楚文化之说，证据不足。其主要理由是："信巫鬼，重淫祀"、"俱事鬼神"，几乎是所有民族远古时期的共同习俗，不能仅凭巴楚文化和傩堂戏都崇敬鬼神，就认定其必然存在继承发展的渊源关系。而认为黔东北一带的傩堂戏，其渊源虽与先秦时巴、楚地区的文化成分有关，但并非巴楚土著文化本身，而是随着原西北戎人辗转迁徙带入的古代中原传统傩祭而发展演变。这种传统的傩祭形式传入今湘鄂川黔交界一带后，又与当地融合于土家族中的古代

濮人、僚人中的习俗相结合，经巫史们加以糅合，终于在明代基本形成今天傩堂戏的格局⑨。

对贵州屯堡地戏（俗称"跳神"）的源流，学者们普遍认为是屯军从江南带来的民俗文化，由屯军演习武事而演变为戏剧表演，同时又发挥了祈福纳吉的功能。屯堡地戏的剧目内容，主要来源于历史演义，如《三国》、《隋唐演义》、《杨家将》、《封神榜》等（参见本书下编第四章《五方杂处：移民文化》第一节）。但也有学者提出，屯堡地戏并非明代"调北征南"时由军队带来的，而是融合了多方面元素的地方文化创造。地戏不是成型后移入贵州的，而是在携带来若干祭祀、娱乐习惯之后，由一些"形式碎片"于一定契机下在本地组合而成的⑩。

贵州傩文化被一些学者视为汉民族带来的习俗，是汉移民与虹神地方民俗的混融。

自汉、唐以来，进入贵州地区的外来移民越来越多。从历史上看，明代以前来贵州的移民，以河南、山西、陕西、河北的移民较多；从明代起，移民中增加了许多江西、安徽、江苏、湖广地区的江南人；到清代，又以北方人居多。其次，四川、广西自发迁来的移民也不少。移民们远离故土，来到地广人稀、少数民族众多的环境里，更加重了怀念故土的感情。有关的风俗、岁时礼仪、祭祀活动、娱乐形式，只要有条件保留的，无疑都会顽固地保留下来。明以后，这种情况就比较明显。他们保留了原籍的语言、服饰，以及各种礼仪。当然，原有的风俗习惯经过相互影响，也会有所改变，成为一些新的习俗。所以贵州各地有迎神、祀神、巫、道、佛的活动，普遍信奉川主、土主、药王、

图下 7-3　安顺屯堡地戏

坛神、五显神、山魈神。于是，人多好巫而信鬼，即使是贤豪也亦所不免，故而"颇有楚风"。

移民们还经常举行各种醮会，每到祀神的日子里，人们都有聚戏娱乐的习惯。贵州地处边陲之地，汉民族迁移来后，带来了许多迎神、祀神之类的习俗。由于汉民族和兄弟民族长期生活在一起，宗教意识得以相互影响，有的甚至合流；一些附以迷信的聚戏娱乐得以保持和发展。历代移民定居贵州，使得中原文化与土著文化日渐融合，习俗生活大有改变。

"西南诸夷，汉牂牁地……疾病无医药，但击铜鼓、铜沙锣以祀神"①，汉牂牁地亦包括今日部分黔东地区。古代人们认为，疫病是由神鬼来到家中故意作祟才引起的。要把鬼神驱赶走，只有由巫人把主疾的鬼神请走或赶走。人们在相信鬼神能带来疾病的同时，也相信神鬼能给人们带来吉祥，于是祈求神鬼保佑。当碰巧达到某一愿望时，就得偿还所许下的愿事。于是出现了许愿的习俗。而大多数情况下，是由巫人主持偿还愿事及赶鬼活动。巫人是能歌善舞者，以歌和舞的语汇来连贯这种活动，娱神又娱人。贵州的少数民族同胞有"专祀鬼神"、"信巫屏医"的习俗，汉民族也有"主疾之神家至"的习俗；而且都由巫人来担任把"疾病"驱赶走的职司。移民们把一些习俗带到贵州后，很快就和贵州原有的信巫屏医、专祀神鬼习俗合流。而中原等地乐神的"百戏"也会被兄弟民族吸收，融合为自己的东西，为巫的活动提供了广泛的群众基础。

移民们还带来具有追赶和被追赶，装扮"胡人状"的傩的活动，特别是明代以来移民们大量增加，这种输入的可能性就更大。据史料记载和现存的有关"傩"习俗看，明代屯军演出的"跳神戏"（军傩）遍布各地，大都演出争战故事，把汉民族反对胡人的争战事迹寄寓意到"傩"中去。这是一种规模较大的戏剧演出，需要一定的经济条件，集体性比较强，也没有繁杂的宗教程序，但驱赶不祥的意义极其清楚。对少数民族来说，这种形式是一种新鲜事物。但要融合到信巫屏医、专祀鬼神的活动中去是困难的；比较方便的办法是吸收个别故事，而这些故事又能为"巫术"活动服务。"傩堂戏"中"关羽与蔡阳"、"关羽点兵"、"黄飞虎"、"秦文玉失魂"等，可能就是受军傩影响才产生的剧目。

此外，汉民族在社火活动中有分散的"傩"活动，也给予兄弟民族一定的影响。如"冬日傩，沿街巡行，以畅春气。墟市开又有因斋醮而扮者"，"二月初行春傩以逐疫"⑫等，这些属于民俗性的节日活动，也会在兄弟民族地区相传。

贵州省黔北、黔东、黔南地区居住着众多少数民族，在汉民族宗教意识中占统治地位的佛教和道教，也影响着少数民族的宗教意识，但各少数民族大都信仰着与农业有关的土地神、山神、龙神和某些自然物，各寨都立神坛供奉。仡佬族、土家族、苗族崇敬"青苗土地"，各族都有巫师或鬼师，祭祀神鬼时都由巫人主持和组织，由巫师念咒占卜祈福。巫师手拿铜铃、师刀、牛角等用具，有特殊的服装和咒语，边舞边唱，诵词文以通神。巫师都不脱离生产，平时和村民们劳动在一起，村里群众的吉、凶、福、祸，都要请教巫师。巫师多少懂得一些医术，能以按摩、热烫治疗一些疾病，他们广泛活动于民间。在古代，居住在贵州的少数民族，生产水平低，在精神生活中，常从祭祀神鬼的活动中得到自娱和安慰，遇到疾病时专门找巫师来"治病"。巫师在驱赶疾病（疫鬼）时，在专事神鬼的活动中，当然有装神、祀神、驱鬼的舞蹈，进而表演与神有关的事情，这正是宗教戏剧的特征。贵州民间的"魟神"、"冲傩"、"打保福"等，均与此有关。

在元代，属思州军民府管辖的地方，包括今沿河、务川、德江、思南、石阡、镇远、三穗、天柱、铜仁、松桃等县，湖南湘西地区的新晃、芷江、麻阳，以及四川的秀山、酉阳等县。史书说，居住在这个地域的各民族都有"信巫屏医，专事鬼神，客至则击鼓以迎"的习俗。明代的思州习俗史料中有"遇节祀神"、"盛装神像"娱乐的情景。清初《思州府志》载"祭鬼弭灾"，说明不论宗教程序或娱乐性的巫舞，以及"神头鬼面"的杂戏都增加了内容。《沿河县志》对这种"祭鬼弭灾"的习俗记载得极其具体。志书说："男巫曰端公，凡人有疫病，多不信医药，属巫诅焉，谓之跳端公。跳一日者谓之跳端公神，三日者谓之打太保，五日至七日者谓之大傩，城乡均染此习。冬季则无时不有，胡端禁端公论，谓黔蜀之风教之至。"⑬可见这种活动发展很快，城市、农村都已普及，活动时间多达七天，说明宗教法事极其繁杂，表演内容很多。清末，降神祈愿及傩戏表演的活动流传范围更广。地方史志也多有记载。一些地区称这类活动为"跳端公"，并制作一男一女两个神偶（头部），奉为傩公傩母（或东山圣公、南山圣母）。并流传着相关的口头神话传说，在各民族中普遍流传。

贵州的傩文化，与道教、佛教、巫术也有着较多的关系。

自唐代以来，佛教、道教逐渐传入贵州。除了汉民族移民普遍仿摹外，各地建立起庙宇、真观。这些宗教深刻地影响着少数民族的固有文化。在《松桃府志》中记载："自城市

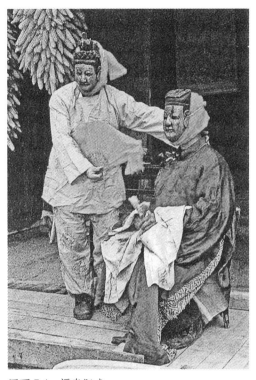

图下7-4　福泉阳戏

及农村皆有庙宇，土民祈禳，各因其事，以时致祭，有叩许戏文，届时扮演者。中元节各庙设醮祈丰稔，禳灾疫。谓平安清醮，乡村皆然。"⑭一方面，佛、道两教在扩大影响；一方面，人们信巫屏医、专事神鬼的习俗仍然根深蒂固。

傩戏直接脱胎于傩祭仪式，明显地受到巫、道、儒、释思想的影响。不过，各地傩坛、傩戏受几大宗教的影响各有侧重，有主有次，即以一教为主兼及他教。

就总体而言，贵州的傩堂戏、端公戏，是以道教影响为主的傩戏；而地戏、关索戏，则是以儒教影响为主的傩戏；一些地方有以佛教影响为主的傩堂戏或端公戏。民间流传的傩戏，是很难用一种模式进行规范的。其受某种宗教影响的强弱，自有其重要的生态原因。⑮

傩文化与道教的关系，可谓"同源合流"：一方面，道教本来就吸收了大量民间宗教的形式内容，另一方面，是傩坛掌坛师的道士化，傩坛

神系的道教化和傩坛科仪的斋醮化⑯。

　　贵州各地傩坛被归属于不同的教派。但这些教派又多与道教有着千丝万缕的联系。贵州傩坛，大多毫不隐饰地打出道教的旗号，都声称是玉皇门下的弟子。例如，德江县的傩班，从流派上分，有"茅山教"和"师娘教"等。师公传教者为"茅山教"，师娘传教者为"师娘教"，两教派同源异流。由于学习傩艺的女性很少，导致"师娘教"衰落，几近失传，一些习"师娘教"者就与"茅山教"合并。"茅山教"之名，与道教的茅山并无联系，而是由傩坛艺人过职时师傅在茅山上传法而得名⑰，但也可看出傩坛与道教的关系。再如，道真县的傩坛班，则有"淮南教"、"老君教"、"玉皇教"等派别之分。福泉县的阳戏艺人，自称其傩艺为"老君教"，是"玉皇门下弟子"，以李老君为最高神灵。

　　傩坛的神灵谱系，主要集中绘在傩坛神案（又称案子或神图）上。进行傩事活动时高悬于仪式的中心场所："五岳华山殿"或"三清殿"和"功曹殿"。"三清殿"本就是道教中三大神灵（即玉清元始天尊、上清灵宝天尊、太清道德天尊）的世界。贵州德江傩坛的三清殿，左边为灵官殿，右边是元帅府，中间为华山宫。有的傩坛将三清殿三个殿称为玉皇殿、王母殿、老君殿。傩坛的三清殿的布局，俨然是道教的神仙境界。"三清殿"前置放"三清图"神案，"三清图"是贵州各民族傩坛必挂的神案。傩坛崇奉的一百多位神祇不尽相同，其中属于道教的神祇有玉皇大帝、太上老君、南极仙翁、北极紫微、三元将军、五岳大帝、真武祖师、北斗七星、南斗六星、三元盘古、赵公明、张天师、王灵官、马元帅等⑱。傩坛法师举行傩祭仪式，必须先请道教的三清、太上老君，经三清、太上老君按职授权后，法师才能在仪式中驱使神将鬼兵，如"东九夷"、"南八蛮"、"西六戎"、"北五狄"等。

　　贵州傩坛与道教的密切关系，还表现在傩坛科仪的斋醮化。斋醮即道教所讲的"道场"、"法事"，也就是一种诵经礼拜仪式，祀典繁多，没有统一的模式。傩坛应该早于道坛。保存在傩坛中的巫舞、占卜、禁忌、符咒、巫风傩谷均为道教所承袭，因此道教具有浓厚的巫觋色彩。傩坛由于缺乏宗教组织和理论规范，其科仪已趋道教化。但与道坛不同的是，它规范不严，要求不高，有很大的随意性。道坛与傩坛斋醮科仪虽五花八门，名目繁多，同一内容又有多种称谓，但基本上都是"请神—祈神（媚神）—送神"的仪式。贵州傩坛大多自称属江西龙虎山张天师的正一派。傩坛过职仪式，是正一道授箓传度仪式移植于傩坛的结果。傩坛中的禹步（俗称为踩九州、踩八卦、走罡、步罡），其法术原理与道教经书中所述禹步原理相同。它借用八卦乾、坎、艮、震、巽、离、坤、兑与中宫九个方位，以象征汉代荆、兖、雍、青、冀、徐、豫、扬、梁九州的地名，作为禹步走罡的周旋之地。傩坛法师的罡步、手诀、法讳、符箓，都是道教江南正一道行用的法术。傩坛各派的传承，入道者也按系谱字辈取法名[19]。

傩坛规制根据事主财力而定，最简易的傩坛也必须供奉傩公、傩母的神像，高悬绘有傩坛诸神的总坛图；复杂的傩坛主要体现在桃源洞的布局。无论傩坛的繁简布局有何不同，都会体现出道、仙的意蕴，明确显露出傩坛的道教化色彩[20]。

贵州傩坛与佛教也有着极为密切的关系。不仅傩坛神系中有佛教的神灵（傩堂设置中要将一幅神画悬挂于正壁，称为"总真神案"）处于神画最上方，所占画面比例较大的三位神灵，是孔子、老子和释迦牟尼。而且有的傩坛法师同属巫佛两门，即用巫教给人冲傩还愿，用佛教给亡故者超度。在道真县，前者称为下坛，后者称为上坛。在傩戏演出的剧目中，还有《和尚检灾》、《九州道士十州和尚》。在《三元和会》的科仪本中，叙述了三教教主的出身和来历。福泉阳戏也有不少佛教神灵。主要有释迦牟尼佛、菩提达摩祖师、阿弥陀佛、弥勒佛、燃灯佛、旃坛功德佛、斗战胜佛、净坛使者、观世音菩萨、文殊菩萨、普贤菩萨、地藏王菩萨、八大金刚、十八罗汉、五百阿罗汉等。

傩文化在几千年的发展过程中，始终与巫保持着密切的关系。由傩祭、傩舞发展起来的傩戏，是一种宗教与艺术相结合、娱神与娱人相结合的原始、古朴、独特的戏曲样式。一般由请神、酬神、送神的傩仪与以娱神为主的正戏，娱人为主的插戏组成。傩文化与巫术关系密切，因此，常将巫傩并称。事实上，傩仪活动是离不开巫术的。傩坛巫术可分为驱赶巫术和祈求巫术。贵州民谚所谓"一傩冲百鬼"，意指通过傩祭仪式驱逐各种作祟的鬼魅，属于驱赶巫术。家室不宁、人畜不旺、怪异

图下 7-5　松桃县苗族傩技"上刀山"

作祟，都要施展驱赶巫术。但驱赶的同时，也有祈求的成分，如祈求高寿、祈求生子、祈求健康平安等。

傩坛法师主要借助巫术来发挥驱鬼逐疫的功能。傩坛中的绝技表演，其实就是巫师在操作巫术，以显示本领高强，胜于鬼神。主要有以下形式：一、煞铧（又称"脚踩红犁"），傩坛法师赤脚踩在烧红的犁铧上。二、顶红三脚（又称"戴红三角"），将农村里用于放置铁锅的铁质三脚架烧红，顶在头上；或将其置于地上，用头顶住翻筋斗。三、劈推，抬一大石磨压在法师的腹部，放玉米入磨，推动石磨；受压的法师不断吹牛角。四、口衔红铁，将烧红的铁条或火钳用舌头舔，或用牙咬住。五、口吐红火，将煤油吞入肚中，用火点燃，喷出火焰。六、下火海，赤脚在熊熊的炭火中踩踏。七、上刀山（又称"上刀梯"），在木梯上等距离安装二十四把刀，刀刃向上，法师赤脚踩刀刃上梯。常用于为儿童举行的驱鬼除煞的"过关"仪式中。八、捞油锅，法师将手伸到滚沸的油锅里捞取物品，以作"神断"。九、喊竹（又称"掰竹"），将一节二三米长的竹子剖成两半，由两名观者将竹条夹在腋下，两手垂直不动，法师念咒使竹分合。十、开红山，一种方式是法师用尖刀刺破自己额头取血，将血滴于木制茶盘内的八卦图上，占卜吉凶；另一种方式是将一把小尖刀钉入头顶约一厘米深，同样取血滴于八卦图上进行占验。

这些巫术都是巫师沟通鬼神、驱鬼逐疫的重要手段和技能，具有可操作性，从表演角度来看也可以叫傩技。尽管巫师使用的巫术名目繁多，各有所长，但从功能上可分为几个类别：

祈求、比拟巫术。目的在于祈求自然力和神力的保佑，获得物的丰收和人的平安。傩坛中举行"过关愿"法事时，巫师要背着病人或小孩上刀梯，以象征（比拟）顺利通过人生险隘，促使病人康复，小孩平安成长。

接触、驱赶巫术。傩坛法事里的扎"茅人替身"就是这类巫术。将附在人体上的疾病、邪恶、凶兆等，用巫术的力量加以驱赶，以求平安。"踩红犁"、"顶红三角"、"捞油锅"等皆属此类。这类巫傩表演，主要是显示巫师法力无边，本领高超，对邪恶鬼神示以武力威慑、镇压和驱赶。

诅咒、灵符巫术。傩坛里的念咒画符五花八门，名目繁杂，归类为咒、诰、符、讳、诀。例如"符"（符箓），巫师的"神力"以"符号"的形式，附着在一定的"文字"或图形中，并书写或刻印在纸、绢、木等载体上，贴挂于家室之中，或烧灰化水吞服，或作为护身符带在身上，用以镇魔压邪、驱鬼治病、祈福消灾。傩坛常用的符箓有百余种，各有功能与作用方法。

占卜、禁忌、巫术本不尽相同：占卜为预测，禁忌为防御，巫术则为进攻，但三者却统一于傩。古代历史悠久的占卜在傩坛里还保留的相当完整，傩坛法事请神、送神、开洞等都要占卜打卦。请神时打一喜卦（胜卦），表示神灵已请到位；开洞时打一阳卦，表示洞门已开，可以演出。此外，傩演出中还有种种禁忌。

第二节　贵州傩戏大观

黔东北少数民族傩戏群　彝族"撮泰吉"　安顺地戏　布依族傩戏
侗族傩戏　阳戏　灯愿戏　织金傩戏　傩戏面具艺术

贵州是一个多民族的省份，傩戏类型多种多样，并有着丰富的文化内涵。其代表主要有：黔东北少数民族傩戏群、威宁彝族傩舞"撮泰吉"、安顺地戏、布依族傩戏、侗族傩戏等。

黔东北少数民族傩戏群。由于民间信仰的宽容，黔东北地区对各流

图下 7-6　德江土家族"傩堂戏"

派道门兼容并包，历经千年的融合，各种教派道门，形成了自己独特的融道、儒、释为一体的傩仪。寄形于"冲傩"、"还愿"的驱邪、祈禳、纳吉巫术，至今依然活跃在铜仁、松桃、印江、沿河、德江、思南、石阡、万山、玉屏、岑巩、天柱、镇远、务川、道真等广大汉、苗、土家、侗、仡佬等民族聚居地区。民谚"一傩冲百鬼，一愿了千神"，就是这一信仰习俗的概括。

傩这种宗教活动，被乡民、法师、艺人及学术界统称"傩戏"。这是由于法事本身就具有戏剧的"摹拟"特征，而请神、酬神、送神等宗教仪式，依照民间趣味取向，已越来越世俗化、规范化、人情化、娱乐化。与此同时，做法事的全套人马也演化为傩戏的演出班子。

黔东北傩戏演出，各地大同小异，一般都有请神（傩祭）、酬神（演傩戏）、送神（祈神）几个阶段。

德江傩堂戏演出，为开坛、开洞、闭坛。开坛和闭坛为酬（请）神和送神，表示对祖先、神灵、先师的祈求与忠诚。开坛时要设置"香案"，挂上"三清图"和"司坛图"。演出时，演员要净手、焚化纸钱、燃放鞭炮、跪在坛前叩首礼拜，用手蘸米酒，轻弹于地，嘴里念着历代神灵、先师的名字、咒语、诵词，望其保佑，宽恕在演出中的失误。然后三叩首，爆竹齐鸣之后，轮流喝下"敬师酒"才开始演出。演出结束，也要举行类似的仪式。

法事完毕，就是开坛出戏，即"开洞"。开洞由掌坛师主持，由两个演员表演，法师请"金角将军"来打开桃园洞口，请出十二或二十四戏（神）。金角将军不知去路，法师指点他去请"唐氏太婆"。传说，唐氏太婆掌管"桃园三洞"的钥匙，只有她才能打开上、中、下三洞的锁，

图下 7-7　傩堂戏经书及道具（铜仁 土家族）

"搬"出二十四戏（即二十四个面具）来。洞门打开，请出来的戏是演给活人看的，所以有人叫它为"阳戏"，把傩坛祭祀叫"阴戏"。阳戏主要是娱乐性的，是傩戏的主要部分，即正戏。正戏分全堂戏和半堂戏，全堂戏演二十四出戏，半堂戏演十二出戏[21]。正戏中插入一些节目叫插戏（杂戏），而把插戏放在正戏后演叫后戏。正戏和插戏，多取材于神话传说、历史演义、民间故事、戏曲。

傩戏的演出单位是坛，也就是小型的戏班。掌坛的叫掌坛师，是有声望的法师，既是导演又是演员。一个坛少则六、七人，多则十余人，全为男性。演员大多与掌坛师有师徒关系，也有临时请来客串的。傩坛演出傩戏，一般须"还愿"的主家邀请才去，演出剧目多少根据主家经济状况来决定，没有严格规定。所谓还愿，是针对"许愿"而言的，某家有事，祈求神灵护佑，或许以战文，届时搬演，这就是还愿。

傩戏的服装和道具，各地大同小异。以黔东北傩戏为例，可概括为：旗、冠、衣、裙、角、卦、杖、令、牌、水、刀、鞭等。傩戏的道具和服装，充满神秘色彩，在傩事活动中有重要地位，它是沟通人神交往的中介和符号。傩坛服饰主要有三大件，即：头扎，掌坛师的冠；法衣，又称朝服或礼衣；法裙，分八幅罗裙、太极罗裙、山河社稷罗裙等。傩坛道具具有两重性：在傩戏演出世俗剧目时，是演员使用的道具；在傩祭和神戏演出时，是具有神性的法器。傩坛道具分大、小两种。大道具有令牌、牛角、师刀、宝剑、牌带等；小道具有神印、卦子、神鞭、水碗、木鱼等。道具大多有固定的规格，并有一些相关的传说。傩坛所用道具，有些（如牛角、师刀、神鼓、木鱼等）是多功能的，在傩仪中是法器，在傩戏傩舞里则是道具或乐器。傩戏表演使用的道具不多，且简陋短小，武将使用的刀、枪、剑、弓等，均为木制且短小，便于小场地施展。在演出外戏时，根据剧情偶尔也有较为精致的道具。傩戏里所需生活用品类道具，均就地取用，无需置办，服装道具使用的随意性很大，因地制宜，没有严格的要求与规范。

傩戏在长期流传中，逐步形成了一套富于民族特色和地方特色的唱腔。德江傩戏音乐，多见于五声羽调式和五声高徵调式。演唱节奏明快，气氛热烈，音调与词似唱非唱，似说非说，流动感强，很注意字与音的韵味。乐曲中常出现一个乐句反复演唱。领唱时不用打击乐，合唱时则加入打击乐伴奏。一般常用马锣（小锣）、中锣、钹、小钗、鼓。一般情况，唱时不舞，舞时不唱；多数情况是，演唱者在唱腔间奏中随锣鼓起舞。

傩戏音乐根据节目和表演形式，有祭祀性音乐、正戏音乐和外戏（插戏）音乐几种类型。祭祀性音乐和正戏音乐，是为傩仪服务的，是具有宗教色彩的音乐，具有古老吟唱风格。外戏音乐，是在传统正戏音乐基础上，吸收当地的花灯小调、民歌民谣，以及一些外来戏曲音乐形成的，提高了傩戏的表现力。

傩戏的表演动作比较简单，还没有形成完整的程式化动作，除动作的模拟外，有不少类似拳术和戏曲动作的舞姿，强调动作的力度。演员还遵循对称、方整的程式，向两个或四个方向重复一套动作，让四方观众都能看得见。

傩戏的舞蹈，除吸收民间舞蹈与戏曲动作外，继承了古老巫舞里的基本舞步，即"禹步"，是傩仪与正戏中最常见的基本舞步。

傩舞的手语是极其丰富的，据调查不下二百余种，想象力十分丰富，充满神话色彩和浪漫激情。法师称手势为"手诀"、"手挽"，傩仪时，是作为人与神、神与鬼、鬼与人相互沟通的媒介、表情达意的图像标记。

傩戏在表演艺术上的一大特色，就是它的综合性。傩坛为了充实宗教活动的内容，吸引更多的人来参加，充分利用当地群众所喜闻乐见的其他文艺形式。在黔东北地区的傩戏里，就插进了花灯、山歌民谣、薅草锣鼓、摆手舞、快板、金钱板、相声、绕口令、吟诗作对，甚至有杂技、魔术、特技等，使之成为具有综合性、娱乐性的一种表演艺术。

傩戏演出要戴上面具（也叫脸壳或脸子），面具在傩戏里具有特殊重要位置，是其突出的艺术特色。傩戏的面具与一般面具戏里的面具不同。一般面具戏里的面具，只是一种演员化妆的手段；傩戏面具则是被视为神祇的。德江民谚有"戴上脸壳就是神，放下脸壳就是人"之说。正戏演出开始时，面具要放在一个大簸箕上，用纸钱盖住，由掌坛师来请戏，每请一个面具，法师都要念诵神名与颂词，并用米酒相敬，十分虔诚。请完后，把面具抬到"功曹"桌上备用。

演出使用面具的数目，德江有"全堂戏二十四面"、"半堂戏十二面"的说法，每个面具都有固定的名称②。由于传承地域、流派不同，往往同一面具会有不同的名称。实际上，无论是名称还是实物，傩戏面具都已大大超过了二十四面。

傩戏面具多选用白杨、柳木制作。面具造型，是根据说唱本提供的线索和此类人物的传说绘制、雕刻的。其类型大致有：正神面具，凶神面具，世俗人物面具，丑角面具，牛头马面面具。面具的色彩，分淡彩和重彩两种。面具的形象怪异，线条雄健，雕刻深沉，色彩浑厚，体现出一种拙朴的原始美，表达着原始宗教的感情、观念和理想。

傩坛（傩技）的传承，从一个普通农民成长为被公众认可的傩坛艺人（掌坛师），一般都要经历投师拜法、跟班学艺、抛牌过职三个环节。经过三年五载的跟班学艺，娴熟了各项操作的傩坛弟子，才可向师傅提出抛牌过职的要求。得到同意后，由师傅主持，在众师傅和师兄弟及公众面前，表演一堂完整的傩坛法事、傩戏和傩技。经师傅传法并考试合格后，就可取得师傅赏赐的雷印、法衣、牛角、师刀等法器和经书（科仪本），与师傅交换牌带与牌巾，由师傅安排新的坛榜，取得掌坛师的资格。以后就可以自立门户、开坛收徒。

整个傩坛过职仪式中，傩祭和傩戏部分，在黔东北各地大同小异。但在傩祭巫术部分，则多集中了傩坛特技与巫术中最具代表性的项目，如踩红犁、顶红三角、口衔红铁、捞油锅、掰竹、过火海、上刀梯等。

　　土家族的巫师叫土老师，时至今日，其在土家人心目中仍有较高的地位：治病、求子、保寿都要请土老师"施法"；打扫屋子，要请土老师"跳神"，祈保一年中无灾无难，平安无事；壮年夫妻无子，要请土老师冲傩，以求得子；生了病要请土老师"冲消灾难"，以求病愈；家有凶事，要请土老师"开红山"，化凶为吉；老人生日要请土老师冲寿傩，以求高寿；"干贵"人家的小孩（小孩少而多病），在十二岁前要请土老师"打十二太保"、"跳家关"、"保关煞"，以保小孩过关，不受灾生病，易长成人。这些民俗活动都与傩戏演出密切相关。

　　在城乡祭祀民俗活动中，"叩许戏文，届时扮演"，就是指的傩戏等演出活动。民谚"一傩冲百鬼，一愿了千神"，足见黔东北巫风之盛。一般来说，"冲傩"是一种镇压性、强制性的驱邪手段，包括"太平傩"（家宅不宁、人畜不旺、怪异作祟），"急救傩"（家人病重、久病垂危）和"地傩"（破获偷盗诈骗、奸淫行凶）。"还愿"以酬神、媚神为手段，祈福禳灾，包括"寿愿"（祈求高龄），"子童愿"（祈求生子），"过关愿"（祈求小孩免灾、健康成长）。因此，还愿要比冲傩热烈而有趣。特别是冲寿傩，是一种隆重而热烈的民俗活动，少则一两天，多则七、八天。活动时整个寿堂被围观者众多，欢声笑语，热闹非凡。

　　彝族"撮泰吉"。"撮泰吉"（也译作"撮寸姐"、"撮寸紧"、"撮特紧"）。"撮"义是人，"泰"义是变化，"吉"义是游戏、玩耍。"撮泰吉"意为"人类刚刚变成的时代"或"人类变化的戏"，简称"变人戏"。

　　"撮泰吉"曾在威宁的板底六院、新官寨、老官寨、热块、新寨、达发等地流传，程序、人员有些差别。现在大多数地方已经失传，只有板底乡裸戛村保存得较为完整，还在民间传承。

　　"撮泰吉"一般是在每年正月初三到十五"扫火星"的民俗活动中演出，旨在扫除人畜祸祟，祈求风调雨顺、五谷丰登。火对彝族生产、生活关系很大，因而有很多祭火活动。"扫火星"即其中之一。

　　"撮泰吉"的演出与传承，一方面是对祖先创业功绩的缅怀与赞颂；另一方面，也是对具有无限神力的，把粮食、种子送到人间，解救人间疾苦的"撮泰"老人的祈求，希望他们把一切吉利的东西都带到村寨里来，把一切灾难统统带走，让子孙得到幸福。"撮泰"老人就是当地彝民心目中的祖先神。

"撮泰吉"演出，一般由四个部分组成：

第一是祭祀。由六人扮演人物，有名无姓，他们是：惹戛阿布，山林里的老人，不戴面具，穿黑衣服，贴白胡子；阿布摩，1700岁，戴白胡子面具；阿达姆，1500岁，身背娃娃，戴无须面具；麻洪摩，1200岁，戴黑胡须面具；嘿布，1000岁，豁嘴，戴兔唇面具；阿安，小娃娃，戴无须面具。他们用包头布把头顶缠成锥形，身上用白布缠紧，以象征裸体，戴着木制面具，用类似罗圈脚的步伐，表示先人初学直立行走的形态。此外，三人扮演狮子，二人扮演牛，伴奏（敲锣、钹）二人。开场时在场地四角点燃四盏灯笼，惹戛阿布率演出人员绕场一周，各就各位，阿布摩领着几个"撮泰"老人，手执棍棒走来，发出猿猴般的吼声，向天地、祖先、神灵、山神、谷神斟酒祭拜。为了表示对祖先的怀念，"撮泰吉"祭祀时，还要表演一种祭祀舞蹈"铃铛舞"（即"跳脚"），由八个青年男子手持小马铃，有节奏地摇响，腰肢随铃声扭动，脚步与铃声合拍。舞姿多系模拟翻山越岭、攀援悬崖绝壁、披荆斩棘、互相背驮之状，重现先人迁徙的情景。舞者边舞边唱"唷嗬"（丧歌），或赞扬死者功绩，或对死者沉痛悼念，或述古训世，内容极为丰富。

第二是变人戏。祭祀完毕，正戏开始。"撮泰吉"只有一个剧目："变人"（耕作）。它的内容是反映在"人类刚刚变成的时代"，彝族先民创业、生产、繁衍、迁徙的历史。这是原始人类生活的真实、生动、具体的历史写照。"变人戏"的演出，由示意性的动作和原始舞蹈组成，中间穿插着由彝语讲述的对白和诵词。诵词一般由惹戛阿布领诵。演出中惹戛阿布用常人声调讲彝语，其他几个"撮泰"老人则用抽气冲着声带发出的怪声答话，模拟猿猴类动物的声音。诵词内容主要是驱邪、讲史、祝福。惹戛阿布念一句，四个"撮泰"老人重复念一句。诵词里记录了彝族从云南迁入贵州威宁一带的情况。在祭祀活动中，向祖先及四方神灵祈祷时，一直面向西方，这正是其祖先迁徙的方向。

第三是喜庆。正戏演完，在紧锣密钹声中，狮子登场翩翩起舞，几个扮人的演员，挥舞棍棒，做着各种可笑的动作逗耍狮子，场内场外一片欢笑声，气氛十分热烈。耍狮子是我国传统的节日喜庆舞蹈，是丰收的象征。有人据此认为"撮泰吉"为近代百余年的产物。这是不确切的。在关于"撮泰吉"的传说中，有一种说法：在很久很久以前，有一年大旱，六月降霜，天神派狮子送来了粮食，帮助人们渡过了灾年。可见"撮泰吉"里的狮子舞，事出有因，是民间文艺口头传承变异性的结果。"撮泰吉"至今也只产生一个剧目。在戏里增添狮子舞，可见彝族民间艺人的创造才能。

第四是扫寨。即"扫火星"，是"撮泰吉"的高潮，也是主题。正月十五演出后，由惹戛阿布带领几个"撮泰"老人，挨家挨户走村串寨，向村民祝愿："一切天灾人祸，邪恶灾难随着老人去，一切吉利留下来，六畜兴旺，四季发财，五谷丰登，儿孙满堂。"四个"撮泰"老人来到各家，都要把木棒插在坑上摇来摇去，说一些吉利的话，主人家要备下酒肉表示欢迎。在同班辈的人家，"撮泰"老人还要唱彝族古老的情歌；在结婚多年未育的夫妇家，阿布摩与阿达姆还有一些象征性的交媾动作，以驱走不吉利，祝愿来年生个胖娃娃。"撮泰"老人所到之处，喜气洋洋。最后由惹戛阿布念祝词，向各家各户要鸡蛋要麻，每扫一间房子要一个鸡蛋。临走时，"撮泰"老人，除向主人要走鸡蛋和麻，还要从主人家草房的四角，扯一根茅草，来到寨边建有灵房的山上，将三个鸡蛋埋在土里，用手里的木棍搭成一个架子，上面放着鸡蛋，用从各家各户扯来的茅草作燃料，鸡蛋烧熟后分而食之，齐声高呼："火星走了！火星走了！"埋下的鸡蛋第二年由"撮泰"老人们撬出来看看，如蛋未烂，则预示第二年五谷丰登，六畜兴旺，人命平安；如蛋腐烂，则是来年不祥的预兆。上述仪式完成后，"撮泰"老人卸下面具，放到住寨边的人家保存（这家人必须参加"撮泰吉"活动）。

"撮泰吉"面具是被作为神灵看待的。面具材料以本地产的杜鹃树和杂木为主，由当地民间艺人加工制作。先把圆木锯断，砍成长宽相宜的脸壳毛坯，再在毛坯上雕刻出类似原始人的眼、耳、口、鼻。其共同特点是：前额凸出，鼻子长、鼻梁直、眼嘴小、脸面长。脸壳制成后用墨汁或黑漆涂抹。演出前，用粉笔在脸壳上钩划出皱纹，表示年龄大、苍老。面具造型原始、拙朴、幼稚、天真。

威宁彝族"撮泰吉"，是目前贵州发现最为古老的傩戏之一。其起源和产生年代，尚未得出结论。但从现有材料可以说明，"撮泰吉"起源于较为古远时期，一般认为是傩戏雏形。但有的研究者认为称其为"亚傩戏"、"前傩戏"较为贴切㉒，因为它是尚未正式形成戏剧品格前的低级艺术形态，比傩戏似乎保留着更多的原始傩文化的特征与信息，更接近于"撮泰吉"的实际。

安顺地戏。地戏是指主要流行于贵州清镇、平坝、安顺、镇宁、普安、兴义、长顺及贵阳市郊区等二十多个县（市）广大农村的一种古老剧种。它属于"军傩"。因贵州地戏活动的中心在安顺，因此习惯上称为"安顺地戏"。

地戏演出时，村口或醒目的地方要插上一面大红旗，旗上绣着很大的"帅"字，表示这个村子里今天要演出地戏，也有纳吉之意。演出前，先将存放脸子的木箱（柜）从神庙或存放人家里抬出来，举行庄严的开箱仪式，请出脸子。有的村子还要举行祭庙、祭桥、祭水等仪式，尔后才开始演出。

演出由"开财门"、"扫开场"、"跳神"（演故事）、"扫收场"四个部分组成。

开财门之前，先要"下四将"，即由四员大将表演"杀四门"，驱赶四方妖邪。"开财门"由演员扮成剧中人物，到村寨里各家各户门前说"吉利话"，主人家则备果品迎候，一来表示对角色的尊敬，二来以祝互吉。尔后，燃放鞭炮送客。

"扫开场"是一种打扫演出场地的祭祀仪式，也是军傩主要特征之一。因为演出夺关斩将，必留下许多阴魂，是不能不预先祭奠一番的。也含有扫除各种邪魔，保村寨平安，演出顺利之意。主持这项活动的是"麻和尚"和"土地公公"，演员们以领唱、齐唱方式，唱驱赶妖魔、扫除病邪和祭奠阴灵的段子。有时也要杀鸡宰鸭用禽血祭扫。

地戏的正戏演出叫"跳神"。交战双方的君主或主帅先坐在圆场地的营房位置，有戏唱戏，无戏看戏。演员们站在圆场地的边缘上，然后"出马门"亮相，自报家门。戏从"朝王"开始，入朝面君，报告敌方已发兵进攻，君王听后，求良将拒敌，情节于是步步展开。由于搬演的是双方交战，地戏剧目只有武戏，没有文戏，更没有生活小戏和公案戏，只演"正史"，不演旁杂剧目。

地戏演出程序大体为八项：一、"开脸"，择黄道吉日，由"神头"率演员去神庙，在寨主主持下，从箱子中请出"脸子"（面具），举行用鸡血（象征生命的复活）给"脸子""开光"的仪式；演员戴上"开光"后的"脸子"，即为"神"而非人，故不称演戏而称"跳神"。二、"参庙"、"辞庙"，"神"之中的"一号人物"居中，其余一字而排开唱："庆祝七月中元节，将爷引兵来参神——参玉皇、阎罗、罗汉、土地、孔子等，求其保佑无病、无灾、五谷丰登、六畜兴旺。"三、"扫开场"，由两个小童分戴红、蓝"脸子"，手持扇、帕（花灯也用此道具）雀跃入场，在喧闹的锣鼓声中边唱边舞，跳祝吉舞蹈。四、"朝廷"，小童"扫场"毕，剧中正反四员将官同时出场起舞驱邪并吟诗。五、"设朝"，就是讲史、演史，把未演出的古史和将演出的史实，以及看戏的人三者联接起来，起导入演出的作用。"设朝"后进入戏剧演出。六、"跳神"，即地戏演出。七、"扫收场"，由戴"脸子"的"峨眉山和尚"与"南天门土地"对唱："口是心非扫出去，一团和气扫进来；多灾多难扫出去，清吉平安扫进来；坏人坏事扫出去，正大光明扫进来……和尚拜土地，年年大吉利；土地拜和尚，年年大兴旺。"八、"封箱"，"扫场"结束后，"神头"念词，放好"脸子"后"封箱"，送回神庙珍藏，以待来年再次请"神"。

地戏演出的剧目、本子，叫"地戏谱"。地戏具有以史为线索的特点，民间艺人有"戏叙史册"之说。剧目按历史年代编排，反映的时代从商周到明朝，上下三千多年，以唐宋战争故事为主流。一出戏一般分为十几本，每本又分若干回目。据调查，演出最多的剧目是：《三国演义》、《薛丁山征西》、《反山东》、《四马投唐》、《三下河东》、《五虎平南》、《杨家将》、《薛仁贵征东》、《五虎平西》、《说岳》等。演唱的全都是历代战争故事，推崇尚武精神，热爱战争中所涌现的英雄及其传奇故事，一般唱本都以凯旋、团圆为结局。这是作为军傩的地戏最主要特色。

地戏以第三人称叙事说唱本为剧本演出。唱本中并不标明"唱""白"的字句，唱和白的前面也不标明谁唱、谁说，犹如说唱本或阅读的本子。其句式以七言为主体，兼有一些十字文和少数五言，平仄宽松，要求不严，接近口语。对白是半文半白的散文，生硬而陈旧，但用得不多，一般用以连接剧情。剧本结尾或事件告一段落时，有诗云一类的赞语，起概括、强调、总结的作用。有人认为，地戏说唱本的形态，是戏剧由说唱衍变而来的证据。地戏唱本最老的版本为清代安顺五经文堂所刻的木刻本。现在农民所用的为手抄本，多为民国年间所抄。

地戏唱腔古拙朴实，简单中也强调变化，有平调、喜调、悲调之分，也有"传十字"、"吟诗"和"对话"等唱法。"传十字"用于书信来往，因唱词多为十字句而得名。"吟诗"用在描述主将上阵前披挂打扮的句子，开头往往有"赞曰"二字。"对话"几乎与对白相同，用于叙述对话的地方。

地戏伴奏的乐器，只有一锣一鼓。相传那时军队的演武操练只有军锣、战鼓。这两件家什使用数百年不变，是因为它与地戏热烈质朴的气氛协调。鼓点是军傩的"指挥"，丰富严整而已逐渐形成"套数"，有"催战鼓"、"行军鼓"、"聚将鼓"等诸多名目。

安顺地戏的角色，正规演出只准男演员参加。角色有文将、武将、老将、少将、女将；还有道人、小军、丑角。虽已初具角色，但并无成熟戏剧中的生、旦、净、末、丑等行当。由于军傩的性质，武将在地戏中处于中心地位，是最受器重的角色，是剧中的梁柱。这些角色被美化和神化。地戏里的女将，也都由男演员扮演。

在地戏中，"道人"是个专门的行当，名目繁多，他们都是一些魔法非凡的角色。这些角色的出现，渲染了地戏的神秘氛围和怪诞色彩。地戏中的丑角主要是"老歪"，戴歪嘴面具，滑稽可笑。唱本中没有他的台词，全凭演员临场发挥。小军又叫"小军老二"，角色往往由小孩子来扮演，动作简单、自由、可临场发挥，出场的机会比较多。让小孩子临场锻炼，实际上是地戏传承的一种好办法。地戏里的动物由演员扮演，是独立的角色，有白虎、松鼠、赤兔马、呼雷豹等。

地戏的布景道具等都很简朴。布景就地取材，常以桌子、树枝、竹竿之类代替。桌子象征高山、关隘，几张桌子搭成高台，插满树枝，即成《封神演义》里的神界。地戏的道具使用不拘一格，最常用的是兵器和脸子。兵器是木制刀枪剑戟，短小轻捷，方便在小圆场里挥舞。

武打是地戏的灵魂。只要演武戏，则每戏必打，每场必打。仅《征西》一台戏，就有 16 个关口，数十个战阵。武打按身份，分"主将"及"小军"两种套路。两套武打套路不可掺杂混用。

地戏的戏装，多由农民自备。所谓戏装，不过是在日常生活服装外加上一条"战裙"。"战裙"往往由演员家庭自制。讲究的腰间多佩饰物，如鱼、如意、香包、扇袋等，绣上各色图文吉语。这些饰物，与角色身份无关。

安顺风习是青年男子扮地戏，实为一种充满吉喜的荣誉。地戏演出，有如军事行动，严整肃穆，绝不许懒散嬉闹，很受村民敬重，且视为村寨兴旺的标志。村寨演出组之间经常互访，切磋技艺，联络感情。在互相迎接仪式上，要"摆谜语阵"，村民都踊跃参加，气氛甚为欢乐和谐。

地戏的脸子，是神化了的英雄面具。无论从崇拜对象、面具造型，以及它所表述的内容和形态看，地戏面具应晚出于傩堂戏面具。地戏面具同时具有神格和人格。村寨演出班子新购置的面具，未经法事前，可以随便放置，视为木雕；一经点将封号，即为神物。"开光"是将面具升华为"神"的仪式，由雕匠主持。先将脸子郑重陈列在神龛上，然后杀一只大公鸡，以鸡血点在脸子上，同时念动开光词，赋脸子以生命。

地戏演出时，演员无一例外都要戴上面具。地戏面具的戴法与傩堂戏不同，先用青纱长统套头将头包住，置面具于额头之上，这是便于武打。而傩堂戏的面具是戴在脸上。

面具用丁香木或白杨木精雕细刻而成，做工讲究，神态生动。面具由面孔、帽盔、耳子三个部分组成。面相分文、武、老、少、女"五色相"。除主将外，还有小军、道人、丑角、动物等类别。诸多面具中，武将面具最复杂，可细分为少将、老将、女将、番将、正派将军、反派将军等。面具五官造型，形成了一定的程式，如眉毛必遵循"少将一枝箭，女将一棵线，武将烈如焰"之说；嘴的刻法有"天包地"与"地包天"两种；眼则是"男将豹眼圆睁，女将凤眼微闭"。地戏面具的耳翅是活动的，常饰以龙凤和各种吉祥花草。雕刻独具匠心。头盔上的装饰分龙凤饰、星宿饰、吉祥饰等。男盔一般饰以龙纹，若隐若现，有头有尾，对称严整之下变化多端。图案有"二龙抢宝"、"十八金龙"等。女盔常用凤纹装饰，飞舞回旋，优美华丽，图案有"凤翔牡丹"、"双凤朝阳"等。地戏里的重要角色，大都是天上星宿下凡，有很多传说故事。于是艺人们发挥想象，用面具直接述说。如岳飞的头盔上雕一只大鹏金翅鸟；薛仁贵的头盔上饰以白虎；金兀术的头盔和鼻子上都有火龙；樊梨花的头盔则须以玉女装饰。

就技法而言。地戏脸子多为浅浮雕与镂空相结合，精细却不繁琐；色彩上用贴金、刷银的亮色，以及红、绿、蓝、白、黄、黑，几乎没有一种颜色不可拿来用上。有的还要镶嵌上玻璃片，显得华丽堂皇。

地戏面具是根据"地戏谱"提供的线索和民间传说来雕刻绘制的。这些英雄人物在流传中以趋定型，并有大量文字、图画、雕刻、脸谱可供参考，加之一堂地戏面具可多达百余面，难免雷同，已日趋程式化、脸谱化、工艺化，渐渐少有傩堂戏面具的那种个性与灵气。

布依族傩戏。布依族傩戏主要有"哑面"、"做桃"、地戏等。

"哑面"。称为"哑面"（亦称"板那"、"丫由"、"德笼"），主要是因其活动时戴面具、"哑做"（即全部表演过程只有动作，没有台词）而得名，是在布依族丧葬仪式中演出的一种仪式性傩戏，属丧傩类，傩舞范围。主要流传于贵州省册亨、望谟、兴义一带。在南盘江流域的布依族传统丧事中，有一种仪式叫绕棺。在绕棺过程中，要插入"哑面"，目的是绕棺驱鬼，让死者能够尽快投生。"哑面"表演的面具朴拙，系篾扎纸糊，然后用颜色勾画成狰狞凶怪的神相；表演者手披头皮、四肢裹粽，给人一种恐怖之感。

在舞蹈形式上，"哑面"可分为三个层次。首先，一人持马锣"引路"，其余五人均戴面具，手执棍棒，于灵堂一侧，在"引路"锣声的伴奏与带领下，众人绕圆场疾步数圈而下；其次，仍由一人持马锣"引路"，其余五人中，一人装扮成乞丐，身背竹篓，跛行；另四人戴面具，手持棍棒，在"引路"者的带领下，呼叫、奔跑，绕场数圈疾驰而下；再次，人数、装扮完全同前，只是持棍棒者相互打斗，并发出"哦嗬"之声，背竹篓的乞丐向围观者作逗耍状，取悦于人。打斗一会儿之后，由"引路"者鸣锣开道，意即已将鬼怪驱散，亡魂已被引渡到天堂。然后，在追跑、"哦嗬"声中急下㉔。"哑面"这种原始的演剧形态，包含了大量的象征性和戏剧性因子，反映了布依族先民受宗教观念制约的审美情趣。这种仪式性傩戏是一种非常古老的傩戏，有着强烈的巫术意识，其主题是让死者重获生命力量。

"做桃"。这是一种以求子保子为主要内容的傩戏，主要流行于荔波县布依族地区。"做桃"祭坛设在主人的堂屋，堂屋正中摆八仙桌，一边抵墙，桌的两边各放一张长凳，用竹子架一座"牌坊"，把桌凳围住。牌坊的上端贴着用不同彩色纸剪成的形态各异的龙、蛇、鸡、鸭、象、牛、马、猪、羊、驴等，在八仙桌正中的墙上挂着"万岁天尊圣母"神像，两旁按神序由大到小依次将诸神像分挂左右。八仙桌正前方的桌缘绑两根竹竿，以此为骨架用竹条搭一座桥，桥的上半部是一张约一米左右剪成半圆弧形的红纸，红纸被剪出四排活灵活现的童男童女，四周衬有布依族传统几何花纹及动物图案。竹竿的顶部是花筒，俗称"桥棒"。坛师把内景称为"坛"。坛前的桌上有几杯酒、一碗米及其他供品，点有几炷香、一盏菜油灯。傩书、道具、面具、乐器等全置于坛前，门和窗的两旁都贴上"酬神敬神"内容的对联。门外设一张供桌，桌上摆着供品，有香火，门扇挂神像，俗称"门卫"，或叫"看门神"、"守门神"。

"做桃"的面具及案子（即坛上悬挂的神像）系依据布依族经书对各神描绘的内容雕刻和绘画的。其中大多为一神一像，但也有多神一像的。所有面具、神像无不生动传神，栩栩如生。案子以求子送子保子"生殖图"中的"万岁天尊"为核心，四周为其下属的众神，共一百二十余位。神像的色彩、形态比面具更丰富多姿，个性特征突出鲜明。

"做桃"面具有木刻面具、皮胎面具、笋壳面具、竹编纸糊面具等，每堂为三十六面，每面为一尊神㉕，每一尊神有一本经书，叙述该神的形态特征、功能、神力和由来。演出时主要是用布依语。诸神的核心人物是"生殖图"中的"万岁天尊圣母"。有人认为她就是中国古代神话中的西王母（即金母或王母娘娘）被"移植"到布依族民间神话传说中，成为普遍信仰的"花王圣母"（又叫"花婆"、"婆王"），是专管生儿育女的神灵，也是儿童成长的保护神。其余多数为本地区、本民族或其他民族（如水族、瑶族）的神话和神化人物，也有道教、佛教传入后"加工"出来的神话人物。

布依族"做桃"演出都有傩书。傩书的数目，民间有 36 本、24 本、12 本、72 本及一百余本等不同的说法。傩书是诗歌体，用"土俗字"写成。所谓"土俗字"指的是布依族傩师用汉字字音记录布依话，没有音同或音近的汉字就用汉字的字意，或用汉字的偏旁，或取两个汉字字意组合创造新字记录布依话。至今民间仍盛行沿用这种方法来记录经书和民间文学⑳。傩书主要有《开坛歌》、《请神经》、《唱诸神》、《献茶献酒歌》、《送花歌》、《古老歌》、《十二花王歌》等。

"做桃"剧目主要有《龙公点坛》、《野猪偷薯》、《老瑶打猎》、《野外砍牲》、《抢吃生肉》、《戏弄外家》、《破瓜取子》、《龙公卖马》、《错砍樟树》、《背鸡进屋》、《祈讨草鞋》、《祈花求子》等 12 个剧目。这些剧目全取材于民间，集中反映了布依族的社会文化和爱情生活。表演上述剧目时，大部分剧目十分自由，唱词、台词临场发挥，不拘泥形式，演出不受场地和时间的限制，甚至观众也可以参与其间，把演出场地变成演员、观众的感情发泄和交流的场所，充分发挥了民间艺术的特点。

布依族地戏。主要流传于贵州屯堡人聚居地（安顺、平坝、镇宁、紫云、花溪、长顺等）周围的布依族地区。地戏从汉族地区传入布依族地区最早可追溯到明朝初年㉗。布依族地戏题材多取自汉族故事。民间传说布依族地戏是向汉族艺人学来的。如安顺幺铺地方的歪寨，是清乾隆、嘉庆时期向附近汉族艺人学习的；贵阳花溪大寨布依族地戏，是在道光年间从安平（平坝）请来艺人传授。贵阳市沙文乡蓬莱村的布依族地戏，传承至今已三百余年。

从各地布依族地戏的表演可看出，布依族地戏以表演为主，但自始至终又贯穿着傩仪性质的活动，如开场、开财门、扫场、参寨等，均有迎神、酬神、逐邪、祈求村寨人畜平安、五谷丰登之目的。以娱人为主，还兼娱神，将地戏表演与布依族民俗及信仰融为一体。唱腔采用布依族喜爱的七言民歌和十言酒礼歌；汉族观众多时也用汉语唱。戏装与汉族相同，但另有一套本民族的服装和佩饰；乐器除汉族地戏用的锣鼓外，还有布依族的月琴、洞箫、铜锣、铜鼓等。不过表演地戏的布依族

图下7-8　黎平县高近侗戏

村寨只是少数。从这些布依村寨所表演的地戏来看，无论道具、剧目、表演动作、开财门、开场、扫场、脚本等均与屯堡地戏大体相同，这反映了民族间的文化交流。花溪大寨的布依族地戏，还加进布依族的许多民歌、民谣（如酒令、划拳歌等），丰富地戏的表演艺术。

侗族傩戏。侗族傩戏主要流行于黔东的北侗地区，包括天柱、锦屏、剑河、镇远、三穗、玉屏、铜仁、万山、松桃和石阡等地。其种类主要有：收魂、谢土、开财门、祭邪、送白虎、酿星、酿关、架桥、开阴锁、打保福、抬煞、送雷神、送天狗、送替死鬼、还愿、扫寨、冲傩、开路、拜忏、踩灯、上家祭、运七、做道场、千人缘、万人缘、玉皇会等。各种傩文化活动都有固定的表演程序与表演内容，并有汉文字记载的演出脚本。侗族民间保存有文字浩繁的傩文化古籍文献。

据侗族祖传《师门会兵科》所唱，侗傩始于东汉永寿年间："神傩本是非凡神傩，动鼓楼前是吾三界桥头拜法之时，永寿元年鬼神撩乱，太上老君赐神傩。"据侗族族谱传说记载，侗傩约系宋末元初奉朝廷派遣、经由湖南桃园洞征黔的杨天应将军"来黔"始兴的。清道光年间，张澍在《黔苗竹枝词》注中，即说玉屏有"逐村屯以为傩"的习俗。可见侗族傩祭、傩戏历史久远、流传广泛。从侗族傩戏的形成过程来看，中原地区的佛、儒、道教文化曾对侗族的原生信仰文化产生过深刻影响。在漫长的历史发展过程中，二者交汇融合，逐步形成一种特有的信仰文化——侗族傩文化。

侗族傩戏的表演场所在傩堂，亦即主家之堂屋。在堂屋神龛下用八仙桌陈设"宝台"，伏羲、女娲的穿衣木雕面像供在其上的显著位置。在侗族傩坛班中，伏羲、女娲被认为是再造人类的司傩大神。在伏羲、女娲二神之间偏下位置，供奉王灵官等五个神位红牌，其前是供果、供粑、酒杯等祭品。桌子的四边，以彩色纸花缠好的竹条，交叉扎成覆盖桌面的穹庐式"宝台顶"。伏羲、女娲背后偏上部位，贴挂"三清图"等三幅神像图。"宝台"正前面蒙有红布桌围，桌下摆师刀。在"宝台"对面偏右、靠近堂屋门边设"对台"，俗称"七祖五庙台"。对台正中摆一碗米（俗称"叫化米"）、一堆斋粑和五个小酒杯。"对台"正前两根桌腿之间挂有"杨瘟神图"。"宝台"左侧设"五猖台"。台上中央摆一升米，插有"行坛祖师"的牌位和香火；升前摆五个酒杯和一个猪头等供品；台后上方悬挂"五猖千军万马图"。在"宝台"右上角设"香炉师台"，台上摆放香火、纸钱、蜡烛、鞭炮、服装、牛角号、傩戏面壳和刀头酒醴。靠近"宝台"右方设"锣鼓师台"，敲锣、鼓、钹的乐师在此落座伴奏。此外，傩堂内还悬挂两道吊联等。

侗族傩戏全部是由傩祭法师迎请来的"神祇"表演，且角色多为独角戏，但均有一定的故事情节，其剧目主要有：《跑报》、《秦童·八郎》、《开山》、《笑和尚戏仙锋》、《判官审案》、《春官贺喜》、《送神》等。演出时一般由锣、鼓、钹三种打击乐器演奏。演唱时，多为两句八小节，间奏六小节；还有在道白的关键字上加一锣音，以示强调。演员演唱的曲调主要是民歌小调。正如《黎平府志》所记："巫师戴面舞差差，岁晏乡风竞逐傩；彻夜鼓钲村老唱，斯神偏喜听山歌。"简单的民歌曲调，不仅便于演员掌握，也便于演员根据词音即兴调整。而八小节唱曲与六小节间奏的"八六"格式，既给演员或舞跳或间歇留出了空隙，也为那些平时少于排练演出的业余傩戏"演员"回忆思考唱词提供了方便。这种一唱一过门的形式，本是少有伴奏的民歌进入戏曲初期的消化过渡形式②。

阳戏。"阳戏"是傩戏的一种，主要流传于贵州、云南、湖北、湖南、四川、重庆等地。贵州阳戏出现于何时，很难详考，但在清代已较流行。清道光年间，郑珍、莫友芝主纂的《遵义府志》载："歌舞祀三圣，曰阳戏。三圣，川主、土主、药王也。近或增文昌，曰四圣。每灾病，力能祷者，则书愿帖祝于神，许酬阳戏。既许后，验否必酬之，或数月，或数年，预洁羊、豕、酒，择吉招巫优，即于家歌舞娱神。"《遵

图下 7-9 阳戏面具

义府志》"艺文篇"刊有李樾的《太平阳戏》诗："水利频兴功绩奇，梨园装束似当时。愿将川主降龙事，话与吾乡父母知。三月阴晴好种瓜，种瓜不了又栽麻。等闲四月闲人少，争比云霄唱采茶。"清光绪《平越直隶州志》对阳戏作了较详细的记载："平越夷俗，好巫信鬼，土苗尤甚。每灾病，力能祷者，则书愿贴祝于神，许酬阳戏。既许之，验否必酬之。或数月、或数年，预洁羊、豕、酒，择吉招巫优，即于家歌舞娱神。献生献熟，必诚必谨，余皆诙谐嘲弄，观者哄堂，至勾愿送神而毕。"民国贵州《八寨县志稿》："歌舞祀三圣，曰'扬戏'（按，"扬戏"即"阳戏"）。"贵州《独山县志》："巫党椎锣击鼓，有男装，有女装，装女如世俗装，男女红袍，戴观音七佛冠，以次登坛歌舞。右手执神带，左手执牛角，或歌或舞，抑扬跪拜，以娱神。至夜深，大巫手挽诀占卦，小巫戴鬼面，扮土地神者导引，受令入，受令出，曰'放五猖'。通曰'唱阳戏'。"

贵州各地的阳戏来源有四川和湖南两个渠道。川黔两省由于地域相邻、自然环境近似、风俗习惯大同小异，所以贵州阳戏的巴蜀文化色彩很浓，加之四川至今仍有阳戏流行，贵州阳戏由四川传入的可能性很大。黔北、黔东北的遵义、湄潭、桐梓、凤冈、正安、务川、道真、思南、沿河等，历史上很长一段时期隶属于四川；罗甸、福泉、瓮安、惠水、长顺、平塘、金沙、织金等阳戏流行地，虽未隶属过四川，但阳戏艺人们大都说"祖辈由四川迁入贵州"，或曰"祖辈由江西到四川，再由四川入贵州"。而且阳戏流行地区的民众，大都信奉川主、土主、药王（称为"三圣"），有的加文昌或关圣，称"四圣"。这些神祇，大都与四川有关。此外，贵州各地阳戏有一个共同的剧目《二郎降龙》，剧名各地虽有差异，篇幅也长短不一，但主要的故事情节相同，都是写川主李二郎在四川灌口降伏孽龙、为民除害的故事，颂扬川主的神威。关于湖南来源说，有学者通过对遵义阳戏声腔系统的分析，认为遵义以辰河牌子为主的阳戏，源于湖南的辰河戏；亦有学者认为天柱阳戏是从湖南流传而来的㉘。

阳戏表演可分为内坛和外坛。内坛主要是做法事，外坛主要是唱戏。内坛的法事程序复杂，如福泉阳戏，其还愿法事的基本程序有：设坛、开坛、请神、催愿、洒帐、交牲、参灶、礼请、安旗、上香、提盘、扫盘、陪土地、回大熟、送神、勾销等。阳戏中的保福科仪，主要程序有：扎坛、押净、起水、立楼扎寨、安神、交牲、请水、参灶、礼请、关告、发牒、造盘观茅、陪茅、扫身、十三保人、发追魂牒、差兵、游九州、领牲八郎、清家打火、接灵官、陪土地、回熟、叫魂、收兵、禳星、扯船、游傩、勾销等。外坛演出多少剧目，演出什么剧目，由主家与坛班商定，各地演出的剧目不尽相同。例如福泉阳戏剧目主要有：《韩信追霸王》、《过五关》、《孟姜女哭长城》、《三白秀才》、《二郎锁孽龙》等。罗甸阳戏中的正戏剧目包括《二郎降龙》、《桃山救母》、《过关》、《孟姜团圆》等，花戏有《七星庙》、《花园造反》、《韩信追楚》、《平贵别窑》、《梁山伯与祝英台》等。天柱的阳戏剧目主要有《刘海砍樵》、《河边洗裙》、《吞丹斩狐》、《三娘教子》等三十多个。

阳戏传统剧目主要来源于四个方面：一是历史上阳戏艺人自己编演、并流传下来的剧目；二是来自傩堂戏的剧目，如《孟姜女》、《龙王女》等；三是移植地方大戏或木偶戏的剧目，如《游龙戏凤》之类；四是根据当地生产生活及人们的心理需要而创作的剧目。从现存阳戏剧目来看，绝大多数属传统剧目；从内容上看，大多反映忠臣良将、孝子贤孙和世俗情趣的剧目，也有反映青年男女婚恋的小戏，充溢着浓郁的生活气息和乡土气息，地方特色十分鲜明。

阳戏的表演很有特点，且各地的表演方式不尽相同。黔东南天柱、锦屏、黎平的阳戏，大体上依照生、旦、净、丑行当的规范表演，讲究"一招一式"，讲究扮相和服装，但舞台布置比较简陋，而且在演出阳戏时都有"跳加官"习俗；天柱一带的阳戏是在正戏前表演，黎平一带则在正戏后表演，并且都有串寨演出和大体相似的迎送仪式。在这些表演技艺中，不少是来自民间歌舞的身段和语汇，还有直接采用花灯的各类扇子、手巾表演技艺及花灯的手法、步法、身段组合、场面调度。也有不少来自劳动动作、生活习俗的艺术提炼，如捡田螺、舞板凳龙等。

此外，阳戏表演重做工、少武打，且特别讲究手法和眼法的运用。手法除一般常用的兰花手、剑指、虎掌、抖指之外，还有姜爪子、荷包手、摘袖手等。眼法有鼓、斜、泪、对、睐等，表现各类角色的喜、怒、哀、乐、惊等不同情感。阳戏表演中的步法也非常独特，如小丑有鸭步、猴步、碎步、梭步、小跳步、矮子步等；小旦有跻步、碎步、蹉步、云步、十字步、轻盈步、小踏步、叠叠步等，可将不同人物的不同心理状态表现得惟妙惟肖。

阳戏坛班信奉众多而庞杂的神灵，包括道教神、儒教神、佛教神、阳戏戏神，以及家宅俗神等，这些不同系统的神灵杂糅在一起，形成了一个包容性极强的多元神系。例如阳戏仅在"开坛礼请"中，就要恭请380多位神尊供奉香案，大到洪钧老祖、灵宝天尊、元始天尊、道德天尊、玉皇大帝、太上老君、孔圣文宣王、释迦牟尼佛、观世音菩萨，小到五方土地、绣球太子、啄木官儿，都要请赴阳戏坛门，奉炷真香。这就使得阳戏坛门充满了浓郁的宗教色彩，增添了阳戏的神魔魅力和文化融合性。

由于阳戏坛门大都自称"玉皇门下弟子"，顶敬李老君，又称"老君教"，故与道教有更加密切的渊源关系。随着道教在民间的普及，以及道教道士插手傩坛，巫道融合，因而道教神系大量涌进了阳戏坛门。再加上民间宗教信仰的混杂，儒教、佛教的诸多神圣也进入傩坛，故而阳戏坛门出现了三教与神系、民间民俗神系与阳戏傩神神系的混杂。阳戏坛门供奉神祇，按照它们的"权势"和在民众中的影响力，排列自己的神格，而以道教神系居于首位。

仪式过程中，坛师身着法衣，挥舞法器、口诵咒语、张贴符箓等，还要表演阳戏绝技，戴上面具装扮为神灵。这些名目繁多的阳戏绝技，既有驱邪除魔的法事功能，又具有惊险刺激的观赏价值。在实际的阳戏表演中，经常使用的绝活法事主要有开洪山、上刀山、下火海、刹铧顶鳌、含红铁、禄马碓杆、悬戥吊斗等。如开洪山，是阳戏"打保福"中的一场重大法事。一般是在家人遭遇特大灾难需急救时才出此法事。法师用锋利的刀刃刺破自己的额头，取血献祭，驱除邪魔，占卜吉凶。下火海，是阳戏还愿祭仪中的一种特技法事。一般在三种情形时才需酬还这场法事：一是为事主还七天以上的大道场时；二是愿主家死人不吉利，需驱除妖魔，超度亡魂；三是村寨打5—7天清醮时。

阳戏傩坛的世代传承，主要有两种形式。一是父子相传，称为"家班子"为"门内师"；另一种是投师学艺，即师徒相传。阳戏坛门弟子出师，要举行隆重的度职传法仪式。一般在头年就择定度职的良辰佳期，作好猪、羊、鸡三牲和办酒钱物的筹备。届时，由传度师邀请同坛弟子参加度职仪式。传度坛师负责主持授职仪式，还要临时聘请抛牌师、证明师、誊录师、锣鼓师、封牌师、香烛师等执事人员，在度职仪式中各司其职。其间有一套完整而复杂的仪轨。

灯愿戏。这是一种在年关以灯会形式演出的民间小戏。开阳等地民间的"灯愿戏"每年正月初九启灯。启灯后有一系列的祭祀仪式，有扫家、开财门、参拜山神、土地、庙佛等，驱祟纳吉。正月十五搭台唱花灯戏，之后才为有灯愿的人家演出。基本正戏有《王四打草鞋》、《张少子打鱼》、《火炼琵琶》、《官贤试妻》、《解带封官》、《游龙戏凤》等。其祭中有戏，但戏中少祭[30]。

开阳花灯演出一般是从正月初一开始。演出前有一套固定的程序。出灯时，要先请道士先生开光，然后去庙上上香参庙，然后"亮寨"，即到每村里每一家唱，一般一家玩一个小时，一家唱一两个小调，每跳完一调就打一次锣。许有灯愿的人家要请戏班在家中堂屋演折子戏。正月十五是最后一晚，要把所有的折子戏、调子全部唱完。演出结束后"交灯"；此后要请道士择期（如正月十六、十七）到河边将灯烧掉，称为"化灯"。道士要先扎个船，在"化灯"前，如果所有的折子戏没有演唱完，就需要"表白"，称为"演灯"，确定好日期后就开始"起灯"，"起灯"时将扎好的"船"拿到灯堂"开光"。第二天清晨拿到河边将灯烧掉，意为送神回去。

开阳的"花灯"剧目主要有以下折子戏：《董永卖身葬父》、《郑德王放贤》、《平贵出窑》、《韩湘子度妻》、《送子》、《干妈问病》、《还愿》等；

《还愿》一出,是还愿时必唱的戏。在花灯演出开戏前,有"开财门"、"烧香烧纸"、"先锋砍五方"等仪式程序。过年过节时还要烧香、烧纸、敬灯光菩萨。

"花灯"演出时,各折子戏所需的演员人数并不固定,二三人、五六人或更多,一般都在主人家堂屋表演。在当地村寨中,花灯的演出多与事主许愿有关。如因家人患了眼疾,眼睛疼痛,就可以许灯愿,希望得到灯神的护佑恢复健康。

独山的花灯就其表演形式,分为地灯与台灯两大类。在地上演出者,叫地灯。地灯多属愿灯,为主家还愿而表演。地灯有歌有舞,有简单的情节,曲调活泼明快,语言通俗,有打击乐伴奏。搭台表演者称"台灯"。台灯有歌有舞有戏,甚至分幕分场,曲舞丰富多样,旋律性和戏剧性强,有乐器和打击乐伴奏。台灯是由地灯发展而来的。

独山愿灯的主要程序为:请水、安灵、请神、开光、拜祭、发灯、拜土地、拜台、踩门户、贺主人、扫堂、拜家神、辞神、拜土地、造船、化灯拆台、回坛。其中,"开光"表示正式开坛;"拜台"结束之后,灯班作演出准备;暮色降临后,就击鼓敲锣,开始演出。"踩门户"是灯班代表主家走寨串户进行朝贺的礼仪活动,灯班清早出发,挨门挨户向每户人家奉送恭维、吉祥、贺喜的语词,要盘灯开财门,有问有答,即兴而歌,形式极为活泼。到第三晚上唱完正戏后,整个愿灯程序基本结束,就"化灯拆台",将所扎的纸灯烧焚,然后把台拆掉。"回坛"是愿灯中的最后一道程序;如果灯班还愿继续唱下去,就要另自搭台,开唱耍灯㉛。作为傩文化,愿灯在贵州农村虽然至今仍普遍流传,但其娱乐性已居于主导地位。

织金傩戏。织金县多民族共居,傩戏有显著的特色。织金傩戏可分为"打保福"、"背星神"与"庆坛"几种。"庆坛"又可分为"庆五显"、"庆赵侯"与"庆娘娘"。全县有"庆五显"傩戏戏班近百个,各个庆坛班子每年的活动非常频繁。"庆赵侯"傩戏仅在城关、三塘、珠藏等镇略有活动,有四个班子。"庆娘娘"坛的傩戏现已消失。

织金傩戏并非源自本土,而是移民从外省带入,受巴、楚巫文化的影响最深,又渗入了道教正一派和佛教的某些要素。从织金傩戏的唱词中，可大致知其门派和"启教地"："庆五显"傩戏是武岗起教，"庆赵侯"傩戏是南岭起教。武岗与南岭都在巫风最甚的楚地，武岗就在湖南。无论是何地起教的傩班，都属江西龙虎山道教发派，属正一派。

织金傩戏班子与其他地方的傩班还有一些差别。"背星神"、"打保福"的傩戏虽无民族界限之分，但主要为汉族、穿青人和白族所表演。"庆五显"、"庆赵侯"、"庆娘娘"三种傩戏班子，则只能在这三尊神的信奉者男人中择人组建。穿青人信奉五显神，在家里堂屋的西北隅，以竹篾编如小笼形悬壁，设立五显坛，世代供奉。"庆五显"戏班子均由穿青人组成，其他民族不能参加。即便有个别他民族的人加入，也绝对不能当领班的掌坛师。汉族中有黄、程、朱等少数姓氏的人信奉赵侯圣祖，并在堂屋右下角设立约一尺见方的石墩名赵侯坛供奉，"庆赵侯"傩戏班子成员全是汉族，并且领班的掌坛师多是本姓男子，其他民族的人不能担任。白族人信奉照化娘娘，即中天星斗北极紫微元清大帝，俗称娘娘坛。敬奉这一神祇的"庆娘娘"傩戏班子也多有民族界限，即多数班子由白族人组成；但也有少数汉族信此神而组建"庆娘娘"坛的傩戏班，并当领班人。

在师承方面，掌坛师在自己组建的傩班人员中，择优"传度"徒弟。各种傩班的收徒传度，其程序大体相同。首先，入班人要请同班中已度过职，即已接受过传度的人当引荐师、证盟师，向师父提出入班习道要求。师父认为此人未违背傩戏组班原则，并有一定基础，且品德良好，即同意招纳。其次，由新入班者写出正式投师帖子，内容是：某人愿行太上正一大教，投拜某师门下专习三五都宫经祭。学成之后，受师度职，永传道法兴隆，"逢灾救灾，遇厄解厄，不忘历代阴师祖师圣德"。之后落具弟子、引荐人、保举人、证盟人、代笔人的姓名及日期。此后凡师父承办背星神、打保福、庆坛等傩戏或为人家办各种道场，徒弟均跟随学习，并阅读有关抄本、掌握各种法事的科仪程序。三五年后，徒弟已熟悉全部知识，能独立行坛当掌坛师时，师父就选择时机给他"度职"。

度职方式和内容，按不同坛门（即傩班）的不同而各异。

"庆五显"傩班（俗称武坛班），度的是"神霄"、"玉府职"、"驱邪职"、"天枢职",职分正从九品十八级,每三级为一等,次分上、中、下三格传度。依徒弟智力的高低来分等级传度。传度方式是乘某家举办庆五显或收坛傩戏之时,求得主人家同意,由徒弟替这一家人出一定的庆坛或收坛所用经费或物资,即可增设一堂"传度"法事为徒弟度职。这便是请职道场,亦称随坛度职。度职程序包括"设坛"、"法师登坛"、"新恩弟子(即受度人)受训"、"传度"、"受职发牒"等内容。

"庆赵侯"傩班(俗称文坛班),度的是"灵宝职"和"元皇职",方式比"庆五显"的武坛班传度仪式简单。其一是肉口传度,即由师父口授给徒弟各种符箓法诀,外人不得而知。这一类多是父传子(有时采用扶乩形式决定继承人),最后取个法名,就算度职。其二是设坛传度。程序较为复杂。传度之后便可独自组班行坛了。

织金傩坛各个门派的傩戏道具,可分为服装、面具、神图、法器四部分。

服装:由法冠、法衣、法裙组成,文坛班与武坛班略同。此外还有红布团花或红纸团花二朵。法衣分衣、褂二种,衣为对襟短衣,褂为无领对襟短褂,法裙为前后开衩系腰式长裙。

面具:"庆五显"武坛班的面具原有 7 个,现只有 5 个,即姜太公(文老生)、灵官(武生)、二郎(武生)、检牲七郎(丑角)、土地(丑角)。这些面具造型粗犷,有纸壳制作的,有木雕的。此外有胡须二口。"庆赵侯"文坛班的面具 3 个,即灵官(武生)、拣斋和尚(净角)、土地(净角),木雕而成,大小与武坛班的一样,但造型较为文静,制作也较精细。"庆娘娘"面具有 12 个,有土地 2 个,郎君、和尚、道士、夜叉、小鬼、梅山、宝山、判官、姊妹各 1 个,另有 2 个神头(伏羲、女娲)偶像。

神图(案子):"庆五显"的武坛班案子分为大、中、小三种,大案子有 18 幅。"庆赵侯"文坛班案子有 4 幅。"庆娘娘"案子 6 幅。

法器:有木质令牌 1 块,铁质师刀 2 把,神棍、神鞭、祖师棍、天篷尺、卦、铜锣、鼓、牛角、"道经师宝"本印等。

织金傩戏的表演与剧目各派不同。"庆五显"的傩戏分为 15 场,每一场又分为好几折,全在穿青人举办庆坛人家的堂屋中进行表演。这种傩戏，以"酬还五显圣贤恩愿"为宗旨，寄以"驱邪恶、保福禄"的愿望，是一种分散举行的民族宗教专祀性的庆典，因此俗称为"跳菩萨"。开坛之前，要对堂屋戏场进行布置，称为"摆坛"，要挂案子，即把五显神及与之有关的神像挂出来，神龛上插五显神弟兄五人（显聪明王大郎、显明明王二郎、显正明王三郎、显直明王四郎、显德明王五郎）的牌位等。一应俱全布置就绪后，方可开演。其程序是：起坛、发功曹、交牲、躺白、放兵、合会、大郎殿、二郎殿、云魈殿、四府殿、岳王殿、灵浮殿、山魈殿、南游殿、水魈殿。仪式过程中穿插表演戏剧，如在"大郎殿"法事完毕后，加演《砍先锋》、《出灵官》；"二郎殿"法事完毕后，加演《捉龙锁龙》。

"庆赵侯"的内容及行坛程序，与庆五显大同小异，分为放兵、祭五猖、参灶、交牲、献白、勾愿造枪、执席排兵、造井接界、画梁、回熟、会兵、造楼造殿、接仙娘、破洪山祭阴兵、烧游司、扎礅、九州十二花园姊妹、迎圣、扫送等折，不分场次。

"庆娘娘"傩班只是在民间搞些"打保福"、"背星神"的活动，已不能举大型的傩仪活动。"打保福"与"背星神"傩仪的表演程序和内容大同小异，但"背星神"的傩仪在"打保福"的基础上，加入宰牲、灵官考土地、装仙娘、祭六冤、扶六马等内容。"打保福"的程序为：发牒、交牲、关茅、扎灶、回熟、祭五猖、交钱、吊斗、拜罗睺、破天罗地网、叫魂、陪茅、扫送、回圣。

织金傩戏中，各坛、各殿、各折中，都少不了的打卦、挽诀、画符，俱属于巫术的范畴。

面具艺术在人类文化史上有着久远的历史。贵州傩的形态从低级到高级，并逐渐丰富、齐备。伴随着傩文化的活动，贵州的傩面具艺术出现在贵州高原，也经历了从原始到高级的发展过程。从贵州现存的大量傩面具中，不仅可以欣赏到民间造型艺术的神奇魅力，也能通过一副副面具的质地、刀（画）法、着色、造型等方面的特点，寻觅到贵州文化乃至中国传统文化的某些特点。

面具属于雕塑艺术，面具是一种用来改变人的形貌的化装手段，一般戴在面部或罩在头部，故也将其称为"装面之具"。从傩祭活动衍变发展的脉络中，可以清楚地看到，贵州傩面具作为傩祭活动的伴生物，其衍变发展，是与傩祭紧紧联系在一起的，其造型衍变的趋势，是从简单到复杂，从变形、拼凑、夸张，到逐渐走向写实；既具有宗教性特征，也同时具有审美特征和民俗特征。当然，它在继承了传统雕塑艺术造型制作特点的同时，也会受到某些既成观念的制约。例如对土地神、关公等人物形象的塑造，就限于传统形象的模式：土地神是慈善敦厚、白须笑脸的老人；关公是红脸、丹凤眼、卧蚕眉、美髯公等。但是，由于贵州特殊的生态环境，民间艺术家们仍能从这些既成的规范中，通过直觉和朴实的审美情趣，把神性与人性微妙地结合起来，使傩面具中人神鬼怪的形象，流露出应有的人性。人性的内在表现和浓郁的多民族山地文化特点，是贵州傩面具艺术的主要特色。

　　贵州傩面具大多是用木质细密、松软而不容易开裂的白杨、丁香、杨柳等木料制作，也有用泥模纸坯、竹编纸糊和笋壳制作的。但大量的是木雕彩绘面具。根据造型特点、艺术风格和用途，贵州傩面具大致可分为四类，即：黔西北彝族傩面具；黔北、黔东和黔南地区的傩戏面具；黔中一带的地戏面具；黔中、黔西南地区的民俗面具"吞口"。"吞口"虽然也类似于傩面具，但它并不用于傩祭和傩戏活动，贵州民间将它挂在门楣，用以驱邪镇邪。故在此略而不论。

　　黔西北彝族傩"撮泰吉"的面具，是贵州现存傩面具中最原始、造型风格最独特的一种，也是贵州木雕面具中尺寸最大的一种。它的五副面具基本相似，共性大于个性，虽有夸张，但基本写实。每个面具长约30厘米，宽约20厘米，几乎是常人脸部的一倍。与其他傩面具和传统雕刻、泥塑脸谱的风格迥然不同，"撮泰吉"面具的造型特点是：面具上宽下稍窄，四角稍稍成弧形，前额宽而厚实，向前突起，鼻高而直长，有猿猴相；没有眼珠和牙齿，只在相应的部位剜出三个孔穴，表示眼睛和嘴巴；眼角向上挑起，呈倒八字形，只有孩童"阿安"的面具眼横。五个面具的制作工艺简单粗糙，一般用杜鹃、漆树之类的高山硬杂木制作，用斧头砍成毛坯，粗略地刻凿出五官即成。面相不分男、女、老、少，唯以有须无须来区分性别和年龄。色彩单一，不用油彩精心描绘，只用锅烟灰或墨汁涂以黑色作底，再用石灰或粉笔在脸上、额上画出粗犷简单的各种线条，按上胡须。白线的纹饰每个面具都不相同，或横或竖，或粗或细，或作放射状，或呈波浪形。白色线条在黑底的衬托下，形成鲜明强烈的色调反差，其总体风格单纯、稚拙、憨憨、怪诞，有石雕感，给人以古朴、原始、粗犷、刚劲的美感。从而使这些象征祖先鬼魂的面具，有一种神秘、紧张、肃穆的力量。在贵州威宁县板底乡裸戛村彝民的心目中，"撮泰吉"面具是鬼神和祖先的化身，对它既尊崇又害怕。有学者认为，这些线条的含义可能与彝族先民的图腾崇拜有关。在贵州少数民族的傩面具中，它受汉文化的影响最少，有浓郁的民族特色，具有重要的学术研究价值。

傩堂戏面具，是贵州现存傩面具中数量最多、艺术性最高的一类。它主要用于傩坛祭祀活动和依附于傩坛祭祀的傩戏演出。

前文已述，傩坛祭祀面具有"半堂戏十二面具，全堂戏二十四面具"之说，到底有多少，各地说法不一。由于一般的傩班受经济条件所限，一个傩班大多不可能凑足所有的面具。傩堂戏面具雕刻艺人的手艺，大都是父子相传，师徒相传，口传心授。他们都是以务农为主、兼作工匠的民间艺人，加之傩坛并无固定组织，所以，傩坛祭祀面具的雕刻制作亦无统一规范，全凭艺人们发挥自己的想象和审美习惯来制作加工。于是，往往会出现同一角色而形象迥然各异的情况。然而，这恰恰是这类面具最有灵性、最有艺术审美价值的地方。傩戏演出面具则不然。从造型上看，因为它服务于演戏，必然就要受到剧目所限定的故事情节、人物身份、年龄、性格等的制约，雕刻制作就不能完全随心所欲。因此，这类面具更为写实，不如傩祭面具那么生动活泼、富于想象力，显得写实有余而浪漫不足。然而，即便如此，它比"撮泰吉"面具明显具有更高的艺术性，也比后来的地戏面具更有灵性，惟妙惟肖，栩栩如生，千姿百态，琳琅满目，是艺术价值很高的珍品。

傩堂戏面具的形象，人神鬼兽都有，正邪分明，造型丰富多彩，十分重视人物性格的刻画，男、女、老、少、文、武、鬼、神、僧、道、丑等众多角色，大体可分为三类。第一类为"正神"，其形象多为慈眉大眼，宽脸长耳，面带微笑，庄重和气，色彩也比较柔和协调，浓淡相

宜。第二类为"凶神"，凶神面具狰狞、凶恶，线条粗犷奔放，色彩大
胆强烈，以靛蓝色为主，杂以其他色彩，形象浪漫诡奇，气势咄咄逼
人。第三类为世俗人物，其中又有正、丑之分：正面人物面具造型大多
五官端正，眉目清秀，显示出淳朴忠厚的个性；手法写实，没有变形和
夸张，类似"正神"面具但更加世俗化。丑角是插科打诨的滑稽角色，
面具造型变形夸张，具有浪漫色彩，或歪嘴皱鼻，细眉小眼，或龇牙咧
嘴，没有下巴，于荒诞不经中表现出制作者丰富的想象力。此外，傩堂
戏中还有牛头、马面、孽龙、白猿等兽形面具，数量不多，只在个别剧
目中使用，其造型有的写实，有的抽象，但多淡化了神鬼味道。

　　傩祭、傩戏面具制作的材料有木、笋、篾和纸等，制作与雕刻工艺
十分精细，色彩讲究。例如有一种"活口面具"，又可分为"动眼断腭"
和"动眼吊腭"两类，常见的"活口面具"有土地、秦童、山王等角色；还有一种"半截面具"，多为引人发笑的丑角，如唐二、撵路狗等。可见民间艺人制作面具时，的确是精心设计，很费了一番苦心的。

　　地戏老艺人说："地戏玩的就是脸子（面具）。"地戏面具少则三四十面，多则上百面。按照不同的造型，大体可分为以下类别。第一类为武将。武将在地戏中占有极重要的地位，有正派与反派之分，又有文将、武将、老将、少将和女将之别。各类武将的区别主要在面部表情和眼睛神态上，面部赋色多使用对比强烈的原色，一般以一种颜色为底子，然后在上面勾画眉、眼和各种图案纹饰。正派和反派

图下 7-10　安顺地戏主帅面具

人物的着色没有固定模式，几乎每一种颜色都可以甩来开脸。各种颜色有一定的象征意义，一般说来，红脸多为忠勇刚直的将军，粉脸多为英俊年少的将军，青脸多为凶恶骁勇的将军，绿脸多为力大勇猛的将军，粉花脸多为奸邪阴毒的文将，二花脸多为守关总兵，三花脸多为偏将、副将，等等。第二类为道人。道人是地戏中出现较多的形象，大多为反派营垒中的军师，或前来助战的仙人，不戴头盔而戴道冠是其显著特征。道人面具没有固定的模式，创作起来比较自由，民间艺人抓住各个道人的外形特征，随类赋形，给人以深刻印象。例如鸡嘴道人被刻成人面鸡嘴，道冠以变形的鸡翅和鸡尾组成，造型兼有人和鸡的特点，怪异中寓含狡黠的性格。第三类为丑角。地戏中最常见的丑角为歪老二，又叫老歪或歪嘴老苗，在戏中是一个插科打诨的活跃人物。造型为歪嘴皱鼻，龇牙扯眼，鬓上斜插一把木梳，有的还长有几缕胡须。面部一般涂为红色或蓝色，鼻尖和人中绘有小块白斑，更增添了几分滑稽色彩。第四类为动物。地戏中的动物面具甚多，常见的有龙、虎、狮、牛、马、猪、犬、猴、麒麟、松鼠等。这些动物多是经过修炼得道成精的灵物。此外，还有土地、和尚、丫环、老母、小童、差官等。这些面具面相温和，造型写实，具有浓厚的世俗色彩和人情趣味，与武将、道人、丑角和动物面具的神奇、诡谲大异其趣。

虽然人物众多，但因为饰演的都是真名实姓的历史人物，所以其造型较之傩祭、傩戏面具的人神鬼兽五花八门，略显得有些单一。地戏演出的是舞枪弄刀的武戏，演员需要视线清楚，因此地戏面具的尺寸较小，演出时戴在前额，演员能从面具下部看清对手，有利于表演。又因是在白天、露天演出，扮演的都是历史英雄，所以面具制作得色彩鲜艳，富丽堂皇，造型写实、花俏，受传统戏曲脸谱的影响比较明显，具有相当程度的程式和规范，已经形成了主帅、文官、老将、少将、女将五种基本类型。此外，还有小军、道人、丑角、兽形。刻画装饰的重点是头盔、耳翅等次要部位，反而在通过人物面部表情的刻画来揭示人物的内在性格方面有所忽视，一般表现为有共性而少有个性。

地戏面具由脸部、帽盔和耳子三部分组成；脸和帽盔同在一块木料上，耳子用边料制作，用绳系于面具两旁，形成一体。制作的材料要求质地细腻，韧性强，不易开裂，多选用丁香木、白杨木、白果木。面具各部位的比例和五官的造型，民间流传着这样的口诀："各一半（头盔与脸部之比），三三五（以自己的指头为尺度，额三指，鼻三指，鼻尖至下巴共五指），立眉皱鼻鼓眼睛。"其制作工艺十分考究，备用的毛坯须经过粗坯、二坯、三坯的工序，要求精雕细刻，刀法谙熟，雕刻成形后，将面具打磨光洁，着色上彩，并勾绘图案纹饰。着色分为油质和胶质两种。画脸颇为讲究，有的角色面部只涂一种颜色；有的角色上部和下部、左部和右部各为一色，称为"阴阳脸"；还有的角色面部用蜂、蝶、鱼、瓜蔓等图案进行装饰。眉毛的画法，有"女将柳叶眉，少将竹叶眉，武将刺刺眉"和"女将一根线，少将一支箭，武将如烈焰"等口诀。着色上彩完毕，通常要用光油再刷上一遍，使色彩更加鲜艳夺目。地戏面具重彩油绘，风格雍容华贵，大家气派。因此很具民族特色，有很高的艺术价值[32]。

傩文化是中国传统文化中多元宗教（包括原始自然崇拜和宗教）、多种民俗和多种艺术相融合的文化形态。其表层目的是驱鬼逐疫、除灾呈祥，而内涵则是通过各种仪式活动祈愿阴阳调和、风调雨顺、五谷丰登、人寿年丰、国富民强和天下太平。贵州傩文化形成了历史积淀丰厚、原始形态古朴、文化遗存众多、文化体系完整等鲜明的特点；它蕴涵着古代先民朴素的生命意识，这使它具备了顽强的生命活力。随着历史的演化，作为一种独特而神秘的文化现象，它逐渐成为多元宗教、民俗、艺术、表演的复合文化体。贵州傩事活动分布广泛，其中的许多民俗遗存和影响，有着丰富的历史文化内涵，深厚的历史文化积淀，一直延续至今。

虽然傩文化作为古代中国原始社会农耕阶段的意识形态，与现代社会格格不入，然而，它所负载的人文的、历史的、艺术的信息，却是难以取代的珍贵资料。在漫长的历史文化运动链条中，傩文化有其重要的历史地位。

【注释】

① 曲六乙：《建立傩戏学引言》，载庹修明等编：《傩戏论文选》，贵州民族出版社 1987 年版，第 2 页。

② 庹修明：《傩戏·傩文化》，中国华侨出版公司 1990 年版，第 2 页。

③ 冉道隆，南宋宁宗嘉定六年（1213）生于四川涪州，20 岁左右离蜀到吴越，在吴越居住十多年后，东渡日本。他在日本弘扬佛法，声名大震。死后，日本天皇敕封为大觉禅师。

④ 高伦：《贵州傩戏》，贵州人民出版社 1987 年版，第 4 页。

⑤ 高伦：《贵州傩戏》，第 5 页。

⑥ [明] 杨佩修，刘黻纂：《衡州府志》卷八，引 [宋] 文天祥《上元张灯记》，明嘉靖刻本。

⑦ 参见湖南省戏剧工作室、湖南师范学院中文系编《湖南地方戏曲史料》（内部资料）1980 年版。

⑧ 高伦：《贵州傩戏》，第 6 页。

⑨ 侯绍庄：《德江傩堂戏源流试探》，载《傩戏论文选》，贵州民族出版社 1987 年版，第 44 页。

⑩ 朱伟华等：《建构与生成——屯堡文化及地戏形态研究》，广西师范大学出版社 2008 年版，第 222 页。

⑪《宋史》，卷四百九十六，蛮夷四，中华书局 1977 年版，第 14223 页。

⑫ [清] 夏修恕、周作楫修，萧琯、何廷熙纂：《思南府续志》卷二"风俗"，道光二十一年刻本，1966 年贵州省图书馆据四川省图书馆藏刻本复制油印本。[清] 张锳修，邹汉勋、朱逢甲纂：《兴义府志》，卷四十"土风志"，咸丰四年刻本，民国三年贵阳文通书局据刻本铅排本。

⑬ [民国] 杨化育修，覃梦杜纂：《沿河县志》卷十三"风土志"，民国三十二年铅印本。

⑭ [清] 徐铉修，萧琯纂：《松桃厅志》卷之六"风俗"，道光十六年松高书院刻本。

⑮ 有关汉移民与船神地方民俗混融的内容，参见高伦《贵州傩戏》，第 6—10 页。

⑯ 庹修明：《叩响古代巫风傩俗之门——人类学、民族学视野中的中国傩戏傩文化》，贵州民族出版社 2007 年版。

⑰ 傩坛授职传法分为"茅山传法"和"坐桥传法"。茅山传法在山坡上进行。

⑱ 李华林主编，《德江傩堂戏》资料采编组编：《德江傩堂戏》，贵州民族出版社
1993 年版，第 25 页。

⑲ 张泽洪：《道教与傩文化关系论略》，载《教育文化论坛》2010 年第 3 期。

⑳ 李怀荪：《湘西傩戏调查报告》，顾朴光、潘朝霖、柏果成编：《中国傩戏调查报
告》，贵州人民出版社 1992 年版，第 73 页。

㉑ 德江二十四戏，上堂十二戏是：《唐氏太婆》、《金角将军》、《关圣帝君》、《周仓
猛将》、《引兵土地》、《押兵先师》、《开山猛将》、《九洲和尚》、《十洲道士》、
《柳毅传书》、《开路将军》、《勾愿先锋》。下堂十二戏是：《秦童挑担》、《三娘送
行》、《甘生赶考》、《杨泗将军》、《梁山土地》、《李龙神王》、《城隍菩萨》、《灵
官菩萨》、《文王卦师》、《丫环》、《蔡阳大将》、《勾簿判官》。

㉒ 半堂戏十二面具的名称是：唐氏太婆、桃园土地、灵官、开路将军、关爷（关
羽）、引兵土地、押兵先师、先锋小姐、消灾和尚、梁山土地、秦童（歪嘴）、甘
生。全堂戏除半堂戏十二个面具外，另外加上十二个面具，即：开山莽将、掐时
先生、卜卦先师、鞠躬老师、幺儿媳妇、李龙、杨泗、柳三（柳毅）、乡约保长、
了愿判官、关夫子、秦童娘子。

㉓ 曲六乙：《漫话傩文化圈的分布与傩戏的生态环境》，台湾《民俗曲艺》第 69 期。

㉔ 参见桂梅、一丁《布依戏研究文集》，贵州民族出版社 1993 年版，第 113 页；吴
秋林：《布依族仪式性傩戏"哑面"》，载《民族研究》2005 年第 1 期。

㉕ 三十六个面具称谓为：万岁天尊圣母、花林仙官、六桥青蛇判官、托生花王太
庙、三元帅祖、太子六官、双龙树王、九娘、五位功曹、李应杜王、欧官、蒙
官、冯敖老爷、覃九老爷、地许、勒良、雷王、写傩、莫一、莫二、伍通、龙
公、白马、公爷、猴王、上公七郎、刮坛、染吴、鲁班。

㉖ 2010 年 8 月，布依族第一次被国家公布确认为有自己文字的 18 个少数民族之一。
此次"发现"的文字不是 1956 年创制的表音布依文字，而是 1912 年以前布依族
古籍中自创的表意布依文字。

㉗ 马启忠：《瀑乡风情录》，贵州民族出版社 1991 年版。

㉘ 李瑞歧：《论群众文化与民俗艺术》，贵州民族出版社 1994 年版。

㉙ 王德埙：《遵义阳戏研究——遵义阳戏的渊源及发展诸疑案试析》，载《中国音乐
学》，1997 年增刊。陶光弘、游浩波：《天柱阳戏及其流传简介》，天柱文史资料

（第三辑）。

㉚ 吴秋林：《阳戏的类型学研究》，载《贵州民族学院学报》2009 年第 3 期。

㉛ 黔南文学艺术研究室编：《独山花灯》，内部资料，1983 年版。

㉜ 详见顾朴光《中国面具史》，贵州民族出版社 2002 年版；贵州省艺术研究室、上海人民美术出版社编：《贵州傩面具艺术》，上海人民美术出版社 1989 年版。

第八章

黔山奇珍：文化遗产

　　贵州地形的复杂性和民族的多样性，使文化遗产呈现出绚丽多姿的特征。自然遗产与文化遗产交互作用：许多自然遗产保护地得益于人类的自觉保护行为，文化遗产也受到自然遗产的深刻影响，创造出别具一格的贵州地域文化，为丰富中华民族的文化宝库做出了贡献。文物是物质文化遗产的重要载体，古建筑是不可移动文物的重要组成部分。贵州高原的古建筑，具有鲜明的地方特点和浓郁的民族特色。传统民族节日活动，涵盖非物质文化遗产的方方面面，纵观数以千计的传统民族节日，可通览贵州高原丰富多彩的非物质文化遗产。村镇，特别是民族村寨，自然遗产与文化遗产共存，是民族物质文化和非物质文化的原生地，最能"原真性"地反映一个地方的历史文化特征。

第一节　自然遗产举隅

自然文化天人合一　干栏建筑名副其实　婚恋设施别具情趣　防鼠粮仓历史悠久　七孔石桥非同寻常　石板墓葬源远流长　佛教名山武陵梵净　摩崖石刻流播千秋　梵天净土人间饭甑　苗族文化多姿多彩　吊脚木楼苗寨名片　苗乡建筑山地奇葩

位于黔南的荔波喀斯特世界自然遗产地，是由森林和喀斯特地貌组成的生态系统，总面积 73016 公顷。其中被称为"地球腰带上的绿宝石"的茂兰国家级自然保护区，拥有同纬度地区绝无仅有的一片分布集中、原生性强、相对稳定的喀斯特原始森林。区内生长着 4000 余种动植物，是亚热带喀斯特地貌上生物多样性保存最为完好的一块宝地。生物多样性是其主要特点，其中国家一级保护植物 9 种，二级保护植物近 200 种；国家一级保护动物 5 种，二级保护动物 100 余种，是联合国教科文组织确定的"世界人与生物圈保护网络成员"，被国际专家誉为世界喀斯特森林植被唯一的自然"底本"①。世界上许多有喀斯特地貌的地区，都缺乏水源和植被；而荔波喀斯特则以森林为基础，把千姿百态的山水景观、独具特色的地貌景观、神奇茂密的原生态植被，自然组合在一起，形成集青山、绿水、溶洞、森林、湖泊、瀑布、奇石、古树于一身的绝美景区。区内 90% 的人口是少数民族。水族、瑶族、苗族、布依族村民，生息繁衍在荔波喀斯特保护区内。他们纯朴善良，敬畏自然，善待自然，崇拜自然，将山视为"神山"、水视为"神水"、洞视为"神洞"、树视为"神树"。逢年过节，或遇不测，虔诚祭祀"山神"、"水神"、"洞神"、"树神"。尤其对树情义深厚，制定乡规民约，保护天然森林，踊跃植树造林，将珍惜树木、钟爱树木、敬畏树木、崇拜树木作为文化遗产世代传承。而这里的山、水、树等，也滋育着当地的民众，使自然遗产与文化遗产协调发展，相映生辉。荔波喀斯特的文化遗产丰富多彩。建筑文化、服饰文化、节日文化、婚恋文化、丧葬文化保存完整，其原真性的生活习俗构成了"天人合一"的景象。最亮丽的文化景观首推民俗建筑，诸如干栏建筑、婚恋建筑、粮仓建筑、桥梁建筑、墓葬建筑等。

干栏又称"麻栏",是我国南方古代民族的住房形式。在荔波喀斯特保护区内,许多水族民居是修在平地上的,但依然采用干栏式。他们在平地修建干栏式住房的工艺是:先用粗大的木柱和厚实的木板,构筑一个一人多高的平台,再于其上修建一层平房或两层楼房。底层立柱与上层立柱互不连通,断然是两个建筑实体。贵州古代干栏建筑没能保存下来,但在出土文物中可见其形象。将赫章出土的西汉干栏建筑陶质模型与水族干栏建筑相比对,可看出它们之间的传承关系,两者都不失为建筑文化史的珍贵实物资料。

荔波瑶麓的瑶族同胞,因其身着藏青色衣裤,被人称为"黑裤瑶"。瑶麓坐落在山间盆地中,群山环列,山形垂直向上,盆地建房,房屋横向展开,一横一竖,富有韵律。瑶族民居二楼前半部是宽厚的楼板,后半部是结实的平地,让人说不清它究竟是平房还是楼房。好些人家二楼两次间紧靠"吞口"的板壁上,留有一个不甚显眼的小洞,房内顺着板壁铺有一张床,小洞正好位于床头处。当地有风俗,女孩一旦成年便单独住进这样的卧室内,透过此洞,躺在床上的姑娘可窥视外边的情形;而外寨前来寻找配偶的后生,则利用此洞通报自身的到来。每当月明星稀之际,瑶寨后生手持小棍外出求爱,他用小棍轻轻将姑娘唤醒,要求与其对唱情歌。姑娘若是乐意,起床点灯开门,请其进屋,彻夜细声对唱,家人不予干涉。姑娘若不乐意,只能隔墙对唱,甚至"熟睡"不醒。由于墙上小洞具有"谈婚论嫁"功能,故被称为"谈婚洞",房间称为"谈婚房"、"探婚房"。作为建筑物的一个品种,在建筑学、民族学、民俗学上具有独特地位。

生活在荔波喀斯特保护区内的"白裤瑶"同胞,贮粮方式十分特别,颇有实用价值、观赏价值和学术价值。"白裤瑶",因其男子身穿白色马裤而得名,聚居于"小七孔"附近的瑶山乡。瑶山瑶寨,池塘边、水田上,星罗棋布建有许多茅草攒尖顶、歇山青瓦顶粮仓。这种仓库具有许多优点。首先,它建在池塘边、水田上,且同住房保持较远距离,有利于防火;其次,粮食存放在离地一人多高的仓楼上,有利于防潮;第三,瑶山夏天气温较高,村民常在仓下歇凉,粮仓兼具凉亭功能;第四,每根立柱上都安装有一个鼓形坛子,或一块方形木板。装置虽简易，防鼠效果却很好。这种形制的粮仓具有悠久的历史。广州市博物馆有件汉代陶仓模型，形状与瑶族粮仓如出一辙，说明中华民族传统文化一脉相承。

荔波喀斯特，森林茂密，溪流纵横，有两座均为七孔的著名石拱桥。"小七孔桥"横跨响水河，桥头立有建桥功德碑，碑额楷书阴刻"万古奥桥"。碑文记载修桥缘由、施工经过及捐资人姓名，立于清道光五年（1825）。"大七孔桥"横跨打命河，始建于道光二十七年（1847），道光三十年（1850）告竣，命名"万善桥"。后被洪水冲垮。光绪三年（1877）维修，光绪十年（1884）告竣，更名"双溪桥"；因其比"小七孔桥"长，故称"大七孔桥"。桥头立碑，碑额阴刻"双溪桥序"。碑文记载："道光三十年，里人修成石桥七洞，穹窿跨溪，费五千余金，行路者便之。去岁因暴雨，溪水泛滥，波涛汹涌，桥之第四洞崩其大半，于光绪三年二月鸠工，经营数载，甲申年落成，共费五百七十千文。"②流传于瑶山一带的《小七孔桥的传说》称，神仙帮助瑶族姑娘"冬姣"架设七彩花桥，让她与为爱情牺牲的布依族后生"王梦之"相会，由此促成两族村民于道光十五年（1835）修建"小七孔桥"。《大七孔桥的传说》则说，土司的七姑娘，为实现架桥愿望，嫁给化装成大蟒的雷神之子，如愿以偿在响水河上建成了一座"七彩桥"③。

荔波一带水族民居较为简陋，但死后的"住房"却分外壮观。水族墓葬有方、圆两种形制，墓前镌刻牌楼式墓碑，葫芦宝顶，上刻太极、八卦及动物造型的"福"、"寿"等图案。有的在楼面雕刻狮子、麒麟等吉祥物。立柱雕刻盘龙，多为透雕。其他部位，雕刻游鱼、青蛙、螺蛳、螃蟹等水生动物。有些墓葬以石板建成，形如石屋，称"石板墓"。叠砌三层，底层位于地下，二、三层显露于地表。地下石室放置棺木，地上两层分别放置餐具、衣物和生前钟爱之物。墓门雕刻铜鼓纹饰，与用铜鼓殉葬异曲同工。石板墓两侧浮雕龙凤、麒麟、鲤鱼、青蛙、螃蟹、人物等。飞禽走兽通体雕刻鱼鳞纹，突显水族与水的悠远情结。水族与侗族同源，古代水族也"踩歌堂"，这在石板墓上可以找到佐证。石板墓雕刻的各种图案，风格颇似汉代画像石，对研究古代水族社会生活、雕刻艺术以及水族文化与中原文化的关系，具有重要价值。

世居于此的另一部分瑶族同胞，即"黑裤瑶"，盛行"岩洞葬"。在其传统观念中，人死以后回到洞中去，才是真正回到祖先的身边。瑶麓附近有许多山洞，至少发现在6个岩洞中有150余具棺材，分别为附近村寨瑶族村民的"祖坟"。随葬有食品和斗笠，意为"晴带雨伞、饱带饥粮"。经"砍牛"治丧者，还要在棺材外放置木刻牛角和鲤鱼，除了显示财富，还寓意死者到了另外一个世界，依然可以耕田犁地、稻田养鱼。

位于黔东北江口、印江、松桃结合部的梵净山，是国家级自然保护区（1978年命名），联合国教科文组织"世界人与生物圈保护网络成员"（1986年命名）；是武陵山脉主峰，海拔2493米。这里雨量充沛，土地肥沃，森林覆盖，仅木本植物即有100科，280属，831种，其中特有树种20种，中国珍稀濒危保护植物21种④。据道光《松桃厅志·古迹志》记载，明代已为佛教名山，以后逐步建成"四大皇庵"、"四十八脚庵"。金顶附近，寺庙众多。明万历十七年（1589）被毁，万历四十六年（1618）重建。清咸丰、同治年间（1851—1874）又毁，光绪年间（1875—1908）再建。依山就势建有释迦殿、弥勒殿、承恩寺、镇国寺、老金顶、通明殿、九皇殿、观音殿、报恩寺、钟灵寺等三十余栋⑤。现存释迦殿、弥勒殿、天桥及明清碑刻。

金顶上的释迦殿、弥勒殿始建于明代。两座殿宇，近在咫尺，但中间隔着万丈深峡。立于明万历四十六年（1618）的《梵净山重建金顶序》碑记载："旧说者以弥勒、释迦二祖分管世界，用金刀劈破红云顶，于是一山分为二山。"⑥释迦殿、弥勒殿因所处地势太高，山风太大，便覆盖铁瓦。诚如"禁盗铁瓦"摩崖石刻所言："不可瓦，治以铁。"金刀峡，深万丈，一桥飞架，是为天桥，建筑年代与两座殿宇同。其后曾多次维修，有摩崖石刻可考⑦。金顶之下的承恩寺，俗称"上茶殿"；镇国寺，俗称"下茶殿"，前者正殿三间，辅以配殿，山门尚存，门额楷书阴刻"敕赐承恩寺"。后者除正殿、配殿外，还有僧寮、厨房。

金顶上下，明清建筑虽大多不存，但摩崖石刻却相当完整且内容丰富，弥足珍贵。如：刻于明万历元年（1573）的《修路建庙》摩崖石刻，记都察院、都清道、抚苗道根据"印江上街里老杨再运具诉"，批示印江县派人踏看，确认梵净山"委系古迹名山"，由印江县知县"给领火牌告示帖，又重招善人开砍路道，通行朝觐，起竖庵殿"事。刻于万历十六年（1588）的《募捐修路》摩崖石刻，记"化主杨洪德"，从镇远等处募捐修建道路事。立于万历四十六年（1618）的《梵净山重建金顶序》碑，额题"敕赐"二字。碑文楷书阴刻，记梵净山的自然风光、庙宇沿革、重建金顶事。内中有句："既自播乱之后，传闻四方，往来朝觐人稀，非复旧盛……以故天子哀名山之颓，而赐以钦命僧妙玄重建金顶正殿。"万历皇帝

图下 8-1 梵净山蘑菇石

在平定"播州之乱"后，因对梵净名山衰败深表关切，特降旨重建金顶正殿。刻于清康熙五十二年（1713）的《天桥功德碑记》摩崖石刻，记"思南府印江属地化稿坪深溪凹众姓等"捐资修建天桥事。刻于雍正六年（1728）的《功德意善》碑，记"领袖邓维梓、张国忠、杨正祖、廖伦、戴兴预等首人"及"思南府礼部员外安修德"等捐资修建观音殿。

特别重要的是，金顶附近还有两块《禁砍山林》碑。其中，立于清道光十二年（1832）、据署贵州布政使的按察使李文耕颁发之文告镌刻者称："铜仁府属之梵净山，层峦耸翠，林木翳荟，为大小两江发源，思铜数郡保障。其四至附近山场树木，自应永远培护，不容擅自伤毁。……倘敢故违，许该地方乡保人等，立即指名赴府呈请拿究。如敢互相容隐，于中分肥，别经发觉，或被查出，定行一并照知情盗卖官民山场治罪，决不宽贷！"与前述荔波民众以宗教保护生态不同，这是用地方法

归制度保护生态环境的历史见证。

镌刻于光绪二十二年（1896）的"茶店碑"，对梵净山的自然形胜、文物古迹和佛事活动记载甚详："我黔省之有梵净山者，为五属毗连之区，实群峰发脉之处。崔嵬不减五岳，灵异足播千秋。仰观有象，如登天之三十三；俯看无涯，但数溪之九十九。以彼天桥荡荡，金顶巍巍，白云入怀，青霭可掬。偶然霁出岚收，初开混沌，不觉烟消云散，别有地天。夫似山形宽阔，莫可量度，第其大略，可得而言焉。若乃周围七百，穿心三八，螺髻排列，羊肠九回。遥望崖壑千寻，层峦耸翠；低见药苗万簇，叠嶂垂青。则有石名太子，山号凤凰，顶开天门，峡破金刀。九龙池、万卷书，人迹罕至；懒板凳、回香坪，猿声时闻；三角庄前，一派祥光拥护；九皇洞外，几重瑞气回环。此皆黔中名胜，无非宇宙大观。时在明季万历年间，李皇后修行于此，肉身成圣，白日飞升。因之创修庙宇，满塑佛像。建立四大脚庵，凿开五方道路。敕赐镇山印，号为古茶殿，而梵净山之名传焉。数百年进香男妇，时往时来，若城市然。"可见梵净山作为佛教名山之名不虚传。

梵净山麓有许多古道，皆与商业活动有关，反映宗教活动与物资交流的密切关系。保存较好的有两条，即"梵净山古道"和"梵净山商道"。前者位于松桃乌罗镇冷家坝村，建于明清时代，为四川、湖南香客朝山必经之路。其中湖南香客经寨英、冷家坝至梵净山金顶；四川香客经乌罗、冷家坝至金顶。后者位于梵净山东麓，建于明清时代，由寨英镇上的"八大商号"出资修建，全长七十多公里。主要运送川盐、蓝靛、兽皮等，经乌罗、天马寺、高洞至寨英，由此上船运往铜仁。寨英古镇始建于明初，昌盛于清末。内有东门街、南门街、北门街、中街、巷子口、何家坝巷子等街道。外地客商主要来自湖南、江西，建有湖广会馆、江西会馆。商人们将木材、桐油、生漆、棕片、蓝靛、药材、兽皮、朱砂等土特产运到铜仁和湖南的麻阳、辰溪、沅陵、常德，再由常德运往湖北武汉、江西九江等地，又将陶瓷、铁器、棉纱等"南货"运回寨英。寨英古镇，店铺林立，著名的有"天字号"、"地字号"、"何裕商号"以及盛极一时的"八大商号"，即"富华"、"吴祥泰"、"同兴昌"、"曹易和"、"易和兴"、"同德祥"、"聚泰长"、"协裕祥"。此外，还有

专卖川盐的"冉家盐号"、专营棉布的"黄家布屋"和销售"盖世茶食"、
"三鲜大大面"的"松江楼"。众多店铺商号，汇聚于深山老林，实为一
大奇观。当地有传说称，苗族是扛着锄头进来的，汉族是拿着秤杆走来
的，因此苗族祖祖辈辈务农，汉族世世代代经商。但在寨英古镇，经过
明清几百年的发展与交流，苗族也有人"拿秤经商"。

　　梵净山麓居住着汉、苗、土家、侗、羌等各族人民。当地人称梵净
山为"饭甑山"，不仅因为金顶酷似饭甑子，更因为梵净山养育了一方生
灵。人们凭借发源于梵净山的江河，将丰富的土特产运到铜仁，再经锦
江运往外地，甚至远至京城。明清两代，多次从武陵山区采办"大木"，
运到北京修建宫殿和陵墓。这在《明实录》、《清实录》中多有记载。
顺锦江及其下游沅江，可达百里洞庭，铜仁因此成为武陵山区的最大商
埠，仅码头就多达六七座。其中便水门码头、江宗门码头，即为停靠从
梵净山贩运下来的桐油、花生、木材、烟草、药材、猪鬃、朱砂、水银
等土特产品的专用码头。由于"饭甑山"养育了一方生灵，各族人民分
外珍惜梵净山，崇拜梵净山，将善男信女顶礼膜拜的"梵净山"视为哺
养万民的"饭甑山"，山因人贵，人仰山育，从而使这座武陵名山成为人
与自然二位一体、天上人间合二为一的"世界人与生物圈保护"的示范
之地。

　　苗岭山脉的主峰雷公山，海拔 2178.8 米。苗岭横贯黔西、黔中、黔
南、黔东南，连绵近千公里。民间相传，洪荒时代，"苗王"率部南迁，
蜗居荒山野岭，因名"苗岭"。苗岭主峰多雷电，苗人信为雷公栖息之
地，故称"雷公山"。山上雨量充沛，森林茂密，绿色植被覆盖率高达
90% 以上。有生物 2000 多种，其中植物 1390 种，中国特有植物 48 种，
列为国家濒危、珍稀重点保护植物 24 种；有野生动物 518 种，列为国家
重点保护的一、二类野生动物 28 种，是中国物种基因库之一，国家级自
然保护区和国家级森林公园[⑧]。

　　雷公山保存着多姿多彩的苗文化。其最高处有"雷公坪咸同起义遗
址"。清咸丰、同治年间（1851—1874），苗族农民起义军在张秀眉领
导下，曾以雷公坪为据点，屯兵生产，修建演武场、阅兵台及木结构营
房三百余间。后世当地苗族村民在雷公坪发现残碑，形似汉字，但不可

识，被人称为"苗文碑"；也曾在雷公坪发现梭镖、大刀、铛叉等兵器，并发现屋基和断垣、残瓦、池塘等遗迹。

千百年来，苗族先民披荆斩棘，筚路蓝缕，开辟梯田、创建家园，在雷公山麓逐渐形成以吊脚楼为特色的数百个村寨。民谚云："客家住街头，仲家住水头，苗家住山头。"但苗岭山区的苗族村民，并非全都住在山顶上，也有的住在山腰、甚至山麓。依山傍水，聚族而居，吊脚木楼鳞次栉比，是雷公山麓苗族村寨的基本特色。寨前有河，河上搭有独木桥、板凳桥，河畔建有水渠、水车和水碾。寨后有山，山上古木参天，一派郁郁葱葱。雷公山麓许多苗族村寨的森林覆盖率，迄今仍在75%以上。

雷公山麓苗族村寨多建于避风暖和的山环水绕之处，民间称为"鱼住滩，人住湾"。苗族民居之所以要修成吊脚楼，缘于雷公山区层峦叠嶂、沟壑纵横。为适应山区自然条件，留下平地耕种，村民在三十至七十度的斜坡陡坎上修建吊脚木楼。这里的吊脚楼架构凌空，虚实结合，其特点：一是修在斜坡陡坎上，节约耕地且具有良好的防潮效果；二是以立柱、横枋为基本构件，形成完整空间，结构简单而稳固；三是充分利用木材强度，以小材质修建大房子。从整体看，吊脚楼是长方形和三角形的组合。柱、梁、枋、檩，垂直相交，构成网络体系，奠定长方形结构基础。屋面由于排水的需要，必须两面或多面倒水，形成稳定三角形结构。从横向观看，房屋上部、中部和下部，由一个三棱体和两个长方体组成。这样的建构，既保障结构稳定，感觉上又显得端庄稳重。吊脚楼在地形利用、环境处置、空间组合、虚实对比等方面，呈现出顺应自然、因地制宜、天人合一、和谐统一的理念和效果。

吊脚木楼的二楼堂屋大多闲置空旷，宽敞明亮。两次间，在地面与楼板结合处用木板隔成前后间。苗族处处以东为上，缘于祖先由东向西迁徙。因此往往在堂屋东壁上，或东次间的板壁上，设置祖先灵位。雷公山麓房屋装修的最大特点是，在吊脚楼二楼宽敞明亮的走廊上，安装苗语叫做"豆安息"的美人靠，它既是家人休息纳凉场所，又是接待宾客的地方，还是村姑、农妇开放式的"梳妆台"、"绣花房"。美人靠楼下是通道，每当行人过此，不论认识与否，楼上楼下总要打个招呼，遇到生人还格外热情，这是苗家的规矩。檐下挂有鸟笼、渔网、辣椒、包谷等农家常见之物，廊上放有纺纱车、织布机之类。雷公山麓的苗族村民，依然过着男耕女织的田园生活。

　　苗族村民分外爱鸟，几乎家家户户吊脚楼的屋檐下都挂有鸟笼。养鸟重在用以鸣叫。黎明时分，"啾啾"鸟声不绝于耳，与林间野鸟交相对唱，宣告新一天的到来。男性苗族村民上山干活，常常带鸟儿做伴，笼中小鸟成了"护身符"。在其民间信仰中，人都有72个"魂"，其中一个于人死后变成鸟，为死者带路，将其引到祖先居住的东方去。如果死者生前未曾参加"游方"，其灵魂不能变成鸟，便无法找到老祖宗。在苗族村民看来，鸟与人类的生殖繁衍有着不可分割的关系。因此，给人赠送结婚礼品，以"锦鸡交尾"蜡染床单或被面为上乘。"游方"活动主要是唱歌，而传说"游方歌"就是雀鸟教授的。因此，每当婴儿一出世，家人便用一种小鸟的羽毛在其嘴唇抹一下，示意吃了鸟儿肉，长大像鸟儿一样善于唱歌。苗族村民认为，雀鸟不仅教人唱歌，还能教人打扮。有些儿童帽子之所以要缝成"鸟嘴形"，有些绣花女鞋之所以要缝成"鹰钩鼻"，有些裙子边沿之所以要镶嵌羽毛，传说都是雀鸟教授的，实为仿生学在服饰文化中的运用。

　　生活在雷公山麓的苗族村民，自古敬畏自然，崇拜自然，与大自然和谐共处，将某些大树视为"保寨树"，逢年过节，或遇不测，虔诚祭祀。他们不仅崇拜名木古树，甚至将与树木共生共荣的竹子、茅草也视为有灵之物，认为是祖先亡灵栖息场所，故而在"赎魂"、"扫寨"、"打口嘴"、"栽花树"、"栽花竹"、"过苗年"、"吃鼓藏"、"安保爷凳"、"架求子桥"等宗教民俗活动中，通过竹子、茅草与祖先、神灵沟通。苗族村民自古就有朴素的环境保护意识，对天然林木决不乱砍滥伐，对植树造林情有独钟。生了孩子要种树，死了老人要种树，将植树造林视为生生不息、繁荣昌盛的象征。即使在修建房屋时，也满怀着对树木的敬畏与崇拜。砍伐中柱，择吉日进行，先用酒、鱼之属朝东祭大树，而后才能砍伐，以倒向东方为吉。起墨、上梁均须选择吉日，并要用酒、鱼，面向东方祭祀大梁。大梁以舅家赠送者最为金贵。从前，舅家赠送的大梁多为枫树。枫树被苗族村民视为"外婆树"，保留着女性崇拜的烙印。

雷公山麓的木结构吊脚楼民居，早已使用"穿斗式"，但苗族村民在新建房屋的梁柱结合部，照例捆绑一束麻，以为如此才算牢固，此举无疑是古代"绑扎式"建房的遗风。雷公山麓的"晾禾架"，大多保留"绑扎式"作法；猪牛圈，大多使用"井干式"装修；吊脚楼住房，虽然都是"穿斗式"，但有些粮仓却是"井干式"装修的"干栏式"建筑。雷公山麓的苗乡建筑，富含历史信息，传承建筑文化，堪称山地建筑的奇葩。

第二节　物质文化遗产举隅

石器时代已有房屋　战国秦汉相当辉煌　三国至元种类繁多　明清时期特点鲜明　民族村寨特色浓郁

从石器时代至清末，生活在贵州高原的历代先人，披荆斩棘，创造文化，留下许多古遗址、古建筑，有的已被公布为不同级别的文物保护单位。已发现旧石器时代遗址75处，旧石器时代遗址与新石器时代遗址叠压共存点37处，其数量在全国旧石器时代考古中名列前茅。已发掘的二十多处旧石器时代遗址，分属于早中晚三个时期。现有全国重点文物保护单位21处，省级文物保护单位140处[9]。近年发现的六枝老坡底遗址，是规模特大的露天遗址，面积达数万平方米，经初步发掘，发现房屋、围栏、水沟等遗迹，充分说明，石器时代已有房屋建筑。老坡底的房屋略呈正方形，中有火塘。这是贵州迄今发现的时代最早的古建筑遗址。贵州古建筑，历史悠久，品类众多，地方特点十分鲜明。

在毕节青场遗址发现的商周时期房屋遗迹，有半地穴式和地面式两种类型。近年发掘的威宁中水鸡公山遗址，发现大量土坑及少数房屋、水沟等遗迹。普安铜鼓山遗址经两次发掘，发现房屋、窑址等遗迹。房屋形制尚不清楚，从柱洞分布看，可能原有窝棚式建筑。战国至西汉的赫章可乐遗址，出土较多绳纹板瓦、筒瓦，以及装饰有牛车、马车人物图案的画像砖。在赫章可乐和安顺宁谷，发现东汉时期建筑遗址。前者出土几何纹砖、绳纹瓦片和瓦当。后者出土绳纹瓦片和瓦当，瓦当上有"长乐未央"隶书铭文。（详见本书上编第一章《人文初现：远古至先

秦》、第二章《千年蹢行：秦至元代》）

汉代贵州，官式建筑相当辉煌，民间房屋较为简朴，然其地方特点已初步形成，出现了干栏式民居。赫章可乐汉墓、毕节虎距山汉墓、仁怀大渡口墓群，曾出土干栏式陶屋模型或残片，从结构、形制、空间组合、建筑装修、社会功能等方面提供了汉代贵州房屋建筑的信息。

三国至元的古建筑，大多仅存遗址，但气势不凡且种类繁多，包括城墙、屯堡、衙署、佛寺、道观、庙宇、书院、桥梁、道路、塘堰等等。三国时期，贵州多为蜀汉所控制，保存下来的一些遗址被人称为"孔明塘"、"诸葛营"、"孟获屯"等，反映诸葛亮的"民族政策"颇得民心。宋元时代所建城墙，尚存宋代望谟"蛮王城"遗址、松桃"平头司城"遗址和元代桐梓"鼎山城"遗址、紫云"和弘州城"遗址、都匀"陈蒙州城"遗址等。多为夯土墙，也有部分石墙，因山就势修建，今仅残存墙基。元代，贵州许多地方为各级土司所统治，分别建有宣抚司、安抚司、长官司等土司衙署。今存都匀"都云洞安抚司"遗址、玉屏"野鸡坪长官司"遗址、德江"龙泉坪长官司"遗址、普定"西堡长官司"遗址、花溪"白纳长官司"遗址。遗址上留存部分石柱础及石台阶。元代在贵州建有普安路、思南府，今存普安路治所遗址、思南府衙署遗址。后者残存沿街影壁，高二米许。

宋元时代，随着中原文化的深入传播，陆续修建书院、寺观。南宋高宗绍兴年间（1131—1162）修建的銮塘书院（又名胜塘书院），毁于清代中叶，今遗址上散落若干条石，为贵州省内有史迹可考的最早书院。南宋修建的寺观，今存安顺"清凉洞"遗址、思南"家亲殿"遗址；元代修建的寺观，今存铜仁"正觉寺"遗址、石阡"伴云寺"遗址、遵义"正一宫"遗址等。《大报天正一宫记》残碑记载：播州土司杨价，在南宋理宗宝庆三年（1227）修建"大报天正一宫"，其后，杨文、杨邦宪、杨汉英"奉祠惟谨"，杨嘉真、杨忠彦于元惠宗元统元年（1333）到元惠宗至正六年（1346）"废建是宫"。

在沟壑纵横、溪涧遍布的贵州高原，桥梁是绝对不可缺少的交通设施。宋元两代，各存一座石拱桥，前者即俗称"高桥"的遵义普济桥；后者即昔日称"下塌水桥"的遵义巨济桥。普济桥，杨粲始建于南宋年间。到了元代，杨汉英重加修葺。明嘉靖七年（1528），部分毁于山洪，崇祯十四年（1641）修复⑩。这座桥南北向，跨竹鼬溪，单孔弧形石拱桥，长14米，宽6米。南宋理宗景定元年（1260）建有六枝"拦龙桥"，早年已毁，今存碑记，摩崖石刻彝文589字，除记载当地彝族家支历史外，着重阐明彝族头人为何要在"拦龙河"上建桥。其彝文译意是："由于这块肥沃的土地横着一条河，德赫布诺、阿洛育梅、娄则阿姆、堵莫阿嘎四人共同建议道：'山中的野兽尚有狮子来驯服，栖息于林中的禽鸟能频频地高飞。如今我们居住的南北两面和中部地带，都有辽阔的田地，可谓良田千顷。但还有一条很宽的河蜿蜒流经其间。河上乃是运输租赋必经之路，如果不在上面建好一座桥梁，虽然有显赫的官爵，创造了大业，可受到交通的梗阻，所得到的享受仍然是很微薄的呀！'因此，在开庆己未年五月初三日开始兴工建桥，到庚申年十月初三日竣工。"对建桥开支亦有确切记载："全部工程共付工钱七十两银子。施工时祭祀用的猪给匠人们吃。付给錾字人三两银子。一百驮稻谷交承包架桥的朵奎赫古，并抬了五缸酒给他。"桥建成后有何好处？碑记认为："福禄乃祖从天赐，权如峻岭承宗源。呗瓦斯祭祀，果蒙还祖愿，后嗣永袭万代权。有众多的奴婢来饲养六畜，骏马奔驰如蛟龙腾空一般。权威和美好的福禄，也是由大山的气脉聚合来的。集千载兴盛的威荣，承默氏崇高的地位，今后有很广的来源可征赋税，供缮父母的俸禄，对祖先宗祠的祭祀也是丰裕的。"⑪

随着生产力的提高，兴修了许多水利、道路工程，迄今尚存始建于唐宋时代的遵义"大水田"、瓮安"九龙堰"和建于元代的桐梓"松坎水堰"、石阡"千工堰"等水利设施。松坎堰引"爬抓溪"灌溉农田数百亩，渠旁崖壁隐约可见"大元岁癸酉，张长官

图下8-2 杨粲墓石刻（南宋）

开修此堰，元统元年记"摩崖石刻。元代还建渡口，修纤道，开发水上交通。潕阳河畔的施秉诸葛洞纤道，始凿于元成宗大德十一年（1307），北岸崖壁刻有记载修路浚滩的文字。据乾隆《镇远府志》记载，元成宗大德十一年在北岸崖壁上刻"在山形势已仁威，何必趋车占水湄。为汝碍舟呼匠者，少顷一刻即平夷"。

　　墓葬其实是"居住"死人的一种建筑。贵州现存"古墓葬"中，最为著名的是杨粲[12]墓，不仅因为墓主人地位显赫，更重要的是其墓葬建筑规模宏大、石雕工艺精湛、文化内涵丰富。墓为南宋播州安抚使杨粲夫妇的合葬墓，男左女右，结构相同，均分墓门、前室、后室、两室间过道四部分。墓室由 496 块白砂岩条石砌筑。除前室外，其余均有雕刻，共 190 幅，包括人物雕像 28 尊，动物、花卉、器具、几何图案、仿木构建筑雕刻 162 幅。使用圆雕、高浮雕、低浮雕、线刻等不同技法。墓室早年被盗。考古工作者发掘清理时，曾从男女墓室的棺床下腰坑中分别出土铜鼓，被学术界定为八种铜鼓类型的标准器之一，称"遵义型铜鼓"。将少数民族最为钟爱、视为神物的铜鼓用于殉葬，从侧面说明杨粲对民族文化十分尊重和喜爱。

　　从明朝建立到清朝灭亡的五百四十多年间，贵州发生许多重大历史事件，留下许多相关建筑。明初"调北征南"，在贵州驿道两旁大举屯

图下 8-3　福泉
水城墙（明代）

兵，使中原江南的各类建筑在贵州大量出现。贵州明清时代的古建筑，种类繁多，不乏城墙、屯堡、营盘、关隘、碉楼、衙署、文庙、书院、学宫、考棚、试院、寺观、祠堂、会馆、作坊、店铺、民宅、庄园、桥梁、古道、渡口、码头、宝塔、牌坊、井泉、堤堰、水碾等。

明清时代，重要城镇及驿道两侧的防御设施日臻完善。镇远、平越（今福泉）、真安（今正安）、赤水等城池，在明初即由土城墙改为石城墙，并借助城外河流以固守。贵州各地城墙，依山临水修建，虽然一般筑有四门，但大多都呈不规则形。有的城市，为用水方便，增设水门，形成刚柔相济的特殊风格。其中，福泉明城墙尤为突出。福泉，古称"平越"，明洪武十四年（1381）"累土为城"；建文三年（1401）改为石城，辟有东南西北四门。正统十四年（1449），苗族农民起义军围城日久，城内用水告急。事态平息之后，在西门外加建水城，将河水引入城内，并开辟小西门与之相接。万历三十一年（1603），在水城外又加筑外城，使水流经城内。清光绪二十六年（1900）在外城水道上设置铁栅栏，使其"断行不断流"[13]。福泉城墙一扩再扩，逐渐形成城中有河、河外有城的特殊形制，当地民谚谓之曰："里三层，外三层，城墙围水小西门。"

明清时代，在各交通要道修筑屯堡、营盘、关隘、碉楼、烽火台，形成完整的军事建筑体系。有的建筑，如遵义海龙屯，虽然始建较早，但最终完善则在明季。播州统治中心在今遵义市境，管辖范围还包括黔南、黔东南广大少数民族地区，主体居民为苗族。杨氏土司特别是杨应龙，非常重视"苗兵"建设，曾任命吴金钱、吴金富、石朝贵、曹万、曹严等为苗头总管，统率"苗兵"。据清道光《遵义府志》卷三十一记载，"州人有稍殷厚者，因事诛之，没其家以养苗。自是，一州皆苗，精悍摧锋者无虑数万。其苗皆食粱肉，乘肥马，仆从自随，人人以为亲己，愿为之死无恨，以故用兵所向克捷"。以"苗兵"为主力的播州军队及各族人民，在海龙屯等众多军事屯堡建设上做出了巨大贡献。早自唐末以来，历经宋元两代，直到明朝末年，修建了养马城、养鸡城、龙爪屯、海云屯、海龙屯等城堡，其中"海龙于诸险中为最"。海龙屯又称"龙岩屯"，依山就势建有铜柱、铁柱、飞虎、飞龙、飞凤、朝天、万安等九关。在"骠骑将军"杨应龙所撰、保存至今的《骠骑将军示谕龙岩屯严禁碑》中写道："夫龙岩屯者，乃播南形胜之地也。吾先侯思处夷陬不可无备，因而修之以为保障。"可见杨应龙及其先辈修建海龙屯等屯堡，意在于防御。尤其是海龙屯，管理措施甚严。《严禁碑》说："予今设用守屯名役，总管、总领、把总、提调、书吏，各理事务；守衙小童、守仓户、打扫户、总旗、小旗、军士、苗军并住屯医生、匠作、住持人等，各有役次，时刻不可擅离……违者，自干后开条款罪究，决不轻恕。"海龙屯不仅是贵州，而且是西南乃至全国土司屯堡建筑中规模最大、工艺最精、保存较好的一处。

明清衙署建筑尚存七十多处[⑭]。其中，宣抚司、安抚司、长官司、"土同知"等土司衙署占绝大多数。"改土归流"废除土司制度，改用"流官"治理，对发展民族地区的文化，客观上起了积极作用。"流官"在其辖区内办义学，建书院，推行科举制度，顺应发展潮流，诚如《紫云文笔塔修建碑记》所说"前者下车立修文昌，后者莅位即建书院"，一时形成风气。许多配套建筑，如文庙、文昌阁、魁星楼、甲秀楼、文笔塔等，应运而生。正如上述碑刻所强调，在科举角逐中，"小试辄就，大比终输，虽能掇泮水之芹，却难攀月宫之桂"，据称原因是其地"山虽多，峰不秀，峦虽丛，不出头"，因此必须于高山之巅树立文笔，方能"名登虎榜"[⑮]。

与文化教育有关的古建筑，主要有安顺文庙、贵阳文昌阁和甲秀楼等。安顺文庙，始建于明宣德八年（1433），其后历经多次维修、重建，最后于清道光二十年（1840）由知府张锳（张之洞之父）在内忧外患中建成[⑯]。安顺一带遍布石头，人们因地制宜，营造石头建

图下 8-4　安顺文庙牌坊

筑，民众自诩道："安顺的牌坊，镇宁的城墙。"安顺牌坊，最精彩莫过于文庙的"德配天地"坊、"道冠古今"坊和"棂星门"石坊。后者除雕刻"二龙抢宝"、"鱼跃龙门"等吉祥图案外，还精雕细刻古人从发蒙、苦读、应试到功成名就的全过程，寓意深刻地宣扬"学而优则仕"。安顺文庙无处没有石雕石刻。礼门、义路、宫墙、泮池等处，均有石雕精品。即便普通的石级、院坝，也都一丝不苟，凸显与众不同的线条。最受行家称道的是大成门和大成殿前的两对石雕云龙柱。前者为雄浑粗犷的高浮雕，后者为玲珑剔透的镂空雕。柱下为两对栩栩如生的狮子形石柱础。相传当年匠人用錾下的碎石向事主兑银子，可见工艺精湛的程度。

　　省城贵阳的地标性建筑文昌阁和甲秀楼，是贵州教育史上的里程碑。自明正德年间（1506—1521）王阳明在修文阳明洞创办龙冈书院并多次到贵阳讲学授徒之后，到了明万历年间（1573—1620），人文蔚起，风气大开，于是修建保佑文人荣登榜首的文昌阁和甲秀楼⑰。《重修文昌阁碑记》称："会城东郊外，有峰突起，是为木笔文星，支衍蟠曲而入城中……术家嫌其末尽耸拔，思有以助之，乃于子城之上建阁三层，中祀文昌，上以祀奎，下祀武安王，而总名之文昌阁。""阁成而人文蔚起，科目夺省榜之半。"为求贵州"科甲挺秀"而建的甲秀楼建成后，即为骚人墨客聚会地，被人誉称"小西湖"。

图下 8-5　贵阳甲秀楼

　　为满足移居贵州的广大汉族军民的需要，各地大修佛寺、道观、庙宇、祠堂等祭祀性建筑。仅从清康熙五年至十年（1666—1671），短短六年间，即在平远（今织金）城内雨后春笋般地建有文庙、武庙、斗姥阁、隆兴寺、东山寺、财神庙、城隍庙、马王庙、黑神庙、炎帝庙、地藏寺等十余座庙宇。迄今保存完好或尚存遗址的此类明清建筑，全省共有八百多处⑱。平坝天台山伍龙寺，创建于明万历年间（1573—1619），大雄宝殿大梁上有万历四十四年（1616）维修题记。后经崇祯和清康熙、乾隆、咸丰等多次增修、扩建⑲。现存两道山门、两重寺门和大佛殿、左右厢房、殿前倒座及大佛殿后面的玉皇阁、藏经楼、粮仓、马厩等建筑。古寺与石山浑然一体，空间组合非常成功。寺门镌刻石联："云从天出，天然奇峰天生就；月照台前，台中胜景台上观。"将"天台"嵌入其中，惟妙惟肖地刻画出天台山的绮丽风光。伍龙寺的奇特之处，不仅在建筑造型上，更为重要的是蕴藏着深邃的文化内涵。虽名伍龙寺，但寺中建有宏伟的玉皇阁，表明佛道共居、二者合流。这座古建筑还特别拥有军事功能，是座"亦文亦武的古刹形城堡、半军半教的城堡式古刹"。寺庙巧用自然山形，建于悬崖之巅，仅有一线可通。山路蜿蜒曲折，夹道浓荫蔽日，攀援其间如入迷宫。山墙全用石块垒砌，窗户很少也很小，与碉楼枪眼无异。藏经楼后侧的粮仓，犹如鹤立鸡群，俨然是座居高临下的石碉楼。这些建筑特点，与附近"屯堡人"的建筑风格极为相似。寺下遍布人称"碓窝"的石臼，这是战争年代的陈迹，表明曾作军事据点用。后院建有坚固的石垣墙，墙上建有用于军事目的的堞口，充分显示该庙的军事建筑风格。

　　在贵州修建佛寺道观，因受山形地势限制，多因地制宜修成灵活多变的干栏式吊脚楼，极具地方特点，且各种教派同居于一山，儒、释、道、商齐聚于一堂，形成和睦共处、相安无事的格局，诚为贵州古代民族关系的缩影。最典型的是镇远青龙洞古建筑群。所谓"青龙洞"，并非单指山洞，而是建于明清时代的一大片古建筑群的总称，共有单体建筑三十余栋⑳。青龙洞古建筑群的主要特点是：依山就势而建，贴壁凌空而立，将亭台楼阁、藤萝古树、危崖溶洞、石桥溪流融为一体，酷似海市蜃楼。几组主要建筑各有文化特点：紫阳洞以儒学为主，中元洞以佛

图下 8-6　镇远青龙洞建筑群

家为主，青龙洞以道教为主。儒释道三足鼎立，但又互相渗透，你中有我，我中有你，相安无事。而万寿宫又称"江西会馆"，是商业文化的产物。青龙洞古建筑，实为镇远经济、文化发展的历史见证。纵观青龙洞的建筑布局，既有中原建筑基调，又有山地建筑风格；既有江南园林风采，又有民族建筑特色，不失为山地建筑的精华。

贵州许多佛寺、道观，如贵阳青岩镇的慈云寺、龙泉寺和绥阳县的卧龙山寺等，建有戏楼，既能念经，又可唱戏，似乎有悖宗教活动的严肃性，这是贵州古建筑的又一特点。在汉族大量进入贵州之前，当地居民并不信仰佛教、道教，普遍信仰巫教，因而没有佛寺、道观之类建筑。即便汉族军民移居贵州之后，其宗教信仰的世俗化倾向亦相当明显。在青岩古镇，宗教世俗化的倾向特别突出，无论是道教、佛教，还是儒教、巫教，许多活动都在家庭内部进行，甚至庄严肃穆的佛事活动，也被编成歌谣传唱。

还有一些庙宇，诸如黑神庙、苗王庙，几乎为贵州所独有。黑神庙祭祀唐代忠臣南霁云；苗王庙祭祀传说中的苗岭山区苗族入黔始祖"苗王"。

许多汉族移民，酷爱修建祠堂。与内地不同的是，有些实际是以祠堂为名，作为家族学堂使用。如建于清道光二十五年（1845）的绥阳县张氏宗祠，石柱上雕刻"世泽流光兴骏烈，春风舒艳起龙文"，"启后代书香，光生俎豆；修先人祀典，庆肇衣冠"。建祠铭文中记载："立意修创发心善果人张奇资，系乾隆四十年乙未戌时生。几历辛苦，东谋西就，凑银数千，新治田产，劳心费力，修祠堂以兴学校，万代发达。切念捐费若干，望后人体其志意，苦力攻书，荣及祖宗并荣及后人。后世不愿读书者，毋得来祠堂扰乱，争夺俸谷。倘有滋弊，子孙绝灭。"铭文声称："每年具立学校资俸，给谷十五石。世代子孙愿入学宫攻书者，岁岁给以日食。"铭文并严厉规定，任何人不得霸占，否则"心腹子孙绝灭，不发之人丁也"。

明清时代社会安定时期，许多汉族从事经商活动，迁居贵州。因此，外地工商行帮"同乡会"修建的会馆相当多。迄今保留有万寿宫、仁寿宫、万天宫等江西会馆四十多座；禹王宫、三楚宫、寿佛寺、湖广会馆、两湖会馆等湖南会馆三十多座；川主宫、川主庙、川主祠等四川会馆十多座；天后宫、娘娘庙等福建会馆十多座㉑。江西会馆为数最多，有的县竟多达四五座，甚至同一县城即有两座。明清时代，大批江西籍军民纷纷涌入贵州。随着社会、经济的发展，江西商人沿着都柳江、清水江、潕阳河、锦江、乌江、赤水河等大小江河逆流而上，深入贵州腹地，寻求发展机遇，形成新的人群。他们为了自身利益，集资修建江西会馆，称"万寿宫"。在为数众多的万寿宫中，始建年代较早、建筑规模较大、装修工艺较精、民族特点较浓、文物价值较高者，当推石阡万寿宫。据修建碑记披露，明万历初年，在石阡始建"豫章阖省会馆"。清雍正十三年（1735），知府赵之坦重修，乾隆三年（1738），知府杜理复加修葺。后经左成宪等人筹款生息，并派员前往江西绘制图纸，于乾隆三十二年（1767）由来石阡定居的南昌、抚州、临江、瑞川、吉安五府客商捐资改建为万寿宫㉒。宫由山门、戏楼、两厢、紫云宫、圣帝宫、前后殿、左右配殿和钟鼓楼等构成多进院、封闭式建筑群。其石雕、木雕、灰雕特别是砖雕，工艺精湛，省内罕见。万寿宫、紫云宫、圣帝宫入口处，巧妙将牌坊、大门、山墙结为一体，悉以青砖仿木雕刻垒砌，既美观实用，又节省工料，还有良好的防火性能。相传修建万寿宫的"掌墨师"是当地仡佬族人,他别出心裁地将飞檐翘角的仡佬族民居特点融入传统建筑中,使中原文化、地域文化、民族文化协调一致,生动形象地反映出历史上石阡古城的经济发展、文化交流与民族融合等状况。

明永乐十一年(1413)贵州建省后,内地客商联袂深入贵州,对促进物质、文化交流乃至民族融合,起了重要作用。为适应社会发展的需要,各族人民开山凿石,修桥铺路,开辟渡口、码头。据调查,明清时代的石板桥、石梁桥、木梁桥、石拱桥、铁索桥、树根桥、竹竿桥、溜索桥等各式桥梁就有五百多座,驿道、粮道、盐道、纤道、栈道等古道七十多条,码头、渡口六十多处㉓。土司热衷修桥铺路,可谓贵州又一特点。古称"水西"地区的黔西、大方一带,历史上长期为彝族土司管辖,土司为了自身的利益,十分重视桥梁道路建设,客观上对发展社会经济、促进文化交流乃至维护祖国统一,做出了贡献。至今留下的许多桥梁古道,多是彝族土司主持修建甚至捐资修建的。明初摄贵州宣慰使司宣慰使奢香,曾开辟"龙场九驿",修建"水西十桥",世代传为佳话。黔西境内的"朵尼桥"、黔西与大方交界处的"西溪桥"、大方境内的"落折河桥",都是奢香主持修建的。奢香之后,又有贵州宣慰使安贵荣倡议修建"长春桥"、摄贵州宣慰使安万铨捐银修建"千岁衢"、彝族"土目"安邦母子捐资修建水西大渡河桥,等等。"千岁衢"建于嘉靖二十四年(1545)。据保存至今的修路碑刻记载,路成,过往行人"相与仰天,惟祈公寿,但云:千岁!千岁!"故名"千岁衢"。清道光《大定府志》称:"安万铨,敬贤乐善,节用爱民,水西自有宣慰以来惟其最贤者。"安邦母子修建水西大渡河桥,用去白银"壹仟壹佰伍拾两整"。时任贵州宣慰使的奢香后裔安国亨特意为其撰写修建碑记㉔。

建造于今福泉境内的葛镜桥,不论是建桥举动还是修建工艺,都令世人称道。清光绪《平越州志》记载,葛镜是史称"平越"的当地人,曾任平越卫指挥。明万历十六年(1588),致仕后的葛镜在麻哈江上开始建桥,惜未建成半途倒塌,留下"上倒桥"。接着又在"上倒桥"下游再度鸠工兴建,不料再次倒塌,人称"下倒桥"。受此打击,仍不灰心,决意"罄竭家产,以成此桥。如以功再罄蠡,将以身殉之耳!"于是,在上下"倒桥"之间,再度择地建桥,终于在万历四十六年(1618)建成。

时任贵州巡抚张鹤鸣"嘉镜之行，怜镜之死，又嘉其桥成"，将桥名为"葛镜桥"，并撰写《葛镜桥碑记》，刻石立于桥头，以"为记纪之碑"。葛镜桥在地形利用方面堪称山地桥梁的典范。桥为三孔厚墩联拱石拱桥，南北两孔各有一个桥墩砌筑于天

图下8-7　福泉葛镜桥

然崖壁上，使石桥与崖壁浑然一体。三孔拱券均为圆弧尖拱，被认为是国内"变截面圆弧尖拱"的典型[25]。葛镜桥头，留有许多古代诗碑，具有历史和艺术价值。

　　形成于明清时代的少数民族村寨，是贵州最具民族特色的古建筑。无论是环境、布局、用材、造型，还是工艺、功能、习俗，都独具特色。民族村寨是民族文化的原生地，是物质文化遗产与非物质文化遗产紧密结合的载体。

　　山清水秀，竹木葱茏，吊脚楼房鳞次栉比，是贵州少数民族村寨的共同特点。苗族的"郎德上寨古建筑群"、"寨英古建筑群"、"新寨古建筑群"，布依族的"马头寨古建筑群"、"镇山村古建筑群"，侗族的"三门塘古建筑群"，水族的"水浦古建筑群"，仡佬族的"龙潭村古建筑群"等，历史悠久，环境优美，原有风貌保护完好，是"原生态"文化的典型。"苗岭山区雷公山麓苗族村寨"和"六洞、九洞侗族村寨"，共计三十多个苗侗民族村寨，自然景观特别优美，文化内涵异常丰富。

　　民族村寨中的公共建筑，是明清古建筑中最为耀眼的一类。侗族的鼓楼、"花桥"、戏楼，苗族的龙船棚、铜鼓坪、芦笙堂、妹妹棚等，突出体现各自的民族特点。

　　侗寨鼓楼，是侗族村民共建共有共用、集社会、文化、交际于一体的多功能建筑物，拥有至高无上的地位。较之与汉族地区的钟鼓楼之类建筑，侗寨鼓楼不仅造型各异，而且功能有别。侗寨鼓楼的社会功能，

至少有 10 种之多，即：聚众议事，排解纠纷，击鼓报信，对唱大歌，吹笙踩堂，摆古休息，存放芦笙，悬挂牛角，拾物招领，施舍草鞋。鼓楼大多建于村寨中心，村民围绕鼓楼建房，从而形成放射状，形同一个蜘蛛网。村民站在家门口便可望见鼓楼，充分显示出鼓楼在侗族村寨中的核心地位。有的鼓楼与戏楼遥相呼应，有的鼓楼与花桥建在一起，组成侗寨的"心脏"。也有一些鼓楼与小溪、鱼塘、水田为伴，显然出于防火需要。侗寨鼓楼平面多为四边形、六边形、八边形，总之，是双不是单；而立面则为七重檐、九重檐、十一重檐、十五重檐，总之，是单不是双。鼓楼的各个翼角均有彩塑，各层檐口均有彩画，一座座鼓楼犹如一座座画廊。鼓楼翼角上雕塑十二生肖及其他动物和历史人物形象。正面之巨型浮雕，多为"二龙抢宝"、"双龙戏珠"之类，此为鼓楼彩塑精华，分外耀眼夺目。彩画分布在封檐板上，内容极为丰富：有打田插秧、种棉织布等生产过程；有"行歌坐月"、"吹笙踩堂"等文化活动；有侗族历史事件、历史人物；有汉族三国、西游、说唐、说岳等。在数百座侗寨鼓楼中，从江增冲鼓楼是年代最早、体量最大、工艺最精的一座，具有珍贵的历史、艺术、科学价值。该楼建于清初，至今已有三百多年历史，十三重檐八角攒尖顶，通高二十余米，占地面积一百多平方米。底层四根金柱通顶，其外八根檐柱环列，周边绕以曲形栏杆。由底层上二楼无固定楼梯。但二楼留有搭梯孔洞，可由此架设独木楼梯登上二楼。二楼以上各层，均在金柱外侧铺设楼板，内侧造成空井，以便鼓楼火塘烟子扩散。烟熏火燎，利于杀虫，同时，烟火长年不断，象征兴旺发达。楼顶挂有一面长鼓，以整木掏空、两头蒙上水牛皮而成，称之为"款鼓"。"款"为古代侗族的一种社会组织，带有军事民主主义性质，至今仍有一定影响。"款鼓"由公推的"掌鼓老人"即所谓"寨老"掌管，无事不得敲击。遇有重大事件，迅速架设木梯，登楼击鼓报信，众人闻声而至。村民可从鼓点获知是报警或是报喜。

侗族喜欢住水边。有河便有桥，河多桥梁多，黎平、从江、榕江，有乡间桥梁三百多座③。侗族桥梁是一种水上交通设施，但修得格外讲究。无论木桥、石桥，桥面上多建有廊子，廊上安装长凳，可供路人小憩，因其能避雨，故称"风雨桥"。有些风雨桥，彩画各种花纹图案，琳琅满目，花花绿绿，又称为"花桥"。最著名的是习称"地坪花桥"的地坪风雨桥，桥上绘画琵琶弹唱、行歌坐月、芦笙比赛、吹笙拉鼓、牯牛角斗、激流放排、纺纱织锦、插秧打谷等二十多幅侗乡风俗画，堪称侗寨的一个艺术橱窗。桥梁在侗族村民心目中是爱情的象征。侗族情歌常唱到桥："深涧相隔难飞过，两相遥望真心焦。如若情哥有情意，妹想约哥架座桥。"

龙船棚，是苗族地区特有的一种民俗建筑物。清水江畔苗族村民，每年农历五月下旬，在江上划"独木龙舟"，意在"杀龙祭祖"、治理水患，祈祷风调雨顺。独木龙舟挂桨上岸后，架空覆置于长约三四十米的龙船棚内，至今还保存建于清末的四十多座木结构龙船棚。棚附近大多长有保寨树。郁郁葱葱的保寨树，静卧江边的龙船棚，与清江流水和吊脚木楼交相辉映，构成一个恬静和谐、生意盎然的生态系统，诚为"苗族独木龙舟文化圈"的典型标志。

贵州许多民族节日活动场所，修有专门建筑，除龙船棚、铜鼓坪、芦笙堂而外，还有赛马场、斗牛塘、对歌台、妹妹棚、游方场等。苗族历来十分重视婚恋教育，突出表现在从小就培养教育孩子们唱歌、跳舞、蜡染、刺绣等传统技艺。民谚说："后生不学唱，找不到对象；姑娘不绣花，找不到婆家。"女孩除了学唱歌，还需学习纺纱织布、蜡染刺绣等本领。村民常将她们的穿着，看成测定智商的"证书"，步入人生的"文凭"。在苗乡，孩子们"学讲话就开始学唱歌，学走路就开始学跳舞"。农闲季节，一些德高望重的老歌师，彻夜教授情歌，一个个"歌堂"，犹如一所所"业余音乐学校"。有的地方，姑娘们自筑"花房"，与邻寨后生在"花房"内以歌传情。有些苗寨，女孩长到十二三岁，夜间便住进父兄为其修建的"妹妹棚"内，在那里集体学唱歌、做针线，并旁观大姐姐们如何与其他寨子的青年交往。没有"妹妹棚"的寨子，往往被人看不起。苗岭山区，每个苗寨都有游方场。农闲时节月明星稀的夜晚，后生相邀来到可以通婚的苗寨游方场上，唱情歌向姑娘求爱。情投意合，则互赠信物，交换"把凭"。经过长期交往，万一婚事不成，"把凭"可以不退，分别留作纪念。各自成家以后，不忘这段历史，尚可正常往来，乐以兄妹相称，不受舆论非议。由于某种原因，情人难成眷属，无奈忍痛分手。遇到这种情形，贵阳高坡的苗族采用一种近似"喜剧"的手法——"射背牌"来处理。"背牌"是苗族姑娘背上的一块方形挑花装饰物，相传是印玺的象征，故称此支苗族为"印牌苗"。男女相亲相爱，但又不能成亲，按照先祖规定在"四月八"节日集会上用弩"射背牌"，众目睽睽之下，恋爱关系结束。射过的"背牌"，由男方珍藏，死后殉葬，枕于头下，意为"今生今世无缘，到另外一个世界再见"。以此保持心态平衡，维护社会安定，是一定历史时期民俗的产物。

民族村寨中的公共建筑，是为适应"聚族而居"的社会结构出现的，充满民族凝聚力。居住于都柳江畔的侗族村民，一村一姓，一个家族，以家族为单位修建鼓楼、戏楼、风雨桥；组建歌队、芦笙队、侗戏班；饲养用以格斗的水牯牛……这一切，都是为了与可以通婚的侗寨交往；换言之，是传宗接代、生息繁衍所需要的。聚族而居的苗寨，其中心多为铜鼓坪、芦笙堂。有些铜鼓坪，以鹅卵石效仿铜鼓纹饰铺墁，中心十二"芒"，其外为九"晕"，形同一面巨大的铜鼓。铜鼓有圆心，苗寨有中心，村民有孝心，每年农历十月"过苗年"、十二年一次"吃鼓藏"（或称吃牯脏），村民身着节日盛装，在铜鼓坪上手拉着手，踏着鼓声的节拍，围绕铜鼓转圈，表情严肃地"踩铜鼓"、"跳芦笙"，持续数日，通宵达旦，乐此不疲，强烈表现苗族村民万古不渝的凝聚力。

第三节　非物质文化遗产举隅

民族节日异常丰富　节日活动如"活化石"　节日服饰内涵丰富　节日习俗情景再现　青年社交重要手段　人与自然亘古颂歌

在贵州，各种类别的非物质文化遗产，即民间文学、传统音乐、传统舞蹈、传统戏剧、曲艺、杂技与竞技、民间美术、传统技艺、传统医药、民俗等，无不在各民族的传统民族节日中集中展现。

传统民族节日是一笔珍贵的历史遗产。据统计，贵州各民族的传统民族节日有 1046 次（处），其中苗族 651 次（处），布依族 171 次（处），侗族 84 次（处），彝族 23 次（处），水族 43 次（处），回族 13 次（处），

仡佬族 11 次（处），瑶族 2 次（处），其他各族共 48 次（处）^㉗。不同
名称的节日有一百三十多个。从过节周期看，有的一年一次，有的几年
甚至十几年才过一次。节日活动地点，遍布全省各地：或在居民住地，
或在荒山野岭，或在名胜古迹。在居民住地活动的，又有村寨与城镇之
分，前者如各地的"过苗年"、"过水年"、"吃新节"等；后者既包括农
村集镇，也包括某些县城，甚至于省城贵阳（今贵阳闹市区喷水池一带，
自古就是苗族传统节日"四月八"的活动地点）。有趣的是，某些民族节
日活动却不在本民族住地进行，如金沙石场的苗族节日"赶苗场"，却在
汉族住地过。这是各民族文化习俗交融的结果。

　　传统民族节日活动内容十分丰富，活动项目相当繁多，诸如对歌、
跳笙、吹笙、吹箫、吹笛、唱戏、射弩、赛马、斗牛、斗羊、斗鸟、摔
跤、拔河、拉鼓、踩鼓、武术、踢毽、登山、划船、捕鱼、捞虾、尝
新、野餐、讨花带、讨葱蒜、讨树苗、射背牌、跳地戏、敲铜鼓、荡秋
千、爬刀梯、打花鼓、打手毽、打磨秋、耍狮子、舞龙灯、丢花包、抢
花炮、吃相思、抬"官人"、游百病、打陀螺、吹莽筒、唱琵琶歌、打
篾鸡蛋等等。总的看来，文体活动项目居多。在节日集会上，使用的
传统民族乐器就有三十多种，诸如夜箫、侗箫、三眼箫、鸭嘴箫、姊妹
箫、芦笙、唢呐、长号、勒尤、勒浪、琵琶、二胡、笋壳二胡、口弦、
三弦、四弦琴、月琴、牛腿琴、古瓢琴、葫芦琴、牛角琴、泡木筒、莽
筒、铜鼓、木鼓、铓锣等。节日活动的规模，表现在两个方面：一是参
与节日活动的人数；二是活动参与者的居住范围。活动人数在千人以
上、万人以下的有五百多次（处）；万人以上的有二百多次（处）；参加
节日活动的各族群众总计八百多万人次。从居住范围看，县内群众参加
的节日集会有八百多次（处），数县群众参加的有一百八十多次（处），
数省交界各族群众参加的有二十多次（处）。

　　令人眼花缭乱的贵州传统民族节日，大致可以分为季节性、纪念
性和祭祀性三大类，从不同侧面直接或间接反映贵州各族人民的社会生
产、社会生活和文化心态，具有独特的历史价值、科学价值和艺术价
值，是一笔珍贵的历史文化遗产。

　　传统民族节日的文化内涵，也有或隐或现的"地层"关系。例如贵

定、龙里、福泉一带苗族的"杀鱼节",再现远古时代共同劳动、共同享用的渔猎生活。是日,居住在南明河下游清水江畔的苗族男子,手执鱼叉,吆喝喧天,集体下河"杀鱼",并将渔物交给妇女们在外烹调野炊。又如台江、凯里、施秉一带苗族的"吃姊妹饭",平塘、罗甸、惠水一带苗族、布依族的"玩姨妈坡",反映母系氏族社会的家庭婚姻关系。在"吃姊妹饭"时,姐妹们除自备鸡、鸭、肉、蛋和糯米饭外,还可随意在任何人家的水田里捞鱼聚餐。传统民族节日,犹如一部无形史书,对研究民族史、特别是研究那些过去没有文字而汉文记载又不太多的民族的历史,具有极为重要的文物价值。

贵州少数民族"大杂居,小聚居"的分布特点,决定传统民族节日具有很强的地方性。即便同一民族,由于住地分散,不仅活动地点不同,时间、名称、内容也不完全一样。有的甚至因服装、姓氏的不同,活动内容也会有很大差异。因此,贵州传统民族节日异常丰富多彩。

大量节日集会紧密结合农业生产进行,或组织春耕,或预测丰歉,或欢庆丰收,具有明显的季节性。例如,紫云布依族正月三十过"了年节",宣布春节活动结束,备耕活动开始。镇宁布依族正月二十八至三十过"了月节",青年连玩三天,情人留下恋语,各自回家备耕。镇远报京一带的侗族和苗族,三月初三过"种树节",节后青年男女全力投入春耕,停止一切有碍生产的聚会。有的地方过"三月三",谷种下地后,就禁止吹芦笙,并将所有音孔用棉花或皮纸塞住,不使漏气,待稻子抽穗才能启封,用意明显在于不要耽误生产。总之,在春耕前夕的一切节日活动,不论其内容如何以及作何解释,事实上都起到了动员春耕的作用。以稻作为主的某些民族,在水稻发育孕穗时"吃秧苞",过"吃新节",摘下谷穗,细数谷粒,将其悬挂在"祖灵"处。如果谷粒不多,预示收成不好,于是及时追肥,或者补种杂粮,以免来年饥荒。秋收过后,五谷入仓,群集过节,欢庆丰收,同时也有督促生产的作用。黄平、凯里、施秉一带苗族,约定在"九月芦笙会"前把所有作物收割回家,如若不然,别人割去,或牛马糟蹋,主人不得多言。清水江一带的苗族村民,于五谷入仓后的农历十月"过苗年",沿用周代历法。

从节日来历可以看出,有七十多次是纪念性的,或纪念重大历史事件，或纪念民族英雄人物。贵阳地区苗族的"四月八"，为的是纪念传说中的苗族英雄"亚努"。仁怀市长岗苗族"踩山坪"，为的是纪念清康熙年间（1662—1722）反清战死的八百多名苗族士兵。安龙县布依族过"六月六"，为的是纪念同治年间（1862—1874）起义斗争的一次重大胜利。剑河县高坝地区"赶歌场"，为的是纪念咸丰、同治年间（1851—1874）参加姜映芳领导的侗族农民起义而牺牲的民族英雄吴承祖。还有一些纪念性传统民族节日，是为纪念反对封建礼教、争取婚姻自由而以身殉情的青年男女，也都有一个悲欢离合的动人传说，是少数民族优秀文化遗产的重要内容。

在上千次（处）的传统民族节日集会中，祭祀性的有三十多次，但多数已失去原来的意义，仅留下过节习俗。如三穗等地侗族"赶圣德山"，原是农历七月十五朝山拜佛，青年利用这个机会，在山上对唱情歌，形成万人歌场。后来庙宇倒塌，朝山早已停止，而"圣德山"歌场却一直保留至今。

贵州各族人民长期交错共居，许多传统民族节日具有一定的共性。如布依族和汉族都过"七月半"，苗族和彝族都时兴"跳月"，侗族和苗族都有"春社节"。特别有趣的是，金沙县石场镇的苗汉两族群众共同"赶苗场"。相传从前苗族接亲路过石场，有汉人不让过，因此发生纠纷，这天是农历二月初三；后来经过调解，双方在七月初三言归于好。于是大家商定，将这不同寻常的日子作为共同的节日。每年到了这两天，两族群众齐集汉族住地"赶苗场"。这一习俗，生动反映贵州历史上的民族关系。

过节，要穿好衣服。于是，贵州有些地方，民间干脆把过节叫做"亮家当"。有的地方，一些老人把备用的寿衣穿出来，长的在里面，短的在外面，层层展现，以此表示家庭富有和儿女孝顺。节日集会上，有的姑娘脚穿式样入时的鞋袜、裤子，外面却加一条古香古色的百褶裙；上身穿着按古代款式缝制的现代面料姊妹装；而头上全是古代发型，有明清、甚至唐宋时代的。从人们对节日服装的心态看，似乎是为了比美丽、比富裕、比勤劳；如果从传统民族节日盛装的形制、剪裁方法及传统民族节日服饰在民族学、民俗学、考古学和工艺美术史等方面去考察，就会发现，这是一部卷帙浩繁的历史文献，"一身穿着跨千年"，具有明显的"地层"关系。

　　贵州传统民族节日服饰，款式丰富多彩：上装有贯首服、无领服、圆领服、高领服、矮领服、长袖服、短袖服、大袖服、小袖服、左衽服、右衽服、对襟服、有扣服、无扣服、圆摆服、方摆服等，以及前摆长后摆短、或前摆短后摆长等多种款式；下装有带裙、片裙、筒裙、裤裙、长裙、短裙、超短裙、百褶裙、羽毛裙等；裤子有长有短，裤脚有大有小，相差甚为悬殊。服装款式与文化水平、风俗习惯有很大的关系。贯首服、无扣服、羽毛裙以及袖子不缝合的衣服，是早期服装的遗风，多少保留古代服装的形态。"鼓藏服"、"上轿衣"则是特殊风俗的需要。从服装款式上，可以看出贵州各族人民、同一民族中不同支系人群在社会生产、社会生活、风俗习惯等方面所具有的文化特点。

　　各民族制作民族服装的传统技艺历史悠久。在长顺县"交麻崖墓"和平坝县下坝"棺材洞"曾清理过一批"岩洞葬"，获得一批宋代苗族"点蜡幔"和鹭鸟纹彩色蜡染衣裙，堪称稀世珍宝。苗族刺绣的手法多样，平绣、皱绣、破绣、辫绣、轴绣、锁绣、结籽绣、盘绕绣，应有尽有，不一而足。蜡染、刺绣图案十分丰富，极富变化。各种动物、植物及几何图案达数百种之多。即便同一动物，又有许多变化。如苗族妇女

图下 8-8　黎平银潮男子古装

常绣的龙，有蚕龙、蛇龙、牛龙、猪龙、羊龙、鱼龙、蛙龙、鸟龙、鸡头龙、蜈蚣龙、蜘蛛龙等十余种。同一物象，有写实的，有写意的；有极度简化的，有大胆变形的。有的图案，既是植物又是动物，如菊花又称"蜘蛛花"。各种图案的组合十分巧妙，有的初看是几尾鱼，再看是一只鸟，组合起来看，则是一只蝴蝶或一只蝙蝠。有些图案，顺看倒看，各不相同；正看反看，又不一样，可使观者扑朔迷离，见仁见智。

织锦也是传统民族服装的重要组成部分。苗族、布依族、土家族、侗族等少数民族，都盛行织锦传统技艺。苗族称织锦为"织花"，与刺绣、蜡染同为苗族服饰的主要装饰手段，在黔东南的台江、剑河、凯里、丹寨一带格外盛行。苗族各支系织锦图案多为抽象几何纹，间或也有蝴蝶、飞鸟等图案。台江苗族织锦，还织出众多动物、人物形象，具有明确内容，多作头帕、裹腿、围腰、衣袖、背饰、肩饰和床上用品。苗族节日服装的文化内涵极为丰富。几条极简单的线条，被象征为长江、黄河等大江大河，是本民族迁徙历史和路线的形象记录。很规整的菱形图案，被看成是肥田沃土，与史书记载的秦汉时期苗族先民劳动生息在"左洞庭、右彭蠡"的滨湖地区相吻合。古老的鱼图案，若与西安半坡遗址出土的彩陶鱼对照，有着惊人的相似之处。还有那些狗爪子花、虎爪子花、水爬虫花，生动"记载"早期先民的渔猎采撷生活；浮萍花、田螺花、水车花，形象反映具有悠久历史的农耕生活。据此，传统民族节日服装就是研究民族历史的"活化石"。

水族刺绣，独树一帜，以马尾掺杂丝线刺绣，人称"马尾绣"。绣品具有浮雕感。主要用于制作背带、花鞋、围腰、胸牌、荷包、儿童帽子、马刀套子等。

以民族节日服装为代表的非物质文化遗产，之所以能代代传承，经久不衰，与特殊风俗、文化传统有着极为密切的关系。青年人在恋爱婚姻中常用鞋垫、花带、背带、荷包等作为爱慕、思恋、忠诚的信物，勤劳、智慧、富有的象征。结婚礼服，更为讲究。服装数量的多少，制作工艺的优劣，被视为衡量新娘智商的尺度。婚后生儿育女，年轻的母亲将全部母爱倾注于下一代身上。于是，小巧玲珑的儿童帽子、儿童鞋子、口水围脖、儿童背带等婴儿用品一件比一件精，一套比一套美。在这里，一套套制作精美的婴儿服装，是建立新家庭的重要标志，是妇女人生旅途上的重要里程碑，凝结她们的成就感。

民族服饰精华，更凸显在银饰上。苗族、侗族、水族都很器重银饰，尤以苗族为最。居住在雷公山麓的苗族村民，素来酷爱银饰；有的从事银饰锻造，技艺口传心授，祖祖辈辈传承。苗族银饰包括头饰、颈饰、胸饰、腰饰、背饰、手饰等，几乎包裹全身，不仅具有美化作用，而且具有防护功能。银饰图案以花鸟虫鱼为主，反映人们保护自然、利用自然、师承自然的聪明才智。苗族银饰都是苗族工匠所制，这些名不见经传的民间艺人，与目不识丁的农家妇女，在特定环境中，传承制作民族服饰的传统技艺，使之成为研究苗族历史与文化的珍贵资料。

引人瞩目的是，白皮纸在服饰文化和宗教活动中占有特殊地位。刺绣必先剪纸，用的是白皮纸；以蜡染、刺绣、银饰构成的盛装，用过之后需妥善保存，离不开白皮纸（据说，只有用白皮纸包裹保存才不生虫）；而"吃鼓藏"、"扫火星"、"过苗年"、"打口嘴"，要用白皮纸剪裁各种据称具有"灵性"的诸如"保爷"、"花竹"、"花树"、"花桥"、"花幡"、"清明"、"小山神"、"口嘴标"等吉祥物、辟邪物。苗岭山区使用的白皮纸均是苗族工匠生产，著名产地是丹寨石桥。造纸须经十余道工序：剐皮、晒干、蒸煮、浸沤、漂白、漂洗、选料、扬清、碓打、袋洗、兑水、打槽、兑料、抄纸、榨干、晒纸、揭纸、打捆，多道工序离不开水。石桥地方水源丰富，溪水终年不竭，村民用水力冲碓，用水碓冲料。石桥水质好，水中含有碱，有利于漂白，是纸质优良的先决条件。石桥苗族村民沿用古法生产白皮纸，其工艺流程与《天工开物》的图解一致。

过节必定要吃好，人们俗称"打牙祭"。值得注意的是，一些节日食品以及食用方式，甚至于餐具，与平时不同。比如，祭祖的酒杯，瓷器比玻璃好，陶器比瓷器好，竹器比陶器好，葫芦比竹器好，蚌壳比葫芦好，总之，越古老、越原始，越好。据说老祖宗没见过新东西，不会用。在一些祭祀性的传统民族节日活动中，人们将祭品摆在地上，不用桌子，并且不用筷子，徒手抓吃，堪称古代生活的"情景再现"。村民认为，祖先不习惯用桌子、筷子，甚至不会用，不能因此影响他们和子孙后代一起过节。

　　长期以来，每到大地回春的阴历二月，居住在五溪地区的苗族、侗族、土家族乃至汉族等各族村民，纷纷过"春社节"。是时，家家户户兴高采烈上山采摘艾蒿，挖掘苦蒜（又称野葱），蒸煮"社饭"，明显保留远古时代采集生活的遗风。烟花三月，春光明媚，万物复苏，清江苗岭的苗族同胞，登上高坡，欢天喜地过"爬坡节"。青年们在节日集会上互相索取、馈赠用野菜掺和糯米制成的节日食品，称"讨蒿菜粑"、"讨蕨菜粑"、"讨甜藤粑"。而居住在施秉、台江交界处的苗族青年"讨姊妹饭"。农历三月十五一早，苗族姑娘们及回娘家省亲的姑妈们，集体捕鱼、捞虾。午后，在姑娘头家，蒸煮姊妹饭。傍晚时分，姑娘、姑妈们，穿着节日盛装，佩戴精美银饰，围着木鼓跳舞。之后，按照不同年龄档次，分别在姑娘头家的火塘边"打平伙"。事前，她们一个个将糯米、鸡蛋、鱼虾、腊肉等食品送到姑娘头家，由其母亲或祖母代为操办。吃"姊妹饭"时，也由老妇分发，每种食品每人一份，绝无厚此薄彼。在这些习俗中，保留着远古时代母系社会的遗风。入夜，早在林中等候多时的别的寨子的青年，陆续来到"游方场"上，寻机向姑娘们"讨姊妹饭"。姑娘们披着月色，一人一包"姊妹饭"，提到"游方场"上。小伙子得了"姊妹饭"，并不意味得了姑娘的心。是喜是忧，要背着姑娘打开观看才清楚。原来，"姊妹饭"里藏有一些奇奇怪怪的"符号"：若是松毛，表示愿意交往，回礼时请给一支绣花线；若是荆棘，请回赠一包绣花针；若是树叶，请回赠几尺布；若是一个钩子，表示愿意深交；若是两个钩

图下 8-9　龙舟节母子船（台江施洞苗族）

子，表示愿意成婚；若是一个树杈或几个辣椒，示意分手，等等。在"游方场"上唱"游方歌"，"讨姊妹饭"，寨中的兄弟必须回避。当然，此时他们也早就到别的寨子开展同样活动去了。当天晚上，寨内中老年人呆在家里吃喝，不去妨碍青年人。虽说"吃姊妹饭"是姑娘们的节日，但已逐渐演变成当地的全民性活动。这个古老的民族节日，经过长期传承，已成为增进民族团结、密切社群的社交活动。

居住在清水江畔、以台江县施洞口为中心的苗族同胞，每年农历五月二十四日至二十七日，在清水江上竞划一种以整木刳成的"牛角龙"独木舟。龙舟形制、划的时间、竞渡方式、胜负观念及节日起源等等，皆与其他地方的端午节不同。苗族同胞认为，龙有好坏之分，善恶之别，杀死恶龙，意为治理水患。"施洞五月赛龙舟"，是庆祝战胜恶龙、治理水患的悲壮举动。过去的节日活动，以家族为单位举行，承办者称"鼓头"。所谓龙舟竞渡，意不在"竞渡"而在于收礼。四天时间，独木龙舟在清水江上游弋，兴高采烈接受娘舅家族、姑爷家族等姻亲及其他亲朋好友馈赠的鸭、鹅、猪、羊甚至牛等礼品，以收礼丰厚为荣耀。晚上，不论何人，送礼多少，皆可到"鼓头"家开怀畅饮。"鼓头"则以接待宾客众多、烂醉如泥者多而自豪，视为家族兴旺、人气发达的象征。围绕龙舟竞渡开展的馈赠、宴饮活动，所反映的社会结构和饮食习俗，让人领略古代社会苗族饮食文化的独特遗韵。

过节吃喝，离不开酒。酿酒技艺，也是文化。水族"九阡酒"酿造技艺，久负盛名。酒以当地出产的圆头糯米为原料，采集126种草药制成酒曲。端午节过后到谷子成熟前，请水书先生选个好日子，德高望重的老奶奶将成年女性召集拢来几个人一组，事先分配好各采几样药，然后上山采药。采得后，综合分给各组，以组为单位制作酒曲。其间要举行祭祀仪式，领头的老奶奶一手执茅草，一手执砍刀，一边砍一边念："今天我们做酒药，随便哪个诅咒哪样，都没有关系，我们的酒药，是最好的酒药啊！"从采集到制曲，保留着远古时代母系社会的遗风。由此可见"九阡酒"的酿制技艺的悠久历史。因酒曲含有多味草药，具有保健功效，产妇每天饮用，形成一种风俗，从而铸就别具一格的酒文化。

为了满足青年人在传统节日期间谈情说爱、寻找配偶的需要，各种具有民族特点的传统节日文化活动项目和方式应运而生。这类项目有三十多项，都是民族文化宝库的重要内容。

吹芦笙、跳芦笙、踩芦笙，是最为常见的社交活动。贵州许多少数民族都有芦笙。特别是在苗岭山区，几乎家家有芦笙，人人会吹芦笙，甚至幼儿玩耍游戏也模仿大人吹芦笙。芦笙舞的种类有许多，其中"技巧芦笙舞"特别精彩。乌蒙山区苗族同胞在"跳花节"上表演的技巧芦笙舞，有"锦鸡舞"、"滚山珠"、"爬花杆"等名目。跳"锦鸡舞"时，舞者身穿织锦衣，头戴雉尾帽，模仿锦鸡的动作，边吹芦笙边跳舞。一对对"锦鸡"，时而互相依偎，时而彼此打斗，你败我追，十分有趣。"滚山珠"是一种难度很大的舞蹈。舞者手捧葫芦笙，疾吹快跳，前后翻滚，头手倒立，叠罗汉等，声音却始终不断。"爬花杆"更是一种绝活，表演者吹着芦笙，爬上顶端系有红绸的"花杆"，用嘴将"花"咬下，在离地一人多高处，突然松手，翻身跳下，芦笙仍在呜呜作响。这些民族舞蹈，常被当作传统体育项目在竞技场上展示。在苗族心目中，芦笙"会讲话"。苗岭山区的苗族后生，在芦笙场上吹着芦笙"讨花带"，声声夸赞姑娘，曲曲倾诉衷肠，情意绵绵，优雅动人。如果讨不到花带，芦笙还会"骂人"："姑娘哎，你为哪样这么笨？长得白白嫩嫩，穿得干干净净，就是不会织花带，看你咋个嫁得出去啊！"

贵州各族人民，自古能歌善舞。贵州有些古墓葬，如毕节双树湾汉墓、金沙后山汉墓、兴仁交乐汉墓、黔西野坝墓群等，曾出土舞蹈俑、抚琴俑、说唱俑等。墓室雕刻有舞蹈图、击鼓图、杂技表演图，

图下 8-10　威宁苗族舞蹈

形象反映古代舞蹈场面。早期民间舞蹈资料，部分蕴藏在荒山野岭的岩画中。其中巫山岩画、"马马崖"岩画和"画马崖"岩画，画有舞蹈图像。巫山岩画，位于龙里县谷脚镇谷远村巫山大岩脚及大沙田崖壁上，前者高出地面六米许，画面宽一百二十余米，赭色绘制马、牛、狗、太阳、人骑马、人牵牛、人跳舞等图像三百多个。考古人员据服饰、头饰及其他图像分析，认为时代约在两汉。"马马崖"岩画，位于关岭自治县普利乡下瓜村，因画有众多马匹而得名。现仍明显可见八个人、四匹马、一条狗、一只鸟及其他一些图像。似为一幅放牧图：年轻力壮的牧民，跃马扬鞭，奔跑在前。男孩追随大人外出放牧，情态欢跃。不能上山的妇女、女童留在住地，陪伴家人，手舞足蹈。"画马崖"岩画位于开阳县高寨顶趴村清水江西岸"画马崖"崖壁上。画有人、马、树、洞、仙鹤、小鸟、太阳、星星、山路、乌云等图像一百五十余个。悉以赭色涂绘。通观两幅画面，人马几乎朝同一方向行进，似乎表示人们在旭日东升之际，或骑马，或步行，前往同一地点。途经曲折山路，时而穿越山洞。到达时，有人迎接，继而对饮。众人围成圆圈，携手集体跳舞，气氛十分热烈。其地为苗族聚居区，岩画描绘的可能是民族节日活动场面。据考证，"马马崖"和"画马崖"的岩画，当于宋明时期。

舞蹈是各族青年展示才艺的重要手段。在丰富多彩的民族舞蹈中，尤以苗族的木鼓舞、铜鼓舞、花鼓舞、芦笙舞最为动人。这些舞蹈都离不开鼓与芦笙。"三鼓"中，木鼓最为古老，被苗族村民视为祖先的化身，并有公、母之分，谓之"祖鼓"。在最隆重的祭祖活动"吃鼓藏"时，苗族同胞身着节日盛装，围着"祖鼓"跳舞，称为"踩鼓"。节日过后，将"祖鼓"珍藏于"祖鼓房"内。有的苗寨在"公鼓"之上放置木雕男性生殖器，"母鼓"之上放置木雕女性生殖器，是远古性崇拜观念的遗存。居住在云雾山区的苗族村民，春节期间，身着长衫跳芦笙舞，同时敲"祖鼓"。"祖鼓"有性别，称为"龙鼓"、"虎鼓"，因此这种芦笙舞被称为"龙鼓虎鼓长衫龙"。苗语使用倒装句，被直译为"鼓龙鼓虎长衫龙"。铜鼓原是法器、祭器，后来演变成象征权力的重器，但它也是苗、瑶、壮、布依、水等少数民族的乐器。"花鼓舞"，动作大，速度快，令人眼花缭乱，故名。其舞姿与生产生活有关，如插秧、薅秧、打谷、挑水、纺纱、梳头等等。如果是模仿猴子的动作打花鼓，则称"打猴儿鼓"。苗族认为，猴子是机灵、健康的象征，打了猴儿鼓，便不会生病。

侗族是个擅长唱歌的民族。侗族民歌种类很多，诸如大歌、"耶歌"、琵琶歌、"牛腿琴歌"等。其中最为著名的是侗族大歌。多声部、无指挥、无伴奏是侗族大歌的主要特点。模仿鸟虫鸣叫、高山流水等天籁之音，是侗族大歌的一大特色，也是产生侗族大歌的自然根源。侗族大歌的主要内容是歌唱自然、劳动、爱情和友谊，是人与自然、人与人之间的和谐之声。每个歌队至少三人，多至十几人、几十人不等，按性别分成男子歌队和女子歌队；男女歌队各自又按年龄大小分为大班、中班、小班。同一宗族的男子歌队与女子歌队之间不能对唱大歌。侗族大歌不仅是一种音乐艺术，还是承载社会结构、婚恋关系、文化传承、精神生活的文化宝库。

唱戏也是节日活动的重要项目。贵州的民间戏剧有黔剧、花灯剧、地戏、侗戏、傩戏、布依戏、彝族"撮泰吉"等。黔剧的前身是贵州扬琴，亦称贵州弹词、文琴，是一种以扬琴为主要伴奏乐器的说唱艺术。清光绪年间，云南扬琴、四川扬琴、四川清音、湖南常德丝弦等相继传入贵州，促进了贵州扬琴的发展。光绪九年（1883）贵阳建立扬琴"三友社"，光绪十一年（1885）黔西成立"文音俱乐社"，光绪十五年（1889）织金成立"庭院乐府"，光绪十六年（1890）安顺成立"相悦茶社"，宣统三年（1911）毕节成立"同乡娱乐会"。之后，遵义、安顺、盘县、铜仁、都匀、兴义、安龙、独山、大定（今大方）等地相继出现扬琴班社。经过多年实践，逐渐成熟。20 世纪 60 年代将文琴命名为黔剧。贵州又一剧种花灯剧，由流传于汉族地区和民族杂居地区的花灯歌舞发展而成。民间花灯歌舞历史久远，据康熙至道光年间的地方志记载，福泉、遵义、开阳、独山、思南、印江、铜仁、石阡等地，当时已有花灯歌舞流行，每逢上元节，踏歌和乐，谓之"闹元宵"，又称"跳花灯"。民间还将看花灯称为看"高台戏"、"花灯戏"、"灯夹戏"。

贵州少数民族，清代即有戏剧。春节期间，侗族村寨，竞相演唱侗戏。上演之前，侗戏师傅都要举行祭师仪式，开口朗诵"天师、地师、吴文彩师"。由于侗戏是在侗族民歌和民间故事的基础上诞生的，群众基础好，很容易普及，故而大批戏楼应运而生，仅黎平县就有戏楼三百多座。许多戏楼，建于鱼塘之上，楼上演戏，楼下养鱼，人欢鱼跃，相映成趣。

许多节日活动场所，与文物古迹、风景名胜结合在一起，是青年男女谈情说爱的最佳场所。如有"黔南第一洞天"之称的黄平飞云崖，习称"飞云洞"，既是遐迩闻名的文物古迹、风景名胜，又是规模巨大的传统节日活动场所。场内立有一块《潘姓阖族重修飞云洞序》碑，记载着飞云洞寺庙与苗族传统节日的关系："黄平城东二十余里，有洞名飞云，原为潘姓施主。其地自云贵未辟之先，我祖人业已鸠占。洪武以后，亦仍旧焉。奈此地形太旺，不得已移居台腊。年代久远，子孙繁多，留此以作众地。每年新正，阖族齐聚吹笙。我先人恐有不测，故将岩浆所滴人形以为神像而庙宇始兴，飞云洞始扬。迨至咸丰年间，庙宇烧毁，承平以后，先后培修。延至宣统二年，有住持吴理亨重为募化，吾等忆先人根基，同心合力捐资。"[28]

恋爱、婚姻与家庭，是人类永恒的课题。贵州民族地区，一向是自由恋爱，婚姻一般自主。双方家长同意的，便在白天举行婚礼，送亲、迎亲的队伍走大路；如若不然，便在夜间举行婚礼，送亲、迎亲的队伍走小路。后者实际是"私奔"。"私奔"并不受歧视，婚宴照样隆重。待生儿育女后，娘家补送嫁妆，再行热烈祝贺，将"婚礼酒"与"生育酒"合在一起喝。村寨婚礼，既热闹又节俭。乡规民约对彩礼数目有严格限制，违者处以罚款，或者受到诅咒。如锦屏县"定俗垂后"碑规定："凡有所谓'舅公礼'者，必须分别上中下三等，只准自三两起至五两止，不得再行勒索多金。至于'姑舅开亲'，现虽在所不禁，然亦须年岁相当，两家愿意方准婚配，不得再行仍前估娶。倘有不遵，仍前勒索估娶，或经查出，或被告发，定行提案严究不贷。"雷山县"婚嫁财礼"碑规定："财礼不得多取，富者一十五元八角，贫者一十二元八角。所有婚嫁自由，不得强迫子女成婚，否则天诛地灭，永不发达。"都匀有块水族村民镌刻的《乡禁碑》，严格规定："女出嫁，只准送亲十二人，如多去者，罚银二两四钱入公。"[29]婚礼上宾主对唱的酒歌，也多有批判"姑舅表婚"和滥收彩礼的内容。这类歌词特别长，为便于记忆，歌师们将一些简单的符号雕刻在指头大小的竹木棍上，苗语叫"刻道"。凭借"刻木记歌"的小棍，能唱几天几夜的酒歌。

传统民族节日作为一种社会文化活动，主要满足人与人的交往需要，同时也深刻反映人与自然的亲密关系，从中可见贵州各族人民善待自然、师承自然的传统美德。贵州各族人民自古具有保护自然生态、营造舒适环境的优良传统，突出表现在保护天然森林、积极植树造林，将珍惜树木、钟爱树木、敬畏树木、崇拜树木，并作为文化遗产世代传承几方面。由于笃信树木能给人类造福，逢年过节必定虔诚祭祀树木。村民认为，树木能给人类造福，对人有特殊的保护作用，诚如"祭词"所言："祭了保寨树，火就不烧寨，水也不冲田，家家打谷一百二十仓，人人活到一百二十年。"[30]这种朴素的环境保护意识，不同于一般意义上的封建迷信。侗族村民逢年过节，尤其是过"春社节"、"三月三"等春季节日，中老年人买卖树苗，踊跃植树造林；青年讨要树苗，将其视为信物。侗族村民特别喜欢种植再生能力极强的杉树，将某些古杉视为"神仙"。以古杉修建鼓楼，求的是"古杉为柱万代兴"。侗寨鼓楼的造型，就是模仿杉树形象修建的，村民称为"遮荫树"，实为师承自然、创造文化的生动体现。苗族的"苗年"、"鼓藏节"、"跳花节"，水族的"端节"、侗族的"萨玛节"、仡佬族的"毛龙节"、布依族的"查白歌节"等传统民族节日，无不歌唱大自然，祈望新生活，为人与自然和谐共处的亘古颂歌。

第四节　文化名城、名镇、名村举隅

潕阳河畔水陆码头　省会贵阳粮食通道　滇黔驿道军事据点　苗岭山区典型苗寨　土司村落珍贵遗存　林业经营历史见证　土司庄园突出代表　汞矿开采文化结晶

贵州的历史文化名城中，镇远是古代重要的水陆码头。

镇远城位于黔东南潕阳河畔，群山夹峙，一水中流，由此顺流而下，可达百里洞庭。清嘉庆二十四年（1819），林则徐首次过此，在其日记中写道："府治依山为城，山隙处补以睥睨，望之若无城。府前大石桥

图下 8-11　镇远青龙洞立面图

临镇阳江。江即潕溪，合西来诸水入沅，由此下水可直达常德。"乾隆年间，兵部侍郎兼贵州巡抚冯光熊在其为《镇远府志》撰写的序言中说："余昔从征缅甸抵镇远，见其山川雄峻，据沅湘之上游，当滇黔之孔道，为西南一大都会。"他甚至认为，在他"所经九州形胜之地，镇远实居一焉"。在历史上，镇远还是东南亚一些国家往来京师的必经之地，老大桥（又称"祝圣桥"）的魁星楼上有副对联："扫净五溪烟，汉使浮槎撑斗出；辟开重驿路，缅人骑象过桥来。"生动形象描绘出苗乡古城的历史画面。

镇远分为府城、卫城两大部分。府为行政单位，卫为军事组织。昔日府城分为六个牌，其间以牌楼为界标。各"牌"之间，贫富有差，功能有别，民谚戏称："头牌一枝花，二牌盖过它，三牌京果铺，四牌油炸粑，五牌开马店，六牌烂豆渣。"

镇远素有"苗乡古城"、"黔东门户"之称，在其发展长河中，形成了许多足以作为历史见证的文物古迹，其中名声最大的是"青龙洞"（见前述）。与青龙洞古建筑群遥相对峙的，是壁立千仞的石屏山。鳞次栉比的四合院错落有致地分布在山麓，这是最能体现镇远历史风貌的古代街区。这些别具一格的民居建筑，至今尚存许多。这类民居建筑为三合院、四合院，或为一进院，或为两进院或多进院，周边皆砌筑封火墙，形成封闭式建筑，平面布局酷似一颗印，因此当地称为"印子屋"。同为"印子屋"，但布局并不完全相同。建在平坦地段的"印子屋"，中轴对称，布局规整，与皖南民居别无二致。如当地人称"周公馆"的周氏民宅，四周封火墙高达 9 米，将住宅围成长方形，面阔 21 米，进深 36 米。其内分为前后两院，均为一正两厢。木雕装修十分讲究，尤以"万字格"栏杆、"寿字纹"栏杆和槅扇门窗上的精湛装修格外醒目。依山就势修建的"印子屋"，因受地形限制，布局就较为灵活，有的一正两厢，有的一正一厢；有向纵深方向发展的"多进院"建筑，也有向横宽方向发展的"多路院"建筑。较为典型的"印子屋"，有傅氏民宅、陆氏民宅、聂氏民宅、上官民宅、杨氏民宅等二十余户。

　　"印子屋"大都建有"石库门"。石库门原称"石箍门"，即用石头"箍"住的门。镇远"印子屋"的石库门，由门枕、门槛、门框、门楣、雀替等石构件组成，其上浮雕麒麟狮子、三级连升、福在眼前、太极八卦、福从天来、一本万利、二龙抢宝、龙凤呈祥等图案。门罩木结构，垂瓜雕花，称"垂花门"。雕刻南瓜，寓意多子；雕刻莲花，寓意清廉。有的人家，于门额上书写郡望，由此可知移民信息。

　　镇远成为苗岭山区一座闪闪发光的古城，与诞生它的潕阳河分不开。古代潕阳河畔的镇远，曾是云贵与中州大地的重要通道之一。湖南、江西客商从洞庭湖经水路入镇远，江西人在镇远修建了两座万寿宫。沿海地区如福建，也有深入镇远经商者，并在这里修建了天后宫。在贵州众多天后宫中，镇远天后宫规模最大、工艺最精、保存最好：正殿木雕、石刻、灰塑，工艺精湛；木雕精华集中表现在门窗上，正面八扇，均有细腻木雕。透雕部分为少见的双面雕；正殿前楹两侧窗雕，亦是双面雕，葵花图案，高度密集，采光受阻，旨在营造出一种肃穆、神秘的宗教气氛。但正殿后楹前檐的窗雕纹样，却富有浓郁的民间生活气息，如福寿纹、夔龙纹、石榴纹、寿桃纹等，由此可以窥见福建民居的建筑文化特征。镇远天后宫的石刻作品，造型简洁，图案典雅，线条流畅，给人以朴实无华之感，这在一定程度上反映出商人"财不露白"的心理。但正殿屋脊上的彩色灰塑则大不相同。屋脊甚高，宝顶突兀，两端起翘，酷似一艘乘风破浪的海船。屋脊上彩塑游龙抢宝，栩栩如生，富丽堂皇。在镇远的"七寺、八阁、九座庙"中，天后宫的木雕及泥塑堪称佼佼者。镇远天后宫修建在府城西门附近，背靠石屏山，面向潕阳河，宫前是大街，下方为码头。昔日码头上竖有旗杆，杆顶上悬挂彩旗，河风飕飕，彩旗猎猎，煞是风光。如此壮观的码头，镇远共有12座。具有如此重要地位的镇远，曾一度是舟楫云集、商贾辐辏的水陆要津。凭借这条美丽的潕阳河，镇远成为黔东地区极为重要的物资集散地，各路客商将大批木材、药材等山货源源不断运到常德、长沙、武汉等地，然后又将棉布、陶瓷等"南货"通过水路运到苗岭山区。为求水运畅通无阻和祈求赵公元帅保佑发财，旅居镇远的各路客商特意在俯瞰古城的石屏山绝壁处修建"四官殿"。所谓"四官"，即战国时代的四位武将：吴起、王翦、廉颇、李牧。民间常用"启剪破木"誉称四人，以为吉祥之语。镇远四官殿，始建于明末，现存建筑为清光绪三年（1877）遗物。当年在正殿供四官塑像，偏殿供赵公元帅。四位"将军"加上一位"元帅"，共同镇守古城山头，可谓"固若金汤"。

贵州有众多的历史文化名镇。其中，青岩镇距离贵阳最近。青岩地处贵阳、惠水间。惠水古称"定番"，素为粮食产区。历史上，青岩是惠水米运往省会贵阳最为重要的粮食通道。据道光《贵阳府志》记载，青岩古城始建于明天启年间（1621—1627），为时任贵州游击的布依族土司班麟贵所建。班麟贵修建青岩城墙，则与当时发生的"安奢事件"有关。从明天启元年（1621）冬天起，安邦彦围困贵阳几近一年，"城中升米二十金，谷糠、草木、败革皆尽。食死人肉，后乃生食人，至亲属相

图下 8-12　贵阳
青岩古城

啖"。在这紧急关头，班麟贵竭诚向贵阳输送大米。事态平息后，班麟贵在青岩夯筑土城。后来明廷加升贵州游击班麟贵参将职，并特别注明令其"管事"。此后经过历朝历代的修葺扩建，渐成规模，城有四门并城楼。城门附近，相继建有 8 座石牌坊（现存 3 座）。建于清道光十九年（1839）的"赵彩章百岁坊"和建于道光二十三年（1843）的"赵理伦百岁坊"，均为"上寿坊"[31]。赵理伦百岁坊，用石狮子当抱鼓，且其狮子均作由上而下跳跃状。这与常见的大量蹲坐式石狮子迥然异趣，如民间狮子舞般更富有浓厚的生活气息。

　　石拱桥在青岩古镇中占有十分重要的地位。青岩城北，河网密布，大小拱桥，比比皆是，民谣唱道："一出北门三官阁，水碾出在北门河。北门河上百步地，不足一里三洞桥。"北门城外，溪流纵横，古人于溪边河畔修建水碾，日夜加工大米，销往省城贵阳。著名的有郑家碾、彭家碾、陈家碾等十余座水碾。为方便碾米村民和大米商人往来于北门河上，在不足百步的狭小范围内，竟修建有挑水桥、小石桥和郑家桥等多座石拱桥，其中郑家桥规模稍大。桥上早年设有护栏，两栏中部各竖一块指路碑，镌刻"上走贵阳，下走定番，东走龙里，西走广顺"等字样。明崇祯年间（1628—1644），徐霞客远游至此，在其日记中写道："青岩屯……北去省五十里，南去定番州三十五里，东北去龙里六十里，西南去广顺五十里。"日记所载，与桥上所立之"指路碑"相吻合。郑家桥之北，又有一座三孔石拱桥。徐霞客过后写道："有溪自西北峡中出，至此东转，石梁跨之，是为青岩桥。水从桥下东抵东界山，乃东南注壑去，经定番而下泗城界。"[32]三百多年过去，拱桥至今基本完好。

　　从青岩镇的万寿宫、寿佛寺、川主庙，可以清楚看出，青岩人的先祖许多是从江西、湖南、四川等地迁来的。来自四面八方的人群，根据自己的需要，在青岩修建各种会馆、祠堂、佛寺、道观。据道光《贵阳府志》卷三十六记载，青岩拥有奎光阁、文昌阁、朝阳寺、东岳庙、斗姆阁、龙泉寺、凤凰寺、青龙寺、慈云寺、云山阁、狮子山庙、孙膑庙、水星楼、琼林塔、万寿宫、寿佛寺、川主庙等 17 座。这些建筑有几个特点：一、最早的始建于明万历年间（1573—1619）；二、清道光年间（1821—1850）大兴土木，出现修祠建庙高潮；三、传入青岩的儒释道，一开始就你中有我，我中有你，而且都有世俗化倾向。同样，将世俗人物宗教化，在这里也屡见不鲜，如黑神庙、赵公祠、贞女祠等。神化凡人，修祠祭祀，最典型者，莫过于"贞女祠"。祠祭祀的是一位未曾出阁的少女张氏。她自幼许与吴应明为妻。尚未完婚，应明病故。处理完丧事，便在吴家终生"守贞"。辞世后，吴氏族人倾其家产修建"贞女吴张氏墓"、"吴张氏贞女坊"、"贞女祠"。每逢观音菩萨出生、成道、涅槃之日，众多香客于"贞女祠"聚会，虔诚祭祀"张仙老祖"[33]。

青岩民居大门，文化内涵丰富。许多人家建有"朝门"，门上修有讲究的"门罩"，罩上吊瓜下垂，雕工精湛。有些垂花门，柱脚下方雕刻形象逼真的"石柱础"。"柱础"雕刻南瓜，下部雕刻荷莲，寓意"多子多孙"、"一品清廉"。垂花门上的门簪，民间习称"打门锤"，外侧雕刻乾坤、牡丹、葵花等图案，内侧制成桃子形。桃子象征长寿，桃符辟邪，刻在朝门上以辟邪。朝门的上门斗，是一块连接两扇大门的木枋，叫"连楹"，其上雕刻"二龙抢宝"、"双凤朝阳"之类图案，泛称其为"龙"。因此，这类垂花门，又称为"龙门"。青岩民居的正房大门，在装修上具有鲜明的地方特点和浓郁的民族特色。正房大门外侧，一般加建"腰门"，既可防止畜禽入室，又不影响通风、采光。上门斗或者制成牛角形，或制成如意、祥云、灵芝、寿桃、虎头等形态，意在驱灾辟邪纳祥。腰门拉手大都制成葫芦形、石榴形，寓意多子多福，也有人认为，葫芦既代表"福"又代表"禄"（谐音），是福禄寿禧的象征；石榴像瓶子，将"瓶子"刻在拉手上，意为"进进出出，平平安安"。大门的门簪，或雕刻太极、八卦，或雕刻牡丹、葵花，或雕刻福寿等字。当地民俗认为，太极、八卦是派生万物之本源，将其雕刻在大门上，期盼能收"一本万利"之效。牡丹象征富贵，葵花象征多子，刻在大门的门簪，求的是荣华富贵、多子多孙。有的人家，在醒目之处安装扇形饰件，寓意"积善人家"、"为善最乐"。有的于房门外铺垫一块青石板，其上雕刻方胜、古钱、白果、蝙蝠、鲤鱼、荷莲等图案，蕴含有"开门见宝"、"开门见钱"、"开门见子"、"开门见福"、"连年有余"之意。

贵州还有众多的历史文化名村。安顺西秀区的云山屯村、锦屏县隆里村，是明代屯堡的典型代表，生动形象地记载了"屯堡文化圈"数百年的建筑史、军事史、文化史和经济史。

云山屯的建筑，具有鲜明的军事特点。它的城墙及城楼，从民间传说及风化程度，判为明代军事建筑当无问题。屯上"云鹫山寺"的建筑手法，与平坝天台山伍龙寺如出一辙，均始建于明代。现存民居建筑，是屯堡人的后裔陆续修建的。少数为明代建筑，多数为清代建筑，都有鲜明的地方特点和强烈的军事特色，即就地取材，利用当地出产之石墩奠基、石块砌墙、石板盖顶，且于隐蔽之处留有枪眼，有的还建造保家楼。作为民居，它们又都保留有"徽派建筑"的遗风。来自"两江"地区的屯堡人，将徽派建筑文化带到贵州，营造四合院，修建垂花门，精雕石柱础，细刻木窗雕。因受到经济及地理条件的限制，规模较小一些，有的也不那么规整，但其建筑形制及工艺，与徽派建筑别无二致。不同的是，垂花门上留有供看家狗伸头眺望的"狗洞"。战时为兵，平时务农，农闲时开展与众不同的文化娱乐活动，主要是春节期间演唱面具戏"地戏"。屯兵有的信佛、信道，故云鹫山寺既有玉皇阁，又有观音殿，特别还有祭祀"武圣"的关帝庙。而在屯堡人到来之前，当地并无这种宗教文化。引人注目的是，这里妇女的服饰为长袍宽袖，右衽大襟，常被外人误为"少数民族"。云山屯里的居民中多有经商者，街道两侧，全是铺面。当年由军转民后的屯堡人，从事农业生产总是不如做生意在行，此风一直延续至今。

各族人民在十分艰难的条件下开发贵州高原，创造具有鲜明地方特点和浓郁民族特色的历史文化。由于历史上的种种原因，少数民族依山傍水、聚族而居，文化环境相对稳定。贵州有一大批典型的少数民族村寨，民族文化十分典型。其中，郎德上寨最为突出。

雷山县郎德上寨，坐落在苗岭主峰雷公山麓的丹江河畔。咸丰初年，"苗疆六厅"连年大旱，颗粒无收，官府横征暴敛，有增无已。咸丰五年（1855）爆发了张秀眉、杨大六等领导的苗族农民起义。杨大六率众在家乡郎德的山坡上，修建起围墙、战壕、隘门、军火库等。杨大六故居迄今仍完好，木结构吊脚楼，四榀三间，上下三层，庑殿顶，上盖小青瓦。

郎德上寨苗族村民仍沿用"父子连名制"，能背诵二十多代祖先的名字。以 25 岁为一代计算，村寨已有五六百年历史，大约相当于元末明初。早年，郎德上寨苗族先民居住在寨后山梁上，元末明初搬迁到山麓。寨子坐南朝北，三面环山，形同安坐在有扶手的靠背椅。村民自诩其住地有"万马归槽"、"九龙戏水"之势。

山环水绕的郎德上寨，拥有各种各样的独木桥、汀步桥、马凳桥、板凳桥、石板桥、石拱桥、风雨桥、求子桥、祈寿桥、保爷桥等百余座。村民之所以如此酷爱架桥，与特定的自然环境和特殊的传统民俗关系极大。寨后有数十眼山泉潺潺进入山寨，切出条条沟壑，形成若干溪流。树多泉水多，沟多溪流多，桥梁建筑自然多，甚至将架桥观念引申到"求子祈寿"、"消灾弭祸"民俗中，从而演绎出丰富多彩的桥文化。

寨子建有三座寨门，造型各异，都是木结构，无门板，上盖小青瓦，楼内安装美人靠，供村民小憩。寨门是村民迎来送往，与客人唱拦路歌、向客人敬拦路酒的公共场所。客人进寨时，主人将莽筒芦笙队排列于寨门外的田坎上，鼓腮劲吹，山鸣谷应，宾主在热烈气氛中举行饶有风趣的进寨仪式。每当送客过寨门，除群集于寨门唱歌、喝酒外，还举行妙趣横生的打酒印、拴彩带、挂红蛋等仪式。寨门送客，对于未婚青年男女来说，显得特别重要。主寨姑娘以歌拦路，滞留客寨后生，彼此对唱分别歌，一唱就是几个时辰，寨门成了"播种爱情"的地方。

寨中有三口水井。逢年过节祭祀水井，多用豆腐之类素食。寨中婚礼，新娘要办的第一件事是"挑新水"，目的是"认井"，确切地说，是让水井"认识"新娘，承认她是寨子里的新成员。高寿老人过世，必以井水殉葬，既为死者上路备用，又向水井养育谢恩。水井下方为池塘。村民围绕池塘修建吊脚楼粮仓。粮仓建于池塘附近，有利于防火。粮仓集中修建在一起，则是古代集体贮粮的遗风，反映家族内部的凝聚力。

寨中的吊脚楼，大多面阔三间，也有四五开间，上下三层，个别四至五层。出檐深远，一则可使底层木板和柱子免遭雨淋水溅，并充分利用墙脚空间，因地制宜安装石碓石磨；二则可在檐下晾晒谷物，形成开放式粮仓。民居的外部装修和室内陈设，也有许多特点。在一些人家大门上，插有醒目的"口嘴标"。"打口嘴"是苗族村民处理是非口角、解决矛盾纠纷的特殊方式。人与人之间出现不和，以为"有鬼作祟"，由巫师按照一定程序打狗、杀鸡、宰鸭、喝酒、念咒语，并将狗骨头、鸡鸭毛、荆棘、树根、破网、废铁之类据称具有逐鬼功能的"口嘴标"插在门楣上，以为如此，矛盾化解，重归于好。如果今后再出矛盾，双方必须竭力克制，否则于己不利，民间甚至有"断子绝孙、不得好死，留下房子给猫和耗子住，留下田地给蛇和蛤蟆种"之说。吊脚楼多是背山面水而立，都安装"美人靠"，在"美人靠"上可凭栏远眺山区景色。"美人靠"两端檐柱上，挂有形状各异的镜子，实为苗族妇女的开放式"梳妆台"。姑娘们常爱坐在"美人靠"上做针线。这是苗族的开放式民居与汉族的封闭式民居的显著区别。

苗族民居，一般不设神龛。有的人家，以水牛角当"祖灵"。高寿老人去世，家人遵照死者遗嘱，"砍牛"治丧，留下牛角，供奉在堂屋东侧中柱下，视为祖先灵位（如经济条件较差，也可杀羊治丧，权以羊角当"祖灵"）。前置两个小酒杯，逢年过节，或"打牙祭"时，必先斟酒祭牛角。苗寨水牛角"祖灵"，相当于汉族地区的神龛。大人不能随意触摸"祖灵"（小孩则可，释为"孙孙和他爷爷玩"）。许多人家的吊脚楼上，贴有日月图"保爷"。家人久病难愈，延请巫师祈祷，用白皮纸剪成太阳、月亮及若干小人图案，贴在堂屋东侧中柱旁的板壁上，或东次间中柱旁的板壁上，以为如此，可望康复。不少人家的吊脚楼上，栽有"花树"或"花竹"。婚后多年不育，或者有女儿无儿子，延请巫师作法事，到山上挖出两株连根常青树，或者两棵连根竹，栽在堂屋东侧中柱下，或东次间中柱下，以为如此，可求如愿。这实为先民植物崇拜和生殖崇拜的遗痕。吊脚楼上，一般都有两三个燕子窝。有的燕子窝，用半个葫芦支撑底部。葫芦在苗族观念中，是祖先的象征。将葫芦作燕子窝，取求子之意。这里的人们将葫芦、燕子和桥都看成是生殖崇拜的对象，所以对燕子崇拜有加，特意为其做窝。

郎德上寨修建房子，有一套十分有趣的风俗。想在某地建房，先从其地捏一团拳头大小的泥巴，放在酿制甜酒的坛子内。数日后，开坛审视，甜酒酿成，甘甜可口，视为可行；如若不然，弃之另选。建房的重要环节，是选好大木作中柱。选定砍伐之前，先用酒、鱼之类祭祀树，以倒向东方为吉。起墨、上梁，均须选择吉日，并要用酒、鱼祭祀鲁班。房屋建成，门窗安就，择日邀请一位上有父母或下有儿女的"全福人"前来"踩门槛"，喝"立门酒"。此人要穿戴整洁，端上一升米，其上放12个蛋，从东方走近新房。房东有意将门掩上。来者敲门，房东明知故问："你是哪个？"来者高声回答："那个勤劳致富、儿孙满堂、从不生病的人到你家喝'立门酒'来啦！"晚上，邀请叔伯兄弟及至爱亲朋前来"闹寨"，在吊脚楼上开怀畅饮。特别要请德高望重的老歌师于酒后唱《建房歌》。

开阳县马头寨，是布依族村寨，从前驻有土司官，是个名副其实的"官寨"，至今还留有元末明初的石垣墙、拴马石和具有六百多年树龄的"保寨树"。历史上，布依族长期为土司所统治。"水东"布依族分属"十二马头"，迄今尚有一些历史陈迹可寻。在贵州，凡是称"马头"的地方，村民多为布依族。在开阳马头寨及平寨的宋氏村民及其他村民，不论其先祖来自何方，经过长期发展、变化，均早已融入布依族。数百年来，马头寨一直是布依族盛大传统节日"六月六"歌节的聚会地。其民居建筑具有三大特点：一，居住环境具有典型的布依族特征。贵州民谚称："苗家住山头，仲家住水头，客家住街头。"所谓"仲家"，又称"种家"，是布依族先民的古称。马头寨地处千亩大坝"底窝坝"西隅，寨前有清水河为屏，寨后有百花山作障，寨脚田连阡陌，清河流水潺潺，人称"银水绕金盆"，具有典型的布依族居住环境。二，住地选择符合土司衙门的修建原则。马头寨中，宋氏占半数以上。族谱表明，宋氏村民是水东宋氏土司的后裔。据文献记载，宋氏于元初建"靖江路总管府"时迁入今马头寨，明初建立"底窝寨总管府"，总管宋德茂是马头寨宋氏村民的直系祖先。土司修建衙门，出于安全考虑，放弃地势平坦的河谷，选择易守难攻的台地。马头寨的住地符合此原则。三，民居布局符合土司官员的安全利益。马头寨的民居布局，有尊卑贵贱之分：小户人家住在台地前沿，殷实人家住在台地中部，大户人家及土司衙门建于台地后部。寨内第二大姓涂氏，于明初迁入，并与宋氏结拜兄弟。虽然如此，因其不是土司，房屋仍然不能建在台地后部。

提起侗族村寨，人们立即想到鼓楼伫立、花桥横卧的"南侗地区"，其实，受汉文化影响较深的"北侗地区"，其乡土建筑特点也很明显。

三门塘是"北侗地区"的一个典型侗族村寨，自古盛产林木。天然林种主要有杉木、楠木、榉木、梓木、樟木、松木、桉树、棕树、漆树、银杏、油桐、油茶、香椿、乌桕、皂角树、黄连树、枫香树等。三门塘是清水江上最重要的木材集散地之一。外地木材商人移居三门塘，在此安家落户，修建家族祠堂。至今还保存有王氏宗祠、刘氏宗祠。在最繁盛的清乾隆、嘉庆年间，江面上漂满了木材，停满了船舶，留有大量古碑作证。其中一块古碑形容说："诸峰来朝，势若星拱，清河环下，碧浪排空，昼则舟楫上下，夜则渔火辉煌，天地之灵秀，无处不钟矣。"㉞外地木材商人深入林区采购木材，住在开设"木行"的苗侗人家，并将"斧记"打在房东柱子上作为纪念。所谓"斧记"，就是铸有文字的铁质印记。"斧记"无刃，像把钉锤，一端铸有特殊印记。木材商人将各自放入河中的木料，事先用自己的"斧记"打上印记，然后放其顺水漂流，在适当口岸提起时，便于确认木料的归属，以免相互拿错。在曾开设"木行"的一些住宅柱子上，仍清晰可见"同兴"、"德大"、"顺德"、"大有"、"德友"、"同乐"、"泰和"、"生发"、"谦益"、"茂益"、"兴茂福"、"兴茂永"、"兴茂怡"、"兴和顺"、"双合兴"、"永泰昌"等数十种"斧记"痕迹，不失为三门塘"林文化"的原始记录，是研究清水江林业文化史的珍贵实物资料。

土司制度是元、明、清王朝在部分少数民族地区分封各族首领世袭官职、以统治当地人民的一种制度。贵州各族各级土司，修建有规模可观的庄园，如毕节的大屯土司庄园、安山土司庄园、海嘎土司庄园、法朗土司庄园、阿市土司庄园、镰刀湾土司庄园；兴仁的鲁础营土司庄园、纳壁土司庄园；金沙的契默土司庄园；威宁的牛棚土司庄园；德江的大土田氏土司庄园；贵阳的中曹长官司土司庄园等。其中，以毕节大屯土司庄园最具代表性㉟。

大屯土司庄园，坐落于毕节大屯彝族乡大屯村，为彝族土司后裔余象仪创建于道光元年（1821）。其后复经养子余达甫增修、扩建，最终形成横宽50余米、纵深60余米、占地3000余平方米的庞大建筑群。该建筑群，依山就势，次第升高，呈三层台。整个庄园，三路三进，布局严谨，错落有致。中路为其核心，由面阔五间的大堂、二堂、正堂组成中轴线。左路主要建筑有轿厅、客厅、鱼池、花桥、书房和家祠。右路主要建筑有花园、客房、绣楼、厨房和仓库。四周筑有两米多高的砖石围墙。沿墙建有六座碉楼，每座高 8—12 米不等，可谓戒备森严。大屯土司庄园的柱础、栏板、望柱、山墙等处，多浮雕、绘画"虎头纹"，这是彝族"虎崇拜"在建筑文化上的生动表现。

对于贵州少数民族的居住环境，流传这样一句顺口溜："高山苗，水仲家（按：布依族旧称），仡佬住在岩旮旯。"有人认为仡佬族先民是古夜郎人的后裔。地处黔东北的务川，是贵州仡佬族聚居地，其龙潭村仡佬族的民居，就具有显著的特点，突出表现在建筑布局及石木装修上。龙潭一带为喀斯特地貌，即当地人所谓的"岩旮旯"。因此村寨的整体布局显得凌乱，彼此似无呼应，缺乏统一坐向，此乃地势使然。在岩旮旯中建房，只能因地制宜，见缝插针。但就一家一户而言，还是比较规整。一般都是一正两厢，中间铺设石院坝，周边垒砌石垣墙，形成封闭式四合院。四合院的石垣墙，大多以片毛石垒砌，间或以方整石砌筑。前者又有平砌、斜砌、随意垒砌等多种工艺。斜砌中，又有上下两层反向垒砌者，形成"麦穗纹"（又称"鱼骨头"）。麦穗和鱼骨，在当地民俗中皆为吉祥物。建有石垣墙的民居，必然修建朝门。朝门通常由木质垂花门和石质八字墙组成。垂花门，穿斗式，悬山顶，上盖小青瓦。垂柱雕刻莲蒂、南瓜，寓意清廉、多子。门簪，或雕刻南瓜，或雕刻葵花、"福"字、"寿"字，寓意多子多福。连楹雕刻水波纹，意在镇火护宅，与其他民族雕刻的"桃符"有异曲同工之妙。正房多为四榀三间。房子较高，吞口较深，出檐较远，是其特点。最引人注目的，是门窗雕刻工艺精湛，文化内涵丰富多彩。明间门窗，均为六扇，称"六合门"。"六合"，包括前后左右上下六个方位，意为"完整"、"圆满"。次间门窗，也是六扇，但窗子只雕刻四扇。不少人家，于次间开辟房门，上部饰以圆形挂落，称"月亮门"。在龙潭村仡佬族民居的木质门窗上，通体装饰造型各异的吉祥图案，诸如福禄寿禧、耕读渔樵、二龙抢宝、双凤朝阳、野鹿含芝、喜鹊闹梅、吉祥牡丹、麒麟望日、岁寒三友、连年有余等，内容丰富，雕工精湛。特别有趣的是，许多吉祥图案，采用组合手法，造成特殊效果。如单看似游鱼，组合为蝙蝠；单看是南瓜，组合成莲花；单看似两只桃，组合为两尾鱼；单看是两个"喜"字，组合为"二龙抢宝"等。还有一个独特之处，即不仅于明间大门安装腰门，次间房门也安装腰门。所有腰门都是镂空的，但图案无一雷同。门窗的雕刻亦非"千人一面"、"千篇一律"，充分体现各自的独创精神。明间上部安装笆拆墙，外涂石灰，书写福禄寿等吉祥文字。有的人家在横梁上雕刻、绘画吉祥词语及吉祥图案，真乃"雕梁画栋"。民居雕梁画栋，在贵州实不多见。这恰好表明，贵州最为古老的仡佬族对汉文化的充分吸收。

　　在龙潭村附近，至今还保存有众多的文物古迹，说明很早以前这里就是古代先民活动的一个中心点。从出土文物可以看出，大坪、龙潭一带，曾有过一段辉煌的历史。近在咫尺的洪渡河两岸，分布许多汉代墓葬。考古发掘清理过多座古墓，出土陶罐、铜钵、耳杯、五铢钱、朱砂矿等随葬品。当地人在生产劳动中不时发现陶罐、俑、壶、铜蒜头壶、釜、鍪、甑、扁壶、提梁壶、镜、印章、镞等。龙潭村一带出产朱砂，古人为运输方便而修建的桥梁和道路迄今犹存。"瓮溪桥"建于明万历十四年（1586），是陕西西安府兴平县寓居婺川县从事朱砂开采的陈仁君夫妇捐资修建的。在龙潭村一带从事汞矿开采及运输的汉族商人，对仡佬族建筑文化的形成和发展，具有重大影响。从龙潭村仡佬族民居的精湛工艺，可看出民族融合、文化交流的痕迹。

【注释】

① 贵州省林业厅编，周政贤等著：《茂兰喀斯特森林科学考察集》，贵州人民出版社1987年版。

② 双溪桥修建碑，位于荔波县瑶山瑶族乡高桥村南双溪桥桥头。

③ 吴正光主编：《贵州的桥文化》，贵州科技出版社2004年版。

④ 贵州省林业厅、梵净山国家级自然保护区管理处编，周政贤等著：《梵净山研究》，贵州人民出版社2009年版。

⑤ [清] 敬文等修，徐如澍纂：《铜仁府志》卷二"地理·风俗"，道光四年刻本，1965年贵州省图书馆复制油印本。[民国] 刘显世、谷正伦修，任可澄、杨恩元

纂:《贵州通志》"金石志",民国三十七年贵阳书局铅印本。

⑥《梵净山重建金顶序碑》,位于印江土家族苗族自治县永义乡大园子村东南滴水岩下。

⑦《天桥功德碑记》摩崖石刻,位于金顶山腰崖壁上,刻于清康熙五十二年(1713)。

⑧ 贵州省黔东南苗族侗族自治州人民政府编,周政贤等著:《雷公山自然保护区科学考察集》,贵州人民出版社1989年版。

⑨ 国家文物局主编:《中国文物地图集 · 贵州分册》,文物出版社2010年版。

⑩ [清] 平翰等修,郑珍、莫友芝纂:《遵义府志》卷九"关梁",道光二十一年刻本。[民国] 刘显世、谷正伦修,任可澄、杨恩元纂:《贵州通志》"金石志"(二),民国三十七年贵阳书局铅印本。

⑪ 陈长友主编:《彝文金石录》(第一辑),四川民族出版社1989年版。

⑫ 杨粲,字文卿,播州杨氏土司十三世,南宋嘉泰(1201—1204)初,袭播州安抚使。

⑬ [清] 瞿鸿锡修,贺绪蕃纂:《平越直隶州志》卷九"建置 · 城池",光绪三十三年刻本(复制本)。[民国] 刘显世、谷正伦修,任可澄、杨恩元纂:《贵州通志》"建置志",民国三十七年贵阳书局铅印本。

⑭ 国家文物局主编:《中国文物地图集 · 贵州分册》,文物出版社2010年版。

⑮《紫云文笔塔修建碑记》,刻于紫云苗族布依族自治县松山镇文笔塔上。

⑯ [清] 常恩修,邹汉勋、吴寅邦纂:《安顺府志》卷十八"营建志",咸丰元年刻本。[民国] 刘显世、谷正伦修,任可澄、杨恩元纂:《贵州通志》"学校志"(一),民国三十七年贵阳书局铅印本。

⑰ [清] 周作楫修,萧琯等纂:《贵阳府志》卷六"职官表",咸丰二年朱德璲绶堂刻本。[民国] 刘显世、谷正伦修,任可澄、杨恩元纂:《贵州通志》"古迹志"(一)、"金石志"(四),民国三十七年贵阳书局铅印本。

⑱ 国家文物局主编:《中国文物地图集 · 贵州分册》,文物出版社2010年版。

⑲ [清] 刘祖宪修,何思贵等纂:《安平县志》卷二"地理志",道光七年刻本,1964年贵州省图书馆据上海图书馆藏本复制油印本。[清] 常恩修,邹汉勋、吴寅邦纂:《安顺府志》卷九"地理志",咸丰元年刻本。[民国] 刘显世、谷正伦修,任可澄、杨恩元纂:《贵州通志》"舆地志",民国三十七年贵阳书局铅印本。

⑳ [清] 蔡宗建修,龚传坤等纂:《镇远府志》卷十九"祠祀",乾隆刻本,1965年

贵州省图书馆据南京图书馆复制油印本。[民国] 刘显世、谷正伦修，任可澄、杨恩元纂：《贵州通志》"古迹志"，民国三十七年贵阳书局铅印本。

㉑ 国家文物局主编：《中国文物地图集·贵州分册》，文物出版社 2010 年版。

㉒《五府助修万寿宫碑》，位于石阡县汤山镇万寿宫天井南侧墙壁上。

㉓ 国家文物局主编：《中国文物地图集·贵州分册》，文物出版社 2010 年版。

㉔《水西大渡河修建石桥碑》，原在大方县鸡场乡大渡河桥西侧北端，今藏大方县奢香博物馆。

㉕ 参见茅以升主编《中国古桥技术史》，北京出版社 1986 年版。

㉖ 吴正光主编：《贵州的桥文化》，贵州科技出版社 2004 年版。

㉗ 吴正光著：《沃野耕耘——贵州民族文化遗产研究》，学苑出版社 2009 年版。

㉘《潘姓阖族重修飞云洞序》碑，位于黄平县新州镇东坡村东飞云崖螺蛳洞口前西北侧。

㉙《定俗垂后》碑，位于锦屏县彦洞乡彦洞村东北。《婚嫁财礼碑》，位于雷山县永乐镇大开屯村南。《乡禁碑》，位于都匀市阳和水族乡光荣村东。

㉚ 吴正光著：《郎德上寨的苗文化》，贵州人民出版社 2005 年版。

㉛ 古人认为，人活六十为"下寿"，八十为"中寿"，百岁为"上寿"。赵彩章、赵理伦分别活到一百零一岁和一百零二岁，均达"上寿"标准，故获皇帝"恩准"修建"百岁坊"。

㉜ [明] 徐弘祖著，朱惠荣译注：《徐霞客游记全译》，"黔游日记"，贵州人民出版社 1997 年版，第 1463—1466 页。

㉝ 吴正光著：《青岩镇的建筑文化》，贵州人民出版社 2008 年版。

㉞《兴隆庵修庵碑记》碑，位于天柱县坌处镇三门塘村东。

㉟ 国家文物局主编：《中国文物地图集·贵州分册》，文物出版社 2010 年版。

附　录

贵州省全国重点文物保护单位名录（第1—6批）

序号	文物单位名称	批次	市	县（区）	年代	类别
1	遵义会议会址	1	遵义市	红花岗区	1935 年	近现代重要史迹及代表性建筑
2	穿洞遗址	3	安顺市	普定县	旧石器至新石器早期	古遗址
3	杨粲墓	3	遵义市	汇川区	南宋	古墓葬
4	奢香墓	3	毕节市	大方县	明	古墓葬
5	大屯土司庄园	3	毕节市	毕节市	清	古建筑
6	青龙洞	3	黔东南州	镇远县	明—清	古建筑
7	增冲鼓楼	3	黔东南州	从江县	明、清	古建筑
8	息烽集中营旧址（含玄天洞）	3	贵阳市	息烽县	1937 年	近现代重要史迹及代表性建筑
9	大洞遗址	4	六盘水市	盘县	旧石器时代	古遗址
10	黔西观音洞遗址	5	毕节市	黔西县	旧石器时代	古遗址
11	赫章可乐遗址	5	毕节市	赫章县	战国—汉	古遗址
12	平坝天台山伍龙寺	5	安顺市	平坝县	明—清	古建筑
13	石阡万寿宫	5	铜仁市	石阡县	明—清	古建筑
14	云山屯古建筑群（含本寨）	5	安顺市	西秀区	明—民国	古建筑
15	福泉城墙	5	黔南州	福泉市	明	古建筑
16	郎德上寨古建筑群	5	黔东南州	雷山县	元、明、清	古建筑
17	遵义海龙屯	5	遵义市	汇川区	宋—明	古建筑
18	安顺文庙	5	安顺市	西秀区	明—清	古建筑
19	地坪风雨桥	5	黔东南州	黎平县	清	古建筑
20	宁谷遗址	6	安顺市	西秀区	汉	古遗址

续表

序号	文物单位名称	批次	市	县（区）	年代	类别
21	万山汞矿遗址	6	铜仁市	万山特区	唐—清	古遗址
22	交乐墓群	6	黔西南州	兴仁县	汉	古墓葬
23	织金古建筑群	6	毕节市	织金县	元—清	古建筑
24	马头寨古建筑群	6	贵阳市	开阳县	元—清	古建筑
25	东山古建筑群	6	铜仁市	铜仁市	明—清	古建筑
26	阳明洞和阳明祠	6	贵阳市	修文县、云岩区	明—清	古建筑
27	寨英古建筑群	6	铜仁市	松桃县	明—清	古建筑
28	思唐古建筑群	6	铜仁市	思南县	明—清	古建筑
29	飞云崖古建筑群	6	黔东南州	黄平县	明—清	古建筑
30	旧州古建筑群	6	黔东南州	黄平县	明—清	古建筑
31	文昌阁和甲秀楼	6	贵阳市	贵阳市	明	古建筑
32	葛镜桥	6	黔南州	福泉市	明	古建筑
33	黔东特区革命委员会旧址	6	铜仁市	沿河县、德江县、印江县	1934 年	近现代重要史迹及代表性建筑
34	黎平会议会址	6	黔东南州	黎平县	1934 年	近现代重要史迹及代表性建筑
35	红军四渡赤水战役旧址	6	遵义市	习水县、仁怀市、汇川区	1935 年	近现代重要史迹及代表性建筑
36	川滇黔省革命委员会旧址	6	毕节市	毕节市、大方县	1935 年	近现代重要史迹及代表性建筑
37	"二十四道拐"抗战公路	6	黔西南州	晴隆县	1936 年	近现代重要史迹及代表性建筑
38	湄潭浙江大学旧址	6	遵义市	湄潭县	1940—1946 年	近现代重要史迹及代表性建筑
39	和平村旧址	6	黔东南州	镇远县	1941—1944 年	近现代重要史迹及代表性建筑

贵州省国家级非物质文化遗产名录

贵州省第一批国家级非物质文化遗产名录
（2006年6月）

民间文学

Ⅰ—1 苗族古歌 台江县、黄平县

Ⅰ—5 刻道 施秉县

民间音乐

Ⅱ—28 侗族大歌 黎平县

Ⅱ—29 侗族琵琶歌 榕江县、黎平县

Ⅱ—60 铜鼓十二调 镇宁布依族自治县、贞丰县

民间舞蹈

Ⅲ—23 苗族芦笙舞 丹寨县、贵定县、纳雍县

Ⅲ—25 木鼓舞 台江县

传统戏剧

Ⅳ—78 花灯戏 思南县

Ⅳ—83 侗戏 黎平县

Ⅳ—84 布依戏 册亨县

Ⅳ—85 彝族撮泰吉 威宁彝族回族自治县

Ⅳ—89 傩戏 德江县

Ⅳ—90 安顺地戏 安顺市

Ⅳ—92 木偶戏 石阡县

曲艺

Ⅴ—46 布依族八音坐唱 兴义市

民间美术

Ⅶ—22 苗绣 雷山县、贵阳市、剑河县

Ⅶ—23 水族马尾绣 三都水族自治县

传统手工技艺

Ⅷ—25 苗族蜡染技艺 丹寨县

  Ⅷ—31 苗寨吊脚楼营造技艺　雷山县

  Ⅷ—33 苗族芦笙制作技艺　雷山县

  Ⅷ—34 玉屏箫笛制作技艺　玉屏侗族自治县

  Ⅷ—40 苗族银饰锻制技艺　雷山县

  Ⅷ—57 茅台酒酿制技艺　茅台酒股份有限公司

  Ⅷ—67 皮纸制作技艺　贵阳市、贞丰县、丹寨县

民俗

  Ⅸ—19 苗族鼓藏节　雷山县

  Ⅸ—20 水族端节　三都水族自治县

  Ⅸ—21 布依族查白歌节　兴义市

  Ⅸ—22 苗族姊妹节　台江县

  Ⅸ—25 侗族萨玛节　榕江县

  Ⅸ—26 仡佬毛龙节　石阡县

  Ⅸ—70 水书习俗　黔南布依族苗族自治州

贵州省第二批国家级非物质文化遗产名录
(2008年6月)

民间文学

  Ⅰ—61 仰阿莎　贵州省黔东南苗族侗族自治州

  Ⅰ—62 布依族盘歌　贵州省盘县

  Ⅰ—73 珠郎娘美　贵州省榕江县、从江县

  Ⅰ—76 苗族贾理　贵州省黔东南苗族侗族自治州

传统音乐

  Ⅱ—109 苗族民歌（苗族飞歌）　贵州省雷山县

  Ⅱ—112 布依族民歌（好花红调）　贵州省惠水县

  Ⅱ—129 芦笙音乐（侗族芦笙、苗族芒筒芦笙）　贵州省丹寨县

  Ⅱ—130 布依族勒尤　贵州省贞丰县、兴义市、镇宁布依族自治县

传统舞蹈

  Ⅲ—63 毛南族打猴鼓舞　贵州省平塘县

Ⅲ—64　瑶族猴鼓舞　贵州省荔波县

Ⅲ—69　彝族铃铛舞　贵州省赫章县

传统戏剧

Ⅳ—131　黔剧　贵州省黔剧团

传统技艺

Ⅷ—98　陶器烧制技艺（牙舟陶器烧制技艺）　贵州省平塘县

Ⅷ—105　苗族织锦技艺　贵州省麻江县、雷山县

Ⅷ—108　枫香印染技艺　贵州省惠水县、麻江县

Ⅷ—128　彝族漆器髹饰技艺　贵州省大方县

传统医药

Ⅸ—11　传统中医药文化（同济堂传统中药文化）贵州省同济堂制药有限公司

Ⅸ—14　瑶族医药（药浴疗法）　贵州省从江县

Ⅸ—15　苗医药（骨伤蛇伤疗法）　贵州省雷山县　九节茶药制作工艺　黔东南苗族侗族自治州

Ⅸ—16　侗医药（过路黄药制作工艺）　贵州省黔东南苗族侗族自治州

民俗

Ⅹ—75　苗族独木龙舟节　贵州省台江县

Ⅹ—76　苗族跳花节　贵州省安顺市

Ⅹ—83　苗年　贵州省丹寨县、雷山县

扩展项目

传统音乐

Ⅱ—30　多声部民歌（苗族多声部民歌）　贵州省台江县、剑河县

传统舞蹈

Ⅲ—5　狮舞（布依族高台狮灯舞）　贵州省兴义市

Ⅲ—26　铜鼓舞（雷山苗族铜鼓舞）　贵州省雷山县

传统美术

Ⅶ—16　剪纸（苗族剪纸）　贵州省剑河县

VII—47　泥塑（苗族泥哨）　贵州省黄平县

传统技艺

VIII—30　侗族木构建筑营造技艺　贵州省黎平县、从江县

传统医药

IX—4　中医传统制剂方法（廖氏化风丹制作技艺）　贵州省遵义市红花岗区、汇川区

民俗

X—65　苗族服饰　贵州省桐梓县、安顺市西秀区　关岭布依族苗族自治县、纳雍县、剑河县、台江县、榕江县　六盘水市六枝特区、丹寨县

第一批扩展项目

传统音乐

II—28　侗族大歌　贵州省从江县、榕江县

传统舞蹈

III—23　苗族芦笙舞　贵州省雷山县、关岭布依族苗族自治县、榕江县、水城县

传统戏剧

IV—78　花灯戏　贵州省独山县

IV—89　傩戏（仡佬族傩戏）　贵州省道真仡佬族苗族自治县

传统美术

VII—22　苗绣　贵州省凯里市

传统技艺

VIII—25　蜡染技艺　贵州省安顺市

VIII—40　银饰制作技艺（苗族银饰制作技艺）　贵州省黄平县

民俗

X—25　侗族萨玛节　贵州省黎平县

贵州省第三批国家级非物质文化遗产名录
（2011年5月）

民间文学
　　Ⅰ—118　亚鲁王　贵州省紫云苗族布依族自治县
传统美术
　　Ⅶ—107　侗族刺绣　贵州省锦屏县
民俗
　　Ⅹ—130　侗年　贵州省榕江县

　　Ⅹ—138　月也　贵州省黎平县

　　Ⅹ—142　苗族栽岩习俗　贵州省榕江县

国家级非物质文化遗产扩展项目名录
传统音乐
　　Ⅱ—29　侗族琵琶歌　贵州省从江县

　　Ⅱ—109　苗族民歌（苗族飞歌）　贵州省剑河县

　　Ⅱ—113　彝族民歌（彝族山歌）　贵州省盘县
传统戏剧
　　Ⅳ—78　花灯戏　贵州省花灯剧团

　　Ⅳ—89　傩戏（荔波布依族傩戏）　贵州省荔波县
传统美术
　　Ⅶ—22　苗绣　贵州省台江县
传统技艺
　　Ⅷ—25　蜡染技艺（黄平蜡染技艺）　贵州省黄平县

　　Ⅷ—40　银饰锻制技艺（苗族银饰锻制技艺）　贵州省剑河县、台江县

　　Ⅷ—105　苗族织锦技艺　贵州省台江县、凯里市

　　Ⅷ—124　民族乐器制作技艺（苗族芦笙制作技艺）　贵州省凯里市
民俗
　　Ⅹ—10　火把节（彝族火把节）　贵州省赫章县

　　Ⅹ—68　农历二十四节气（石阡说春）　贵州省石阡县

主要参考文献

1. 《安顺府志》，[清]常恩修，邹汉勋、吴寅邦纂，咸丰元年刻本。

2. 《巢经巢全集》，贵州省政府 1940 年铅印。

3. 《巢经巢诗钞笺注》，郑珍，白敦仁笺注，巴蜀书社 1996 年版。

4. 《管子校注》，[春秋]管仲，黎翔凤校注、梁运华整理，中华书局 2004 年版。

5. 《贵阳府志》，[清]周作楫修，萧琯等纂，咸丰二年朱德璲绥堂刻本。

6. 《贵州图经新志》，[明]沈庠修，赵瓒纂，贵州省图书馆根据国家图书馆藏明刻本影写晒印本。

7. 《贵州通志》，[明]谢东山、张道纂修，《四库全书存目丛书》史部一九三，齐鲁书社 1996 年版。

8. 《贵州通志》，[民国]刘显世、谷正伦修，任可澄、杨恩元纂，民国三十七年贵阳书局铅印本。

9. 《汉书》，[东汉]班固，中华书局 1962 年版。

10. 《华阳国志校注》，[晋]常璩，刘琳校注，巴蜀书社 1984 年版。

11. 《静志居诗话》，[清]朱彝尊，人民文学出版社 1998 年版。

12. 《旧唐书》，[后晋]刘昫，中华书局 1975 年版。

13. 《黎氏家集》，黎庶昌，清光绪十四年（1888 年）刻本。

14. 《岭外代答校注》，[宋]周去非，杨武泉校注，中华书局 1999 年版。

15. 《蛮书校注》，[唐]樊绰，向达注，中华书局 1962 年版。

16. 《明儒学案》，[清]黄宗羲，沈芝盈点校，中华书局 2008 年版。

17. 《苗疆闻见录》，[清]徐家干，吴一文点校，贵州人民出版社 1997年版。

18. 《平越直隶州志》，[清]瞿鸿锡修、贺绪蕃纂，光绪三十三年刻本复制本。

19. 《黔南识略·黔南职方纪略》，[清]爱必达、罗绕典撰，杜文铎等点校，贵州人民出版社 1992年版。

20. 《黔诗纪略》，[清]唐树义、黎兆勋、莫友芝，关贤柱点校，贵州人民出版社 1993年版。

21. 《黔诗纪略后编》，[清]莫庭芝、黎汝谦、陈田，1911年刻本。

22. 《黔书·续黔书·黔记·黔语》，[清]田雯、张澍、李宗昉、吴振棫，罗书勤等点校、黄永堂审校，贵州人民出版社 1992年版。

23. 《黔中杂记》，[清]黄元治，清康熙霞举堂刊本。

24. 《清实录》，中华书局 1986年版。

25. 《清诗纪事》道光朝卷，钱仲联，江苏古籍出版社 1987年版。

26. 《清史稿》，赵尔巽等，中华书局 1976年版。

27. 《史记》，[汉]司马迁，中华书局 1982年版。

28. 《思南府续志》，[清]夏修恕、周作楫修，萧琯、何廷熙纂，贵州省图书馆 1966年据四川省图书馆藏道光刻本复制油印本。

29. 《宋史》，[元]脱脱，中华书局 1977年版。

30. 《宋学士全集》，[明]宋濂，同治退补斋刻本。

31. 《松桃厅志》，[清]徐铉修，萧琯纂，道光十六年松高书院刻本。

32. 《孙应鳌文集》，〔明〕孙应鳌，刘宗碧、王雄夫点校，贵州教育出版社 1996年版。

33. 《铜仁府志》，[清]敬文等修，徐如澍纂，年贵州省图书馆 1965根据道光四年刻本复制油印本。

34. 《王阳明全集》，[明]王守仁，吴光、钱明、董平、姚延福编校，上海古籍出版社 1992年版。

35. 《魏书》，[北齐]魏收，中华书局 1974年版。

36. 《新唐书》，[宋]欧阳修、宋祁，中华书局 1975年版。

37. 《兴义府志》，[清]张锳修，邹汉勋、朱逢甲纂，民国三年（1914

年）贵阳文通书局据刻本铅排本。

38. 《行边纪闻》，[明]田汝成，《中华文史丛书·二三》，据台湾大学图书馆藏明嘉靖刊本影印，台湾华文书局印行。

39. 《徐霞客游记校注》，[明]徐弘祖，朱惠荣校注，云南人民出版社1985年版。

40. 《越缦堂读书记》，[清]李慈铭，上海书店2000年版。

41. 《彝文金石录》（第一辑），陈长友主编，四川民族出版社1989年版。

42. 《镇远府志》，[清]蔡宗建修，龚传坤等纂，贵州省图书馆1965年据南京图书馆乾隆刻本复制油印本。

43. 《郑珍集·文集》，[清]郑珍，王锳等点校，贵州人民出版社1994年版。

44. 《郑征君遗著》，[清]郑珍，民国四年（1915年）陈夔龙花近楼刻本。

45. 《遵义府志》，[清]平翰等修，郑珍、莫友芝纂，道光二十一年刻本。

46. 《拙尊园丛稿》，[清]黎庶昌，谢尊修等点校，中国文史出版社2006年版。

47. 《布依戏研究文集》，桂梅、一丁，贵州民族出版社1993年版。

48. 《道教与傩文化关系论略》，张泽洪，载《教育文化论坛》2010年第3期。

49. 《地方性知识的文本世界——贵州地方志修纂源流考论》，张新民，载《贵州民族研究》，2007年第2期。

50. 《滇史丛考》，方国瑜，上海人民出版社1982年版。

51. 《读郑子尹巢经巢诗集》，胡先骕，载《学衡》1922年第7期。

52. 《贵州：传统学术思想世界重访》，张新民、李发耀等，贵州人民出版社2010年。

53. 《贵州古代民族关系史》，侯绍庄、史继忠、翁家烈，贵州民族出版社1991年版。

54. 《贵州古代史》，周春元等，贵州人民出版社1982年版。

55. 《贵州汉文学发展史》，黄万机，贵州人民出版社 1999 年版。

56. 《贵州傩面具艺术》，贵州省艺术研究室，上海人民美术出版社 1989 年版。

57. 《贵州傩戏》，高伦，贵州人民出版社 1987 年版，第 4 页。

58. 《贵州黔西观音洞试掘报告》，裴文中等，载《古脊椎动物与古人类》1965 年。第 9 卷第 3 期。

59. 《贵州史专题考》（修增本），王燕玉，贵州人民出版社 1986 年版。

60. 《贵州田野考古四十年》，贵州省博物馆考古研究所，贵州民族出版社 1993 年版。

61. 《贵州通史》（五卷本），《贵州通史》编委会，当代中国出版社 2002 年版。

62. 《贵州新发现的穿洞旧石器时代文化遗址》，曹泽田，载《贵州社会科学》1982 年第 4 期。

63. 《赫章可乐墓地套头葬研究》，梁太鹤，载《考古》2009 年第 12 期。

64. 《建构与生成——屯堡文化及地戏形态研究》，朱伟华等，广西师范大学出版社 2008 年版。

65. 《兼于阁诗话》，陈声聪，上海古籍出版社 1985 年版。

66. 《叩响古代巫风傩俗之门——人类学、民族学视野中的中国傩戏傩文化》，庹修明，贵州民族出版社 2007 年版。

67. 《黎庶昌评传》，黄万机，贵州人民出版社 1989 年版。

68. 《漫话傩文化圈的分布与傩戏的生态环境》，曲六乙，载台湾《民俗曲艺》第 69 期。

69. 《梦苕庵诗话》，钱仲联，齐鲁书社 1996 年版。

70. 《梦苕庵清代文学论集》，齐鲁书社 1983 年版。

71. 《明代黔中王门大师孙应鳌思想研究》，王路平等，群言出版社 2007 年版。

72. 《傩戏论文选》，庹修明等，贵州民族出版社 1987 年版。

73. 《盘瓠源流考》，侯绍庄，载《贵州民族研究》1981 年第 4 期。

74. 《唐代佛教》，范文澜，人民出版社 1979 年版。

75. 《晚钟出谷》，陈福桐，贵州教育出版社 2009 年版。

76. 《沃野耕耘——贵州民族文化遗产研究》，吴正光著，学苑出版社 2009 年版。

77. 《溪蛮丛笑研究》，符太浩，贵州民族出版社 2003 年版。

78. 《戏曲声腔剧种研究》，余从，人民音乐出版社 1990 年版。

79. 《阳戏的类型学研究》，吴秋林，载《贵州民族学院学报》2009 年第 3 期。

80. 《夜郎史传》，王子尧、刘金才编译，四川民族出版社 1998 年版。

81. 《中国大陆上的远古居民》，贾兰坡，天津人民出版社 1978 年版。

82. 《中国古桥技术史》，茅以升主编，北京出版社 1986 年版。

83. 《中国近代文学论文集》（诗文卷），中国社会科学出版社 1984 年版。

84. 《中国历史地理学》，蓝勇，高等教育出版社 2002 年版。

85. 《中国面具史》，顾朴光，贵州民族出版社 2002 年版。

86. 《中国苗族服饰图志》，吴仕忠等编著，贵州人民出版社 2000 年版。

87. 《中国傩戏调查报告》，顾朴光、潘朝霖、柏果成编，贵州人民出版社 1992 年版。

88. 《中国通史》第二卷，白寿彝总主编，苏秉琦主编，上海人民出版社 1994 年版。

89. 《中国文物地图集·贵州分册》，国家文物局主编，文物出版社 2010 年版。

90. 《中国文学发展史》，刘大杰，上海古籍出版社 1982 年版。

91. 《中国文学批评史》，郭绍虞，上海古籍出版社 1979 年版。

92. 《中国移民史》，葛剑雄，福建人民出版社 1997 年版。

93. 《遵义新志》，[民国] 张其昀主编，民国三十七年浙江大学史地研究所铅印本。

94. 《遵义阳戏研究——遵义阳戏的渊源及发展诸疑案试析》，王德埙，载《中国音乐学》1997 年增刊。

索　引

说　明：

一、本索引是主题词索引。原则上，作为索引条目的主题词是本卷的研究对象、重点展开论述或详细介绍的内容，分为以下几类：1.人名。包括本省籍文化名人，非本省籍但曾居于本省、对本省文化产生重要影响者；2.地名。只录本省内对文化产生过重大影响的地名。文中人物籍贯的古今地名均不收录；3.篇名。包括有重要影响的著作、诗文、书画等；4.文化遗产名（包括非物质文化遗产）或遗迹名；5.其他专有名词，包括器物名、学派名以及具有地域文化特色的文化现象等。

二、索引条目按第一个字的汉语拼音（同音字按声调）顺序排列，同声同调按笔画顺序排列；第一个字相同，按第二个字音序排列。以下据此类推。

三、条目后的阿拉伯数字表示该条目所在的页码。

四、总绪论、绪论、注释、参考文献、图注、后记、跋不做索引。

后 记

　　《中国地域文化通览》（以下简称《通览》）的《贵州卷》终于完稿并奉献在各位面前。

　　这是贵州省文史研究馆与中央文史研究馆（以下简称贵州馆、中央馆）"二源交汇"的结果。2006 年，贵州馆鉴于本省干部群众对自身文化的隔膜，欲编辑一本《贵州文化读本》，将贵州地域文化的源流及亮点集于一书，得到上下一致赞同。馆员们数次研讨，时任副省长吴嘉甫同志指示，要做成为贵州的一张名片、省际交往的高端文化礼品。就在这一年，中央文史馆上海工作会上提出，要团结全国各省文史馆及专家们，联手打造一套全国地域文化的精品巨著。中央馆奋臂一呼，各省市馆同声响应。贵州馆于是决定，两书合一，统一在中央馆的计划之下。因此，本书更是中央馆统一指导的成果。

　　2007 年，中央馆正式启动编撰工作。是年 10 月，在北京九华山庄会议上，中央馆决定以九个馆作为工作试点，贵州馆有幸列于其中。此次会议就书名、内容及编辑、出版等方面达成共识。此后，2008 年在浙江，2009 年、2010 年在北京，中央馆就此书的宗旨、内容、体例等一一重申和细化。更难忘的是 2010 年 11 月，袁行霈馆长、陈鹤良副主任及陈祖武先生亲临贵阳，召开西南片区《通览》工作会，并对《贵州卷》进行当面指导。

　　与此相应，2008 年贵州馆在原"读本"编写组的基础上，按中央馆要求，成立编写组，粗定《通览》贵州卷编章目第一稿，并广邀馆内外各界专家学者会议研讨。此后三易其稿。2009年3月，又按中央馆的构架，重新设计编章目第二稿，并于3月27日郑重召开《通览》贵州卷编纂委员会成立暨编章目讨论会，调整并确定本卷篇编章目，得到中央馆认可。在编委会的组织领导和撰稿专家们的辛勤工作下，2010年完成了第一稿，交付中央文史馆审阅，提出宝贵意见。经认真修改后，2011年完成第二稿，并打印成册，分送贵州省政府办公厅、省委宣传部、省新闻出版局、省民委、省宗教局审阅。再次修改后，报送中央馆。2012年初，接中央文史馆第二次修改意见后，即开始第三次修改，并完成图片、后记、附录等。是年8月，又听取中央文史馆专家们第三次意见再修改，最终全面通审、统纂、完稿。

本书成于贵州各民族学者之手。主编的付出自不待言，贵州省文学艺术联合会副主席、省文史馆馆员何光渝担任常务副主编，为本卷撰稿、统稿、增删补削，殚精竭虑；主要撰稿专家有贵州省社会科学院研究员黄万机（上编第三章第八节，第四章第七、第八节，下编第六章）、林建曾（上编第三章第一至第四节）、王路平（下编第五章）、王鸿儒（下编第二章）、纳光舜（上编第四章第六节），贵州省文史研究馆特聘研究员庞思纯（上编第四章第五节、第九节，下编第四章第二节），贵州省文学艺术联合会原主席胡维汉（下编第四章第一节），贵州省民族研究所研究员黄才贵（侗族。下编第三章）、副研究员周真刚（彝族。下编第一章），贵州省博物馆研究馆员吴正光（苗族。下编第八章），贵州民族大学教授庹修明、陈玉平（布依族）、龚德全（下编第七章），贵州省考古研究所原所长、研究员梁太鹤，副研究员曹波、翁泽坤（以上三位上编第二章、下编第二章第二节），贵州大学人文学院副教授罗正副博士（布依族。上编第二章）等，皆充分发挥各自学术专长，贡献心智，不遗余力。他们中多数是省文史馆馆员或特聘研究员。本馆编辑人员王任索、王尧礼、何萍、胡海琴等，亦不辞辛劳，付出颇多。陈丹阳、郎启飞、汤苏婷三位也参加了后期的校对。

本卷历经数年，成员几番变动。组委会主任委员、原贵州省省长林树森，编委会委员、原副馆长蒙育民、程鹏飞等已先后离岗。继任组委会主任委员为原任贵州省省长、今省委书记赵克志；现任贵州省文史馆副馆长王德玉、沈志明、杨玉和、靖晓莉等亦多方支持。

　　我们特别怀念已故的陈福桐、王鸿儒二先生。陈福桐（1917—2010），贵州遵义人，贵州省文史研究馆馆员，被贵州学界尊为"贵州文化老人"、"贵州历史掌故辞典"，他以大度、包容、严谨、博学、爱才而享誉本省学术界。本卷启动时，老人已年逾九秩，仍然多次与会研讨，给《中国地域文化通览·贵州卷》以指导，殷殷厚望。王鸿儒（1942—2011），贵州福泉人，贵州省社会科学院研究员、贵州省文史研究馆馆员，平生著作颇丰。为本卷撰稿时已患绝症，病入膏肓，但王君坚毅，在《通览》撰稿讨论会上仍含笑表示：战士要死在冲锋的途中，馆员要死在写作之案前……本卷既成，我们一方面感激中央馆的领导和专家的指导，感谢各级政府部门机构的支持，感谢所有贡献出智慧的馆员、研究员，关心此书的专家，感谢贵州馆全馆工作人员的努力；另一方面，我们因材料不丰、方法不新、功力不逮、表述不畅等，深感未能表贵州精彩地域文化之万一。

　　我们惴惴不安，真诚地期待着读者的批评指正。

《中国地域文化通览·贵州卷》

编纂委员会暨编辑部

2012 年 9 月

跋

　　《中国地域文化通览》34卷系国家重点文化工程。经过六年的努力，终于出版发行。我谨代表《通览》组委会和编委会，向参与《通览》撰稿的500多位专家，参加讨论和审稿的各位专家，以及以各种方式给予本书关心、支持和帮助的领导及朋友们，向精心编校出版本书的中华书局，表示衷心的感谢和崇高的敬意！

　　在这部约1700万字的巨著公开发行之际，我有三点想法愿向读者请教：

　　《通览》是我国第一部按照行政区划梳理地域文化，学术性、现实性和可读性兼备的大型丛书。在大量可信资料的基础上，《通览》各分卷纵向阐述本地文化发展的历史脉络，横向展示各地独具魅力的文化特色和亮点，可视为系统、准确地了解我国地域文化底蕴的读物。2008年7月，在确定《通览》作为国家重点文化工程时，国务委员兼国务院秘书长马凯明确指出："希望精心准备，通力合作，成为立意高远、内容殷实、史论结合、特色鲜明的传世精品。"本着这一指导方针，中央文史研究馆和各省、自治区、直辖市文史研究馆、文化机构或文化组织，均高度重视、精心组织实施，并在当地政府的指导下，聚集各领域的专家学者，协力攻关。这是《通览》编写工作得以顺利推进的重要原因。香港卷、澳门卷、台湾卷亦在各方社会贤达和学界名家的参与和支持下完成。

　　《通览》编撰历时六年，先后召开规模不同的各种论证会、研讨会、审读会上千次。袁行霈馆长亲任主编，国务院参事室原副主任陈鹤良和12位中央文史研究馆馆员任副主编，主编统揽全局，副主编分工联系各分卷，从草拟章节目录到审定修改书稿的各个阶段，他们均亲自参与，非常认真负责，严守学术规范。全书普遍进行了"两上两下"的审改，有些分卷达三四次之多。各卷提交定稿后，编委会还进行了集体审读，各卷根据提出的意见做了最终的修订。贡献最大的还是各位撰稿人与各卷主编，他们研精覃思，字斟句酌，不惮其烦，精益求精，这是本书水平的保证。中华书局指定柴剑虹编审提前参加审稿讨论，收到书稿后又安排了三审三校。中华书局的一位编审感慨地说："像《通览》这样集体编撰的大部头著作，能有如此严肃认真的态度，近年来确实不多见。"

建议各地运用电视、广播、网络、报刊等，对本书加以必要的推介、宣传、加工和再创作。可根据《通览》的内容，改编为中小学的乡土教材，以加强对青少年了解家乡、热爱家乡的教育。可用人民群众喜闻乐见的多种形式，让中华优秀传统文化滋润民众的心田。地域文化所蕴含的优秀传统文化基本元素，更普遍更有效地融入社会道德文化建设，必将有助于提升全体国民的道德素质和文化修养。

当前，地域文化研究如何深入？一是可对近百年来地域文化的发展脉络做出梳理，也就是撰写《通览》的续编。我们鼓励有条件的地方政府，率先独立负责地启动《通览》续编的工作。若能为《通览》补上1911年后的百年之缺，无疑是件大好事。二是拓展地域文化的科学研究，进一步探讨中国地域文化发展变化的规律，努力建设扎根于民间、富有时代特征、紧密服务于经济社会发展的地域新文化。文化大发展大繁荣，不能割断历史，不能超越历史，而只能在继承优良传统的基础上有所创造、有所创新。三是要探讨中华地域文化同世界文明的关系。今日之中国已同世界各国一道进入了经济全球化和信息化快速发展的新时期，只有放眼世界，博采众长，才能建设好我国的新文化。

总之，我们希望各地重视这部书，充分利用它，并进行地域文化的更深入研究。

《通览》生动展现了中华地域文化的多样性，揭示了中华文明多元一体的大格局。正确认识和处理统一性和多样性的关系，非常重要。这不仅是发展地域文化的要求，也是中国现代化建设的基本要求。一个国家、一个民族，尊重和倡导多样性，才能源源不断地激发全社会的创新活力，否则势必导致单一、呆板、停滞和退化。历史和现实表明，尊重和倡导多样性，对今天的国人来说，实在是太重要、太紧迫了。无庸置疑，社会主义为经济、文化、社会发展的多样性，开辟了前所未有的巨大空间。一方水土养一方人，一方水土孕育一方文化。当地域文化所蕴含的中华民族固有的道德、智慧和审美，渗透到人们的思想、行为、情感和性格中去，渗透到经济活动、城乡建设、社会管理等领域中去，那么我们的经济建设、政治建设、文化建设、社会建设、生态文明建设必将呈现出更加生机勃勃的繁荣景象。我们期待着，无论是历史名城还是新兴城市，都拥有自己的独特风格和文化内涵，如城市建筑再也不要从南到北都是"火柴盒"式的高楼林立。我们还期待着，在文化和艺术领域能涌现出越来越多植根于乡土的传世佳作，使中华文明的百花园更加绚丽多姿。当神州大地现代化建设万紫千红、异彩纷呈的时候，也就是中华民族真正强大和受人尊敬的时候。

综观数千年，中华文化不仅源远流长，博大精深，而且峰峦迭出，代有高峰。弘扬中华文化是 21 世纪的中华儿女共同肩负的神圣使命。我们愿为此贡献绵薄之力。

陈进玉

2012 年 11 月 21 日